일본,
한국 이주민의
나라

일본, 한국 이주민의 나라

1,500년전 일본열도에 고립된 한국인들이 세운 나라 일본,
그들의 말과 문화는 한국어와 한국문화였다!!!

이성환 저

책미래

일본,_ 한국 이주민의 나라

1판 1쇄 인쇄 | 2012년 9월 10일
1판 1쇄 발행 | 2012년 9월 17일

지은이 | 이성환
기　획 | 정재승
디자인 | 배경태
펴낸이 | 배규호
펴낸곳 | 책미래

출판등록 | 제2010-000289호
주　소 | 서울시 마포구 공덕동 463 현대하이엘 1728호
전　화 | 02-3471-8080
팩　스 | 02-6353-2383
이메일 | liveblue@hanmail.net

ISBN 978-89-967226-3-2　03910

일러두기

    이 책에서 저자는 일본어를 표기할 때 외래어표기법을 따르지 않았습니다. 왜냐하면 일본 가나의 'か'를 한국말로 표기할 때 외래어표기법에서는 '카'로 표기하는데, 어떤 때는 '카'로 들리고 어떤 때는 '가'나 '까'로도 들리기 때문입니다. 따라서 이 책에서는 그때그때의 상황에 따라 한국말과 비슷한 글자로 섞어서 썼음을 밝힙니다.

    또한 한국어를 표기할 때 표준어가 아닌 사투리를 소리나는 대로 사용한 부분도 있습니다. 일본어의 어원을 밝히고, 한국어에서 일본어로 변화하는 과정을 알기 위해서는 사투리가 표준어보다 더 이해가 쉽고 확실하기 때문입니다.

머리말

　필자가 일본에 대해 관심을 갖기 시작한 것은 한의과 대학 2학년 때 봉우(鳳宇) 선생님을 만나고 나서였다. 봉우 선생님은 후에 《단(丹)》이라는 소설의 실제 주인공으로 유명해지신 분이다. 선생님께 일본은 어떤 나라인가를 질문했을 때 선생님은 그들도 단군의 자손이라 답하셨다. 그 대답이 그때는 매우 충격적이었다. 여지껏 일본을 우리 민족의 원수로 알고 있었는데 형제라니 정신이 혼몽해질 정도였다.

　대학교를 졸업하고 서양의학을 공부하러 미국에 가서 15년 동안이나 미국에서 살게 되었다. 다민족 국가인 미국에서 다양한 민족의 사람들을 만나니 서로 많이 다르다는 것을 느꼈다. 그런데 유독 일본인은 우리와 너무도 닮았다는 것을 알게 되었다.

　그후 많은 나라들을 여행하다 일본에 처음 갔을 때 보고 듣는 모든 것들이 너무 놀라웠다. 오래된 유적들을 보면 한국의 과거가 그대로 살아 있었고 눈을 돌려 거리를 보면 한국의 미래가 보였다. 가까이에 이런 신기한 나라를 두고 진작 와보지 않은 것이 안타까웠다.

　필자는 비교와 분류에 특기가 있다. 이 특기는 오랜 훈련 속에서 길러진 것이다. 필자는 오랫동안 주역을 공부하고 주역에 관한 책을 썼다. 주역은 비교와 분류의 학문이다. 우주 만물을 비교하여 비슷한 것들을 묶고 주역의 여러 괘상(卦象)에 배속시키는 것이 주역 공부의 기초이다.

오스트리아의 빈(Wien) 대학에서 평생 동안 세계의 언어들을 비교한 시미즈(淸水)라는 일본인 학자가 있다. 그 분은 구마모토(熊本) 대학으로 와서 한국어와 일본어를 본격적으로 비교하기 시작했는데 한국어와 일본어는 동일 언어라는 결론을 얻었다. 필자는 시미즈 교수와 잦은 접촉을 가졌는데, 그 분은 필자가 어떤 일본어에 해당하는 한국어를 찾아내는 능력을 놀라워했다.

필자는 주역 공부를 통해서 얻어진 비교 능력으로 고대의학과 현대의학을 비교해 왔고 동양의학과 서양의학을 비교해 왔는데, 아마도 그 덕분에 그런 능력이 길러졌는지도 모르겠다.

여행을 하면 아는 만큼 보인다고 했다. 필자는 12년 동안 25회 정도 일본 여행을 하면서 일본과 한국을 비교하여 양국은 같은 민족이 사는 나라라는 것을 확인했다. 그리고 아직도 삼국 통일이 되지 않은 것 같은 착각에 빠지기도 했다. 한민족(韓民族)은 만주의 조선족이 사는 고구려, 한반도의 신라, 일본열도의 백제로 갈라져 있다는 생각이 든다. 일본은 1,500여 년 전에 열도에 고립된 한국어를 쓰고 환웅(桓雄)과 단군(檀君)을 조상신으로 모시고 크게 보면 같은 풍습을 지키는 같은 민족의 나라이다. 이 책은 이 사실을 증명하고 있다.

너무 중요한 사실을 조금 다른 형태로 반복하고 있는데 그것만큼은 독자들의 뇌에 각인시키고 싶다. 영화 〈매트릭스〉처럼 날조된 역사교육에 세뇌된 뇌를 진실로 채워 주고 싶다. 일본은 한국을 '카라'라고 부른다. 한국말 겨레가 변형된 말이다. 이러던 일본 한겨레들이 욕심 많은 정치인들의 역사날조에 의해 한국을 원수지간으로 보게 됐다. 이 책을 읽고 한국과 일본 사람들이 한겨레 의식이 생겼으면 하는 바람이다.

끝으로 순천향대학교에서 한일언어비교학 강의를 하는 시미즈(샘물) 교수님을 비롯한 여러 참고서적 저자들께 감사드린다.

2012년 9월

이성환

2부 한(韓)민족의 코드(code)

일본, 한국 이주민의 나라

1부

일본어는 일본열도에
고립된 한국어

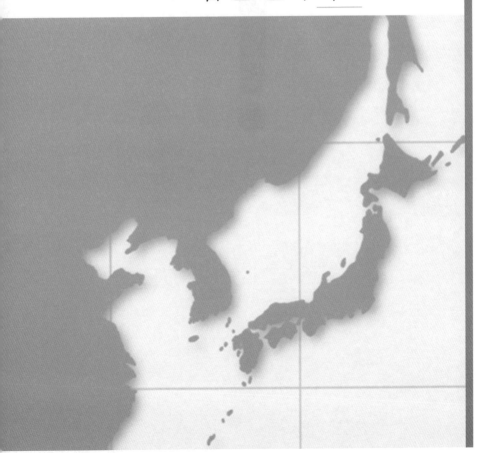

일본, 한국 이주민의 나라!

한국말과
일본말과의 관계

일본말은 2,000~1,500년 전에 가야, 신라, 백제, 고구려 사람들이 산으로 이루어진 야먀토(아! 메山 터)로 이주해 가면서 가지고 간 말이다. 한국에 있던 이 4개 나라에 사투리가 있어서 서로 어느 정도 달랐고, 한국말과 일본말 사이에 서로 떨어져 있던 2,000~1,500년 세월 동안 많은 변화가 있었다. 우리가 조선시대 한글로 쓰인 《송강가사》나 시조를 읽어 봐도 독해가 어려울 정도인데, 삼국시대에 일본으로 가서 변형된 일본말이 현대 한국말과 정확히 일치하기를 바라는 것은 좀 억지일지도 모르겠다. 마음이 닫혀 있고 고집 센 사람들은 일본말이 한국말과 정확히 일치되지 않는다고 일본말과 한국말은 서로 관계가 없다고 결론을 내린다.

현대의 한반도 내에서 서로 다른 지역에 거주하는 사람들이 대화하는 경우에 서로 지역 사투리를 이해하지 못할 때가 있다. 특히 육지 사람이 배를 타고 바다를 건너서 제주도에 가면 사투리를 더욱 알아듣기 어렵다. 같은 나라 안에서도 이러한데, 더 멀리 바다를 건너야 하고 국가도 다르니 일본말이 2,000여 년 전에는 한국말이었다고 해도 지금은 많이 달라졌을 것이다. 이런 시간적, 공간적 차이를 고려해서 이해심을 넓게 갖고 한국말과 일본말이 같은 말이었나 아니었나를 잘 따져봐야 한다.

사람들이 이민을 가면 가기 전에 쓰던 말과 풍습이 그대로 고정돼 버린다. 연변 동포들은 젊은 사람들도 예전 우리 부모님이나 할아버지, 할머니 세대가 쓰던 말을 그대로 쓴다. 프랑스계 이민자들이 주로 사는 캐나다의 퀘벡 주는 공용어가 프랑스어이다. TV 토크쇼 '미녀들의 수다'에서 퀘벡에서 온 사람과 프랑스에서 온 사람이 프랑스어로 대화를 나눈 적이 있는데 프랑스에서 온 사람이 퀘벡에서 쓰는 말은 옛날 프랑스어라고 하였다. 언어가 이민을 가면 이민 갈 당시의 언어인 옛날 언어로 고립되어 버린다.

한국 사람이라 하더라도 제주도 사투리는 알아듣기 어려운데, 언어학자들에 따르면 제주도 사투리가 고려 중기의 말이라 한다. 고려시대에 몽고의 침공을 받고 삼별초군이 제주도로 이주하여 끝까지 항전을 벌였다. 그때 이주한 사람들이 제주도의 주류가 됐고 그 사람들이 쓰던 말이 현대에도 보존되어 제주도 말이 되었다.

마찬가지로 가야가 망하면서 가야 사람들이 일본으로 이민을 갔고, 고구려의 침공으로 백제의 위례성이 함락될 때 백제 사람들이 일본으로 이민을 갔고, 백제와 고구려가 망할 때는 보다 많은 사람들이 일본으로 이민을 갔다. 그때의 한국말이 일본이라는 섬에 고립되어 보존된 것이 일본말이다.

그때 일본에 거주하던 원주민들은 '아이누족'이다. 서부영화에서 보듯이 가야와 삼국의 이민자들이 아이누 토착인들을 홋카이도와 오키나와로 학살하고 몰아내면서 세운 나라가 일본이다. 서로의 무력과 문화가 월등히 차이가 나면 정복자들과 토착인들 사이에 말이 섞이지 않는다. 북미와 중남미에서 아메리카 인디언의 말과 유럽 이주민의 말이 섞이지 않고, 현재 영어와 스페인어를 공용어로 쓰는 것을 보면 알 수 있다.

고려 중기의 말인 제주도의 말도 알아듣기 힘든데, 일본말은 삼국시대의 말이 2,000여 년 전에 고립되고 바다를 사이에 두고 국가를 달리해서 지금까지 내려온 말이니 한국말이 아닌 것처럼 느껴지는 것은 당연하다.

일본말과 한국말이 달라 보이게 된 결정적 계기는 일본 가나와 한글의 출현이다. 일본 가나는 그 많고 많은 소리 중에 50여 가지 소리밖에는 기록할 수 없다. 삼국시대 한국말의 다양한 소리가 50여 가지 글자 속에 갇혀 버렸다. 아, 야, 어, 여, 오, 요, 우, 유, 으, 이와 그 외의 복모음으로 다양한 삼국시대 한국말이 아, 이, 우, 에, 오 5개 모음으로 줄어들어 버렸고, 한글의 받침으로나 다양하게 표현되는 한국말에서 받침들이다 빠져 버렸으니 일본말과 한국말이 완전 별개의 말이 되어 버렸다.

한국말은 자음이 14개, 모음이 10개로 복자음과 복모음을 빼더라도, 초성자음 14개 × 중성모음 10개 × 종성자음 14개 = 1,960개로 최소한 1,960개의 소리로 표현돼야 적당하다.

그러나 가나가 생기고 삼국시대 한국말이 50여 개로 표현되었으니 한국말과 일본말이 얼마나 달라졌겠는가? 간단히 예를 들면, '땅'이 '다'가 되고 '샘물'은 '시미즈', '밭'은 '하타'가 됐다. '밭'은 밭침이 연음되어 '바타'로 변했다가 첫 자음의 발음이 약해지면서 '하타'가 됐다. 초성, 중성, 종성으로 한 글자로 표현돼야 하는 한 음절 단어가 50음도가 생기면서 받침이 연음되어 두 음절로 표현되니 같은 한국말이라도 달라 보이게 됐다.

한글이 생기면서 한국말도 많이 달라졌다. 그동안은 한자나 이두로 한국말의 소리가 제한적으로 표현됐다가 한글이 나오면서부터는 보다 정확하게 표기됐고 비슷하던 단어가 분명히 다르게 표기됐다. 모음이 다양화되고 받침이 생기면서 한국말 소리를 분명히 구분되는 상태로 고정시켰다. 어떤 단어가 두루뭉술하게 이렇게도 쓰이고 저렇게도 쓰이던 것이 한글이라는 과학적인 표기 시스템에 의해 분명히 서로 다른 여러 개의 단어로 분화하게 됐다. 이러한 요인이 현대의 한국말과 일본말이 서로 다르게 보이는 결정적인 역할을 한다. 일본에서는 한국말이 줄어들고 한국에서는 한국말이 늘어난 것이다.

이민자들의 게으른 혀

영국 사람들이 신대륙으로 이주하여 지금은 미국에서 영어를 쓴다. 삼국시대 한국 사람들이 화산이 만들어 낸 땅 일본으로 이주하여 한국말을 썼다. 삼국시대 일본에 이주한 한국의 후손들은 1,500~2,000년이나 지나다 보니 그들이 원래 한국인이며 그들이 쓰는 말이 한국말인지도 모른다.

이민 가서 세월이 흐르면 이민자들의 말이 이 정도로 바뀌는데 그 이유 중 하나가 '게으른 혀' 현상 때문이다. 발음하기 힘든 것은 '게으른 혀'가 대충 얼버무려 버린다. 발음이 잘못 됐다고 고쳐 주는 사람들이 주위에 없기 때문이다. 영국 사람들은 물을 '워터'라고 하는데 미국 사람들은 '워러'라고 한다. 'ㅌ' 발음을 'ㄹ' 발음으로 한다. 이렇게 발음하는 것을 보고 영국 사람들이 미국 사람들은 '게으른 혀'를 가졌다고 한다. 이런 현상은 이주민들이 모국어를 할 때 나오는 공통현상이다. 영국 사람들은 영어를 할 때는 발음이 똑똑 끊어지면서 무엇인가 힘들어 보이는 반면 미국 사람들은 술술 부드럽게 이어진다. '게으른 혀'가 발음하기 어려운 단어를 대충 발음하고 넘어가기 때문이다.

미국은 이주의 역사가 200여 년밖에 되지 않았고 같은 글자를 쓰면서 같은 영어사전을 쓰고 교육이 발달된 상태에서도 영국식 영어와 미국식 영어가 이렇게 달라졌다. 일본은 이주의 역사가 2,000여 년 가까이 되고 말은 같더라도 글자를 다르게 쓰고 공통사전이 없고, 서로 왕래가 없고, 언어교육이 없었으니 한국말과 일본말이 전혀 별개의 언어처럼 보이게 됐다.

여기에 일본의 왕권을 잡은 백제 유민들의 신라 왕권에 대한 증오가 알게 모르게 면면히 이어져 내려오면서 독립국가로서 일본이 한국을 점점 멀리하면서 1,500여 년이 지나 다른 말을 쓰는 다른 민족으로 변해 버렸다. 민족을 구분하는 데는 서로 다른 말이 결정적인 역할을 한다. 한국말이 일본말로 변해 버린 결정적인 공헌을 한 것이 이주민들에게 흔히 나타나는 '게으른 혀' 현상이다. 한국에서 건너간 일본 이주민들의 '게으른 혀'는 우선 받침을 빼버리고, 발음하기 어려운 자음은 쉬운 자음으로 바꾸어 발음하고, 모음을 동화시키는 3가지 현상으로 나타났다.

공간을 나타내는 말

≫ 히가시(ひがし)는 해가 솟(는곳)의 변형

일본말로 동쪽을 '히가시'라 한다. 이는 분명 '해가 솟(는곳)'이란 한국말의 변형이다. 일본말에는 가나 50음도에 '애'가 없어 '해'를 '히'라 한다. 국호에서 알 수 있듯이 '해'를 숭상하는 일본은 일왕(日王)이 해의 아들이라 하여 '히꼬'라 한다. '꼬'는 한자의 '子'로서 '(새)끼'에서 유래한 말이다.

'가'는 한국말의 어조사 '가'와 같다. '시'는 받침이 없는 일본말에서 '솟'을 그렇게 읽을 수밖에 없다.

≫ 니시(にし)는 (해가) 누우신(곳)의 변형

일본말로 서쪽은 '니시'라 한다. 한국말 '(해가) 누우신(곳)'의 변형이다.

≫ 미나미(みなみ) 문냄의 변형

일본말로 남쪽은 '미나미'라 하는데, 한국말 '문(門) 냄'이 변형된 말이다. 북반구에 사는 사람은 집을 지을 때 남쪽을 향해서 집을 짓는 것이 좋다. 그래야 추위가 심한 북반구에서 햇빛을 조금이라도 더 받을 수 있다. 집이 남향일 때 가능하다면 문도 남쪽에 내야 한다. 특히 왕이 사는 궁궐은 남향하며 남쪽으로 문을 낸다. 그래서 경복궁, 종묘가 모두 문을 남쪽에 내고 있다.

'문 냄'에서 연음되면 '무내미'가 된다. '내'가 가나에 없으니 '나'가 된다. '무'가 '나미'와 모음조화되어 부드럽게 발음되면 '미나미'가 된다.

≫ 기타(きた)는 귀(歸)터의 변형

일본말로 북쪽은 '기타'라 한다. 한국말 '귀(歸)터'가 변형된 말이다. 한국이나 일본이나 죽으면 북쪽으로 돌아간다는 생각이 있다. 음양오행 사상에 북쪽은 만물이 생겨나고 죽어서 돌아가는 곳이다. 그래서 죽는 것을 돌아간다고 하는데, 북쪽으로 돌아간다는 의미이다.

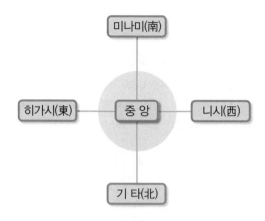

≫ 나까なか는 '아니 가'의 변형형

일본말로 중앙은 '나까'라 한다. '나까'의 일본말 어원은 '나이+가'가 된다. '나이'는 한국말 '아니'의 뜻이며 실제로 '않아'에 일본말의 형용사형 어미 '이'가 붙어 '나이'로 변형된 것이다. '않아이'는 연음되어 '아나이'가 되고 첫음절의 '아'는 한국말과 일본말에서 흔히 생략되어 '나이'가 된다. '가'는 '가장자리'란 뜻의 한국말이다. '나까'는 '가'가 아니고 중앙이라는 뜻이 있다. 한국말도 중앙을 '가운데'라 한다. 이 어원은 '가가 아닌 데'라는 뜻이다.

왜 중앙을 말하는데 복잡하게 가장자리가 들어가는가 하고 의문을 갖기 쉬운데 동양철학에서 중(中)을 얻는 것을 매우 중요시 한다. 그래서 공자는 《중용》이라는 책을 남겼고 《주역》을 제본한 가죽 끈이 3번 끊어지도록 읽었는데 《주역》에서 가장 중요한 내용은 '음'과 '양'에 치우치지 않는 '중'을 얻는 것이다.

그 '중'을 얻기 위해서는 양쪽의 가장자리를 배제해 나가야 한다. '가' 쪽을 동서남북으로 배제해야 '중'을 얻을 수 있다. 그래서 일본말에서 '중'을 '나까(나이 까)'라 하고, 한국말에서는 '가운데(가 아닌 데)'라 했다. 한국과 일본 공통 조상들의 심오한 철학이 이 속에 보인다.

≫ 시타(した)는 바닥의 변형

'위'는 '우에'라 한다. 설명할 필요가 없이 같다. '아래'는 '시타'라 한다. 한국말 '바닥'이 변한 것이다. 일본말에서 ㅂ(び), ㅍ(ぴ), ㅎ(ひ)에 해당하는 소리는 세월 이 흐르고 지역이 바뀌면서 서로 교체되어 사용된다. ㅂ(び), ㅍ(ぴ), ㅎ(ひ)은 같은 계열의 자음들로서 'ひ'에 부과되는 점이나 동그라미에 따라 달라진다.
'바닥'은 '하닥'이 되고, '하'는 일본말에서 흔히 '시'로 변하고, 발음하기 어려운 '닥'은 '타'로 변했다. 한국말 '하'는 일본말에서 '시'로 잘 변하는 법칙이 있다. 한국말 '하다(do)'에 해당하는 말이 일본말에서는 '스루'라 하는데 '하'가 '스'로 변한 것이다. '하다'가 '스루'가 된 과정은 동사를 설명할 때 자세히 설명하겠다.

≫ 마에(まえ)는 앞에의 변형

'앞'을 '마에'라 한다. '맏에'가 변한 말이다. 첫째 아들을 맏이라 한다. 맏이란 뜻은 '앞'의 의미가 있다. '맏에'가 받침을 빼먹고 '마에'로 변형되었거나, '앞에'가 2,000년의 우여곡절 끝에 '아페'→'마에'로 변했을 가능성도 있다.

≫ 아또(あと)는 아! 뒤의 변형

'뒤'는 일본말로 '아또'라 한다. '뒤'의 앞에 감탄사 '아!'가 붙은 것이다. '아! 뒤'가 '아또'가 된 것이다. 이때 감탄사 '아!'는 뒤에 있어서 잊어버리고 있다가 생각났을 때 '아!'이다. 일본인들이 대단한 것, 신성한 것을 부를 때 앞에 붙는 감탄사이다. 우리도 '아'나 '오'가 앞에 붙는 말은 '대단한, 신성한'의 의미가 있다. 한국인들도 대단한 것, 신성한 것을 부를 때 앞에 감탄사를 쓴다. '아!父지', '오!母니'가 그 대표적인 예이다.

≫ 요꼬(よこ)는 옆구(리)의 변형

'옆'을 말하는 일본말 '요꼬'는 '옆구(리)'의 변형된 말이다. 역시 받침을 뺀 게으른 혓바닥이 만들어 낸 말이다.

≫ 우찌(うち)는 안쪽의 변형

'안'은 '우찌'라 한다. 한국말 '안쪽'이 변한 말이다. '안'을 가장 쉽게 발음하면 '우'가 된다. 한국말에서도 '안'을 '안치'라 말하기고 한다. '쪽'을 게으른 혀로 말하면 '찌'가 된다.

≫ 소토(そと)는 조(기) 터의 변형

'밖'은 '소토'라 한다. 한국말 '조(기) 터'가 변한 말이다. 안에서 바라보는 밖은 '조터'이다. '조'가 부드럽게 발음되어 '소'가 되고 '터'의 일본 가나 발음은 '토'가 적당하다.

≫ 미기(みぎ)는 맞는 곳이 간소화한 말

오른쪽은 일본말로 '미기'이다. 한국말 '맞는 곳'이 간소화한 말이다. '맞는'이 한음절로 줄어 '미'가 되고 '곳'이 '기'가 됐다. 영어에서 오른쪽이 'right'인데 '맞는다'는 뜻이 있어 '오른(옳은)쪽', '미기'와 같은 의미가 있다.

≫ 히다리(ひだり)는 해돋이의 변형

왼쪽은 일본말로 '히다리'라 한다. 한국말로 '해돋이'가 변한 말이다. '해'는 일본말로 '히'라 하고 '돋이'는 연음되어 '도디'가 되는데 부드럽게 발음하면 '다리'가 된다. '히다리'가 '해쪽 다리'를 가르친 것일 수도 있는데, 최소한 '도디'가 '다리'로 되는 데 일정한 역할을 했을 것이다.

대명사

일본말에서 가까이 있는 것은 '고레'라 한다. 조금 떨어져 있는 것은 '소레'라 하고 멀리 떨어져 있는 것은 '아레'라 한다.

≫ '고레(これ)'는 '이것'이란 뜻

한국말 '고것일라(치면)'에서 유래된 말이다. '고것일라'에서 이북 고구려식으로 '고거이래'로 변하고 생략하고 줄어들어서 '고레'로 변한 것으로 추정된다. '레'는 어조사로서 이북 사투리 '내래'라 할 때의 '래'와 같다. 어조사와 함께 그냥 '고것'을 뜻하는 단어가 된 듯싶다.

≫ '소레(それ)'는 '조것'이란 뜻

'조'가 '소'로 변한 것이다. ㅈ, ㅊ, ㅅ, ㄷ은 비슷한 계열의 자음으로 서로 잘 치환된다. 세게, 혹은 약하게 발음하는 차이 정도이기 때문이다.

≫ '아레(あれ)'는 '아! 저것'에서 유래

'저것'에서 '저'가 빠진 모양이다. '저것'은 '조것'과 혼동되니 빠진 것 같다.

≫ '도레(どれ)'는 '어느 것'

일본말 가운데 불확정 지시대명사로서 '도레'가 있다. 한국말로는 '어느 것'으로 해석된다. 좀 더 정확하게는 '어떤 것'에서 유래된 말이다. 일본말과 한국말의 변화에서 '어', '오', '어'는 덧붙기도 하고 그냥 빠지기도 한다. '어떤 것'의 '어'는 빠지고, '떤'만 남는데, 발음하기 어려우니 '도'만 남는 것으로 보인다.

≫ '고꼬(ここ)'는 '고곳'

장소를 나타내는 지시대명사에는 '고꼬', '소꼬(そこ)', '아꼬(あこ)', '도꼬(どこ)'가 있다. '고꼬'는 '고곳'이 변한 것이다. '꼬'는 한국말 '곳'과 정확히 일치한다. '소꼬'는 '조곳', '아꼬'는 '아! 저곳'이다. '도꼬'는 '어떤 곳'이 변형된 말이다.
일본어 조사와 동사들이 한국말이라는 것을 뒤에 자세히 설명하겠지만 가장 흔히 쓰이는 일본어 조사와 동사의 예를 들겠다. 명사 뒤에 붙는 '가'는 한국어 조사 '가'와 똑같다. 일본어 조사 '와(わ)'는 '은'과 같다. '은'은 받침 발음하기 어려우니 '와(わ)'라 한 것이다. 한국어 목적조사 '을'은 '오(お)'라 발음한다.

≫ 한국어 소유격조사 '의'는 '노(の)'가 된다

복모음 '의'의 발음이 어렵고 일본어는 두음법칙이 없으니, 'ㅇ'이 'ㄴ'으로 된 것이다. '의'의 삼국시대 말은 '늬'였을지 모른다. 영어 서술형 조동사 'is'에 해당되는 일본어는 '다'로 한국말 '이다'와 똑같다. 존칭어로는 '데스'인데 한국말 '뎁쇼'에서 유래된 말이다.

≫ 한국말 의문동사 '까'는 일본말에서도 그대로 '까(か)'

'고꼬가 도꼬 데스까?'라 물으면 '소꼬와 서울데스' 하면 된다. 일본말이라는 한국말 사투리를 표준말로 바꾼다면 '고곳(이)가 어떤 곳 뎁쇼까?'로 묻는 것이고 '조곳은 서울인뎁쇼.'라고 대답하는 것이다. 일본말로 묻고 일본말로 대답한 것이 아니라 삼국시대 한국말로 묻고 삼국시대 한국말로 대답한 것이 된다.

≫ '찌라(ちら)'라는 한국말 '쪽으로'가 변형

일본말 가운데 방향을 나타내는 지시대명사로는 '고찌라(こちら)', '소찌라(そちら)', '아찌라(あちら)', '도찌라(どちら)'가 있다. 여기서 일본말 '찌라'는 한국말 '쪽으로'가 변형된 것이다. '쪽'에서 받침을 빼니 '쪼으로'가 되고, '쪼으로'가 발음이 힘드니 '찌라'가 된 것이다.

인칭대명사

≫ 와따시(わたし)는 나따위의 변형이다.

한국어 '나'를 일본어로 '와따시(わたし)'라 한다. '나'와 '와따시'는 아무 연관관계가 없을 것 같지만, 한국어를 잘 살펴보면 여기에 해당하는 말이 있다. 우리는 '너 따위가 그 어려운 것을 어떻게 할 수 있어?'라고 말한다. '너 따위'란 너의 낮춤말이다. 우리는 스스로를 낮추어 부르는 겸양의 미덕을 중시한다. '나'를 예전에는 '나 따위'로 낮추어서 부를 수가 있었다. '나 따위'가 '와따시'로 변했을 가능성이 있다.

일본에도 '나'를 낮추어 부르는 말이 있다. '보꾸(ぼく)'이다. 그러나 어른에게는 보꾸라 하지 않는다. 우리 역사극에 보면 종들이 자기를 '복'이라 낮추어 불렀다. 일본말로 '보꾸'는 '복'과 같다.

일본말에 '나'를 '오레(おれ)'라고도 하고, 우리를 '와레다찌'라고 한다. '오레'는 우리말의 '우리'이며, '오레다찌'는 '우리들'이다. 일본인은 '들'을 '다찌'라고 발음한다. 숫자 일은 '이찌'이고, 출발을 '추바츠'라고 한다. 앞으로도 계속 나오겠지만 'ㄹ' 받침을 '-츠'로 발음하는 것을 흔히 볼 수 있다.

일본말은 우리말의 고어로서 단수와 복수를 혼동할 때가 많다. 영어에서 '나의 형'을 한국말에서는 '우리 형'이라고 한다. 옛날에는 공동생활을 했기 때문에 나와 우리를 명확히 구분하지 않고 살아왔다. 따라서 우리말의 고어인 일본말에서 나를

'우리(오레)'라 하는 것은 별로 이상하지 않다. 일본인도 한(韓)민족이기 때문에 '나'보다는 '우리'를 내세우며 '나'와 '우리'를 섞어 쓴다.

일본말에서 3인칭 대명사 '그 남자'를 '가레(かれ)'라고 한다. '가'는 우리말 3인칭 대명사 '그'가 변형된 것이고, '레'는 인칭에 붙는 조사로 이북 사투리 "내래 이북에서 왔시오."의 '내래'와 같다. 일본은 신라, 고구려, 가야, 백제 4국의 개척지이기 때문에 4국의 사투리가 고루 들어와 있었다. 그중에서도 고구려, 백제, 가야의 뿌리가 부여이기 때문에 부여말에 해당하는 고구려말이 많이 남아 있다.

한국말 '너'를 일본말로는 '아나따(あなた)'라 한다. '아! 너 당(신)'이 변형된 말이다. '아! 너 당(신)'에서 너는 모음을 동화시키기 위해 '너'가 '나'로 변했다. '너'와 '나'가 한국말에서는 분명히 차이가 있지만 일본말에는 '나'와 '너'라는 단어가 없으니 '아! 너 당(신)'의 '너'가 '나'로 변형돼도 느낌의 차이가 없다. '아! 너 당(신)'에서 '당신'의 '신'은 줄이고 '당'은 발음하기 힘드니 '따'로 변했을 것이다.

형용사

형태를 나타내는 형용사

≫ 오오끼이(おお大きい) – 크다

한국말의 '오오! 크이'가 변한 말이다. '오오끼이'와 '크다'는 상당히 달라 보인다. 일본말 형용사는 '이'로 끝나고 한국말 형용사는 '다'로 끝나므로 많이 달라 보인다. 한국말 형용사는 어조사 '다'를 붙여서 그렇다. 일본말도 '다'를 붙일 수 있다. 한국말 '그는 크다'는 일본말로 '가레와 오오끼다'라 할 수 있다. 일본말에서는 놀라움, 신성함을 나타내는 단어 앞에 감탄사 '오!'나 '아!'가 잘 붙는다.

그러나 '오!'나 '아!'가 단어에 바로 붙어 한 단어로 굳어지면 감탄의 의미가 별로 없다. 백제의 영역이었던 전라도 사투리에 '찐허이'라는 말이 있다. 이 '허이'가 표준말로는 '하이'인데 일본말에서 형용사형 어미 '이이'로 변했다. 앞의 소리에 따라 '하이'가 '시이しい'로 바뀔 때도 있다. 꼭 그런 것은 아니지만 '시이'일 때는 한국말 '싶으이'의 의미를 가질 때도 많다.

≫ 찌이사이(ちい小さい) – 작다

'작다'를 전라도 사투리에도 '쬐까나하이'라고 한다.

'작다'의 '작'이 '쬐'로 될 수 있다. '쬐'를 늘여 발음하면 '찌이'가 될 수 있다. '까나하이'는 발음하기 힘드니 '게으른 혀'로 부드럽게 줄여서 발음하면 '사이'로 발음할 수 있다. '까나'에서 발음이 어려운 모음은 빼버리고 축약하여 '아'만 남고 '하이'는 보통 일본말에서 '시이'로 변하는데 '아'와 '시이'를 합하면 '사이'가 된다. 곧, '쬐까나하이'를 줄여서 부드럽게 발음하면 '찌이사이'가 된다.

≫ 나가이(なが長い) – 길다

한국말에서 '나가다'라는 말이 있다. 앞으로 쭉 뻗는다는 뜻이다.

조금 이해심 있게 본다면 '길다'와 같은 의미가 된다. 앞으로 나가 있는 것은 긴 것이다. 나가이는 '나가 (있으)이'의 변형이다.

≫ 미지까이(みち短い) – 짧다

한국말 '밑에 가다'와 같다. 밑에 가면 길지 않고 짧은 것이다.

≫ 다까이(だか高い) – 높다

한국말 '(하늘에) 닿아 가이'가 변한 말이다.

경상도 사투리로 '뭐라 캤나?'라는 말이 있다. '뭐라고 했나?'가 변한 말이다. 경상도 사투리도 일본말처럼 한국말의 고어 형태를 지닌 말이 많다. 그래서 'ㅎ'이 'ㅋ'으로 변해 '했나'를 '캤나'로 발음한다.

일본말 '다카이'는 '닿아 가이'가 변형된 상태이다. 일본 가나의 'か'를 한국말로 표기할 때 외래어표기법에서는 '카'로 표기하는데, 어떤 사람들은 '까'로 표기하기도 한다. 왜냐하면 어떤 때는 '카'로 들리고 어떤 때는 '까'로 들리기 때문이다. 외래어표기법에서는 '카'를 옳은 표기법으로 정했는데, 사실 이것은 정하기 나름이다. 이 책에서는 상황에 따라 한국말과 비슷한 글자로 섞어서 쓴다.

한국말 '언덕'은 일본말에서 감탄사 '오!'에, 한국말의 고어인 '다까이'의 어간에, 명사어미 '이'가 붙어 '오! 따끼'였다가 '언덕'으로 변한 것으로 추정된다. 일본에서

산을 '야마'라 하기도 하고 '다께'라 하기도 한다. '다께'도 언덕과 같은 어간 '닦'
을 갖는다.

≫ 히꾸이(ひく 低い) – 낮다

갑골문자가 동이족(東夷族)이 만든 문자라는 것은 서양 고고학계의 정설로 받아들
여진다. 중국 사람들만 아니라 한다. 갑골문자를 발전시킨 것은 한족(漢族)이지만
갑골문자를 처음 만든 사람은 동이족이다. 그 증거로 한자의 기본 글자는 동이족
말에 깊이 들어와 있다. 운동경기에서 중국인들이 응원할 때 '짜요우(加油)!'라 한
다. '짜요우!'는 '기름을 더해!'라는 뜻이다. 이기라고 응원하면서 기름을 더하라는
것이 좀 어색하지 않은가? 사실 '자! 드세요' 할 때 쓰는 '자!'에 '요'를 붙인 동이족
말이다. 일본인들은 이런 경우에 '도조'를 쓰는데 '자! 들죠'란 뜻이다.
히꾸이는 '하(下)로 가이'가 변한 말이다. 아래로 가니 낮다는 말이 된다.
형태를 나타내는 형용사에 간다는 말이 많이 들어간다.
닿게 가는 것은 '다까이(높다)'이고 아래(下)로 가는 것은 '히꾸이(낮다)'이고 뻗어
나가는 것은 '나가이(길다)'이고 밑에 가는 것은 '미치까이(짧다)이다.

≫ 후또이(ふとい) – 굵다

후또이는 한국말 '아! 뚱(뚱)하이'가 변한 말이다. '뚱뚱하이'에서 '뚱뚱'은 똑같은
말이 반복되니 하나가 생략된다. 한국말 '하이'는 일본말에서 형용사형 어미, '이'
로 줄어든다. '아뚱이'에서 '아'가 뒤의 된소리 뚱에 영향을 받아 '후'로 변한다.
'뚱이'를 게으른 혀로 발음하면 '또이'가 된다.

≫ 호소이(ほそい) – 가늘다

호소이는 한국말로 '홑하이'가 변해서 된 말이다. 얇은 이불을 '홑이불'이라 한다.
'얇다'는 뜻이 들어 있다. 언어의 분화가 덜된 '홋'은 '가늘다'로 혼동되어 사용될
수도 있다. 여러 개가 뭉쳐 있는 것에 비해 하나를 '홋'이라 한다. '홋'은 뭉쳐 있는
전체보다 가늘다. 그래서 '홋'이 '가늘다'라는 의미로 쓰였고 '홋'은 일본 사람들이
발음하기 힘드니까 받침을 연음시켜 '호소'가 된 것이다.

≫ 오모이(おも重い) – 무겁다

한국말에 '어! 무거워'라는 말이 있다. 이 '어! 무거워'에서 발음하기 힘든 '거'가 빠지면서 '어! 무워'가 됐고, 발음하기 쉬운 모음들이 쉬운 발음으로 바뀌면서 '오모이'가 됐다.

≫ 카루이(かる輕い) – 가볍다

한국말 '가루 싶으이'가 변한 것이다. 한국말 '스러우이'나 '싶으이'는 보통 일본말에서 '시이'로 변한다. 한국 사람들이 일본으로 이주한 초기에는 한국말의 뜻을 제대로 알아 형용사형 어미 '시이'와 '하이'를 혼동하지 않았는데 나중에 한국말 뜻을 잊어버려 '시이'와 '하이'를 혼동한 것으로 추정된다. '카루이'는 '카루시이'가 옳다고 생각된다. 가루인가 싶은 것은 가벼운 것이다.

상태를 나타내는 형용사

≫ 오오이(おお太い) – 많다

한국말에서 '많다'의 고어는 '하이'이다. 한국말은 아주 철학적이라 '하나'가 하나(일)이기도 하지만 전체이기도 하다. 그 개념은 우리 민족 경전인 《천부경》에서 잘 표현되어 있다. '하나'는 전체이므로 '많다'라는 뜻도 있다. 대전(大田)을 한국말로 '한밭'이라 한다. '한'은 '하나'의 줄은 말이다. '하나'를 형용사 형태로 바꾸면 '하이'가 된다. '오오이'는 원래 '오! 하이'였는데 '하'가 발음하기 힘들어 '오'로 바뀐 것으로 추정된다.

≫ 수꼬나이(少ない) – 적다

수꼬나이는 '수(數)가 않으이'가 변해서 된 말이다. 한국인들은 수학적인 사람들이라 우주만물의 원리를 수로 표현하는 《천부경》이라는 경전을 가지고 있다. 그래서 한국말에는 '수'자가 많이 들어간다. "할 수 없다. 그럴 수 있다. 재수 없다. 운수가

나쁘다. 실수한다. 수작한다. 분수를 알아야지." 일본인도 원래 한국인이라 일본말에도 '수'자가 많이 들어간다.

일본말에서 '나이'가 없다는 뜻이다. 좀 복잡한 이야기이지만 영어의 'No'나 독일어의 'Nein(아니다)'과 같은 어간을 가지고 있다. 한국말 '않다'의 형용사형 '않으이'가 소리 나는 대로 '아나이'로 변했다가 '아'가 빠져버리고 '나이'가 된 것이다. '수가 (많지) 않다'는 말은 수가 적다는 말과 같다.

≫ 찌까이(ちかい) - 가깝다

한국말에서 '가까이'라는 뜻의 사투리로 '가차이'가 있다. '지척에 있다'라는 말도 있다. 이 모든 말을 혼합해 보면 '찌까이'가 되고 한국말처럼 들린다. 한국말도 지역에 따라, 시대에 따라 이렇게 다르다. 길을 사투리로 '질'이라 한다. 기름을 '지름'이라 하기도 한다.

일본인들은 길을 '질'에서 'ㄹ'받침을 빼고 '지'라고 한다. 일본말에서 로(路)를 지로 읽는다. 한국말 길이 변한 질에서 지가 된 것이다. 찌까이는 '가까이'에서 '자까이'로 변하고 다시 '찌까이'로 변한 것으로 보인다.

≫ 또오이(とおい) - 멀다

'또오이'는 '떨어지이'가 변한 말이다. '떨어지이'에서 받침과 있어도 되고 없어도 되는 소리인 '지'가 빠진다. '떨'에서 받침을 뺄 때는 일반적으로 받침만 빼지 않는다. 최대한 받침이 있는 발음을 내려고 노력하며 모음이 바뀐다.

≫ 야사시이(やさしい) - 쉽다

한국말 '얕다'의 일본식 형용사형 '얕으하이'에서 나온 말이다. 얕은 것은 쉬운 것이다. '얕으'는 발음하기 어려우니 연음되어 '야트'가 되고 'ㅌ'은 부담스러운 발음이니 'ㅅ'으로 변해 '야스'가 될 수 있다.

한국말 '하'는 일본말에서 '시'로 변하는 것이 종종 있다. '얕으하이'는 '야스시이'가 되고 모음들이 동화를 일으켜 '야사시이'로 변한 것이다.

≫ 무스까시이(むずかしい) - 어렵다

한국말 '무척 거슬리이'에서 유래된 말이다. 요즘 말이지만 같은 어원인 '무척 까칠하이'에 더 가까워 재미있다. '무척'에서 척은 일본 가나에 없는 발음이라 '스'로 발음할 수밖에 없다.

'거슬리이'에서 '거'는 50음도 가나에 없으니 가장 가까운 '까'로 되고 '슬'도 '시'가 가장 가깝고 발음하기도 쉽다.

≫ 쯔요이(つよい) - 강하다

'강하다'를 한국말에서 '세다'라고도 한다. '세다'의 어간에 일본식 형용사 어미를 달면 '세하이'가 된다. '세' 뒤에 격한 발음인 'ㅎ'이 오면 '세'가 '쩨'로 바뀔 수 있다. 'ㅅ' 'ㅈ' 'ㅊ' 'ㅉ'은 같은 계열의 자음으로 서로 치환된다. 'ㅎ'이 빠진 '쩨아이'가 50음도 가나로 발음하기 쉽게 만들면 '쯔요이'가 된다.

≫ 모로이(もろ脆·い) - 깨지기 쉽다, 무르다

한국말 '무르이'가 변형된 말이다. 필자가 어렸을 때 할아버지가 "그 사람 참 무르이."라고 친구에게 말한 기억이 난다.

≫ 아다라시이(あたらしし) - 새롭다

한국말 '아, 달라 싶으이'에서 유래된 말이다. '달라'에서 받침이 빠지면 '다라'가 된다. '싶으이'는 일본말에서 '시이'로 줄어든다고 했다. 다른 것은 새롭다.

≫ 후루이(ふるい) - 낡다

한국말 '헐다'에서 유래된 말이다. 여기저기 헐은 것은 오래된 것이다. '헐으이'가 '후루이'로 변했다.

≫ 히로이(ひるい) - 넓다

한국말 '펴다'와 '너르다'의 복합어인 '펴 너르이'에서 유래된 말이다. (굽은 것을) '펴다'가 표준말이지만 서울 사투리는 '피다'이다. 일본 가나에서 ひ는 '히'라 발음하고 び는 '비'라 발음하고 ぴ는 '피'라 발음한다.

'ㅎ' 'ㅂ' 'ㅍ'은 같은 계열의 모음을 서로 치환된다. '피'는 '히'로, '너르이'에서 '너르'는 '로'로 발음하기 쉽게 줄어든다.

≫ 세마이(せまい) - 좁다

한국말 '좁으이'에서 유래된 말이다.

'ㅅ' 'ㅈ' 'ㅉ'은 같은 계열이니 서로 치환된다. '좁'은 연음되어 '조브'가 되고 '조'는 '세'로 바꿀 수 있다. '무사'가 일본에서는 '부시'가 되는 것처럼 'ㅁ'이 'ㅂ'으로 바뀌어 '브'는 '마'가 된다.

≫ 후까이(ふかい) - 깊다

한국말 '푹 까인'에서 유래된 말이다. 지형이 푹 까인 곳은 깊다. 'ㅍ'이 'ㅎ'으로 치환되는 것은 위에서 설명했다.

≫ 아사이(あさい) - 얕다

한국말 '얕으이'에서 유래된 말이다. 받침이 연음됐다가 'ㅌ'가 발음하기 쉬운 'ㅅ'로 변해서 '야스이'가 모음조화를 일으켜 '아사이'가 된다.

≫ 야와라까이(やわらかい) - 연하다

한국말 '연약하이'가 변해서 생긴 말이다. 한자어 연약(軟弱)은 사실 '여린'이란 순수 한국말을 한자화하여 변형시킨 말이다. 사실은 '여리여리하이'가 여러 단계를 거쳐 변한 말이다.

≫ 가따이(かたい) - 딱딱하다

한국말 '굳으이'가 변한 말이다. 연음되면 '구드이'가 되고 '구'는 더 쉬운 발음으로 '가'가 되고 '드'는 모음조화되어 '다'가 된다. 센소리를 좋아하는 일본인들은 '가다이'를 '가따이'라 발음한다.

≫ 스루도이(するどい) – 날카롭다

한국말 '찌르듯하이'에서 유래된 말이다.
'찌'는 나머지 '르듯'과 모음이 조화되어 '쯔'가 된다. '쯔'가 첫음절이라 같은 잇소리[齒音]로 약화되면 '스'가 된다. '르듯'은 가나의 음으로 변하여 '루도'가 된다. '하이'는 일본 형용사형 어미 '이' 한 글자로 줄어든다.

≫ 니부이(にぶい) – 무디다

한국말 '아니 뾰죽이'에서 유래된 말이다.
첫음절 '아'는 흔히 생략된다. '뾰죽'은 발음이 힘드니 부드럽게 발음되어 '부'로 축소된다.

감정을 나타내는 형용사

≫ 우레시이(うれしい) – 기쁘다

한국말 '우와!라 싶으이'가 변형된 말이다. 기쁘면 '우와!' 하고 소리가 지르고 싶어진다.
우레시이는 '얼이 쑥 하이'일 가능성도 있다. '얼이 쑥 빠질' 정도로 기쁜 것이다. '얼씨구'의 '얼쑤'일 수도 있다. 춤을 잘 추거나 노래를 잘하면 '얼쑤!'라고 맞장구친다. 이것도 '얼 쑥!'에서 나온 말이다. '어리숙하다'도 '얼이 쑥 하이'에서 나온 말이다. 얼이 쑥 빠졌다는 뜻이다.

≫ 가나시이(かなしい) – 슬프다

한국말 '가난하이'가 변형된 말이다. 옛날 한국 사람들은 물질적인 풍요보다는 마음의 풍요로움을 중요시 했다. 마음이 가난한 것이 진정 슬픈 것이다. 그래서 삼국시대 한국 사람들은 슬픈 것을 '마음이 가난하다'라고 했던 것 같다. 후에 한국 사람들이 물질을 중요시 하면서 물질이 없는 것을 가난하다고 말한 것으로 보인다.

≫ 다노시이(たのしい) – 즐겁다

'단오(端午)싶으이'에서 유래된 말이다. 옛날에 단옷날은 일을 쉬고 씨름도 하고 그네도 타고 참 즐거운 날이다. 순 한국말로 즐거운 날이라 '단옷날'이라 했다가 나중에 한자로 端午節(단오절)이라 쓴 것으로 추정된다. 단오스러운 것은 즐거운 것이다.

단오(端午)란 한자를 풀이하면 '끝에 있는 오시'인데 단오의 본뜻과는 관련이 없다. 단오는 소리를 표기한 이두이다. 단오의 순 한국말은 수릿날이다. 수리가 태양이니 태양의 날이다. '다노시이 한 날'의 단오는 '다 노는 날'에서 유래한 말이다.

≫ 쿠루시이(くるしい) – 괴롭다

'괴로워하이'에서 변형된 말이다. '괴'가 가나로는 발음하기 어려우니 '쿠'가 됐고 모음을 동화시켜야 발음이 쉬우니 '로'가 '루'가 된 것이다. 흔히 '하'는 '시'로 변한다.

≫ 사비시이(さびしい) – 쓸쓸하다

'사비성(백제의 마지막 수도였던 부여의 옛 이름)싶으이'에서 유래된 것으로 추정된다. 백제말로 '사비성'이 '쓸쓸한 성'이었던 것 같다. 백제(百濟 – 100개의 포구를 가진 나라)란 한자풀로 볼 수 있듯이 황해를 낀 한강, 황하, 장강, 메콩강 포구와 수도로 중국 황산 주위에 벌판(황산벌)을 가진 나라였는데 망해서 일본으로 건너가기 전 부여로 수도를 옮기게 되었으니 얼마나 쓸쓸했겠는가? 그래서 수도 이름도 '쓸쓸한 성'이란 뜻의 '사비성'이 된 것이다. 원래 '쓸쓸하다'의 백제 말이 '사비시이'였는지 아니면 일본 백제의 유민들이 '사비성'의 쓸쓸함을 잊지 말자고 '사비시이'라는 말을 만들었는지는 확실하지 않다.

≫ 쯔라이(つらい) – 괴롭다

한국말 '쓰라리이'가 변형된 말이다. '속이 쓰리다', '까져서 쓰라리다' 할 때 쓰는 말이 그대로 일본말이 됐다.

≫ 요로시이(よろしい) - 좋다

한국말 '옳은(가)싶으이'에서 유래된 말이다. 매사가 옳게 가는 것이 좋은 것이다. '옳은(가)싶으이'에서 받침을 빼고 연음시키고 발음에 걸리는 글자 빼고 '요로시이'가 됐다. '요로시이'의 부사형은 '요쿠(よく)'인데 한국말 '옳게'와 정확히 부합된다.

한국말과 일본말을 비교하다 보니 일본말이 2,000여 년 전의 한국말의 조상이라는 것을 알게 됐다. 성경에 바벨탑이 무너지기 전에는 세계의 민족이 하나였고 말이 하나였다고 하는데 필자는 이 하나의 말에 관심을 가지게 되었다. 한국말과 일본말의 공통어근을 서양의 어근에 비교해 보니 비슷한 것이 의외로 많았다. 특히 한국말의 고어인 일본말에서 서양 언어와 같은 말이 많이 나온다. 일본말 '요쿠'가 'O.K.'의 어원과 같은 것으로 보인다. 한국말은 '옳거니'이다.

≫ 니꾸이(にくい) - 밉다

'아니 고으이'에서 유래한 말이다. 어원은 '곱다'이다. '않아이'가 '나이'가 되는 것처럼 일본어에서는 '나이'가 앞에 부정 복합어에서 '아'를 빼는 경향이 있다. 곱지 않은 것이 미운 것이다.

≫ 우라야마시이(うらやましい) - 부럽다

한국말 '우러를만하이'에서 유래한 말이다. 씨름 〉 씨르므 〉 씨므 〉 스모에서 보듯이 일본인들은 '르'를 잘 빼먹는다. '우러를만하이'에서 '를'을 빼먹고 일반 법칙대로 '하'가 '시'로 변하면서 '를'을 빼먹더라도 완전히 빼먹지는 않고 흔적을 남겨서 '야'가 된다. 그리고 발음을 부드럽게 하기 위해 모음을 동화시켜 '러'가 '라'로 되어 '우라야마시이'가 된다. '우러러볼 만한 것'이 '부러운 것'이다.

≫ 세쯔나이(せつない) - 애달프다

한국말 '애절하이'가 변한 것이다. '애'는 일본 가나에 발음이 없으니 '아'로 썼다가 첫음절이 '아'이니 흔히 그렇듯 통째로 사라졌고 '절'의 'ㄹ' 받침은 연음되어 '-쯔'로 바뀌었다. 첫음절은 약하게 발음하는 경향이 있으니 'ㅈ'보다 발음이 쉬운

'ㅅ'으로 바뀌고 '어'는 가나에 없으니 '에'로 바뀌어 '세쯔'가 됐고 '하이'의 'ㅎ'은
발음이 어려운 격한 발음이니 '나이'가 됐다.

'세쯔나이'를 생각하니 '한산 섬 달 밝은 밤에 …… 애를 끊나니' 하는 이순신 장군
의 시조가 생각난다. 한국 이주민이 세운 나라 일본이 한국에서 독립하더니 역사
를 날조하고 서서히 말이 달라지면서 서로 다른 민족처럼 여겨져 결국 형제의 나
라 한국을 침공하게 되었다. 이순신 장군은 필사적으로 이 침공을 막으면서 '나의
애를 끊나니'라는 시조를 남겼다. '세쯔나이'와 '애를 끊나니'가 같은 말이고 같은
민족이란 것을 서로 알았으면 임진왜란과 같은 동족상잔의 비극이 방지될 수도 있
었을 텐데 애달프다.

≫ 고와이(こわい) - 무섭다

한국말 '괴이'와 같은 말이다. '괴'라는 복모음은 가나에 없다. 복모음을 두음절로
풀어서 발음하다 보니 '괴이'가 '고와이'가 됐다. '괴이한 것'은 '무서운 것'이다.

≫ 오소로시이(おそろしい) - 무섭다

한국말 '으슬(으슬)하이 〉 오! 소름일우'가 변한 말이다. '으'는 가나에 없는 모음이
라 발음하기 힘들어 '오'로 되고 '슬'은 연음되고 모음동화시켜 '소로'가 된다.
무서울 때 소름이 끼칠 정도로 으슬으슬한데 여기서 유래된 말이다. 으슬으슬도
'오! 소름 오! 소름'이 변한 말이다.

≫ 하주까시이(はずかしい) - 부끄럽다

한국말 '아주 깠어 싶으이'가 변형된 말이다. 한국말에서 바지를 내리는 것을 '엉
덩이 깠다'라고도 하고 완전히 벗은 것을 '아주 깠다'라고도 한다. 아주 깐 것은 부
끄러운 것이다.

≫ 못다이나이(もったいない) - 아깝다

한국말 '못다 해내이'가 변한 말이다. '해내이'가 발음하기 힘드니 '게으른 혀'로
쉽게 발음한 것이 '이나이'이다. 다 할 수 있는 것을 못다 해냈으니 아깝다.

≫ 고이시이(こいしい) – 그립다, 사랑한다

한국말 '고이하이'가 변한 말이다. '고이접어 나빌래라'라는 시가 있다. 곱게 하는 것을 '고이하이'라 할 수 있다. 고운 것의 부사형이 '고이'이고 형용사형이 '고이하이'이다. 곱게 그리는 것이 사랑하는 것이다. 일본말로 '고이비또'가 연인(사랑하는 사람)인데 마음에 고이 그리는 사람이란 뜻이다. '비또'는 명사 편에 설명하겠다.

≫ 나쯔가시이(なつかしい) – 그립다, 반갑다

한국말 '낯이 (자꾸) 가이'가 변형된 말이다. 한국말로는 자꾸 눈이 가는 것이 그리워하는 것이다. 눈이 가는 것을 낯이 간다고 할 수도 있다. 같은 동작이다. 자꾸 뒤돌아보거나 고향을 향하여 낯을 돌려 보는 것이 그리워하는 것이다.

≫ 쿠야시이(くやしい) – 분하다

한국말 '고약하이'가 변해서 된 말이다. '고약'을 빠르게 발음하면 '쾌'처럼 발음된다. 이것을 쉽게 가나의 음으로 발음하면 '쿠야'로 발음된다.
고약도 소주나 쓴 것을 마시고 나서 싫을 때 나오는 소리 '카아'나 더러운 것을 뱉어 낼 때 나오는 소리 '칵'이 변한 말이다.
한국말 '괘씸하이'도 '쿠야시이'와 어원이 같을 가능성이 크다.

≫ 모도가시이(もとかしい) – 답답하다

한국말 '못 오가 싶으이'에서 유래된 말이다. 오가지 못하면 답답한 것이다.

≫ 지렛다이(じれったい) – 애타다

한국말 '질렸다하이'에서 유래된 말이다. 결말이 없이 질질 끌면 질리는 것이고 애가 탄다.

평가 형용사

≫ 이이(いい) – 좋다

한국말 '이이야!'에서 유래한 말이다. 한국 사람들은 좋은 것을 보면 '이이야!'라고 탄성을 지른다. 탄성 '이이야'에서 '야'는 '이야'가 준 말로서 동사어미이므로 형용사를 만들기 위해 빼면 발음이 '이이'로 된다. 한국 사람들의 탄성 '이이야'는 한국말 고어 '이이'가 그대로 남은 것이다.

≫ 와루이(わるい) – 나쁘다

한국말에 '왈패' '왈가닥'이란 말이 있다. '왈패'는 나쁜 무리이고 '왈가닥'은 남자처럼 덜렁거리며 수선스러운 여자이다. 한국말에서는 '왈가닥'의 어원을 알 수 없는데 일본말에서는 '와루이(나쁜)+가타(사람)'로 나쁜 사람이란 말로 분명히 살아있다. '왈가닥'의 '왈'은 삼국시대의 한국말인데 일본말에서는 '와루이'라는 단어가 현재에도 분명히 살아 있다.
인도의 직업 중에 '도비왈라(빨래하는 사람)', '릭샤왈라(자전거 택시 운전사)'가 있다. 천한 직업에 종사하는 사람을 '왈라'라 하는데 '왈패'와 어원이 같다.

≫ 오모시로이(おもしろい) – 재미있다

한국말 '어머! 스러우이'가 변한 말이다. 지금은 주로 여자들이 쓰는 말이지만 재미가 있으면 '어머! 어머!' 하고 탄성을 지른다. 일본여자들은 '마아! 마아!' 하고 탄성을 지른다. 이 감탄사들은 모두 어머니, 엄마의 변형이다. '어머!' 하고 탄성을 지를 만한 것은 재미있는 것이다.

≫ 쯔마라나이(つまらない) – 재미없다

한국말 '재미이라 않아'에서 유래된 말이다. '재미라 (말)할 수 없어'라는 뜻이다. '재미이라'를 '게으른 혀'로 쉽게 발음하면 '쯔마라'가 되고 부정사 '않아'에 형용사 어미 '(하)이'가 붙으면 '나이'가 된다.

» 메주라시이(めずらしい) – 드물다

한국말 '(눈)매에 띌라? 싶으이'가 변형된 말이다. 한국말에 '눈매가 무섭다' '눈썰미가 좋다'라는 말이 있다. 삼국시대에는 '눈'을 '눈메'라고 한 것 같다. 일본말에서는 '눈'이 발음하기 어려우니 빠져 버리고 '메'만 쓰이고 한국말은 두 개 다 쓰기 귀찮으니까 '눈'만 남은 것이다.

'띌라'에서 '띌'은 일본인은 절대 발음하지 못한다. 'ㄷ'과 'ㄸ', 'ㅌ'은 발음이 어려우니 구개음화하여 'ㅈ'으로 발음하는 것은 아주 흔한 현상이다. 한국말에서도 흔히 이 모음들은 치환된다. '정거장'을 옛날에는 '뎡거장'이라 했다. 일본에서는 '절'을 '데라'라고 한다. 'ㅈ'이 'ㄷ'으로 바뀌고 받침이 연음된 것이다. '띌'이 '주'로 바뀌는 것은 적당하다. '띌라하이'는 '띌까' 의문을 갖는 것으로 '띄기 어렵다'는 말이 된다. 눈에 띄기 어려운 것은 진귀하고 드문 것이다.

» 쿠와시이(くわしい) – 상세하다

한국말 '깨알 싶으이'에서 유래된 말이다. 한국말에서 '깨알같이 자세히 쓴다'는 말을 흔히 쓴다. 한국말 고어 '쿠와'가 '깨알'로 변한 것이다.

» 가와이(がわい) – 귀엽다

한국말 '귀여우이'에서 유래됐다. '귀'가 복모음이라 '가'로서 쉽게 발음했고 모음을 동화시켜 '가와이'가 됐다. 일본인에 둘러싸인 한류 배우 옆에서 흔히 들리는 말이다.

» 까까야시이(かがや輝かしい) – 빛나다, 훌륭하다

한국말 '까까야 싶으이'가 변한 말이다. 아이들이 울면 까까 사러 가자고 달랜다. 까까는 아기들 말로 아기들에게 빛나고 좋은 것을 가리킨다. 꼬까옷도 까까옷이고 까까머리는 빛나는 머리인 것이다. 우리는 까까의 의미를 모르는데 까까는 빛나는 모습의 고어인 듯싶다.

≫ 수고이(すごい) – 대단하다

한국말 '수고(數高)하이'에서 유래된 말이다. 수가 높으면 대단하다. 고수니까 대
단하다.

≫ 가시꼬이(かしこい) – 현명하다

한국말에 '여러 가지', '가지가지', '한 가지, 두 가지'라는 말이 있다. 일본말에서
수(數)를 '가수'라 한다. 한국말 '가지'와 같은 어원에서 유래한 말이다. '가수'가
한국말이었다는 증거가 위의 말들에 여러 가지 증거로 남아 있다.
일본말 '가시꼬이'는 한국말 '수고(數高)하이'에서 유래된 말이다. '수'가 높은 것
이 현명한 것이다.
수고이도 '수고(數高)하이'에서 변한 말이고 가시꼬이도 '수고(數高)하이'에서 변
형된 말이다. 같은 수(數)를 가시꼬이에서는 '가시'라는 일본말로 읽고 수고이에서
는 수(數)란 한자음으로 읽었다. 가시와 수가 같은 말인지 모르는 일본 사람들은
단어가 다르니 의미를 조금 다르게 쓰고 있다.

≫ 주루이(ずるい) – 교활하다

한국말에 '스르륵 빠져나간다' '주르륵 흘러내린다'라는 말이 있다. '주르륵' '스르
륵'은 물이나 어떤 사물이 쉽게 벗어나는 모습을 표현하는 의성어. '주루이'는
의성어 '스르륵하이'에서 유래된 말이다. '륵'은 발음하기 힘드니 빠져버리고 'ㅅ'
가 'ㅈ'로 치환되고 모음조화시켜 '주루이'가 됐다. 스르륵 난관을 빠져나가는 것이
교활한 것이다.

≫ 오까시이(おかしい) – 이상하다

한국말 '웃겨하이'와 기원을 같이한다. 사람들은 이상하게 상식에 벗어나면 웃는
다. 우스운 것과 이상한 것은 정도를 벗어나는 것으로 같은 말일 수 있다. '웃겨하
이'를 쉽게 발음한 것이 '오까시이'이다.

≫ 아야시이(あや怪しい) - 불가사의하다, 괴이하다

한국말 '의아하이'에서 비롯된 말이다.

≫ 오로까시이(おろ愚かしい) - 어리석다, 바보스럽다

한국말 '어리석하시이'가 변형된 말이다. '석'은 발음이 힘들어 받침만 남고 생략됐다. 'ㄱ하시이'는 '까시이'로 발음된다. '어리'는 가나의 발음으로 하면 '오로'가 된다. '어리석다'는 '얼이 썩다'에서 나오고 '어리숙하다'는 '얼이 쑥 빠졌다'에서 나온 말이다. 한민족의 코드인 알사상에서 나온 말이다.

≫ 히도이(ひとい) - 혹독하다, 가혹하다

한국말 '혹독하이'에서 유래된 말이다. 역시 받침을 빼고 쉽게 발음하면 '히도이'가 된다.

≫ 에라이(えらい) - 위대하다

한국말 '위라 하이'에서 유래됐다. '위'라 하는 것은 위대하고 뛰어나기 때문이다. '위'가 가나로 발음하면 '에'가 된다. 일본말로 '그래 잘났다'를 '에라이 났다'라고 한다. 한국말에 '에라 이 바보'란 말이 있다. 잘난 척하지만 실은 바보란 뜻이다. 보통 한국말에서는 이 '에라이'가 사라져 버렸지만 이 말에는 그 흔적을 찾아볼 수 있다.

≫ 수바라시이(すばらしい) - 멋지다

한국말 '수(數) 바라하이'에서 유래된 말이다. 어떻게 해보려고 별의별 수를 다 쓰다가 어떤 수가 성공했을 때 지르는 탄성이다. 탄성이기 때문에 중요한 단어인 수(數)가 먼저 나오는 형식의 도치(倒置)된 말이 됐다. 일본에는 수에 대해 체계적으로 언급한 《천부경》 같은 경전은 없지만 일본인도 한민족이기 때문에 '수'를 숭상하고 '수' 철학에 밝아 '수'로 이루어진 단어가 많다.

≫ 고노마시이(このましい) - 바람직하다

한국말 '고놈(이다) 싶으이'에서 유래된 말이다. 연음되고 '하'가 '시'로 변했다. 바람직한 것이 나오기를 여러 번 시도하다가 '고놈이다!' 할 수 있는 것이 바람직한 것이다.

≫ 다꾸마시이(たくま逞し·い) - 억세다, 다부지다

한국말 '다 컷꾸마 싶으이' 변형된 말이다. 서울말로는 '다 컷구나 싶으이'가 되는데 한국말 고어에 가까운 경상도말로는 이렇다. '컷꾸'는 비슷한 발음이 반복되니보다 발음이 어려운 '컷'은 생략되고 '꾸'만 남는다.

≫ 가시마시이(かしま姦しい) - 떠들썩하다, 시끄럽다, 소란스럽다

한국말 '가시나 싶으이'가 변형된 말이다. 가시나 셋이 모이면 시끄럽다. '나'와 '마'는 같은 유성음이라 잘 바뀐다.

≫ 무나시이(むなし·い [空しい·虛しい]) - 공허하다, 헛되다

한국 강원도 말 '무(無)나 싶으이'가 변한 말이다. 강원도를 비롯한 일부 지방에서는 '무인가'를 '무나'라고 말한다.

≫ 토호우모나이(と-ほうも無ない) - 얼토당토않다, 터무니없다

한국말 '터무니없다'가 변한 말이다. 일본어 부정사 '나이'가 '않아하이'에 해당하는 한국말이다. 한국말 '터무니'의 고어가 '토호우모나이'이며 '나이'와 '없다'는 '나이'의 의미를 잃어버렸기 때문에 같은 뜻의 말이 중복된 것이다.

≫ 이싸마시이(いましい) - 용감하다

한국말 '쉬이 쌈하이'에서 유래됐다. '쉬'처럼 한국말 첫 글자가 발음하기 어려운 단어는 흔히 생략된다. '쌈하이'에서 연음되고 '하'가 '시'로 변했다. 쉽게 싸움을 벌이는 것이 용감한 것이다.

일본말 '이이(좋은)'와 '쌈'이 결합된 '이이 쌈하이'가 변한 말일 수도 있다.

≫ 이소가시이(いそがしい) – 바쁘다

한국말 '이(렇게) 성가시이'가 변한 말이다. 이렇게 성가신 일이 많으면 바쁜 것이다. 역시 발음하기 어려운 것은 빼고 모음동화시켰다.

≫ 이따이(いたい) – 아프다

한국말 '앗! 따거우이'가 변형된 말이다. 삼국시대에는 따가운 것이 '아프다'라는 광범위한 의미로 쓰인 것 같다. 따가운 것이 아픈 것의 가장 원초적이고 가장 강열한 감각이기 때문에 삼국시대에는 따가운 것이 아픈 것과 동일시된 것 같다. 일본말은 한국말보다 오래되어 원초적이라 감탄사, 의성어, 의태어가 그대로 살아 있다. 원초적 언어는 소리나 감탄이 그대로 언어가 된다. '앗'은 발음하기 쉽게 '이'로 변했고 '따가우이'가 줄어서 '따이'가 됐다.

≫ 아부나이(あぶない) – 위험하다

한국말 '아! 불내이'가 변했다. 옛날에는 불내는 것이 가장 위험한 것이다. '불'에서 받침을 빼고 모음이 동화되어 '부나이'가 됐다.

≫ 오사나이(おさない) – 어리다

한국말 '오! 사나우이'에서 유래된 말이다. 사나운 것은 어리기 때문이다. 점잖지 못하고 사나운 것은 어린 것이다.

≫ 와까이(わかい) – 젊다

한국말 '약하이'에서 비롯된 말이다. '약'이 가나에 없으니 받침 떼고 흔한 발음인 '와'가 됐고 '하이'가 '까이'가 됐다. 일본인은 'ㅎ'을 'ㅋ'로 발음하는 경향이 있다. '공항'을 '구꼬'라 발음한다.

≫ 오또나시이(おとなしい) – 온순하다, 젊잖다

일본말로 어른을 '오또나'라 한다. 한국말 '오똑한'에서 온 말이다. '오똑한'은 '우뚝한'의 작은 말이다. 여러 종류의 사람 무리에서 '우뚝' 키 큰 사람이 어른이다. '오또나시이'는 '오또나 싶으이'가 변한 말이다. '어른인가 싶다'라는 말이다. 어른은 사납지 않고 온순하다. '싶으이'는 '~처럼 보인다'는 뜻으로 받침을 떼고 줄여 쓰면 '시이'가 된다.

≫ 야사시이(やさ優しい) – 상냥하다

한국말 '얕으이'에서 유래한말이다. 'ㅌ' 받침이 연음되면서 'ㅅ'으로 변했다. 관상에서 콧대가 높으면 거만하고 콧대가 얕으면 상냥하다. 처신이 얕은 것은 상냥한 것이다. '우수하다' 할 때 '優(우)'자를 써놓고 상냥하다고 한다. 한자는 뜻이 통하지 않는다. 이때 '우'자는 이두식으로 소리만 나타내는 것이다.

≫ 하야이(はやい) – 빠르다

한국말 '빠르이'가 변형된 말이다. 일본말에서 'ㅂ'은 'ㅎ'으로 잘 변한다고 했다. '빠'는 '하'로 변하고 '르'는 더 부드럽게 '으'로 변했다가 모음이 조화되어 '야'로 변해 '하야이'가 됐다.

≫ 오소이(おそい) – 느리다

한국말 '어서 하이'가 변한 말이다. 느리면 어서 하라고 재촉한다. 어서 하라고 말을 듣는 것은 행동이 느린 것이다.

≫ 마주시이(まずしい) – 가난하다

한국말 '마(가) 적으이'에서 비롯된 말이다. 일본말에는 '마'라는 말을 많이 쓴다. 시간과 공간적으로 유용한 간격을 '마'라 한 것 같다. 한국말에도 '마'가 많이 남아 있는데 흔히 감지되기 힘들다. 우선 천(피륙)을 세는 단위가 '마'이다. 한 마, 두 마 하면서 센다. 집 앞에 평평한 땅이 '마당'인데 '마'는 한국말이고 '당(堂)'은 한자인데 같은 의미인 것 같다. 대청마루에도 '마'가 남아 있고 마을에도 '마'가 남아 있다. 공간적으로는 평평하고 유용한 공간이 '마'이다. '이맘때', '말미를 주어야지'라고 말할 때 이 말 속에도 '마'가 들어 있다. 시간적으로 어떤 단위의 시간인 것이다. 일본말에는 '이마(현재)' '히마(한가한 시간)' '마토(창문)' 등으로 '마'가 많이 나온다. 한국말과 일본말의 공통어인 '마'를 알아야 '마'가 들어가는 말을 이해할 수 있다. 유용한 공간은 재산이며 '마'가 적으면 가난한 것이다. '적'은 발음하기 어려워 '주'가 되었다.

≫ 기쯔이(きつい) – 고되다

한국말 '기쓰이'가 변형된 말이다. 한국말에 '죽으려고 기를 쓴다'라는 말이 있다. 안간힘을 쓰는 것을 '기를 쓴다'라고 한다. 기를 쓰는 것은 고된 것이다.

≫ 다루이(たるい) – 나른하다

한국말 '(기운이) 달리이'에서 유래된 말이다. 기운이 달리면 나른하다.

≫ 쿠도이(くどい) – 되풀이하여 귀찮다.

한국말 '귀하다 않이'가 변한 말이다. '귀찮다'가 원래 '귀하지 않다'의 준말이다.

≫ 다리나이(たりない) – 부족하다

한국말 '달리나 하이'가 변한 말이다. 달린다는 말은 부족하다는 뜻이다.

≫ 꼬마까이(こまかい) – 잘다

한국말 '깨알 같으이'에서 유래된 말이다. '깨알이란' '깨 한 알 한 알'이 줄은 말이다. 일본말에서 子를 '꼬'라 한다. (새)끼에서 유래한 말이다. 아이들은 '고도모'라 하는데 '꼬 동무'가 변한 말이다. 깨알이 원래 '꼬알'이었을지도 모른다. 이주민만 게으른 혀를 가진 것은 아니니까 모음동화를 일으켜 '깨알'이 된 것으로 추정된다. '꼬마까이'와 한국말에서 가장 비슷한 말은 '꼼(꼼)하이'이다. 꼼꼼하게 한다는 말이다. '꼼'이 연음되어 '꼬마가이'로 변했다. 꼼꼼하게 하는 것은 자잘한 것이다.

≫ 아라이(あらい) – 거칠다

한국말 '알인 → 어린'에서 유래된 말이다. 어린 것은 거칠다. 한국말이나 일본말에는 '알 사상'에서 유래한 말이 많다. '알'이란 '새알'의 알인데, 이 '알'이라는 단어가 원래는 보다 더 철학적인 뜻을 가지고 있다. 만물의 시초이며 변화의 시작이며 전체인 '태극'과 같은 의미를 가지고 있다.
'알'의 정신적인 면이 '얼'이다. 노래 '아리랑'은 원래 '알이랑'일 수 있으며 '알과 함께'라는 뜻이다. 아리랑은 그 '알'을 노래한 것이다.

≫ 마루이(まるい) – 둥글다

한국말 '말은'에서 유래한 말이다. 한국말에 '돌돌말다'라는 말이 있다. 돌돌 말면 둥그레진다. '말은'은 '말다'에서 나온 형용사이다. 한국말에서는 '마루이'란 말을 써오다가 '건조하다'의 '마르다'라는 단어와 혼동을 일으키니 '둥글다'로 바뀐 것 같다.

≫ 아쯔이(あつい) – 두껍다

한국말 '아! 뚱(뚱)이'에서 유래된 말이다. 'ㅈ'은 'ㄷ'과 서로 치환되고 'ㅉ'은 'ㄸ'과 잘 치환된다. 그것이 구개음화 현상이다. '뚱'에서 받침을 빼고 부드럽게 발음하면 '쯔'가 된다.

맛을 나타내는 형용사

≫ 오이시이(おいしい) – 맛있다

한국말 '오! (맛)있으이'에서 변형된 말이다. 일본 사람들은 '맛'을 발음하기 어렵다. 그래서 빼버렸다. 굳이 발음하면 '아지'로 변한다. 일본 조미료 '아지노모도'는 맛의 밑(근본)이란 뜻이다.

≫ 마주이(ますぃ) – 맛없다

한국말 '맛 없으이'가 변형된 말이다. '없'을 발음하기 어려우니 빼버리고 연음시키고 'ㅅ'을 'ㅈ'으로 치환시켜 발음이 부드럽게 했다.

≫ 아마이(やまぃ) – 달다

한국말 '아! 맛이'가 변형된 말이다. 사람들이 제일 좋아하는 맛이 단맛이다. 너무 맛이 있으면 탄성을 지르고 그 맛을 음미하느라고 말을 잇지 못한다. 단맛을 보고 '아! 맛이 달다.'는 표현이 줄어든 것이다.
'아! 맛이 요이'가 준 것일 수도 있다. '요이'는 일본말로 좋다는 뜻이다. 오미 중에 가장 좋은 것은 단맛이다.

≫ 시요빠이(しょぱぃ) – 짜다

한국말 '짭으이'가 변형된 말이다. 경상도 사투리에 한국말 고어가 많이 남아 있다. 경상도 사투리에서 짠 것을 '짭다'라고 한다. '짭'이 일본인들은 발음하기 어려우니 'ㅉ'을 'ㅅ'으로 바꾸고 받침 'ㅂ'을 연음시켜 '사바이'가 되는데 받침이 있었던 흔적이 남아 받침으로 'ㅅ'을 넣어 발음하니 '삿바이'가 됐다가 '시욧바이' → '시요빠이'가 됐다.
일본말로 소금을 '시오'라 한다. 짜다는 말은 '시요빠이'이다. 이 두 단어에서 한국말 소금이란 말의 어원을 찾을 수 있다. 한국말 '짜다'에서는 소금의 어원을 찾을 수 없었는데 '짜다'가 변한 일본말 '시요빠이'와 '시오'에서는 소금의 어원을 찾을 수 있다. 소금은 짠물이 엉긴 것이다. 곧, 짠 앙금이다. 한국말의 고어가 일본말이니 고어로 하면 '시요빠이 앙금'이다. 늘 쓰는 단어인데 '시오빠이 앙금'은 너무 길으니까 일본 사람들은 뚝 잘라 '시오'라 하고 한국 사람들은 '시요앙금'이라 했다가 '소금'이 된 것 같다.
한국말과 일본말의 정확한 변화법칙은 모른다. 대충 알 뿐이다. 어느 학자가 언어는 생물이라 했다. 살아 움직인다는 뜻이다. 제한된 몇 가지 법칙에 갇혀 있지 않고 지역에 따라, 시간에 따라 변하고 앞뒤 소리에 따라 다른 법칙으로 변하며 꿈틀거린다.

《주역(周易)》은 우주만물의 변화에서 공통패턴을 64가지로만 분화시켜 도시한 책이다. 《주역》은 변화법칙을 대충 알 수 있게 해준다. 필자는 《주역》을 공부하고 책을 집필한 경험도 있어서 한국말과 일본말의 변화법칙을 이만큼이라도 찾아낼 수 있었다.

≫ 슷빠이(すっぱい) – 시다

한국말 '시어빠지이'에서 유래된 말이다. '시어'가 '빠지이'와 모음동화가 더 잘됨에도 '슷'으로 바꾼 것은 '짜다'는 말의 '시옷'과 혼동되기 때문인 것 같다. 한국말에서 '짜빠져' '시어빠져'라고는 많이 쓰는데 '달아빠져' '써빠져'는 잘 쓰지 않는다. 한국말에 '짜빠져' '시어빠져'라고 많이 쓰는 것은 고어에서는 '짜아' '시어'에 '빠져'가 결합되었던 흔적이 남아 있기 때문이다.

≫ 니가이(にかい) – 쓰다

한국말 '아니 고우이'에서 유래된 말인 것 같다. 쓴맛이 맛 중에는 가장 아니 고운 맛이다.

≫ 시부이(しぶい) – 떫다

한국말 '텁텁하이'에서 유래된 말이다. 떫으면 입 안에 뭐가 낀 것 같아 입이 텁텁하여 입맛을 자꾸 다시게 된다. '텁텁'은 같은 말이 반복되니 '텁' 하나로 줄어든다. '텁'이 연음되면 '터브'가 된다. '터'가 구개음화되면 '저'가 되고 첫음절이라 약화되면 '서'가 되고 가나의 50음도 모음으로 발음하면 '시부이'가 된다.

≫ 우수이(うすい) – 얇다, 싱겁다

한국말 '얇으이'에서 유래된 말이다. 싱거운 맛을 얇은 맛이 난다고도 한다. 연음되어 '야트이'가 되고 '트'가 발음이 쉬운 '스'로 변했다. '스'는 가나에 없으니 '수'가 됐고 '수'를 중심으로 모음동화를 일으켜 '우수이'가 됐다.

≫ 우마이(うまい) – 솜씨가 좋다

일본인들은 '우마이'가 한국말 '달다'에 해당하는 '아마이'에서 유래된 말인지 알고 있는데 그렇지 않다. 한국말 '어머! (말)하이'가 변해서 된 말이다. 솜씨 좋은 공예품을 보면 '어머!' 하고 탄성을 지른다. '어머!' 할 정도로 솜씨가 좋은 것을 '우아미'라 한다.

시각을 나타내는 형용사

≫ 아까루이(あかるい) – 밝다

한국말 '밝으(하)이'가 변한 말이다. 'ㅂ'이 'ㅎ'으로 변했다가 보다 쉬운 'ㅇ'으로 변하면 '알그하이'가 된다. 'ㄹ' 받침을 생략하면 '아'의 'ㄱ'가 뒤에 'ㅎ'을 만나면 된소리 'ㄲ'가 되나 모음조화를 일으켜 '까'가 된다. '아까이'는 적색이라는 단어로서 혼동이 오니까 '루'를 더 넣어 '아까루이'가 됐다. 한국말 라, 리, 루, 레, 로는 일본말에서 흔히 생략되거나 추가된다.

≫ 쿠라이(くらい) – 어둡다

한국말 '굴(이라) 하이'에서 유래된 말이다. 말이 처음 생길 때는 인간이 굴에서 살았다. 굴 속은 어두워서 '굴'에 형용사 어미 '하이'를 붙이면 '어둡다'는 형용사가 된다. '굴'은 뒤에 오는 'ㅎ' 때문에 '쿨'이 됐고 연음되어 '쿠라이'가 됐다.

≫ 우쯔쿠시이(うつくしい) – 아름답다

한국말 '우뚝하이'에서 유래한 말이다. 'ㄸ'은 구개음화하여 'ㅉ'으로 변하기 쉽고 'ㄱ' 받침이 'ㅎ'을 만나면 된소리가 된다. 그래서 '우뚝하이'는 '우쯔꾸시이'가 된다. 여기서 '시'는 '하'가 변한 것이다. 아름다운 것은 무리 중에 우뚝하다. 옛날에는 우뚝한 것을 아름답다는 의미로 썼던 것 같다.

≫ 마부시이(まぶしい) - 누부시다

한국말 '(눈)매 부시이'에서 유래한 말이다. 삼국시대에는 '눈'을 '눈매'라 한 것 같다. '눈매'가 두 글자로 길기 때문에 한국에서는 '눈'만 남고 일본에서는 '매'만 살아남았다. '매'는 일본 가나로 발음할 수 없으니 '메'로 바뀌었고 '부시이'와 모음동화하니 '마부시이'가 됐다. 한국말 그대로 '눈부시다'와 같다.

≫ 기따나이(きた汚ない) - 더럽다

한국말 '(깨)끗하다 않아이'에서 유래된 말이다. 일본말에서는 앞에 발음하기 어려운 것은 생략된다. '깨끗하다'에서 '깨'는 생략되고 '끗하다'에서 어려운 발음을 생략하고 부드럽게 발음하면 '기따'가 된다고 했다.

'기따'를 한자로 더러울 오(汚)자로 썼는데 '기따'가 '깨끗하다'의 줄임말인지 이미 잊어버렸기 때문에 그 의미도 모르고 붙여 넣은 말이다. '기따나이' 전체가 더럽다는 의미만 착안해서 '기따나이'를 한자로 표기해야만 할 때 한자를 전체 의미만 생각해서 써넣은 것이다.

이처럼 일본말에서 한자 표기도 일본말이 한국말과 달라보이게 하는 큰 역할을 한다. 일본말 단어에서 그것이 유래된 한국말을 찾을 때 한자에 구애되면 안 된다.

일본이나 중국의 역사서를 볼 때 글귀에 매달려서는 안 된다. 정치가들이 그들의 이익을 위해 역사를 날조할 때 가장 날조하기 쉬운 것이 역사서이다. 비석이나 청동제기에 새겨져 있는 글자나 민중들의 언어에 남겨져 있는 역사적 사실이나 그 시대의 천문 지리적 환경에 근거를 해야 한다. 남의 땅을 영원히 뺏는 방법 중에 점령지의 말을 말살하고 역사서를 날조하는 것이 가장 일반적인 방법이다. 그렇게 해서 3대 정도만 내려가면 그 점령지를 영원히 뺏을 수 있다. 단지 무력으로 점령만하고 법으로만 다스리면 영원히 뺏을 수 없다. 지금 우리가 가지고 있는 역사의식은 일본이 임진왜란 이후 500여 년간, 중국이 한나라(漢) 이후 2,200여 년간 날조한 역사서에 근거한 역사의식이다.

≫ 아오이(あおい) - 푸르다

한국말 '파랗+이'가 변한 말이다. 부드럽게 발음하다 보니 '파로이'가 됐고, 이것도 어려워 '아오이'가 됐다. 옛 한국말에 푸른색을 '아오이'라 했던 증거가 있다. 먹는

열매 중에 푸른 것은 오이가 대표적이다. 오이가 푸르기 때문에 '오이'라는 이름이
붙은 것 같다. 오이에서 '아!'는 감탄사라 생략됐다.
'오이'의 색이 엄밀히 말하면 녹색이지만 아주 옛날에는 푸른색의 대표는 녹색이었
다. 오색 중에 봄의 색이 청색이었는데 사실 녹색을 지칭했다.

≫ 아까이(あかい) – 붉다, 빨갛다

한국말 '빨개〉밝으이'에서 유래됐다. '빨'이 '아'로 발음되며 그 흔적이 남아 '개'
가 센소리로 바뀌고 복모음이 두 모음으로 풀어지면서 '까이'가 됐다. 일본말로 가
을이 '아까'인데 가을이 되면 산과 들이 온통 '아까이' 해지기 때문이다.

≫ 끼이로이(きいろ色い) – 노랗다

한국말에 '(노르)끼리하이'에서 변했다. 한국말에 '노르끼리하다'는 말이 있다. 옛
날에는 '노르'와 '끼리'가 같은 말이었던 것 같다. 일본말에서 '노르'는 없어지고
'끼리'만 남았는데 줄이기 좋아하는 일본인들이 두 글자라 한 글자 줄이고 '끼리하
이'라 한 것 같다. '끼리하이'에 색을 뜻하는 일본말 '이로'가 삽입되면서 발음이
'끼이로이'로 변한 것이다.
색을 나타내는 단어 중에 노란색만 '이로'가 들어가 있다. '끼이로이'에서 '이로'는
사실 한자 색(色)과 아무 관련이 없는데 한국말이 변화하는 과정에서 비슷한 말이
나오니까 후세에 색이라는 한자를 붙인 것에 불과하다.

≫ 시로이(しろ白い) – 희다

한국말 '희이'가 변한 말이다. 한국말 '하우'가 일본말에서 '시로'로 변하는 것처럼
'ㅎ'은 'ㅅ'으로 잘 변한다. '흰'의 한국말 고어도 '시루'였던 것 같다. 한국의 산에
는 '시루봉'이란 이름이 많다. 겨울에 눈이 내려 흰 봉우리 정상이 늦게까지 희기
때문에 '흰 봉'으로서 '시루봉'인 것이다.

≫ 쿠로이(くろい) – 검다

'굴이로이'에서 유래된 것 같다.

분명 색(色)에 해당하는 한국말이 있었을 것인데 사라졌다. 한국말 여러 가지에 해당하는 일본말이 '이로이로(いろいろ)'이다. 여러 가지에 해당하는 한자어는 '형형색색(形形色色)'이다. '여러(가지)'의 '여러'가 '이로'인데 색(色)의 순 한국말이다. 불경의 색즉시공(色卽是空)에서 색은 여러 가지 물건의 의미가 있는데 고대에는 색과 '여러'의 유래가 같았다.

굴속은 어두워 검은색이고 '굴이로'는 그래서 검은색이다. 여기에 형용사 어미 이가 붙어 '굴이로이'가 되고 '굴이로이'가 짧아져서 '쿠로이'가 된 것이다.

서울의 구로동에 공단이 있다. 구로동은 검은 동네라는 뜻이다. 한자로는 九老라 쓰는데 검다는 순 한국말 고어인 구로를 한자로 쓴 이두일 것이다. 원래 흙 색깔이 흑석동처럼 검어서 구로동이라 했는지 미래에 공단이 들어와 검은 굴뚝 연기와 기름으로 검어질 것 같아서 구로동이라 했는지는 알 수가 없다.

청각, 촉각을 나타내는 형용사

≫ 아따따까이(あたたかい) – 따뜻하다

한국말 '아! 따뜻하이'에서 유래된 말이다. '따뜻하이'가 모음조화를 일으켜 '따따하이'가 됐다. 일본말에서 학생을 '각세이'라 하는 것처럼 'ㅎ'이 'ㄲ'으로 변해서 '아따따까이'가 된다.

≫ 아쯔이(あつい) – 뜨겁다, 덥다

한국말 '아! 찌이'에서 유래된 말이다. 보통 더우면 '아! 찐다 쪄'라고 한다. '아쯔이'는 여기서 비롯된 말이다.

≫ 쯔메다이(つめたい) – 차다, 쌀쌀하다

한국말 경상도 사투리 '찹데이'에서 유래된 말이다. 'ㅊ'는 'ㅉ'와 같은 계열이라서로 치환되어 '쯔베'가 되고 'ㅁ'과 'ㅂ'은 같은 계열의 말로서 서로 잘 치환되어 '쯔메'가 된다. '무사'를 일본말로 '부시'라 한다.

≫ 수주시이(すずしい) – 시원하다

한국말 '소슬하이'에서 유래됐다. 고어로 없어지려는 단어이지만 '소슬하이'가 '으스스하다', '시원하다'는 뜻이다. '슬'은 발음이 어려우니 '주'가 됐고 모음조화를 일으켜 '수주시이'가 됐다.

≫ 우루싸이(うるさい) – 시끄럽다

한국말 '울었어+이'에서 유래된 말이다. 받침이 연음되고 모음동화를 일으키면 '우루싸이'가 된다. 우는 소리는 참 시끄럽다

≫ 가유이(かゆい) – 가렵다

한국말 '가려우이'가 변한 것이다. '가려우이'가 짧아져 '가유이'가 됐다.

기타 형용사

≫ 시따시이(したしい) – 친하다

한국말 '하대하이'에서 유래한 말이다. 우리는 보통 친하면 존대를 하지 않고 '하대하여' 말을 놓는다. '하대'를 하는 것이 친한 것이다. '하대하이'에서 'ㅎ'이 'ㅅ'으로 변하고 모음동화를 일으켜 '시따시이'가 됐다.

≫ 네무이(ねむい) – 졸립다

한국말 '넷네마음하이'가 줄어서 된 말이다. 발음하기 쉬운 아기들 말은 변하지 않고 몇 천 년을 내려온다. 아기들 자는 것을 '넷네'라 한다. 마음은 발음하기 힘드니 '무'로 변했다. 일본말에서 동사 뒤에 '오모이'가 붙으면 '~할 예정이다'가 되는데 '오! 마음'이 변한 말이다.

» 호시이(はしい) – 원한다

한국말 '보(고) 싶으이'가 변한 말이다. '보고 싶다'는 것은 곧 '원한다'는 뜻이고 'ㅂ'과 'ㅎ'은 같은 계열의 모음이라 서로 잘 치환된다고 했다. '싶으이'는 발음이 번거로우니 '시이'로 변했다. '호고시이'에서 고는 발음이 힘드니 빼버려 '호시이'로 된다.

형용동사

형용사에는 '이'로 끝나는 동사와 한국말 형용사처럼 '다'로 끝나는 동사가 있다. 주로 한자 명사어간에 단정 짓는 어미 한국말 '~이다' '~하다'처럼 '~다'가 붙은 형용사이다.

이 형용동사가 명사 앞에 붙어 수식할 때는 '다' 대신에 '나'가 붙는데 이것은 한국말 형용사 어미 '~한'이 변형된 것이다. '한'의 고어가 '하난'인데 '하'가 발음이 어려워 생략하고 '난'이 됐다가 '나'로 변했다.

흔히 쓰는 말일수록 '게으른 혀' 현상이 심하다. '카이데끼다(かいてき快適だ)'는 '쾌적하다'인데 '카이데끼'나 '구루마(くるま)'하면 '쾌적한 구루마'가 된다. 일본에서 '구루마'는 '자동차'이고 한국에서 '구루마'는 '리어카(Rear Car)'를 가리킨다. 모두 한국말 '구르다'에서 나온 명사이다.

형용동사는 한국말 단어와 비슷한 한자 어간이기 때문에 한국말과 거의 같다. 한자로서 이해하기 어려운 것이나 특징적인 형용동사 몇 가지를 들어 보겠다.

≫ 다이죠부다(たいじょぶ大丈夫た) - 괜찮다

한국말 '장사다'와 같은 말이다. 아기가 뒤뚱뒤뚱 가다가 넘어져서 울려고 하면 '장사다! 장사!'라 하며 달랜다. 무력이 지금보다 더 중요한 삼국시대에는 이럴 때 '사내대장부다! 사내대장부!' 했을 것이다. 이런 조어 과정은 일본말이 한국말이라는 분명한 증거가 된다.

≫ 무다다(むだ無駄だ) - 보람이 없다, 헛되다

한국말 '허무하다'가 변한 말이다. '허무하다'에서 '허'는 생략되었다. '허'는 '어'나 '아'처럼 감탄사로 주로 쓰이며 일본말에서는 생략되거나 더해지기 쉽다. '무하다'보다는 '무다다'가 일본인들이 발음하기는 편하다.

≫ 무쮸우다(むちゅう夢中だ) - 한 곳에 열중하다

한자 그대로 보면 '꿈 속에 있다'인데 그 뜻이 '한 곳에 열중하다'와는 거리가 멀다. '무쮸우다'는 순수한 한국말을 소리 나는 대로 한자로 쓴 말이다. 여기에 해당하는 한국말은 '미치다'이다. 한국말에는 '열중하다'의 의미로 '공부에 미치다', '낚시에 미치다'라고 쓴다. '미치다'가 뜻이 꼭 들어맞고 발음도 비슷하다. '미치다'를 한자(夢中だ)로 억지로 표기하다 보니 '무쮸우다'라고 이상한 소리가 된 것이다.

≫ 유따까다(ゆた(豊)かだ) - 풍요롭다

한국말 '윤택(潤澤)하다'가 변해서 된 말이다.

≫ 데따라메다(でたらめだ) - 엉터리다

한국말 '됐다 라 말다'가 변해서 된 말이다. 한국말인 것을 알면 이 말이 사실 형용사가 아니라 순수한 동사라는 사실을 알 것이다. 그래서 다른 형용동사처럼 이 말에는 한자가 없다. 어떤 일을 하다가 엉터리로 만들어 놓은 이유는 '됐다'라고 하면서 그 일을 말아 버리기 때문이다.

≫ 수미야까다(すみ速やかだ) – 빠르다

한국말 '한숨에 가다'가 변형된 말이다. '한'은 발음하기 힘드니까 빠져 버렸다. 이 말이 한국말인지 모르고 한자어로 굳어져 버리면서 '한'이 중요한 의미를 나타내는 데도 빼버렸다. 한숨에 가는 것은 빠른 것이다.

≫ 와주까다(わずかだ) – 아주 적다

한국말 '아! 쬐까나다'가 변해서 된 말이다. 전라도 사투리 '쬐까나다'는 '작다'는 의미이고 '수가 적다'라고도 쓸 수 있다.

≫ 히마다(ひまだ) – 한가하다

한국말 '하마이다'가 변한 말이다. 한국말 고어에 '하다'는 '많다', '크다'라는 의미가 있다. '마'는 먼저 설명한 것처럼 공간적, 시간적 유용한 단위이다. 그래서 '많은 시간이다'라는 뜻이다. 시간이 많은 것은 한가로운 것이다. '해'가 일본어에서 '히'가 되듯이 '하'도 '히'가 된다.

≫ 오모다(おもだ) – 주를 이룬다

한국말 '오! 모(母)니다'에서 비롯된 말이다. 말이 탄생할 때는 주로 모계사회였고 어머니가 중심이 되었다.

≫ 시주까다(しず靜かだ) –조용하다

한국말 '싹 숙였다 〉 쥐 죽었다'와 어원이 같다. 한국말에 '쥐 죽은 듯 조용하다'라는 말이 있다. 쥐가 천장에 살면 엄청 시끄럽다. 쥐가 죽으면 조용하다. 일본말이 다른 민족의 언어라면 이렇게 표현과 소리가 같을 확률은 불가하다.
조용하다의 한국말 고어가 '싹 숙였다'가 변한 '시주까다'였는데 후대로 내려오면서 '쥐죽은 듯'이란 말이 나왔을 가능성도 크다.

≫ 제이따쿠다(ぜいだくだ) – 사치스럽다

한국말 '쳇! 있다 하다'와 같은 어원이다. '있다 하고' 으스대는 것이 사치스러운 것이다.

≫ 니기야까다(にきやかだ) – 번화하다

한국말 '느끼한 거다'에서 비롯된 말이다. 느끼한 것은 기름이 많은 것이다. 기름이 많으면 등불을 많이 밝혀 놓아 번화하다.

≫ 수데끼다(すてき素敵だ) – 멋지다

한국말 '수탉'이다. 옛날에 쉽게 볼 수 있는 멋진 것은 수탉이었다. 백제 금동향로 꼭대기의 봉황, 일본 금각사 지붕 꼭대기의 봉황, 일본 마쯔리의 신이 타는 가마의 봉황은 가장 멋진 것이다. 그런데 이 봉황이 실은 '수탉'이라고 한다. 옛날에 멋진 것은 수탉이라 멋지게 꾸며야 할 것은 수탉 장식을 했다. 수탉은 곧, 멋진 것이라 수탉과 멋진 것은 동의어가 됐다.

≫ 타이라다(たい平らだ) – 평평하다

한국말 '터 이루다'에서 비롯된 말이다. 일반적으로 좁은 의미의 '터'는 툭 터지고 확 트인 평평한 장소이다. 이렇게 터를 이룬 것이 '평평한 것'이다. '타이라다'는 '평평하다'의 순 한국말이다.

≫ 아사야까다(あさ鮮やかだ) – 선명하다

한국말 '아사와 같다'에서 변형된 말이다. 여기서 '아사'는 '아침'의 한국말 고어이다. 단군은 '아사달'에 수도를 정했는데 '아침의 땅'의 고어이다. 아침같이 밝아지는 것이 선명한 것이다. 일본어 열거형 조사 '야'는 한국말 '와'의 변형이다. '앗싸! 가오리', '아자! 아자!'는 고구려 군사가 출정 전에 쓰던 구호이다. '앗싸! 가오리'는 '아침 밝은 고려'란 뜻이다. 일본이나 중국, 태국은 아직도 한국을 '까오리'라 한다. Korea의 어원이다. '아자! 아자!'는 '밝고 밝은 고구려'의 준말이다.

금동향로의 수탉

금각사의 수탉

일본 축제 마쯔리의 신이 타는 가마위의 봉황(수탉)

≫ 수끼다(すき好だ) – 좋아한다. ~을 너무 하다

한국말 '죽인다'의 변형이다. '그 여배우 몸매가 죽인다', '그 애인에 죽고 못 산다'
라는 말이 있다. 여기서 '죽인다'는 '좋다', '좋아한다'로 쓰이고 있다.
한국말 '죽인다'는 "쑥! 하다"가 어원인 것 같다. 정도를 지나치는 동작의 의태어가
쑥! 이다. 보통 것과 비교해 쑥! 나오거나 쑥! 들어갈 때 쓰는 의태어가 쑥! 이다. 일
본말에서 빼어나게 아름다운 것을 '우쯔꾸시'라고 한다. '위로 쑥! 한 것이'가 변한
말이다. 사람이나 사물에 쑥! 빠지는 것이 '쑥! 하다'이고 부드럽게 발음하면 '수끼
다'가 된다. '노미수끼다'라고 하면 '너무 마셨다'가 된다. '넘기는 것을 정도에 벗
어나 쑥! 해버렸다'에 해당한다.

≫ 끼라이다(きらいだ) – 싫다

한국말 '꺼린다'가 변형된 말이다. '꺼'는 일본 가나에 없으니 '끼'로 발음하고 '린'
도 발음이 힘드니 '라이'로 발음했다.

≫ 이야다(いやだ) – 싫다

한국말 '아니야다'가 변형된 말이다. 한국말에서 '아'와 '오'는 일본말에서 덧붙기
도 하고 빠지기도 하고 불안정하다. '아'가 빠지고 '니야다'가 두음법칙으로 '이야
다'가 됐다.

≫ 가와이소우다(かあいそうだ) – 불쌍하다

'가여웁지요 하다'의 변형이다. 형용사 어간에 '소우'가 붙으면 생각한다는 뜻이다.
한국말 '지요?'라고 스스로 생각해 보는 것이다.

≫ 타이쿠쯔다(たいくつ退屈だ) – 심심하다

한국말 '뒹굴다'에서 유래한 말이다. '뒹'이 복모음에 받침도 있으니 복모음을 두
모음으로 풀고 연음되어 '타이'로 바뀌고 '굴'은 'ㄹ'이 '-츠'로 변해서 '쿠쯔'가 됐
다. '뒹굴뒹굴'하는 것은 심심해서 그렇다. 여기서 한자 퇴굴(退屈)은 뜻 없이 소리

만 표현한 것이다. 소리만 표현하려고 해도 이상한 소리가 되어 본래 한국말과 차이 나게 만드는데 뜻도 표현해 보려고 노력하니 더욱 일본말이 한국말과는 별개인 것처럼 만들어져 버렸다.

≫ 멘도우다(めんどうた) - 귀찮다, 하기 싫다

한국말 '맨 똑같다'가 변한 것이다. '똑같다' 발음이 너무 격해서 부드럽게 발음하니 '도우다'로 변했다. '맨 똑같은 것'은 '하기 싫은 것'이다.

≫ 시아와세다(しあわせだ) - 행복하다

한국말 '시원하다'에서 유래된 말이다. 느낌 중에 가장 행복감을 느끼는 것이 시원한 느낌이다. 더워서 쩔쩔매다가 시원한 바람을 만났을 때 그 느낌은 천국에 있는 느낌이며 행복감이다.

≫ 다메다(だめだ) - 안 된다, 소용없다

한국말 '다 말다'에서 유래된 말이다. 한국말 '안 돼!'에 해당하는 말이 '다메요!'인데 '다 마요!'와 거의 같다. 지금까지 이렇게 저렇게 해본 것을 다 마는 것은 안 되는 것이다. 다 마는 것은 소용없는 것이다.

≫ 다시까다(たしかだ) -확실하다

한국말 '다시 가다'에서 유래한 말이다. 다시 두 번 가보는 것이 확실한 것이다. 다시 해보는 것이 확실한 것이다.

≫ 니가데다(にがてだ) - 거북하고 싫다

한국말 '아니 갈 데다'의 변형이다. 두 번 다시 아니 갈 데에 가는 것은 거북하고 싫은 것이다. 일본말에서 '아'는 빠지기도 잘하고 덧붙이기도 잘한다.
예)아니 뾰죽이 → 니부이(부디다), 아니 고우이 → 니가이(쓰다), 메(산) → 아! 메야마

≫ 미고또다(みごとだ) – 볼 만하다

한국말 '(눈)매 (드는)것이다'의 변형이다. 일본말은 고어이기 때문에 명사가 곧 동사로 변화하는 것이 보인다. 일본말로 '메'가 '눈'인데 '보다'는 '미루'이고 '듣다'는 한국말 '귀'에서 유래한 '기꾸'이다. 일본말 '고또'는 '것'에 그대로 대응한다. '것'이 연음되면 '거스'이고 '어'가 일본 가나에 없으니 '고스'가 됐다가 'ㅅ'이 'ㄸ'으로 잘 변하니 '고또'가 된다. '고또'는 모음이 동화됐다. '눈의 것'은 볼 만한 것이다.

≫ 히니꾸다(ひにく 皮肉だ) – 얄궂다

한국말 '하! 얄궂다'가 변한 말이다. 한자 피육(皮肉)은 뜻이 없고 소리만 나타낸다. 피육(皮肉)이란 한자에서 '피'에 '히', '육'에 '니꾸'라는 일본말 소리가 정해진 이후에 한국말 '얄궂다'를 한자로 표기하다 보니 이렇게 '히니꾸다'처럼 본래의 소리와는 다른 말이 나오게 된 것이다.

≫ 오나지다(おなじだ) – 같다

한국말 '하나이지 이다'가 변형된 말이다. 한국말에서 '이것과 그것은 매 한가지이다'라는 말이 있다. '이것과 그것은 같다'는 뜻이다. '그것과 이것은 하나지' 해도 '그것과 이것은 같다'는 뜻이다. '하나지'가 '오나지'가 된 것이다.

≫ 갓데다(かってだ) – 제멋대로다

한국말 '갓 되다'의 변형이다. 갓 만들어진 사람은 하룻강아지 범 무서운 줄 모르고 제멋대로 한다.

≫ 호가라까다(ほがらかだ) – 명랑하다, 쾌활하다

한국말 '한가락 하다'가 변형된 말이다. 현대 한국말에서 한가락 하는 것은 세도를 한가락을 한다는 것인데, 본래 한가락은 노래 한가락을 말한다. 노래 한가락을 잘하는 사람은 명랑하고 쾌활하다.

>> 농끼다(のんきだ) - 태평하다

한국말 '농(하는) 기(분)이다'가 변형된 말이다. 한국말에 '농땡이'라는 말이 있다. 할일은 안 하고 노는 것을 말한다. '농'이 편하게 논다는 의미이다. '논다'와 '농'이 같은 어원에서 나온 말 같다. '옹해야' 노래가 있다. 두음법칙을 생각하면 '농해야'가 맞을지 모르겠다. '농해(놀면서 편안한 해(年))'를 외치는 것 같다.

일본말에도 기(氣)란 말을 많이 쓴다. '기'는 '도(道)' 닦는 데 필수용어인데 일본인들도 '도'를 많이 닦아 일본말에도 한국말처럼 '기'가 많이 들어간다. 기는 도 닦는 용어이기도 하지만 한의학 용어도 된다. 인체의 에너지인 기혈(氣血)은 그 맑고 탁함에 따라 기를 맡은 부분인 기분(氣分)과 피를 맡은 부분인 혈분(血分)으로 나뉜다. 기분에 기가 많으면 기뻐진다. 이것을 기분이 좋다고 한다. 한국말 고어인 '기이빠이'가 현대 한국말 '기뻐'이다. '기분이 좋다'를 일본말로 '기모찌 이이'라 한다. 한국말 '기몼(氣分) 이야! 하이'의 변형이다. '기모찌'는 '기몼'으로 정확히 기분(氣分)의 순 한국말이다. '이이'가 '이야! 하이'의 변형이란 것은 형용사에서 말했다. 좋다는 말이다.

'농끼다'는 '편안한 기분이다'란 말이고 곧 태평하다는 말이다.

>> 릿바다(りっぱだ) - 훌륭하다

한국말 서울 사투리 '이쁘다'가 변한 말이다. 일본에서는 훌륭한 청년을 이쁜 청년이라고 한다. 안과 밖이 다 이쁘면 훌륭한 것이다.

>> 메다쯔다(めだつだ) - 두드러진다, 눈에 띈다

한국말 '(눈)매에 닿다'가 변한 말이다. '매에'는 비슷한 모음이 중복되므로 줄어서 '메'가 된다. '닿'이 연음되면 '다쯔'가 될 수도 있다. 눈에 닿을 정도면 두드러진 것이다.

>> 다유미나이(たゆみない) - 꾸준하다

한국말 '다름이 않아이'가 변형된 말이다. 다름이 없는 것이 꾸준한 것이다. '다름이'에서 연음되면 '다르미'가 되는데 'ㄹ'은 잘 빠져서 '다유미'가 됐다. '으'는 가나에 없으니 있는 발음으로 '미'와 모음조화되면 '유'가 된다.

≫ 기마구레다(きまぐれた) - 변덕스럽다

한국말 '기 막 갈린다'가 변형된 말이다. 보통 '기'는 '마음'으로 해석될 때가 많은데 마음이 막 갈리면(바뀌면) 변덕스러운 것이다. 기분이 막 갈리면 변덕스러운 것이다. '막 갈린'에서 받침들이 빠지면 '마가리'가 된다. '마가리'에서 함께 쓰면 더 어감이 좋은 한국말 '그래'가 추가되어 '마가리고 구레'로 바뀐 것 같다. '기 막 갈리구 그래'의 형태가 된 것이다.

≫ 마지메다(ま眞じ面め目た) - 진지하다

한국말 '마지막이다'에서 변형된 말이다. 마지막이라고 생각하고 일을 하면 진지해진다. 한자어 진면목(眞面目)은 소리를 표현하기 위한 이두이다. '막이'에서 받침이 빠지고 한 음절로 줄어들면 '매'가 된다. '매'는 가나에 없으니 가까운 발음으로 하면 '메'가 된다.

≫ 나마이끼다(なま生い意き氣だ) - 건방지다

한국말 '나만이 간다'가 변형된 말이다. 나만이 갈 수 있다고 생각하는 것은 건방진 것이다. '나만이'에서 받침이 빠지면 '나마이'가 되고 '간다'에서 받침이 빠지고 '이'와 모음조화되면 '끼'가 된다. '가는 것'의 일본말이 '이끼'이다.

≫ 시쯔꼬이다(しつこいだ) - 질기다, 집요하다

한국말 '질기다'가 변형된 말이다. '질'은 'ㄹ'이 '-쯔'가 되는 일본식으로 연음되면 '지쯔'가 된다. '지'는 같은 잇소리(齒音)인 '시'로 바뀐다. '기'는 늘여 쓰면 '꼬이'로 발음될 수도 있다.

≫ 아호우다(あほうだ) - 어리석다

한국말 '바보다'가 변형된 말이다. 'ㅂ'이 일본말 첫 자음으로 오면 잘 빠져 '아'가 되고 '보'에서 'ㅂ'이 같은 계열 'ㅎ'으로 바뀌면 '호'가 된다.

≫ 게찌다(けちだ) - 쩨쩨하다, 인색하다

한국말 '깨지락거리다'에서 유래된 말이다. 조금씩 먹는 것을 깨지락거린다고 한다. 인색하게 먹는 모양이다. '깨지락거린다'에서 어간과 형용동사 어미만 쓰면 '깨지다'가 되는데 일본말 첫 자음은 센소리를 내지 않으므로 센소리가 뒤로 가면 '게찌다'가 된다.

≫ 제이따꾸다(ぜいたくだ) - 사치스럽다

한국말 '체! 있다구한다'에서 변형된 말이다. 있다 하고 체하는 것은 사치스러운 것이다. '있다'가 연음되면 '이따'가 되고 '구한다'는 경상도에서도 '쿠다'가 된다.

≫ 후빈다(ふ-びん不憫だ) - 측은하다, 가엽다

한국말 '(속을) 후빈다'에서 유래된 말이다. 측은하면 속을 후빈다. 가여운 것을 일본인들은 '후빈나 모노'라고 한다. 한국말 '후비는 물(物)'에 정확히 대응된다.

≫ 가만다(が我まん慢だ) - 참는다

한국말 '가 만(있)다'에서 온 말이다. 그렇게 하면 '가만두지 않을 것이요'에 해당하는 일본말은 '가만데끼마셍'이다. 직역하면 '가만둘 것 (생각)마세요'이다.

동사

한국말 동사는 기본형이 '~다'로 끝나는 반면, 일본말 동사는 '~루(る)', '~우(う)' '~수(す)', '~무(む)', '~쿠(く)', '~쯔(つ)' 등으로 다양하게 끝난다. 이런 것이 한국말과 일본말이 크게 달라보이게 한다. 그러나 한국말 동사가 원래 꼭 '~다'로 끝나는 것은 아니다. 나중에 표준말이 정해지면서 인위적으로 '~다'로 끝나게 만든 것이다.

'~다'로 끝나는 것은 사실 표준말 문어체에 한정된다. 한국말에도 사투리와 구어체에는 '~다' 이외에 다른 말로 끝나는 것이 많다.

전라도 사투리에는 '~서라우'로 끝나는 것이 있다. 이 세 마디를 다 발음할 수도 있지만 이 중에서 하나만 발음할 수도 있다. '~서'로 끝내면 일본말 '~수'에 해당하고 '~라'로 끝내면 일본말 '~루'에 해당하고 '~우'로 끝내면 '~우'에 해당한다. 표준어 중에 낮은 사람에게 말할 때 '~하게' 하는 것이 있다. 또 '지금 ~한다고'라고도 한다. 이것들은 일본말 '~쿠'에 해당한다.

한국말 '했지'로 끝나는 것은 일본말 '~츠'에 해당한다고 할 수 있다. 이북 사투리

'~했슴매'로 끝나는 것이 있는데 이것은 일본말 '~무'에 해당한다. 백제의 영토였던 서울 지방 말에는 '했우, 했어(서), 했다구, 했죠' 등 다양하게 끝나는 동사어미가 많다. 일본말 동사어미가 다양하게 끝난다고 한국말하고 다르게 여겨서는 안 된다.

성경 창세기에 하나님은 말씀으로 창조하셨다고 한다. "빛이 있으라." 하면 빛이 생겼다. 일본인들은 일본이 신이 세운 나라이고 자기들은 신의 자손이라고 생각한다. 그래서 신을 끔찍이 섬기고 일상생활의 말에도 항상 신이 주체가 되는 말을 한다. 자신이 어떤 물건을 갖게 되면 자신이 그 물건을 가졌다고 하지 않고 '내려주세요(나리마스, なります)' '떨쿼주세요(쿠다사이, ください)' '있다라고말씀(이따다끼마쓰, いただきます)'라고 말한다. 신이 주어가 되지는 않지만 의미상으로는 보이지 않는 신의 손길이 있다는 것을 알 수 있다. 그런데 일본인들은 그 말을 쓰면서도 그 말이 신이 주체가 된 말이라는 것은 모른다. 그냥 일상의 말로 생각한다.

일본말을 한국말로 풀어서 볼 때에만 그 말이 신이 개입된 말이라는 것을 알 수 있다. 우선 일반 동사를 한국말 어원으로 풀어 보면 서술형 동사가 한국말로는 명령형 어미를 갖고 있다. 신이 명령을 해서 그 사람이 그렇게 행동하는 것이다. '이루'의 어원은 '있으라우'로 신이 그렇게 명령을 하고 있다. 신이 명령을 해서 있는 것이다. 신이 개입된 말 중에 가장 대표적인 말이 식사하기 전에 하는 감사 인사인 '이따다끼마쓰(いただきます)'이다. 한국말로 풀어 보면 '있다라고 말씀(하셨습니다)'이다. 자세히 풀어 보면 '신께서 풍성한 음식이 있으라고 말씀하셔서 우리가 이렇게 풍성한 음식을 먹게 되어 감사합니다.'라는 뜻이다. 일본말에는 항상 이런 식으로 신의 명령이 들어 있다. 성경의 창세기 말씀으로 창조하실 때와 같이 하나님의 명령이 그대로 일상생활의 말로 굳어 버린 것이다.

한국말로 '말'이 일본말로 '고또바'이다. 성경에 말씀으로 만물을 창조하신 하나님은 말씀(Logos) 그 자체라고 기록되어 있다. 영어의 하나님 'God'은 일본말 '고또'를 알파벳으로 표기한 것 가능성이 있다. 유태인 12종족 중에 10종족의 행방을 알 수가 없다. 그래서 유대인 랍비들이 세계 이곳저곳을 다니며 그들의 행적을 찾아다니고 있다. 최근에는 미얀마 산지에서 잃어버린 종족의 후손들을 찾아 이스라엘로 이주시킨 적이 있다. 일본에 와서도 일본인들이 유대인의 잃어버린 종족의

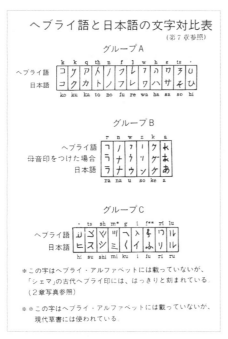

히브리어와 일본어의 문자 대비표

후손이라는 흔적을 많이 찾았다. 그것을 일본 TV에 방영한 적이 있는데 그 녹화를 필자가 가지고 있다. 우선 히브리어 알파벳의 모양과 음이 가나와 많이 일치한다. 그들은 한국인도 잃어버린 종족이라고 하는데 한국도 조사한 것 같다.

일본말처럼 이런 식의 신을 먼저 생각하는 말이 한국말의 고어 형태이다. 한국말 고어 형태인 일본말을 한국말로 풀듯이 환인과 환웅을 풀어 보자. 한국은 환인의 아들 환웅이 내려와서 만들었다. '환'은 한자로 소리를 표기했다. '환'이라는 한자의 뜻은 별로 의미가 없고 소리에 의미가 있다. 한국말의 무슨 소리를 표현했을까? 일본말에 해당하는 한국말 찾듯이 주의 깊게 찾아봐야 한다. '환'을 연음시키면 '화느'가 되고 환인은 하늘에 있으니 '화느'는 '하늘'일 가능성이 가장 크다. 그러면 환인은 '하늘의 사람'이니 신이며 그의 아들 '하늘 남자(수컷 웅, 雄)'도 신이다. 한국은 곧 신이 만든 나라가 되고 한국인은 신의 자손이다.

한국말은 곧 신의 언어이다. 신과 인간과의 관계에서 신은 주로 인간에게 명령을 한다. 그래서 한국말의 고어인 일본말은 신의 언어이니 이런 명령형의 언어로 이루어져 있다.

일상생활에 흔한 동사

≫ 아루(ある) - (사물, 식물이) 있다

한국말 '나라우'가 변한 말이다. 신이 어떤 사물을 (태어)나라고 명령하면 그 사물이 있게 된다. 나라고 명령하는 것을 사람들은 (하늘에서) 내린다고 한다. 사람은 일반적으로 첫 자음은 발음하기 싫어한다. 'ㄴ'처럼 모음에 가까운 자음은 더욱 그렇다. 그래서 첫 자음에 'ㄴ'이 생략되고 모음으로 시작되는 것을 두음법칙이라 한다. 두음법칙으로 '나라우'는 '아라우'가 되고 '아라우'는 '아루'가 된다.

≫ 이루(いる) - (사람, 동물이) 있다

한국말 '이루우'가 변형된 말이다. '인류 역사에서 장족의 발전을 이루다'라는 말이 있다. 인간은 신과 똑같이 창조되어 스스로 있게 할 수 있다. 그래서 스스로를 어느 곳에 이루어 있게 할 수 있다. 이런 뜻을 가진 말이 '있다'이고, 신과 멀어진 한국에서는 '이루다'와 '있다'를 비슷하지만 다른 뜻으로 사용했다. 한국말 '있다'의 구어체 기본형이 일본말 '이루'인 셈이다.
일본말에도 '있다'가 있는데 '있다'는 이루의 과거형으로 '있었다'의 뜻이다.

≫ 오끼루(おきる) - 일어나다

한국말 '(내 몸을) 일으키라우'에서 변형된 말이다. '일으'가 일본 가나에는 없는 발음이라서 쉽게 발음하다 보니 '오'가 됐고 '라우'가 '루'로 짧아져 '오끼루'가 된다.

≫ 네루(ねる) − 자다

한국말 '넷네 하우'에서 유래된 말이다. 이 세상에 좀처럼 바뀌지 않는 말이 있다. 아기들이 쓰는 말과 제사 지낼 때 쓰는 말이다. 아기들은 자는 것을 '넷 네 한다'고 한다. 삼국시대에는 자는 것이 '네 하우'였던 것 같다. 이것이 아기들을 통해 변하지 않고 자자손손 이어져 내려온 것 같다.

≫ 다따무(たたむ) − (이불 따위를)개다

한국말 '다듬우'에서 유래된 말이다. 다듬는 것이 곧 개고 정돈하는 것이다.

≫ 미가꾸(みがく) − 닦다

한국말 '밀고갈우'의 변형이다. '밀고갈우'에서 받침을 빼고 '고갈'은 비슷하게 발음이 중복되니 '고'를 빼면 '미가꾸'가 된다.

≫ 아라우(あらう) − (물로) 씻다

한국말 '(쌀을) 일우'의 변형이다. 현대 한국말에서는 '일다'를 쌀을 씻는 것만 국한해서 사용하고 있는데, 삼국시대에는 모든 씻는 동작을 '일우'라고 한 것 같다. '일우'가 연음되고 모음이 동화되어 '아라우'가 됐다.

≫ 다베루(たべる) − 먹다

한국말 '다 배로'에서 유래한 말 같다. 모두 다 배로 들어가는 것이 먹는 것이다.

≫ 노무(の(飮)む) − 마시다

한국말 '넘우'의 변형이다. 마시는 것을 '목으로 넘기다'라고도 한다. 받침이 연음되어 '너무'가 되고 모음이 동화하여 '노무'가 된다.

≫ 수우(す 吸う) – 들이쉬다

한국말 '쑤~욱우'에서 변형된 말이다. 들이마시는 동작을 표현하는 의성어가 '쑤~ 욱'이다. 여기에 동사어미 '우'가 붙고 발음하기 어려운 '욱'은 빠져서 '쑤우'가 된다.

≫ 마루(ま 放る) – 대소변을 보다

한국말 '몰하라우'에서 변형된 말이다. 한국 고어로 똥, 오줌을 '몰'이라 했다. 여 기에 동사형 어미 '루'가 붙어 '마루'라는 동사가 됐다. '똥이 마렵다'에서 '마렵다' 는 '마루하고 싶다'이다.

흔한 동작 동사

≫ 미루(み 見る) – 보다

한국말 '(눈)매 하우'에서 변형된 말이다. 고어에서는 인체의 부위를 나타내는 명사 에 '하다'가 붙어 동사가 된다. '듣다'는 일본말에서 귀에 '하구'가 붙은 '기꾸'이다.

≫ 기꾸(き 聞く) – 듣다, 묻다

한국말 '귀 하구'가 변한 말이다. '귀'는 발음하기 어려워 '기'가 됐고 'ㄱ'이 'ㅎ'과 결합되어 격한 음 '쿠'가 됐다.
일본에서도 '약이 듣는다'고 한다. 약효가 나는 것을 약이 듣는다고 귀가 소리를 듣는 것처럼 말하는 것은 아주 드문 일이다. 같은 민족이 아니고서는 이렇게 같은 표현을 쓰기 어렵다.

≫ 요무(よ 讀む) – 읽다

한국말 '염(하)우'가 변한 말이다. 불경을 읽는 것을 '염불'이라 한다. '염'은 '읽다' 의 한국말 고어인 것 같다.

≫ 가꾸(か書く) – 쓰다, 그리다

한국말 '긁구'의 변형이다. '한글' 할 때 '글'은 '긁다'에서 나온 말이다. 아주 옛날 종이가 발명되기 전에는 점토판이나 갑골(거북이 등판이나, 짐승의 견갑골)에 뾰족한 도구로 긁어서 글을 썼다. 영어의 문서를 뜻하는 단어 'Cript'도 어원이 글이고 한자의 시초가 되는 갑골문자에 글을 나타내는 한자는 契('글'이라 읽는다)이다. 契이라는 글자 모양은 칼 도(刀)자와 그 옆에 칼로 긁은 흔적과 갓을 쓴 사람, 세부분으로 구성되어 있다. 갓을 쓴

가야의 갑골

사람이 칼을 가지고 긁는 것이 글(契)이다.

중국인들은 글을 자(字)로 쓰고 있다. 글자 모양을 보면 집에서 자식들이 공부하는 것을 그렸다. 글의 뜻을 제대로 그려내지 못하고 있다. 그들이 한자를 동이족으로부터 도입하기 전에 글을 그들이 '자' 혹은 '지'로 소리 냈기 때문에 그 소리를 표기하기 위해 차용한 글자에 불과하다.

중국인을 뺀 서양학자들은 갑골문자를 만든 사람들이 한족이 아니고 중국의 동쪽에 사는 동이족이라고 한다. 그때는 아직 한족이 형성되지도 않았고 그쪽 지역은 원래 동이족의 지역이고 갑골을 불에 달군 부젓가락으로 지져 점을 치는 풍속이 동이족의 풍속임을 근거로 들고 있다.

≫ 이우(い言う) – 말하다

한국말 '니르우'에서 유래된 말이다. '옛말에 니르기를, 내가 너희에게 니르노니'라는 말이 있다. '니르다'는 '말하다'의 고어이다. '니르우'에서 '니'가 두음법칙에 의해서 '이'가 되고 일본말에서 흔히 그렇듯 '르'가 빠지면 '이우'가 된다.

≫ 하나수(はな(話)す) – 이야기하다

한국말 속어 중에 '이야기하다'를 '이빨 깐다'고 한다. '이를 내보인다'에서 유래된 말이다. 말이 안 통하는 사람에게 이를 가리키려면 '이~' 할 수도 있고 '하~' 할 수도 있다. 한국 사람은 '이빨'이라는 단어로 '~이'를 택했고 일본 사람은 '하~'를 택했다. 원래 삼국시대에는 이를 '하'라고 했는데 현대 한국말에서는 '이'로 바뀌었을 수도 있다.

'하나수'는 한국말 '(이)빨 내지우'의 변형이다. 이를 내보이는 것은 말하는 것이다. 'ㅂ', 'ㅃ'은 'ㅎ'과 같은 계열이라 '빨'이 '하'로 바뀔 수도 있다.

≫ 수루(する) – 하다

한국말 '하우'의 변형이다. 한국말에서 'ㅎ'은 일본말에서 'ㅅ'으로 변한다고 여러 번 말했다. '수우'가 되나 허전해서 'ㄹ'이 첨가되어 '수루'가 됐다. 명령형으로 신이 '하라우' 해서 내가 하고 있고, 이것이 발음하기 쉽게 '수루'가 될 수도 있다.

≫ 아루꾸(ある步く) – 걷다

한국말 '발로 가구'가 변형된 말이다. 'ㅂ'은 'ㅎ'으로 잘 변한다. 그래서 '할로'가 되는데 'ㄹ'이 중복되니 받침을 빼면 '하로'가 된다. 일본말에서 첫 모음이 발음하기 어려우면 '게으른 혀'로 빼 버린다. 그래서 '이로'가 되는데 '로'가 앞뒤로 모음 동화를 일으키면 '아루가구'가 된다. '가구'에서 비슷한 글자가 중복되어 '가'가 없어지면서도 그 영향이 남아 센소리 '꾸'가 되어 '아루꾸'가 된다.

≫ 하시루(はし走る) – 달리다

한국말 '(빨리) 발로'가 변형된 말이다. '빨리'와 '발로'는 혀가 게을러진 일본 사람들에게는 비슷한 단어들이다. 그중 '빨리'가 빠지면 '발로'만 남는다. 한국말의 'ㅂ', 'ㅃ', 'ㅎ' 같은 계열의 모음이라 서로 치환된다. 그래서 '발로'가 '할로'가 된다. 'ㄹ' 받침은 '-츠'로 변한다. 그래서 '발로'가 '하츠로'가 된다. 모음을 동화시켜 부드럽게 발음하면 '하츠로'가 '하시루'가 된다. 여기서는 '발로' 앞에 '빨리'가 빠진 흔적이 남아 하시로도 아루꾸와 같이 '발로'에서 변형된 말이지만 '아루꾸'처럼 '하시루'에서 'ㅎ'을 뺄 수가 없다.

≫ 도부(と(飛)ぶ) – 날다

한국말 '떠버리우'에서 변형된 말이다. '버리우'는 너무 길기 때문에 한 글자로 줄인다면 '부'가 된다. '떠'는 일본 가나에 없으니 '또'로 발음하는 것이 좋다.

출입 외출과 관련된 동사

≫ 이꾸(い行く) – 가다

한국말 '~에 가고(가구)'가 변형된 동사이다. 여기서 '가고'는 흔히 '가구'라고 발음된다. 문법이 아직 형성되지 않았을 때는 앞 단어에 있는 조사가 뒤에 있는 단어와 붙어서 하나의 단어를 형성할 수 있다. '~에 가구'에서 첫음절은 발음이 간소화하니 '에'가 '이'가 되고 '가구'에서 같은 음이 반복되니 '가'가 생략되어 한 음절 '꾸'로 줄어든다.

≫ 쿠루(く來る) – 오다

한국말 '여기 오라우'가 변형된 말이다. '여기 오라우'를 빨리 발음하면 분명한 발음만 남아 '코루'가 된다. '코루'를 모음동화로 쉽게 발음하면 '쿠루'가 된다.

≫ 가에루(かえ歸る) – 돌아오다

한국말 '가 있을 라우'가 변형된 말이다. '가 있을 라우'를 '게으른 혀'로 빠르고 쉽게 발음하면 '가에루'가 된다.

≫ 데루(でる) – 나가다

한국말 '뜨라우'가 변형된 말이다. 자리를 뜨는 것이 나가는 것이다. '뜨'를 적절한 가나 발음으로 하면 '데'가 된다.

≫ 헤메구루(へめぐる) - 헤메다

한국말 '헤메구'에 동사형 어미 '루'가 붙어 만들어진 동사이다.

≫ 와따(わた渡) - 건너다

한국말 '바다'에서 유래된 말이다. 대부분 일본의 조상들은 한국에서 일본으로 건너갈 때 느꼈던 보트 피플의 처절함이 기억나는 사람들이다. 가야가 신라에 망할 때 건너온 사람들, 고구려의 침공으로 백제의 수도 위례성이 함락되고 개로왕이 처형당할 때 건너온 사람들, 고구려가 신라에 망할 때 목숨 걸고 바다를 건너온 사람들이다. 바다를 보면 바로 '건너왔다'가 떠오르는 사람들이다. 그래서 '바다'가 바로 '건너왔다'가 동일시되어 버렸다.
'바다'라는 뜻을 가진 일본말은 한국말 '와! 물!' 혹은 '위 물(최상의 물)'이 변한 '우미'이다.

≫ 야수무(やす休む) - 쉬다

한국말 '야! 쉼우'에서 변형된 말이다. 쉬라고 하면 좋아서 '야!'라는 탄성이 나온다. 한국말 주무시다는 말의 어원도 '쉼우'에서 나온 말이다.

≫ 쯔즈께루(つづ續ける) - 계속하다

한국말 '쭉쭉하게 하라우'에서 변형된 말이다. '쭉쭉'은 이어나가는 동작의 의태어이다. '쭉쭉'은 발음하기 힘드니 '쯔즈'로 발음이 된다. '하게 하라우'는 너무 길어서 줄이면 '께루'로 줄일 수 있다.

≫ 쯔즈쿠(つづ續く) - 계속되다

한국말 '쭉쭉하구'가 변형된 말이다.

>> 가께루(かける) – 걸다

한국말 '걸게 하라우'가 변형된 말이다. '걸'의 발음을 '가'로 쉽게 했다.

>> 쯔까우(つか使う) – 사용하다, 쓰다

한국말 '써가우'에서 변형된 말이다. '써'는 가나에 없어 발음이 힘드니 '쓰' → '쯔'로 바뀐다.

>> 쯔꾸루(つく作る) – 만들다

한국말 '짓게 하라우'에서 유래된 말이다. 한국말에서 '집을 짓다', '시를 짓다'는 말이 있는데 만든다는 뜻이다. '짓게하'를 가나식으로 하면 '쯔꾸루'가 된다.

>> 쯔께루(つ附ける) – 붙이다

한국말 '착! 하게 하라우'에서 변형된 말이다. 의성어 '착'이 발음이 어려워 받침 떼고 부드럽게 발음하면 '쯔'가 된다.

>> 께수(け消す) – 끄다, 지우다

한국말 '(불을)끄지우'에서 유래된 말이다. '끄지우'를 게으른 혀로 얼버무리면 '께수'가 된다.

>> 아게루(あ開ける) – 열다

한국말 '아~하게 하라우'에서 유래된 말이다. '아~' 하고 입을 벌리듯이 하는 것이 여는 동작이다. 일본말은 원초적인 의성어나 의태어에서 비롯된 말이 많다. 일본말의 이런 형태로 보아 일본말이 한국말의 고어 형태를 유지하고 있다는 것을 알 수 있다. 한국말 '아가리(입의 비속어)'는 '아게루'의 명사형이다. 일본말로 '아고'는 턱(아구)이고 '오 아가리!'는 '한입 먹어!'인 것을 보면 아게루는 입을 '아~' 하고 벌리는 것과 관련이 있다.

≫ 시메루(し閉める) – 닫다

한국말 '처매라우'에서 변형된 말이다. 현대 한국말에서는 벌어진 두 물체를 서로 붙게 끈으로 붙들어 매는 것을 처맨다고 한다. 문을 닫는 것도 처매는 동작의 일부분이다. 옛날에는 문을 닫는 것도 처맨다고 할 만하다.

자물쇠라는 단어가 있는 것을 보면 동사 '자물다'가 있었을 것이고 이 '자물다'는 '방을 잠그고 잠자다', '처매다'나 '시메루'와 같은 어원을 가졌을 것이다. 딸기를 상하지 않게 병에 잠가놓은 것의 영어, 딸기 잼(Jam)도 같은 어원일 것이다. 교통 정체가 있어 차들이 오도가도 못하는 상태도 영어로 잼(Jam)이라 하는데 '잠기다' 의 명사형이다.

≫ 또루(と取る) – 취하다, 빼다, 따다

한국말 '들다', '따다', '털다' 이 세 가지 다른 동사들이 모두 일본말에서는 발음이 같아졌다. '거기 소금 좀 집어 주세요'라고 할 때 '또루'를 쓰는데 여기서 '또루'는 '들다'가 변한 말이다. '면허를 땄다'라고 할 때도 '또루'를 쓴다. 여기서 '또루'는 '따다'의 변형이다. '피로를 풀다'라고 할 때도 '또루'를 쓰는데 여기서 '또루'는 '털다'의 변형이다.

한국말의 여러 발음에서 받침 빼고 모음도 아, 에, 이, 오, 우 5모음으로만 발음하다 보면 가나의 몇 가지 발음으로 줄어든다. 일본 가나를 50음도라 부르는데 50개 소리만 발음할 수 있기 때문이다. 한국말을 일본 50음도 가나로 기록하다 보면 한국말에서는 여러 발음이 이처럼 일본말에서는 하나의 발음이 된다.

한글로 발음 할 수 있는 음은 초성에 자음 14가지, 다음 중성에 모음 10가지, 다음 종성에 받침으로 자음 14가지가 조합될 수 있으니 14 × 10 × 14 = 1,960개가 된다. 여기에 ㄲ, ㄸ 등의 복자음 의, 위 등의 복자음까지 가세하면 발음할 수 있는 수가 정확히 헤아리기 힘들 정도가 된다. 한국말은 1,960음도를 가지고 있고 일본말은 50음을 가지고 있으니 일본말 한 음은 한국말 40개 정도의 비슷한 음을 표현하고 있다고 볼 수 있다. 그러니 한국말과 일본말은 같은 말이라도 발음의 차이로 많이 달라 보일 수밖에 없다.

≫ 모쯔(も持つ) - 가지다, 들다

한국말 '맺우'가 변형된 말이다. '맺우'가 연음되면 '매주'가 되고 가나로 비슷한 발음을 찾아 써보면 '모쯔'가 된다.

≫ 오꾸(お置く) - 두다, 놓다

한국말 '놓고'가 변형된 말이다. '놓고'에서 '고'는 흔히 '구'라고 발음된다. 'ㅎ' 받침을 연음시키면 '구'가 격음이 되어 '노쿠'가 되고 두음법칙을 적용하면 '오쿠'가 된다. 유성음 'ㄴ'은 같은 유성음 'ㅇ'으로 쉽게 변하고 그것이 첫 자음일 때는 특히 그렇다. 이것이 두음법칙이다.

≫ 즈쯔꾸(つつ・く [突く]) - 쪼다, 가볍게 쿡쿡 찌르다

한국말 '쪼구'가 변형된 말이다.

쇼핑동사

≫ 가우(か買う) - 사다

한국말 '갖우'가 변형된 말이다. 받침을 빼버리면 '가우'가 된다. 갖는 것과 사는 것은 사실 다르나 필요한 물품을 결국은 갖게 되는 것은 같다. 신이 '갖우'라 명령하면 갖는 것이 사는 것과 같다.

≫ 우루(う賣る) - 팔다

한국말 '팔우'가 변형된 말이다. '팔우'에서 'ㅍ'이 'ㅎ'으로 바뀌어 '할우'가 되고 '할우'가 연음되어 '하루'가 된다. '하루'는 일본말에서 봄(春)이다. 발음하기 힘든 'ㅎ'을 빼면 또 다른 단어 '아루'가 있다. 비슷한 말들과 혼동을 피하고 모음이 동화되어 발음하기 쉬운 '우루'가 된 것 같다.

≫ 니아우(に似あ合う) – 어울리다

한국말 '둘(2)이 어울리우'가 변형된 말이다. 숫자 2는 일본말로 '니'이다. '어울리다'의 고어 형태는 '아우'이다.

천안에 '아우내'라는 나란히 어울려 흐르는 2개의 개천 사이에 낀 마을이 있다. 유관순 열사가 아우내 장터에서 만세를 불러서 유명한 곳이다. 한자로는 어울릴 병자를 써서 병천(倂川)이라 쓴다. 순대로도 유명한 그 병천이다.

'니아우'는 둘이 어울린다는 한국말 고어이다.

≫ 기니이루(きに氣い入る) – 마음에 들다

한국말 '마음에 있으우'가 변형된 말이다.

일본말도 기(氣)가 들어가는 말이 많다. 기는 힘(力)과 정신의 중간 물질인데 이것을 다루어 수도를 한다. 한국인의 조상은 신이며 신선이 되는 가장 높은 공부가 수도(修道)였기 때문에 한국말에는 '기'라는 말이 많이 들어 있다. 기와 정신은 사실 차이가 있지만 보통 정신의 한국말인 마음과 흔히 혼용된다. '기'는 '마음'이고 '이루'는 '있다'이니 한국말 '마음에 있어?'가 일본말에서는 '기니 이루?'가 된다. '니'는 한국말 조사 '에'의 변형이라고 했다.

≫ 에라부(えら選ぶ) – 고르다

한국말 '을러봐'가 변형된 말이다. 필자는 경기도 이천에서 자랐고 부모님 고향은 서울의 뚝섬이니 모두 백제의 땅이다. 어렸을 때 기분이 상해서 치고받고 싸움할 경우가 생기면 '한번 을러봐?'라고 물어 본다. 지금은 거의 사라진 말들이 일본어의 백제어 흔적을 찾는 데 대단한 도움이 된다. '누가 센가 한번 비교해 볼까?'라는 말이다. '을러봐'는 비교해 보자는 말인데 곧 고른다는 뜻이다. 말이 사라질 위기에 있으면 의미의 축소가 심하다. 광범위한 의미로 쓰이던 말들이 '을러봐'처럼 아주 특정한 경우에만 쓰인다.

을러봐의 어원은 '위 일라 봐'이다. 어느 것이 위인가 대보는 것을 말한다.

≫ 하라우(は拂らう) – 지불하다

한국말 '헐으우'가 변형된 말이다. 지금까지 저축한 돈을 '헐어 쓴다'는 말이 있다. 많은 것에서 조금씩 떼어 내는 것을 헌다고 한다. 많은 돈에서 조금 헐어내는 것이 지불하는 것이다. '헐으우'에서 받침을 연음시키고 모음동화를 하면 '하라우'가 된다.

≫ 쯔쯔무(つつ包む) – 싸다, 포장하다

한국말 '쌈싸우'에서 변형된 말이다. '쌈밥'할 때 '쌈'은 상추 등으로 밥을 싼 것을 말한다. 쌈밥 먹을 때 '쌈을 싼다'라고 한다. '쌈싸우'에서 'ㅁ' 받침이 연음될 때 뒤에 음이 '싸'라 연음될 여지가 없으니 모음인 '우'에 연음되어 '무'가 된다. '싸싸무'는 일본 50음도 가나에 없으니 '쯔쯔무'로 발음하게 됐다.

≫ 도도꾸(ととく) – 배달되다, 닿다

한국말 '다다르고(구)'가 변형된 말이다. 씨름 〉 씨르무 〉 씨무 〉 스모에서 보듯이 일본말에서는 '르'가 잘 빠진다. '르'가 빠지면 '다다꾸'가 된다. '다다꾸'는 싸움하다의 '타다꾸'와 비슷하여 '도도꾸'로 변한 것 같다. 어떤 물건이 다다르는 것은 배달되는 것이다.

≫ 오마께수루(おまけする) – 덤으로 주다

한국말 '오! 많게 주라우'가 변형된 말이다. '마께루'는 한국말 '많게 하다'에서 유래된 단어로 '값을 깎아 주다'의 뜻도 있다.

착용과 관련된 동사

≫ 끼루(きる) – (허리 위로)입다

한국말 '끼라우'가 변형된 말이다. 상의는 팔을 끼는 것이 가장 중요한 동작이다. 그래서 상의를 입는 것을 '끼다'라고 할 수 있다.

≫ 누꾸(ぬく) – 벗다

한국말 '(몸을)누구'가 변형된 말이다. 한국말에 '똥(오줌)을 누다'라는 말이 있다. 똥을 누는 것은 똥을 주체로 보고 몸을 객체로 보면 소시지처럼 겉을 까는 동작이다. 그래서 '(옷을) 벗다' 대신에 옷에서 '(내 몸을) 누다'를 쓸 수도 있다. '누다'는 옷에서 몸이 똥처럼 빠져나오는 것이다. 영어의 누드(nude)도 같은 어원일 것이다. 몸을 한국말로는 '걸대', 일본말로는 '가라다'라고 하는데 누드는 '누운(벗은) 대'가 변한 말이다.

≫ 하꾸(はく) – 신다, (허리 밑으로)입다

한국말 '박구'가 변형된 말이다. 'ㅂ'은 'ㅎ'으로 바뀌기 쉽다. '박구'에 'ㅂ'을 'ㅎ'으로 바꾸고 받침을 연음시키면 '하꾸'가 된다. 신발을 신는 것은 발을 신발에 박는 것이고 바지를 입는 것은 다리를 바지에 박는 것이다.

≫ 시메루(しめる) – 매다

한국말 '처매라우'가 변형된 말이다. 끈으로 두 물체를 묶는 것을 '처매다'라고 한다. 닫는 것도 처매는 것이고 매는 것도 처매는 것이다. 두 물체를 결합시켜 맞닿게 조여 주는 동작이다.

≫ 까부루(かぶる) – 뒤집어쓰다

한국말 '꺼풀+우'의 동사형이 '가부루'이다. 동사형조사 '우'가 붙어 '꺼풀'을 쓰는 동작이 '꺼푸루'인데 모음을 동화시키고 'ㅍ'을 'ㅂ'으로 부드럽게 발음하면 '까부루'가 된다. 벼를 절구로 찧고 키로 까부르면 겨가 바람에 날아가서 하얀 쌀만 남는데 이 동작은 벼가 뒤집어쓴 꺼풀을 까는 동작이다. 한국에서는 꺼풀을 까서 까부른다고 하고 일본에서는 꺼풀을 뒤집어써서 까부른다고 한다.

≫ 가자루(かざる) – 장식하다

한국말 '겉 잘 하우'가 변형된 말이다. '겉'은 발음하기 힘드니 '가'가 됐고 '잘'은 연음되어 '자루'가 됐다. '하'는 발음하기 힘드니 생략됐다.

≫ 하주수(はず外す) - 떼다, 제외하다

한국말 '벗었어'가 변형된 말이다. 'ㅂ'이 'ㅎ'으로 변하고 연음되면 '허서써'가 된다. '어'는 일본 가나에 없으니 일본식으로 부드럽게 발음하면 '하주수'가 된다. 벗는 것은 떼어 버리는 것이며 제외시키는 것이다. 이 일본말을 생각해 보면 '벗기다'와 '비키다'도 같은 어원임을 알 수 있다.

≫ 마꾸(ま券く) - 말다, 감다, 두루다

한국말 '말구'에서 변형된 말이다. 형용사형은 '마루이'이고 명사형은 '마끼'이다. '마끼'는 김밥으로 일식집에서 말아 준다. 한국말 '돈'은 '돌다'에서 나온 말이고 베트남 화폐 단위 '동'도 '돌다'에서 나온 말이다. 돈은 돌고 도는 것이 돈이다. 일본의 돈 '엔(圓)'과 독일의 돈 '마르크'도 동전의 둘레가 둥글게 말린 것에서 유래된 말이다. 중국 돈 위안(元)도 사실은 원(圓)이었는데 나중에 중국 사람들이 돈을 숭상한 나머지 원(圓)을 으뜸 원(元)자로 바꿔 쓴 것 같다.

학습과 관련된 동사

≫ 오시에루(おし敎える) - 가르치다

한국말 '위에서 아래로'가 변한 말이다. 위에서 아래로 내려주는 것이 가르치는 것이다. '위'는 일본 가나로 가장 가까운 소리인 '오'로 변했고 '서'는 '서'가 가나에 없으니 '시'로 변했다. '아래로'에서 '아'는 흔히 그렇듯 빠졌고, '래'는 가나에 없으니 '레'로 변했고 '로'는 동사 형태를 만들기 위해 '루'가 됐다. '오시에루'와 show의 어원은 같을 것이다.

≫ 나라우(なら習う) - 배우다

한국말 '내려받우'에서 변한 말이다. '려받'의 발음이 어려우니 '받'을 빼며 모음이 동화돼 '라'로 변했고 '내'도 같이 모음이 동화되며 '나라우'가 됐다. 위에서 아래로 내려받는 것이 배우는 것이다.

≫ 오보에루(おぼえ覺る) – 외우다, 기억하다

한국말 '외워 버리우'에서 변형된 말이다. '외워 버린다'를 한국 사람들도 길고 발음하기 어려운 것은 빼 버리고 '외 버린다'로 발음한다. '외'는 일본 가나에 없으니 '오'가 됐고 '루'라는 동사형 어미를 써서 동사를 만들면서 이 '루'에 영향을 받아 비슷한 모음이 되어 '버리우'가 '보에루'로 된다.

≫ 미니쯔께루(み身につける) – 익히다

한국말 '몸에 착! 하라우'가 변형된 말이다. 몸을 쉽게 발음하면 '미'가 된다. 일본 말에서 '당신'을 '기미'라 하는데 '그 몸'과 같다. 일본말 조사 '니'는 한국말 조사 '에'와 똑같이 쓰인다. '착케'는 '착! 달라붙게'를 줄인 말인데 일본 사람들은 '쯔게'로 발음할 수밖에 없다.

≫ 와수레루(わす忘れる) – 잊다

한국말 '잊으라우'에서 변형된 말이다. '잊으'는 '이즈'가 됐다가 '와수'가 됐는데 흔하지 않은 현상이다. '와수레루'의 어미 변화 중 가장 흔한 말은 '왓수렛다'이다. '아! 잊어버렸다'인데 '아! 깜박'이 포함된 내용이다. '잊으' 앞에 '아!'라는 감탄사가 혼입되어 '아! 이즈'가 '와수'로 변한 것 같다.

≫ 와까루(わかる) – 이해하다

한국말 '알겠어라우'가 변형된 말이다. 일본말에서 '와까루'를 쓰는 가장 흔한 말은 '와깟다'이다. 설명할 필요도 없겠지만 '알겠다'라는 뜻이다. 흔히 쓰는 말은 발음이 한국말과 비슷한데 인위적으로 동사의 기본형을 만들다 보면 일본말 '와까루'와 한국말 '알다'가 크게 차이나 보인다.

≫ 나레루(なれ慣る) – 익숙해지다

한국말 '(길)나라하라우'에서 변형된 말이다. 길이 없는 어느 지점을 가려면 자주 다녀서 길이 나게 해야 한다. 배운 것을 반복하여 익숙해지는 것을 길이 난다고 한다. 길이 나게 하는 능동형은 '나레루'인데 '나라하라우'가 줄어서 된 말이다.

≫ 데끼루(できる) - 되다, 할 수 있다(가능하다)

한국말 '될꺼라우'가 변형된 말이다. '될꺼다'는 가능하다는 순 한국말이고 '될꺼라우'는 순 한국말 구어체이다. 경상도 사람들은 '될끼다'라고 하는데 이것이 '데끼루'에 가깝다.

≫ 나마께루(なま怠ける) - 게으름 피우다

한국말 '남아 있게 하라우'에서 변형된 말이다. 진전이 없이 뒤처져 남아 있게 하는 동작이 게으름 피우는 것이다.

삶과 관련된 동사

≫ 우무(う生む) - 낳다

한국말 '움(트)우'가 변형된 말이다. 싹이 나는(생) 것을 움튼다고 한다. 싹이 움트는 것은 땅이, 혹은 나무가 싹을 내는 것이다. 영어의 자궁을 뜻하는 womb과 어원이 같다.

≫ 우마레루(う生まれろ) - 태어나다

한국말 '움 하라 하라우'에서 변형된 말이다. 움트게 하라고 하면 움이 트는데 이것은 싹이 태어나는 것이다.

≫ 이끼루(い生きる) - 살다

한국말 '있게 하라우'가 변형된 말이다. 있게 하라면 있는 것이고 능동적으로 살아 있는 것이다.

≫ 수무(す住む) – (어디에)살다

한국말 '(굴에)숨우'에서 유래된 말이다. 옛날에는 굴에 숨어 있는 것이 사는 것이고 쉬는 것이다. 지상에 집을 짓고 살 때는 집에서 주무시는 것이 주거하는 것이다.

≫ 쿠라수(く住らす) – (어떻게)살다

한국말 '굴에 있수'에서 변형된 말이다. 굴에 있는 것이 사는 것이다.

≫ 소다쯔(そだ育つ) – 자라다

한국말 '솟았지우'에서 변형된 말이다. 한국말에서 땅에서 하늘로 크는 것을 '솟다'라고 한다. 솟는 것은 곧 자라는 것이다.

≫ 시누(し死ぬ) – 죽다

한국말 '지누'에서 유래된 말이다. '해가 지누나'라는 말이 있다. 옛날에는 죽는 것을 꽃이 피고 지고, 피고 지고 하는 것처럼 다시 살아난다는 의미로 '지다'라고 한 것 같다.

≫ 나꾸나루(な亡くなる) – 돌아가시다

한국말 '(있지)않하게 내리우'에서 변형된 말이다. '인명은 재천(在天)'이라 했다. 사람이 죽는 것은 신이 관장하는 것이다. 신이 '있지 않게' 명령을 내리면 돌아가시는 것이다. '않하게'를 부드럽게 발음하면 '아나게'가 된다. '아나게'에서 첫음 '아'는 빠지고 '내리우'에서 '내'는 일본 가나에 없으니 '나'로 하면 '나리우'가 되고 다시 '나루'가 된다. 합하면 '나게나루'가 되고 모음을 조화시키면 '나꾸나루'가 된다.

입과 관련된 동사

≫ 까무(か嚙む) - 깨물다

한국말 '깨물우'에서 변형된 말이다.

≫ 시야베루(しゃべる) - 말하다

한국말 '씨브리우'가 변형된 말이다.

≫ 모우수(もうす) - 말하다(겸양어)

한국말 '말하지우'가 변한 말이다. '말씀'과 같은 어원이다. 한국말 명사 말씀이 '모우수'의 명사형인 것 같다. 한국말 '모시다'는 어른 곁에서 '모우수' 하는 것을 받드는 것이 모시는 것이다. '모시다'는 여기에서 유래된 말이다.

≫ 옷시야루(おっしゃる) - 말씀하시다

한국말 '위에서 니르우'의 변형이다. 위에서 니르우 〉 윗서니르우 〉 옷시르우 〉 옷시야루

≫ 쯔부야쿠(つぶやく) - 중얼거리다

한국말 '씨부렁하구'가 변형된 말이다. '사과랑 배'의 '랑'이 일본말에서 '야(や)'로 변하는 것을 볼 때 '렁'도 '야'로 변할 수 있다. '씨'는 일본말에 없으니 '쯔'로 된다.

≫ 사사야쿠(ささやく) - 속삭이다

한국말 '속삭이구'가 그대로 변한 말이다. '속삭'에서 받침을 빼고 모음동화를 시키면 '사사'가 된다. '이구' 앞에 '사사'가 나온다면 모음동화 현상으로 '이구'보다 '야쿠'가 발음하기 쉽다.

≫ 도무루(どもる) – 말을 더듬다

한국말 '드문(드문)니르우'에서 변한 말이다. 드문(드문)니르우 〉 드문니르우 〉 드문이르우 〉 도무르우 〉 도무루가 된다.

≫ 사께부(さけぶ) – 외치다

한국말 '세게 부르우'가 변한 말이다. '세게'에서 첫음절을 부드럽게 발음해 보면 '사게'가 된다. '부르우'는 가장 간단히 '부'로 줄일 수 있다.

≫ 구우(くう) – 먹다

한국말 '구우 구우'에서 비롯된 말이다. 닭 모이를 주면서 '구우 구우'라 한다. '먹어라'는 능동형 동사 어미 '에'를 써서 구에(くえ)인데, '구우 구우'는 원래 '구에 구에'였던 것 같다.

◤ 생각과 관련된 동사

≫ 오모우(おもう) – 생각하다(감정적, 주관적)

한국말 '오! 마음이 일우'가 변한 말이다. '마음'은 한국말에서도 '맘'이라 흔히 말한다. '맘'의 발음이 힘드니 '모'라 했고 '오!'는 마음이 고귀해서 흔히 붙이는 감탄사이다.

≫ 강가에루(かんがえる) – 생각하다(지적, 객관적)

한국말 '생각하우'에서 비롯된 말이다. '생각하다'라는 흔히 쓰는 단어에 순 한국말이 없는데 '강가'가 한국말이었던 것 같다. '강가'를 한글이 없을 때 한자로 쓰다보니 '생각'으로 표기한 것이다. 중국인들은 '생각(生覺)'이란 단어를 생각이라는 뜻을 가진 단어로 쓰지 않는다. '생각하다'가 '강가에루'에서 유래한 말일 것이다. '강가'의 흔적은 한국말에서는 '곰곰이'에 남아 있다.

≫ 간지루(かじ感る) − 느끼다

한국말 '감지하우'와 어원이 같다.

≫ 쿠라베루(く比らべる) − 비교하다

한국말 '클라보우 〉겨뤄보우'에서 변한 말이다. 어느 것이 큰가 보는 것이 비교하는 것이다. 이것이 클라? 저것이 클라? 보는 것이 비교이다. 한국말 '겨뤄보우'도 '클라보우'에서 나온 말이다.

≫ 미또메루(みと認める) − 인정하다

한국말 '믿음을 하라우'에서 변형된 말이다. '믿음을 하라우'는 받침이 연음되고 발음하기 힘든 'ㅎ'이 빠지면서 '미드므라우'가 된다. '드'는 일본 가나에 없으니 '또'가 가장 가까운 발음이다. '므라우'는 간단히 줄이면 '메루'가 된다. 믿음과 인정은 같은 뜻이다.

≫ 다시가메루(たし確かめる) − 확인하다

한국말 '다시 가보우'의 변형이다. '다시가메루'에서 '메루'는 '보다'에 해당하는 일본말 '미루'의 원형이고 '메'는 '눈매'에서 나온 말이다. 다시 가보는 것이 확인하는 것이다.

≫ 아라따메루(あらた改める) − 고치다

한국말 '바르다 함을 하라우'가 변형된 말이다. '밝으이'가 일본말에서는 '아까이'가 되듯이 단어 맨 앞의 'ㅂ'은 흔히 생략된다. '바르다 함을'에서 '다함을'은 '다'가 'ㅎ'을 만나 센소리 '따'가 된다. '르'는 앞의 '아라'와 모음동화를 일으켜 '라'가 된다. '함을'은 일본 사람이 무척 발음하기 힘든 소리로 '메'로 발음하면 쉽다. 이렇게 '바르다 함을 하라우'는 '아라따메루'가 된다. '바르다' 소리 나오도록 하는 것이 고치는 것이다.

요리와 관련된 동사

≫ 기루(きる) - 자르다, 끊다

한국말 '가르우'가 변한 말이다. 영화에서 사무라이들이 잘 쓰는 말이다. 사무라이가 '키루!' 하면 칼로 갈라 죽인다는 말이다. '가르우'를 짧고 쉽게 발음하면 '기루'가 된다.

≫ 아게루(あげる) - 튀기다

한국말 '아~ 하게 하우'에서 변형된 말이다. 한국말에 살이 튼다고 하면 살이 갈라져 벌어지는 것이다. 생선을 기름에 튀기면 '아~' 하고 입이 벌어지는데 살이 터져서 벌어지는 이 동작을 '아~ 하게 하우'라고 할 수 있다. 한국말 '튀기다'는 기름에 튀겨 살이 트게 하는 데서 유래한다.

≫ 니루(に煮る) - 끓이다

한국말 '익히우'에서 변한 말이다. 보통 식품을 익히는 것은 식품을 물에 넣고 끓여서 익히는 것이다. 그러므로 의미가 조금 변했지만 익히는 것은 끓이는 것이다.

≫ 무수(む蒸す) - 찌다

한국말 '물에 찌우'에서 변한 말이다. '물에 찌우'에서 꼭 필요한 말만 남기면 '물쮸'이고 받침 빼고 쉽게 발음하면 '무수'가 된다.

≫ 유데루(ゆでる) - 삶다

한국말 '익힌 물에 데치우'에서 변형된 말이다. '익은 물'은 '니무'가 되고 '니무'는 '뉴'가 됐다가 '유'로 변한다. 일본말에서 '유'는 '뜨거운 물-탕(湯)'이란 단어로 흔히 쓰인다. 이 뜨거운 물에 데치는 것을 '유데루'라 한다.

≫ 와꾸(わ沸く) – 끓다

한국말 '바글(바글)하구'에서 변한 말이다. 한국말에 '찌개를 바글바글 끓인다'라는 말이 있다. '바글바글'은 끓는 소리를 나타낸다. 한국말의 고어인 일본말은 의성어나 의태어에 동사나 형용사 어미를 붙여 단어를 만든다. 'ㅂ'이 'ㅎ'으로 변해 '하글하구'가 됐다가 첫 자음 'ㅎ'이 탈락되고 뒤에 '글'이 생략되면 '와꾸'가 된다.

≫ 마제루(まぜる) – 섞다

한국말 '막 섞으라우'에서 변형된 말이다.

≫ 히야수(ひやす) – 차게 하다

한국말 '시원해지우'에서 변형된 말이다. '하우'가 '스루'가 되듯이 'ㅎ'과 'ㅅ'은 서로 잘 치환된다고 했다. '시'가 '히'로 변하고 '원해'가 '야'로 부드럽게 변하고 '지우'는 '주 〉수'가 되어 '히야수'가 된다.

≫ 아따따메루(あたた溫める) – 따뜻하다

한국말 '아! 따뜻함을 하우'가 변형된 말이다.

≫ 아에루(あ和える) – 무치다

한국말 '아우르우'가 변한 말이다. 서로 잘 조화되게 섞는 것을 말한다.

≫ 쯔께루(つ漬ける) – 담그다

한국말 '젖게 하우'가 변한 말이다. 식품을 불에 젖게 하여 보관하는 것이 담그는 것이다. 이렇게 젖게 하여 끓이는 것이 찌개이다. 한국말 '찌개'의 어원이 여기에 있다. 가축이나 사냥한 동물을 잡으면 살을 발라서 구워먹고 뼈와 내장에는 야채를 넣고 물에 젖게 하여 끓여 먹었는데, 이것을 찌개라 한 것 이다. 태국요리 타이스끼도 일본말 '쯔게루'나 한국말 '찌개'와 어원이 같을 것이다. 일식집의 '쯔게다시'도 주된 요리를 만들고 남은 자투리 재료를 젖게 한 상태로 보관해서 먹거나 그대로 끓여 손님에게 상에 대(다시)는 데서 유래한 것이다. 일본 전골 쓰끼야끼도 찌개와 같은 어원이다.

젓갈의 젓도 찌개와 어원이 같다. 소금물에 젖게 하여 담그는 것이다. 배추나 무를 소금물에 젖게 하여 담그는 것을 쯔게모노(漬物)라 한다. 김치가 일본인들에게는 쯔게모노의 한 종류가 된다. 한국도 고춧가루가 수입되기 전에는 쯔게모노 형태로 김치를 담가 먹었다.

그림 일본 새벽시장의 쯔게모노

≫ 고게루(こ焦げる) – 타다

한국말 '그을리게 하라우'에서 변한 말이다. 신이 그을리게 하라고 명령하면 그을려지는 것이 타는 것이다. '그을리'는 너무 길어 생략하면 '고'가 된다.

≫ 모에루(も燃える) – 불타다

한국말 '모락(모락)게 하라우'가 변한 말이다. 모락모락 연기 나는 것은 불타는 것이다.

≫ 야꾸(や燒く) – 굽다

한국말 '아! 구우'에서 변형된 말이다. 한국인들은 제사 의례의 하나로 동물을 잡아 굽고 태우는 것을 신성시했다. 그래서 제사 의례에는 항상 굽고 태우는 것이 있고 부엌에는 '조왕신'이 있다. 이런 연유로 '구우' 앞에 감탄사 '아!'가 붙었다. '아!'나 '야!'는 거의 뜻이 같은 감탄사로 봐서 서로 치환될 수 있다.

시작과 종료동사

≫ 하지메루(はじ始める) – 시작되다

한국말 '햇함을 하우'가 변형된 말이다. 한국말에서 막 시작한 것을 '햇것'이라 한다. '햇'에는 처음 새로 시작한 의미가 있다. '햇'으로 하는 것은 시작하는 것이다.

≫ 오와루(おわ終る) – 끝나다

한국말 '오! (종소리)나라우'에서 변형된 말이다. 한국말 속어 중에 '쫑나다'라는 말이 있는데 '끝났다'라는 의미가 있다. 종소리가 나면 끝난 것이다. '나'가 두음법칙과 모음조화 현상에 의해 '와'가 됐다.

≫ 오에루(おえる) – 끝내다

한국말 '오! (종소리)내라우'가 변형된 말이다. 종소리 내는 것은 끝내는 것이다. '내'가 일본 가나에 없으니 비슷한 모음인 '네'가 됐고 두음법칙에 의해 '에'가 됐다.

≫ 시마우(しまう) – 치우다

한국말 '함을 말우'에서 변형된 말이다. 한국말 '하다'가 일본말에서는 '시루 〉 스루'로 변했다. 한국말에서 '하'는 일본말에서 '시'가 된다. 함을 마는 것은 하는 것을 끝내고 치우는 것이다.
한국말 '치움하우'가 변형된 것일 수도 있다. '치'가 첫음절이라 약해져 시가 되고 '움하우'를 연음시켜 부드럽게 발음하면 '마우'가 된다. '시마리'는 명사로서 명사형 어미 '이' 혹은 '리'가 붙은 것이다.

≫ 야무(や止む) – 그치다

한국말 '야! 말우'가 변형된 말이다. 한국말에 '아! 싫으면 말우'라는 말이 있다. '아'는 비슷한 감탄사인 '야'로 변했고 발음이 힘든 '말우'는 '마우'로 변했다가 한 음절 '무'로 부드럽게 변했다.

≫ 아끼라메루(あきらめる) - 단념하다

한국말 '아낄라 말우'가 변형된 말이다. 지금까지 들인 노력이 아까워 계속할 때 하는 말로 단념하라는 의미와 같다.

몸동작과 관련된 동사

≫ 고시가께루(こしかける) - 걸터앉다

한국말 '궁디 걸게 하라우'가 변형된 말이다. 경상도 사투리는 현대 한국말의 고어 형태가 잘 남아 있다. '자고 싶다'를 '자부랍다'라고 하며 고어 형태를 아직도 쓰고 있다. 경상도 말은 한국말 고어에 가깝기 때문에 고어로 기록된 향가를 경상도 말로 풀면 쉽게 풀린다고 양주동 박사가 말했다. 궁뎅이는 '궁디'라 하는데 이것도 궁뎅이의 고어 형태이고 이보다 더 고어 형태 단어를 쓰는 일본인들은 '고시'라 한다. '궁'은 발음이 어려우니 '고'로 간단히 발음하고 '디'는 흔히 하듯 'ㄷ'을 구개음화시켜 'ㅈ', 'ㅈ'은 'ㅅ'으로 부드럽게 발음하여 '고시'가 됐다. 한국말 여자 속옷 '고쟁이'는 '고시'를 감추는 장옷으로 한국말 고어인 '고시'의 흔적이 남아 있는 말이다. '가께루'는 그대로 '걸게 하라우'와 일치된다.

≫ 수와루(すわ座る) - 앉다

한국말 '앉으라우'가 변형된 말이다. '안즈라우'가 됐다가 '않아이'가 '나이'가 되는 것처럼 앞에 말 '안'이 '아'로 되었다가 생략되고 '즈'가 부드럽게 발음되어 '수와루'가 됐다.

≫ 다쯔(た立つ) - 서다

한국말 '딛지'가 변형된 말이다. 발을 땅에 딛는 것이 서 있는 것이다.

≫ 다찌아가루(た立ちあ上がる) – 일어서다

한국말 '딛지 윗게로'가 변형된 말이다. '위쪽으로'를 '윗게로'로도 말하는데 '딛지' 뒤에 붙어서 일어서다가 된다.

≫ 요꼬니나루(よこ横になる) – 드러눕다

한국말 '옆구리 내리우'에서 변형된 말이다. 옆구리를 땅에 내리면 드러눕는 것이다.

≫ 마게루(ま曲げる) – 구부리다, 왜곡하다

한국말 '말게하우'에서 변형된 말이다.

≫ 꾸무(く組む) –짜다, (팔짱을)끼다

한국말 '꾸밈우', '낌우'에서 변형된 말이다.

≫ 후무(ふ踏む) – 밟다

한국말 '밟음우'가 변형된 말이다. '밟음우'에서 연음되면 '발브무'가 된다. 앞에 '발'이나 '빨'이 있으면 아루(발루 걷다), 아까(빨간)처럼 '발'이나 '빨'이 생략된다. '브므'에서 모음조화를 일으키면 '부무'가 되고 'ㅂ'이 'ㅎ'치환되면 '후무'가 된다.

증가, 감소와 관련된 동사

≫ 후에루(ふ增える) – 늘다

한국말 '불으우'가 변형된 말이다. '그 숫자가 불다'라는 말을 쓴다. 그 수가 불으는 것은 느는 것이다.

≫ 헤루(へ減る) - 줄다

한국말 '에이우'에서 변형된 말이다. 한국말에 '살을 에이는 아픔'이라는 말이 있다. '에이다'는 사실 '베다'에서 유래된 말이다. 지금까지 이 책을 정독한 독자라면 '에이다'가 '베이다'에서 유래된 것을 설명하지 않아도 알 것이다. 일본말과 한국말의 공통어원을 추적하다 보면 한국말 어원은 쉽게 알 수 있고 나아가서 바벨탑이 무너지기 전 세계어의 공통어원을 알게 될 것이다.

나의 유전자는 아버지와 비슷하고 아버지의 유전자는 할아버지와 비슷하다. DNA의 염기서열을 추적하여 세계 공통조상을 찾는 것처럼 세계 각 언어의 비슷한 말을 분류하고 그 공통어원을 차례차례 찾아나가다 보면 세계 공통어원을 찾을 수 있다.

살을 에이면 살이 줄어드는 것이다.

≫ 노비루(の伸びる) - 자라다

한국말 '높히우'에서 변형된 말이다. 일본말에서 'ㅎ', 'ㅂ', 'ㅍ'은 똑같은 가나에 점찍는 것을 달리한다고 했다. 그래서 같은 계열이라 서로 자유롭게 치환된다. '높히우'를 연음시키면 '노비우'가 된다. '우'는 한국말에서 일본말 '루'에 해당하는 단어라 일반 사람들이 보기 쉽게 '우'를 쓰지만 깊이 따지고 보면 신이 하는 명령어 '라우'라고 설명했다. 신이 '높히라우' 하니까 높이는 동작이 된다고 했다. 높이는 것은 키가 크는 것이고 키가 크는 것은 자라는 것이다.

≫ 노고루(のこ殘る) - 남다

한국말 '남기라우'가 변형된 말이다. '기'가 뒤에 '루'에 모음동화되어 '고'가 되고 '남'에 받침이 빠지고 '고루'와 모음동화되면 '노고루'가 된다. 남기면 남는다. 노고리(のこ殘り)는 명사형으로 한국말 나머지와 같다.

≫ 아마루(あま余る) - 넘치다

한국말 '아! 많우'가 변형된 말이다. 아! 하고 놀랄 정도로 많으면 넘친다.

≫ 지지무(ちぢ縮む) – 줄다

한국말 '자지러짐우'가 변형된 말이다. 놀랐을 때 오그라드는 것을 '자지러진다'라고 한다. 줄어드는 것과 같은 말이다. 남성 성기 '자지'는 '자지러지다'의 명사형일지도 모른다. 줄어드는 속성에 착안하여 붙여진 이름일 것이다.

부탁, 거절과 관련된 동사

≫ 사소우(さそ誘う) – 권유하다

한국말 '쏘삭이우'에서 변형된 말이다. 몰래 귀엣말로 권유하는 것을 '쏘삭이다'라고 한다. '쏘'의 첫음절 부드러운 발음이 '사'이고 '삭'도 '쏘'의 영향을 받아 '소'로 발음한다.

≫ 고또와루(こと斷わる) – 거절하다

한국말 '거두우라우'가 변형된 말이다. '거'가 일본 가나에 '고'가 됐고 '두'가 모음동화되면 '또'가 된다. '우라우'는 빨리 발음하면 '와루'가 된다. 제의를 거두는 것은 거절하는 것이다.

≫ 다떼쯔꾸(たてつ楯突く) – 대들다, 반항하다

한국말 '대들구'가 변형된 말이다. '대들'에서 '대'는 가나로 '다'가 되고 '들'의 'ㄹ' 받침은 일이 '이츠'로 연음되듯이 '드츠'가 된다. '다드츠구'가 일본식으로 부드럽게 연음되면 '다떼쯔꾸'가 된다.

≫ 하게마수(はげ勵ます) – 격려하다

한국말 '(잘)하게 말 주우'가 변형된 말이다. (잘)하게 말 주는 것은 격려하는 것이다. '말'에서 받침이 빠지고 '주우'에서 'ㅈ'이 같은 계열 'ㅅ'으로 바뀌고 모음 '우'가 중복되므로 '우'가 생략되면 '마수'가 된다.

≫ 다노무(たの頼む) - 부탁하다

한국말 '다 내림하우'에서 변형된 말이다. 이 세상에 어떤 일이 성사되는 것은 신에게 달려 있다. 누구에게 부탁하는 것은 결국 신에게 부탁하는 것이 된다. 신의 자식이며 신과 함께 산다고 생각하는 사람은 다른 사람에게 부탁할 때도 신을 통해서 한다. 신에게 부탁할 때는 '모두'라는 의미로 '다'를 많이 쓴다. '다 잘되게 해주시고 다 평안하게 해주시고 다 건강하게 해 주세요'라고 말한다. 그리고 신에게 부탁할 때는 항상 '내린다'는 말을 쓴다. 다 내려 달라고 하는 것은 곧 부탁하는 것이다. 여기에는 저는 스스로 하지 않고 다 신에게만 부탁한다는 의미도 들어 있다. 이 '다'라는 말에 염치없이 다 다른 사람에게 부탁한다는 의미가 들어 있다.

일본인과 한국인이 다른 면 중에 결정적인 것이 있다. '다떼마에'와 '혼네'를 구분하는 것이다. '다떼'는 '달다'에서 나온 말이고 '마에'는 '맡'에서 나온 말이다. '혼네'는 '본래 안에'에서 나온 말이다. 합하여 '다 머리맡에 다는 것'과 '본래 안에 있는 것'을 구분하는 것이다.

일본인들은 이것을 항상 인식하고 있고 그렇게 행동하는 것이 잘한다고 생각하고 있다. 한국에서도 특히 성공한 사람들이 이런 행동을 실제로 하고 있지만 일반적인 한국인들은 이런 행동은 표리부동하다고 하여 비난한다. 그래서 한국인들은 속을 잘 드러내고 거친 행동을 잘한다. 일본인들은 이런 한국인들을 세련되지 않다고 싫어할 때가 많다. 일본인들의 이런 경향을 일반사람들은 사무라이가 지배하던 사회에 살았기 때문이라고 생각한다. 한 번의 말실수로 목숨이 왔다 갔다 하기 때문에 속마음을 드러낼 수 없었고 드러내더라도 무척 신중했다고 생각한다.

필자의 생각으로는 일본인들이 지금 한국에서는 멀어진 신과의 대화를 아직도 하며 살고 있기 때문에 이런 차이가 생긴 듯하다. 원래 한국말은 신과의 대화용이었는데 그것이 한국말에서는 흔적만 남기고 사라졌으나 일본말은 신과 대화하는 단어가 아직도 살아 있다.

일본인들은 자신이 다른 사람에게 어떤 일을 부탁하고 싶으면 신에게 부탁을 한다. 그러면 옆에 있는 사람이 그 본래 속(혼네)을 알고 들어준다. 나쁜 의도가 아니라 다른 사람에게 직접 말하지 않고 신에게 돌려서 삼각형 경로로 말하는 것이다. 이런 형식이 한국말에서는 사라져서 부탁과 관련된 일본말에 해당하는 한국말을 찾는 데 아주 애를 먹었다.

≫ 노조무(のぞ望む) – 바라다

한국말 '내리심을 하우'에서 변형된 말이다. '내리심'에서 '리'는 흔히 빠져 버린다. '내'가 복모음이라 발음하기 힘들어 '노'라 발음한다. '심'에서 'ㅅ'은 'ㅈ'으로 바뀌고 모음동화되면 '좀'이 된다. '좀'이 뒤의 말에 연음되면 '조무'가 된다. 일본 신칸센에서도 가장 좋은 열차가 '노조미'인데 '노조미'는 '노조무'의 명사형으로 '희망'이다. 내리심을 하게 하는 것은 내리라고 바라는 것이다.

≫ 네가우(ねが願う) – 원하다

한국말 '(맘)네가 가우'에서 변형된 말이다. 일본말에서 가슴을 '무네'라 하는데 한국말 '맘네'에 해당한다. '맘네'는 '마음 동네'가 줄은 말이다. 첫음절의 유성음 '맘'은 흔히 생략된다. 가슴의 마음이 그쪽으로 가는 것은 원하는 것이다. '가'는 중복되니 하나가 생략됐다.

≫ 이노루(いの祈る) – 기도하다

한국말 '이리 내리우'에서 변형된 말이다. '리'는 흔히 생략되고 '내'는 가나에 없는 복모음이라 '노'로 변형된다. 신의 가호를 이리 내리게 하는 것은 기도하는 것이다.
한국말에 '노리다'가 있다. '호시탐탐 노린다'라고 부정적으로 쓰고 있으나 사실 한국말의 '노리다'도 신이 원하는 것을 내리기 바라는 '이노루'와 어원이 같다. 기도한다는 뜻이다.

≫ 다요우(たよ頼う) – 의지하다

한국말 '다 여! 하우'에서 비롯된 말이다. 한국말에서 부인을 여보라 한다. '여! 보우'에서 비롯된 말이다. 사랑하는데 함부로 이름을 부를 수도 없고 어른들 앞에서 '하니, 달링' 할 수도 없고 해서 남편이 부인을 부를 때 '여기 보우' 하다가 부인이 '여보'가 됐다. 여보가 일본말로도 '뇨보(にょう-ぼう)'이다. 일본말에서 '부르다'가 '요부'이다. 모두 '여! 보우'에서 비롯된 말이다. '다요우'는 '다+요부'가 결합된 말로 자기가 스스로 하지 않고 '다 여!보우' 하고 불러서 시키는 것이 의지하는 것이다.

≫ 이와우(いわ祝う) - 축하하다

한국말 '이야~! 하우'에서 비롯된 말이다. 누군가 어떤 일을 성취했을 때 한국 사람들은 '이야~! 대단한데'라는 말을 잘한다. '이와우'는 감탄사를 써서 원초적으로 축하해 주는 것이다.

감정과 관련된 동사 1

≫ 오고루(おこ怒る) - 화내다

한국말 '오! 골내우'에서 변형된 말이다. '내'가 생략되고 '골'이 연음되어 '오고루'가 됐다.

≫ 시까루(しかる) - 꾸짖다

한국말 '시끄러!(하우)'에서 비롯된 말이다. 보통 잘못을 지적하면 변명을 늘어놓는다. 그러면 그것이 듣기 싫어 '시끄러!' 하면서 소리치게 된다. 일본에서 태어난 한국인 2세들은 '시끄러!'가 꾸짖는 것의 대표적인 언어로 각인되게 된다. 그래서 '시끄러!'가 '꾸짖다'라는 의미로 변한 것이다.

사람이 바다 건너 이민을 가면 그 사람들의 언어가 이렇게 2세, 3세로 내려가면서 간소화되고 발음하기 어려운 것은 쉽게 발음되거나 그대로 발음 없이 넘어가게 된다(게으른 혀 현상). 이렇게 본래 말이 간소하게 변하지만 이민 오기 전 말들이 그 지역에서 새로운 발전은 없어 고어의 기본 형태는 유지된다. 이민 오기 전 지역의 말은 지속적인 발전이 있으나 이민 온 후 지역에 고립된 이민자들의 말은 그 형태를 유지하는 데 급급하여 발전이 되지 않아 본토의 발전된 말에 비해 고어의 형태를 지니게 된다.

후쿠오카에는 '시카리사카'라는 사투리가 있는데 한국말 '시끄러워'에 해당한다. 후쿠오카는 한국과 왕래가 많아 한국말이 잘 유지된 상태이다. '시카리사카'의 본래 한국말은 '시끄러워! 새끼야'인데 '새끼야'가 욕이라는 사실을 잊어 버려 '시끄러워'에 '새끼야'까지 붙여 쓰고 있다.

≫ 오메루(おめる) - 칭찬하다

전라도 사투리의 '오메! 하우!'에서 비롯된 말이다. 현재 어감은 조금 달라졌지만 어떤 칭찬할 만한 일을 해냈을 때 서울 사람은 '어머!' 하고 놀라고 전라도 사람들은 '오메!' 하고 놀랐던 것이다. 이렇게 반응해 주는 것이 칭찬의 원초적인 말이다.

≫ 이지메루(いじめる) - 괴롭히다

한국말 '(짓)이김을 하우'에서 비롯된 말이다. '마늘을 짓이기다' 함은 마늘을 으깨는 것이다. 마늘을 으깨는 것처럼 사람을 짓이기는 것은 고통을 주는 것이다. '이지메'는 '이지메루'의 명사형으로 일본 학교에서 유행하는 '집단 괴롭힘'이다. 한국에서도 성행하게 되어 '이지메'라는 단어가 수입되어 낯이 익다.

사투리 고어에서는 길(道)을 '질'이라 하고 기름을 '지름'이라 한다. '기'를 '지'로 발음하니 '이김'이 '이짐'이 된다. '기'를 '지'로 발음하니 '이김'이 '이짐'이 된다. 먼저 설명한 것처럼 '~ㅁ을 하우'는 '메루'가 된다.

한국말에서 승리의 뜻을 가진 '이기다'의 어원과 '이지메루'의 어원은 같은데 일본말에서 승리는 '가쯔'다. '갖다'의 어원에서 비롯된 말이다. '승리하다'를 어떻게 말하느냐에 따라 운명이 갈라졌다. 한국은 홍익인간 정신에 의해서 승리라는 순 한국말로 '짓이김'의 꺼려지는 어감이 떠오르는 '이기다'를 택해 전쟁을 피해 왔다. 그래서 중국 대륙에서 풍요롭게 살다가 한반도로 쪼그라졌고 일본은 개척의 필요성 때문에 승리의 순 일본말로 '갖는다'는 기분 좋은 어감의 '가쯔'를 택해 전쟁을 좋아해서 한때 중국을 비롯한 동아시아 전체를 손에 넣었다.

≫ 아마에루(あま甘える) - 응석부리다, (호의, 친절에) 힘입다

한국말 '엄마!+에루'에서 비롯된 말이다. '엄마!' 하고 부르는 말과 능동의 의미를 갖는 동사형 어미 '에루'가 결합된 말이다. 엄마는 일본 가나에 없고 첫음절이라 받침 떼고 모음조화시켜 부드럽게 발음하면 '아마'가 된다. 자기 스스로 하지 않고 엄마를 자꾸 부르는 것은 응석부리고 의존하는 것이다.

≫ 아마야까수(あまやかす) - 오냐오냐하다

한국말 '엄마양 하지요'에서 비롯된 말이다. 엄마 인양하는 것은 '오냐오냐' 다 받아 주는 것이다. '양'은 보통 일본말에서 '야'가 된다고 했다. '하지요'에서 'ㅎ'은 'ㅋ, ㄲ'으로 잘 변한다고 했다. 공항을 '구꼬' 학생을 '각세이'라고 하는 것과 같다. '지요'를 줄이면 '죠'가 되는데 일본 가나에 없으니 부드럽게 모음동화시킨 가장 적합한 말은 '수'이다.

≫ 세메루(せ責める) - 비난하다

한국말 '죄 말하우'가 변한 말이다. '죄'를 가나로 부드럽게 발음하면 '세'가 되고 '말하우'가 부드럽게 줄이면 '메루'가 된다.

≫ 몬쿠오이우(もん文く句おい言う) - 불평하다

한국말 '뭉클하우'에서 비롯된 말이다. 국어사전을 찾으면 슬픔이나 노여움 따위의 감정이 북받치어 가슴이 갑자기 꽉 차는 듯한 느낌이 '뭉클'이다. 보통 참고 참다가 속에서 '뭉클' 하는 것이 있으면 불평을 하게 된다. 한자어로는 울화(鬱火)가 치밀어 오르는 것이다. 일본말 한자를 그대로 풀어 보면 '문구를 말한다'인데 일본에서는 불평할 때 공자 왈, 맹자 왈 문구를 늘어놓는가 보다. 일반적으로 불평은 그 반대로 육두문자를 토하는 것이니 말이 되지 않는다. '뭉클'이라는 한국말을 이두로 표기하다 보니 그렇게 된 것이다.

≫ 아야마루(あやま謝る) - 사과하다

한국말 '아니야! 말하우'에서 비롯된 말이다. '본래 그런 뜻은 아니야' 혹은 '내가 한 그 행동은 영 아니야'라고 말하는 것이 사과하는 것이다. '아니야'에서 '니'는 비슷한 말이 반복되므로 생략됐다.

≫ 유루수(ゆる許す) - 허락하다, 용서하다

한국말 '유들(유들) 하지우'에서 비롯된 말이다. 모나지 않고 대충 넘어가는 것을 유들유들하다고 한다. 각지지 않고 유들유들해지는 것은 허락하는 것이고 용서하는 것이다.

일본말은 한국말의 원초적인 언어라 의성어, 의태어, 감탄사가 그대로 동사가 된 것

이 많다. 뾰족뾰족하지 않고 둥글둥글한 모습을 나타내는 '유들유들'이라는 의태어
가 동사가 된 것이다. 두 말이 반복되는 의태어가 동사가 될 때는 하나는 생략된다.
'들'에서 'ㄷ'을 부드럽게 발음하면 'ㄹ'이 된다. '워터'를 '워러'라 발음하는 미국
식 영어에서 흔히 나타나는 게으른 혀 현상이다. 일본말도 미국식 영어처럼 같은
이민의 언어이기 때문이다. '들'에서처럼 받침이 'ㄹ'이면 더욱 그렇게 된다. 받침
이 빠지고 앞뒤의 모음과 동화되면 '들'이 '루'가 된다.

상태 변화와 관련된 동사

≫ 고와레루(こわれる) – 깨지다

한국말 '깨라우'가 변형된 말이다. '깨지다'는 자동사인데 신(神)이 '깨라우'라고
명령하니 깨어지는 결과가 나타난다. 복모음 '깨'를 부드럽게 단모음 2개로 풀면
'고와'로 풀릴 수 있다.

≫ 고와수(こわす) – 깨다

한국말 '깨지우'가 변형된 말이다. '깨다'는 타동사인데 일본말에서 보통 자동사는
신이 명령하고 타동사는 사람이 명령한다. 그래서 '깨다'는 사람이 명령해서 이루
어지는 '깨지우'가 된다.

≫ 나오루(なおる) – 고쳐지다

한국말 '나으라우'가 변형된 말이다. 신이 '나으라우' 하고 명령하면 사람의 병이
고쳐지는 것이다. 전에 있던 것보다 낫게 하면 고쳐지는 것이다.

≫ 나오수(なおす) – 고치다

한국말 '나아지우'가 변한 말이다. 사람이 나아지려고 노력하는 것이 고치는 동작
이다.

≫ 즈마루(つまる) – 막히다

한국말 '채워 막으라우'가 변한 말이다. '채워'가 첫음절이라 가나의 발음으로는 부드럽게 줄어들어 '즈'가 됐다.

≫ 와레루(わ割れる) – 갈라지다, 깨지다

한국말 '벌리라우'에서 변형된 말이다. 'ㅂ'은 'ㅎ'으로 쉽게 바뀌고 첫음절에서는 'ㅇ'으로 된다. '어'는 적당한 가나의 음으로 '와'가 됐다.

≫ 와루(わ割る) – 깨다, 쪼개다

한국말 '벌리우'에서 유래된 말이다. 벌리는 것이 깨거나 쪼개는 것이다.

'와레루'나 '와루'의 어원이 한자 할(割)에서 나온 것일 수도 있다. '할'이라 해도 '할'이 한국말인 것을 알 수 있다. 원초적인 말은 의성어나 의태어, 감탄사가 발전해서 만들어지는데 한국말에 '와르르'라는 의태어가 있고 뜻을 표현하기 위해서 그려진 할(割)이라는 그림문자의 소리가 '와르르'와 비슷하다면 이 의태어를 사용하는 사람들이 이 글자를 만들었을 가능성이 있다.

한자는 한국 사람이 생겨난 이후로 사용된 문자이지 어디에서도 수입한 근거가 없다. 한자는 흔히 한국이 대륙에 있었던 고조선 때부터 사용했다고 하는데 꼭 국가와 관련 지을 필요가 없다. 국가 이전에도 있었던 글자이기 때문이다.

한국 사람과 항상 같이 있었던 글자는 당연히 한국 사람이 만들었다고 생각해야 한다. 그럼에도 한자가 중국 글자처럼 느껴지는 데에는 이유가 있다. 고조선 이후로 4,000여 년 이상 한자를 써오다가 500여 년 전에 한글을 만들어 한자와 한글을 혼용해 왔다. 한자를 4,000여 년 이상 우리 글로 써오다 500여 년 전에는 한글이라는 소리글자를 발명하여 뜻과 소리를 완벽하게 표현할 수 있게 되었다. 그런데 한자 이외에 한글을 더 발명해서 썼다고 500년 동안만 써온 글은 한국 글자이고 4,000여 년 이상 써온 글을 중국 글자처럼 보이는 것이 참 이상하다.

중국은 나라가 크고 중국 글자는 한자(漢字)밖에 없으니 한자만 쓰고 있는데 많은 인구가 한자만 쓰고 있으니 한자는 중국 사람들이 만들었을 것이라 생각하게 되는 것이다.

나라가 반도의 약소국가로 쪼그라들어 독립 국가를 유지하는 것만으로도 위안을 삼았던 구한말 이후, 어렵고 희귀한 수입 문물을 사용하면 그 물건을 만든 나라가 고귀해 보였다. 게다가 한국 사람이 한글은 쉽고 한자는 어려우니 어디서 수입해 온 글자가 아닌가 하고 느꼈을 것이다.

한자가 중국 대륙에서 나온 것 같긴 한데 단군조선 이전에 한국 사람들이 한자를 만들었다고 해도 단군조선이 있던 시기는 까마득한 옛날이라 중국 대륙에 있었다는 것이 실감나지 않아 한국 사람들이 한자를 만들었다는 생각을 하지 않게 되는 것이다.

원래 한(韓)나라가 중국에 가장 먼저 중원을 차지하고 있었다. 이 한(韓)나라 서쪽 서안 쪽에 진(秦)나라가 있었는데 진시황이 이 한(韓)나라를 정복하고 중국을 통일했다. 그러자 한(韓)나라의 왕손인 한신(韓信)과 장량이 유방과 함께 한(韓)나라 부흥운동을 했다. 《초한지(楚漢誌)》를 보면 한신(韓信)과 장량이 한(韓)나라 부흥운동에서 얼마나 주도적인 역할을 했는지 알 수 있다. 옛 땅을 회복했을 뿐 아니라 중국을 통일했는데 그 이름이 한(漢)나라이다. 왜 국가의 이름이 한(韓)나라에서 한(漢)나라로 바뀌었는지는 기록이 없으나 정황으로 볼 때 유방이 한신(韓信)과 장량을 숙청하면서 이름까지 바꾸었을 것이다.

그 이후로 한(漢)족이라는 민족 이름이 생겨났는데 그 사람들 대부분이 한(韓)나라 사람들이다. 한신(韓信)이 숙청당하기 전에 중원의 동쪽 제(齊)나라의 왕으로서 유방보다 더 강한 나라를 가지고 있었는데 한신(韓信)이 숙청당하면서 제나라가 망했다. 그 후로 중국 역사서에 한(韓)나라는 사라졌고 고조선이 한(漢)나라에 의해서 망했다고 기록되고 한(韓)나라와 제나라 대신에 삼한(三韓)과 백제(百濟)가 등장하게 된다.

이 한(韓)나라는 전국시대에 중국 대륙의 가장 중앙에 있던 나라로 수도가 평양인데 필자는 이 한(韓)나라가 고조선의 적통을 이은 나라라고 생각하고 그 근거 자료를 모으고 있다. 주나라 이후 진(晉)나라가 갈라져서 생긴 나라가 한(韓), 위(魏), 조(趙)나라인데 이 세 나라의 수도가 '평양(平陽)'이고 이들을 《사기(史記)》에서는 삼진(三晉) 혹은 삼한(三韓)이라 한다. 《삼국유사》에 진한(辰韓)은 진(秦)나라 유민들이 세운 나라라고 했는데 일본 사람들이 정한 한반도 한구석의 진한까지 와서 나라를 세우기는 너무 멀다. 단군이 도읍한 평양은 아사달의 한자어로 '해 뜨는 아침의 땅'이란 의미로 볕 양(陽)자를 쓰는 '평양(平陽)'이라 써야 한다. 평양을 평평한 땅이란 뜻의 '평양(平壤)'이라 쓰는 것은 후에 한족(漢族)들이 날조한 것이다.

한신의 제나라가 없어지고 백제가 중국 사서에 등장하기 시작하는데 산동(山東)에 있던 제나라가 한신(韓信)의 숙청으로 망할 때 한신과 함께 한(韓)나라 부흥을 위해서 싸웠던 부하 장수들이 한반도로 도망 와서 백제라는 국가를 만들 가능성은 너무 크다.

한신(韓信)의 숙청 이후로 중국에 눈치를 보며 한 번도 국호에 한(韓)자를 쓰지 않던 한국 왕이 일본이 이제 한국도 황제의 나라니 국호를 정하라고 해서 고른 이름이 대한제국(大韓帝國)이다. 왕들에게는 한국의 진정한 역사가 비밀로 전해져 왔을 것이다.

한자가 중국 것이라 느껴지는 이유 중에 한 가지는 '한자(漢字)'라는 이름에 중국의 한나라 한(漢)자가 들어가기 때문이다. 한족(漢族)의 역사는 아주 짧아 갑골문자로 유명한 은나라 이전부터 있었던 한자를 그들이 만든 것은 아니며 그들의 대부분은 한(韓)나라 사람이었다는 사실을 분명히 알아야 한자가 한족(漢族)의 글자가 아니라 한국 사람의 글자라는 것을 생각할 수 있다.

또 제대로 조사해 보지도 않고 한글 전용 운동을 벌인 무식한 위정자들의 잘못이 컸다. 갑골문자는 동이족이 만들었다는 지리적, 고고학적, 서지학적, 언어학적 근거가 곳곳에 튀어나오는데도 한자는 중국 글자니까 버리자고 하는 위정자들의 작태는 한나라 이후로 한국의 역사를 날조한 중국인들이 참 좋아할 처사이다.

《옥편(玉篇)》은 현존하는 가장 오래된 한자사전이다. 백제의 이웃나라인 양나라 때 만들어진 한자사전인데 여기의 한자음은 거의 한국 한자음과 같다. '북경'할 때 북(北)을 중국 사람들은 '뻬이'라고 읽고 한국 사람들은 '북'이라 읽는다. 옥편에는 반절(半切)이라는 발음기호를 써서 '북'이라 읽는다고 나와 있다. 한국 사람의 한자 발음이 가장 오래된 정통 한자 발음이라는 사실을 알 수 있다. 이 사실은 누가 한자의 본토 발음을 하고 있는지를 알려 준다.

한국에 있는 옥편만 한자 발음이 그런가 생각해서 중국에 가서 옥편을 찾아보았으나 중국에는 옥편이 없었다. 있긴 있었으나 한자음이 표기된 부분은 유실되었다. 지금 중국인들은 청나라 《강희자전》만 쓰고 있다. 한자의 가장 옛날 음이 중국과 다르고 한국과 같으니 의도적으로 없애 버린 것이 분명하다. 가장 오래된 옥편은 일본에 있는데 여기의 한자음이 한국 한자음과 같다. 일본이 한국에서 이주해 와서 한국말 고어를 쓰듯이 한국이 중국 본토에서 한자를 만들고 쓰다가 한반도로 이주해 와서 한자 고어 발음을 하는 것이다.

《양서(梁書)》신라조(新羅條)에 "신라인과는 말이 통하지 않아 백제인을 통해 말한다."라는 구절이 있다. 이것은 양나라와 백제가 같은 말을 쓰는 나라였다는 것을 밝혀 준다. 그러니 옥편의 한자 발음이 한국 한자 발음과 같고 양나라는 백제의 일부분이다. 이로써 미루어 보면 세계에서 가장 큰 무덤인 일본에 있는 백제계 인덕천황릉이 왜 그렇게 큰지 이유를 알 수 있다.

≫ 키레루(き切れる) – 끊어지다

한국말 '끊으라우'에서 유래된 말이다. 끄느라우 〉 끄르루 〉 끼레루가 된다.

≫ 야부레루(やぶ破れる) – 찢어지다

한국말 '째 버리라우'에서 유래된 말이다. '째'는 복모음이라 가나에 없으니 일본 사람들이 발음하기 어렵다. '빨가'가 '아까이'가 되듯이 첫음절의 어려운 발음은 흔히 생략되는데, '째'를 쉽게 발음하면 '야'로 발음된다. '버'도 가나에 없으니 '루'와 모음동화되면 '부'가 된다. 째 버리면 찢어진다.

≫ 모레루(も漏れる) – (물, 빛이)새다

한국말 '물 나오라우'에서 변형된 말이다. '물나오'를 부드럽게 발음하면 '모레'가 된다. 물이 나오는 것이 새는 것이다.

≫ 가와루(か變わる) – 변하다

한국말 '갈으라우'에서 변형된 말이다. 어떤 것을 갈아 치우면 변한다.

≫ 가에루(か變える) – 바꾸다

한국말 '갈으우'가 변한 말이다. 어떤 것을 가는 것을 바꾸는 것이다.

≫ 소마루(そ染まる) – 물들다 / 소메루(そ染める) – 물들이다

한국말 '스미라우', '스밈 하라우'에서 유래된 말이다. '스미라우'에서 '스'는 가나 발음으로 '소'가 되고 '미'는 '라우'와 모음조화되어 '마'가 된다. '소마'의 어간에 수동어미 '루'가 붙어 '소마루'가 되고, 능동어미 '에루'가 붙어 '소메루'가 된다.

한국말과 일본말 공통어원을 연구하지 않으면 솜이 '스미다'의 명사형이라는 사실을 알 수가 없다.

솜은 물을 빨아들이는 속성이 있다. 솜에 수동적인 어미 '아루'가 붙어 물들다가 됐고 솜에 능동적인 어미 '에루'가 붙어 물들이다가 됐다고도 볼 수 있다.

≫ 고루(こ凝る) – 엉기다, 응고(凝固)하다, 얼다, [동의어] 凍こおる

한국말 '엉기라우'가 변한 말이다. '엉기'가 한음절로 줄어 '고'가 되고 '라우'가 한음절로 줄어 '루'가 됐다. '고루'에는 '한 곳에 틀어박혀 있다'라는 의미도 있는데, 골목 골방 외골수의 '골'이나 '감방에 1년 꿀었다'의 '꿀'도 '고루'와 어원이 같다. 한자 골(骨)의 어원도 고루이다. 자궁에서 태아를 형성할 때 단백질이 칼슘과 엉겨서 단단해지는 부분이 뼈이다.

≫ 시미루(しみる) – 아리다

한국말 '쏘임을 하우'에서 유래된 말이다. '바람을 쐰다', '벌에 쏘인다'라는 말이 있다. 쏘이면 아리다.

≫ 호루(ほ掘る) – 파다

한국말 '파라우'에서 유래된 말이다. 'ㅂ', 'ㅍ', 'ㅎ'은 서로 치환된다고 했다. '파라우'가 '하루'가 됐다가 모음이 동화되면서 '호루'가 됐다. 영어의 hole(구멍)도 여기서 유래한 말일 것이다.

≫ 아께루(あ明ける) – (날이)밝다

한국말 '밝게 하라우'에서 유래된 말이다. 아까이(붉다), 아까루이(밝다), 아끼(단풍이 빨간 가을) 모두 '밝'이 '아'로 바뀐 말들이다.

≫ 우메루(う埋める) – 묻다, 메우다

한국말 '움메우'에서 변한 말이다. 움을 파서 움을 메우는 것은 묻는 것이다.

≫ 하루(は貼る) – 붙이다

한국말 '바르우'에서 변한 말이다. 'ㅂ'이 'ㅎ'으로 바뀌었다. 벽지를 바르는 것은 벽지를 붙이는 것이다.

≫ 누루(ぬ塗る) – 칠하다, 바르다

한국말 '눌우'에서 비롯된 말이다. '눌어붙다'라는 말이 있다. 늘어나 달라붙는다는 의미이다. 늘어나 붙는 것은 칠하거나 바르는 것이 된다. 늘어나는 성질이 가장 좋은 것은 금인데, 옛날에는 금을 늘려 금박으로 만들어 불상 등에 붙였다. 눌어붙으면 바르는 것이다.

≫ 호로비루(ほろ亡びる) – 망하다, 멸망하다, 【문어형】ほろぶ

한국말 '헐어버리우'가 변한 말이다. 건물을 헐어 버리면 건물은 멸망하는 것이다.

≫ 호레루(ほ惚れる) – 반하다, 연모하다, 마음이 끌리다.

한국말 '홀리우'가 변한 말이다. 홀리면 반하는 것이다.

파티와 관련된 동사

≫ 요부(よぶ) – 부르다

한국말 '여! 보우'에서 변한 말이다.

≫ 마네꾸(まね招く) – 초대하다

한국말 '만나게 하구'에서 유래된 말이다.

≫ 요로꼬부 (よろこ喜ぶ) - 기쁘다

한국말 '요렇게 기쁘우 〉요리 기뻐'에서 변한 말이다.

≫ 아소부(あそ遊ぶ) - 놀다

한국말 '아! 소풍하우'에서 비롯된 말이다. 소풍이 한자어 같지만 올바른 한자어가 없으며 중국인들은 그런 단어를 쓰지 않는다. 소풍이 순 한국말이라는 것을 '아소부'라는 단어를 보고 알았다. 소풍은 즐거운 것이라 감탄사 '아!'가 절로 나오는 단어이다. '풍'에서 받침은 빠지고 'ㅍ'이 'ㅂ'으로 바뀌면 '부'가 된다.
소풍에 해당하는 명사형은 '아소비'이다. 명사형 어미로서 '이'를 쓰는 것도 같다.

≫ 우따우(うた歌う) - 노래 부르다

한국말 '읊조리우'에서 유래된 말이다. '시를 읊는다'라는 말이 있다. 옛날에는 시가 곧 노래였다. 읊는 것이 곧 노래하는 것이 된다. 정거장을 '덩거장이라' 하듯이 한국말에서도 옛날에는 'ㅈ'이 'ㄷ'이었다. '읊조리다'는 원래 '읊도리다'였을 것이다. '도'가 앞의 받침 'ㅍ'과 만나서 '또리'로 되고 '또리'가 줄어들며 모음조화되어 '우따'가 된 것이다. '우따'는 노래이다. 명사에 동사형 어미 '우'가 붙는 경우이다.

≫ 오고루(おごる) - 한턱내다

한국말 '아가리 하우'에서 유래한 말이다. 턱이 한국말 속어로 '아가리'이다. '아가리'에 동사형 어미 '우'가 붙어 '한턱내다'가 됐다. '한턱내다'의 어원을 알 수 없었는데, 일본말 '오고루'를 보고 입(아가리) 딱! 벌어지도록 음식을 차려내는 것이라는 것을 알았다.

≫ 다노시무(たの樂しむ) - 즐기다

한국말 '단오(인감)하우'에서 유래된 말이다. 단오는 즐겁게 노는 날이다. 단오에 명사형 어미 하우가 붙어 즐기다가 됐다. 한국말 '하'는 일본말에서 '시'로 잘 변한다.

≫ 와라우(わら笑う) – 웃다

한국말 '와아! 하라우'에서 변형된 말이다. '와아' 하고 입을 크게 벌리는 것이 웃는 것이다.

≫ 요우(よ酔う) – 취하다, 멀미하다

한국말 '얼 나오우'에서 유래한 말이다. 술에 취하면 정신이 흐리멍덩해지는데 그것이 얼이 나온 상태이다. '얼나오'에서 받침과 유성음 'ㄴ'은 같은 유성음 'ㅇ'으로 변해 '어아오'가 된다. 이것을 한 음절로 줄이면 '요'가 된다.

≫ 오도루(おど踊る) – 춤추다

한국말 '오! 돌우'에서 유래한 말이다. 춤추는 것의 주된 동작은 도는 것이다.

이비인후와 관련된 동사

≫ 나가메루(ながめる) – 바라보다

한국말 '나가 메하라우'에서 유래한 말이다. 멀리 나간 것이 긴 것이고, 눈매에 동사형 어미 '루'가 붙은 것이 '메루'이다. 길게 보이는 것이 멀리서 바라보는 것이다.

≫ 미에루(み見える) – 보이다

한국말 '(눈)매에 이루'에서 변형된 말이다. 눈에 있는 것은 보이는 것이다. '이루'는 한국말 '이루다'와 같다.

≫ 미세루(み見せる) - 보여주다

한국말 '(눈)매에 세우'에서 변형된 말이다. 어떤 물건을 눈에 세우는 것은 보여주는 동작이다.

≫ 미쯔게루(み見つける) - 발견하다

한국말 '(눈)매 착! 하게하우'에서 변형된 말이다. 눈에 착 붙게 하는 것은 찾는 것이다. 즉, 발견하는 것이다.

≫ 미쯔까루(み見つかる) - 발견되다

한국말 '(눈)매 착하우' 눈매에 착 붙는 것은 찾은 것이다. 즉, 발견된 것이다.

≫ 고다에루(こた答える) - 대답하다

한국말 '~고 답하우'에서 변형된 말이다. '~고 답하는' 것이 대답하는 것이다.

≫ 기꼬에루(きこ聞える) - 들리다

한국말 '귀에 꽂히우'에서 유래된 말이다.

≫ 또우(と問う) - 묻다

한국말 '어떠우'에서 비롯된 말이다. '어', '아'는 흔히 생략된다. 그래서 '떠우'만 말머리에 남았는데 모음이 동화되어 '또우'가 된다.

≫ 우까가우(うかがう) - 찾아뵙다

한국말 '웃(上)께 가우'에서 변형된 말이다. '웃께'로 가는 것은 찾아뵙는 것이다.

수여동작과 관련된 동사

≫ 야루(やる) – 주다(아케루의 낮춤말), 하다

한국말 '하라우'에서 변형된 말이다. 말 첫머리에 'ㅎ'과 같이 격한 소리는 발음하기 어렵다. 그래서 생략되고 모음동화되고 발음이 간소화되면 '야루'가 된다. '하라우' 하고 신이 명령하면 곧 주는 것이고 하는 것이다.

≫ 아따에루(あたえる) – 주다

한국말 '옛다! 하라우'에서 비롯된 말이다. 필자의 어머니는 백제의 담로 중 하나인 뚝섬에서 대대로 사신 분인데 우리들에게 먹을 것을 내주실 때는 '아따!'라는 말을 하면서 주었다. 어렸을 때 이 소리만 들으면 눈이 번쩍 뜨였던 기억이 난다. '아따!'는 주다의 서울 사투리인 것 같다. '아따!' 하는 것은 주는 것이다.

≫ 아게루(あげる) – 올리다, 주다

한국말 '위께로(올리우)'에서 변형된 말이다. '위'가 가나에 없으니 있는 발음으로 '아'가 됐다. '루'는 동사형 어미 '루'로 변했다

≫ 사시아게루(さしあげる) – 드리다('주다'의 아주 높임말)

한국말 '자시오게 하우'에서 비롯된 말이다. '먹다'의 높임말이 '자시다'이다. 자시게 하는 것은 드리는 것이다. '자시게 올리다'의 뜻을 가진 '아게루'가 결합된 단어이다.

≫ 쿠레루(くれる) – (남이 나에게) 주다, 명령어는 쿠레(くれ)

한국말 '떨쿠라우'와 '그래라'에서 비롯된 말이다. 다른 동사 뒤에 붙여 쓰면 조동사 '그래라'가 되고 혼자 사용되면 '떨쿠다'가 된다. 한국말에 '좀 주지 그래'라는 말이 있다. 이 조동사 '그래'와 똑같이 쓰인다. '떨쿠라우'에서 일본말에서 말머리에 '떨'처럼 발음하기 어려운 것은 생략된다.

≫ 쿠다사루(くだ下さる) – 주시다, 쿠레루의 높임말 명령어는 쿠다사이(ください)

한국말 '떨쿠었다 하시라우'에서 비롯된 말이다. 신에게 '떨쿠었다'라는 말을 듣기를 바라는 말이다. 신이 하늘에서 '떨쿠었다' 하면 주시는 것이다. '떨쿠었다 하시라우'에서 '떨', '었', '하' 등의 발음하기 어려운 말을 빼면 '쿠다시루'가 된다. '시루'에서 '시'가 모음동화되면 '사루'가 된다. 일본에 가서 원하는 것이 있으면 그것을 손으로 가리키고 '쿠다사이'만 하면 된다. 생존을 위한 일본어이다. 신에게 '꾸어다 주세요'의 변형일 수도 있다.

≫ 모라우(もらう) – 받다, 얻다

한국말 '(내리)물리우'에서 유래된 말이다. 재산을 내리 물리면 받는 것이다.

≫ 이따다꾸(いただく) – 받다, 먹다(높임말)

한국말 '있다다 하구'에서 변형된 말이다. 사람들은 신이 먹을 것, 혹은 물건이 있다(라)고 하면 먹을 것을 먹게 되거나 받는다. 그래서 일본 사람들은 식사를 하기 전에 '이따다끼마쓰(あただきます)'라는 감사인사를 하고 먹는다. 한국말 '있다다고 말씀(하셨습니다). 그래서 감사히 먹겠습니다'라고 인사드리는 것이다.

≫ 우께루(う受ける) – 받다

한국말 '얻게 하라우'에서 변형된 말이다. 얻게 하면 받는 것이다. '얻'은 일본 가나에 없는 소리로 부드럽고 쉽게 발음하면 '우께루'가 된다.

≫ 와따수(わたす) – 건네주다

한국말 '받음 하지'에서 변한 말이다. 말머리에 'ㅂ'은 사라지기 쉬워 '앋음'이 되었다가 연음되어 '아드하지'가 된다. '아드하지'가 줄면 '와따수'가 된다.

식물과 관련된 동사

≫ 사꾸(さく) – (꽃이) 피다

한국말 '싹하구'가 변한 말이다. 한국말 싹에 펴진다는 의미가 있다. 나무의 기운이 퍼지는 것이 싹이고 꽃이다. 분화가 덜된 고어인 일본말에서는 싹과 꽃을 같은 의미로 쓰고 싹의 동사형은 꽃이 핀다는 동사가 됐다. 일본말에서는 '싹'이란 명사에 '꾸'라는 동사형 어미가 붙어 '싹이 나와 피다'의 뜻을 가진 동사를 만든 경우이다. 한 번에 꽃 싹을 많이 내는 대표적인 나무가 '사꾸라(벚꽃)'이다.

≫ 찌루(ち落る) – 떨어지다

한국말 '지라우'에서 변형된 말이다. '해가 지다(떨어지다)'라는 말이 있다. 한국말에서도 떨어지는 것을 짧게 '지다'라고 말한다. '지다'의 일본 동사형이 '지루'이다.

≫ 시게루(し茂げる) – 번성하다

한국말 '세게 하라우'에서 유래된 말이다. 한국말에서도 '(힘)세게'를 '(힘)시게'로 말할 때도 있다. 신의 입장에서 세게 동작하는 것이 번성하는 것이다.

≫ 가레루(かれ마る) – 마르다

한국말 '갈라지라우'에서 변형된 말이다. 논바닥이나 식물이 마르면 갈라진다. 한국말도 마른 잎을 '가랑잎'이라 하는데 한국말도 '마르다'는 뜻으로 '가레루'를 썼던 것 같다. '갈라지다'와 '가레루'는 같은 어원에서 나온 말이다.

≫ 오찌루(お落ちる) – 떨어지다, 빠지다

한국말 '널찌라우'에서 유래한 말이다. '널찌다'는 '떨어지다'라는 뜻이다. '널'에서 두음법칙으로 'ㄴ'이 빠지고 받침이 빠지면 '어'가 되는데 '어'는 일본 가나에 없으니 '찌루'와 조화된 발음은 '오'가 된다.

≫ 쥬꾸(じゅく熟す) – 익다

한국말 '숙이구'가 변형된 말이다. '벼가 익으면 고개를 숙인다'는 말이 있다. 열매가 고개를 숙이면 익는 것이다.

≫ 메오다수(めお荀だす) – 싹을 내다

한국말 '(눈)매를 트지'의 변형이다. 한국말에서도 버드나무 싹이 트는 것을 '버들강아지 눈 떴다'라고도 한다. 목적격조사 '을(를)'은 일본 발음으로 '오'이다. 정확히 대응된다.

≫ 미노루(みの實る) – 열매 맺다

한국말 '(열)매 열우'에서 변형된 말이다. 열매는 발음하기 힘드니 줄여서 '미'가 되었고, '열우'에서 두음법칙으로 빠진 'ㄴ'이 들어가 연음이 되면 '녀루'가 된다. '녀'는 일본 가나에 없으니 '노'로 발음이 된다.
며느리의 어원이 '미노루'에 있는 것 같다. 열매나 자식이나 대를 이어가는 생산물임이 같다. 자식을 '미노루' 하는 것이 '며느리'이다.

마음과 관련된 동사

≫ 마요우(まよ迷う) – 헤매다, 망설이다

한국말 '헤매우'가 변형된 말이다. '헤'는 첫머리에 오고 발음이 힘드니 생략됐다. '매'는 복모음이니 풀어 보면 '마이'가 되는데 '우'와 동화를 일으키면 '마요우'가 된다.

>> 또마도우(と戸まど惑う) - 당황하우

한국말 '딱! 맞닿우'에서 유래된 말이다. 사람은 어떤 일에 딱 맞닿으면 당황하게 된다. '딱! 맞닿우'에서 받침들을 빼고 모음조화되면 '또마도우'가 된다.

>> 아와떼루(あわ慌てる) - 당황하다

한국말 '얼을 떼우'에서 유래한 말이다. 한국말에 '얼띠다'라는 말이 있다. '얼이 떨어져 정신이 나갔다'라는 말이다. '얼을 떼우'는 곧 '얼 떨어지다'라는 뜻이다. 얼이 떨어지면 정신이 없는데 그것이 당황하는 것이다.

한국인들은 이른바 '알 사상'이라 하여 알을 매우 중요시 했다. '한 사상'에서 하나를 중요시 하는 것과 일맥상통한다. 수정란 하나가 분열하여 하나의 인간을 만든다. 수정란 하나에 인체 하나의 모든 요소가 집약되어 들어 있다. 60조 개의 세포가 집합해서 이루어진 것이 인체인데 이 세포 하나하나에 수정란 하나와 같은 인체 전체의 요소가 집약되어 들어 있다. 한 사람은 작은 사람 60조가 모여 인체 하나를 이루었다고 생각하면 된다.

DNA를 잘 아는 사람은 이것을 잘 이해할 것이다. 이 수정란 하나가 '알'에 해당한다. 우주 만물에도 이 알이 있다. 우주 전체를 구성하기 위해 분열을 시작한 '알'이 우주의 일원으로서의 '알'로 존재한다. 수정란이 분열되어 인체 전체를 구성하고 또한 인체 구성 세포 하나인 것과 같다. 성경 속의 하나님이 이런 상태로 존재하고 불경의 대아(大我)와 소아(小我)도 이런 상태로 존재한다. 자신에게 존재하는 하나님이 알이고 소아도 알이다.

이 '알'의 정신적인 상태가 '얼'이다. 정신과 육체가 둘이 아니듯이 '알'은 '얼'이고 '얼'은 '알'이다. 한국말에는 '얼'자가 들어가는 말이 많다. '얼간이'는 '얼이 나간 사람'이고, '얼띠다'는 '얼을 떼고 다닌다'이고, '얼 빠진 놈'은 '얼이 빠진 사람'이다. '얼차려'는 '얼을 다시 정돈시키는 기합이다.

일본말도 한국말이므로 '얼'이나 '알'이 들어간 말이 많이 있다. 그중 하나가 '아와떼루'이다. '얼이 떨어졌다'는 뜻이다. 얼이 떨어지는 것은 당황하는 것 같다. '얼'을 연음시켜 일본 가나로 모음조화시켜 쉽게 발음하면 '아와'가 된다.

일본말로 얼굴은 '가오'인데 한국말 '겉얼'에서 나온 말이다. 얼굴은 얼의 겉이기 때문이다. 한국말 '얼굴'은 얼이 들은 굴이나 골(骨)이다.

≫ 우로다에루(うろたえる) – 당황하다, 갈팡질팡하다

'아와떼루'와 똑같이 '얼떼라우'에서 변형된 말이다. '알'이나 '얼'에 대해서 아는 사람은 한국에도 극소수이다. 이민 가서 고립된 일본 사람들이 그들이 쓰는 한국 말의 깊은 의미까지 알지는 못한다. 신라에게 패한 분노, 한국으로부터 독립과 침략 야욕 때문에 의도적으로 한국과 아무 관계 없음을 만들려고 노력한 일본 사람들이 세대를 거듭하면서 한국말과 일본말이 서로 통하지 않게 되는 시점부터는 '알'과 '얼'을 아주 잊어버렸다. 그 결과로 '얼떼라우'라는 똑같은 말에 '얼'의 의미를 모르니 '아와떼루'와 '우로다에루' 두 가지로 발음한다. 그리고 그것이 같은 말의 두 가지 발음이라는 것을 모른다.

≫ 오도로꾸(おどろ驚く) – 놀라다

한국말 '오돌(오둘)하구'에서 유래된 말이다. 놀라서 오돌오돌 떠는 모양을 나타낸 의태어에 동사어미 '하구'가 붙어 만들어진 동사이다. '오돌'이 연음되고 모음조화되어 '오도로'가 됐다.

≫ 비꾸리스루(びっくりする) – 깜짝 놀라다

동사 원형은 '비꾸리스루'지만 이 동사 원형은 거의 쓰이지 않는다. '놀랐다'는 과거형 '비꾸리시다(びっくりした)'가 주로 쓰인다. 한국말 '빛깔이었다'에서 유래된 말이다.

사람들을 가장 크게 놀라게 하는 것은 빛이 번쩍하는 것이다. 번개의 빛이 번쩍하거나 폭탄의 빛이 번쩍하는 것에 크게 놀란다. 고대 한국 사람들에게는 빛깔 자체가 곧 놀라움이었다. 빛깔에다 동사어미 '스루'가 붙어 만들어진 말이 '비꾸리스루'이다. 이런 것이 말이 만들어지는 과정이다. 한국에서는 빛깔의 의미가 '빛'이라는 의미로만 쓰이지만 고대에는 '놀라움'으로도 쓰였던 것이다.

일본 사람들은 한국말과 같은 의미의 빛깔을 '히까리'라 한다. 일본 언어학자들은 '빗꾸리'와 '히까리'가 같은 말이며, 한국말 '빛깔'에 해당한 말이라는 것을 모른다. 이것이 역사날조의 비극이다.

≫ 아세루(あせ焦る) - 안달하다, 초조하다

한국말 '안달하우'에서 비롯된 말이다. '안'에서 받침이 빠져 '아'로 되고 '달'에서 'ㄷ'이 같은 계열의 'ㅅ'으로 바뀌고 받침이 빠지면 '사'가 된다. '안달하우'는 이런 과정을 거쳐 '아사루'가 되는데 일본말에 땀을 말하는 '아세'에 동화되어 '아세루'가 됐다. 안달하고 초조하면 진땀이 난다. '아세루'가 '안달하우'의 변형이라는 사실을 모르는 일본 사람들이 '아세루'가 아세(땀)+루(동사어미)라고 생각하여 '아사루'를 '아세루'로 변형시켰다는 생각이 든다. '아세'는 나중에 명사 편에서 설명하겠지만 신성한 샘 '아! 샘'에서 유래한 말이다.

≫ 또끼메꾸(ときめく) - 가슴이 두근거리다

한국말 '똑(딱)임 하구'가 변한 말이다. '또딱임'에서 받침이 연음되어 '또따김'이 된다. 여기서 '또'와 '따'는 비슷하니 '따'가 생략된다.

≫ 우로쯔꾸(うるつく) - 서성거린다

한국말 '얼이 적어가구'가 변한 말이다. '얼이'에서 연음되면 '어리'가 된다. '어'는 가나에 없으니 '우'로 하면 '리'도 모음조화를 일으켜 '우로'가 된다. '적어가구'에서 '적어가'를 부드럽게 빨리 발음하면 쯔로 발음된다. 노인이 치매가 되는 현상을 '알 사상'으로 해석하면 얼이 적어가는 현상이다. 얼이 적어져가면 공연히 밖을 서성거리게 된다.

≫ 안스루(あん案ずる) - 염려하다. 걱정하다. 생각해 내다.

한국말 '안쓰러워하우'가 변한 말이다.
'걱정 마'에 해당하는 일본말은 '안스루나'이다. 일본말 부정형 어미 '나이'는 '않하이'가 변한 말이다. '나이'는 영어의 No, Not, 독일어 Nein(아니다)과 같은 어간이다.

운반, 첨가와 관련된 동사

≫ 다모쯔(たも保つ) - 유지하다

한국말 '다 맺지'에서 유래한 말이다. 각 부분을 다 서로 연결 맺어 주는 것을 계속하는 것이 유지하는 것이다. '맺'은 일본 가나에 없으니 '모'가 적당하고 연음시키면 '모쯔'가 된다.

≫ 힛꼬수(ひ引っこ越す) - 이사하다

한국말 '이끌고 가지우'에서 비롯된 말이다. 한국말에 바닷가, 잇몸 등 사이시옷에 해당하는 'ㅅ'의 쓰임새가 있는데 일본말에서 이것과 똑같은 것이 '쯔(っ)'이다. 두 말은 소유격 어미 '쯔(っ)'로 연결해 줄 때는 ㄱ를 보통 때보다 작게 쓴다. 읽을 때도 '쯔'라 소리 내지 않고 앞의 글자를 세게 읽는다. '힛꼬수'처럼 '힛'으로 읽는다. '이끌다'라는 뜻을 가진 '히끼'와 '가다'라는 뜻을 가진 '꼬수' 둘을 연결해 주기위해서 사이시옷에 해당하는 ㄱ가 들어갔다. 'ㅎ'은 한국말과 일본말 사이에서 더해지기도 하고 빠지기도 한다. '이'에 'ㅎ'이 더해져 '히'가 되고 '끌고가'를 빨리 부드럽게 발음하면 '꼬'로 된다.

≫ 우쯔루(うつ移る) - 옮겨지다

한국말 '움직이라우'에서 변형된 말이다. 어떤 물체를 움직이면 결국 옮겨진다. '움직'에서 받침을 빼고 모음을 동화시키면 '우쯔'가 된다. '직'을 발음할 때 보통 받침만 빼는 것이 아니라 받침까지 발음하려고 최대한 노력한다. 그러다 보면 모음도 달라지고 첫 자음도 달라져 '쯔'라 발음하게 된다.

≫ 하꼬부(はこ運ぶ) - 나르다

한국말 '곽(을)부리우'에서 변형된 말이다. 지금은 표준어로 '갑(匣)'이라고 하는데 예전에는 '곽'이라고 했다. 학교를 일본 발음으로 '가꼬'라 한다. 한국말과 일본말 사이는 'ㅎ'이 'ㄱ'으로 변하고 'ㄱ'이 'ㅎ'으로 변한다. '곽'에서 'ㄱ'을 'ㅎ'으로 바꾸고 연음시키고 모음동화시키면 하꼬가 된다. '요술을 부린다' '덤프트럭 한 차를 부린다'라는 말이 있다. 부리는 것은 자유자재로 움직이는 것을 뜻하고 곽에 담아 운반하던 것을 한꺼번에 쏟아내는 것도 뜻한다. 이렇게 곽을 부리는 것은 나르는 것이다. 하꼬방이 곽방이다.

≫ 가사네루(かさ重ねる) - 포개다, 쌓아올리다, 겹치다, 거듭되다

한국말 '거듭 나라우'에서 변형된 말이다. '거듭'에서 '거'가 일본 가나에 없으니 '가'가 되고 'ㄷ'은 'ㅅ'으로 흔히 바뀌니 '습'이 되고 받침 빼고 모음동화되면 '가사'가 된다. 거듭나는 것이 계속되면 겹치고 포개진다.
한국말 '갓'에서 비롯된 말일 수도 있다. '갓'의 일본말은 '가사'이다. '갓'은 포개지는 속성이 있다. 갓에 능동적인 동사 '네루'가 결합되어 '포개다'라는 뜻을 가진 동사로 만든 경우이다.

≫ 가네루(か兼ねる) - 겸하다

한국말 '겸해내우'가 변형된 말이다. '겸해'는 일본 가나에 없으니 쉽고 부드럽게 발음하면 '가'가 된다. 일본 가나에 '내'의 가까운 발음도 '네'이다. 여기에 동사형 어미 '루'가 붙으면 '가네루'가 된다. 일하는 것에서 겹내는 것은 겸하는 것이다.

≫ 메자수(めざす) - 목표로 하다

한국말 '(눈)매가 가지우'가 변형된 말이다. 목표로 하는 곳이 있으면 눈이 저절로 간다. 눈이 가는 것은 목표로 하는 것이다. '길'을 '질'이라 하는 것처럼 'ㄱ'을 'ㅈ'으로 바꾸면 '가'가 '자'로 된다. '매'는 일본 가나에 없으니 일본 발음으로 하면 '메'가 된다고 했다. '지우'는 '쥬'가 되고 일본 가나에 따르는 발음으로 하면 '수'가 된다.

≫ 무까우(む向かう) - 향하다, 그쪽으로 돌리다, 마주보다

한국말 '(눈)매 가우'가 변한 말이다. 눈매가 가는 것이 향하는 것이다. '매'가 가나로 부드럽게 발음하면 '무'가 된다. 명사형은 '무꼬'인데 한국말 '(눈)매 곳'에 해당한다.

정도에 관련된 동사

≫ 쑤구레루(すぐ優れる) – 뛰어나다

한국말 '쑥! 하구 나오라우'에서 변형된 말이다. 쑥! 나온 것이 뛰어난 것이다. '쑥'
을 연음시키면 '쑤구'가 된다. '나오구'는 사실 '내라우'이고 '내라우'를 부드럽고
빨리 발음하면 '레루'가 된다.

≫ 오또루(おと소る) – 뒤떨어지다

한국말 '오! 떨어지우'에서 변형된 말이다. '떨어지우'에서 '지우'는 별로 의미가 없
다. '떨어'에서 연음시키면 '떠러'가 되고 동사형 어미 '루'에 맞추어 모음동화시키
면 '또루'가 된다.

≫ 세마루(せま迫る) – 육박하다, 가까이가다

한국말 '조금만 (더) 하라우'에서 비롯된 말이다. 조금만 더하면 육박하는 것이다.
'조금'의 전라도 사투리는 '쬐금'이다. '쬐금만'을 일본식으로 부드럽게 발음하면
'세마'가 된다. '쬐만'에 동사형 어미 '루'가 합한 것이다.

≫ 지까즈꾸(ちか近づく) – 가까워진다

한국말 '지척에 가지구'에서 변형된 말이다. '가까이'의 다른 말이 '지척'이다. 같은
어원을 가진 말이다. '척'은 발음이 어려워 생략되나 흔적을 남겨 '가'가 '까'가 됐
다. '까지구'에서 동사형 어미 '꾸'에 모음이 동화되면서 '까즈꾸'가 된다. 지척에
가지면 가까워진다.

≫ 수기루(す過きる) – 지나다, 지나치다

한국말 '쑥! 하라우'에서 변형된 말이다. '쑥'이라는 의태어에 동사형 어미 '루'가
붙어 동사가 됐다. 목표 지점을 벗어나는 모습이 '쑥!'이다. 고만고만한 것이 여러
개 있을 때 하나가 (불)쑥 나올 때, 그 동작에 '쑥!'이라는 의태어를 쓴다.

≫ 데쯔다우(て手った傳う) − 돕다, 거들다

한국말 '손을 덜우'에서 비롯된 말이다. '손'에서 받침을 떼고 'ㅅ'을 'ㄷ'으로 바꾸면 '도'가 된다. '도'를 뒤의 말 '다우'와 모음조화시키면 '데'가 된다. '데'에 한국말 목적격조사 '을'을 붙여 일본식으로 발음해 보면 'ㄹ'이 'ㅉ'로 연음되어 '데쯔'가 적당해 보인다. '덜우'는 받침을 떼고 모음동화시키면 '다우'가 자연스럽다. 한국에서는 일의 양을 손의 숫자로 계산했다. 손이 많이 들어가는 일에서 이 손을 줄여주는 것이 도와주는 것이다. '손을 덜다'라는 말은 도와달라는 말을 죽기보다도 싫어하는 한국 사람의 자존심을 잘 나타내는 말 같다.

≫ 다수까루(た助かる) − 도움이 되다, 구제되다

한국말 '도와줘! 하라우'에서 변형된 말이다. '도와'를 한 글자로 발음하면 '돼'가 되고 쉽게 발음하면 '다'가 된다. '줘'는 복모음이라 일본 사람들이 발음하기 힘든데 일본 가나에 있는 것으로 발음하면 '주'가 된다. 그리고 '주'에서 같은 계열인 'ㅈ'을 'ㅅ'으로 바꾸면 '수'가 된다. '하라우'에서 'ㅎ'을 'ㄲ'으로 바꾸면 '까루'가 된다.

≫ 야꾸다쯔(やく役だつ) − 도움이 되다

한국말 '약이 되지'에서 변형된 말이다. 한국에서 큰일을 당하고 나서 안정이 되면 하는 말이 있다. '그것이 다 약이 되지'라고 한다. 살아가는 데 모두 도움이 된다는 말이다. 이런 말에 해당하는 일본말이 '야꾸다쯔'이다.

싸움과 관련된 동사

≫ 아라쏘우(あらそ爭う) − 싸우다(경쟁)

한국말 '어울려 싸우오'에서 비롯된 말이다. '어울려'를 일본 가나에 있는 소리로 쉽게 발음하면 '아라'가 된다. '싸우오'를 모음동화시키고 간소하게 발음하면 '쏘우'가 된다.

≫ 다따까우(たたか戰う) ─ 싸우다(실제 싸움)

한국말 '다툼하우'의 변형이다. '다툼하우'에서 받침을 빼고 모음을 조화시키면 '다타하우'가 된다. 일본말에서 'ㅌ'과 'ㄸ'은 언제든지 왔다 갔다 한다. 공항을 '구꼬'라 하듯이 'ㅎ'은 'ㄲ'으로 언제든지 변한다. 그래서 '다타하우'는 '다따까우'가 된다.

태껸을 수련하는 필자는 태껸이 순수한 한국말일 것은 분명한데 어원을 알 수가 없어 태껸 지도자들이 애를 먹는 것을 봤다. 고서에 탁견(托肩)이라 적혀 있는데 이는 이두임이 분명하므로 탁견과 실제 발음과는 차이가 있을 것으로 추정된다. '다따까우'의 명사형이 '다따끼'인데 '태껸'은 '다다끼'의 변형이 거의 분명하다. 싸울 때나 태껸 대련할 때는 '타다닥' 하는 소리가 나는데 이것이 '타닥임'이고 부드럽게 발음하면 '다다끼'이다. '다툼'과 '타닥임'의 어원은 같다.

≫ 사와구(さわ騷ぐ) ─ 떠들다, 소동을 일으키다

한국말 '싸우구'가 변형된 말이다. 한국말 '싸우다'가 일본과 한국이 갈라지기 전에는 '떠들다', '소란스럽다'의 의미 정도만 있었다. 평화를 사랑하는 한국 사람들은 치고받는 싸움을 보고 적절한 단어인 '다따까우'를 쓰지 않고 대신에 소란을 피우는 정도의 용어인 '싸우구'를 점잖게 사용했던 것 같다. 그러다 한국에서 '다따까우'라는 단어가 사라지며 '싸우구'가 소란이란 의미를 잊어버리고 싸움이란 의미로 굳어 버렸다고 볼 수 있다.

≫ 다따꾸(たた叩く) ─ 떼리다, 두드리다, 비난하다

한국말 '따닥하구'에서 변형된 말이다. '따닥'은 두드릴 때 나는 소리이다. 한국말 '따닥'은 의성어로서 동사어미 '꾸'가 붙어서 만들어진 말이다. 한국말 '두둘기고'도 같은 어원이다.

≫ 히따꾸(ひっぱたく) ─ (손바닥으로)후려치다

한국말 '빰따구(하구)'에서 유래된 말이다. 지방에 따라 뺨을 후려치는 것을 '빰따구 때린다' 혹은 따구 때린다고 한다. '빰'에서 'ㅃ'이 'ㅎ'으로 바뀌고 받침이 없어

지면 '햐'가 된다. '햐'가 일본 가나에 없는 복모음이라 비슷한 모음으로 발음하면
'히'가 될 수 있다.

≫ 께또바수(けとばす) – 걷어차다

한국말 '까 떠버리지우'가 변형된 말이다. 발로 까서 떠버리게 하는 것이 걷어차는
것이다. '떠버리'에서 모음이 일본 가나에 없어 뒤에 '수'에 모음조화를 시키면 '또
바'가 된다. '발로 까다'의 '까'는 '께'가 '또바'와 더 잘 어울린다.

≫ 쯔꾸(っ突く) – 찌르다, 치다

한국말 '치구'에서 변형된 말이다. '치구'에서 'ㅊ'을 센소리로 'ㅉ'으로 바꾸고 모
음을 동화시키면 '쯔꾸'가 된다.

≫ 츠부수(つぶ潰す) – 찌그러뜨리다, 부수다

한국말 '쳐부수우'에서 변형된 말이다. 한국말 '짜부라뜨리다'도 어원이 같다.

≫ 메꾸루(めくる) – 넘기다, 걷어 올리다

한국말 '메어 꽂으라우'에서 유래한 말이다. 유도에서 어깨너머로 메어꽂으면 넘
기는 것이다. '꽂우라우'에서 받침 빼고 모음조화시키면서 줄여 발음하면 '꾸루'
가 된다.

≫ 가라무(から絡む) – 얽히다

한국말 '걸음을 하우'가 변형된 말이다. 옷을 못에 걸듯이 연이 전깃줄에 걸리듯이
서로 교차하여 걸음을 하면 얽히는 것이다. '걸음을'에서 받침을 연음하고 동사형
어미 '우'에 모음조화를 시키면 '가라무'가 된다.

한국말 '톡! 하구 = 트구'에서 변형된 말이다. 막힌 것을 톡! 하고 트는 것은 푸는 것이다. '톡'에서 'ㄱ'받침이 연음되고 '하구'와 결합되면 '토꾸'가 된다.
한국말 '트구 지내'에서 '트구'도 '톡! 하구'에서 나온 말이다.

동반, 탈락과 관련된 동사

≫ 누꾸(ぬ抜く) - 뽑다

한국말 '누구'에서 유래된 말이다. 똥을 누는 것은 똥을 가래떡 뽑듯이 뽑는 것이다. 누다와 뽑다에서 주체와 객체가 바뀌지만 결과는 같다. 말의 분화가 덜 된, 아기 말 같은 고어에서는 흔히 있는 일이다.

≫ 또레루(とれる) - 떨어지다, 잡히다

'들다', '따다', '털다'의 의미가 있는 '또루'의 수동형이다. 한국말 '들우라우', '털우라우'에서 변형된 말이다. 들면 들려 잡히고, 털면 털려 떨어진다.

≫ 하주레루(はずれる) - 벗겨지다

한국말 '벗으라우'에서 유래된 말이다. 벗으면 벗겨진다. '벗'에서 'ㅎ'과 'ㅂ'은 같은 계열이라 서로 치환되니 '벗'이 되고 연음되면 '허즈'가 된다. '허즈'는 일본 가나에 없으니 있는 발음으로 발음하면 '하주'가 된다. '주라우'를 부드럽게 간소화하면 '주레루'가 된다.

≫ 아다루(あ當たる) - 맞다, 적중하다

한국말 '아! 닿으라우'에서 변형된 말이다. 아! 하고 어디에 닿는 것은 적중하는 것이다. '아! 닿으라우'에서 받침을 빼면 '아다루'가 된다.

≫ 도모나우(ともな伴う) – 동반하다

한국말 '동무되우'가 변형된 말이다. '동무'에서 모음을 조화시키면 '도모'가 된다. 한국말에서도 '나다'와 '되다'가 혼용된다. 신이 내려주면 나는 것이다. 한국은 신과 멀어지면서 '되다'를 많이 쓰고 신과 가까운 일본말은 '나다'를 많이 쓴다. '되다'와 '나다'는 결과가 결국 이루어지는 것에서 뜻이 같다. 한국말 '도모하다'에도 동무의 어원을 갖고 있다.

≫ 시따가우(したが從う) – 따라가다

한국말 '쫓아 가우'가 변형된 말이다. '쫓아'가 연음되면 '쪼차'가 되고 여기서 '쪼'는 같은 잇소리(齒音) '소'로 변하고 게으르게 발음하면 '시'가 된다. '차'가 구개음화 전으로 돌아가면 '따'가 된다.

≫ 오사마루(おさ治まる) – 가라앉다, 진정되다

한국말 '오! 잠(잠)하우'에서 비롯된 말이다. '잠하우'에서 같은 계열이라 'ㅈ'이 'ㅅ'으로 바뀌고 연음되면 '사마우'가 된다. 잠잠하게 하는 사람이 '사마'이며 제정일치 시대의 왕이나 종교 최고 지도자에게 붙이는 호칭이 되었다.

삼국시대에는 중이 '사마'였고 몽골에서는 무당이 아직도 '샤먼'이고 한국말의 '사모님'과 어린 스님인 '사미승'은 '사마'의 흔적이 남아 있다. 한국말 잠도 여기서 나온 말이다. 하루의 번거로움을 끝내고 잠잠하는 것이 잠이다.

≫ 오사메루(おさ治める) – 다스리다

한국말 '오! 잠(잠)하게 하우'에서 변형된 말이다. 잠잠하게 하는 것이 다스리는 것이다. '잠하게'에서 받침이 연음되고 발음하기 어려운 것이 생략되면 '자메'가 된다. '하게'에서 능동적인 동사를 만드는 중요한 어미인 '에'는 생략되지 않고 남아 있다.

손동작과 관련된 동사

≫ 오수(お押す) – 누르다, 밀다

한국말 '누르지우'에서 유래된 말이다. '누르'에서 두음법칙으로 'ㄴ'이 빠지면 '우르'가 된다. '우르'에서, '구름'이 '구모'가 되고 '씨름'이 '스모'가 되듯이 '르'가 빠지고 동사형 어미 '수'와 결합되면 입술이 동그란 소리들의 모음조화를 일으켜 '오수'가 된다.

≫ 오이하라우(おいはらう) – 내쫓다

한국말 '훠이! 하라우'가 변형된 말이다. 들판에서 새를 쫓을 때 '훠이! 훠이!' 한다. '훠'는 일본 가나에 없으므로 가나에 있는 발음 중에 가장 비슷하고 뒤의 '이하라우'와 모음이 조화된 음을 고르면 '오'가 된다.

≫ 힛파루(ひ引っぱ張る) – 잡아끌다(히꾸보다 강한 느낌)

한국말 '이끌어 버리우'에서 유래된 말이다. 한국말에서 조동사 '버리다'는 표현하려는 동작이 강할 때 동사에 '버리다'를 붙여 그 동작이 힘껏 일어남을 표현한다. 일본말에서도 '버리다'를 똑같은 경우에 쓴다. 또한 '버리다' 앞에 사이시옷에 해당하는 'っ'를 놓아 앞 동사를 힘껏 발음하게 한다. '이끌다'에 해당하는 단어가 '히꾸'인데 이 어간 '히'에 'っ'를 써서 '힛'으로 힘껏 발음하게 한다. '힛'으로 발음하면 다음에 오는 소리가 세어져서 '버리다'의 '버'가 '퍼'로 된다. '이끌어'는 '히꾸'에 해당하는 한국말이니 두 동사가 결합될 때 앞의 동사 '이끌어'에서 동사형 어미 '꾸'에 해당하는 '끌어'를 빼고 어간만 쓰니까 '이'가 남는다. '이'에서 'ㅎ'이 추가되어 '히'가 되고 사이시옷이 추가되면 '힛'이 된다. '버'는 센소리가 되어 '퍼'가 되었다가 동사형 어미 '루'와 모음조화되어 '파'가 된다.

≫ 무수부(むす結ぶ) – 매다

한국말 '매듭하우'가 변형된 말이다. '매듭'이라는 명사에 동사어미 '우'가 결합되어 동사를 만든 경우이다. '매듭'에서 '매'는 복모음이라 일본 가나에 없으니 가장 가까운 발음을 골라 모음조화시키면 '무'가 된다. 'ㄷ'과 'ㅅ'은 같은 계열이라 서로 치환되니 '듭'이 '습'으로 되고 이것이 연음되고 모음조화되면 '수부'가 된다.

≫ 세끼다떼루(せ急きた立てる) – 재촉하다

한국말 '세게 닿다하우'에서 비롯된 말이다. 높이뛰기를 할 때 세게 도움닫기를 해야 더 높이 뛸 수 있다. 사람이 세게 도움닫다 느끼면 그것이 재촉을 제대로 한 것이다.

≫ 시바루(しばる) – 묶다

한국말 '처매라우'에서 비롯된 말이다. '문을 닫다'라는 뜻을 가진 '시메루'와 같은 한국말에서 유래됐다. '처매'의 '처'에서 'ㅈ'이 'ㅅ'으로 바뀌고 '어'가 일본 가나에 없으니 '시'가 된다. '매'도 일본 가나에 없어 '마'가 되나 '닫아지다'의 뜻을 가진 '시마루'와 혼동되니 'ㅁ'이 같은 계열의 'ㅂ'으로 변해 '바'가 된다.

≫ 쯔나구(つなぐ) – 연결하다

한국말 '줄놓구'에서 유래된 말이다. 한국에서 사람을 연결하는 것을 '줄 댄다'라고 한다. 줄은 주로 연결에 쓰며 줄을 놓는 것은 연결하는 것이다.

≫ 쯔까무(つかむ) – 움켜쥐다

한국말 '착! 감우'에서 유래된 말이다. 손으로 착 감는 것은 움켜쥐는 것이다. '착'을 일본 가나에 있는 소리로 최대한 가깝게 발음하면 '쯔'가 된다. '감우'는 가무가 되고 센소리 '쯔' 뒤에 오면 센소리 '까무'로 발음하는 것이 편하다.

≫ 니기루(にぎ握る) – 쥐다

한국말 '(손)아귀 하우'에서 비롯된 말이다. 위턱과 아래턱이 벌어진 것을 '아귀'라 하고 엄지손가락과 나머지 네 손가락이 벌어진 것도 '아귀'라 한다. 쥐는 힘이 좋으면 손아귀 힘이 좋다고 한다. 아귀가 크고 좋아 '아귀'라는 이름이 붙은 물고기도 있다. '아귀'라는 명사에 동사형 어미 '루'가 붙어 '쥐다'라는 뜻을 가진 '니기루'가 됐다. '아귀'에서 반대 두음법칙에 의해 'ㄴ'이 더해지면 '나귀'가 된다. '나귀루'를 일본 가나의 발음대로 모음조화시키면 '니기루'가 된다. '(손)아귀'의 주된 작용은 쥐는 것이다. 일본에서는 스시를 만드는 방법에 따라 여러 가지로 분류하기도 한다. 한국에서 주로 먹는 스시는 '니기리'라는 '니기루'의 명사형을 써서 '니기리 스시'라 한다. 한국말로 하면 '(손)아귀 초밥'이다.

습기와 관련된 동사

≫ 호수(ほ乾す) – 말리다

한국말 '해 쐬우'에서 비롯된 말이다.

≫ 가와꾸(かわ乾く) – 마르다

한국말 '갈라지구'와 어원이 같다. 가랑잎은 마른 잎인데 가랑이 마르다의 뜻을 가진 동사로 지금은 사라진 고어인 것 같다. 그렇다면 '가랑하구'가 변한 말이 '가와꾸'이다. 일본말로 강을 '가와'라 한다. '가랑'도 '가와'로 발음되기 쉽다.

≫ 누레루(ぬれる) – 젖다

한국말 '눅어라 하라우'가 변한 말이다. 젖은 것을 눅눅하다고 한다. 눅어라 하면 젖는다. '눅어라'에서 받침이 빠지고 모음들이 축약되면 '누레'가 된다.

≫ 시메루(しめる) – 축축하다

한국말 '스미라우'에서 유래된 말이다. 물이 스미면 축축하다.

≫ 히다루(ひたる) – 잠기다

한국말 '풍덩 하라우'에서 비롯된 말이다. '풍덩'에서 받침을 빼고 '루'와 모음조화를 시키면 '피다'가 된다. 여기서 'ㅍ'을 같은 계열 'ㅎ'을 바꾸면 '히다'가 된다.

≫ 후루(ふ降る) – 내리다

한국말 '흐르우'가 변한 말이다. 눈물이 흐르듯이 흘러내리는 것이 내리는 것이다. '흐루'에서 '루'에 모음동화시키면 '후루'가 된다.

계산과 관련된 동사

≫ 다수(た足す) – 더하다

한국말 '더 하지우'에서 유래한 말이다.

≫ 히꾸(ひ引く) – 빼다, 끌다

한국말 '이끌구'에서 변형된 말이다. 'ㅎ'은 빠졌다 더했다 한다고 했다. 'ㅎ'을 더하면 '히끌구'가 되고 발음이 힘들고 중복되는 '끌'이 생략되면 '히꾸'가 된다.
물건 값을 빼면 우스리가 남는데 잔돈의 일본말이 오츠리(おつり [御釣り])이다. 모두 '위의(여분의) 부스러기'가 변한 말이다. 우동에 들어가는 '가츠오부시'의 어원도 부스러기이다.

≫ 가께루(か掛ける) – 곱하다, 걸다

한국말 '곱하게 하우'가 변형된 말이다. 한국말에서 '곱하게'는 '곱케'로 줄어든다. 일본말에서 받침이 빠지면서 '케'가 센소리로 되면 '고께'가 된다. 동사형 어미 '루'와 모음을 동화시키면 '가께루'가 게으른 혀에는 부드럽다. 한국말의 수많은 발음들을 일본 가나 50음으로 발음해야 하니 일본말에서는 '걸다'도 '가께루'로 변화하고 '곱하다'로 '가께루'로 변화한다.

>> 가조에루(かぞえる) −(수를)세다

한국말 '가지가지 세우'에서 유래한 말이다. 한국말에 '한 가지, 두 가지, 가지가지, 여러 가지'라는 말이 있다. '가지'는 한국말에서 사라져 버린 '가조에루'의 명사형인 것 같다. 한 가지, 두 가지 세는 것이 수를 세는 것이다.

>> 아우(あ合う) − 맞다, 어울리다

한국말 '어울리우'에서 변형된 말이다. '르'나 '리'는 별로 의미가 없어서 잘 빠진다. 그러면 '어울우'가 되는데 '울'도 빠져서 '어우'가 된다. '어우'가 동사형 어미 '우'에 모음동화되면 '아우'가 된다. 어른은 '어우른'에서 비롯된 말로서 남녀가 합한 사람들이다.

>> 아와세루(あ合わせる) − 합치다

한국말 '어울려지게 하우'에서 비롯된 말이다. '어울러'가 '어우러'로 변했다가 모음동화해서 '아와'가 됐고 '지게'가 약하고 간소화하게 발음되어 '세'가 됐다.

>> 찌가우(ちが違う) − 다르다

한국말 '맞지가 않우'에서 변형된 말이다. '맞지가'에서 첫머리에 발음하기 힘든 말이 있으니 첫소리(頭音) '맞'이 생략되면서 받침이 'ㅈ'이 연음되면 '찌가'가 된다. '않우'에서 '않'이 발음이 어려워 생략되면 '우'만 남아 '맞지가 않우'가 '찌가우'가 된다.

>> 마찌가우(ま間ちが違う) − 틀리다, 잘못됐다

역시 한국말 '맞지가 않우'에서 변형된 말이다. 일본 사람들이 한국말 어원은 찾아 보지 않고 자기들의 언어에 대해 갈팡질팡하고 있음을 여실히 보여준다. '찌가우'나 '마찌가우'가 같은 한국말 어원 '맞지가 않우'에서 비롯된 말이라는 것을 모르기 때문에 이 두 가지 말이 합쳐지지 않고 살아남아 있다. '마찌가우'에서는 '찌가우' 앞에 '마'가 들어가면서 한자 간(間)을 덧붙였다. '마'로 발음하는 한자 간(間)을 '마'의 본래 뜻을 모르기 때문에 덧붙인 것이다. 여기서 '마'에 한자 간(間)을 붙

일 수 있는 것은 한국말 마당의 '마', 일본말 창문을 뜻하는 마또(まと)의 '마'에만 붙일 수 있다.

수비에 관련된 동사

≫ 후쎄구(ふせ防ぐ) - 막다, 방어하다

한국말 '푹 씌우구'에서 변형된 말이다. '푹'에서 'ㅍ'과 '후'는 같은 계열이니 'ㅎ'으로 바꾸고 받침을 빼면 '후'가 된다. '씌우구'는 쉽고 간소하게 발음하면 '쎄구'가 된다.

≫ 후싸구(ふさぐ) - 막다, 가로막다

한국말 '푹! 싸구'에서 변형된 말이다. 푹! 싸는 것이 막는 것이다. 싸든 씌워지든 막는 결과는 같다.

≫ 싸게루(さ避ける) - 피하다

한국말 '썩 가게 하라우'가 변형된 말이다. 한국말에 '썩 꺼져'라는 말이 있다. 일본 시대물 영화에서 높은 사람이 행차할 때는 수행원들이 '싸가레! 싸가레!' 하고 외친다. '썩 가거라' 하는 말이다. 썩 가게 하는 것이 피하는 것이다.

≫ 요께루(よける) - 피하다, 비키다

한국말 '옆께로' 혹은 '옆에 가라우'가 변형된 말이다. '옆'은 일본 가나에 없으니 받침 빼고 '요'로 발음된다. '옆으로 눕다'라는 뜻을 가진 '요꼬니 나루'의 '요'도 옆이 변한 말이다.

≫ 니게루(にげる) - 도망치다

한국말 '내빼게 하라우'가 변한 말이다. 한국말에서 '내빼다'의 준말은 '냅다(달리다)'이다. '냅'에서 받침이 빠지고 일본 가나 발음으로 하면 '니'가 된다.

≫ 쯔까마루(つか捕まる) - 잡히다

한국말 '착! 감으라우'에서 변형된 말이다. 착! 감으면 잡힌다. '쯔까메루'는 잡는 것이고 '쯔까마루'는 잡히는 것이다.

≫ 또라에루(とらえる) - 잡다, 포착하다

한국말 '들어내우'에서 비롯된 말이다. '들다'에 해당하는 일본말은 '또루'인데 여기에 능동형 동사어미 '에루'가 붙어 '또라에루'가 됐다. '에루'는 '내리우'가 변한 말이다. 'ㄴ'은 두음법칙에 의해 빠지면 '애루'가 되고 '애'를 가나에 있는 발음을 하면 '에루'가 된다.

≫ 사루(さ去る) - 떠나다

한국말 '사라(지)우'가 변형된 말이다. 한국말에 수동형 '사라지다'는 있어도 능동형 어미 '지'가 빠진 능동형은 없다. '사라우'가 변한 '사루'가 '지'가 빠진 능동형 동사였던 것 같다. '떠나다'라는 의미를 가지고 있다.

≫ 가꾸레루(かく隱れる) - 숨다, (가려져)보이지 않다

한국말 '까꿍 하라우'가 변형된 말이다. '넷네'처럼 아기들 말에 '까꿍'이 있다. '까꿍'은 현대말로 '숨었넹'이다.

≫ 가꾸수(かく隱す) - 숨기다

한국말 '까꿍 하지우'에서 변형된 말이다.

노동과 관련된 동사

≫ 쯔까레루(つかれる) – 지치다

한국말 '축 까라지우'에서 변형된 말이다.

≫ 쿠다비레루(くたびれる) – 지치다

한국말 '(힘을)떨쿠었다 버렸으라우'에서 변형된 말이다. 발음하기 어려운 말이 첫 머리에 나오면 생략되기 쉽다. 그래서 '떨'이 생략되고 '었'도 발음하기 어려워 생략됐다. '쿠다버렸으라우'에서 '버렸으'는 일본 가나에 있는 발음으로 간소화되면서 '비레'가 됐다. 자동차가 기름을 떨구어 버리듯이 힘을 떨구어 버리면 지치는 것이다.

≫ 쿠쯔로구(くつろ寛ぐ) – 편히 쉬다

한국말 '고즈넉하구'에서 비롯된 말이다. 한국말에 '고즈넉하다'라는 말이 있다. '편안하다'라는 뜻인 것은 알겠는데 그동안 어원을 알 수 없었다. 한국말 '저녁'도 어원이 '쿠쯔로구 = 고즈넉'에 있는 것 같다.

≫ 마까세루(まか任せる) –맡기다

한국말 '맡기시라우'에서 유래된 말이다.

≫ 아주까루(あず預かる) – 맡다

한국말 '아! 잠깐 갖우'에서 비롯된 말이다. '잠깐갖'에서 받침이 모두 빠지면 '자까가'가 된다. '까가'는 두 개 같은 말이 반복되니 '가'는 생략되어 '까'만 남는다. '자'는 동사형 어미 '루'와 모음조화를 일으켜 '주'로 변했다. 이렇게 해서 남는 것은 '아주까루'이다.

≫ 하타라꾸(はたら働く) – 일하다

한국말 '밭일하구'가 변형된 말이다. 옛날에는 '일한다' 하면 주로 밭일이기 때문에 밭일이 일의 대명사가 된 듯하다. 밭은 바타로 연음되고 'ㅂ'은 'ㅎ'과 같은 계열이므로 'ㅂ'이 'ㅎ'으로 바뀌어 '하타'가 된다. '일하구'는 부드럽게 간소화되어 발음하면 '라꾸'가 된다.

≫ 쯔또메루(つと勤める) – 근무하다

한국말 '쭉~ 터 맡음을 하라우'가 변한 말이다. '쭉'의 가장 가까운 50음도는 '쯔'가 된다. '터 맡음을'에서 받침을 모두 빼면 '터마으으'가 된다. 이것을 줄이면 '터매'가 되고 50음도로 발음하면 '또메'가 된다. 쭉~ 터 맡는 것은 곧 근무하는 것이다.

≫ 야메루(や止める) – 그만두다

한국말 '야 말우'에서 변형된 말이다.

▷ 상하 이동과 관련된 동사

≫ 우꾸(う上く) – 뜨다

한국말 '위(로)가구'에서 변형된 말이다. 물에서 위로 가는 것은 뜨는 것이다. 위는 일본 가나로 '우'가 된다. 한국 지방 사투리로도 '욱에'라 한다.

고구려의 형제 나라, 돌궐(족)의 나라 투르크(터키) 말로 닭을 '타욱'이라 한다. '따'가 땅의 고어이고 '욱'은 표준말로 '위'니 땅위에 사는 새가 닭이다. 터키의 말도 일본말처럼 한국말의 고어이기 때문에 터키 말을 알면 한국말의 어원을 알 수 있다. 국어만 연구해서 닭이 '땅위'에서 비롯된 말임을 어떻게 알겠는가?

일본말로 '위'는 '우에'이다. 일본 동경(東京)의 '우에노(들)'는 박물관으로 유명하다. 일본말 '노'는 한국말 '너른 들'에 해당한다. 일본말로 닭은 '니와또리'인데 한국말 '너른 들 돌이'에 해당한다. 너른 들에 사는 새라는 뜻이다. 새는 귀소본능이 있어 항상 돌아오기 때문에 일본말로 '도리'이다.

툰드라는 북쪽 부여의 갈래(겨레)들이 사는 동토인데, 그들 말로 '나무가 없는 땅'이라고 한다. 툰드라는 '트인 들'이 변한 말이다. 나무가 없이 탁 트인 들을 말한다. '트인'이 '툰'으로 간소화되어 있고 들이 연음되고 경화되어 '트라'가 되었다. 이들은 순록을 키우며 사는데 신라의 왕관이 사슴 뿔 형상을 한 것은 신라의 왕이 이들 샤먼이었기 때문이다.

≫ 아게루(あ上ける) – 올리다

한국말 '위에 가게 하라우'가 변형된 말이다. '위에'를 일본 가나의 발음으로 짧게 발음하면 '아'가 된다. '가게'는 비슷한 발음 2개가 겹치니 하나를 생략하면 '게'가 된다.

≫ 노보루(のぼる) – 오르다

한국말 '높이 오르우'가 변한 말이다. '높이오'에서 연음이 되고 간소화되면 '노보'가 된다.

≫ 쿠다루(く下たる) – 내려가다

한국말 '콰당! 하라우'에서 변형된 말이다. '콰당!'이라는 의성어에 동사어미 '루'가 결합되어 만들어진 동사이다. '콰'에 가까운 50음도 가나의 음은 '쿠'가 된다. '당'에서 받침을 빼면 '다'가 된다. '콰당' 하는 것은 내려가는 것이다.

'콰당! 하라우'는 매우 원초적인 한국말 어원이고 보다 발전된 어원이 '가! 땅으로'가 있다. '가!'가 일본말로는 '이쿠'인데 '이'가 생략되면 '쿠'이다. '땅'은 옛날에 '따'라 발음했다. 지(地)는 천자문에 '땅 지'가 아니라 '따 지'라 적혀 있는 것을 보면 알 수 있다.

한국말 '떨쿠었다 하라우'에서 변형된 것이기도 한데 '떨쿠다'도 '달에 가라우'에서 변형된 말이다. '달'은 '양달', '음달', '아사달'의 '달'로 땅의 고어이다. '땅에 가는 것'이 '떨쿠는' 것이다. 발음이 어려운 '떨'은 생략되어 '쿠다루'가 된다.

>> 모구루(もぐ潜る) - 잠수하다

한국말 '물로 가라우'에서 변형된 말이다. '물로'를 간단히 발음하면 '모'가 된다. '가'가 동사형 어미 '루'에 모음조화되면 '구'가 된다. 거꾸로 서는 것을 물구나무 선다고 하는데 '모구루' 하는 동작이다.

>> 사가루(さ下がる) - 낮아지다

한국말 '작아(지)라우'에서 변형된 말이다. '작아'에서 연음되면 '자가'가 되고 'ㅅ'과 'ㅈ'은 같은 잇소리 계열이라 'ㅅ'으로 바뀌면 '사가'가 된다. 작아지는 것은 낮아지는 것이다.

>> 시주무(しずむ) - 가라앉다, (해·달)이지다

한국말 '수(에)잠(기)우'에서 변한 말이다. 수(水)와 같은 기본 한자는 분명 한국말일 것이다. 수에 잠잠하는 것이 가라앉는 것이다. '씻다'와 사투리 '씨치다'의 어원은 '시주무'일 것이다. 더러운 것을 물에 가라앉히는 동작이다. '수챗구멍' 할 때 '수채'의 어원도 '시주무'인 것 같다.

은행거래와 관련된 동사

>> 가수(か貸す) - 빌려주다

한국말 '꿔주우'에서 변형된 말이다. '꿔'는 50음도에 없으니 가장 가까운 발음은 '가'가 된다. '주우'를 합하여 간단히 발음하면 '주'가 되고 'ㅅ'과 'ㅈ'이 같은 계열이므로 바꾸면 '수'가 된다.

>> 가리루(か借りる) - 빌리다

한국말 '가르라우'에서 비롯된 말이다. 자존심 강한 한국 사람들은 빌려달라고 하는 것을 매우 싫어한다. 고대인들은 신앙심이 강해서 모든 재화를 신의 소유로 생각했고 빌리는 것을 갈라 쓰자고 했다. 신이 '갈르라우' 하고 명령하면 갈라 쓰는 것이고 빌리는 것이다. 한국말 '빌리다'는 싹싹 비는 것과 어원을 같이하여 치욕적인 단어이다. 하지만 신의 것이니 '갈라 쓰는 것'은 빌리는 것처럼 치욕적이지 않다.

≫ 가에수(かえ返す) – 갚다

한국말 '갚아주우'가 변형된 말이다. '갚아'에서 받침이 빠지면 '가아'가 되고 '가아'는 '가' 한자로 발음되어 '가수'와 혼동되니 '아'를 '에'로 바꾼 것 같다.

≫ 다마루(た溜まる) – 모이다

한국말 '다 모이라우'에서 변형된 말이다. '모이'가 '라우'에 동화되면 '마'가 되고 '라우'가 축소되면 '루'가 된다.

≫ 다메루(ためる) – 모으다, 쌓아두다

한국말 '다 모임 하라우'에서 변형된 말이다.

≫ 쯔모루(つ積もる) – 쌓이다

한국말 '쌓아 모으라우'에서 유래한 말이다. '쌓아'에서 받침을 빼면 '싸아'가 되는데 '싸아'는 모음이 중복되니 '싸'로 줄어든다. '싸'가 모음조화되면 '쓰'가 되고 'ㅆ'가 같은 계열 'ㅉ'로 치환되면 '쯔'로 된다. '모우'도 비슷한 모음이 중복되니 '우'가 줄어들어 '모'가 된다. 쌓아 모으면 쌓인다.

≫ 히끼다수(ひ引きだ出す) – 꺼내다

한국말 '이끌어 대지우'에서 유래된 말이다. '이끌어'가 '히끼'가 되는 것은 앞에서 설명했다. 안에서 이끌어 필요한 곳에 갖다 대는 것은 꺼내는 것이다.

≫ 사시히꾸(さ差しひ引く) – 빼다

한국말 '솟우어 이끌구'에서 변형된 말이다. 솟게 해서 이끌어내는 것이 빼는 것이다. '솟워'를 연음시키면 '소쉬'가 되고 가나 발음으로 쉽게 발음하면 '사시'가 된다.

≫ 히라꾸(ひら開く) – 열리다, 열다

한국말 '피라하구' 혹은 '펴라하구'에서 유래한 말이다. '피다'는 줄어든 것이 스스로 펴져 열리는 것이고 '펴다'는 줄어든 것을 능동적으로 펴서 여는 것이다. 신이 피라 하면 열리고 펴라 하면 여는 것이다. '피라하구'에서 'ㅍ'은 'ㅎ'과 같은 계열이라 'ㅎ'으로 바꾸면 '히라꾸'가 된다. '펴라하구'에서 'ㅍ'을 'ㅎ'으로 바꾸면 '혀'가 되는데 '혀'에 가장 가까운 50음도의 발음은 '히'가 가장 가깝다. 그래서 '히라꾸'가 된다.

≫ 모우께루(もうける) – 만들다, 조립하다

한국말 '모으게 하라우'에서 변형된 말이다. '모으게 하'에서 '으'가 동사형 어미 '루'와 모음동화되면 '우'가 되고 '게'가 뒤의 '하'를 만나면 센소리 '께'가 되어 '모으께루'가 된다. 여러 부속들은 모으는 것이 만드는 것이다.

움직임과 관련된 동사

≫ 수수무(すす進む) – 나아가다

한국말 '쭉쭉함우'에서 비롯된 말이다. '쭉쭉!'은 나아가는 모습의 의태어이다. '쭉쭉'의 50음도 발음에서 가장 부드럽고 가까운 것은 '수수'이다.

≫ 토마루(と止まる) – 멈추다

한국말 '터 맡으라우'에서 유래된 말이다. '터 맡으'에서 받침이 빠지면 '터마으'가 된다. '터'는 50음도 가나에 없으니 가장 가까운 발음은 '토'가 된다. '마으'에서 보통 모음으로 이루어진 음절은 빠져서 '마'가 된다. 터 맡아 놓는 것은 정지하는 것이다. 터 맡는 것은 터 잡는 것과 같은 말이다.

≫ 노바수(の伸ばす) – 늘이다

한국말 '넓히지우'에서 비롯된 말이다. '넓히'에서 'ㅎ'과 쌍받침 중에 연음되지 않은 받침 'ㄹ'이 빠지면 '너비'가 된다. 이것이 50음도에 없는 발음은 있는 발음으로 바뀌고 동사형 어미 '수'에 모음이 조화되면 '노바'가 된다.

≫ 하루(は張る) – 뻗다, 팽팽하다, 뻗치다, 펴다

한국말 '피라우' 혹은 '펴라우'에서 유래된 말이다. 'ㅍ'은 같은 계열의 'ㅎ'과 치환되기 쉽다. 그러면 '피'가 '히'가 되는데 동사형 어미 '루'와 모음조화되면 '하루'가 된다.

≫ 히로게루(ひろげる) – 넓히다

한국말 '펼(치)게 하라우'에서 변형된 말이다. '펼'에서 'ㅍ'이 'ㅎ'으로 바뀌고 연음되면 '혈르'가 된다. '혈'는 50음도에 없으니 가장 가까운 발음으로 '히'가 된다. '히르게'에서 '르'는 동사형 어미 '루'에 모음동화되면 '히로게'가 된다. 펼치게 하는 것은 넓히는 것이다.

≫ 마가루(まがる) – 구부러지다, 휘다

한국말 '말게 하라우'가 변한 말이다. '말게'에서 받침 빠지고 모음이 동화되면 '마가'가 된다. 말게 하면 구부러진다.

≫ 후루(ふ振る) – 흔들리다

한국말 '훌훌(털다) 〉 흔들리우'에서 변형된 말이다. '흔들흔들'의 고어가 '후루후루'인 것 같다. 지금까지 '훌훌털다'의 '훌훌'이 뜻이 없는 의태어로 알고 있었는데, 천을 '흔들흔들'해서 먼지를 터는 것이 '훌훌'이다. '훌훌'이 변해서 '흔들흔들'이 된 것이다.

약속과 관련된 동사

≫ 아우(あ合う) – 만나다

한국말 '아우르우'가 변한 말이다. '동과 서를 아우르는 지식'이라는 말이 있다. '아우르다'는 '합한다' '만나다'라는 뜻이다. '아우르우'에서 뒤에 동사형 어미 '우'와 같은 중간의 '우'는 빠지고 '르'도 '씨름 〉 씨(르)무 〉 스모'에서와 같이 빠지면 '아우'가 된다. 유관순 열사가 독립운동을 한 아우내 장터는 두 내(川)가 만나는 곳의 장터이다.

≫ 마모루(まも守る) – 지키다

한국말 '머무르우'에서 비롯된 말이다. '마모루'나 '머무르다'나 모두 '말몰이'에서 시작된 말이다. 한국 사람이나 그 이민인 일본 사람들은 기마민족의 후예이다. '말몰이' 할 때는 말떼 주위에 머무르며 맹수들의 습격으로부터 지킨다. '머무르우'에서 '머'는 '말'의 변형이니 '마'가 되고 '무'는 원래의 음이 '몰'이므로 '모'가 된다. '(눈)매 모으우'가 변형된 말일 수도 있다.

≫ 마니아우(ま間にあ合う) – 제시간에 대다

한국말 '마에 아우르우'가 변형된 말이다. '마'는 유용한 시간이라고 했다. 시간에 아우르는 것은 시간에 만나는 것이며 제시간에 대는 것이다. '니'는 한국말 조사 '에'와 같다고 했다.

≫ 오꾸레루(おく遅れる) – 늦다, 지체되다

한국말 '오! 끌라우'에서 유래된 말이다. '끌'에서 받침이 연음되면 '끄르'가 된다. 발음이 50음도의 발음으로 바뀌고 '루'에 모음조화되면 '꾸레'가 된다. 시간을 끌면 지체되는 것이다.

≫ 기마루(き決まる) - 결정되다

한국말 '끝맺으라우'에서 변형된 말이다. '끝맺'에서 받침이 없어지면 '끄매'가 된다. '끄매'가 가나 50음도의 음으로 바뀌고 '루'에 모음조화되면 '기마루'가 된다.

≫ 마쯔(ま待つ) - 기다리다

한국말 '맞지'에서 비롯된 말이다. '맞'을 연음시키면 '마찌'가 된다. '마찌'는 마을이라는 뜻의 일본말이므로 이것과 혼동되므로 달리하여 '마쯔'가 된다. 맞는 것은 먼저 와서 기다리는 것이다. 명사형은 '마쯔리'로 한국말 '맞이'에 해당하며 신을 맞는 축제로 발전하였다.

≫ 마따세루(ま待たせる) - 기다리게 하다

한국말 '맞다하게 하라우'에서 비롯된 말이다. '맞다'를 소리 나는 대로 적으면 '마따'가 된다. '하게'에서 흔히들 그렇듯 '하'를 '시'로 바뀌고 '게'에서 'ㄱ'이 빠지면 '시'에 '세'가 된다.

교통과 관련된 동사

≫ 츠꾸(つ着く) - 도착하다

한국말 '착! 하구'가 변한 말이다. '착!' 하는 의태어에 동사형 어미 '꾸'가 붙어서 된 동사이다.

≫ 무까에루(むか迎える) - 마중 나가다

한국말 '맞게 하라우'에서 변형된 말이다. '맞게'를 소리 나는 대로 적으면 '마께'가 되고 '께'는 복모음이니 풀어 보면 '까에'로 된다. '무까'로 읽는 한자어 영(迎)에 '에루'라는 능동형 동사어미를 붙여 인위적으로 단어를 만들다 보니 '께'를 '까에'로 풀어쓰게 된 것이다.

≫ 오꾸루(おく送る) – 보내다, 배웅하다

한국말 '오! 가게 하라우'에서 변형된 말이다. '가게'가 간소화하여 동사형 어미 '루'에 모음동화되면 '꾸'가 된다

≫ 가까루(かかる) – (1시간) 걸리다

한국말 '걸리게 하라우'가 변형된 말이다. '걸리게'에서 받침과 스모에서처럼 '리'가 빠지고 '께'가 '루'와 모음동화되면 '가까루'가 된다. 걸게 하면 걸리는 것이다.

≫ 꼬무(こむ) – 붐비다

한국말 '꼼꼼우'가 변형된 말이다. '꼼꼼'은 두음이 반복되므로 하나가 생략된다. '꼼우'가 연음되면 '꼬무'가 된다. 사람이 꼼꼼이 있는 것은 붐비는 것이다.

≫ 아꾸(あ空く) –비다

한국말 '아~ 하구'에서 비롯된 말이다. 아기나 새끼 새가 '아~' 하고 벌리고 있는 것은 (속이) 비어 있기 때문이다. 이것이 '비다'의 대표 동사가 됐다. 한국말 '(입) 벌리다'도 '비다'에서 유래한 것 같다.

≫ 수꾸(す空く) – (속이)비다

한국말 '속 아~ 하구'에서 유래된 말이다. '속'에서 받침이 빠지고 '꾸'와 모음동화되면 '수'가 된다. 속이 '아~' 하는 것이 비는 것의 대표적인 경우이다.

≫ 노루(の乗る) – (탈것에)타다

한국말 '(몸을)놓으라우'에서 변형된 말이다. '놓'에서 받침이 빠지면 '노'가 된다. 탈것에 몸을 놓는 것이 타는 것이다.

≫ 노세루(の乗せる) – 태우다

한국말 '놓게 하라우' '놓게'에서 받침 'ㅎ'이 'ㅅ'으로 변하면서 연음되어 '노세'가 된다. 사람이나 물건을 태우는 동물인 노새는 '태우다'의 뜻을 가진 어간 '노세'에 명사형 어미 '이'가 결합되어 생긴 말이다. 노새라는 말은 한국말에서도 '노세루'를 '태우다'의 의미로 썼다는 증거이다.

≫ 오리우(お降りる) – 내리다

한국말 '내리라우'가 변형된 말이다. '내'는 50음도에 없으니 있는 발음으로 고치면 '노'가 된다. '노'는 타다와 혼동되고 두음법칙을 적용하며 '오'가 된다.

운동경기와 관련된 동사

≫ 가쯔(か勝つ) – 이기다

한국말 '갖지'에서 유래된 말이다. '갖지'가 연음되면 '가찌'가 된다. '찌'는 동사 어미로 변해 '쯔'가 된다.

≫ 마께루(ま負ける) – 지다

한국말 '마 깨졌우'에서 유래된 말이다. '마깼다'는 일본 사무라이 영화에서 흔히 들을 수 있는 말로 '마께루'의 과거형으로 '졌다'의 의미이다. 사람이 시합에 지는 것을 흔히 '깨졌다'고 하는데 '마께루'의 어원이 살아 있어 그렇게 말하는 것이다. 일본 사람들은 시합의 결과를 물으면 '마께쟜다'라고 할 때도 있는데 완전히 경상도 사투리처럼 들린다.

≫ 오또루(お劣とる) – 뒤떨어지다

한국말 '오! 떨어(지)라우'에서 비롯된 말이다. '떨어'가 연음되어 '떠러'가 된다. 50음도도 가나로 바뀌면 '또루'가 된다.

≫ 야부레루(やぶ敗れる) – 패하다

한국말 사투리 '아! 망해뿌리라우'에서 유래된 말이다. 감탄사 '아'가 좋지 않은 의미일 때는 '야'로 변하는 경우가 많다. '망해뿌'에서 '망'은 받침이 빠지고 비슷한 자음으로 변하여 '바'로 되고 '해'는 약화되어 '애'가 되고 '뿌'도 약화되어 '부'로 되어 '바애부'가 된다. 이것은 '부' 한마디로 축소될 수 있다.

≫ 간바루(がん頑ぽ張る) – 분발하다

한국말 '감발'에가 변한 말이다. 감발이란 옛날에 양말 대신에 발에 감던 붕대 같은 천이다. 여기에 땀이 나면 일을 열심히 한 것으로 여겼다. 열심히 일한 것을 '감발'에 땀난다고 한다. 일본에서는 감발에 땀나게 열심히 하라고 할 때 '간바레'라고 외친다. '감발'이라는 명사에 동사어미 '루'가 붙어 만들어진 동사이다.

≫ 하게무(はげむ) – 힘쓰다

한국말 '하게 힘을 (쓰다)'에서 유래된 말이다. '힘을'에서 발음하기 힘든 'ㅎ'이 빠지고 '을'과 합쳐 부드럽게 발음하면 '무'가 된다.

스모 경기를 할 때 심판이 시작하면서 '핫키요이!' 하고 외친다. 서로 공격을 하지 않고 경기가 지지부진할 때도 '핫키요이!' 하고 외친다. 일본 사람들은 이 말이 무슨 말인지 모른다. 일본어 학자들은 이끼요우요우(意氣揚揚)가 줄어든 것이라고 엉터리로 설명하기도 한다. 한국말에 '하게', '하시오', '하라우' 등의 '하다' 동사가 다양하게 쓰인다는 것을 알면 쉽게 알 텐데 애석하다.

경기 시작을 알리는 '핫끼요이'는 '하기요'라는 고구려 말이고 현대말로는 이제부터 '할거요'이다. 경기를 독려하는 '핫끼요이'는 '하는 거요? 마는 거요?'에서 '하는 거요?'가 변한 말이다. 고구려 각저총(角抵塚) 벽화의 씨름하는 모습이 아직도 일본에 그대로 살아 있다.

≫ 나게루(な投げる) – 던지다

한국말 '날게 하라우'가 변형된 말이다. '날게'에서 받침이 빠지면 '나게'가 된다. 물체를 날아가게 하는 것이 던지는 것이다.

>> 께루(け蹴る) – 차다

한국말 '까라우'가 변형된 말이다. 차는 것을 '깐다'라고도 한다. 차기를 주로 하는 택견 경기에서 경기가 지지부진할 때 '까라 까!'라고 외친다. 이는 '차라 차!'라고 하는 것이다. '까'의 '아'가 보다 적극적인 능동형 동사어미 '에'로 바뀌었다.

>> 우쯔(う打つ) – 치다

한국말 '아! 치우'가 '우쯔'가 됐다.

감정과 관련된 동사 2

>> 까라까우(からかう) – 놀리다

한국말 '깔깔하우'가 변형된 말이다. '깔깔'이 연음되면 '까라까라'가 되고 여기에 동사형 어미 '우'가 결합된 단어이다. 마지막 '라'는 중복되고 '우'와 비슷하므로 생략되었다. 깔깔거리는 것이 놀리는 것이다.

>> 나야무(なや悩む) – 고민하다

한국말 '나음우'에서 변형된 말이다. 사람은 보통 나아지기 위해서 고민한다. 나으려고 골똘히 생각하는 것이 고민이다. '나음무'에서 받침을 연음시키고 '으'를 가나 50음도의 발음으로 바꾸면 '나야무'가 된다. 나아지려는 욕심이 고뇌를 낳는다는 지혜가 깃든 단어이다.

>> 쿠루시무(くる苦しむ) – 고생하다

한국말 '괴로움 하우'에서 비롯된 말이다. 괴로움을 하는 것은 고생하는 것이다. '괴'가 일본 가나에 없으니 가나의 발음으로 바뀌어 '쿠'가 된다. '로'는 앞에 소리와 동사 어미 '무'에 동화되어 '루'가 된다. '하'는 흔히 '시'로 바뀐다고 앞에서 이야기했다. '괴로움'에서 '로'가 '루'로 바뀌면 '루움'에서 '움'과 모음이 중복되어 '우'는 생략되고 받침 'ㅁ'은 연음되는데 '시'에는 연음될 여지가 없어 동사어미 '우'에 연음되어 '무'가 된다.

≫ 가나시무(かな悲しむ) - 슬퍼하다

한국말 '가난함우'에서 비롯된 말이다. '가난함우'에 '난'의 받침은 유성음 'ㄴ'은 있으나마나 한 것이니 그냥 빠져 '나'가 된다. '함우'에서 'ㅁ'이 연음되면 '하무'가 되고 '하'가 '시'로 바뀌면 '시무'가 된다. 가난한 것은 슬픔이 따르게 되니 가난한 것은 슬퍼하는 것이다.

≫ 나꾸(な泣く) - 울다

한국말 '(눈물)나구'에서 변형된 말이다. '눈물 나구'에서 눈물이 생략된 말이다. 눈물이 나는 것은 우는 것이다.

≫ 우라무(うら恨む) - 원망하다

한국말 '울음우'에서 변형된 말이다. 울음을 우는 것은 한이 맺혀 원망하는 것이다. '울음우'에서 받침이 연음되면 '우르무'가 된다. 여기서 '르'가 모음조화되면 '우루무'가 된다.

≫ 구루우(くる狂う) - 미치다, 틀리다

한국말 '그르우'에서 비롯된 말이다. 그른 것은 틀린 것이다. 또 한국말 '구르우'에서 비롯된 말일 수도 있다. 구르는 것은 도는 것의 다른 말인데 정신이 도는 것은 미친 것이다. 서로 다른 2개의 한국말이 50음도로 발음이 한정된 일본말에서는 1개의 같은 발음이 된다.

≫ 이따무(いた痛) - 통증을 느끼다, 아프다

한국말 '아! 따끔함우'가 변형된 말이다. 대표적인 통증은 따끔함이다. 극심한 통증을 느낄 때는 비명이 절로 나오는데 '이'는 배에 힘을 주어 통증을 참을 때 내는 소리이다. '따끔함우'에서 '함'은 발음도 힘들고 생략돼도 별 문제가 없어 빠졌다. '따끔우'에서 연음되고 발음이 힘든 '끄'도 생략되어 '따무'가 된다.

분실, 습득과 관련된 동사

≫ 히로우(ひろう) - 줍다

한국말 '바로'에서 유래한 말이다. 떨어뜨린 것을 바로하는 것이 줍는 것이다. 'ㅂ' 이 'ㅎ'으로 바뀌면 '하'가 되는데 더 쉽게 발음하면 '히'가 된다. '로'를 조금 더 길게 발음하면 '로우'가 된다.

≫ 수데루(す捨てる) - 버리다

한국말 '쓰레기 하라우'에서 변형된 말이다. 현재 한국말에는 '쓰레기'라는 명사형만 남아 있고 동사가 없다. 분명 '수데루'라는 동사를 사용했을 것이다. '수데루'라는 동사가 사라지면서 발음의 퇴화현상으로 '데'가 '레'가 된 것 같다.

≫ 나라부(ならぶ) - 줄서다

한국말 '나란히 (서다)'가 변형된 말이다. 받침은 빠지고 'ㅎ'은 같은 계열 'ㅂ'으로 바뀌었다.

≫ 오또수(お落とす) - 떨어뜨리다

한국말 '아 떨키지우'가 변형된 말이다. 지방에 따라 '아 떨찌우'라고 발음하기도 한다. '아'는 '아서요'를 놀라서 짧게 말하는 것이다. 모음동화되며 '오'가 됐다. '떨찌우'에서 '떨'은 일본 가나의 발음으로 '또'가 됐고 '찌우'는 '쮸'가 됐다가 가나의 발음 '수'가 됐다.

≫ 사가수(さが探す) – 찾다

한국말 '찾아 가지우'가 변한 말이다. '찾아'가 발음이 어려워 '사'로 대신 됐으나 들어줄 만하다. '가지우'는 '가쥬'가 됐다가 '가수'로 변했다.

≫ 사구루(さぐ探る) – 더듬어 찾다, 살피다

한국말 '손을 굴리우'에서 비롯된 말이다. '손을'은 첫음절이니 약하게 간단히 발음하면 '사'가 되고 '굴우'는 받침이 빠지고 '리우'가 '루'로 변했다. 일본에서는 자동차를 '구루마'라 하는데 '구르다'의 명사형이다. 무언가 찾기 위해 눈을 굴리는 것은 살피는 것이고 손을 빙글빙글 굴리는 것을 더듬어 찾는 것이다.

≫ 나쿠수(泣くす) – 잃다, 없애다

한국말 '않게 하지우'가 변한 말이다. '않게'에서 역 두음법칙으로 'ㄴ'이 삽입되고 'ㅎ' 받침이 연음되면 'ㄱ'이 격음으로 변해 '나케'가 된다. '나케'는 '수'에 모음동화되어 '나쿠'가 됐다.

정리 정돈에 관련된 동사

≫ 시라베루(しら調べる) – 조사하다

한국말 '살펴보라우'에서 변형된 말이다. '살펴보'에서 '살'이 연음되어 '사르'가 되고 '펴보'가 한 음절로 줄어들면서 '베'가 됐다. '사르'는 모음동화하여 '사라'로 변하는 것이 적당하지만 헤어질 때 인사인 '사라바'와의 혼동을 피하기 위해 '시라'가 된 것 같다.

≫ 마또메루(まとめる) ‒ 한데 모으다

한국말 '모듬 하라우'에서 변형된 말이다. '모듬'에서 능동형 동사어미 '에루'가 붙어서 된 동사이다. '모듬'에서 받침이 연음되어 '모드메루'가 된다. '모드메루'가 모음조화되면서 '마또메루'가 됐다.

≫ 가따즈게루(かた片づ付ける) ‒ 모이다

한국말 '가닥(을) 착! 하게 하라우'에서 변형된 말이다. '가닥'이 부드럽게 발음되면서 '가따'가 됐고 '착하게'에서 '하'가 빠지고 '착'이 부드럽게 발음되며 '즈게'가 됐다. 실의 여러 가닥이 모여 한 올의 실이 되듯이 가닥이 서로 착 달라붙어서 모이는 것이다. 가닥이 옛날에는 완성품에 대한 부속의 의미를 가진 것 같다.

≫ 아쯔마루(あつ集まる) ‒ 모이다

한국말 '아! 쌓아 모으라우'에서 변형된 말이다. '쌓아'에서 중복되는 모음 '아'는 생략됐다. '쌓'을 일본 가나에 근거해서 정확히 발음하려면 '아'를 넣어 '아쯔' 하면 비슷해진다. '모으라우'를 쉽게 줄여 발음하면 '마루'가 된다.

≫ 소로에루(そろえる) ‒ 가지런히 하다

한국말 '줄 세우라우'에서 변형된 말이다. '줄'에서 'ㅈ'이 'ㅅ'으로 바뀌고 연음되면 '소르'가 되고 모음조화되면 '소로'가 된다. '소로'라는 명사에 '에루'라는 능동동사형 어미가 붙어 동사가 됐다. 줄 세우는 것은 가지런히 하는 것이다.

≫ 찌라가루(ち散らかる) ‒ 어질러지다

한국말 '어질러 가라우'에서 변형된 말이다. '어'나 '아'는 흔히 덧붙여지기도 하고 생략되기도 한다. '질러가'에서 받침이 빠지고 모음동화되면 '지라가'가 된다.

이동과 관련된 동사

≫ 하이루(はい入る) - 들어오다, 들어가다

한국말 '안에 이르우'가 변형된 말이다. '안'에서 받침이 빠지면 '아'가 되고 '아'
는 흔히 생략된다. '에'에 해당하는 일본어 조사가 '헤'가 되어 '헤이루'만 남는다.
'헤'가 흔한 발음 '하'로 변형되면 '하이루'가 된다.

≫ 이레루(い入れる) - 넣다

한국말 '이루다'가 변형된 '이루'에 능동형 동사어미 '에루'가 결합된 동사이다.
'이루'의 뜻이 '있다'니까 있게 하는 것은 넣는 것이다.

≫ 마와루(まわ回る) - 돌다, 돌아다니다

한국말 '말으라우'에서 유래된 말이다. '돌돌말다'라는 말이 있다. 중심 주위를 싸
서 돌린다는 뜻이다. '말으라우'에서 받침 빼고 부드럽고 짧게 발음하면 '마와루'가
된다.

≫ 마와수(まわす) - 돌리다

한국말 '말지우'에서 비롯된 말이다. 말면 말리는 것이고 돌리는 것이다.

≫ 또오루(とお通る) - 통하다

한국말 '통하라우'에서 비롯된 말이다. '통하라우'에서 받침 빼고 부드럽게 발음하
면 '토오수'가 된다. 원래 도(と)는 'ㅌ'이나 'ㄸ'의 중간 발음이 난다.

≫ 쯔우지루(つうじる) - 통하다

한국말 '쭈욱 가지우'가 변한 말이다. 막힘이 없이 쭈욱 가는 것이 통하는 것이다.
'가지'에서 '가'도 '자'가 될 수 있어 비슷한 음이 반복되므로 생략된다.

≫ 모도루(もとる) - 되돌리다

한국말 '본래대로 하라우'가 변형된 말이다. 무사를 '부시'라고 하는 것처럼 'ㅁ'과 'ㅂ'은 같은 순음(脣音)계열이라 서로 잘 치환된다. '본래대로'에서 'ㅂ'이 'ㅁ'으로 바뀌면서 받침이 빠지면 '모'가 되고, 비슷한 모음인 '래'와 '로'가 빠지면 '모대'가 된다. '모대'에서 '대'가 가나의 발음으로 모음조화되면 '모도'가 된다.

한국말에도 '본래대로'가 줄은 말이 있다. '본때를 보여줘야지' 할 때의 '본때'와 '본디 같은 말이다' 할 때의 '본디'이다. 둘 다 같은 말이 다른 발음 다른 뜻으로 쓰였을 것이다. '모도루'는 '본디'에 동사어미 '루'가 붙어 만들어진 동사이다. 'ㅂ'이 'ㅁ'으로 바뀌고 모음조화되면 '모도'가 된다.

'도루 갖다놔' 할 때 도루는 '모도루'에서 나온 말이다.

≫ 모도수(もとす) - 되돌리다

한국말 '본디(로) 하지우'에서 비롯된 말이다. '본래대로'의 준말이 '본디'이다.

≫ 또바수(と飛ばす) - 날리다

한국말 '띄워 버리지우'에서 비롯된 말이다. 띄워 버리는 것은 날리는 것이다. '띄워'를 일본 가나의 발음 한 글자로 하면 '또'가 된다. '보'는 모음이 조화되어 '바'가 된다.

부사

>> 아마리(あまり) - (+긍정문) ~너무 지나치게, (+부정문) 그다지

한국말 '암만해도'가 변형된 말이다. '암만해도'의 어간 '암만'에 부사형 어미 '리'가 결합된 부사이다. '암만리'에서 받침이 빠지면 '아마리'가 된다. 이것은 같은 어원을 가진 한국말은 '아무리'이다.

>> 이끼나리(いきなり) - 갑자기

한국말 '이크! (소리)나게스리'가 변형된 말이다. 어떤 일을 갑자기 당하면 '이크!' 하고 놀라면서 갑자기 동작하게 된다. '이크'가 일본 발음으로 되면 '이끼'가 된다. '나(게스)리'에서 필요 없는 말을 빼고 필요한 말만 남으면 '나리'가 된다.

>> 이쯔모(いつも) - 언제나, 언제라도

한국말 '언제(라도) 뭐'가 변형된 말이다. '~도 뭐'가 줄은 말이 '뭐!'인데 '뭐'가 복모음이라 일본 가나에 없으니 있는 발음으로 하면 '모'가 된다. '~도 뭐!'에서 한국말은 '도'를 취했고 일본말은 '모'를 취했다. 일본말 '모'는 한국말 '도'에 정확히 대응되는데 모두 한국말이다.

≫ 가나라즈(かならず) – 꼭, 반드시

한국말 '꼭 나라 하지'에서 변형된 말이다. 신이 꼭 나라 하니 그렇게 동작해야 된다는 의미가 있다. '꼭'을 첫음절이 부드럽게 발음되는 일본 가나로 하면 '가'가 된다. '하지'는 '주'로 줄어드는 것이 일본말의 상례이다.

≫ 가나리(かなり) – 꽤, 상당히

한국말 '꽤나 하리'가 '꽤나리'로 변형된 말이다. '꽤나리'는 '꽤나'에다 '리'라는 부사형 어미가 결합되어 된 부사이다. '꽤'는 일본 가나에 없으니 있는 발음으로 첫음절을 부드럽게 발음하면 '가'가 된다. '꽤나 하리'는 '꽤나게'로 바꿀 수 있다. 일본말에서 부사형 어미 '리'는 한국말 부사형 어미 '게'에 그대로 대응된다.

≫ 게꼬(けこ) – 꽤

한국말 '꽤케(하게)'가 변형된 말이다. '꽤'가 가나의 발음으로 하면 '게'가 된다. 굉장히 '꽤'라는 원음에 가까운 발음이다. 그러면 '게케'가 되어 이상한 말이 되므로 '케'를 변형시키면 '꼬'가 된다.

≫ 깃또(きっと) – 반드시

한국말 '그것 또(한)'이 변형된 말이다. 다음에 오는 동작이 '그것 또한' 그렇게 되는 것을 '반드시'라 한다. '그것'은 일본 가나로 쉽게 발음하면 '깃'이 된다.

≫ 싯까리(しっかり) – 꽉, 똑똑히

한국말 '힘껏'이 변형된 말이다. 한국에서도 지방에 따라 '힘'을 '심'이라 발음한다. '심껏'에 부사형 어미 '리'가 결합되면 '심껏리'가 된다. '심껏리'에서 받침이 빠지고 '껏'이 일본 가나의 발음으로 변하면 '시까리'가 된다. '껏'의 받침이 '시'에 영향을 주어 '싯'이 되어 '싯까리'가 된다.

≫ 시바라꾸(しばらく) - 잠시

한국말 '시 바랄 만하게 〉 시나브로하게'가 변형된 말이다. '시(時) 바랄 만하게'는 '잠시의'보다 자세한 말이다. 바랄 만한 시간은 적당량의 시간이고 그것이 대충 말하면 잠시가 된다. '시 바랄 만하게'에서 받침이 빠지면 '시바라'가 되고 '만하게'가 간단히 쉬운 발음으로 줄어들면 '꾸'가 된다.

지금도 쓰는 한국말 고어 중에 '시나브로'라는 말이 있다. 사전에서 '모르는 사이에 조금씩'이라는 뜻이라고 정의하고 있다. 시나브로는 '시는 바랄 만하게 흘러'가준 말이다. '시나브로'에 부사형 어미 '하게'가 붙어 부사 형태를 확실히 한 것이 '시바라꾸'이다. '시나브로'에서 '나'는 일본말 소유격 노와 같은데 유성음이라 생략됐다.

≫ 수구(すぐ) - 곧, 즉시

한국말 '즉'이 변한 말이다. 'ㅈ'이 같은 잇소리(齒音) 'ㅅ'으로 바뀌면 '슥'이 되고 '슥'이 연음되면서 일본 가나의 일반적인 발음으로 바뀌면 '수구'가 된다.

≫ 수꼬시(すこし) - 조금

한국말 '쬐깐히'가 변형된 말이다. 백제의 영토인 전라도 사투리로 조금을 '쬐깐'이라 한다. '쬐'를 일본 가나의 발음으로 간단히 하면 '수'가 된다. '깐'은 '수'에 모음 조화되면 '꼬'로 된다. 한국말 'ㅎ'은 일본 사람이 발음하기 힘든 격한 발음이라 일본말에서는 'ㅅ'으로 잘 변형된다. '하다'를 일본어에서 '스루'라 하는데 한국에서 가져온 전통을 그대로 지키는 교토 사람들은 '하루'라고 한다. 한국말 부사 어미 '히'는 일본말에서 '시'로 바뀐다.

≫ 숫까리(すっかり) - 순전히

한국말 '숫제 하리'에서 변형된 말이다. '숫제'는 '순전히'라는 말의 완전한 한국말이다. '숫제라 할 만큼'을 '숫제 하리'로 말할 수 있다. '숫제'가 발음하기 쉽게 줄어들면 '숫'이 된다. '하리'는 공항이 일본말에서 '구꼬'가 되듯이 'ㅎ'이 'ㄲ'으로 바뀌면 '까리'가 된다.

≫ 수데니(すでに) – 이미

한국말 '먼저 되니'가 변형된 말이다. '먼저'가 일본말로 변한 말이 '마수(ます)'이
다. 첫마디 '아'나 '이'와 비슷한 유성음 '마'는 생략되기 쉽다. 그러면 '수'만 남고
'되니'를 가나의 발음으로 하면 '데니'가 된다. '먼저 되니'는 '먼저 되어'의 일본말
형태이고 '먼저 되어'는 '이미'와 뜻이 같다.

≫ 줏또(ずっと) – 쭉, 훨씬

한국말 '쭉 하듯(이)'이 변한 말이다. '쭉'에서 받침이 빠지고 첫 음이니 부드러워
져 '주'가 된다. '하듯'에서 발음하기 힘들어 '하'는 생략되고 그 영향은 앞으로 미
쳐 '주'가 '줏'이 된다. '듯'은 일본 가나에 가장 비슷한 발음으로 하면 '또'가 된다.

≫ 솟또(そっと) – 살짝, 가만히

한국말 '슬쩍'이 변한 말이다. '슬'에서 받침이 빠지고 '또'와 모음조화되면 '소'가
된다. '쩍'에서 'ㅉ'이 구개음화되면 'ㄸ'으로 되면 '떡'이 된다. '떡'이 일본 가나의
모음으로 바뀌면 '또'가 된다.

≫ 제히(せひ) – 아무쪼록, 제발

한국말 '제발(히)'가 변한 말이다. '제발'에서 '발' 대신에 부사형 어미 '히'가 결합
해서 만들어진 부사이다.

≫ 다이부(だいぶ) – 대부분, 상당히

한국말 '대부분'이 변형된 말이다. 원래 한국말 고어가 '다이부'였는데 한자어로 바
뀐 말이 '대부분'이다. 한문을 조금만 알면 대부분(大部分)은 어색한 한자어라는 것
을 알 수 있다. 이두가 그대로 내려온 것이다.

>> 다또에바(たとえば) – 예를 들면

한국말 '댔다 해봐'가 변형된 말이다. 한국말에 '했다고 해봐', '팥으로 메주를 쑨 댔다 해봐'라는 말이 있다. 예를 들을 때 이렇게 '댔다' 혹은 '댔다 해봐'는 곧 '예를 들면'이나 의미가 같다. '댔다 해봐'에서 부드러운 발음으로 바뀌면 '다또에바' 가 된다.

>> 토니까꾸(とにかく) – 어쨌든

한국말 '(그럴)테니 하구'에서 변형된 말이다. 그럴 '테니 하구' 신경 쓰지 말자는 것이 '어쨌든'이다. 첫 음절로서 '테'의 쉬운 발음이 '토'이다. 'ㅎ'은 일본말에서 흔히 'ㄲ'로 발음된다.

>> 나까나까(なかなか) – (+긍정문) 꽤, (+부정문) 좀처럼

한국말 '(잘) 나가' 혹은 '(못) 나가'에서 변형된 말이다. (잘) 나가는 것은 '꽤, 상 당히'의 뜻이 되고 (못) 나가는 것은 '좀처럼'의 뜻이 된다.

>> 핫끼리(はっきり) – 확실히, 분명히

한국말 경상도 사투리 '화끈히'가 변형된 말이다. '화'가 일본 가나의 발음으로 하 면 '하'가 되고 '화끈히'라고 말할 때는 힘주어 말하기 때문에 '핫'이 된다. 'ㄲ'가 부사형 어미 '리'에 모음조화되면 '끼'가 된다. 일본말로 '말하다'는 한국말 '이르 다'에서 온 '이우'인데 '핫끼리 잇데요'는 '화끈히 말해요'가 된다.

>> 모시(もし) – 혹시, 만약

한국말 '무엇이'가 변형된 말이다. '무엇이'는 '무엇이 생긴다면'의 준말이다. '무 어'가 줄어 '모'가 되고 '엇이'가 연음되어 '시'가 됐다.
일본에서 전화 받을 때는 '모시 모시' 하는데 이것은 '무엇을 모으시(모실까요?)'의 한국말이 준 것이다.

≫ 못또(もと) – 더욱

한국말 '뭐 더'가 변한 말이다. 일본 가나에 없는 모음이니 있는 발음으로 하면 '모또'가 된다.

≫ 얏또(やっと) – 겨우, 간신히

한국말 '얏! 하듯'에서 변형된 말이다. 얏! 하고 기합을 토하고 일을 해내는 것은 겨우 해낸 것이다.

≫ 야하리=얏바리(やはり=やっぱり) – 역시

한국말 '역시 하리'가 변형된 말이다. '역시'에서 받침이 빠지고 일본 가나의 발음 한마디로 줄어들면 '얏'이 된다. 하리에서 'ㅎ'이 'ㅂ'으로 바뀌면 '바리'가 된다. 부드럽게 발음하면 '야하리'가 된다.

≫ 윷꾸리(ゆっくり) – 천천히

한국말 '유(유)하리'가 변형된 말이다. '유유'는 같은 음이 중복되므로 한 음절 '유'로 줄어든다. 'ㅎ'은 'ㄲ'으로 흔히 바뀌어 '꾸리'가 된다.

≫ 요꾸(よく) – 잘, 자주

한국말 '용케'가 변한 말이다. '용'에서 받침이 빠져 '요'가 되고 '케'가 모음조화되어 '꾸'로 됐다. 한국말 부사형 어미 '게'나 '케'는 일본말 부사형 어미가 가나에 의해 '꾸'로 변하기 전 원형이다.

≫ 앗사리(あっさり) – 산뜻하게

한국말 '앗싸 하리'에서 변형된 말이다. 원하던 일이 이루어졌을 때 '앗싸!' 하고 소리를 지른다. 때로 '앗싸! 가오리'라고 소리 지를 때도 있다. '앗싸'는 원래 '아사'이고 단군이 도읍한 '아사달'의 '아사'이다. '아침'의 고어이며 일본말에는 아직 그대로 '아침'의 의미로 살아 있다.

'가오리'는 '까오리'로 고려를 뜻한다. 우리가 흔히 부르는 고구려는 '높을 고' '화려할 려'의 고려(高麗)였다. 고려는 이름이 너무 아름다워 중국 사람들이 시기해서 구(句)를 더 넣은 것이다. 그들은 자기 민족이 아니면 국가 이름에 더러움, 동물, 벌레의 이름을 붙였다. '앗싸! 가오리'는 '새(아침) 고(구)려'로 아마 '만세! 만세! 만만세!'처럼 고구려의 구호였을 것이다. '앗싸'는 '아침 같이 맑고 새로움'을 뜻한다.

앗사리는 '아사'에 부사형 어미 '리'가 붙은 단어이다.

≫ 이요이요(いよいよ) - 드디어

한국말 '이어 이어'에서 비롯된 말이다. 어떤 일을 '이어 이어' 하면 '드디어' 결과가 나온다.

≫ 오소라꾸(おそらく) - 아마, 어쩌면

한국말 '오! 설령하구'가 변한 말이다. '설령'에서 '설'은 일본 가나에 없으니 가나의 발음으로는 '소'가 된다. '령'도 일본 가나에 없으니 가나의 발음으로 하면 '라'가 된다.

≫ 가나리(かなり) - 제법, 상당히

한국말 '꽤나 하리'가 변한 말이다. '그 사람 일본말을 꽤나 한다'라는 말이 있다. 제법 한다는 말이다. '꽤'가 가나에 없으니 가나의 발음으로 부드럽게 하면 '가'가 된다. '하리'에서 '하'가 별로 역할이 없으니 생략되면 부사형 어미 '리'가 남는다.

≫ 기찐또(きちんと) - 또박또박

한국말 '끝인 듯'에서 비롯된 말이다. 끝인 듯 매사를 끊는 것은 또박또박이다. '끝'이 가나에 없으니 가나의 발음으로 첫음절을 부드럽게 발음하면 '기'가 된다. '끝인'이 연음되면 '틴'이 되는데 '틴'이 구개음화되면 '친'이 된다. '듯'은 보통 가나의 발음으로 '또'가 된다.

≫ 겟시떼(けっして) – 결코

한국말 '끝이대'가 변한 말이다. '끝이대'는 구구절절 장황한 것을 '끝이대' 결론을 내면 '결코'가 된다. '끝'이 일본 가나의 음으로 힘주어 발음하면 '겟'이 된다. '끝이'에서 받침이 연음되면 '티'가 되는데 구개음화되면 '치'가 되었다가 더 부드러운 발음이 되면 '시'가 된다. '떼'는 '대'에 그대로 적용된다.

≫ 사수까니(さすがに) – 과연

한국말 '쌌우 하니'가 변형된 말이다. '그 배우와 사귄다 쌌더니만 과연 사실이네'란 말이 있다. 지금 한국말은 '쌌더니만'의 활용밖에는 없지만 '쌌우 하니'도 있을 수 있다. '쌌'이 부드러워지고 연음되면 '사스'가 되고 '하니'는 공항이 '구꼬'가 되듯이 'ㅎ'이 'ㄲ'으로 바뀌어 '까니'로 된다.

≫ 나루호도(なるほど成程) – (듣던 바와 같이) 과연, 정말

한국말 '날 법도(하게)'가 변형된 말이다. 한국말에서도 이루어지는 것을 난다고 한다. 날 법도 하다가 나면 '과연'이 된다. '법'에서 받침이 빠지고 'ㅂ'이 'ㅎ'으로 바뀌고 '도'와 모음조화되면 '호'가 된다.

≫ 사라니(さら更に) – 그리고, 또

한국말 '새로(하)니'가 변형된 말이다. 말을 새로 하는 것이 말을 '그리고, 또' 하고 연결하는 것이다. '새로'에서 가나의 발음으로 하고 모음조화하면 '사라'가 된다.

≫ 이마니(いまに) – 머지 않아

한국말 '이맘(때)에'가 변형된 말이다. '마'는 한국말에서는 잃어버린 단어이지만 '마당', '이맘때'와 같이 흔적이 남아 있다. '마'는 시간과 공간의 일정한 단위라고 했다. '이마'는 '이 시간'이 되는데 한국말에서는 '이맘때'라고 변했다. 여기에 부사형 어미 '니'가 붙은 말이다. 이맘때는 지금쯤에 해당한다.

≫ 마모나꾸(まもなく) – 곧

한국말 '마도 않구'에서 변형된 말이다. 일본말 '모'는 '도'와 바로 대응된다. '마'는 적당할 정도의 시간인데, '마모나꾸' 하면 '이 적당한 시간이 없이'란 말이다. '않구'는 연음되면 '안 하구'인데 늘 그렇듯 '아'가 줄면 '나꾸'가 된다.

≫ 모우쑤구(もうすぐ) – 곧

한국말 '뭐 쑥'이 변형된 말이다. '쑥'은 갑자기 하는 행동의 의태어이다. 한국말 '불쑥'은 여기서 비롯됐다. '뭐'는 말 이음말이고 복모음이 일본 가나에 없으니 풀어지면 '모우'가 된다. '쑥'이 연음되면 '쑤구'가 된다.

≫ 소노우찌(そのうち) – 일간, 조만간

한국말 '그 일(日)에'가 변형된 말이다. 일(日)이 연음되면 '이찌'가 되나 모음조화되면 '우찌'가 된다. '그'가 일본 가나의 발음으로 약해지면 '소'가 된다.

≫ 야가떼(やがて) – 얼마 안 가서

한국말 '않가대'에서 변형된 말이다. '않'에서 받침이 빠지고 부드러워지면 '야'가 된다.

≫ 갓떼(かって) – 예부터, 일찍이

한국말 '갔 때'가 변형된 말이다. '갔 때'는 과거이고 한국말 '일찍'에 해당한다.

≫ 아이까와라주(あい相か 亦わらず) – 여전히

한국말 '아이부터(까라) 쭉'에서 변형된 말이다. '아이일 때부터 쭉'이면 여전한 것이다. '까와라'는 '까라'의 변형인데 한국말 '부터'로 해석되며 '가까이 으로(부터)'가 변형된 말이다. '쭉'이 약해지면 '주'가 된다.

≫ 소모소모(そもそも) – 처음

한국말 '처음 처음'에서 변형된 말이다. '씨름'이 '씨르므'로 변해서 '르'가 빠지고 '스모'가 되듯이 '처음'이 '처으므'로 변하고 '으'가 빠지고 '초모'가 됐다가 약해져서 '소모'가 된다.

≫ 규우니(きゆう急に) – 갑자기

한국말 '급히'가 변형된 말이다. '급'의 일본 발음이 '규우' 하고 길게 끄는데 이것은 게으른 혀가 받침을 애써 발음하는 것이다. '히'가 약해져 '니'가 된다.

≫ 이마사라(いまさら) – 이제 와서

한국말 '이맘(때에) 새로'가 변형된 말이다. '이맘때'의 '이맘'에서 받침이 빠져 '이마'가 된다. '새로'는 일본 가나의 발음으로 모음조화되면 '사라'가 된다.

≫ 도우또우(とうとう) – 드디어

한국말 '또 또'가 변형된 말이다. '또 또'를 약하게 늘여서 발음하면 '도우또우'가 된다. '또 또' 하다 보면 '드디어'가 된다. '도우또우'에서 한국말 '드디어'가 나왔다.

≫ 소로소로(そろそろ) – 슬슬, 천천히

한국말 '슬슬'에서 변형된 말이다. '슬슬'이 연음되면 '스르스르'가 되는데 일본 가나의 음으로 모음조화되면 '소로소로'가 된다.

≫ 요우야꾸(ようやく) – 드디어

한국말 '요이(用意)하구'가 변형된 말이다. 운동회 때 '요이! 땅!' 하던 것을 기억하는 사람이 많다. '준비'라는 뜻의 일본말이 '요이'인데 한국말 용의(用意)가 변형된 말이다. 즉 운동회 때 '요이! 땅!'이 한국말로 하면 '용의! 땅!'이 된다.
'요이' 하면 바로 '땅!'이란 출발신호가 떨어져 어떤 일이 일어나니 '요이 하는' 것이 '드디어'와 같다. '요이'가 '야꾸'와 모음조화되면 '요우'가 된다. '하구'가 발음이 약해지면 '야꾸'가 된다.

≫ 쯔이니(ついに) – 마침내

한국말 '쭉 하니'가 변형된 말이다. 쭉 하면 마침내 결과가 이루어진다.

≫ 도끼도끼(ときどき) – 때때로

한국말 '적적'이 변한 말이다. '공부할 적', '놀 적'과 '공부할 때', '놀 때'가 같은 말이다. '적'은 음운적으로 '때'와 같다.
'적 적'은 '때 때'와 같다. '적'이 연음되면 '저그'가 되고 '저'가 역(逆)구개음화되고 가나의 음으로 바뀌면 '도'가 된다. '도그도그'는 일본식 발음으로는 '도끼도끼'가 된다. '때때로'가 되는 것이다.

≫ 후따따비(ふたた再び) – 재차, 다시

한국말 '두 때 두 번'에서 유래한 말이다. '두'가 첫음절에서는 쉬운 발음으로 '후'가 된다. 두 사람을 일본말로 후다리(ふたり)라 하는데 '두 다리'가 변한 것이다. 다리는 키다리처럼 사람을 뜻한다. '때'가 일본 가나의 음으로 변하면 '따'가 된다. '두 번'에서 '두'가 '따'와 모음조화되어 '다'가 되는데 자음마저 조화되어 '따'가 된다. '번'은 받침이 빠지고 가나의 음으로 변하면 '비'가 된다.

≫ 다에주(たえず) – 끊임없이

한국말 '다함없이'가 변한 말이다. '하'는 일본말에서 발음도 힘들고 별 의미가 없어 잘 생략된다. '다 없이'에서 'ㅂ' 받침이 빠지고 'ㅅ'이 연음되면 '다어시'가 된다. '다어시'에서 '어'가 '시'의 모음에 영향을 받아 '에'로 복모음화되고 'ㅅ'이 같은 잇소리(齒音) 'ㅈ'으로 바뀌며 부드러워지면 '다에주'가 된다.

≫ 잇쇼우켄메이(いっしょうけんめい일생현 명) – 끊임없이

한국말 '목숨 걸고'가 한자화한 말이다. 일생현명을 중국 사람들은 그렇게 쓰지 않는다. 중국어순으로 따지면 현명일생이 돼야 하고 중국에서는 일생을 목숨의 뜻으로 쓰지도 않으니 참으로 어색한 한자어이다. 한국말 '목숨 걸고'가 그대로 한자로 표기된 말이니 일본 한자어도 한국 한자어라는 증거가 된다.

≫ 고쯔고쯔(こつこつ) – 꾸준히

한국말 '꾸준 꾸준'이 변형된 말이다.

≫ 셋쎄또(せっせと) – 부지런히

한국말 '사이사이도'가 변한 말이다. 보통 사이사이에는 쉬는 것이 보통인데 그 사이사이도 일하는 것은 부지런히 열심히 일하는 것이다.

≫ 윳꾸리(ゆっくり) – 느긋하게

한국말 '유유하게스리'가 변형된 말이다. 발음되는 대로 줄이면 '윳케스리'가 되고 더 줄이면 '윳꾸리'가 된다.

≫ 농비리(のんびり) – 한가로이

경상도 한국말 '농(땡이) 삐리'가 변한 말이다.

≫ 사라니(さらに) – 더욱더

한국말 '자라니'가 변형된 말이다. 더 자라면 '더욱더'라는 뜻이 된다.

≫ 도떼모(とても) – 아주, 도저히

한국말 '어떤데(도) 뭐'가 변형된 말이다. 어떤데도 뭐 그런 것은 없더란 뜻이다. 흔히 그렇듯 첫음절 '어'는 생략되고 '떤'은 첫음절로 부드럽게 일본 가나의 음으로 변하면 '도'가 된다. '뭐'도 가나의 음으로 변하면 '모'가 된다. '도데모'에서 '도'와 '모'사이 '데'는 자연히 강해져 '떼'가 된다. 한국말 '도대체'는 '어떤데 재(在)'가 변한 말이다.

≫ 돈돈(どんどん) - 부쩍부쩍, 단단(たんたん) - 점점

모두 한국말 '점점'이 역구개음화된 말이다. 받침으로 유성음 'ㅁ'과 'ㄴ', 'ㅇ'은 서로 잘 치환된다. 역구개음화는 고어가 구개음화되기 이전을 말하는데 한국말 '절 (寺)'을 '데라'라고 하는 것과 같다. 점점이 역구개음화되어 '덤덤'으로 변했다가 유성음 치환으로 '던던'으로 변하고 일본 가나 음으로 변하면 '돈돈'이 된다.

≫ 마쑤마쑤(ますます) - 더욱더

한국말 '마주 쑥! 마주 쑥!'이 변형된 말이다. '마주 쑥!'은 2개가 마주섰다가 하나가 쑥! 더 큰 것을 표현한 것이다. '쑥'에서 받침이 빠지면 '쑤'가 되는데 '주'와 '쑤'가 비슷해서 '주'가 생략되면 '마쑤'가 된다.

≫ 짓또모(ちっとも) - 조금 더

한국말 '쬐끔 더 뭐(를)'가 변형된 말이다. '쬐끔'에서 '쬐'는 일본 가나에 없으니 '지'가 되고 '끔'이 생략되며 그 흔적이 앞으로 붙어 '짓이 됐다.

≫ 쟌또(ちゃんと) - 확실히

한국말 '잔뜩'이 변형된 말이다. 그 의미가 변형됐지만 내용물이 잔뜩 들은 것은 실실(實實)하고 확실한 것이다.

≫ 주이분(ずいぶん) - 꽤, 상당히

한국말 '충분(히)'이 변형된 말이다. 충분도 중국에서 쓰지 않는 한국 한자어이며 '주이분'이 한자어화한 말이다.

≫ 다이헨(たいへん) - 대단히

한국말 '대단(히)'이 변형된 말이다. 복모음 '대'가 풀어져 '다이'가 됐고 '단'이 부드럽게 발음되면서 '헨'이 됐다. 원래 '다이헨'은 '다이헤니'였을 것인데 한국말 '히'에 해당하는 '니'가 생략되면서 '헤'에 'ㄴ'이 붙어 '헨'이 되었다.

≫ 맛따꾸(まったく) – 참으로, 맞게

한국말 '맞다구!'가 변형된 말이다.

≫ 마꼬또니(まことに 誠に·実に·真に) – 참으로, 정말로

한국말 '맞게도+이'가 변형된 말이다. 한국 사람들은 일상에서 '그러게 (그 말이) 맞게도'라는 말을 많이 쓴다. '마꼬또니'의 '니'는 '가뿐이'에서 보이는 부사형 어미 '이'가 결합한 것이다.

≫ 마쓰구(まっすぐ;すぐ) – 곧장

한국말 '맞(게) 쑥!'이 변형된 말이다. 맞게 쑥! 가는 것이 곧장 가는 것이다.

≫ 소우(そう[然う]) – 그렇게, 그리, [감동사] – 그래, 정말

한국말 '그치요니'가 변한 말이다. '그렇지요'를 간단하게 발음하면 '그치요'가 된다. 일본말에서 첫음절 'ㄱ'은 자주 탈락하는데 탈락되며 '치요'를 부드럽게 발음하면 '소우'가 된다. '니'는 여기서 부사형 어미이다. 영어의 So와 뜻과 발음이 정확히 일치한다.

≫ 죠또(ちょっと) – 좀

한국말 '좀 더'가 변형된 말이다.

≫ 닥상(たくさん) – 많이

한국말 '(하늘에) 닿는 산(만큼)'이 변형된 말이다. '높다'가 일본말에서는 한국말 '(하늘에) 닿아가이'가 변형된 '다까이'이다. '다까이'에 '산'이 결합되어 '많이'라는 말이 됐다.

>> 이로이로(いろいろ) – 여러 가지로

한국말 '여러 여러'가 변형된 말이다. '여러'가 일본 가나에 없으니 가나에 있는 발음으로 하면 '이로'이다. '이로'는 색(色)의 일본말이니 '이로이로'는 '색색(色色)'이된다. 여기서의 색은 색즉시공(色卽是空)의 색처럼 여러 가지 물건(萬物)을 뜻한다.

>> 멧따니(めったに) – 좀처럼, 거의~않다

한국말 '(눈)매 띄나이'가 변형된 말이다. 부정어 '않다'는 일본말로 '나이'이다. (눈)매에 띄지 않는 것이 '좀처럼'이다. '매'가 일본 가나 발음으로 '메'가 됐고 '메'는 센소리 '띄'에 영향을 받아 센소리 '멧'으로 변했다. '띄나이'가 가나의 음으로 변하고 부사형 어미를 가지면 '따니'로 줄어든다.

>> 세이제이(せいぜい) – 될 수 있는 한, 겨우

한국말 사투리 '제우제우'에서 변형된 말이다. 겨우를 지방에 따라 '제우'라고 한다. 첫음절이라 더 쉬운 발음으로 바뀌면 '세우세우'가 되고 모음조화되면 '세이제이'가 된다.

>> 고꾸(ごく) – 극히

한국말 '꼭히'에서 변형된 말이다. '꼭히'는 '꼭'이라는 말에 부사어미 '히'가 붙은 말인데 후에 '극(極)히' 라고 한자화한 것 같다. '꼭'은 '꼭대기'의 준말이며 극(極)과 같은 의미이니 '꼭히'는 '극히'가 된다. '꼭히'가 연음되면 '꼬키'가 되고 첫음절이라 부드러워지면 '고키'가 되고 모음조화되면 '고꾸'가 된다.

>> 수베떼(すべて) – 모두

한국말 '수(數) 모두'가 변형된 말이다. '모두'에서 'ㅁ'은 같은 입술소리 'ㅂ'으로 바뀌면 '보두'가 된다. '두'는 한국말 '~하대'에 해당하는 일본말 부사 어미 '떼'로 변하면서 '보'도 모음조화되어 '베'가 된다.
'수베떼'는 변화 과정이 복잡하지만 '전부 다'가 변한 말일 수도 있다.

≫ 호똔도(ほとんど) – 거의

한국말 '보통 다(모두)'가 변형된 말이다. '보통 다'는 100% 확실하지 않을때 쓰는 말로 거의가 된다. 'ㅂ'이 'ㅎ'으로 변하면 '호통도'가 되는데 'と'는 'ㄸ'과 'ㅌ'의 중간이고 'ん'은 'ㅇ'과 'ㄴ'의 중간소리라 '호통도'는 '호똔도'와 다름없다.

≫ 도우모(どうも) – 어쩐지, 대단히

한국말 '어때(도) 뭐'가 변형된 말이다. 일본말 조사 '모'는 한국말 조사 '도 뭐'가 줄어든 '도'에 해당한다. '어때'에 '도'가 붙으면 '어때 저때' 해도 최고라는 뜻이다. 흔히는 '도우모'가 최고, '대단히'의 의미로 쓰이는데 '도움'으로 쓰일 때도 있다. 그렇지만 일반적으로 '도움'으로 번역하지 않는다. 일본말이 어떻게 한국말로 변하는지 알면 분명히 '도우모 아리가또 고자이마스'를 '대단히 감사합니다'가 아니라 '도움을 주셨으니 감사합니다'라고 번역한다.
'어때'에서 '어'는 흔히 생략되고 '때'는 첫음절이고 복모음이라 부드러워지고 일본 가나의 발음으로 풀어지면 '도우'가 된다.

≫ 젯다이(せったい) – 반드시

한국말 '절대(絶對)'가 변형된 말이다. 한국식 한자어이다.

≫ 다분(たぶん) – 아마

한국말 '다분(多分)히'가 변형된 말이다. 중국에서 쓰지 않는 한국식 한자어이다.

≫ 쯔마리(つまり) – 즉, 결국

한국말 '종말(終末)에'가 변형된 말이다. 한국식 한자어이다.

≫ 모찌론(もちろん) – 물론

한국말 '물론(勿論)'가 변형된 말이다. 한국식 한자어이다. 'ㄹ' 받침이 '~쯔'로 연음된다.

≫ 도꾸니(とくに) – 특히

한국말 '특(特)히'가 변형된 말이다. '특'이 연음되면 '트그'가 된다.

≫ 베쯔니(べつに) – 별로

한국말 '별(別)히'가 변형된 말이다. 일본말에서는 흔히 'ㄹ' 받침이 '~쯔'로 연음된다.

≫ 나루베꾸(なるべく) – 될 수 있는 대로

한국말 '난다보구'가 변형된 말이다. 한국말 '나다(발생)'가 일본말에서는 '나루'이다. 일본말에서는 신이 내려주니 '난다'를 많이 쓰는데 한국말에서는 '된다'라고 해석해야 자연스럽다. 여기에 '보구'가 결합된 말이다. '보구'보다 '베꾸'가 발음이 쉽다.

≫ 마루데(まるで) – 꼭, 전혀

한국말 '(고갯)마루인데'가 변형된 말이다. 마루는 정점(頂点)의 한국말인데 마루이니 '꼭(대기)'이 된다. 긍정문에서는 '꼭'이라 해석하고 부정문에서는 '전혀'가 자연스럽다.

≫ 다다(ただ) – 단지

한국말 '다(전부)이다'가 변형된 말이다. '전부 다이다'라고 생각하는 것은 '단지'와 같다. 한국말에서도 구어체에서는 그렇듯 '이'가 생략됐다.

≫ 셋가꾸(せっかく) – 모처럼

한국말 '세어 갖구'가 변형된 말이다. '원하는 날짜나 시간을 세어가지고'라는 뜻이다. '세어'와 '갖구'는 두 단어라 '세어'에 사이시옷 'ㅅ'에 해당하는 단어 쯔(っ)를 넣어 줄이면 '셋'이 된다. '갖구'가 연음되면 '가꾸'가 된다.

≫ 잇따이(いったい) – 도대체

한국말 '이따위(가)'가 변형된 말이다. '도대체 이따위가 있어' 할 때 쓰는 말이다. 이따위는 보통 도대체와 함께 쓰기 때문에 도대체의 의미가 있다. '이따위'는 보통 강하게 발음하기 때문에 사실 '잇따위'가 맞는다. '위'는 일본 가나 발음으로 '이' 가 된다.

≫ 이자(いざ) – 정작, 드디어

한국말 '이제'가 변한 말이다. 일부 지방에서 쓰는 사투리로 '이자'라 하기도 한다.

≫ 세메떼(せめて) – 적어도

한국말 사투리 '쬐만해도'가 변형된 말이다. '쬐'가 첫음절이라 부드러워지고 일본 가나에 없으니 가나 발음으로 하면 '세'가 된다. '만해'를 가나 발음 한음절로 줄이 면 '메'가 된다. '도'가 일반적 일본어 부사어미 '떼'로 바뀌었다.

≫ 사수가(さすが) – 과연

한국말 '(떠들어)쌌을까'가 변형된 말이다. 사람들이 웅성웅성 떠드는 것을 '쌌는 다'고 한다. 얼마나 잘하면 그렇게 떠들어 '쌌을까' 하는 뜻에서 과연이 된다. '쌌 을까'가 부드러워지고 연음되면 '사수가'가 된다.

≫ 무시로(むしろ) – 차라리

한국말 '무(無)라 치리'가 변형된 말이다. '지금까지 한 것은 없다[무(無)라] 치고' 란 말이 '무치리'이다. '치리'가 발음하기 부드러워지면 '시로'가 된다.

≫ 나니요리(なにより) – 무엇보다

한국말 '어느 이(가) 위이리?'가 변형된 말이다. '무엇'을 뜻하는 일본말은 한국 말 '어느 이'가 변형된 '나니'이다. '~보다'의 일본말은 한국말 '위이리?'가 변형 된 '요리'이다. 이 둘이 합한 말이 '나니요리'로서 '무엇보다'의 뜻을 갖는다. '어느 이'는 '어느'에 명사형 어미 '이'가 결합된 말이다. '어'는 흔히 생략되고 '어느'의 고어가 '어나'이라서 그 흔적이 남아 '난'이 된다. '난'이 연음되면 '나니'가 된다. '위리'는 '어난'에 부사형 어미 '리'가 결합된 말로서 가나에 없는 발음이니 가나 발음으로는 '요리'가 된다.

≫ 다시가(たし確か) - 내가 기억하는 바로는

한국말 '(기억으로)다시가'가 변형된 말이다. '다시가'는 것은 기억으로 재현하는 것이다.

≫ 난또 잇떼모(なんといっても) - 뭐니뭐니해도

한국말 고어 '어난 (것)도 니랐다(해도) 뭐'가 변형된 말이다. 어난은 어느의 고어이다. 일본말로 '어난 것도'는 '난또'인데 '어'가 보통으로 빠지고 '것'이 없어도 말이 되니 생략된 것이다. 일본말로 '말했다'는 '잇다'인데 한국말 '니르다'의 과거형 '니랐다'가 변형된 말이다. 합하면 '어느 것을 말했어도' 상대가 되지 않는다는 말이 된다.

≫ 이꾸라데모(いくらでも) - 얼마든지, 아무리~해도(+부정문)

한국말 '어느 크기로 (한)데도'가 변형된 말이다. '어느'가 두음법칙이 적용되면 비슷한 음이니 한음절로 줄어 '이'가 됐다. '크기'는 비슷한 음이 중복되니 한음절로 줄어 '꾸'가 됐다. '로'는 모음조화되어 '라'가 됐다.

≫ 못바라(もっぱら) - 오로지

한국말 '몰빵으로'가 변형된 말이다. '몰'이 연음되어 '모쯔'가 됐다가 '쯔'가 다시 앞으로 붙어 '못'이 됐다. '빵으로'가 모음조화되고 간소화되어 '바라'가 됐다.

≫ 솟꾸리(そっくり) - 전부, 몽땅, 고스란히, 형용동사 - 꼭 닮은 모습

한국말 '쏙 꾸려'가 변한 말이다.

≫ 웃가리(うっかり) - 깜빡, 무심코

한국말 이북 사투리 '어케(스)리'가 변한 말이다. 표준말로는 '어떻게 하다 보니'란 뜻이다. '어케'에서 '케'의 격한 발음이 앞으로 붙어 '엇케'가 되었다. '엇'이 가나의 발음으로 바뀌면 '웃'이 되고 '게'가 부드럽게 발음되면 '가'가 된다.

≫ 이쯔노마니까(いつのま間にか) - 어느 샌가

한국말 '언제만인가'가 변형된 말이다. '언제'가 일본 가나의 발음으로 '이쯔'가 됐다. '만인가'가 연음되고 뒤의 받침이 빠지면 '마니가'가 된다. '만인가'에 한국말에서는 잃어버린 시간과 공간의 일정한 단위 '마'가 숨어 있다.

≫ 앗또유마니(あっとゆまに) - 눈 깜짝할 사이에

한국말 '앗 하고 니를 마나이'가 변한 말이다. 풀어 보면 '앗! 하고 말할 틈도 없이'란 뜻이다. '하고'는 '앗'과 붙여 발음하면 '타고'가 되고 또 축약되어 한 음절로 합쳐지면 '토'가 된다. 보통 인용문의 말 '다고'는 일본말에서 '도'가 된다. 일본말로 '말하다'는 한국말 '니르다'에서 나온 '이우'인데 '유'로 발음되기도 한다. '마'는 시간이고 '나이'는 '않아이'가 변형된 말이라 했다.
한국말 '잠깐만에'에서 '만에'는 '마나이'가 줄은 말이다. '잠깐의 틈도 없이'란 말이다.

≫ 삿빠리(さっぱり) - 담백한

한국말 '쌈빡하리'가 변형된 말이다. 받침이 빠지고 '하'가 빠지면 '싸빠리'가 된다. 첫음절에는 발음이 부드러워지니 '사'가 되고 뒤의 강한 소리에 영향을 받아 '삿'이 된다.

≫ 곳데리(こってり) - 진함, 실컷

한국말 경상도 사투리 '꼬시데이 하리'가 변한 말이다. '꼬시'는 첫음절로서 한음절로 줄면 '곳'이 된다. '이'와 '하'는 별의미가 없어 생략됐다.

≫ 가랏또(からっと) - 바싹 갈라져

한국말 '가르듯'에서 비롯된 말이다. 모음조화되면 '가라'가 된다. '듯'에서 'ㅅ' 받침이 '라'에 붙어 '랏'이 되고 '드'는 가나의 음으로 '또'가 된다.
영어로 갈라짐을 크랙(Crack)이라고 하는데 같은 어원이다.

≫ 핫또(はっと) - 삽시간에, 문득

한국말 '퍼뜩'에서 변형된 말이다. 'ㅍ'이 같은 계열 'ㅎ'으로 변하고 일본 가나 음으로 발음하면 '하'가 된다. '하'가 뒤에 오는 된소리와 만나 같이 세져 '핫'이 된다. '뜩'은 받침이 빠지면서 가나의 음으로 '또'가 된다.

≫ 늣또(ぬっと) - 난데없이, 문득

한국말 '눈 닫듯'에서 변형된 말이다. '닫듯'에서 비슷한 말이 중복되면 '닫'이 빠지되 격한 소리가 앞으로 전해져 '눈'이 '늣'으로 된다. '듯'은 흔히 그렇듯 '도'가 된다.
'느닷없이'의 '느닷'이 변형된 것이기도 한데 '느닷없이'는 '눈 닫을 틈 없이'가 줄은 말로서 '늣도'와 같은 어원을 가지고 있다.

의태어 부사

≫ 모구모구(もぐ-もぐ) - 우물우물(입을 벌리지 않고 씹는 모양)

한국말 '먹구먹구'에서 온 말이다. 한국말의 '먹다'는 이 의태어에서 유래했다.

≫ 부라부라(ぶらぶら) - 흔들흔들, 빈둥빈둥

한국말에, 서당에서 천자문 책을 읽으면서 몸을 좌우로 흔들흔들 할 때 소리 '부라부라'와 같은 말이다.

≫ 뿅뿅(ぴょんぴょん) – 깡충깡충

한국말 '뿅뿅' 그대로이다. 땅에서 뿅뿅 뛰는 모습이다.

≫ 겐겐(けけん) – 꽹과리 소리

한국말 '깽깽'에서 일본 가나의 소리로 변한 말이다.

≫ 핑핑(ぴんぴん) – 핑핑(총알이)

한국말 '핑핑' 그대로이다. 'ん'은 바로 뒤에 오는 소리가 '바'나 '파'이면 'ㅁ'으로 읽어서 '핌'이지만 '핑핑'이나 다름없다.

≫ 붕붕(ぶんぶん) – 붕붕 (풍뎅이가)

한국말 '붕붕' 그대로이다. 풍뎅이는 '붕붕' 소리를 내고 날아서 붙여진 이름이다.

≫ 보소보소(ぼそぼそ) – 뽀송뽀송

한국말 '뽀송뽀송'이 받침이 빠지고 부드럽게 변한 말이다.

≫ 모로모로(もろもろ) – 여러 가지, 모든 것

한국말 '물물(物物)'이 연음되고 감이 작아진 말이다. 여기에서 더 변한 말이 물건을 뜻하는 '모노'이다.

≫ 카라카라(からから) – 칼칼, 바짝

한국말 '칼칼'에서 유래된 말이다.

≫ 니꼬니꼬(にこにこ) – 싱글벙글

한국말 '느긋느긋'에서 변형된 말이다. '느긋느긋'은 미소를 짓고 여유롭게 있는 모습이다.

≫ 게라게라(げらげら) – 껄껄

한국말 '껄껄'이 연음된 말이다.

≫ 시꾸시꾸(しくしく) – 흑흑

한국말 '흑흑'이 연음된 말이다. 앞에서 한국말 'ㅎ'은 일본말에서 'ㅅ'으로 치환된다고 했다.

≫ 오이오이(おいおい) – 엉엉

한국말 '엉엉'이 연음된 말이다. 상을 당했을 때 '어이! 어이!' 하고 곡을 하는 지방이 있는데 옛날 울음소리이다.

≫ 부루부루(ぶるぶる) – 벌벌

한국말 '벌벌'이 연음되고 일본 가나의 음으로 변한 말이다.

≫ 고시고시(ごしごし) – 싹싹(세게 문지르는 모양)

한국말 '거칠거칠'이 부드러워진 말이다.

≫ 수야수야(すやすや) – 쌔근쌔근

한국말 '쌕쌕', '음냐음냐'가 합해지고 부드러워진 말이다.

≫ 구우구우(ぐうぐう) – 쿨쿨

한국말 '쿨쿨'이 연음되고 부드러워진 말이다.

≫ 노로노로(のろのろ) – 느릿느릿

한국말 '느릿느릿'이 일본 가나의 음으로 부드러워진 말이다.

≫ 수라수라(すらすら) – (일본말을) 술술

한국말 '술술'이 연음된 말이다.

≫ 소ー소(そーそ) – (바람이) 솔솔

한국말 '솔솔'에서 'ㄹ' 받침이 빠졌다.

≫ 바사바사(ばさばさ) – 바삭바삭

한국말 '바삭바삭'에서 받침이 생략된 말이다.

≫ 오도오도(おとおと) – 오돌오돌

한국말 '오돌오돌'에서 받침이 빠진 말이다.

≫ 도꾸도꾸(とくとく) – 똑똑

한국말 '똑똑'이 연음된 말이다.

≫ 조로조로(ぞろぞろ) – 졸졸

한국말 '졸졸'이 연음된 말이다.

≫ 깡깡(かんかん) – 꽝꽝(철판을 두드릴 때)

한국말 '꽝꽝'이 일본 가나의 음으로 변한 말이다.

≫ 무꾸무꾸(むくむく) – 뭉게뭉게, 뭉글뭉글

한국말 '뭉클뭉클'에 받침이 빠진 말이다.

≫ 토보토보(とぼとぼ) – 뚜벅뚜벅, 터벅터벅

한국말 '터벅터벅'이 일본 가나의 음으로 변한 말이다.

≫ 고츠고츠(こつこつ) – 꼬치꼬치

한국말 '꼬치꼬치'가 변한 말이다.

≫ 가즈가즈(かずかず) – 가지가지

한국말 '가자가지'가 변한 말이다.

≫ 하타하타(はたはた) – 파닥파닥

한국말 '파닥파닥'이 변한 말이다. 'ㅍ'이 같은 계열 'ㅎ'으로 바뀌었다. 일본말 깃발 '하타'도 여기서 나온 말이다.

≫ 수꾸수꾸(すくすく) – 쑥쑥

한국말 '쑥쑥'이 연음된 말이다.

≫ 자라자라(らざら) – 자르르

한국말 '자르르'가 변형된 말이다.

≫ 쇼보쇼보(しょぼしょぼ) – 저벅저벅

한국말 '저벅저벅'에서 받침이 빠지고 더 부드러워진 말이다.

≫ 왕왕(わんわん) – 왈왈

한국말 '왈왈'이 더 발음하기 쉽게 변한 말이다.

≫ 바리바리(ばりばり) – 빨리빨리

한국말 '빨리빨리'에서 받침이 빠진 말이다.

≫ 뿜뿜(ぶんぶん) – 풍풍

한국말 '풍풍'이 변한 말이다.

≫ 삐요삐요(ぴょぴょ) – 삐약삐약

한국말 '삐약삐약'에서 부드러운 소리로 바뀐 말이다.

≫ 삐까삐까(ぴかぴか) – 번쩍번쩍

한국말 '빛깔빛깔'이 변한 말이다. 빛깔이 번뜩이는 모습이 번쩍이다.

≫ 끼라끼라(きらきら) – 반짝반짝

한국말 '(빛)깔 (빛)깔'이 변한 말이다. '깔'이 연음되면 '까라'가 된다.

≫ 뽀쯔뽀쯔(ぽつぽつ) – 똑똑

한국말 '팟 팟'에서 유래된 말이다.

≫ 자아자아(ざあざあ) – 좍좍

한국말 '좍좍'이 변해서 된 말이다. '좌'가 일본 가나에 없는 복모음이니 풀어쓰면 '자아자아'가 된다.

≫ 바라바라(ばらばら) – 뿔뿔이

한국말 '뿔뿔'이 연음된 말이다.

≫ 가따가따(がたがた) – 덜덜

한국말에서 이빨 부딪히는 소리 '까닥까닥'이 변한 말이다.

≫ 구라구라(ぐらぐら) – 흔들흔들, 부글부글

한국말 '쿨렁쿨렁'과 '끓어끓어'에 해당한다.

≫ 사라사라(さらさら) – 보들보들, 술술

한국말 '살랑살랑'이 변한 말이다. 받침이 빠졌다. 줄줄이 변형되어 술술로 쓰일 때도 있다.

≫ 부꾸부꾸(ぶくぶく) – 부글부글

한국말 '부글부글'에서 비롯됐다.

≫ 고로고로(ごろごろ) – 데굴데굴

한국말 '굴러굴러'에서 유래된 말이다.

≫ 보로보로(ぼろぼろ) – 너덜너덜

한국말 '벌려벌려'에서 변형된 말이다.

≫ 고찌고찌(こちこち) – 꽁꽁

한국말 '꼿꼿'에서 유래된 말이다.

≫ 베다베다(べたべた) – 덕지덕지

한국말 '삐딱삐딱'에서 유래된 말이다.

≫ 지메지메(じめじめ) – 축축, 구질구질

한국말 '찜찜'에서 비롯된 말이다.

접속사

접속사는 명사처럼 실체가 없으면서 흔히 쓰기 때문에 한국말에서 일본말로 변형이 심하게 되었다. 지금까지 음운변화를 익혔으면 일본에서 한국말이 심하게 변형됐어도 한국말인 것을 알 수 있을 것이다.

≫ 소레까라(それから) – 그리고

한국말 '그런 것으로(부터)'에서 비롯된 말이다. '그런'에서 '그'는 첫음절이라 발음하기 쉽게 '소'로 변하고 '러'에서 받침이 빠진 '러'는 일본 가나의 음으로 '레'가된다. '까라'는 한국말 '것으로'가 변한 말로 '~부터'로 해석된다. '것으로'는 발음이 쉬운 '까라'로 변했는데 '것으로'에는 '부터'의 의미가 포함되어 있다.

≫ 소레데(それで) – 그래서

한국말 '그런 때(문)'이 변형된 말이다. '때문'에서 '문'이 생략되고 '때'의 발음이 일본 가나의 발음으로 부드러워졌다.

≫ 소레데와(それでは) – 그러면

한국말 '그런데는'이 변형된 말이다. '그런데는'은 '그런데'를 명사로 보고 주격조사 '은'을 붙인 것이다. '은'은 일본말 주격조사 '와'와 정확히 대응된다. '그런데는'은 '그런 경우는'과 뜻이 같고 '그러면'과도 뜻이 같다.

≫ 데와(では) – 그러면

한국말 '~데는'이 변형된 말이다.
'소레데와'에서 '소레'가 줄은 말이지만 뜻은 같다.

≫ 소레또모(それとも) – 아니면

한국말 '그래(거나) 또 뭐?'가 변형된 말이다. '그래(거나)'에서 '거나'는 생략됐다. '그래(거나) 또 뭐?'는 '그렇고 또'와 같고 '그렇고 또'는 '아니면'과 뜻이 같다.

≫ 소레나노니(それなのに) – 그럼에도 불구하고

한국말 '그랬느냐? 하니'가 변형된 말이다. '그랬느냐? 하니'를 뜻에 맞게 고치면 '그랬느냐? 하면서' 결과가 반대로 나올 때 접속어이다. 흔히 쓰는 말은 변화가 심하고 특히 관용어는 한 단어처럼 쓰여 관용어를 구성하는 단어들의 구분이 쉽지 않다. 여러 단어가 한 덩어리 단어로 뭉쳐서 쉽게 발음되기 때문이다. 그래도 한국말 흔적은 남아 있다.

≫ 소레도고로까(それどころか) – 그렇기는커녕

한국말 '그래도 그럴까?'가 변형된 말이다. '그래도 그럴까 하고 의문을 갖는데 오히려' 란 뜻이 있다. '고로'는 '그래'와 같다.

≫ 소레니모가까와라주(それにもかかわらず) – 그럼에도 불구하고

한국말 '그러(하)님에 가까워라 (해)두'가 변형된 말이다. 노력의 결과에 가까웠지만 그 결과 나오지 않았을 때 쓰는 말이다. 한국과 일본이 같은 한국말을 가지고 다르게 표현하고 있다. 한국말 '하'는 일본말에 없으므로 그 뜻을 인식하지 못하고 발음이 힘들어 보통 생략된다. '도'의 구어체 발음 '두'는 역구개음화로 '주'가 됐다.

≫ 소레니시데와(それにしでわ) - 그런 것치고는

한국말 '그러니 친다(며)는'이 변형된 말이다. '그러니 친다'를 한 명사로 보고 주격조사 '은'이 덧붙은 것이다. '며'가 생략됐다고 보면 '면'이 되어 뜻이 통한다. 일본말 '와'는 한국말 '은'이 변한 것이라 했다.

≫ 소레니시데모(それにしでも) - 그건 그렇고

한국말 '그러니 친다 또 뭐(시냐)'가 변형된 말이다. '친다 또 뭐'에서 '다또'는 비슷한 음이라 한 음절 '데'로 줄었다.

≫ 소레가(それが) - 그러던 것이

한국말 '그런가? (하더니)'가 변형된 말이다. 의문을 갖다가 반대 상황이 벌어질 때 쓰는 접속사이다.

≫ 소우스루또(そうすると) - 그렇다면

한국말 '~지요 한다(하면) 또 '에서 변형된 말이다. 일본말 '소우'는 영어의 so(그렇다)에 해당하는 말인데, 한국말에서 동의를 구하는 종결조사 '~지요'가 변형된 말이다. 일본말 '스루'는 '하다'가 변형된 말이다. 백제 유민들이 건설한 도시 나라, 오사카 사투리로는 '하루'이다. '또'는 인용문에 쓰는 말로 '다고'가 복합되어 '또'로 변했다. '다고'에는 '한다면'의 의미가 들어 있다.

≫ 소노쿠세(そのくせ) - 그런데도

한국말 '그 고집(이 계속됐어도)'이 변한 말이다. 그 고집으로 상황과 반대되는 행동을 할 때 쓰는 접속사이다. '그'가 더 쉬운 발음 '소'로 변했고 '고집'에 받침까지 발음하려다 보니 '쿠세'가 됐다.

≫ 다까라(だから) – 그러니까

한국말 '~다(하니)까'가 변한 말이다. '다'는 앞에 문장을 종결어미 '다'로 전체를 표현했다. 이북 사투리에 '그러니까'를 '기래니끼니'라 하는데 '니'에서 'ㄴ'은 같은 유성음 'ㄹ'로 바뀌고 모음조화되어 '라'가 된다. 일본말에서 '까라'는 이유를 설명하는 어미이다.

≫ 닷떼(だって) – 하지만

한국말 '~다 하대'가 변한 말이다. '다'가 앞 장 전체를 표현했고 격음 '하'가 없어지면서 '다'가 세게 발음되어 '닷'이 됐다. '대'도 가나의 발음으로 바뀌며 세게 발음되면서 '떼'가 됐다.

≫ 데모(でも) – 하지만, 그래도

한국말 '~데 뭐(시냐)'가 변형된 말이다. 종결어미 '데'로서 앞의 전체 문장을 받고 '뭐'로서 그와 반대되는 의견을 내세울 때 쓰는 접속사이다. '뭐'가 가나의 발음으로 하면 '모'가 된다.

≫ 다가(だが) – 그러나

한국말 '다(일)까?'가 변한 말이다. '다'가 앞의 문장을 받고 '그것(일)까?'로써 의문을 나타내며 반대되는 의견을 접속하는 접속사이다.

≫ 소시떼(そして) – 그리고

한국말 '(그러)지요 하대'가 변한 말이다. '~지요'는 일본말에서 영어의 so와 같은 의미의 '소'로 변했고 '하'는 일본말에서 '스루'의 간략형 '시'로 변했다.

≫ 소노우에(そのうえ) – 게다가

한국말 '~지요(그렇소)의 우에'에서 변형된 말이다. '~지요'가 앞의 말을 받고 그 '우에'는 '게다가'가 된다.

≫ 소꼬데(そこで) - 그래서

한국말 '그것 때(문)'이 변형된 말이다. 그것이 부드럽게 변형되면 '소꼬'가 되고 '때(문)'이 부드럽게 발음되면 '데'가 된다.

≫ 시따갓떼(したがって) - 따라서

한국말 '바닥가다'에서 변형된 일본말 동사 '시따가우'에 어미 '하대'가 붙은 접속사이다. '시따가우'는 아랫사람으로 따라가는 것이니 '따라서'의 의미를 가진 접속사이다.

≫ 시까시(しかし) - 그러나

한국말 '했을까?(했는데) 했어'가 변형된 말이다. '했(다)'가 일본말에서는 '시'로 변한다. '했을까?'는 '시까?'가 된다. '했'에서 흔히 '해'는 빠지고 연음된 받침만 남은 것이 '시'이다. 중간에 한자가 대중화되면서 '시(是)일까 시(是)'가 변한 말일 수도 있다. 시(是)는 아주 기본적인 한문으로 '이다'이고 불시(不是)는 '아니다'이다.

≫ 시까모(しかも) - 그 위에

한국말 '했고 (더) 뭐?'가 변한 말이다. '했고'로서 앞의 문장을 받고 그 위에 더 뭐가 있다는 것을 접속하는 접속사이다.

≫ 도이우노와(というのは) - 그렇게 된 것은

한국말 '다고 니르는 것은'가 변한 말이다. '다고'로 앞의 말을 받는데 일본 발음으로는 '도'가 된다. '니르는 것'은 일본말에서는 '이우노'가 된다. 이유를 말하는 접속사이다.

≫ 나제나라(なぜなら) - 왜냐하면

한국말 '어느 죄 (벌)내려'가 변한 말이다. 동양 철학에서 인간에 일어나는 모든 일은 하늘이 그가 잘못한 죄를 내려 일어난다고 생각한다. 어떤 일의 원인을 알려면 하늘이 인간의 어느 죄에 대해 어떤 벌을 내려 그 일이 일어났는가 알아내야 한다. 나제나라는 '어느 죄가 원인이 돼서?'란 말이다.

'어느 죄'에서 '어'가 빠지고 '느죄'가 일본 가나의 발음으로 '나제'가 된다. '내려'는 가나의 발음으로 '나라'가 된다. 한국말 '왜'는 '나제'가 두음법칙과 게으른 혀 현상으로 자음이 없어지면서 '아에'로 됐다가 한 음절로 준 말이다.

≫ 마주와(まずは) － (편지, 인사에서)우선

한국말 '맏(먼저)는'이 변한 말이다. '마주'의 어원은 큰아들을 부를 때 쓰는 '맏'이다. '맏'이 연음되어 '마지'가 됐고 '와'와 모음조화되어 '마주'가 됐다.

독도와 가장 가까운 일본 시마네현(島根県) 사투리로 '마주'는 '몬주(もんず)'라고 한다. 먼저와 거의 흡사하다.

≫ 오마께니(おまけに) － 게다가

한국말 '오! 맏에 가니'가 변형된 말이다. '맏'은 다른 것보다 가장 위를 말한다. '맏'에서 받침이 빠지면 '마'가 되고 '에가'가 줄면 '게'가 된다. '오! 맏에 가니'는 '위에 가니'이고 그것보다 위에 가는 것은 '게다가'와 뜻이 같다.

≫ 마따와(またわ) － 또는

한국말 '뭐 또는'이 변형된 말이다.

≫ 모시꾸와(もしくは) － 혹은

한국말 '무엇인가는'이 변형된 말이다. 현재 한국말은 '무엇이냐'이다.

≫ 나이시(ないし) － 내지

한국말 '내지'가 변형된 말이다. 복모음 '내'가 가나의 음으로 풀어지면 '나이'가 된다. 'ㅅ'이 같은 잇소리(齒音)로 유성음화되면 '지'가 된다.

≫ 가쯔(かつ) – 동시에

한국말 '같이'가 변형된 말이다. '같이'가 연음되고 구개음화하면 '가쯔'가 된다.

≫ 오요비(および) – 및

한국말 '오! 옆'이 변한 말이다. '오! 옆'은 '그 옆으로'와 같은 뜻으로 '및'과 뜻이
같다. '옆'이 연음되고 일본 가나의 음으로 변하면 '요피'가 된다. '피'에서 'ㅍ'이
같은 계열 'ㅂ'으로 변하면 '요비'가 된다.

≫ 아루이와(あろいは) – 혹은, 어쩌면

한국말 '있다고 니르며는'이 변형된 말이다. '있다'를 뜻하는 일본말 '아루'에 '말
하다'의 일본말 '이우'를 결합하였다. '아루'는 불특정 존재하는 것을 지칭하는 대
명사가 된다. 자세하게 써보면 '앞으로 어떤 것이 있다고 말하면'이 된다. 여기에
주격조사 '는'이 붙어 '혹은'을 나타내고 있다.

≫ 지나미니(ちなみに) – 덧붙여서(말하면)

한국말 '지나 보니 (생각났는데)'가 변한 말이다. '덧붙여서'는 한자어 추신(追伸)과
같은 말인데 순서대로 말하지 않고 '지나 보니' 생각났을 때 시작하는 말이다. 일
본말로 '보다'가 '미루'이다. 일본말 '미'는 '보'가 변한 말이다.

수(數)

일본말을 잘 모르는 한국 사람도 대개 10까지 셀 줄은 안다. 이치(1), 니(2), 산
(3), 시(4), 고(5), 로꾸(6), 시치(7), 하찌(8), 규(9), 쥬(10), 이것들은 한자의 一,
二, 三, 四……를 일본말로 발음한 것이다. 얼핏 보면 한국말의 일, 이, 삼, 사……
와 전혀 다른 말처럼 들린다. 그러나 몇 가지 일본말로 변하는 법칙만 알면 이들이
한국말이라는 것을 알 수 있다.

≫ '이치' – 일

전에 말했듯이 일본인은 받침을 잘 읽지 못해서 'ㄹ'을 받침은 '-ㅊ'로 발음한다.
실례를 '시츠레'라고 하고 실패를 '시츠빠이'라고 하는 것과 같다. 그래서 '일'을
'이치'라 한다.

≫ '니' – 이

한국말은 두음법칙이 있어 '니'가 '이'가 된 것이다.

≫'산' - 삼

삼이란 발음은 일본인이 하기 어렵다. 일본인은 삼을 발음하라고 하면 곧잘 '산'이라 한다. 게으른 혓바닥 법칙이다.

≫'시' - 사

1,500년 이상에 거쳐 모음은 많이 변했다. 이 정도 같으면 1,500년 전에는 같은 말이라고 하는 데 무리가 없다. '고'는 '오'이다. 이것도 위와 같은 원리에 의한 것이다. '로꾸'는 '륙'이다. 두음법칙에 의해서 '육'이라 한다. 륙은 받침이 있으니까 길게 늘여 '류꾸'라 한다. 모음이 변해서 '로꾸'가 된 것이다.

≫'시치' - 칠

일을 '이치'라 하는 것과 같이 칠을 '치치'라고 하다 부드러운 발음으로 '시치'가 됐다.

≫'하치' - 팔

일본말에서 'ㅂ', 'ㅍ'은 'ㅎ'으로 같은 계열이라 변하기 쉽다. 그래서 팔이 '할'이 되었다가 'ㄹ' 받침이 '-ㅊ'가 되어 '하치'가 되었다.

≫'규' - 구

구를 '규'라 하는 것은 1,500여 년 동안의 변화이다.

≫'쥬' - 십

'ㅂ' 받침은 떼어 버리고 '시'라고 발음하려는데 '시(四)'는 있으니 '쥬'로 변한 것이다.

한국말 수사에 일, 이, 삼, 사…… 한자 수사만 있는 것이 아니라 하나, 둘, 셋, 넷 ……과 같은 고유의 수사가 일본말에도 있다. 히토쯔(1), 후타쯔(2), 미쯔(3), 욧쯔(4)……도(10)가 있다.

하나, 둘은 분명히 따로 떨어져 있는 개체를 셀 때 주로 쓰인다. 히토쯔(1), 후타쯔(2)도 그렇게 쓰인다. '하나 원' '두 원'이라 세지 않듯이 돈을 세는 단위로 '히토쯔 엔', '후타쯔 엔'이라 쓰이지 않는다. '이치', '니'와 구분하기 위해 '한 톨, 두 톨'로 읽을 수 있다. 'ㄹ' 받침은 '-츠'로 변하니 '한토쯔, 두타쯔'로 변하다가 게으른 혀 때문에 '히토쯔, 후타쯔'로 변한 것이다. 셋의 고구려어가 원래 '미'이다. 산을 한자로 '山'이라 쓴다. 원래 갑골문자는 'Δ Δ Δ'이라 썼다. 세 개의 삼각형 모습을 가진 것이 산이다. 그래서 삼이란 뜻으로 산을 메(미)라 불렀다.

≫ 삼(미)이나 산(메)이나 모두 '맺다'에서 나온 말이다.

한민족(韓民族)의 최고 경전인 《천부경》은 10까지의 수로서 만물의 생성, 변화의 이치를 설명한 경전이다. 여기서 하나는 하늘이고 둘은 땅이고 셋은 하늘과 땅이 교합해서 맺은 만물을 상징하는 수이다. 셋의 어원은 하늘과 땅 '사이'의 '사이'에서 나온 말이다. 산도 하늘과 땅이 맺은 것이고 열매(일본말로 '미')도 하늘과 땅이 얼러 맺은 것이다. 그래서 모두 '미'라 한다. 일본에는 《천부경》이 전해 내려오지 않지만 10까지 세는 것에 모든 《천부경》의 원리가 그대로 함축되어 있다. 삼국시대에는 한국인들도 일본과 똑같이 숫자를 셌을 것이다.

≫ '하나' - 히토쯔(ひとつ)

한국말 '하늘 돋지'에 해당한다. 하늘이 땅과의 교합을 위해 하늘의 기운을 돋는 것이다.

≫ '둘' - 후타쯔(ふたつ)

한국말 '달 돋지'에 해당한다. 땅의 고조선 말이 '달'이다. 고조선이 '아사달'에 도읍했다고 하는데 현대어 '아침 땅'에 해당한다. '삼'인 미쯔(みっつ)는 한국말 '맺지'에 해당한다. 고구려 이두로는 밀(密)로 표기했다.

≫ '넷' – 욯쯔(よっつ)

한국말 '열지'로 해당한다. '열매를 맺지'라는 뜻으로 삼에서 생겨난 만물이 열매를 여는 것이다. '열지'가 '여츠지'로 변했다가 일본가나의 발음인 '요츠지'가 됐다. 민속놀이 윷에서 윷가락이 네 개라 이름이 윷이다.

≫ '다섯' – 이츠쯔(いっつ)

한국말 '울 치지'에 해당한다. 다섯까지의 모든 변화가 울타리를 만들고 하나의 덩어리가 된다는 말이다. 고구려 이두로는 우차(于次)로 표기했다.

동양 수학에서 1~5까지의 변화는 기운의 변화이고 6~10까지의 변화는 실제 물질의 변화라고 한다. 기운의 변화는 그 전의 4개의 변화가 5에서 조합되어 완성되고 6에서부터 물질이 형성되어 10에서 우주를 꽉 채운다고 한다. 자세한 것은 필자의 졸저《주역의 과학과 도》에 자세히 나와 있다. 특히《천부경》해석을 읽으면 이해가 쉽다.

≫ '여섯' – 뭊쯔(むっつ)

한국말 '물에 있지'에 해당한다. 어류가 생겨나는 것이다.

≫ '일곱' – 나나쯔(ななつ)

한국말 '날으지'에 해당한다. 고구려 이두로는 난은(難隱)으로 표기했다. 조류가 생겨나는 것이다.

≫ '여덟' – 얓쯔(やっつ)

한국말 '발로지' 일본말에서는 '하시루'가 변형된 말이다. 현대 한국말로 '달리지'가 된다. '발'은 바쯔가 되고 'ㅂ'이 'ㅎ'으로 변하면서 '하쯔'가 된다. 한국말 '했다'가 일본말 '얏다'로 변하듯이 '하쯔'가 '얏쯔'가 된 것이다. 동양 수 철학에서 어류는 (水)물의 성수(成數) 6에 해당하고 조류는 불(火)의 성수 7에 해당하고 포유류는 목(木)의 성수 8에 해당한다. 과학적으로 지구의 동물들은 숫자의 순서대로 이런 진화과정을 거쳤다. 인간도 태중에서 이 세 가지 변화를 거친다. 이것을 생물용어로 개체발생은 계통발생을 되풀이 한다고 한다.

≫'아홉' - 고꼬노쯔(ここのつ)

한국말 '고꾸라지지'에 해당한다. 만물은 아홉 번째 단계애서 모든 생장을 정리하고 고꾸라진다.

≫'열' - 도(とお)

한국말 '돌'에 해당한다. 만물의 변화가 10단계를 한 사이클로 도는 것이 '돌'이다. '돌'에는 여기서 끝나는 것이 아니라 다시 시작한다는 의미가 있다. 아기가 한 사이클(돈다, 원의 의미)의 모든 변화를 마친 것을 축하해 주는 잔치인 '돌'과 어원이 같다. 일본은 1년을 '도시'라 하고 나이가 많은 사람은 '도시요리'라 한다. '돌'이 도쯔가 됐다가 부드러운 발음으로 '도시'가 된 것이다.

명사

신체에 대한 명사

≫ 가오(かお顔) -얼굴

한국말 '겉얼'에서 유래된 말이다. 얼은 쉽게 말하면 육체와 구분되는 정신인데 그 '얼의 겉'이 얼굴이다. 가오는 '얼의 겉'이라 얼이 가장 잘 표현되는 곳이다. 얼굴을 보면 그 사람의 정신 상태를 알 수 있다. 얼이 나갔는지, 얼을 차렸는지, 얼이 빠졌는지, 얼이 뿔뿔(일본말로는 바라바라)이 흩어져 얼이 버리(어리버리) 한지 알 수 있다. 그래서 얼굴을 일본 사람들은 '겉얼'이라 하고 한국 사람들은 얼이 들은 굴이란 뜻으로 '얼굴'이라 했다.

가오리

'겉얼'에서 받침을 빼면 '거어'가 되고 이 발음은 일본 가나에 없으니 있는 발음으로 하면 '가아'가 된다. '가아'는 있는 그대로 발음하면 '가'라는 한 음절로 줄어들어 중요한 '얼'을 발음할 수 없다. 그래서 '아'로 '오'로 바꿔 '가오'가 된 것 같다.

'가오리'는 가오를 가진 어(魚)란 뜻이다. 정말로 가오리는 사람의 얼굴을 닮았다. 한때 한국 사람들도 얼굴을 '가오'라 한 적이 있다는 흔적이 잘 변하지 않는 생선 이름에 남아 있는 것이다.

>> 가라다(からだ) – 몸, 신체

한국말 '갈래다'가 변해서 된 말이다. 몸은 팔, 다리의 갈래로 이루어져 있다. 이 갈래들을 '다' 모은 것이 몸이다. '갈래'에서 받침을 빼고 '래'는 가나에 없는 모음이니 일본 가나의 비슷한 발음으로 모음조화하면 '가라다'가 된다.

>> 스가따(すかた) – 모습

한국말 '속의 겉'에서 비롯된 말이다. '스가따'는 주로 겉모습을 말한다. '속의'에서 받침이 빠지고 줄어들면 '스'가 된다. '겉'이 연음되고 일본 가나의 비슷한 발음으로 바뀌면 '가따'가 된다.

>> 아따마(あたま) – 머리

한국말 '알 담이'가 변형된 말이다. 한 개체의 모든 정보 집약체인 '알'의 정신적인 면이 '얼'인데 이 '얼'을 담는 곳이 머리이다. '알'과 '얼'은 둘이 아니다. 원래 '얼 담아'였는데 받침이 빠지고 연음되며 모음동화되어 '아다마'가 됐다. '알'과 '얼'에 대해서는 뒤에 자세히 설명하겠다.

>> 가미(かみ) – 머리카락

한국말 '감이'가 변해서 된 말이다. 옛날에 머리는 주로 감아 틀어서 올렸다. 한국에서는 머리카락을 씻는 것을 머리 감는다고 한다. 머리를 씻고 나면 머리카락을 감아올리기 때문이다. 일본에서는 머리 깎는 것을 산발(散髮)이라 하는데 이에 비해 가미는 머리카락을 한데 단정히 감는 것에 대한 말이다. '감이'가 연음되어 '가미'가 됐다.

≫ 히따이(ひたい) – 이마

한국말 '해 대'가 변한 말이다. 이마는 해를 가장 많이 받아 반짝반짝하는 곳이다. 일본말에서는 해가 가나에 없으니 '히'로 발음된다. 가나의 글자 히(ひ)가 해를 그린 것인지도 모를 정도로 '히'가 붙은 말은 '해'와 관련이 있다. 왕자가 '히꼬'인데 '해 새끼'가 변형된 말이다. 공주는 '히메'인데 '해 에미(나이)'가 변형된 말이다. 한국말 '희다'도 해에서 유래된 말이다. 그래서 이마는 '하얀 데' 즉, '흰 데'가 된다.

≫ 메(め目) – 눈

한국말 '눈매'가 변한 말이다. 한국말에 '눈매가 매섭다'라는 말이 있다. 매는 눈이 발달된 동물이다. 매는 눈 그 자체이다. 그래서 눈이란 뜻에서 매란 이름이 붙었다. 옛날에는 한국도 눈을 매라고 주로 불렀던 것이다. '눈매가 무섭다' 하지 않고 '매섭다'라고 하는 것은 '매스럽다'가 변한 것 같다. '매'는 일본 가나에 없어 비슷한 발음으로 하면 '메'가 된다.

≫ 마유게(まゆげ) – 눈썹

한국말 '(눈)매 위 것'이 변형된 말이다. 눈썹은 눈의 위로 위치하는 특징이 있어 이런 이름이 붙었다. 눈매가 '마'로 변하고 '위 것'이 일본 가나에 없으니 가장 가까운 발음으로 부드럽게 하면 '위게'가 된다. '게(げ)'가 털이므로 '위 것'의 의미를 모르는 일본 사람들은 눈썹은 털이니까 털을 말하는 '게'를 썼다.

≫ 히또미(ひとみ) – 눈동자

한국말 '확! 뜬 눈매'에서 변형된 말이다. 눈을 확 뜨면 눈동자만 뚜렷이 보인다. 눈을 확 떴을 때 나타나는 것이 눈동자라서 그런 이름이 붙었다. '확'에서 가장 가까운 가나의 발음은 '히'가 된다. '뜬'은 받침이 빠지고 '또'가 된다.

≫ 하(は) – 이빨

한국말 '하~'에서 유래된 말이다. 이가 잘 닦였나 보려면 거울을 보고 '하~'라고 소리를 낸다. 이때 보이는 것이 이빨이므로 이런 이름이 붙었다.

이빨의 줄인 말일 수도 있다. '이빨'에서 첫 음 '이'는 흔히 생략되므로 생략되고 '빨'만 남아 받침이 빠지고 'ㅃ'이 'ㅎ'으로 변하면 '하'가 된다.

》 홋페따(ほっぺた) - 볼, 빰

한국말 '볼 빰따(구)'가 변해서 된 말이다. '가마+솥'처럼 유래를 달리한 똑같은 뜻의 두 말이 합쳐져 된 말이다. 'ㅂ'이 같은 계열 'ㅎ'으로 치환되고 받침이 빠져 '호'가 됐다. '빰'은 'ㅃ'이 같은 계열인 'ㅍ'으로 바뀌고 받침이 빠지며 일본 가나의 가장 적합한 발음으로 '페'가 됐다. '빰따(구)'에서 '구'는 보통 동사형 어미이므로 혼동을 피하기 위해 생략됐다.

》 하나(はな) - 코

한국말 '하나(一)'에서 비롯된 말이다. 이목고비 중에 눈도 둘이고 귀도 둘이고 입도 위아래로 둘이 뚜렷한데 코는 하나이다. '하나'는 발음도 쉬워 한국말 하나가 변하지 않고 그대로 내려온 것 같다.

》 구찌(くち) - 입

한국말 '굴'에서 비롯된 말이다. 입을 벌리면 굴과 같다. 입은 사람에 있는 굴이라 보면 된다. 굴이 연음되면 '구츠'가 되고 발음이 더 게을러지면 '구찌'가 된다. 학자들은 입의 고구려어가 '고차(古車)'였다고 한다. 아마도 '구찌'를 한자로 적은 이두일 것이다.

입 모양을 그린 한자인 구(口)나 입의 주된 작용인 입(入)은 한자가 한국 사람들이 만들었다는 것을 증명해 준다.

중국에서 아이들에게 입을 그려 놓고 무엇을 그려 놓았느냐고 물으면 커우(口, kŏu)라 하지 않고 주에이(嘴, zuǐ)라고 말한다. 중국인들에게 한자는 구어체가 있고 문어체가 있다. 문어체 한자는 수입 한자이고, 구어체 한자는 그들의 소리를 한자로 표현한 이두이다. 다시 말해 구(口)는 동이족에게 수입한 문어체 한자이고, 자(嘴)는 그들의 소리, 주에이를 표현하는 구어체 한자이다.

한국 사람들은 입(入)자를 써놓고 입(口)이라 읽는다. 입(入)을 하는 대표적인 물건이 입(口)이기 때문이다. 입(入)자를 만들어 놓고 입(入)의 기능을 갖고 있는 입(口)

이란 이름을 붙인 것이다. 중국인들은 입(入)을 써놓고 류(rù)라 읽고 입과 관련 있는 소리인 '구(口)'라 읽지도 않고 입을 말하는 주에이(嘴, zuǐ)라고 읽지도 않는다. 얼굴 부위에 있는 부분은 아기가 가장 먼저 배우는 원초적인 단어에 해당한다. 이 원초적인 단어들은 외국어를 수입해서 만들어지지 않는다. 수입된 단어들은 외래 물품에 따라온 전문적인 단어들이다. 이 원초적인 단어들이 한자로 만들어졌다는 것은 이 단어를 쓰는 민족이 한자를 만들었다는 것을 말해 준다.

입은 입(入)하는 기능이 있어서 입이고, 코는 높아서(高) 코이고, 팔은 팔(八)자 모양으로 생겨 팔이고, 다리는 달(達)의 기능(다리는 몸을 도달시키는 도구)이 있어 다리이다. 한국말의 가장 원초적인 단어가 한자로 만들어졌다.(봉우 권태훈 선생님의 증언)

한자를 한국인이 만들었다고 믿기지 않는 것은 조선시대 이후로 정권을 잡은 소중화(小中華)인들의 잘못된 교육 때문이다. 영화 〈매트릭스〉처럼 한국인들의 뇌가 유교에 세뇌가 되어 이 사실이 낯설고 믿어지지 않는 것이다.

갑골문자는 한족이 만든 것이 아니라 중국의 동해 바닷가에 사는 동이족이 만들었다는 것이 세계 고고학자와 언어학자들의 정설이다.

≫ 아고(あご) – 턱

한국말 '아구'가 변한 말이다. 턱을 치는 것을 '아구 돌린다'라고 한다. '아구'를 어감이 작게 발음하면 '아고'가 된다.

≫ 구찌비루(くちびる) – 입술

한국말 '굴 부리'가 변형된 말이다. 새의 입술을 '부리'라고 한다. 이 '부리'가 일본 사투리에는 사람의 입술에까지 광범위하게 쓰이고 있다. '부리'가 '찌'에 모음동화되고 모음이 치환되어 '비루'가 됐다.

≫ 미미(みみ) – 귀

한국말 '(귀구)멍'이 변한 말이다. '귀구'가 같은 말이 반복되고 발음이 좀 힘들어 둘 다 생략되고 '멍'만 남았다. '멍'을 일본 가나의 발음으로 하면 '미'가 되는데 두쪽 귀를 '미' 하나로 발음하기 허전하여 '미미'가 된 것 같다.

≫ 구비(くび) – 목

한국말 '굽이'에서 변형된 말이다. '굽다'의 명사형이 '굽이'이다. 목은 구부러지는 특성이 있어 '굽이'라는 이름이 붙었다.

≫ 가타(かた) – 어깨

한국말 '(옆)끝'에서 비롯된 말이다. 인체를 수평적으로 볼 때 옆의 가장 끝에 있는 것이 어깨이다. '옆'은 생략돼 버렸고 '끝'만 남아 있는데 연음되면 '끄트'가 된다. '끄트'를 일본식으로 쉽게 발음하면 '가따'가 된다.

'(엽)끝'에 해당하는 현대 한국말을 찾는다면 '곁'이 있다. '곁'이 연음되고 가나의 음으로 발음되면 '가타'가 된다. '곁'과 '가타'의 현대적 의미는 다르지만 옆을 의미하는 어원은 같다.

≫ 무네(むね) – 가슴

한국말 '마음 (동)네'에서 변형된 말이다. '철수네', '우리네' 할 때 한국말에서 주된 것과 그 비슷한 것을 합해 부를 때 '네'라고 한다. '네'를 '동네'라 생각하면 이해가 빠르다. 마음을 줄이면 '맘'이 되고 '맘'을 일본 가나로 '네'에 모음조화시켜 가장 가깝게 발음하면 '무'가 된다. 동양의학적으로 마음은 가슴에 있다. 그래서 마음이 아프면 가슴이 아프고 가슴을 치고 운다. 가슴에 있는 가슴뼈, 갈비뼈, 빗장뼈, 심장, 폐, 다 합해서 부른 것이 '맘네'이다.

≫ 데(て) – 손

한국말 '닿이'가 변형된 말이다. 손은 닿는 특성이 있어 어간 '닿'에 명사형 어미 '이'가 붙어서 만들어진 말이 '닿이'이다. '닿이'에서 게으른 혀로 받침을 생략하면 '다이'가 되고 빨리 발음하면 '대'가 된다. '대'는 일본 가나에 없으니 있는 발음으로 하면 '데'가 된다.

전라도 사투리로 '손대가 필요해'란 말이 있다고 한다. '손을 댄다'고 하는 말이 있고 '손때를 탄다'라는 말이 있는 것을 보아 한국말 고어에 손과 '데'가 같이 존재했던 것 같다.

≫ 우데(うで) – 팔

한국말 '위의 (손)대'가 변한 말이다. '위의 데'는 팔이다.

≫ 유비(ゆび) – 손가락

한국말 '(손)곱이'가 변한 말이다. '굽이'의 작은 말은 '곱이'이다. '그날을 손꼽아 기다린다'는 말이 있다. 손의 굽는 동작은 '곱다'이다. 손가락은 곱는 특성이 있어 '곱이'가 이름이 되었다. '곱이'가 연음되어 '고비'로 변했다가 일본말에 첫 자음은 발음하지 않는 습관에 의해 '오비'가 된다. '오비'를 모음조화시켜 부드럽게 발음하면 '유비'가 된다. '오'가 '비'의 '이' 영향을 받아 '유'가 된 것이다.

≫ 쯔메(つめ) – 손톱

한국말 '찝음이'에서 유래된 말이다. 손톱과 손톱 사이로 잡는 것을 찝는다고 한다. 동사어간 '찝으'에 명사형 어미 '미'가 붙은 것이 손톱이라는 명사 '찝으미'이다. '찝으'에서 받침이 빠지고 줄어들면 '쯔'가 되고 '미'는 앞의 '으'영향을 받아 '메'가 된다.

≫ 데노고우(てのこう) – 손등, 데노히라(てのひら) – 손바닥

한국말 '손의 검은'과 '손의 흰'이 변형된 말이다. 이름은 사물과 사물의 차이를 구분하여 붙여지는 것인데 손의 등과 바닥을 구분해 보면 색깔 차이가 난다. 검은 것은 손등이고 흰 것은 손바닥이다. 한의학에서 손의 검은 곳과 흰 곳이 만나는 부위를 가리켜 적백제(赤白際, 적백의 사이)라 한다. 고대에는 색깔로 손의 부위를 구분했을 가능성이 있다. 일본말 '노'는 두음법칙에 의해 한국말 소유격 어미 '의'가 변한 말이다. '검은'은 가나로 부드럽게 발음하면 '고우'가 되고 '흰'은 연음되어 '희나'가 됐다가 가나의 발음으로 부드러워 지면 '히라'가 된다.

≫ 데구비(てくび) – 손목

한국말 '손 굽이'에서 변형된 말이다. 손목도 목처럼 굽혀지는 특징이 있어 '굽이'란 이름이 붙었다. 한국말 '목'은 오목해서 '목'이란 형태에 따른 이름이 붙었고,

일본말 구비는 작용에 따라 '굽이'라는 이름이 붙었다. 형태나 작용에 따라 이름을 달리할 뿐 모두 한국말이다.

≫ 고부시(こぶし) – 주먹

한국말 '곱은 손'에서 비롯된 말이다. 손가락을 곱은 것이 주먹이다. '곱은'이 연음되어 '고븐'이 됐고 '손'이 명사형 어미 '이'와 결합되며 '시'가 됐다.

≫ 하라(はら) – 배

한국말 '배알'에서 변형된 말이다. '왜? 밸이 꼴려?'라는 말이 있다. 배가 아프냐는 말이고 여기서 밸은 '배알'의 준말이다. 몸의 중심인 '알'은 머리에만 있는 것이 아니라 배에도 있다. 흔히 '단전'이란 곳이다. '배알'은 흔히 '밸'로 되고 'ㅂ'은 같은 계열 'ㅎ'으로 바뀌면 '핼'이 된다. '핼'은 연음되어 '해르'가 되고 '해'가 일본 가나에 없으니 가나의 발음으로 바뀌고 모음조화되면 '하라'가 된다. 영어의 배꼽, '배의 알'의 의미를 가진 Belly는 '밸'과 같은 어원에서 나온 말이다.
'배가 고프다'를 일본말로 '하라 했다'라고 한다. 이 말은 '배가 비었다'에 정확히 대응하는 말이다. '비었다'를 줄이면 '볐다'가 되는데 일본 가나로 하면 '벳다'가 된다. 'ㅂ'이 같은 계열 'ㅎ'으로 바뀌면 '헷다'가 된다.

≫ 오나까(おなか) – 뱃속

한국말 '오! 안의 것'이 변한 말이다. 뱃속은 중요해서 감탄사 '오!'가 들어갔다. '안의'가 연음되면 '아늬'가 되고 '아'가 생략되면 '늬'만 남는다. '늬것'이 가나의 발음으로 쉽게 발음하면 '나까'가 적당하다.
일본말 '나까'는 한국말 '아니 가'에서 나온 말로서 가운데(中)라는 의미가 있다. '아니 가'는 가장자리가 아닌 가운데 중심이란 뜻이다. 뱃속은 사람의 가운데이니 '나까'에 '오!'라는 감탄사가 붙어 '오나까'가 됐다.

≫ 세(せ) – 등

한국말 '세(움이)'에서 나온 말이다. '세'는 '등'도 되지만 '척추'의 의미가 더 많다. 척추는 몸을 세우는 역할을 해서 붙은 이름이다. '세'라고 하면 허전해서 길다는

뜻의 '나까(なか)'를 붙여 쓴다. 원래 '세우다'의 어간 '세'에 명사형 어미 '이'가 붙었으나 'ㅣ'모음이 복모음 'ㅔ'의 한 요소로 중복되어 '이'는 생략됐다.

'새우'는 척추가 발달된 고기(魚)라 하여 '세어'가 변형된 말이다. 꼽추를 '곱세', '곱사' 등으로 말한다. 꼽추는 '굽은 등'에서 나왔는데 꼽추는 '꼽은 추(推)'가 변한 말이고 '곱사'는 '꼽은 세'가 변한 말이다. '세'가 등의 고어이다.

≫ 에비(えび) - 새우

한국말 '업이'가 변형된 말이다. 새우 모습을 보면 등에 무엇을 업고 있는 것 같다. 이 특징을 보고 붙인 이름이 '업이'이다. 연음되고 일본 가나의 발음으로 바뀌면 '에비'가 된다.

≫ 고시(こし) - 허리

한국말 '꽂이'에서 비롯된 말이다. 해부학적으로 허리뼈를 보면 천골이 쐐기처럼 생겨서 골반 뼈에 척추를 꽂는 역할을 하고 있다. 꽃을 화병에 꽂듯이 몸통을 골반에 꽂는 것이 '허리'라는 특징에서 '꽂이'라고 이름 붙여졌다. '꽂이'가 연음되고 부드러워지면서 '고시'가 됐다.

≫ 시리(しり) - 엉덩이

한국말 '시린이'에서 변형된 말이다. 엉덩이는 만져 보면 다른 곳보다 차서 시린 것이 특징이다. 명사형 어미가 붙어 '시린이'가 엉덩이인데 받침이 빠지고 중복되는 모음 '이'가 빠져 '시리'가 됐다.

'눈꼬리'도 있고 '눈초리'도 있어 혼동되어 사용되는 것을 보면 '꼬리'를 '초리'라 한 것 같다. '초리'는 '시리'로 변할 수 있다. 엉덩이는 머리에 비해서 꼬리이다.

일본말에도 엉덩이에 정확히 대응되는 말이 있다. 교토 사투리로 엉덩이를 '오이도'라 한다. '오이도'는 '엉덩'을 쉽게 발음한 것이다. 교토 사람들은 천년 고도에 산다는 긍지가 높아, 한국에서 가져온 고어를 주위의 영향에 아랑곳 않고 그대로 사용해왔으며 그 단어들이 교토 사투리로 남아 있다.

≫ 히자(ひざ) - 팔꿈치, 히지(ひじ) - 무릎

한국말 '휘어진이'와 '휘어진자'에서 비롯된 말이다. 팔꿈치나 무릎은 옆에서 보면 약간 휘어져 있다. 원숭이나 원시인은 그것이 더 심하다. 한국의 전통무술 택견에서 무릎치기를 '히지치기'라 한다. '히지'나 '히자'는 한국어 고어이다.

≫ 아시(あし) - 발, 다리

한국말 '발'에서 비롯된 말이다. 'ㄹ' 받침이 일본말에서는 '-츠'가 된다. '바츠'가 됐다가 'ㅂ'이 'ㅎ'으로 바뀌면서 'ㅇ'으로 바뀐다.
첫음절에 오는 자음 'ㅂ', 'ㅃ', 'ㅍ'은 흔히 발음되지 않는다. '밝아이'가 '아까이'가 되고 '파라이'가 '아오이'가 된다. 그래서 '아츠'가 되고 보다 자음이나 모음이 부드러워져서 '아시'가 된다.

≫ 아시유비(あしゆび) - 발가락

한국말 '발곱이'가 변한 말이다.

≫ 시타(した) - 혀

한국말 '혓바닥'이 변한 말이다. 한국에서도 지방에서는 '혀'를 '세'라 한다. '세바닥'에서 '세'가 '시'로 단순화되고 '바닥'에서 'ㅂ'이 없어지면서 '아닥'이 됐다가 중복된 모음 '아'가 생략되고 받침 'ㄱ' 때문에 센소리가 나며 '타'가 됐다.

≫ 가와(かわ) - 가죽

한국말 '겉바(닥)'에서 유래된 말이다. '겉'에서 받침이 빠지고 일본 가나의 발음으로 되면 '가'가 된다.
'바닥'에서 '닥'은 빠져도 말이 된다. 옥편에서 소(所)를 '바 소'라 한다. '바'라는 한국말이 '변소', '처소'의 소(所)와 같은 뜻이 있다. '겉바'는 '겉에 있는 장소'란 뜻으로 가죽이 될 수밖에 없다. '바'에서 'ㅂ'이 'ㅎ'으로 바뀌면 '하'가 되고 '닥'의 흔적이 남아 '하'에 영향을 주어 '와'가 된 것 같다.

≫ 하다(はた) – 피부

한국말 '바닥'이 변한 말이다. 방의 바닥은 방바닥이고 사람의 바닥은 피부가 된다. 'ㅂ'이 'ㅎ'으로 바뀌고 받침이 빠지면 '하다'가 된다.

≫ 호네(ほね) – 뼈

한국말 '뼈네'가 변형된 말이다. '철수네', '우리네'처럼 여러 가지 뼈를 한데 묶어서 부를 때 '뼈네'라고 할 수 있다. 'ㅃ'이 같은 계열인 'ㅎ'으로 바뀌고 일본 가나의 발음으로 '호네'가 된다. 뼈를 뜻하는 영어 bone도 같은 어원이다.

≫ 지(ち[血]) – 피

한국말 '선(鮮)지' 그대로이다. 한국말에서는 해장국 재료인 동물의 피를 '선지'라한다. '선'은 한자어이고 '지'가 피라는 뜻의 순 한국말이다. 옛날에는 피를 '지'라고 했던 것으로 여겨진다.

≫ 스지(すじ[筋]) – 힘줄, 근육, 핏대

필자가 어렸을 때는 국거리를 파는 행상들이 있었다. 주로 선지와 동물의 내장, 힘줄 등을 팔았는데 힘줄을 '스지'라 했다. '스지(すじ)'는 현대 일본말로 근육과 힘줄인데 해장국 재료 파는 사람들이 일본말을 썼던 것 같지 않고 한국 백정들에게내려온 고어인 것 같다.
일본말이라면 '힘줄'의 변형이다. '힘줄'이 '심줄'로 변하고 일본 가나로 부드럽게발음하면 '스지'가 된다.

≫ 아세(あせ) – 땀

한국말 '아! 샘'이 변형된 말이다. 땀은 사람의 샘으로서 땅의 샘과 형태가 비슷하다. 하나님과 똑같이 만들어진 – 인내천(人乃天) – 사람의 샘은 고귀해서 '아!'가붙었다. '샘'에서 받침이 빠지고 일본 가나의 발음으로 하면 '세'가 된다.

≫ 찌찌(ちち) - 젖

한국말 '젖'이 변형된 말이다. '젖'이 연음되면 '저즈'가 된다. '저즈'를 일본 가나
의 발음으로 간단하고 쉽게 하면 '찌찌'가 된다.

아기 말은 변하지 않는다고 했다. 흔히 '아가야 찌찌 먹자'라고 한다. 옛날에는 젖
을 '찌찌'라고 한 것 같다. 영어에서는 젖꼭지를 Tit이라고 하는데 구개음화되고 받
침이 연음되면 '찌찌'가 된다. Tit도 '찌찌'와 같은 어원에서 유래된 말이다.

≫ 찌부사(ち乳ぶ房さ) - 유방

한국말 '젖 부숭이'가 변한 말이다. 사투리로 '부었다'를 '부섰다'라고 한다. '부은
것'은 '불은 것'과 같은 어원에서 나온 말이다. 젖이 불어서 부은 것처럼 된 것이
유방이다. 젖은 '찌찌'인데 두 '찌' 중에 하나로 줄은 '찌'와 부은 것이란 고어, '부
숭이'가 줄은 '부사'가 합쳐 '찌부사'가 됐다.

≫ 아꾸비(あくび) - 하품

한국말 '아구 벌림'이 변형된 말이다. '벌림'이란 말이 한 음절로 발음되기 쉽게 준
것이 '비'이다. 경상도 사람들이 '해버려!'를 '해삐!'라고 줄여 말하는 것과 같다.

≫ 세끼(せき) - 기침

한국말 '센 기(氣)'가 변형된 말이다. 한의학에서 호흡은 기(氣)가 들어갔다 나갔다
하는 것이라고 한다. 이 기가 세게 나오는 것이 기침이다. 한국말 기침은 기가 치
고 나오는 것(기가 침)이고 일본말 '세끼'는 기가 세게 나오는 것이다. '세끼'는 '센
기'가 변형된 말이다.

≫ 쿠세(くせ癖) - 고집

한국말 '굳셈'에 해당하는 말이다. 한국 가요에 '굳세어라 금순아'라는 노래도 있
다. '구지 그럴 필요가 있어?', '그렇게 박박 세우지 마라'라는 말이 있다. 구지는
'굳다'에서 '굳'이 부사화한 것이다. '셈'은 '우긴다'는 뜻을 가진 '세우다'의 명사

형이다. '굳'과 '셈' 두 단어가 합한 것이 '굳셈'이고 현재 뜻은 '구지 세운다'라고 할 수 있다. '구지 세운다'의 명사형으로 볼 때는 '굳세어라 금순아'와는 다르게 일본말 '쿠세'처럼 편벽증 같은 부정적 의미가 있다. '굳셈'에서 '굳'의 받침을 최대한 살려서 발음하면 '쿠'가 된다. '셈'의 받침 'ㅁ'은 모음과 가장 가까운 자음이므로 그냥 빠져 '세'가 된다.

≫ 에꼬지(えこじ) – 외고집

한국말 거의 그대로이다.

≫ 시~(しい尿) – 오줌

한국말 '쉬~'에서 비롯된 말이다. 한국의 농촌 총각들이 한국에서 색시를 못 구해서 베트남에서 구해 온다. 한때 일본의 농촌 총각들이 한국에서 색시를 구해 온 적이 있다. 이때 일본 총각들과 결혼한 여자들이 애기를 낳고 소변을 보일 때 일본 가족들이 '시~ 시~' 하는 소리를 듣고 놀란다고 한다. 한국의 '쉬~ 쉬~' 하고 똑같기 때문이다. 가장 변하지 않는 말이 아기말과 제사 때 쓰는 용어라 했다. '시~'가 동사도 되고 명사도 되지만 정확히 오줌에 해당하는 명사는 싯꼬(しっこ)이다. 한국말 '쉬한 것'이 변한 말이다.

≫ 웅꼬(うんこ) – 똥

한국말 '응가'에서 비롯된 말이다. 대변을 보려면 응! 응! 하면서 힘을 준다. '응! 한 것'이 '웅꼬'이고 한국말 '응가'도 '응! 한 것'이 변한 말이다. '싯꼬'에 대응하는 말이 '웅꼬'이다.

동물을 가리키는 명사

≫ 우시(うし) - 소

한국말 '아! 소'가 변형된 말이다. 일본 사람이나 한국 사람들은 소를 신성시하여 '아!'를 붙였다. 발음하기 쉽게 '우시'라 발음하게 됐다.

≫ 우마(うま) - 말

한국말 '아! 말'이 변형된 말이다. 원래 일본에는 말이 없었다. 말이 일본에 들어오면서 '아!'라는 감탄사를 붙이게 됐다. '말'에서 받침이 빠지면 '아마'가 되는데 '아마'가 '비'의 일본말 '아메'와 비슷하므로 '아'와 비슷한 감탄사 '우'로 바뀌면서 '우마'가 된 것 같다. '아! 소'는 '우시'가 되고 '아! 마(馬)'는 '우마'가 되었다.

≫ 부다(ぶた) - 돼지

한국말 '부대 돈'에서 유래된 말이다. 덩치가 크고 뚱뚱한 사람을 '부대하다'라 한다. 뚱뚱하다는 한국말이 일본말로 '후또이'인데 이것이 한자어로는 부대(富大)가 된다. '부대 돈'에서 '돈'은 비슷한 '대'와 '돈', 비슷한 음이 반복되니 발음이 힘든 '돈'이 생략된 것 같다. '부대'에서 '대'는 일본 가나에 없으니 있는 발음으로 모음 조화하면 '부다'가 된다. '돈'은 돼지의 고어이다.

집돼지의 조상은 산돼지인데 송곳니가 돋아나온 것이 특징이다. 그래서 이름이 '돈'이고 '돈'에 명사형 어미 '이'가 붙고 연음되고 구개음화된 것이 돼지이다.

프랑스에서 돼지 피를 넣어 만든 소시지를 '부댕누와'라 한다. 꼭 순대와 같은 모양을 하고 있다. '나와(なわ)'는 일본말로 줄을 의미한다. 한국말에서 줄은 '노끈'이라고도 하는데 '노'는 '나와'의 준 말이다. '부댕누와'는 일본말로 하면 '부다 나와'로 한국말로 하면 '돼지 줄', 곧 순대가 된다.

≫ 네주미(ねずみ) - 쥐

한국말 '안에 숨이'가 변형된 말이다. '안에'가 연음되면 '아네'가 된다. 일본말에서 '아'는 덧붙기도 잘하고 생략되기도 잘한다. '아'가 생략되면 '네'만 남는다. '숨이'가 연음되면 '수미'가 된다. 일본말로 구멍이 '아나'인데 한국말 '안'이 변한 말이다. 쥐는 구멍에 숨는 특징이 있어 붙은 이름이다.

≫ 도라(とら) - 호랑이

한국말 '돌아'에서 변형된 말이다. 호랑이는 동물의 왕이라 여유 있게 어슬렁어슬렁 돌아다니는 특징이 있다. '도리'는 '새'이니까 이와 구분하기 위해 '도라'가 된 것 같다.

≫ 사루(さる) - 원숭이

한국말 '사람 (닮은 것)'에서 변형된 말이다. 일본말로 사람은 '히또'라 한다. 원숭이는 원래 '사람 닮은 것'이었는데 사람이란 단어가 일본말에 없으니 '닮은 것'이 생략돼도 무방해서 생략된 것 같다. '사람'에서 받침이 빠지면 '사라'가 되는데 접시를 뜻하는 '사라'와 구분하기 위해 '사루'가 됐다.

≫ 하찌(はち) - 벌

한국말 '벌'이 변형된 말이다. 일본 사람들은 'ㄹ' 발음을 '-쯔'로 연음시킨다고 했다. 연음되면 '바쯔'가 되는데 명사형으로 발음되면 명사형 어미 '이'가 결합된 '바찌'가 된다. 'ㅂ'이 'ㅎ'으로 바뀌면 '하찌'가 된다.

≫ 도까게(とかげ) - 도마뱀

한국말 '토까개'가 변형된 말이다. 한국말에 '도망간다'를 '토낀다'라고도 한다. 어간 '토까'에 명사형 어미 '개'가 붙은 말이다. 도마뱀은 잡혀도 자기 꼬리를 끊고 토까는 특징이 있다.

≫ 무까데(むかで) - 지네

한국말 '만개 손'이 변형된 말이다. 보통 많은 것을 과장해서 만개나 된다고 한다.
만개의 손을 가진 것이 지네이다.
'만개데'에서 '만'을 받침만 생략하지 않고 받침까지 발음하려면 '무'가 적당하다.
'만'에서 받침만 생략된 '마'는 유성음이라 첫음절서 흔히 생략되어 버린다. '개'는
가나에 없고 뒤에 오는 소리 '데'의 영향을 받아 '까'가 된다.

≫ 헤비(へび) - 뱀

한국말 '에비'가 변형된 말이다. 애기가 울면 '에비 온다!'라고 겁을 준다. '에비'는
집안을 지켜주는 업신(業神)인 뱀이다.

≫ 시까(しか) - 사슴

한국말 '솟각'이 변한 말이다. 사슴의 특징은 솟은 각(뿔)이다. '솟'에서 'ㅅ' 받침
이 다음 자음에 영향을 주어 '소까'가 된다. '소'를 '까'에 모음조화시켜 쉽게 발음
하면 '시까'가 된다.

≫ 기쯔네(きつね) - 여우

한국말 '기(를) 쓰네'가 변해서 된 말이다. 한국에 오래된 여우는 도를 닦아 둔갑술
을 할 수 있다는 전설이 있다. 도를 닦는 법은 기(氣)를 쓰는 것인데 이 기를 쓰는
동물이 여우라 붙은 이름이다.

≫ 히쯔지(ひつじ) - 양

한국말 '해의 (선)지'가 변형된 말이다. 양은 피를 내서 해의 제물로 바치던 동물
이다. '쯔'는 두 명사 사이에서 사이 'ㅅ'처럼 소유를 나타낸다. 일본말로 해는 '히'
이고 피는 '지'이다. 한국말 '선지'에서 비롯된 말이다. 양을 제물로 쓰는 사람들은
유태인인데 한민족이 잃어버린 10지파가 아닌가 생각되는 단어이다.

너구리

≫ 가에루(かえる) – 개구리

한국말 '가에 이루'에서 변형된 말이다. 개구리는 주로 물가에 가족을 이루고 산다. 물가에 있어서 붙은 이름이다.

≫ 다누끼(たぬき) – 너구리

한국말 '대(大)눈 개'에서 비롯된 말이다. 너구리는 눈 주위에 큰 얼룩이 있어 얼핏보면 큰 눈을 가진 것 같다. 너구리는 개와 비슷하여 '대(大)눈 개'라 한 것 같다.

≫ 옷또세이(おっとせい) – 물개

한국말 '오똑 선이'에서 비롯된 말이다. 물개는 오똑 서는 특기가 있다. '오똑하게선 이'가 물개이다.

≫ 리수(りす) – 다람쥐

한국말 '(구)리 쥐'에서 나온 말이다. 일본말로 밤을 굴러 다녀 '구리'라 하고 도토리를 동그라서 '동구리'라 한다. 구'리'나 동구'리'의 '리' 종류를 먹는 쥐라 하여'리쥐'이다.

≫ 다까(たか) – 매

한국말 '(하늘에) 닿게 가(는 새)'가 변형된 말이다. 일본말로 '높다'가 '다까이'이다. 한국말 '(하늘에) 닿게 가이'가 변형된 말이다. 높게 나는 새라 하여 이름이 '다까'이다.

≫ 기쯔쯔이(きつつき) – 딱다구리

한국말 '낭구 딱딱이'에서 유래된 말이다. 낭구는 일본말로 '기'로 변했고 '딱딱'이 구개음화하면 '짝짝'이 되고, 게으른 혀로 쉽게 발음하면 '쯔쯔'가 된다. 한국말에서도 '딱딱하기'가 변한 말이 '쪼기'이다.

≫ 고우모리(こうもり) – 박쥐

한국말 '굴에 몰리'에서 변한 말이다. 굴에 몰려 있는 것이 박쥐이다. 광릉 근처에는 '고모리'라는 카페 촌이 있는데 옛날에는 박쥐가 많아 붙여진 동네 이름이 틀림없다.

≫ 메(め) – 몸

한국말 '몸'이 변형된 말이다.

≫ 수루메(するめ) – 오징어

한국말 '술몸'에서 비롯된 말이다. 동·식물에 이름을 붙일 때는 그 특징을 잡아서 붙인다. 오징어는 다리가 술처럼 달려 있다. 술이 주렁주렁 달린 몸이 오징어라 '술몸'이란 이름을 붙였다.

≫ 가메(かめ) – 거북이

한국말 '갑몸'이 변형된 말이다. 거북이는 갑옷을 두른 몸을 가지고 있다.

>> 쯔바메(つばめ) - 제비

한국말 '좁은 몸'에서 비롯된 말이다. '좁은'을 연음시키면 '조븐'이 된다. '조'를 일본 사람들이 좋아하는 된소리로 발음하면 '쯔'가 되고 '븐'은 '메'와 모음조화되면서 '바'가 된다.

필자는 한의사로서 약초채집을 많이 다니다 보니 식물학자만큼 식물의 이름을 알게 되었다. 그 식물 하나하나가 지방에 따라 다른 이름을 가지고 있다. 부추를 정액이 굳어지게 하는 효과가 있어 '정굳이'라고도 하고 양기가 좋아진다고 '양기초'라고도 하고 솔잎처럼 한곳에서 퍼져 갈라진다고 '솔'이라고도 하고 소가 좋아한다고 '쇠풀'이라고도 한다. 일본의 동·식물 이름은 한국과 많이 다르다. 그러나 약간의 한국말과 일본말 음운법칙만 알면 일본의 동·식물 이름은 한국의 한 지방인 일본에서 불리는 다른 이름이라는 것을 알 수 있다.

>> 수주메(すずめ) - 참새

한국말 '짹짹 몸'이 변형된 말이다. 참새는 짹짹하고 우는 것이 특징이라 붙은 이름이다. '짹짹'에서 받침이 빠지고 가나에 있는 모음으로 부드럽게 발음하면 '제제'가 된다. '제제메'라 부르다가 참새가 색깔이 숯(일본말로 수주すず)처럼 검은 것에 착안하여 '수주메'로 변한 것 같다.

>> 가모메(かもめ) - 갈매기

한국말 '갈래 먼 몸'이 변한 것 같다. 날개는 '몸의 갈래'라 할 수 있다. 일본 역사 드라마에 나오는 전투에서 양쪽의 협공부대를 '가라매'라 한다. 갈래의 명사형이다. 날개를 뜻하는 한국말 '나래'는 '날으는 갈래'의 준말인 것 같다. 갈매기의 특징은 갈래가 긴 것이다. 갈래가 멀다고 '갈래 먼'으로 표현될 수도 있다. 그래서 붙여진 이름이 '가모메'이다.

'르'나 '래'는 일본말에서 흔히 생략된다. '래'가 생략되고 받침이 빠지면 '가머'가 되는데 '머'를 일본 가나에 있는 발음으로 하면 '모'가 된다.

≫ 카라스(からす烏) – 까마귀

한국말 '겨레 새'가 변한 말이다. 무궁화는 한겨레의 꽃이고 일본 겨레의 국화(國花)는 국화(菊花)이다. 일본에서는 까마귀가 길조(吉鳥)이다. 일본 축구협회 엠블럼이 까마귀로서 일본 국가대표 셔츠에 까마귀가 박혀 있을 정도로 일본 사람들의 사랑을 받고 있다. 까마귀는 신과 인간을 이어주는 새로 인식되었다. 고구려 벽화에 나오는 삼족오는 해의 정령으로 신의 사자이다. 원래 한국도 까마귀를 길조로 인식했었다.

'겨레'가 일본 가나의 음으로 '카라'가 되었고, 일본 사람들은 한국을 한겨레란 뜻으로 가라라 불렀다. 새도 가나에 없는 발음이니 가나의 음으로 '스'로 변했다.

가라가 '검은'의 일본말 '쿠로이'일 가능성도 있다. '쿠로이'는 한국말 '굴이라 하이'가 변형된 말이다. '쿠로이스'는 검은 새가 된다.

충청도에서는 까마귀를 '까끄메'라 하는데 '까악! 하고 우는 몸'이란 뜻이다. 백제 사람들은 몸을 '메'라 한 것 같다.

고구려 벽화의 삼족오   일본축구협회 엠블럼

≫ 쯔루(つる) – 두루미, 학

한국말 '줄(몸)'이 변한 말이다. 학을 보면 줄로 만들어 놓은 것 같다. 목은 줄을 늘여 놓은 것처럼 길쭉하고 다리 또한 두 줄을 늘여 놓은 것 같다. 그래서 흔히 그렇듯 새 이름에 '몸(메)'를 붙여 '줄몸'이라고 이름 지었다. '줄'은 연음되어 '주르'가 되고 몸은 '메'가 되었다가 더 발음하기 편한 '주르미'가 됐다. 일본에서는 '미'가 빠지면서 '줄'의 일본 발음인 '쯔루'가 됐고 한국에서는 '정거장'이 '덩거장'이 되는 것처럼 '주'가 '두'로 변하면서 '두루미'가 됐다.

>> 무시(むし) – 벌레

한국말 '(깨)물이'가 혹은 '무는 것이' 변한 말이다. 벌레의 특징은 무는 것이다.
'물다'의 어간 '물'에 명사형 어미 '이'가 붙어 이루어진 말이다.
'물'은 일본말에서 보통 '무쯔'라 발음된다. '물이'는 '무쯔이'가 되고 '무쯔이'가
줄어 '무찌'가 된다. '무찌'가 부드럽게 발음되면 '무시'가 된다.

>> 호따루(ほたる 蛍) – 반딧불

한국말 '불털'이 변형된 말이다. 반딧불은 작은 불빛으로 '불의 털'이 날리는 것과
같다. 반디란 말도 '불털'의 변형일 것이다. 털의 고어가 터럭이니 '불터럭'에서 변
형된 말이 호따루이다.

>> 돈보(とんぼ 蜻蛉) – 잠자리

한국말 '돌보'가 변형된 말이다. 잠자리의 특징은 빙빙 도는 것이라 '돌보'라 이름
붙일 수 있다. '보'는 먹보, 울보처럼 사람이나 동물에게 붙이는 애칭이다. ㄴ, ㄹ,
ㅁ, ㅇ은 유성음으로 서로 치환되기 쉬워 돌이 돈으로 되었다. 돈(금전)도 '돌다'의
의미가 있다.

>> 하에(はえ [蠅]) – 파리, 〔동의어〕 하이(はい)

한국말 '파리'가 변한 말이다. 'ㅍ'은 같은 계열 'ㅎ'로 변하기 쉽다. 그래서 파ぱ는
하は가 된다. '리'를 더 혀를 덜 움직이고 게으르게 발음하면 '에'나 '이'가 된다.

>> 노로(のろ) – 노루

한국말 '노루'가 변한 말이다.

>> 도끼(とき) – 따오기

한국말 '따오기'가 변형된 말이다. '따오'를 짧게 발음하면 '또'가 된다. '기'는 '또'
의 영향으로 센 발음이 되어 '또끼'가 된다.

≫ 구마(くま) - 곰

한국말 '곰'을 연음시키면 '고므'가 된다. '므'보다는 '무'가 발음하기 편하고 '무'가 '구'에 영향을 받아 '마'로 변해 곰은 '구마'가 된다. 섬이 시마가 되는 것과 같다.

≫ 이누(いぬ) - 개

한국말 '워리'에서 비롯된 말이다. '워리'는 개를 부르는 아주 원초적인 말이다. 개가 짖을 때 나는 월! 월! 하는 소리를 본떠 개의 이름이 됐다. '워'는 일본 가나에 없으니 가장 쉬운 발음으로 '이'가 된다. '리'에서 'ㄹ'과 'ㄴ'은 같은 설음과 유성음으로서 서로 치환되어 '니'가 된다. '이니'는 같은 모음이 반복되어 한 음절로 줄어들기 쉬우니 그것을 방지하기 위하여 '이누'가 된 것 같다. 야생 개 '이리'도 '워리'에서 나온 말이고 '늑대'는 '이누떼'가 변한 말이다. '늑대'라는 말에서 한국도 개를 '이누'라고 부른 적이 있다는 것을 알 수 있다.

≫ 네꼬(ねこ) -고양이

한국말 '넷네(만 하는) (새)끼'에서 유래된 말이다. 고양이는 참 잠이 많은 동물이다. 늘 자고 있는 것이 고양이의 특성이라 '넷네 하는 새끼'란 이름이 붙은 것 같다. '잠자다'라는 뜻을 가진 아기 말 '넷네'에 새끼가 줄은 말 '꼬'가 결합된 말이 '네꼬'이다. 일본말에서 '잠자다'가 '네루'이고 '작은 것'이 '꼬'이니 '네루'의 어간 '네'와 '꼬'가 합하여 '네꼬'가 됐다.

≫ 도리(とり鳥) - 새

한국말 '돌이'가 변한 말이다. 새는 귀소본능이 있어 항상 돌아온다. 그래서 일본에서는 '돌아온다'의 어간 '돌'에 명사형 어미 '이'가 붙어 '도리'라는 이름이 붙었다. 한국말 '돌이'가 연음되면서 '도리'가 됐다.

닭을 비롯한 새는 항상 새로 밝은 새벽에는 영락없이 운다. 한국말 '새'는 새벽에 울어서 '새'가 됐다. 꿩의 암컷이 '까토리'이다. '까(알까다)+도리'가 변한 말이다. 삼국시대 지명에는 새를 '도리'라 한 흔적이 있다.

≫ 니와또리(にわとり) – 닭

한국말 '노마돌이'가 변형된 말이다. 일본말에서 '들판'이 '노'이다. 한국말 '널판지'의 '널'이 발전한 '너른 들'에서 비롯된 말이다. '마'는 '마당'이란 뜻이다. 원래 마당이 순 한국말 '마'였는데 한자의 당(堂)과 결합되어 마당의 뜻을 분명히 한 말이다. '마'가 '당'과 결합되기 전에는 '들'을 뜻하는 순수한 한국말 '노'와 결합된 것 같다. 일본말에서 마당은 '니와'인데 원래는 '노마'였던 것 같다.

'노'가 보다 발음이 쉬운 '니'로 변했다. '마'에서 'ㄴ'과 'ㅁ'은 유성음이라 거의 'ㅇ'과 같아서 서로 잘 치환되므로 '아'로 변했다가 앞의 '노'와 발음이 겹쳐져 '놔'로 됐다가 두음법칙에 의해 '와'로 변했다. 마당을 돌아다니는 새가 닭이다. 한국말 '닭'은 '다리긴'이 한 음절로 축약된 형태이다.

≫ 히요꼬(ひよこ) – 병아리

한국말 '삐약(거리는)것'이 변형된 말이다. '삐약'에서 'ㅃ'은 같은 계열 'ㅎ'으로 바뀌고 '약'이 부드럽게 발음되면 '히요'가 된다. '것'은 '꼬'로 발음되는 경우가 많다. 새끼의 의미로 '꼬'일 수도 있다.

≫ 아히루(あひる) – 집오리

한국말 '아! 부리'에서 변형된 말이다. 오리는 큼지막하고 넙적한 부리가 특히 눈에 띈다. '부리'에서 'ㅂ'이 같은 계열 'ㅎ'으로 변하였다.

≫ 기지(きじ) – 꿩

한국말 '깃이'가 변한 말이다. 깃털을 보통 줄여서 '깃'이라고 한다. 삼국시대의 화랑이나 무사들 모자에 꿩의 깃을 꽂았다. 깃털 중에 꿩의 깃이 가장 아름답고 유용하기 때문에 꿩의 이름이 '깃'이다. 개똥이처럼 명사형 어미 '이'를 붙인 '깃이'가 되었다. '깃이'가 연음되어 '기시'가 됐다가 'ㅅ'이 부드럽게 유성음화되어 '기지'가 됐다. '꿩'은 '꿩! 꿩!' 하고 울어서 '꿩'이라 이름이 붙여졌다.

≫ 우사기(うさき) – 토끼

한국말 '우솟귀'에서 비롯된 말이다. 토끼의 특징은 '위로 솟은 귀'이다. '우솟귀'에서 받침이 빠지고 복모음이 간소화되면 '우사기'가 된다. 토끼는 '돋귀'가 변한 말이다. 옛날에는 '돋긔'라 썼다. 고구려나 가야에서는 토끼를 오사함(烏斯含)이라 했다. 일본말에서 함(含)은 그 당시 발음으로 '금' 혹은 '기'로 발음된 것으로 추정된다.

≫ 우나기(うなき) – 민물 뱀장어

한국말 '와! 나가어'에서 변형된 말이다. '나가'는 한국말 '길게 나간'의 변형으로 '길다'의 뜻이 있다. '어'는 물고기 어(魚)로 일본에서도 물고기 이름 뒤에 붙인다. '나가어'에서 '가어'는 너무 길기 때문에 명사형 어미 '이'로 변하면서 '나기'로 변했다.
바다를 일본에서는 '와! 물'이라는 뜻으로 '우미'라 한다. 민물 뱀장어란 의미로 '우미에서 나간 어'에서 변형된 것일 수도 있다. 보통 모음이나 모음과 비슷한 유성음은 생략되는데 '우미'에서 유성음 '미'는 생략되었다.

≫ 아나고(あなご) – 바다 뱀장어

한국말 '안의 것'에서 변형된 말이다. 일본말에서 '아나'는 구멍을 뜻한다. 한국말 '안'에서 비롯된 말이다. 구멍은 '안'이 유용하므로 연음되어 '아나'라는 이름이 붙었다. 원래 뱀장어는 알을 까러 바다로 돌아와 구멍에 산다. '안의 것'은 바다 뱀장어이다.

≫ 고이(こい) – 잉어, 사랑

한국말 '고으는 어' 혹은 '고은 이'가 변해서 된 말이다. '고으는 어'는 잉어를 뜻한다. 잉어를 푹 고와서 먹으면 몸보신에 좋다. 특히 산후 부종이 있을 경우 산후 허약을 보하는 효과는 최고이다. 한국에서는 잉태한 부인에게 좋은 어(魚)라 잉어가 됐고 일본에서는 고아먹는 어(魚)라는 뜻으로 '고어'가 됐다. '고어'에서 '어'는 일본 가나에 없으니 '이'가 됐다.
'고이'는 사랑도 된다. 한국말 '고은 이'가 변한 말이다. 영어에서도 Love는 사랑도 되고 사랑하는 사람도 된다. 형용사 '고은'에 형용사 어미 '은'은 빠지고 명사형 어미 '이'가 붙어 '고이'가 됐다.

애인은 일본말로 '고이 비또'라 한다. '고이 히또(사람)'가 변한 말이다. 'ㅂ'은 일본말 내에서도 'ㅎ'으로 잘 치환된다.

≫ 부나(ふな) – 붕어

한국말 '붕어'가 변한 말이다. 'ㄴ'과 'ㅇ'은 같은 유성음이라 잘 치환된다. '붕어'에서 받침 'ㅇ'이 'ㄴ'으로 바뀌고 연음되어 '부너'가 되고 '너'가 비슷한 가나의 음으로 바뀌면서 '나'가 된다.

≫ 가이(かい貝) – 조개

한국말 '갑이'가 변해서 된 말이다. '갑옷을 입고 있는 이'라는 뜻으로 '갑이'이다. '갑이'에서 받침이 빠지면서 '가이'가 됐다.

≫ 쿠지라(くじら) – 고래

한국말 '크지라'가 변해서 된 말이다. 전라도 사람들은 큰 것을 보면 '크지라' 하고 외친다. 이것이 일본 사투리식 발음으로 '쿠지라'가 됐다.

≫ 이까(いか) – 오징어

한국말 '이(二) 겉'이 변해서 된 말이다. 오징어를 삶아 보면 겉이 또 하나 있어 박리가 된다. 이것을 이(二)개의 겉이라 할 수 있다. 그래서 이런 이름이 붙은 것 같다. '겉'을 최대한도로 비슷하게 발음하려다 보면 센소리가 되어 '까'로 발음될 수 있다.

식물을 표현한 명사

≫ 동구리(どんぐり) - 도토리

한국말 '동그리'에서 변형된 말이다. 도토리가 동그래서 '동그리'라는 이름이 붙었다. 도토리는 끝이 뾰족하여 도톰해서 한국에서는 '도토리'란 이름이 붙었다. 더 설명이 필요 없다.

≫ 구리(くり) - 밤

한국말 '굴이'에서 변형된 말이다. 밤은 밤 깍지에서 밤알이 떨어져 굴러다닌다. 이런 특성으로 '구르다'의 어간 '굴'에 명사형 어미 '이'가 붙은 단어이다.

≫ 구루미(くるみ) - 호도

한국말 '구르는 열매'가 변형된 말이다. 일본말로 열매가 '미'이다. '열매'에서 '열'은 생략되고 '미'만 남았다. 호도는 밤처럼 알맹이만 굴러다니지 않고 호도를 싸고 있는 열매 통째로 굴러다닌다. 그래서 열매의 '미'가 '구르다'의 어간 '굴'에 덧붙었다.

≫ 기(き) - 나무

한국말 '낭구'에서 비롯된 말이다. '낭'은 두음법칙으로 '앙'이 되고 받침이 빠지면 '아'가 된다. 첫소리 '아'는 흔히 빠진다. '구'만 남아 있다가 더 부드러운 소리 '기'로 변한 것 같다. '낭구'가 '기'가 되는 것처럼 용도가 많은 단어는 일본말에서 쉽게 발음해야 하니 줄어들고 발음이 부드러워져 변화가 심하다.

≫ 아사(あさ) - 삼, 베

'아! 삼'이 변한 말이다. '삼'에서 받침이 빠지면 '사'가 된다.

≫ 나(な菜) – 채소, 나물

한국말 '남(生)'에서 비롯된 말이다. '나다'의 명사형 '남'은 살아나는 모든 생물을 가리킨다. 그중에 일본말 '나'는 흔히 반찬에 쓰는 생물을 가리킨다. 한국말에 가장 가까운 말은 '나물'이다. '나물'의 '나'라는 말의 안정을 위하여 한자어 '물(物)'이 덧붙여진 것이다. 채소도 큰 의미로는 '나물'이다.

≫ 사까나(さかな) – 생선, 안주

한국말 '갯가 나물'에서 유래된 말이다. '물가', '갯가'에서처럼 '가'는 가장자리 땅을 말한다. 일본말로 '사까'는 보통 언덕을 말한다. '사'는 한국말 '재 너머 마을' 할 때 '재'와 어원이 같다. 보통 물가(갯가)는 언덕을 이루기 때문에 '재까'라 할 수 있다. 오사카는 큰 언덕을 이루는 '재까'이다. '재까'가 일본 가나로 간단히 발음되면 '사까'가 된다.

엄밀하게 말하자면 '물의 사까'니까 '미사까'라 할 수 있다. 이 말은 일본 고어에서 많이 나온다. '나'가 반찬에 해당하는 생물이니까 '사까나'는 생선이 된다. 안주는 주로 '어포'라든지 '사시미'가 주를 이루니까 안주를 '사까나'라 하기도 한다.

≫ 나즈나(なずな) – 냉이

한국말 '나생이(냉이) 나물'이 변한 말이다. 냉이를 지방에서 '나생이'라고 한다. '나생이'가 '나즈'로 변했고 거기에 나물을 뜻하는 '나'가 붙어 '나즈나'가 됐다.

≫ 아오이(あおい葵) – 아욱

한국말 '아욱'이 변해서 된 말이다. 아욱은 파래서 '파란'의 고어 '아오이'가 변한 말이다. '아오'에서 명사형 어미 '이'가 붙은 말이 '아오이'이다.

미역은 '물아욱'이 변한 말이다. 미역이 아욱처럼 미끈미끈하기 때문에 물에서 나오는 아욱이란 이름이 붙었다. 물을 간단히 발음하면 '미'가 되어 일본에서도 '미'라 하고 '아욱'을 한음절로 줄이면 '역'이 된다.

≫ 다라보(たら) - 드릅

한국말 '드릅'이 변한 말이다. '드릅'이 연음되면 '드르브'가 되고 일본 가나의 쉬운 발음으로 바뀌면 '다라보'가 된다. '보'는 보통 명사형 어미인데 거기에 앞의 두 글자를 조화시키면 '도로보'가 된다. 그런데 '도로보'는 '도둑'이란 뜻이다. 혼동을 피해서 발음하다 보니 '다라보'가 된 것 같다.

≫ 니레(にれ楡) - 느릅나무

한국말 '느릅'에서 변한 말이다. '느릅'에서 받침을 빼면 '느르'가 되는데, '늘이다'의 일본말 어간 '노로'와 혼동을 피하다 보니 '니레'가 된 것이다.

≫ 다꾸(たく楮) - 닥나무

한국말 '닥'에서 변형된 말이다. 일본말로 나무를 '기'라 하는데 한지를 만드는 닥나무는 '닥기'가 된다. 연음되어 '다끼'가 됐다가 '다꾸'로 변한 것이다.

≫ 모(も藻) - 말, 수조

한국말 '말'에서 비롯된 말이다. 백제의 영토였던 전라도에서는 '말'을 '몰'이라 부른다고 한다. '몰'에서 받침을 빼고 '모'가 된다.
한국말 다시마는 해조이니 '말' 종류인데 '다시 내는 말'에서 유래된 것 같다. '다시'는 일본말로 '국물'인데 다시마는 국물 내는 데 아주 중요한 재료이다. '다시마'는 일본말 '다시'가 한국말이었다는 아주 중요한 단서가 된다.

음식류를 나타낸 명사

≫ 아주끼(あず小き豆) – 팥

백제지역 한국말 사투리 '아! 쬐간한 것'에서 비롯된 말이다. '쬐간'을 부드럽고 짧게 발음하면 '주'가 된다. '한 것'은 한국말에서 보통 '거'로 줄어드는데 '한'과 합치면 된소리 '커'가 된다. '커'를 일본 가나의 발음으로 하면 '끼'가 된다.

≫ 도우모로꼬시(とうもろこし) – 옥수수

한국말 '동무를 꼬지'에서 변형된 말이다. 옥수수 생김새를 보면 자루가 달려 꼭 핫도그 꼬지처럼 생겼다. 비슷비슷하게 생긴 것들을 동무라 하는데 옥수수는 비슷한 옥수수 알갱이 동무들이 줄지어 있는 것이 특징이다. 옥수수는 알갱이 동무들을 일렬로 나란히 세워 꽂은 것 같다. '동무를'에서 받침이 연음되고 모음조화되면 '도우모로'가 된다. '꼬지'에서 '지'가 같은 잇소리(齒音)로 바뀌면 '시'가 된다.

≫ 고마(ごま) – 참깨

한국말 '깨+마(麻)'가 변형된 말이다. '가마솥'처럼 유래는 다르지만 같은 뜻의 두 가지 말이 결합된 단어가 '깨마'이다. '깨'는 일본 가나에 없으니 가나의 발음으로 하면 '꼬'가 된다. 그런데 첫음절은 부드러운 소리가 오므로 '고'가 된다. 마(麻)는 깨를 표기한 한자이다.

≫ 쿠다모노(くだもの) – 과일

한국말 '(떨)쿠다 물(物)'에서 비롯된 말이다. 과일은 떨쿠어지는 속성이 있어 '쿠다 물'이 됐다. 일본말 '모노'는 한국말 '물건'에 해당한다.

≫ 링고(りんご) – 사과

한국말 '능금'이 변한 말이다. 'ㄴ'은 같은 혓소리 'ㄹ'로 잘 변한다. '릉'보다는 '링'이 발음이 쉽고 '금'보다는 '고'가 입을 조금이라도 덜 벌려 게으른 혀에는 적합하다.

≫ 나시(なし) −배

한국말 '안 이시(돌)'가 변한 말이다. 일본말로 돌은 '이시'라 한다. 한국말에도 돌을 '이시'라 한 흔적이 '부싯돌'에 남아 있다. '부싯돌'은 '불 이시돌'의 준 말이다. '안'은 '아느'로 연음되고 '아'는 첫 음이라 생략되고 '느'는 '나'가 발음하기 편하다. 배는 자잘한 돌 같은 것이 안에 있는 특성이 있어 '안의 돌'이라는 이름이 붙은 것 같다.

≫ 모모(もも) − 복숭아

한국말 '모(毛)모(毛)'에서 비롯된 말이다. 복숭아는 겉에 털이 부숭부숭 나 있다. 복숭아의 원래 이름은 '털 복숭이'이다. 모는 털의 한자어인데 한국, 중국, 일본 공통조상이 만든 말이다. 인류는 하나의 조상에서 가지를 치는 것이다. 한중일 공통조상이란 인류가 그렇게 가지를 치다가 동북아시아 대륙으로 흘러들어와 한중일 가지를 친 사람들을 뜻한다.

≫ 미깡(みかん) − 귤

한국말 '밀감(蜜柑)'이 변형된 말이다. 한국말로 귤은 꿀같이 단감이라 해서 '밀감'이라 하는데 중국 사람들은 귤자(橘子)라고 하지 '감'이라 하지 않는다. 일본 사람들은 '감'을 '가끼'라 하니 귤을 '미가끼'라 해야 하는데 '미깡'이라 하는 것은 밀감이라는 한국말을 게으른 혀로 발음하는 것이 분명하다. 밀감은 한자로 쓰지만 순한국말을 한자로 표기하는 이두이다.

≫ 가끼(かき) − 감

한국말 '까기(까는 것)'에서 변형된 말이다. 감은 잘 익으면 손으로 껍질을 깔 수 있는 특성이 있다. 그래서 일본말 가끼는 까기가 변해서 생긴 말이다. 한국말 감은 달아서 한자어 감(甘)을 의식해서 만들어진 단어이다. '까기'에서 첫음절은 센소리가 불편하므로 뒤 음절로 센소리가 넘어가 '가끼'가 됐다.

>> 이찌고(いちご) - 딸기

한국말 '위쪽 (새)끼'가 변형된 말이다. 보통 씨는 안에 들어 있는데 딸기는 씨가 밖에 붙어 있다. 말의 분화가 적었던 옛날 밖은 위쪽이라고도 할 수가 있는데 위쪽을 지방에 따라 '우치'라고도 한다. 일본말 '꼬'는 새끼에서 나온 말로 동물의 새끼나 식물의 새끼나 다 쓴다. 위에 붙은 새끼가 '이찌꼬'이다. '우치'보다는 '이찌'가 발음하기 편하다.

>> 마꾸와우리(まくわうり) - 참외

한국말 '(씨를) 말구 안으리'에서 변형된 말이다. 참외의 특성은 향긋한 과육이 씨를 안고 안으로 말린 것이 특징이다. '말구 안으리'는 둥글고 속이 빈 듯한 과육의 특성을 표현한 말이다. 일본말로 김밥을 '말다'에서 파생된 '마끼'라고 한다. '말구'는 받침이 빠지면서 '마꾸'가 됐다. '와우리'는 '안'에서 받침이 빠지면서 '와'가 됐고 '으'는 모음조화되어 '우'가 됐다. '리'는 명사형이다.

>> 가라시(からし) - 겨자

한국말 '칼(칼)한이'가 변형된 말이다. 겨자는 맵다. 일본말로 '맵다'를 한국말 '칼칼한'이 변형된 '카라이'라 한다. 이 '카라이'의 명사형이 '가라시'이다. '칼칼'에서 같은 음이 중복되므로 하나가 생략되고 연음되면 '카라'가 된다. '한이'에서 'ㅎ'은 'ㅅ'으로 잘 변하니 받침이 빠지고 '사이'가 합쳐져 '시'가 됐다. 인도 말 '카레'도 어원이 '칼칼한'의 '칼'이다. 칼로리(열량)의 스페인어 칼로르(뜨겁다)의 어원도 같다.

>> 가보쨔(かぼちゃ) - 호박

한국말 '한 봇짐이야'에서 변형된 말이다. 호박은 덩치가 커서 하나만 따도 한 봇짐이다. 일본말로 '학생'을 '각세이'라 하는 것처럼 'ㅎ'은 'ㄱ'으로 잘 변한다. '한'에서 받침이 빠지고 '가'가 됐다. '봇짐'에서 받침이 빠지면서 '보찌'가 되고 '이야'와 합해서 '보쨔'가 된다.

≫ 나스(なす) – 가지

한국말 '나가 시'가 변형된 말이다. 일본말에서 '길다'를 한국말 '(앞으로) 나가'에서 변형된 '나가이'라고 한다. 이 '나가이'의 명사형이 '나가시'이다. 일본인들은 'ㄱ'이 들어간 말은 생략하기를 좋아해 '나가시'에서 '가'를 빼면 '나시'가 되고 입을 덜 벌리고 발음을 더 쉽게 하면 '나스'가 된다. 한국말 가지는 '나가시'에서 유성음 첫소리 '나'를 생략해서 '가시'가 됐는데 '가시'라는 말은 있으니 구분하기 위해 '가지'가 됐다.

≫ 네기(ねぎ) – 파

한국말 '(냄새) 내기'에서 변형된 말이다. 파는 냄새가 많이 나는 풀이다. 일본말로 '냄새'는 한국말 '내음이'가 변형된 '니오이'이다. '내' 자체로 냄새라는 뜻이 있고 그것에 풀이나 나무를 가리키는 '기'가 더 붙어 '내기'가 됐다. '내'는 가나에 없으니 '네기'가 됐다.

≫ 닌니꾸(にんにく) – 마늘

한국말 '인육(人肉)'에서 비롯된 말이다. 마늘을 까보면 그 색감이 피부 고운 사람의 살 빛깔과 같다. 그래서 '인육'이란 이름이 붙은 것 같다. 한국 사람들의 일본 이주 초기에는 곰이 마늘을 먹고 사람이 되는 단군신화를 의식한 흔적이 닌니꾸에 남아 있다. 마늘이 곰을 사람으로 만들었으니 마늘이 인육을 만든다는 의미에서 마늘에 이런 이름을 붙인 것 같다.

≫ 닌진(にん人じん参) – 당근, 인삼(朝鮮人参)

인삼의 일본 한자 발음이 '닌진'이다. 그러나 일본에서 '닌진'이라 하면 거의 당근을 말한다. 일본 부모들은 '닌진'이 몸에 좋다고 아이들에게 조금이라도 더 먹이려고 한다. 건강요법 가운데 야채주스 갈아먹는 것이 일본에서 생겼는데 약방의 감초처럼 당근은 꼭 들어간다. 당근과 믹서가 일본에 도입된 것은 근세이지만 이런 건강법의 원리는 하루아침에 생긴 일이 아니라 오랜 역사적 전통을 가지고 있는 것 같다.

당근을 인삼이라 이름 붙인 사람들은 인삼의 효능을 아는 사람들이다. 인삼의 효능을 아는 중국인들은 그들이 산삼을 캐거나 인삼을 재배한 경험이 없어서 인삼에 대한 아쉬움이 없다. 그러나 일본에 이주한 한국인들은 그들이 애용하던 인삼이 일본 땅에는 야생으로 자라지도 않고 재배되지도 않는 것을 몹시 아쉬워했던 것 같다. 그런 아쉬움에 인삼과 비슷한 당근을 인삼으로 이름 붙여놓고 먹기 시작한 것이다.

≫ 도우가라시(とう唐からし) – 고추

한국말 '더욱 칼(칼)한이'가 변한 말이다. 일본말로 '가라시'가 겨자인데 고추는 겨자보다 더욱 매워 이런 이름이 붙었다. '더욱'에서 '더'가 가나로 발음하면 '도'가 되고 '욱'에서 받침이 빠지면 '우'가 된다. 한자어 당(唐)은 고추가 외래종이기도 하지만 당나라로부터 유래했다는 의미보다는 나중에 '더욱'이란 소리를 나타내는 이두로 붙은 말이다.

≫ 기노꼬(きのこ) – 버섯

한국말 '낭구의 새끼'가 변형된 말이다. 일본말로 나무는 한국말 '낭구'가 변한 '기'라고 하고 새끼는 일본 발음으로 '꼬'라 한다.

≫ 노리(のり) – 김

한국말 '늘이'가 변한 말이다. 김은 아주 작은 바닷말 종류로 이것을 체에 받쳐 늘려 건조한 것이다. 김의 특징은 늘린 것이라 '늘'이라는 어간에 명사형 어미 '이'가 붙어 '늘이'가 됐다. 연음되면 '느리'가 되나 '느'가 가나에 없으니 가나에 있는 발음으로 하면 '노리'가 된다.

≫ 노리마끼(のりまき) – 김밥

한국말 '늘이 말기'가 변형된 말이다. '늘이'는 일본말에서 '노리'가 되고 '말기'는 일본말에서 '마끼'가 된다.

≫ 쯔유(つゆ) – 국

한국말 '뜨거운 유(탕의 일본말)'가 변한 말이다. '뜨거운'에서 '거운'은 중요하지 않아 생략됐다. 남은 '뜨유'가 구개음화하여 '쯔유'가 됐다.

≫ 가츠오부시(かつお-ぶし[鰹節]) – 가다랑어포

일본의 가츠오부시는 가다랑어를 쪄서 여러 날에 걸쳐 말린 것으로 대패 같은 도구로 얇게 깎아 요리에 쓴다. 가츠오부시는 한국말 '가다랑어 부스러기'가 변한 말이다. '가다랑어'에서 '랑어'는 한 음절 '오'로 줄어들었고 '다'는 구개음화가 일어나서 '차'로 변했는데 '오'와 모음조화되어 '츠오'로 됐다. '부스러기'는 길어서 게으른 혀의 편한 발음으로 하면 '부시'가 된다.

≫ 가유(かゆ) – 죽

한국말 '걸쭉한 유(탕의 일본말)'에서 비롯된 말이다. 죽은 걸쭉하여 '가유'가 됐다. 한국말은 '걸쭉한'에서 가장 강하게 들리는 한마디를 취해 '죽'이 됐고 일본말은 발음하기 쉬운 앞의 '걸'과 뒤의 '유'만 남아 '걸유'가 됐다. '걸'은 일본 가나에 없으니 있는 발음으로 하면 '가'가 된다. 이렇게 한 구절이 1,000여 년이 흐르면서 한 단어로 바뀔 수 있다.

≫ 다마고(たまご) – 알, 계란

한국말 '(얼)담은 것'이 변한 말이다. 일본말에서 기(氣)를 담은 것은 일본말로 '다마'라 부르는 옥(玉)이다. 얼을 담은 것은 '머리'의 뜻을 가진 '아다마'이고 그냥 얼을 담은 것은 '알'이다. '담은'에서 연음되고 모음조화되면 '다마'가 된다. '것'은 일본 가나로 발음하면 '고'가 된다. '알'의 대표는 계란이므로 '다마고' 하면 흔히 계란이다.

≫ 돈부리(どんぶり) – 덮밥

한국말 '덧 부우리'가 변한 말이다. 밥에다 더해서 붓는 것이 덮밥이다. '덧'이 발음하기 힘들고 일본 가나에 없으니 받침까지 살려서 발음하면 '돈'이 된다. 한국말 '덤'도 '덧'의 어원에서 나온 말이다. '덧'이 보다 진화된 명사형이 '덤'이다. '부우'에서 같은 모음이 중복되므로 '우'가 빠져 '부'가 된다.

≫ 사시미(さしみ) – 회

한국말 '써심이'가 변화된 말이다. 사시미는 생선을 썰어서 내는 것이 특징이라 '사시미'란 이름이 붙었다. 원래 '썰함이'가 변형된 말인데 '썰'에서 받침이 빠지고 '함'에서 받침이 연음되고 흔한 변화인 '하'가 '시'로 변했다. '써시미'에서 '써'는 첫음절이라 부드러워지고 일본 가나에 없으니 가나의 발음으로 하면 '사'가 되어 '사시미'가 된다.

≫ 마구로(まぐろ) – 참치

한국말 '마구 검은 어'가 변형된 말이다. 참치는 섬뜩할 정도로 검은 것이 반짝인다. 이것이 특징이라 '마(구) 검은 어'라는 이름이 붙었다. '검은 어'에서 '검'은 일본 가나에 없으니 '구'가 됐고 받침이 연음되어 '므너'가 되는데 가나에 있는 유성음 'ㄹ' 발음으로 간단히 줄이면 '로'가 된다.
일본말에서 '검다'는 '쿠로'이고 한국말 '굴(안이 검다)'에서 변형된 말이다. '새까맣다'는 '맛쿠로다(真まっ黒くろだ)'이다. '마구 검다'가 변형된 말이다. 마구로의 일본어 어원은 '맛쿠로'이다.

≫ 가니(かに) – 게

한국말 '끊이'에서 변한 말이다. 게의 특징은 집개로 끊는 것이어서 붙은 이름이다. '끊이'에서 발음이 힘든 'ㅎ' 받침은 빠지고 연음되면 '끄니'가 된다. '끄'는 일본 가나에 없고 첫음절 자음은 센소리가 나지 않으니 '가'로 발음된다. 게의 집개는 와사미(ばさみ)라 하는데 한국말 '바수다'에서 비롯된 '바숨이'에서 온 말이다.

≫ 와까메(わかめ) - 미역

한국말 '와! 까메'가 그대로 남은 말이다. 미역은 '와!' 하고 놀랄 정도로 까맣다.

≫ 시오(しお) - 소금

한국말 '짜오'가 변한 말이다. '짜'가 첫음절이라 센소리가 올 수 없으니 '자'가 되는데 '자'도 더 부드럽게 바뀌면 '사'가 된다. '사'도 더 쉬운 발음으로 바뀌면 '시'가 되어 '시오'가 된다. 한국말 '소금'은 '시오 앙금'의 준말이다.

≫ 스(す) - 식초

한국말 '시이'가 변한 말이다. '시다'의 명사형이 '시이'인데 모음이 중복되므로 '이'가 빠졌다. '시'는 오줌 같아 어감이 좋지 않아서 비슷한 음으로 바뀌어 '스'가 됐다.

≫ 아부라(あぶら) - 기름

한국말 '아! 불나'가 변형된 말이다. 기름은 불이 나는 특성이 있어서 붙은 이름이다. '불나'에서 'ㄹ' 받침이 연음되고 'ㅇ'과 거의 같은 유성음 'ㄴ'은 빠져 '부라'가 됐다.

≫ 고쇼(こ故しょう障) - 후추

한국말 고어 '고초(苦草)'가 변한 말이다. 남미 원산의 고추가 들어오기 전에 후추를 고추라 불렀다가 고추가 들어오면서 '더욱 칼칼한 것'이라는 한국말이 변형된 '도우 가라시'라는 이름을 붙인 것이다. '고초'를 더 쉬운 발음으로 하면 '고소'가 되는데 고장(故障)이라는 이두로 표기되면서 한자음 읽는 발음에 얽매어 '고쇼'가 된 것 같다.

≫ 차(ちゃ 茶) – 차

한국말 '차'가 변형된 말이다. 당나라 때 차가 인도를 거쳐 영국으로 가서 tea가 됐다. 실크로드가 완성된 당나라 때는 다(茶)라는 한자를 써놓고 중국 사람들은 '다'라 읽어 영국에서 '티(tea)'로 불린 것 같다. 당나라 중국 민족이 한자를 만들었으면 아직도 '다'와 비슷한 발음으로 읽어야지 그때는 '다'로 읽다가 지금은 '차'로 읽는 이유가 무엇일까? 아직도 '다'로 읽는 한국 사람들이 '다(茶)'라는 한자를 만들었을 가능성이 크다.

≫ 사께(さけ) – 술

한국말 '식혜'에서 나온 말이다. 식혜는 쌀을 발효시켜 얻은 음료이고 '삭히다'의 어원을 가지고 있다. 식혜는 감주(甘酒)라 하여 술의 일종이다. 옛날에는 식혜가 삭혀서 만드는 술과 오늘날의 식혜를 모두 가리키는 말이었던 것 같다. 술과 식혜가 갈라지기 전에 한국 사람들이 일본으로 건너갔기 때문에 술을 식혜라 부르는 것 같다. '식혜'에서 연음되면 '시켸'가 되고 '켸'란 발음이 일본 가나에 없으니 '케'가 된다. '시케'에서 '시'가 원래 '삭히다'의 어간 '삭'에서 나온 말이니 '사'가 되어 '사께'가 된다.

≫ 무기(むぎ) – 보리

한국말 '벌린 것'이 변형된 말이다. 보리쌀은 알갱이가 쪽 갈라져 입을 벌린 형태를 하고 있다. 그래서 '벌린 것'이란 이름이 지어진 것 같다. 한국 이름 보리도 '벌린'에서 나온 것이다. '벌린'에서 '린'은 생략되고 '벌'만 남는데 '벌'도 받침이 생략되고 발음이 부드러워지면 '부'가 된다. '것'도 한국말에서 '거'라고 하는 것처럼 발음이 부드러워지면 '기'가 된다.
깜부기는 '까만 부기'인데 'ㅁ', 'ㅂ'은 잘 치환되므로 깜부기는 '까만 무기'로 변형될 수 있다. 깜부기의 '부기'에서 삼국시대에는 한국말로도 보리를 '무기'라 했던 흔적을 찾을 수 있다.

≫ 소바(そば) – 모밀, 메밀

한국말 '세모 밀'에서 유래된 말이다. 소바는 원래 소바무기(そばむぎ)가 줄어든 말

이다. 한국말로 하면 '세모 밀'인 셈이다. 메밀은 각이 져 있다. 그래서 모가 난 밀이라 한국에서는 메밀이라 했고 일본에서는 '세모 밀'이었는데 밀을 빼고 '세모'만 남았다. 원래 '세모 밀'이 '숲에서 자라는 밀(시바 밀)'이라는 뜻으로 잘못 해석되어 '소바 밀'로 바뀐 것 같다. 한국말 '숲'은 'ㅍ' 받침이 같은 계열인 'ㅂ'으로 변했다가 연음되어 일본말 '시바'가 됐다. 한국은 진돗개가 유명하듯이 일본은 '시바이누'가 유명하다. '숲 속의 개'라는 뜻이다.

≫ 우동(うとん) - 우동국수

한국말 '아! 똥(똥)'에서 유래한 말이다. 우동은 원래 음식 이름이 아니라 국수 가락 이름이다. 소바도 원래 국수 가락 이름이다. 일식집에서 국수를 시키면 우동으로 먹을 것인지 소바로 먹을 것인지 묻는다. 소바에 비해서 똥똥한 국수가 우동이다. '똥똥하다'를 일본말로 '후또이'라고 하는데 똥똥한 국수가 '우동'이다.

≫ 꼬무기(こ小むき) - 밀

한국말 '새끼 밀'이 변형된 말이다. 밀은 보리보다 작고 비슷하게 생겨서 '작은 보리'라는 뜻으로 '꼬무기'이다. 꼬는 새끼에서 나온 말이고 아이는 일본말로 '고도모'라 한다. '새끼동무'가 변한 말이다.

≫ 마메(まめ豆) - 콩

한국말 '말메'가 변한 말이다. 한국말에 접두어 '말~'은 크다는 말이다. 말잠자리는 다른 잠자리보다 큰 종류를 말하고 백합 종류인 말나리는 참나리보다 큰 나리를 말한다. 메는 쌀의 고어이다. 아기 말이나 제사 용어는 잘 변하지 않는다. 제사에서 쌀밥을 '메'라고 한다. 콩은 밥보다 크니까 '말메'라 하는데 받침이 빠지면서 '마메'가 됐다. 말이 잘 먹어 '말밥'이란 뜻으로 '마메'일 수도 있다.

≫ 꼬메(こめ米) - 쌀

한국말 '새끼 메'가 변한 말이다. 쌀은 콩에 비해서 작아서 '꼬메'이다.

≫ 미소(みそ味増) – 일본 된장

한국말 '메주'가 변한 말이다. '메주'에서 '에' 발음보다 '이' 발음이 편하여 '메'가 '미'가 됐고 '주'에서 'ㅈ'이 'ㅅ'으로 바뀌고 모음조화를 일으켜 '미소'가 됐다. 된 장은 곧 메주의 변형이니 그냥 '메주'라 해도 문제가 없다. 된장을 '메주'라 부르는 것은 일본말이 덜 분화된 고어의 형태로 남아 있기 때문이다.

≫ 메시(めし) – 밥

한국말 '메 찐 (것)이'가 변형된 말이다. '메'가 쌀도 되고 밥도 되지만 분명히 쪘 다는 것을 나타내는 것이 '메시'이다. '찐 것이'가 부드럽게 줄어 발음된 것이 '시' 이다.

≫ 모찌(もち) – 떡

한국말 '메 친 (것)이'가 변형된 말이다. 큰 망치를 한국말로 '메'라 부르고 '치 다'가 일본말로는 '우찌'인데 '메우찌'가 '모찌'가 됐다.

메로 쳐서 만드는 모찌

≫ 카시(かーし菓子) – 과자

한국말 '과자'의 일본 한자 발음이다. 과자는 중국말이 아니라 한국과 일본이 공통 으로 쓰는 말이다. 중국 사람들은 과자를 점심(點心)이라 한다.
'카시'의 어원은 현대식 과자가 생기기 전 과자의 원조인 밥풀떼기 과자, '오꼬시' 가 변한 말이다. 어원은 '오! 꼬시다'에서 나온 말이다. 일본에서는 '잘 먹었습니다' 가 고찌소우사마데시다(ごちそうさまでした)인데 '구수히 먹었습니다'가 변형된 말 이다. 경상도 사투리 '꼬시다'가 옛날에는 '맛있다'의 대명사였던 것 같다.

≫ 당고(だんーご[団子]) – 경단, 경단처럼 둥글게 만든 것

한국말 '단것'에서 변형된 말이다. ㄴ과 ㅇ은 유성음으로 항상 서로 치환되어 '단'이 '당'으로 변했고 '것'을 일본 가나로 부드럽게 발음하면 흔히 '고'가 된다. 왜정시대 이후로 우리나라도 1960년대까지 어깨에 메고 다니는 당고 장사가 있었다. 그때는 당고가 단것이라고 전혀 생각하지 못했다. 중국인들은 단것을 감(甘)이라 하는데 단것을 뜻하는 한자 당(糖)은 '당'이라 하거나 '단'이라 말하는 한민족이 만든 것이라 봐야 한다.

≫ 벤또(べんとう) – 도시락

한국말 '메통'이 변해서 된 말이다. 'ㅁ'은 같은 입술소리인 'ㅂ'으로 자주 변한다. 그래서 메통이 '베통'이 됐고 '베'가 뒤의 받침 'ㅇ'에 조화되어 '벤통'이 됐다가 'ㅇ'이 빠지면서 '벤또'가 됐다.

≫ 시오카라(しおから) – 젓갈

한국말 '젓갈'의 변형이다. '젓갈'을 게으른 혀로 발음하다 보니 '저'가 풀어져 '지어'로 변했다가 다시 '시오'가 됐고 사이시옷 'ㅅ' 때문에 '갈'이 강해지고 연음되어 '카라'가 됐다.
일본말 '시오카라'는 '짜다'라는 말과 '맵다'라는 말이 결합된 복합어이다. 실제 젓갈은 짜고 맵다. '젓갈'의 발음이 게으른 혀 때문에 변하면서 그 짜고 매운 속성을 염두에 두고 '시오카라'라는 두 단어의 합성어로 변한 것 같다.

≫ 고항(ごはん飯) –밥

한국말 '오! 밥'이 변형된 말이다. '오!' 하는 감탄사가 가끔 높다(高)는 의미로 '고'가 될 때가 있다. 일본말에서 명사 앞에 '고'를 붙이면 높임말이 된다. 호텔에서 '주소를 기입해 주세요'할 때 '고주소'라고 한다. 한국말 '귀주소'에 해당한다. '귀'는 발음하기 어려우니 고(高)의 의미를 붙여 '고'가 됐다. 밥은 매우 중요하니 '고'를 붙일 만하다. '밥'에서 첫 자음 'ㅂ'이 같은 계열 'ㅎ'으로 변했고 받침 'ㅂ'은 빠졌는데 받침이 빠지면 섭섭하니 받침 중에 'ㅇ(ん)'으로 대체해서 '항'이 됐다. 아침은 아사(아! 새) 고항, 점심은 히루(해 이루=있는) 고항이다.

의류를 표현한 명사

≫ 기모노(きもの物) – 기모노, 의류

한국말 '끼는 물건(物)'에서 비롯된 말이다. 옷은 팔을 끼고 몸통을 끼는 특징이 있다. 그 특징으로 옷에 '끼'라는 이름을 붙였다. '모노'는 한국말 물(物)에 정확히 대응된다. 원래는 순수한 한국말 '몽땅', '몽조리', '모두'의 '몽'이 후세에 한자어인 물(物)로 바뀐 것 같다. 원래 받침 'ㅇ'은 'ㄴ'과 'ㅇ'의 중간소리이다. '몽'은 '몬'이 될 수 있고 연음되면 '모노'가 된다. '끼'는 옷이고 '모노'는 물건이니 '의류'인데, 의류 중에서도 가장 비싸고 화려한 여성 전통복 '기모노'가 됐다.

≫ 우와끼(うわき上衣) – 상의

한국말 '우에 끼'가 변한 말이다. 위의 고어가 '우에'이니 '우에끼'가 변한 말이다.

≫ 하다끼(はだき) – 내의

한국말 '바닥끼'가 변한 말이다. '하다'는 피부이며 한국말 '바닥'이 변한 말이다. 피부에 바로 끼는 것이 내의이다.

≫ 네마끼(ねまき) – 잠옷

한국말 '(넷)네 말기'에서 변한 말이다. 아기말로 잠자는 것을 '넷네'라고 한다. 똑같은 음이 중복되므로 하나는 줄어 '네'가 되는데 일본말로 '잠'이 '네'이다. 잠잘 때 말고 자는 것이 '네 말기'이다.

≫ 유까따(ゆかた) – 욕의(浴衣)

한국말 '(저)녁 걸'에서 유래된 말이다. 일본말로 저녁이 '유우(ゆう)'이다. 석방(夕方)이라 쓰고 유우까다(ゆうかた)라고 읽기도 한다. 원래 석방(夕方)이라 써서는 안 되고 유방(酉方)이라 써야 하는데 일본 평민들의 고대 동양철학은 많이 떨어져 있었다. 옛날에는 해시계를 썼기 때문에 방위와 시간이 일치했다. 해시계의 시침 끝

이 12지 중에 유(酉) 방위(方位)를 가리키면 저녁이 시작되는 것이다. 그래서 저녁을 유방(酉方)이라 했다. 이렇게 저녁을 유방(酉方)이라 하면 평민들이 이해하지 못하니까 석방(夕方)이라 하고 읽기는 '유우가따'로 읽었다. 일본말에서 '방(方)'을 '가따'로 읽는다.

서쪽을 일본말로 '니시(にし)'라고 한다. 옛날에는 방위를 12지로 표시했는데 유방(酉方)이 서쪽이다. 참고로 인방(寅方)은 동쪽, 오방(午方)은 남쪽, 자방(子方)은 북쪽이다. '니시'는 한국말 '(해가) 누우신(곳)'에서 비롯된 말이고 '니시'에서 한자 유(酉)자와 서(西)자가 탄생됐다. 한자 중에 갑골문자에 흔히 보이는 오래된 한자가 12지의 한자이다.

한국말 '저녁'은 '해가 저물 녘'에서 유래된 말이다. 곧 '해가 잠올 녘'이다. 한국말에 '고즈넉하다'라는 말이 있는데, 이 말도 '해가 잠올 녘'에서 변한 말이다. 해란 말이 빠졌거나 한국말의 고어인 일본말로 해를 '카'라 하는데 '카'가 '고'로 변한 것이다. 해가 뉘엿뉘엿 질 때 느끼는 아늑함을 '고즈넉하다'고 한다. 뉘엿뉘엿은 한국말 고어로 니시가 남아 있는 흔적이다.

녘은 옥편의 동녘 동(東)에서 볼 수 있듯이 방위를 나타낸다. 일본말 저녁을 뜻하는 유우까따(夕方)의 방(方)과 같은 것이다. '유시의 겉'은 저녁에 입는 옷이 되는데 욕의(浴衣)라고 한 것은 일본은 온천이 발달돼서 저녁하면 떠오르는 것이 목욕이기 때문이다. 그래서 저녁과 목욕이 거의 같은 의미로 사용된다.

≫ 구쯔(くつ) - 구두

한국말 '굳은 (신)'에서 유래된 말이다. 짚신에 비해서 구두는 '굳은 신'이다. 일본은 '신다'에서 유래된 '신'이란 말을 쓰지 않고 '박다'에서 유래된 '하끼모노'를 쓰기 때문에 '신'은 생략됐다. '굳은'이 연음되면 '구든'이 되고 받침이 빠지고 'ㄷ'이 'ㅉ'으로 구개음화되면서 '구쯔'가 됐다.

≫ 데부꾸로(てぶくろ) - 장갑

한국말 '손 비끌이'에서 유래된 말이다. '자루를 비끌어 맨다'라는 말이 있다. 일본말 '부꾸로'는 한국말 '자루'에 해당한다. 원시적인 장갑은 자루를 손에 씌우고 손목에 끈을 비끌어 매는 형태였을 것이다. 손에 자루를 비끌어 매는 것이 장갑이고 '비끌어 매다'의 명사형이 '비끌이'가 된다. 연음된 '비끄리'가 '부꾸로'로 변했다.

≫ 구비마끼(くびまき) – 목도리

한국말 '굽이 말기'에서 변형된 말이다.

≫ 구쯔시타(くつした) – 양말

한국말 '구두바닥'에서 유래된 말이다. 요즘의 젊은이들은 목이 짧은 양말을 구두나 운동화의 빨기 쉬운 쿠션 바닥의 용도로 신는다. 처음의 양말은 그런 용도로 개발되었을 것이다. '바닥'에서 'ㅂ'이 'ㅎ'으로 바뀌면 '하닥'이 된다. '하'는 일본말에서 흔히 '시'로 바뀐다. 그래서 받침이 빠지고 '시타'가 됐다.

≫ 데누꾸이(てぬくい) – 수건

한국말 이북 사투리 '손 누(는) 것이'가 변한 말이다. 옛날 옷은 옷의 소매를 손이 묻힐 정도로 길게 만들어 겨울에는 장갑처럼 쓰고 여름에는 걷어 땀이나 물기를 닦는 데 수건처럼 쓴 것 같다. 고대 무녀들의 긴소매가 수건의 역할을 하였다.
똥을 누는 것처럼 손을 누는 것은 손을 나오게 하는 동작이다. 누꾸이는 손을 덮을 정도의 여분의 천이 손을 나오게 누는 동작이므로 '누꾸이'라는 명사가 된 것이다. 수건(手巾)의 건(巾)자 그림을 보면 소매에 해당하는 수건이 손을 누는 형태를 보여주고 있다.
중국 사람들은 수건을 모건(毛巾)이라 쓰는데 중국인들이 한자를 만든 사람들이라면 그렇게 쓸 수가 없다. 모(毛)는 흡수력이 없어 수건으로 쓸 수가 없다. 한자를 만든 동이족이 먼저 수건이라는 단어를 한자로 썼는데 '손을 누다'는 동이족 언어를 모르는 중국인들이 후세에 수건의 수(手)를 모(毛)로 착각한 것이다.

≫ 사이후(さい財ふ布) – 지갑

한국말 '쌈지'가 변한 말이다. 지갑의 순 우리말인 쌈지는 돈을 쌈하듯이 돈을 싸는 것이다. '쌈지'는 본래 '쌈하(는 것)'에서 나온 말이고, 이것이 일본에 건너가서 '쌈하'만 남아 '싸이후'가 된 것 같다. 일본 말에서는 첫 음절에 센소리가 오면 약해져 '사'가 된다. 받침이 연음됐다가 유성음이라 모음만 남아 '사아하'가 된다. '사아하'가 한자로 재포(財布)라 표기되며 한자의 음에 따라 '사이후'로 변했다.

사이후가 한자어 같지만 재(財)는 재물(財物)로서 원래 지갑 속에 들어가는 것이 아니다. 음만을 표기한 이두이다.

≫ 구비가자리(くびかざり) - 목걸이

한국말 '굽이 겉 잘이'가 변한 말이다. 겉을 잘하는 것이 장식하는 것이다. 겉을 잘 하는 것의 명사형 어미 '이'가 붙어 '가자리'가 됐다.

≫ 오시메(おしめ) -기저귀

한국말 '오! 처매'가 변한 말이다. 천으로 음부를 둘러서 허리에 처맨 것이 기저귀 이다. '처매'에서 '매'가 명사형 어미 '메'로 바뀌고 '처'에서 'ㅊ'은 같은 잇소리(齒 音)인 'ㅅ'으로 바뀌고 일본 가나의 발음으로 모음조화되면 '시메'가 된다.

≫ 오리(おり) - 천

한국말 '올'에서 나온 말이다. 한 올, 한 올 짠 것이 천이다. 천은 올의 집합이니 '올'이라고 할 수도 있다.

≫ 니시끼(にしき錦) - 비단

한국말 '누에 실 켜'에서 변형된 말이다. 누에의 실이 켜를 이루고 있는 것이 비 단이다. '누에'가 한마디로 줄면 '니'가 된다. '실'에서 받침이 빠지면 '시'가 되고 '켜'가 가나의 음으로 바뀌면 '끼'가 된다. 비단을 뜻하는 영어 Silk도 '실 켜'에서 비롯된 말이다. 새로운 고증에 의하면 실크로드는 신라에서부터 시작되는 것으로 밝혀졌다.

고구려의 형제 국가인 투르크(지금의 터키)는 돌궐이 변한 국가인데 그들의 음식인 케밥이 유명하다. 고기나 야채를 켜켜로 쌓아 꼬챙이로 끼워 구운 것인데 한국말 (고구려말) '켜 밥(켜켜로 쌓인 밥)'에서 유래됐을 것이다. 한국말에서 흔히 식사를 밥이라 하는데 고기가 주식인 유목민들은 고기가 밥이다. 케밥을 밀가루 빈대떡인 '피대'라는 빵에 싸먹기도 하는데 이 '피대'와 빈대떡의 '빈대'는 어원이 같을 것이 다. 이 피대를 아라비아에서는 '피타'라고 하고 이탈리아에서는 '타'를 구개음화하 여 '피자'라 한다.

인간, 가족을 나타낸 명사

≫ 히또(ひと) - 사람

한국말 '하늘 땅(의 결정체)'에서 변형된 말이다. '새끼'라는 말은 암컷과 수컷 '사이에 끼'었다고 해서 나온 말이다. 동양철학에서 인간은 하늘과 땅 사이에서 끼어서 태어난다. 사람이란 말은 사이에서 움튼다고 해서 '새움'이 '사람'이 된 것 같다. 인간은 곧 하늘과 땅의 알이므로 하늘과 땅의 기운을 모두 가지고 있어 그냥 '하늘 땅'이라 부르고 이것이 변해서 '히또'가 됐다.

동양철학과《천부경》에서 하늘의 숫자는 1(하나)이고 땅의 숫자는 2(둘)이고 사람의 숫자는 3(셋)이다. 한국말 하나는 하늘의 이름을 본떴고 둘은 땅을 셋은 사람을 본떴다.

하늘의 대표는 '해'라 일본인은 스스로를 '해의 자식'이라고 한다. 발해와 삼국시대에는 한국인도 모두 천손(天孫)이며 '해의 자식'이라 생각하고 있었다. 하늘의 대표가 '해'이니까 해와 땅(고어로 따)의 결합어인 '해따'가 쉬운 발음으로 바뀌면서 '히또'가 된 것이다.

'히또'는 '해의 아들'이 변한 말일 가능성도 크다. 해는 일본말로 '히'이고 '히아들'을 짧게 발음하면 '히또'가 된다.

≫ 오또꼬(おとこ) - 남자

한국말 '오똑(한)것'에서 유래된 말이다. 남자가 여자와 다른 것은 '오똑한 것'이 달린 것에서 유래한 이름이다. '오똑'에서 받침이 빠지면 '오또'이고 '것'은 흔히 '꼬'로 발음된다.

≫ 온나(おんな) - 여자

한국말 '언년이'에서 유래된 말이다. 옛날에 지체 낮은 여자는 이름이 없어 '어느 년'라는 뜻으로 '언년이'라 했다. 이 '언년이'에서 변한 말이 '온나'인 것이다. 혹은, '언년이'는 한국말 고대어 '온나'에서 유래된 것 같고 어원은 '언네 낳는'에 호칭 '이'가 붙은 것이다. 서울 지방에서는 '어린아이'를 줄여 '언네'라고 하는데, 이를 일본 가나의 발음으로 부드럽게 발음하면 '온나'가 되고 '나아'는 같은 음이라 중복되어 생략된다.

≫ 나마에(なまえ) - 이름

한국말 '나 맡에(붙은 것)'이 변한 말이다. 내 주위에 붙은 말이 이름이다. 앞의 일본말은 한국말 '맡에'에서 나온 '마에'이다. '나마에'는 이름이 된다.

≫ 아다나(あたな) - 별명

한국말 '아! 다(른)나(마에)'가 변한 말이다.

≫ 오지상(おじさん) - 아저씨

한국말 '아저씨'가 변한 말이다. 한국말에서 어떤 사람을 높여 부를 때 김씨! 이씨! 하고 부른다. 여기서 '씨'가 변한 말이 '상'이다. 옛날에는 일본에서 존칭으로 '우에(上)'를 썼었다. '아저'는 원래 '아버지'가 변한 말로 '아지'라고 부르기도 한다. '아'나 '오'는 높임말로 접두어로서 서로 바뀔 수 있으니 '아지'가 '오지'로 됐다.

≫ 오바상(おばさん) - 아주머니

한국말 '아주머니씨(아줌씨)'에서 유래된 말이다. '주머니'는 아기 주머니로 한마디로 '보(자기)'라 할 수 있다. '아'가 '오'로 바뀌면 '오보'가 된다. '보'가 '상'에 모음 조화되면 '바'가 되어 '오바상'이 된다.

≫ 오또상(おとさん) - 아버지

한국말 '우두(머리) 우에'가 변한 말이다. 옛날에 한국에서 무리 중에 가장 높은 사람을 '우두머리'라고 했다. '우뚝한 머리'에서 나온 말이다. 아버지는 가정의 우두머리이므로 머리는 생략하고 '우두 우에'라고 했다가 '우에'를 한자의 '상(上)'으로 바꾸고 '우두상'이 됐다. 일본식으로 쉽게 발음하면 '오또상'이 된다.

≫ 찌찌오야(ちちおや) - 부친

한국말 '(아버)지 우에'가 변한 말이다. '아버지'에서 '아버'는 생략하고 단어의 안정을 위해서 '지'만 두 번 반복하고 존칭 '우에'를 붙인 말이다. '아'는 감탄사이므로 생략될 수 있지만 '버'까지 생략된 것은 어머니 '바바(하하)'와 혼동되기 때문이다. '지'만 쓰는 것은 불안해서 두 번 반복하고 한국말 '위'에 해당하는 '우에'를 썼다가 '우에'가 후에 '오야'로 바뀌었다.

≫ 오까상(おかさん) - 어머니

한국말 '오! 가(家) 우에'가 변형된 말이다. 어머니는 주로 집안일을 맡고 있기 때문에 가상(家上)이라 했다.

≫ 하하오야(ははおや) - 모친

한국말 '마마 우에'가 변형된 말이다. '마마'에서 'ㅁ'이 같은 입술소리 'ㅂ'으로 바뀌어 '바바(ばば)'가 됐다가 'ㅂ'이 일본 가나의 같은 계열인 'ㅎ'으로 바뀌면서 하하(はは)가 됐다. 가나에서 '바(ば)'와 '하(は)'는 점이 있고 없고 차이라 쉽게 변한다.

인도나 네팔에서는 스승을 '바바지'라 하는데 부모와 같은 존재이기 때문에 부르는 말이다. 인도말로 존경하는 사람은 이름 뒤에 지를 붙인다. 한국말에 '~씨' 하는 것과 같다. 인디언 부족 이름 '아파치'는 그들 말로 '아버지'의 뜻을 가졌다고 한다. 모두 언어의 근본 어원이 성경의 노아가 쓰던 말이다.

≫ 오또(おと夫) - 남편

한국말 '우두(머리)'에서 비롯된 말이다.

≫ 쯔마(つま妻) - 부인, 아내, 처

한국말 '치마(두른 사람)'에서 변형된 말이다. 지붕에 '처마'가 있는 것을 보면 '치마'나 '처마'는 '(둘러)치다'에서 나온 말 같다. 부인은 처마 같은 것을 둘러친 '치마'를 입는 특성이 있어 '치마'라 부른 것 같다.

한자로 선비(鮮卑)라 쓰는 시베리아 한(寒)데에 사는 한티(韓터)족이나 에벤(아바이)족들은 기둥에 천을 둘러친 천막에 사는데 그 집을 '춤'이라 한다. 처마나 치마의 어원이다. 당나라 시조 이세민이 선비족이니 당나라도 우리와 같은 환웅의 자손이다. 그들은 아직도 춤에 조상신인 곰 박제를 모셔 놓고 매일 제사지낸다.

≫ 오지-상(おじいさん) - 할아버지

한국말 '할(아버)지 우에'에서 비롯된 말이다. 할아버지는 원래 대전(大田)을 한밭이라 하듯이 크다는 뜻의 '한'을 써서 '한 아버지'였는데 숫자 '한'과 혼동되니 발음을 부드럽게 하면서 '한'이 '할'이 됐다. 이 '크다'라는 뜻을 가진 '한'이 일본말에서는 감탄사 '오'로 변한다.

≫ 오바-상(おばあさん) - 할머니

한국말 '할마 우에'에서 변형된 말이다. '할'이 위에서 설명한 대로 '오'로 변했고 '우에'는 '상'으로 변했고 '마'는 같은 입술소리(脣音)이며 일본 가나에서도 같은 계열인 '바'로 변했다.

≫ 무스꼬(むすこ) - 아들, 무스메(むすめ) - 딸

'무스꼬'는 한국말 '맺은 (새)끼'에서, '무스메'는 '맺은 에미(나)'에서 비롯된 말이다. '맺은'에서 연음되고 뒤의 받침이 빠지면 '매즈'가 된다. '매'는 가나의 발음으로 하면 '무'가 되고 '즈'는 더 발음하기 쉬운 같은 잇소리(齒音)로 바뀌면 '스'가된다. '끼'는 모음조화되면 '꼬'가 되고, '에미'가 합쳐지면 '메'가 된다. 딸은 '에미'로서 가치가 있으므로 '에미'로 부를 수 있는데 '에미'가 아직 안 됐으면 '에미로 날' 사람으로 고구려말 '에미나'가 된다. 일본에서는 이 '나다'는 뜻을 가진 동사 '나루'를 많이 쓴다. 정확히 말하면 신이 어떤 물건을 내려서 나는 의미를 가지고 있다.

≫ 마고(まご) - 손자, 마고무스메(まごむすめ) - 손녀

'마고'는 한국말 '에미 (새)끼'에서, '마고무스메'는 한국말 '에미 (새)끼 맺은 에미 (나)'에서 비롯된 말이다. '무스'는 한국말로 '맺은'이란 뜻으로 별 뜻이 없어 아들과 딸에 공통적으로 생략해도 뜻이 통한다. 일본인들이 한국말 어원을 잃어버리지 않았으면 손녀를 '에미의 에미나'란 뜻으로 '마(무스)메(まむすめ)'라 했을 것이다. '에미'가 한음절로 합해지면 '메'가 되는데 '메'는 첫음절로 발음이 어려우니 '마'로 변한 것이다. '마고'에서 '마'가 어머니의 뜻을 가지고 있는 것으로 보아 일본도 어머니를 '마마'라 한 적이 있는 것 같다. 여기서 '마고'는 '에미꼬'이니 손자인데 그중에 딸을 뜻하는 '무스메'이니 손녀가 된다.

≫ 아니(あに) - 형, 오빠

한국말 '언니'에서 유래된 말이다. '언니'는 또 '웃나이'에서 유래된 말이다. 필자가 어렸을 때만 해도 서울에서는 형을 '언니'라고 불렀는데 지금은 그 말이 없어져 버렸다. 이렇게 말이 빨리 변하는데도 불구하고, 1,500~2,000년 된 일본말이 한국말로 풀리는 것을 보면 삼국시대에는 삼국과 일본 간에 통역 없이 의사소통이 된 것이 분명하다. '언니'에서 받침이 빠지면 '어니'가 되고 '어'는 일본 가나의 발음으로 하면 '아니'가 된다.

≫ 아네(あね) - 누나, 언니

한국말 '안에 (언니)'가 변형된 말이다. 형이나 오빠는 주로 밖의 일을 보는데 누나나 언니는 주로 안의 일을 본다. 그래서 안의 일을 본다는 이름으로 '안에 언니'라고 부르다가 '안에'만 남게 된 것 같다. '안에'가 연음되면 '아네'가 된다. 한국말 '아낙네'는 '안의 사람들(네)'에서 나온 말이다. 한국말 누나는 '안 웃나이'를 빠르고 짧게 발음하면 비슷한 발음이 된다.

≫ 이모우또(いもうと) - 여동생, 오또우또(おとうと) - 남동생

'이모우또'는 한국말 '에미 아! 뒤'에서, '오또우또'는 '오똑이 아! 뒤'에서 변형된 말이다. '아! 뒤'는 '뒤'를 강조한 말이다. 뒤에 나온 남자는 남동생이고 뒤에 나온 여자는 여동생이다. 여자는 누구나 '에미'가 되는 특성이 있으므로 '에미'가 여자의 대명사가

될 수 있다. '에미'에서 첫음절은 쉬운 발음을 하는 경향으로 '이'가 됐고 '미'는 '우
또'와 모음조화되면서 '모'가 됐다. '모'로 변하는 데는 한자 모(母)를 의식했을 것이
다. 오또꼬는 일본말로 남자인데 한국말 '오똑한 것을 가진 사람'이 줄어든 말이다.

≫ 이또꼬(いとこ) – 사촌

한국말 '이(異) 우두(상) (새)끼'가 변형된 말이다. 다른 아버지 새끼이니 사촌이다.
이(異)는 이(二)일 수도 있다. 숫자 이(二)에는 '다르다'는 의미도 있다. 기본 한자는
한국말 고대어라는 개념으로 볼 때는 이(二)일 가능성이 크다. 아버지를 뜻하는 '오
또'에서 '오'는 '이'와 비슷한 모음이 중복되어 생략됐다. '끼'는 '꼬'가 된다.

≫ 오이(おい) – 조카

한국말 '오(똑꼬) 이(異)'가 변한 말이다. 오똑한 사람은 남자이며 '꼬'는 아들이다.
한국말 아들도 '오똑'에서 나온 말이다. '오똑꼬'의 '똑꼬'는 발음이 복잡하여 생략
됐다. 끝음절 '이(異)'는 뒤에 다르다는 것을 표현해 준다. 일본말은 한국말 고어이
기 때문에 분화가 덜 돼서 어순도 정립되지 않은 단어가 종종 나온다. 한국말 어원
을 알았으면 고쳤을 텐데 어원을 모르기 때문에 고치지 못한 단어이다.
이런 식으로 더 오래 전에 원시 한국말에서 갈라져 나간 것이 중국어이다. 중국어가
어순이 다르다고 완전히 한국말과 다르다고 생각하면 안 된다. 신인류의 공통 조상
에서 DNA가 분화되어 흑인종, 백인종, 황인종을 망라한 각기 다른 민족이 되듯이
말도 그렇게 분화된 것이다. 중국말은 한국말에서 일본말보다 일찍 갈라져 나온 말
이다.

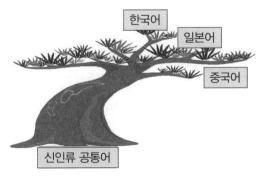

≫ 메이(めい) – 질녀

한국말 '에미나 이(異)'가 변한 말이다. '에미나'는 여자이며 '딸'도 된다. 딸은 딸인데 다른 딸이 질녀이다.

≫ 슈우또메(しゆうとめ) – 시어머니

한국말 '시의 우두 에미나'에서 변한 말이다. '시의'가 일본 가나에 있는 소리 한 음절로 줄면 '슈'가 된다. '오또'는 아버지의 일본말이고 '에미나'는 아버지의 어머니이니 시어머니이다. '에미나'가 한 음절로 줄면 '메'가 된다.

≫ 슈우또(しゆうと) – 시아버지

한국말 '시의 우두'가 변한 말이다.

≫ 요메(よめ嫁) – 며느리

한국말 '용의(用意) 에미'가 변한 말이다. 한국말 '준비'라는 뜻의 일본말이 '요이'이다. 준비에 해당하는 순수한 한국말이 없다. 원래 '요이'가 한국말이었는데 아마도 '용의'라는 한자에 묻혀 버린 것 같다. '용의'는 뜻을 두는 것인데 뜻을 두는 것이 가장 중요한 준비가 된다. 에미가 될 준비가 된 사람이, 즉 에미가 될 용의가 있는 사람이 '며느리'이다. 일본말로 시집가는 것을 '요메니나루(よめになる)'라고 한다. 한국말로 '며느리에 난다'이다. 한국말에 일대일로 대응시키면 '용의(있는) 에미에 나라우'이다. '용'에 받침이 빠지면 '요'가 되고 '의'는 에미에 묻혀 없어진다. '에미'는 '메'로 준다.

≫ 무스메무꼬(むすめむこ) – 사위

한국말 '맺은 에미(나) 맞은 (새)끼'가 변한 말이다. '맺은 에미(나)'가 딸이고 '맞은(새끼)'은 결혼한 남자 아이로서 사위가 된다.

≫ 오또나(おとな) - 어른(大人)

한국말 '우뚝한 이'가 변한 말이다. '우뚝'에서 받침이 빠지고 작게 발음하면 '오또'가 된다. '한이'에서 'ㅎ'이 같은 목구멍소리 'ㅇ'으로 변하면 '안의'가 되는데 이것이 줄면 보통 '나'가 된다.

≫ 단세이(だんせい男性) - 남성

일본의 한자 발음은 한국 한자 발음과 비슷하다. 그러나 남(男)을 단으로 발음하는 것은 이해할 수 없을 정도로 한국 발음과 다르다. 한국의 조상 환웅(桓雄)은 '하나의 웅' 곧, '첫 번째 수컷'이란 뜻이다. 단군(檀君, 칸)이 환웅의 자손이니 단씨 집안의 군주란 뜻으로 단도 한(韓, 하나)의 다른 표기일 가능성이 크다. 남(男)을 단으로 읽는 것은 그들도 단군의 자손이기 때문이다.

옛날에는 부인이 남편을 '다나(檀那) 사마'라고 불렀는데 사마는 존칭이니 남편이 곧 '단'이다. 단군(檀君)의 후예인 것이다.

≫ 아까짱(あか赤ちゃん) - 갓난아기

한국말 '아가'에 존칭 '상'을 귀엽게 부르는 '짱'을 붙인 말이다. 한국말 '아가'도 '빨가'가 변형된 '아까(赤)'에서 나온 말이다. 갓난아기는 얼굴이 빨간 특징이 있다. 아기를 아깡보(あかーんーぽう[赤ん坊])라고도 하는데 아가에 바보(밥보)나 먹보의 '보'를 붙인 말이다. 아까짱의 고어가 '아꼬'인데 '아! (새)끼'가 변한 말이다.

≫ 고도모(こ子ども供) - 아이

한국말 '새끼동무'가 변한 말이다. 그런데 남한 사람들은 이제 '동무' 소리를 들으면 깜짝 놀란다. 이북 사람들이 공산혁명을 일으키기 위해서 동아리 의식을 주려고 '동무'라는 말을 많이 사용해 공산당의 독점 언어가 되다시피 했기 때문이다. 남한에서 '동무'라는 말을 많이 쓰면 빨갱이로 몰리게 되서 남한에서는 사라지게 된 말이다. 말은 같은 말이라도 어감이 이렇게 변한다. 잠깐 사이에도 이렇게 변하는 것이 말인데 2,000년 전의 한국말인 일본말이 현대 한국말과 다르다고 어색해 하며 따지고 들 필요가 없다.

'새끼'는 '꼬'로 되고 '동무'에서 받침이 빠지고 모음조화되면 '도모'가 된다. 아이들에게 '동무'를 붙여주면 높이는 말이 된다. 작지만 어른과 동무이니 어른처럼 행동하라는 교육적 의미도 있다. 남한 사람들은 '동무'라는 참 좋은 말을 북한에 빼앗기고 '친구'라는 한자어를 쓴다.

≫ 게라이(けらい) - 하인, 종

한국말 '괴뢰'가 변한 말이다. '괴'는 일본 가나에 없으니 가나의 발음으로 하면 '게'가 된다. '뢰'는 복잡한 복모음이라 가나에 없는데 이 복모음을 풀어쓰면 '로이'가 된다. '로이'가 모음조화되면 '라이'가 된다.

≫ 아루지(あるじ) - 주인, 군주

'핵심이며 중요한 하나'의 의미로 쓰이는 '알卵'에 사람에 붙이는 명사형 조사 '치'가 붙은 한국말 단어이다. '알치'가 연음되고 발음이 부드러워지면서 '아루지'로 변했다. 신라 시조 김알지(閼智)의 알지, 을지문덕의 을지, 일본신화에 나오는 스사노오 노미고토가 이즈모에서 물리친 '야마다노 오로치'의 '오로치'가 모두 아루지의 다른 표기이다.

≫ 도노(との殿) - 주군(主君)이나 귀인에 대한 높임말

사무라이 영화를 보면 영주님을 '도노'라 부르며 이름 뒤에 높임말로 '도노'를 붙인다. 한국말 두령이 변형된 말이다. 같은 유성음 'ㄹ'이 'ㄴ'으로 변하는 현상은 아주 흔하고 두령을 쉽게 발음하면 '도노'가 될 가능성은 많다.

≫ 다미(たみ民) - 국민, 백성

담장의 '담'에 명사격 조사 '이'가 붙어서 된 순 한국말이다. 담 속에 사는 사람들이라는 뜻이다. 백제에서 제후국을 '담로(擔魯)'라 했다. 여기서 한자는 소리만을 표기한 한자이다. 들[野]을 우리말의 고어인 일본말로 '노'라 하는데 '담로'는 '담[城]으로 둘러싸인 들'의 순 한국말이다. '담노'에 사는 사람들이 '다미'이다. 일본인들은 한국인이 잊어버린 백제말을 쓰고 있다.
일본에서 백성을 다미라 하는 것은 일본이 백제의 담로였다는 증거이다.

≫ 와까모노(わか若もの者) ─젊은이

한국말 '약한 물(物)'에서 비롯된 말이다. '약한'에서 '약'을 연음시키고 일본 가나에 가장 가까운 발음으로 하면 '와카'가 된다. 'ㄱ'받침이 연음되고 뒤의 'ㅎ'을 만나면 격한 소리 'ㅋ'으로 된다. 'か'는 원래 '까'와 '카'의 중간 발음이다. 물은 일본말로 '모노'가 된다.

≫ 가(チョンガ─) ─ 총각

한국말 '총각'이 변한 말이다.

≫ 도시요리(としより) ─ 늙은이

한국말 '돍이 위인 이'가 변한 말이다. 돌은 1년을 말하며 곧 나이가 된다. '나이가 위인 이'는 '늙은이'이다. '돍이'가 연음되면 'ㄹ'이 빠지며 '도시'가 된다. '위인이'에서 '위'는 일본 가나에 없으니 가나의 비슷한 발음은 '요'이다. '인이'가 연음되면 '이니'가 되는데 같은 모음이 중복되므로 '이'는 빠져 '니'만 남는데 '요니'가 쉽게 발음되면 '요리'가 된다.

≫ 거지끼(こじ乞食き) ─ 거지, 비럭질, 'こつじき'의 준말

한국말 '거지'와 어원이 같은 말이다. 어원은 '거적'이다. '거적'은 거지가 깔고 덮고 자는 가마니 조각인데 거지나 비럭질의 대명사이다. 일본말은 '거적'에서 받침이 연음되어 '거지끼'가 됐다. 어원에 가까운 발음을 하는 것은 일본말이 한국말보다 고어라는 증거이다.

≫ 우소쯔끼(うそつ嘘吐き) ─ 거짓말함, 거짓말쟁이

한국말 '웃음(거리)짓기'가 변한 말이다. 거짓말은 웃음거리가 된다. 그래서 일본에서는 한국말 '웃음'이 변한 '우소'가 거짓말이 된다. '우소 짓기'는 '거짓말함'이 되고 '우소 짓기'에 사람에 붙이는 명사형 어미 '이'가 더 붙으면 거짓말쟁이가 되는데 발음은 모두 '우소 짓기'가 된다.

≫ 도로보(どろ-ぼう 泥棒) – 도둑(질)

한국말 '도둑'이 변한 말이다. 필자의 조카가 4살에 미국 이민을 가서 자랐는데 도둑놈을 '도롱놈'이라고 발음한다. 이민 가서 모국어를 적당히, 부드럽게 발음하는 게으른 혀 현상이다. 일본 이민자들의 게으른 혀로 '도둑'을 '도로'라 발음했고 '보'는 먹보나 떡보와 같이 사람에 붙이는 명사형 어미이다.

≫ 야츠(やつ[奴]) – 녀석, 놈

야츠는 사람, 사물을 막되게 이르는 말이다. 또는 아랫사람에게 친근감을 가지고 이르는 말로서, 동의어에는 'あいつ'가 있다.
한국말 '녀석'이 변한 말이다. '녀'는 두음법칙으로 '여'가 되는데 가나의 음으로는 '야'가 적당하다. '석'은 받침이 빠지고 가나의 음으로 '츠'가 된다.

≫ 히토리(ひと独り) – 한 사람, 1명

한국말 '외토리'가 변한 말이다. 토리는 키다리, 똘똘이, 무쇠돌이처럼 어원은 다리이고 사람이란 뜻이다. 긴 다리로 서서 다니는 것이 사람의 특징이라 붙은 것이다.

주거용어로 쓰이는 명사

≫ 도꼬로(ところ) – 장소

한국말 '터 골'이 변형된 말이다. 한국의 마을 이름에 '재 너머 골', '절 골', '밤나무 골' 등이 있다. 골짜기의 준 말로서 산등성이와 등성이 사이의 지형을 말한다. '터'는 집이나 절을 지을 수 있는 평평한 지형을 말한다. 이 두 가지 크고 작은 땅을 가리키는 말이 '터 골'이다. '터 골'에서 '터'는 첫음절이라 일본 가나에 있는 부드러운 발음 '도'로 변했고 '골'은 연음되어 '고로'가 되면서 첫음절의 센소리를 이어받아 '꼬로'가 됐다.

≫ 바쇼(ば場しょ所) – 장소

한국말 '바소'가 변한 말이다. 한국의 한자사전 옥편(玉篇)에 소(所)를 바 소(所)라 한다. 현재 한국말에는 '바'라는 말을 '이른바', '말하는 바'라고 할 때는 쓰는데 장소에는 쓰지 않는다. 난장판, 놀음판, 씨름판 등 '판'으로 남아 있는, 판(坂)이라는 한자일 수도 있다. 옥편에 바 소(所)가 있는 것을 보면 장소의 의미로 '바'가 한국말에도 있었다는 것을 말해 준다. 한국말에서 잃어버린 '바'가 일본에는 장소의 의미를 가진 '바'로 살아 있다. 장(場)을 써놓고 '바'로 소리 내어 읽는다. 영어의 bar 도 이 '바'에서 유래된 것이다.

일본에 갈 때마다 느끼지만 일본은 한국 고대문화의 박물관이다. 한국 고대문화에 관심이 있는 사람은 일본 여행이 살아 있는 박물관 여행으로서 그렇게 재미있을 수 없다. 필자는 그런 재미에 빠져 있다가 이 책을 여행 감상문으로 쓰게 되었다. 요즈음은 일본에 가지 않고 일본 역사 드라마를 보는데, 보다 한국말에 가까운 말을 듣고 우리가 잃어버린 풍습들을 보노라면 한국 고대문화 그 자체에 빠져든다.

≫ 이에(いえ家) = 야(や屋) – 집

한국말 '이엉'이 변한 말이다. 초가집 지붕을 '이엉'이라 하는데 '이엉'은 집의 대표가 되므로 '이엉'이 곧 집이 된 것이다. '이엉'은 '짚을 이은'의 명사형이고 한국말 집도 '이엉'을 만드는 '짚'에서 나온 것 같다. '이엉'에서 '엉'이 일본 가나에 없으니 가장 비슷한 가나의 소리로 하면 '에'가 된다. '이에'가 한 음절로 줄면 '야'가 되고 '야'가 다른 말과 결합되어 '~집'의 의미로 사용된다. '우동야' 하면 우동집이고 '팡야' 하면 빵집이 된다. '야시끼'는 한국말 '야 쑥!'이 변한 말로서 쑥! 돋보일 정도로 큰 집이다.

≫ 다떼모노(たて建もの物) – 건물

한국말 '돋은 물(건)'이 변형된 말이다. '돋은'이 연음되면 '도든'이 되고 받침이 빠지면 '도드'가 된다. '도드'보다 일본인에게 쉬운 발음은 '다떼'가 된다.

≫ 헤야(へ部や屋) - 방

한국말 '~에 (딸린) 이엉'이 변한 말이다. 집에 속한 이엉이 방이다. 조사 '에'로 부속(部屬)을 표현했다. '에'가 같은 목소리(후음) '헤'로 치환되었다.

≫ 다이도꼬로(たいところ所) - 부엌

한국말 '대 터 골'이 변형된 말이다. 한국말에서 '대'는 평평해서 물건을 올려놓기 좋은 것을 말한다. 옛날에는 평평한 바위를 가리켰다. 요리에 필요한 모든 도구들을 올려놓는 곳이 '대'이다. '터 골'은 장소의 옛말이다. 대가 많은 장소가 부엌이다. '대'가 가나의 발음으로 복모음이 풀리면서 '다이'가 됐다. 우리도 흔히 '다이'로 쓰는데 일본말에서 유래했다고 하지만 원래 한국 사람도 '다이'라고 썼던 것 같다. '터 골'이 연음되고 모음조화되면 '도꼬로'가 되는 것은 이미 앞에서 언급했다.

≫ 후로바(ふろば) - 욕실

한국말 '(때) 불리(는) 바'가 변한 말이다. 욕실은 욕조가 있는 장소(바)로 욕조는 때를 불리는 곳이다. '불리는'에서 '불'은 'ㅂ'이 'ㅎ'으로 바뀌고 받침이 빠져서 '후'가 됐고 '리는'이 줄어들면서 '로'가 됐다.

≫ 야네(や屋ね根) - 지붕

한국말 '이엉네'에서 비롯된 말이다. 이엉이 '철수네', '아낙네'처럼 여러 개 모인 것이 '이엉네'로서 지붕이 된다. 지붕은 '집 이엉'에서 나온 말이다.

≫ 마도(まど) - 창

한국말 '(움)막 틈'이 변한 말이다. 움막의 어느 공간만큼 터진 것이 창이다. '움'은 유성음 첫음절이라 생략되고 '막'에서 받침이 빠지면 '마'가 된다. '틈'에서 일본 가나의 가장 적합한 발음이 '도'가 된다. '마'가 유성음으로 모음과 다름없기 때문에 '토'가 가나의 유성음 '도'로 변했다.

≫ 가베(かべ) - 벽

한국말 '갑'이 변한 말이다. 담배나 성냥을 한 갑, 두 갑이라고 한다. 내용물을 둘러치는 보호막이 갑이다. 벽도 그 안에 사는 사람을 둘러싸서 보호하는 것이 갑이다. '갑'이 연음되면 '가브'가 되고 비슷한 가나의 발음은 '가베'가 된다. '갑옷' 할 때 쓰는 갑(甲)은 한자화된 말이고 한자화되기 전 순수한 한국말은 '꺼풀'이다.
예루살렘에서 예수님과 동시대의 침례를 드리는 풀이 발견됐는데 히브루어로 '미카베'라 한다. 일본말로 물을 간단히 미(오우미−큰 물)라 하는데 미카베는 곧 '물벽'이 된다.
예수님이 십자가를 메고 가서 죽은 언덕이 골고다(Golgatha) 언덕인데 한국말 '골로 간 땅'에서 유래된 말이다. 히브루어는 한국말 고어인 일본말과 비슷한데 일본말로 '죽인다'를 '고로수'라 하고 '땅'은 '다(田)'라 하고 '간다'는 '이쿠'라 한다. 골고다를 일본말로 하면 '고로+이쿠+다'로서 히브루어와 매우 유사하다.
유대인 교회당은 시나고그(Synagogue)라 하는데 '신의 곳'에 해당한다. 신이 실제로 히브루어로 신이다. 모세가 신에게 십계명을 받아온 산은 '시나위 산'인데 '신나온 산'이다. 히브루 민족은 해부루(해불)를 하나님으로 섬기는 부여(불)의 한 갈래(한겨레)일 것이다. 한민족이나 유태인이나 전통을 지키는 데 열심이어서 아직도 노아의 방주에서 쓰던 말을 그대로 쓰고 있다.

≫ 가와라(かわら) - 기와

한국말 '기와 알알'이 변한 말이다. '기와'에서 '기'가 게으른 혀가 발음이 편하게 모음조화되면 '가와'가 된다. 동대사(東大寺) 같은 일본의 유명 고대 건축물 역사를 보면 백제사람 '기와박사'가 지붕을 조성했다. '알알'에서 같은 음이 반복되어 하나가 생략되면 '알'이 남는다. '알'에서 받침이 연음되면 '아라'가 된다. '아'는 흔히 생략되니 생략되면 '라'만 남는다. 일본말에서는 '라'가 복수어미 '들'의 역할을 하는 것 같다.

≫ 엔또쯔(えんとつ煙突) - 굴뚝

한국말 '연(기) (굴)뚝'에서 변형된 말이다. '굴이 뚝!' 나온 것이 '굴뚝'인데, 한자 돌(突)이 '굴뚝'을 그린 것이라는 사실을 일본말을 한국말로 풀면서 알게 됐다. 구멍(굴) 혈(穴) 밑에 개 견(犬)이 있는데 개와 관련된 것보다도 犬 글자 모양을 보면 구멍이 지평선 위로 돌출된 모양이다. '뚝'이 연음되면 '뚜구'가 되는데 이 '뚜구' 가 돌(突)의 일본 한자 소리음 '또쯔'와 비슷해 '또쯔'로 바뀌게 됐다.

≫ 이도(い井ど) – 우물

한국말 '우물 터'가 변형된 말이다. 우물의 원시적 형태는 '웅덩이'의 '웅'이었다. '웅' 이 가장 발음하기 쉬운 일본 가나의 발음 으로 바뀌면 '이'가 된다. '터'가 가나의 발 음으로 바뀌면서, 앞에 모음이 있어 첫음 절이나 다름이 없어 약해지면 '도'가 된다. 우물의 원시적인 형태는 샘물인데 샘물 주 위는 많은 돌로 둘러쳐져 있다. 옛날에는 돌을 '이시'라고 했는데 '부싯돌'처럼 '이 시돌'이라 했을지도 모른다. 그러면 우물 이 '이시돌 터'가 되는데 '돌 터'에서 비슷 한 발음이 중복되므로 '터'만 남고 '이시' 도 같은 모음이 중복되며 첫음절의 쉬운 발음으로서 '이'만 남은 것 같다.

우물터

≫ 아소비바(あそ遊びば場) – 놀이터

한국말 '아! 소풍 바'에서 유래한 말이다. 소풍은 한자가 아니라 순 한국말이 한자 화한 말이다. 원래 고어는 '소비'인 것 같다. 놀이는 즐거워서 감탄사가 붙어 '아소 비'가 됐다. '아소비'는 '놀이'의 '고어'이고 '바'는 장소의 고어이다.

≫ 히로바(ひろ廣ば場) – 광장

한국말 '펼(쳐진) 바'에서 유래된 말이다. 산은 땅이 주름 잡힌 형상이고 이것들이 펼쳐지면 평평하고 넓은 땅이 된다. 이렇게 '펼쳐진 바'가 광장이다. '펼쳐진'에서 발음이 힘든 '쳐진'은 빠지고 '펼'만 남은 것이 '히로'이다. 'ㅍ'이 같은 계열 'ㅎ'으로 바뀌고 연음되면 '혀르'가 된다. '혀르'는 가나에 없으니 있는 쉬운 발음으로 모음조화되면 '히로'가 된다.

≫ 이찌바(いち市ば場) – 시장

한국말 '여러 집 바'가 변한 말이다. '여러'는 일본말에서 '이로'로 변한다. '집'에서 받침이 빠지면서 흔적이 남아 센소리로 발음되면 '찌'가 된다. '이로찌'에서 '로'는 흔히 빠져 '이찌'가 된다. 시장의 특징은 여러 집이 모여 있다.

≫ 미세(みせ) – 상점, 가게

한국말 '뵈(는) 데'가 변형된 말이다. 어원은 그렇지만 일본말에 '보여주다'의 뜻을 가진 '미세'에서 변형된 말이다. 어원은 '눈매'에서 나온 '보다'의 '미루'이다. 원시적인 상점 형태인 매대(賣臺)가 변한 말일 수도 있다.

≫ 미나또(みなと) – 항구

한국말 '물(에) 나들 터'가 변형된 말이다. '물'은 일본말에서 흔히 '미'로 변한다. '나들 터'에서 '들 터'는 비슷한 발음이 중복되므로 '들'이 생략되며 '터'는 가나의 발음으로 '토'가 된다.

≫ 자미세(ちやみせ) – 다방

한국말 '차 뵈는 데'가 변형된 말이다. '미세'가 가게이니 차 가게이다. 한국말 가게는 한국말 고어인 일본말에 한국말 '걸다'에서 변형된 '가께루'의 명사형이다. 상품을 '보여주는 데'에서 '미세'라는 말이 나왔고 상품을 보여 줄라고 '거는 데'에서 '가게(걸개)'가 나왔다.

≫ 혼야(ほん本や屋) – 책방

한국말 '본(뜨는)집'에서 비롯된 말이다. 책을 일본에서 '혼'이라 하는데 집을 뜻하는 일본말 '야'와 합해서 '책 집'이다. '혼'은 원래 '본뜨다'의 명사형 '본'에서 'ㅂ'

이 같은 계열 'ㅎ'으로 치환된 말이다. 인쇄는 원판의 본을 뜨는 것이고 인쇄물들이 책이다. 책은 종이를 엮은 모양을 그린 것이 책(冊)이다.

≫ 노미야(のみ飲や屋) – 술집

한국말 '넘기(는) 집'에서 유래된 말이다. '노무'는 '(목구멍에) 넘기다'가 변형된 동사이고 '노미'는 명사이다. '노미야'는 술집이 된다.

≫ 무라(むら) – 마을

한국말 '말'에서 비롯된 말이다. 한국말에 '윗말', '아랫말'이 있다. 이 '말'이 마을의 고어로서 연음되면 '마르'가 되고 '타는 말'과 혼동을 피하면 '무라'가 된다. 마을도 '말'에서 변형된 말이다.

≫ 마찌(まち) – 마을

이것도 한국말 '말'에서 변형된 말이다. 'ㄹ' 받침은 일본말에서 '-츠'로 변한다고 했다. 이렇게 '말'이 변하면 '마츠'가 되고 '마찌'로 더 쉽게 발음된다. '마찌'는 마을의 번화한 거리의 의미도 있다. 길을 일본말로 '미찌'라 하는데 길의 한국말 사투리 '지'에서 나온 말이다. '마을 길(마찌지)'이 미찌이다. 마을 길에서 행진을 뜻하는 영어의 March도 어원이 같을 것이다.

≫ 사또(さと里) – 마을, 촌락

한국말 '삶터'가 변형된 말이다. 사람들이 살아가는 삶터가 마을이다. 고을 원님을 부르는 한국말 사또도 삶터가 변해서 된 말일 것이다.

≫ 가와(かわ江) – 강

한국말 '강'이 변한 말이다.

≫ 나미(なみ) – 파도

한국말 '나(는) 물'이 변형된 말이다. 나는 것은 올라오는 것인데 '나는 물'이 파도
이다. 일본말에서 물은 게으른 혀로서 '미'로 발음된다.

≫ 쓰나미(つなみ) – 쓰나미(해일이 뭍을 쓸어 내는 물)

한국말 '쓸(고) 나는 물'에서 변형된 말이다. '나미'는 '나미'인데 뭍을 쓸고 나오는
물이 '쓰나미'이다.

≫ 무쯔(むつ) – 육지

한국말 '뭍'이 변한 말이다. 일본에 '무쯔국'이라는 역사적으로 유명한 제후 나라가
있었다. 무쯔국의 왕은 대대로 '백제왕'씨가 다스렸다. 일본 해안가에는 '무쯔'라는
지명이 많다. 모두 한국말 '뭍'에서 비롯된 말이다. '뭍'이 연음되면 '무트'가 되고
'트'는 구개음화되어 '쯔'가 된다. 한국말 '뭍'도 '물터'에서 나온 말이다.

≫ 즈찌(つち土) – 흙

한국말 '지지'에서 변형된 말이다. 아기 말이 가장 변하지 않는 말인데 '지지'가 대
표적인 아기 말이다. 아기가 더러운 것을 들었을 때 '지지!'라고 소리친다. 흙의 고
어가 '지지'라는 사실을 일본말을 배우고 나서야 비로소 알았다.

≫ 시마(しま) – 섬

한국말 '섬'에서 유래한 말이다. '섬'을 연음시키면 '서마'가 된다. '서'는 일본 가
나에 없으니 가나에 있는 말로 첫음절이니까 부드럽게 발음하면 '시'가 된다.

≫ 우미베(うみべ) – 해변

한국말 '와! 물 변'에서 비롯된 말이다. 일본말 바다는 한국말 '와! 물'에서 비롯된
'우미'이다. '변'이 가나의 발음으로는 '베'가 된다.

≫ 도떼(とて) - 제방, 뚝

한국말 '(터) 돋운 데'에서 유래한 말이다.

≫ 사까(さか) - 언덕

한국말 '재(갓) 가'에서 유래된 말이다. 고개는 고대 한국말로 '재 넘어' 하는 '재'이다. 고개는 곧 언덕이며 그 언덕이 바닷가 언덕일 때는 '재가'가 된다. 그것이 '사까'의 원형이다. '사까' 중에 큰 것이 '오! 사까'이다. '재'에서 'ㅈ'이 일본 가나의 같은 잇소리(齒音) 'ㅅ'으로 바뀌면 '사'가 된다.

≫ 다끼(たき) - 폭포

한국말 '닿게 물'이 변형된 말이다. 하늘 닿게 높이 있는 물이 폭포이다. '닿게'가 연음되면 '다께'가 된다. '닿게'에서 나온 형용사는 높다는 뜻의 '다까이'다. 물이 일본식으로 발음되면 '미'가 된다. '다께미'에서 '께미'가 한마디로 줄면 '끼'가 된다. 높은 물은 밑으로 떨어지게 되어 있고 높은 물이 떨어지는 것이 폭포이다.

≫ 미즈우미(みずうみ) - 호수

한국말 '밑 와! 물'이 변형된 말이다. 일본말로 바다는 '와! 물'이 변한 '우미'이다. '우미'보다는 밑에 가는 것이 호수이다. 일본말로 '짧다'를 한국말 '밑에 가'가 변한 '미지까이'라 한다. 여기서 별 필요가 없는 '까이'가 빠지고 '미지'만 남아 있다가 '미즈'로 변했다.

≫ 누마(ぬま) - 늪

한국말 '늪'이 변형된 말이다. '늪'이 연음되면 '느프'가 되고 'ㅍ'이 같은 입술소리 'ㅁ'으로 바뀌면 '느므'가 된다. '느므'가 가나의 음으로 바뀌면 '누마'가 된다.
일본 동북부 쓰나미로 동네 하나가 전부 물에 잠겨 늪이 된 곳의 지명이 게센누마(氣仙沼)이다. 한국말로 하면 '기가 센 늪'이다. 대대로 상습 쓰나미 침수지역이라 이런 이름이 붙은 것 같다.

≫ 다니마(たにま) – 골짜기

한국말 '틈 마'가 변형된 말이다. 골짜기는 산줄기와 산줄기 사이의 틈이다. '마'는 공간이나 시간의 단위이다. 틈의 공간이 골짜기이다. '틈'이 연음되면 '트므'가 되고 '트'는 첫음절이라 부드러워져 가나의 음 '다'가 되고 '므'는 같은 유성음이며 가나의 음 '니'로 변한다. '다니마'가 골짜기가 된다.

≫ 아나(あな) – 굴, 구멍

한국말 '안'이 변형된 말이다. 굴이나 구멍은 '안'이 가치가 있다. 그래서 이름이 '안'인데 '안'이 연음되면 '아나'가 된다.

하늘과 연관된 명사

≫ 아마노가와(あまのがわ) – 은하수

한국말 '아! 마(당)의 강'이 변해서 된 말이다. '마'는 공간의 단위라 했다. '아!'라고 감탄할 만한 아주 큰 공간은 하늘이다. 은색 별들의 강인 하늘의 강이 은하수(銀河水)이다. 하늘은 일본말로 '아! 마당'에서 유래한 '아마'이고 강은 일본 발음으로 '가와'이다.

≫ 소라(そら) – 하늘

한국말 '서울'이 변한 말이다. 서울은 원래 '소박(素)한 울'이 변한 말이다. '소박한 울'은 시초의 소박한 도시를 뜻한다. 한국인과 일본인의 공통 조상인 환웅이 살던 하늘은 '시초의 소박한 울'인 '한울'이다. 그것이 '소울' 곧 '서울'이기도 하다.

1,500~ 2,000년 전의 한국 사람들이 섬나라에 이주하여 고립된 일본은 이주 전의 한국의 언어와 풍물이 그대로 남아 있다. 그래서 하늘을 하늘의 고대어인 '서울'이라 한다. '서'의 가나 발음은 '소'이고 '울'이 연음되면 '우루'가 되는데 같은 모음이 중복되어 한음절로 줄어들면 '라'가 된다.

한국말 '사람'은 '소라인'이 변한 말일 수도 있다. 'ㄴ' 받침이 같은 유성음 'ㅁ'으로 변한 '소라임'이 두 음으로 줄어들면 '사람'이 된다. 사람은 사람이 된 것만으로 '하늘 인간'으로서의 긍지를 가지고 그에 합당한 행동을 하라는 의미로 붙인 이름일 것이다. '우루'는 메소포타미아의 고대 도시국가들 이름인데 이 어원도 '서울'에 기원하고 있다. 영어 Soul은 '소라'에 사는 영(靈)들이다.

≫ 히(ひ) – 해

한국말 '해'가 변형된 말이다. '해'는 일본 가나에 없으니 가나의 발음으로는 '히'가 된다.

≫ 쯔끼(つき) – 달

한국말 '쪼갠 것'에서 변형된 말이다. 달이 해와 다른 것은 해처럼 둥근 것을 쪼갠 것이다. 그래서 일본에서 달은 '쪼갠 것'이란 이름이 붙었다. '쪼'의 일본 가나 발음은 '쯔'가 되고 '갠 것'은 비슷한 말이 반복되니 가나음으로 짧게 줄이면 '끼'가 된다.

≫ 호시(ほし) – 별

한국말 '별'에서 변한 말이다. 'ㅂ'이 같은 계열 'ㅎ'으로 바뀌면 '혈'이 되고 'ㄹ' 받침이 '-쯔'로 발음되면 '혀쯔'가 된다. '혀'가 일본 가나 발음으로는 '호'가 된다. '쯔'가 더 쉽게 발음되면 '시'가 된다.

≫ 사다메(さだ定め) – 숙명, 결정

한국말 '사는 때문'에서 유래한 말이다. 사람이 사는 것은 운명을 하늘로부터 받고 태어났기 때문이라고 한민족은 생각했다. 그래서 숙명의 순 한국말이 '사는 때문'일 수 있다. 사람은 숙명(宿命)을 숙제하듯이 수행하느라 산다. 때문을 일본말로는 '다메'라 한다.

기후와 관련된 명사

≫ 히자시(ひざし) – 햇살

한국말 '햇살'이 변형된 말이다. '해'는 일본 발음으로 '히'가 된다. '살'에서 'ㄹ' 받침이 연음되면 '사쯔'가 된다. '사쯔'에서 '사'가 '쯔'의 영향을 받으면 '자'가 되고 '쯔'가 부드럽게 발음되면 '시'가 된다.

≫ 하레(はれ) – 맑음

한국말 '해 있우'가 변형된 말이다. 일본말에서 '해'는 '히'가 된다고 누차 말했다. 일본말에서 '있다'는 '이루'이다. '해 있다'는 '히 이루'가 된다. '히이'는 똑같은 모음이 반복되므로 뒤의 '이'가 생략된다. '히루'에서 본래 동사인 '이루'가 명사형 '이'와 결합되면 '루이'가 되는데 한 음절로 줄어들면 '레'가 되고 '히'는 '레'와 모음조화되어 '하레'가 된다.

≫ 히데리(ひでり) – 가뭄

한국말 '해 쭉 쬐리'가 변형된 말이다. 구름도 끼고 비도 내려야지 해가 쭉 쬐면 가뭄이 된다. '쭉쬐'는 비슷한 음이 반복되니 '쭉'이 생략된다. '쬐'는 고어에서 역구개음화되면 '뙤'가 된다. '뙤'가 가나의 음으로 변하면서 부드러워지면 '데'가 되어 '데리'가 된다.

≫ 히까리(ひかり) – 빛깔

한국말 '해가락'이 변한 말이다. '해'는 '히'가 되고 '가락'은 '가'가 'ㅎ'의 영향을 받아 센소리 '까'가 된다. '락'은 받침이 빠지면 '라'가 되는데 명사형 '이'의 형태로 되면 '리'가 된다.
빛깔의 어원도 '해(히)가락'이다. '히가락'에서 'ㅂ'이 'ㅎ'으로 변해서 '빛깔'이 된다. 해의 광이 무지개 프리즘에 의해서 가락이 나면 빨주노초파남보 무지개 색깔로 갈라진다. 색깔도 빛깔이며 '해가락'에서 나온 말이다. '빛깔'에서 'ㅂ'이 'ㅎ'으로 바뀌면 '히깔'이 되고 연음되어 명사형을 취하면 '히까리'가 된다.

어떻게 그 옛날에 과학적으로 분석했나 하고 의문을 가질 사람이 많다. 필자가 한의과 대학을 졸업하면서 동양학문을 파보니 동양은 하늘에서 지구로 내려왔다는 환웅 이래로 퇴보를 거듭했다는 결론에 이르렀다. 《주역》에 심취해 《주역》의 과학을 연구해 보니 이 《주역》에 초현대 과학이 있었다. 《주역》의 음양은 컴퓨터의 원리가 된 이진법 디지털 이론이었고, 태극 속에 음양이 있고 음양 속에 사상이 있고 사상 속에 팔괘가 있는 것은 초현대 과학인 프랙탈(fractal) 이론이었다.

퇴행성관절염은 디스크나 연골이 망가져서 생기는 것인데 이 연골이 망가지는 원인은 관절을 고정시키는 인대가 먼저 늘어나 생긴다. 인대는 관절을 고정시켜 주는 기능이 있는데 인대가 늘어나면 관절을 이루는 두 뼈가 덜렁거리면서 관절을 이루는 뼈들의 연골이 서로 부딪혀 연골이 망가진다. 만성통증의 원인은 대부분 직립한 인간이 가지고 있는 구조적 문제로서 중력에 의해 늘어난 인대가 원인이다. 이것은 필자가 한의과 대학과 양의과 대학을 졸업하고 20여 년 동안 몰두하여 밝혀 낸 과학적 사실인데 전통적인 침자리를 찔러 보니 직립 보행하는 인간에게 흔히 늘어나는 인대에 도달하였다.

관절질환에 쓰는 침자리는 인간이 가지고 있는 구조적 문제를 해결할 수 있는 해부학적 위치를 측정하여 표시해 놓은 곳이었다. 침자리가 기록된 것은 5,000여 년 전으로 알려져 있는데, 이미 그때 만성통증의 과학적 원인과 치료법을 정확히 알았던 것이다. 지금까지는 우리의 과학적 지식이 부족하여 고대의 지식이 과학적이었는지 모르고 있었다.

이처럼 동양학문은 고대로 갈수록 과학적이었다는 증거가 곳곳에 나타난다. 로빈슨 크루소가 무인도에 고립되면서 문명사회의 지식이 퇴화되는 것처럼 동양과학은 퇴화하였다. 자세한 것은 필자의 졸저 《주역의 과학과 도》를 참조하길 바란다.

≫ 히나따(ひなた) - 양달

한국말 '해난 땅'이 변형된 말이다. 일본말에서 해는 '히'이고 '난'에서 받침이 빠지면 '나'가 된다. '땅'의 고어는 천자문의 따 지(地)처럼 '따'이다. 그래서 '히나따'가 된다. '해난 땅'은 양달이다. '양달'의 '달'도 '아사달'의 '달'처럼 땅의 고대어이다. 밤에 들고 다니는 불은 횃불이라고 말한다. 낮의 해와 같이 비추는 불이라는 뜻에서 나온 말이다.

≫ 히(ひ) - 불

한국말 '(땅의) 해'에서 비롯된 말이다. 하늘의 불은 '해'이고 땅의 불은 '불'이다. '불'의 한자 화(火)는 '해'가 변한 말이다. 옛날에는 불도 '해'라 불렀다.

≫ 아메(あめ) - 비

한국말 '우에 물'이 변한 말이다. 일본말에서 '위'를 '우에'라고 한다. 한국에서도 '우에'라고 하는 지방이 많다. 물은 보통 '미즈'라고 하지만 다른 말하고 결합될 때는 '미'라고 줄이는 것이 흔하다. '우에미'에서 '에미'는 한 음절로 줄어들어 '메'가 됐다. 일본말에서 보통 여자를 '메'라 하는데 여자는 엄마로서 가치가 있으니 '에미'가 여자의 대명사가 됐다. '에미'가 '메'로 줄어들듯이 '우에미'에서도 '에미'가 줄어들어 '메'가 된 것이다.

'우에미'이니 '우미'라 했으면 좋겠는데 '우미'는 바다를 뜻하는 '우미'가 있으니 혼동을 피해야 한다. 신성하고 위대한 것이 '비'이므로 '우' 대신에 위대한 것에 대한 감탄사를 넣어 '아! 메'라 쓰기 시작한 것 같다.

한국말 '비'는 '무사'가 일본말로 '부시'인 것처럼 한국말 고어에서 'ㅁ'이 같은 입술소리 'ㅂ'으로 변화되어 물의 '미'가 '비'로 변한 것으로 여겨진다.

≫ 구모(くも) - 구름

한국말 '구름'이 변형된 말이다. '구름'이 연음되면 '구르므'가 되는데 씨름에서 '씨르므'가 됐다가 보통 '르'가 빠지듯이 '르'가 생략된다. '구므'에 '므''가 모음조화 되면 '구모'가 된다.

≫ 니와까아메(にわかあめ) - 소나기

한국말 '니와(마당) 까메'에서 변형된 말이다. 여름에 소나기가 올 때는 시야가 까매진다. 일본말로 마당을 '니와'라고 하는데 집에서 마당을 보면 까매지는 것이 소나기이다.

≫ 쯔유또끼(つ梅ゆ雨とき時) - 장마철

한국말 '쭉 우(雨) 적(이)'가 변형된 말이다. '쭉'에서 받침이 빠지고 일본 가나 발음으로 되면 '쯔'가 된다. '우'는 '쯔'와 모음조화되면 '유'가 된다. '적'에서 'ㅈ'이 'ㄷ'으로 역구개음화되면 '덕'이 되고 명사형 어미 '이'가 붙으면서 연음되면 '더기'가 된다. '더'가 가나의 음으로 발음되면 '또'가 되어 '또끼'가 된다.

≫ 이나비까리(いなびかり) - 번개

한국말 '비 내(는) 빛깔'이 변형된 말이다. 비가 내리기 전에 빛이 번쩍 하는 것이 번개이다. '빨간'이 '아까이'가 되듯이 'ㅂ'이 첫음절에 오면 생략되어 '비'가 '이'로 된다. '히까리'가 여기서는 '비까리'로 바뀌었는데 'ㅎ'과 'ㅂ'은 히(ひ)와 비(び)의 일본 글자에서 보듯이 같은 계통이라 수시로 바뀐다.

≫ 가미나리(かみなり) - 천둥

한국말 '(상)감 내림'이 변형된 말이다. 신이 일본말로 한국말 '(상)감'이 변형된 '가미'이다. 상감은 한국에서는 왕이지만 실은 한국 왕도 환인의 아들, 신의 자손이니 곧 신이다. 천둥은 하늘이 깨지는 듯한 소리를 내니 곧 신이 심판하러 내려오지는 않나 생각하게 된다. 그래서 '가미 내림'이 됐고 '내림'에서 '내'가 가나의 발음으로 바뀌고 '림'에서 받침이 빠지면 '나리'가 된다. 천둥은 하늘(天)이 북을 '둥'하고 치는 것 같은 데서 나온 말이다.

≫ 니지(にじ) - 무지개

한국말 '닐곱가지'가 변형된 말이다. 여섯, 일곱을 예닐곱이라고 한다. 일곱에 두음법칙이 없으면 일곱은 '닐곱'이다. 무지개는 빨주노초파남보 일곱 색깔로 되어 있다. '닐곱'에서 받침을 빼면 '니고'가 되고 '니고가지'에서 '고가'는 비슷한 음이 반복되므로 앞의 '고'가 빠지면 뒤에 '가지'가 남는다. 길이 '질'이 되듯이 '가'가 '지'가 되면 '지지'가 된다. 앞에 '지'가 생략되면 '니지'만 남는다.

» 유끼(ゆき) – 눈

한국말 '흰 것'이 변형된 말이다. '흰'에서 'ㅎ'이 같은 목구멍소리 'ㅇ'으로 바뀌면 '윈'이 된다. '윈'이 일본 가나의 발음으로 하면 '유'가 된다. '것'은 가나의 발음으로 명사 형태가 되면 '끼'가 된다. 눈의 결정체를 보면 육각형이라 육화(六花)라 하기도 한다. 이 '육화'가 일본 발음으로 변형되어 '유끼'가 된 것일 수도 있다.

» 가제(かぜ) – 바람

한국말 '기(가) 세'가 변한 말이다. 기(氣)는 기운의 흐름을 말하는데 기가 센 것이 바람이다. '기가'에서 비슷한 음이 중복되어 '기'가 생략되며 '가'만 남았다. '세'에서 'ㅅ'이 부드럽게 유성음화되면 '제'가 된다.

» 쯔유(つゆ) – 이슬

한국말 '착(着)(한) 유'가 변형된 말이다. '착'이 '유'와 모음조화되면서 '쯔'로 변했다. '유'는 일본말에서 보통 김이 모락모락 나는 뜨거운 물을 가리킨다. 한국말에서는 사라져 버린 것 같다. 한자어로는 수증기에 해당한다. 이 수증기가 차가운 물체에 닿아 방울방울 맺힌 것이 이슬이다. '유'에 대한 추정이 틀렸으면 충청도 사투리 '착(着)! 해유(이)'의 명사형에서 변형된 것으로 볼 수도 있다.

» 기리(きり) 혹은 모야(もや) – 안개

한국말 '가림' 혹은 '모락모락'에서 변형된 말이다. '가림'에서 받침이 빠지면 '가리'가 되고 '가'가 '리'에 모음조화되면 '기리'가 된다.
'모락모락'에서 두 음이 중복되어 하나가 생략되면 '모락'이 된다. '락'에서 흔하게 'ㄹ'이 빠지고 받침이 빠지면 '모아'가 되는데 '모아'가 좀 어색해서 '모야'가 됐다. 안개는 김이 모락모락 나는 것과 같다. 안개는 시야를 가리는 것이 특징이다.

» 아쯔사(あつさ) – 더위

한국말 '아! 찜 함'이 변형된 말이다. '찜'이 일본 가나의 발음으로 쉽게 발음되면

'쯔'가 된다. '함'에서 받침이 빠지면 '하'가 되는데 'ㅎ'은 일본말에서 'ㅅ'으로 바뀌면 '사'가 된다.

≫ 사무사(さむさ) - 추위

한국말 '사무침'이 변형된 말이다. '사무치다'는 '뼈가 시리다'는 뜻이 있다. 명사형 '사무침'은 추위가 된다. '침'에서 받침이 빠지면 '치'가 되고 같은 잇소리(齒音) 'ㅅ'으로 바뀌고 '사무'와 모음조화되면 '사'가 된다. 일본말 '사'는 명사형 어미이기도 하다.

≫ 게무리(けむり) - 연기

한국말 '희끄무리'가 변형된 말이다. '희끄무리'는 흰 것이 뿌옇게 퍼져 분명하지 않은 것을 말한다. 회색 연기의 형태이다. '희'는 발음이 힘들어 생략되고 '끄'가 일본 가나의 발음으로 모음조화되면 '게무리'가 된다.

≫ 가께(かけ) - 그림자

한국말 '가린 것'이 변형된 말이다. '린 것'에서 받침과 'ㄹ'이 생략되면 '이것'이 되는데 '이'가 '것'에 복합되면서 받침이 빠지면 '께'가 될 수 있다.

≫ 고오리(こおり) - 얼음

한국말 '굳게 얼이'가 변형된 말이다. 물이 굳게 얼면 얼음이 된다. '굳게'에 '얼다'의 어간 '얼'과 명사형 어미 '이'가 결합된 것이다. '굳게'는 같은 음이 반복되어 '굳'이 생략된다. '게얼이'에서 쉬운 발음으로 모음조화되면 '고오리'가 된다.

≫ 히까게(ひかげ) - 그늘, 음지

한국말 '해 가린 것'이 변한 말이다. '해'는 일본 발음으로 '히'가 되고 가린 것은 '가게'가 된다. 까(か)는 첫음절일 때는 부드러워져서 '가'가 되는데 첫음절이 아니라 '까게'가 된다. 해가 가린 것은 그늘이지만 해나 달에 가린 것을 지칭할 때는 그림자가 된다.

≫ 고에(こえ) – (사람)소리

한국말 '구(ロ)에 (소리)'에서 비롯된 말이다. 주로 음성을 '고에'라고 하는데 음성은 주로 '구'에서 나온다. 입 '구'와 조사 '에'가 결합되어 음성을 표시하고 있다. 한국말에 소리를 '고래고래' 지른다는 말이 있다. '고래고래'가 '고에'의 흔적일 것이다.

≫ 오또(おと) – 소리

한국말 '오! 통'에서 변한 말이다. 대표적인 소리가 '통'이다. 북소리는 '둥', 가야금 소리는 '뚱따당', 깡통소리는 '통' 하고 난다. 대표적인 소리 '통'에 감탄사 '오!'가 결합되어 소리를 대표하는 이름이 된 것 같다. '통'에서 받침이 빠지면 '토'가 된다.

≫ 니오이(におい) – 냄새

한국말 '내음이'가 변형된 말이다. '꽃 내음'이란 말이 있다. 냄새를 다르게 '내음'이라 한다. '내음'에 명사형 어미 '이'가 붙은 말이 '내음이'이다. '내음'에서 가나의 발음으로 간소화되면 '니오'가 된다.

≫ 가오리(かおり) – 향기

한국말 '꽃 내음이'가 변형된 말이다. 꽃이 첫음절로 가장 부드럽게 발음되면 '가'가 된다. '내음이'가 일본말로 변하면 '니오이'가 되고 '니'와 '이' 중에 반복되는 음 '니'가 줄면 '오이'가 된다. '오이'보다는 '오리'가 발음하기 편하다.

≫ 아지(あじ味) – 맛

한국말 '맛'이 변한 말이다. '맛'이 연음되면 '마스'가 되고 '스'에서 'ㅅ'이 같은 잇소리(齒音) 'ㅈ'으로 바뀌면서 모음조화되면 '마지'가 된다. 'ㅁ'은 유성음으로 'ㅇ'이나 비슷하여 첫음절에 나올 때는 흔히 탈락되어 '아지'가 된다.

정신과 관련된 명사

≫ 지까라(ちから) - 힘

한국말 '기(氣) 가락'에서 유래된 말이다. 동양철학에서 '기(氣)'는 '형(形)'과 상호 전화되는 것으로서 우주는 '기'와 '형'으로 이루어져 있다고 한다. '기'는 눈에 보이지 않고 작용만 있고 '기'가 응축되면 '형'이 되고 '형'(形-물질)이 분해되면 '기'가 된다. 사람의 모든 생리활동은 '기'가 작용하는 것이고 이 중에서 근육의 '기'가 힘이다. '기'의 한 가락이 힘이다. 고어나 사투리에서 길(道路)을 '질'이라고 하는 것처럼 '기'가 '지'가 된다. '가락'에서 받침이 빠지면 '가라'가 된다.

≫ 호또께(ほとけ佛) - 부처

한국말 '홀을 깬이'가 변형된 말이다. 하나의 고어가 홀이다. 홀을 깨닫는 것은 우주가 하나라는 대아(大我)를 깨닫는 것이고 홀을 깨달으면 부처가 된다.
'을'이 일본말에서는 '오'로 간소화되고 '깬이'가 한 음절로 축소되고 일본 가나의 음으로 바뀌면 '께'가 된다.

≫ 바께모노(ばけ-もの[化(け)物]) - 도깨비, 귀신, 괴물

한국말 '밖에 물(物)'이 변한 말이다. 귀신은 사람의 영역 밖에 물건이다. 그래서 '밖에 모노'라 한다.

≫ 아야까시(あやかし) - 조난시 바다의 괴물, 불가사의한 일

한국말 '의아한 것'이 변한 말이다. '의아'는 일본 가나로 '아야'가 됐고 '한 것'에서 '한'은 생략되면서 '것'이 센소리로 변했다. '것'은 연음되면서 가나 발음으로 변해 '까시'가 되었다.

≫ 가미(かみ 神) – 신, 특히 부처에 대한 신도(神道)의 신

한국말 '곰'에서 유래된 말이다. 한민족의 기원인 북부 툰드라의 에벤키족, 한티족, 아이누족과 그들이 중국대륙 해안가 남쪽에 정착한 초(楚)나라 종족들은 환웅의 처인 웅녀의 곰을 조상이며 신으로 여긴다. 곰이 연음된 '고므'가 세월이 흐르면서 발음이 부드러워져 '가미'로 변했다. 한국말 상감, 대감, 영감의 '감'도 실은 곰이 변한 말이다. 신과 같은 높은 위치에 이른 사람의 호칭이 '감'이다.

≫ 아마(あま[尼]) – 여승, 비구니比丘尼びくに, 천주교 수녀

한국말 '엄마'가 변형된 말이다. '엄마'에서 받침을 빼고 일본 가나로 모음조화시켜 발음하면 '아마'가 된다. 한국 사람들이 처음에 일본에 이주해서는 어머니를 엄마라 불렀다가 불교가 들어오면서 여승을 엄마라 부르고 그것과 구분하기 위해 실제 엄마는 '마마〉바바〉하하'라 부른 것 같다.
일본말로 '낳다'가 '우무(うむ)'인데 이 말은 '움트다'의 어간 '움'에서 나온 말이다. 영어로 자궁을 '움(Womb)'이라 하는데 같은 어원이다. 엄마의 어원도 '움'이다.

≫ 나사께(なさ情け) – 정, 인정, 동정

한국말 '내 속의 것'이 변한 말이다. 내 속을 드러내 보이는 것이 정을 보이는 것이다.

≫ 호꼬리(ほこ誇り) – 긍지, 자존심, 자긍심

한국말 '해아들(히또) 꼴'에서 변형된 말이다. 사람은 그 됨됨이의 꼴이 있다. 그것을 유지시키는 것이 긍지를 갖는 것이다. '히또 꼴'에서 '또'는 발음이 힘드니 생략됐고 '꼴'은 연음되어 '꼬리'가 됐다.
성경에 하나님은 사람을 만들 때 도공이 각종 도기를 만들 듯이 만들었다고 한다. 도공이 꽃병의 꼴로 만들면 꽃병으로 쓰이고 밥그릇 꼴로 만들면 밥그릇으로 쓰이듯 하나님은 인간을 만들 때 서로 다른 꼴로 만들어 그 역할을 부여한다. 사람이 하늘로부터 부여받고 나온 것이 이 '히또 꼴'이며 사람은 이 '히또 꼴'의 의미를 알고 그 역할을 완수하기 위해 지키는 것이 긍지이다.

물건을 나타내는 명사

≫ 모노(もの 物) – 물건

한국말 '물(物)네'에서 변형된 말이다. '물'의 복수로서 '네'가 결합되었다. 받침이 빠지면 '무네'가 되는데 일본말로 가슴을 '무네'라 하니 혼동을 피하고 모음조화시키고 발음이 쉽게 고쳐져 '모노'가 됐다. 사람도 자(者)라 쓰고 '모노'라 한다.

≫ 쯔쿠에(つくえ) – 책상

한국말 '책궤'가 변한 말이다. 삼국시대에는 '책상'이 없었고 '책궤'만 있었거나 '상'을 '궤'라 불렀을 것 같다. '책'이 발음이 힘들어 '쯔'가 됐고 '궤'라는 복모음은 일본 가나의 발음으로 풀려 '쿠에'가 됐다.

≫ 이스(いす) – 의자

한국말 '의자'가 일본 가나로 부드럽게 발음되면 '이스'가 된다.

≫ 고시가께(こし 腰かけ) – 걸상

한국말 '궁디걸개'에서 변형된 말이다. '고시'가 '허리'의 일본말이지만 '고시가께'에서 허리가 걸리는 것이 아니라 궁둥이가 걸리는 것이므로 여기서 고시는 '궁디'라는 경상도 사투리에서 유래한 말일 것이다. '궁디'에서 받침이 빠지고 구개음화하면 '구지'가 된다. '구지'가 더 쉬운 발음으로 바뀌면 '고시'가 된다. '걸개'에서 받침이 빠지고 가나의 발음으로 하면 '가께'가 된다.

≫ 가마(かま) – 솥

한국말 '가마(솥)'에서 유래한 말이다. '가마'는 무쇠솥이 검어서 '가마'이고 솥은 부뚜막 위로 솟아올라 '솥'인 것 같다.

≫ 나베(なべ) – 냄비

한국말 '냄비'가 변한 말이다. 원래 납작해서 '납이'였다가 '냄비'가 된 것이다. '냄비'에서 받침이 빠지고 가나의 발음으로 '나베'로 변했다.

≫ 사라(さら) –접시

한국말 '사라'이다. 한국말에 접시가 있어서 '사라'가 일본말인 줄 알지만 조선시대에도 접시를 '사라'라고 하였다고 한다. 지금은 터키(Turkey)가 됐지만 한자로는 돌궐(突厥: 투르크Turk)이라 불렸던 고구려의 형제 국가에서도 접시를 '텝시'라 한다. '접시'는 '텝시'가 구개음화한 말이다. 도자기 굽는 기술이 신통치 않았던 옛날에 자라 등판이나 배판을 '사라'로 써서 '자라'라는 이름이 붙었는지도 모르겠다.

≫ 사지(さじ) – 숟가락

한국말 '숟(가락)이'에서 변한 말이다. '숟가락'에서 '가락'은 손잡이를 뜻하여 생략될 수 있다. '숟이'가 연음되면 '수디'가 되고 구개음화하면 '수지'가 된다. 첫음절 '수'가 더 쉬운 발음으로 변하면 '사'가 되어 '사지'가 된다.

≫ 하시(はし) – 젓가락

한국말 '벚이'에서 변한 말이다. 젓가락은 항상 벚으로 여겨지는 짝이 있는 것이 특징이다. 친구의 한국말 '벚'에 명사형 어미 '이'가 붙은 말이다. 연음되면 '버지'가 되고 'ㅂ'이 'ㅎ'으로 바뀌면 '허지'가 되는데 일본 가나 발음으로 바뀌면 '하지'가 된다. '지'가 더 쉽게 발음되면 '시'가 되어 '하시'가 된다.
'와루바시'는 쪼개지는 젓가락인데 여기서는 'ㅂ'이 'ㅎ'으로 바뀌지 않은 상태이다. '와루'는 나눌 할(割)에서 나온 말이다. 그 할은 한국말 '벌리다'의 '벌'에서 나온 말이다.

≫ 봉(ぼん) – 쟁반

한국말 '(쟁)반(盆)'에서 나온 말이다. '반'이 보다 발음이 쉬운 '봉'으로 변했을 것이다. '반'이 밥을 뜻하는 일본말 '항'과 혼동을 피하기 위하여 '봉'으로 변한 것 같다.

≫ 마나이따(まないた) – 도마

한국말 '마 날 아우(는) 데'가 변형된 말이다. 일정한 단위의 시간이나 공간이 '마'라고 했다. 한국말 '도마'는 칼(도)이 머무는 공간(마)이란 뜻으로 '도마'라 했다. 일본말은 '마'와 '날'이 아우는 데가 '도마'이다. '날'에서 받침이 빠지면 '나'가 되고 '만나다'는 뜻의 한국말 '아우'는 일본말로 '아이'가 되는데, 앞의 '나'와 '아이'의 '아'가 똑같은 모음이 반복되므로 '아'가 빠지고 '이'만 남았다. '데'는 '터', '다이', '따(땅)'과 혼동되면서 흔한 발음 '따'가 됐다.
'마와 날이 닿아'에서 변형된 말일 가능성도 있다.

≫ 가따나(かたな) – 칼

한국말 '칼날'이 변형된 말이다. 칼이 연음되면 '카쯔'가 되고 역구개음화되면 '카뜨'가 되고 모음조화되면 '카따'가 되고 첫음절이 부드러워지면 '가따'가 된다. '날'의 받침이 빠지면 '나'가 된다.

≫ 이시우스(いし-うす[石臼]) – 돌절구, 맷돌

한국말 '돌 으스(개)'가 변한 말이다. '불을 일으키는 돌'이 '부싯돌(불 이시ㅅ 돌)'인 것을 보면 돌의 고어가 '이시'인 것 같다. 그리고 절구나 맷돌이 곡물을 으스러뜨리는 데 사용되므로 이름이 '으스(개)'였는데 명사형 어미 '개'는 중요하지 않아 생략된 것 같다.

≫ 도꾸리(とくり) – 장독, 항아리

한국말 '독굴'이 변한 말이다. '독'과 '굴'이 결합된 말이다. 독이 굴처럼 패어 있어 두 말이 결합됐다. '독'과 '굴'이 연음되면 '도꾸리'가 된다.

≫ 후꾸베(ふくべ) – 바가지

한국말 '혹박'에서 변형된 말이다. 바가지로 쓰이는 박 중에서 가치 있는 것은 손잡이로 쓸 혹이 달린 박이다. 연음되면 '호그박'이 되는데 받침이 빠지고 부드럽게 발음하면 '후꾸베'가 된다.

한국말 두레박은 '줄박'에서 나온 말이다. 줄을 매단 박인데 줄에서 연음되면 '주르'가 되고 역구개음화 전이면 '두르'가 되어 '두레박'이 된다.

≫ 미즈와께(みずわけ) – 물통

한국말 '물푸개'에서 변형된 말이다. '물'이 연음되면 '무쯔'가 되고 부드러운 발음으로 바뀌면 '미즈'가 된다. '푸개'는 'ㅍ'이 같은 계열 'ㅎ'으로 바뀌고 다시 'ㅇ'으로 부드러워지면 '우개'가 된다. '개'가 가나의 발음으로 바뀌면 '게'가 되고 앞의 'ㅍ'의 영향을 받아 '께'가 된다. '우개'에서 '개'가 '우'에 영향을 미쳐 '와께'가 된다.

≫ 오카와(おかわ) – 요강

한국말 '요강'의 경상도 사투리 '오강'이 변한 말이다. '강'은 일본말로 '가와'이다. 그러니 오강은 '오카와'이다.

≫ 하까리(はかり) – 저울

한국말 '무게 헤(아)리'가 변한 말이다. '무'는 같은 입술소리 '부'로 변했다가 같은 계열은 '후'로 변한다. '게헤'는 같은 모음이 중복되므로 뒤에 '헤'가 생략되어 '게'만 남는다. '후게'는 부드럽고 쉬운 발음 '하까'로 바뀐다.

≫ 히노시(ひのし) – 다리미

한국말 사투리 '해(불)누지이'가 변한 말이다. 불로 누르는 것이 다리미이다. 일본말로 불을 '땅의 해'란 뜻으로 '히'라 부른다. 지방에서는 누르는 것을 '누지른다'고 하다. '누지르다'의 명사형 '이'가 더 붙었지만 모음 중복으로 '누지'만 남았다. '히누지'에서 '누지'가 더 쉬운 발음 '노시'로 바뀌어 '히노시'가 됐다. 일본말로 누르는 것을 '오시'라 하는데 '오시'도 '노시'에 두음법칙이 적용된 것이다.

≫ 가미(かみ) – 종이

한국말 '감(불)이'에서 변형된 말이다. 짚이나 나무가 부서져 실같이 일어난 펄프를 '감'이라 한다. '아버님 대갈님에 검불님이 붙었다'고 할 때의 검불이 '감'이다.

≫ 스미(すみ) – 먹물, 먹

한국말 '숯물'에서 변형된 말이다. 숯과 같은 탄소인 그을음을 농축해서 먹을 만들고 벼루에 먹을 갈아 숯물을 만든 것이 먹물이다. '숯'에서 받침이 빠지면 '수'가 되고 '물'이 일본 발음으로는 '미'가 된다. 숯물이 농축된 것이 먹이고 물이 섞여 다시 풀어진 것이 먹물이라 먹물이나 먹이 같은 숯물의 변환상태이니 똑같이 '수미'라 부른다.

≫ 스즈리(すずり) – 벼루

한국말 '숯줄'이 변한 말이다. 숯을 가는 줄이 '숯줄'이다. 받침이 빠지고 명사형 어미 '이'를 붙여 연음되면 '수주리'가 된다.

≫ 후데(ふで) – 붓

한국말 '붓대'가 변형된 말이다. 'ㅂ'이 같은 계열 'ㅎ'으로 바뀌면 '훗대'가 되고 받침이 빠지고 '대'가 가나의 발음으로 바뀌면 '후데'가 된다.

≫ 후네(ふね[舟·船]) – 배

한국말 '배네'가 변한 말이다. '네'는 우리네, 아낙네, 일본말로는 미네(메네-산), 호네(뼈네-뼈)처럼 복수형 어미이다. 'ㅂ'이 같은 계열 'ㅎ'으로 변해 '해네'가 되고 가나의 음으로 부드럽게 변하면 '후네'가 된다. '후네'가 될 때는 한자 '부(浮)'의 영향도 있다.

≫ 게시고무(けしごム) – 지우개

한국말 '꺼지(게 하는) 고무'가 변형된 말이다. 한국말로 사라지는 것을 꺼진다고 한다. '꺼지다'의 명사형이 '꺼지'로 남았다. 첫음절이라 '꺼'가 부드러워지고 가나의 발음으로 바뀌면 '게'가 된다. '지'가 더 부드러워지면 '시'가 된다. 고무는 고무나무 수액이 뭉친 것의 영어 이름인 'Gum'에서 나온 말이다.

≫ 오노(おの) − 도끼

한국말 '한(큰)날'에서 변형된 말이다. 일본말로 '크다'를 '오'라 한다. 대전(大田)을 한밭이라 하는데 여기서 '한'이 '크다'는 의미로 쓰인 것을 알 수 있다. '한'에서 'ㅎ'이 같은 후음 'ㅇ'으로 변하고 받침이 빠지면 '아'로 된다. '아'는 '크다'의 일본말 '오오이'를 의식해 '오'로 발음한다. '날'에서 받침이 빠지고 '오'와 모음조화되면 '오노'가 된다.

≫ 나타(なた 鉈) − 손도끼

한국말 '날'에서 변한 말이다. 일본 사람들은 'ㄹ' 받침을 '츠'로 발음한다. 일이 '이치'가 되는 것과 같다. '날'은 '나츠'가 됐다가 역구개음화가 되면서 '나트'가 되고 다시 모음조화에 의해 '나타'가 되었다. 구석기 시대에 가장 흔히 발견되는 것이 손도끼인데 가야에서 일본으로 수출되던 철괴를 보면 손도끼의 형태를 띠고 있다. 옛날에는 손도끼가 날이 있는 도구의 가장 기본 형태였고 다른 말로 그냥 '날'이라 부른 것 같다. 석기시대에는 벼를 수확하는 도구로서 반달칼이 있었고 그것은 반달 모양의 날이었고 후에 철로 그 역할을 하던 것이 낫이다. 낫도 곧 날이 변한 것 같다.

≫ 가나즈찌(かなづち) − 망치

한국말 '금넷 치이'에서 변한 말이다. 금붙이의 일본말은 한국말 금과 그 무리들의 뜻을 가진 '네'가 결합된 '금네'가 변한 '가네'이다. '치이'는 '치다'의 어간 '치'에 명사형 어미 '이'가 결합된 말이다. 이 두 명사 사이에 사이시옷 'ㅅ'이 들어간 말이 '금넷 치이'이다. '금넷'에서 앞의 받침이 빠지고 뒤의 받침이 연음되면 '그네스'가 된다. '그네스'의 일본어식으로 발음이 부드러워지면 '가나즈'가 된다. '치이'는 같은 모음이 중복되므로 뒤의 '이'가 빠져 '치(찌)'가 된다.

≫ 구기(くぎ) – 못

한국말 '꼽기'가 변형된 말이다. '꼽'에서 받침이 빠지고 '꼬'가 되고 첫음절이라 부드러워지면 '고'가 되고 '기'에 모음이 조화되면 '구'가 된다.

≫ 노꼬기리(のこぎり) – 톱

한국말 '날 새끼(꼬) 가르이'가 변한 말이다. 날 작은 것들이 가르는 것이 톱이다. '꼬'는 새끼의 준말로 작다는 뜻이라 했다. '가르이'가 줄면 '가리'가 되고 '가'가 '리'에 모음조화되면 '기리'가 된다.

≫ 미즈구르마(みずぐるま) – 물레방아

한국말 '물구름이'가 변해서 된 말이다. 물의 일본 발음은 '미즈'이고 바퀴의 일본 말은 '구르다'의 명사형 '구름이'가 변한 '구루마'이다. 이 두 말이 결합된 것이 '물바퀴'인 '미즈 구르마'이다.

≫ 요비리(よびり) – 초인종

한국말 '여! 보우 링(Ring)'이 변한 말이다. '부르다'의 일본말은 '요부'인데 한국말 '여! 보우'가 변한 말이다. 영어의 종을 뜻하는 Ring과 결합하여 부르는 종, 즉 초인종이 됐다.

≫ 죠우(じょう) – 자물쇠

한국말 '잠(물쇠)이'가 변한 말이다. '잠그다', '물에 잠기다', '잠잠하다', '잠자다'의 공통어 '잠'이라는 명사가 있었던 것이 분명하다. 이 말들의 공통점은 고립시킨다는 것이다. 이 고립시키는 도구가 '잠'이었던 것 같다. '잠' 하는 쇠가 자물쇠이다. '잠'을 연음시키면 '자미'가 되고 이것을 모음조화시켜 보다 쉽게 발음하면 '죠우'가 된다. 자물쇠처럼 꽉 무는 턱관절을 뜻하는 영어 Jaw는 같은 어원일 것이다.

≫ 가끼(かき) ─열쇠

한국말 '깨기'가 변한 말이다. '잠'을 깨는 것이 여는 것이다. '깨기'에서 첫음절 '깨'는 부드러워지고 일본 가나의 음으로 바뀌면 '가'가 된다. '깨'의 센소리가 약해지면서 대신 뒤의 '기'에 영향을 미쳐 '끼'가 된다.

≫ 고요미(こよみ) ─ 달력

한국말 '가위(달)염(읽기)'가 변형된 말이다. 추석을 뜻하는 '한가위'는 '큰 달'을 말한다. 일본말로 월(月)이 '가쯔'인데 '가위'와 어원이 같다. 일본말로 '읽다'가 '요무'인데 한국말 '염불'할 때 '염'이 변한 말이다. '염불'은 불경을 읽는다는 뜻이다. 원래 명사형으로 '가위요미'인데 '위요'에서 비슷한 말이 중복되므로 '위'가 빠지면서 흔적이 남아 '가'가 '고'로 바뀐 것이다. 그래서 '고요미'가 된다. 달을 읽는 것이 달력이다.

≫ 도께이(とけい時計) ─ 시계

한국말 '때계(計)'가 변형된 말이다. 순수 한국말 '때'에 '계산기'라는 뜻의 한자 '계(計)'가 결합된 말이다. '때'가 첫음절이라 부드럽게 가나 음으로 변하여 '도'가 됐고 그 센소리가 뒤에 '게'에 전해져 '께'가 됐고 명사형 어미 '이'가 붙었다. 중국 사람들은 시간을 표시한다고 표(表)라 한다. 이 일본말이 중국에서 오지 않았음이 분명하다.

≫ 메자마시또께이(めさましとけい) ─ 자명종

한국말 '몽(夢) 자! 마시오 때계(計)'가 변한 말이다. 일본말로 '꿈'은 한국말 '아! 몽'이 변한 말 '유메'이다. 일본말로 '방해'는 한국말 '자! 마시오'가 변한 '자마스루 고또'이다. '고또'는 '것'이 변한 말이다. 일본말로 '시계'를 한국말 '때계(計)'가 변한 '도게이'라 한다. 이 세 일본말 '유메+쟈마스루+도께이'가 합해 변한 말이 '메자마시또게이'이다. 첫음절에 '아!', '오!'가 생략되듯이 '유'가 생략되어 '메'만 남았다. '스루'는 일본어 문법으로 '시'로 된다. 꿈을 '자! 마시오' 하고 깨는 시계가 자명종이다.

≫ 아마가사(あまがさ) – 우산

한국말 '우에 물 갓'이 변한 말이다. 비를 일본말로 '우에 물'이 변한 '아메'라 한다. 한국말도 같은 현상이 일어나지만 두 단어 이상이 결합될 때는 각 단어의 발음이 조금씩 바뀌어 '아메'가 '아마'가 된다. 갓을 일본말로 '가사'라 하는데 '갓'이 연음된 말이다. 원래 비올 때는 '비 갓'을 썼는데 그것이 손잡이가 달린 것이 우산이다.

≫ 셋껭(せっけん) – 비누

한국말 '잿(앙)금'이 변형된 말이다. 원래 비누가 만들어지기 전에는 재의 앙금을 썼다. 이것이 후에 비누로 발전했는데 이름은 그대로 내려온 것 같다. '잿'에서 첫 음절이라 더 부드럽게 가나의 발음으로 '셋'이 됐다. '앙금'에서 '앙'이 빠지고 '금'이 가나의 발음으로 변하면서 '겡'이 되었다. '겡'이 '셋'의 영향을 받아 발음이 세져 '껭'이 되었다.

≫ 구시(くし) – 빗

한국말 '(올)곧이'가 변한 것이다. 머리카락 한 올 한 올 곧게 만드는 것이란 뜻으로 붙은 이름이다. '곧이'가 연음되고 구개음화되면 '고지'가 된다. '고지'는 더 부드러워져서 '고시'가 된다.

≫ 가미쏘리(かみそり) – 면도기

한국말 '감이 썰이'가 변형된 말이다. 머리카락이 일본말로는 '감이'가 변형된 '가미'이다. 머리는 감아올리기 때문에 '감이'이다. 가래떡만 써는 것이 아니라 머리, 털, 수염도 깎는 것도 '썰다'는 말을 쓴다. '썰다'의 명사형이 '썰이'인데 연음되고 일본 가나의 음으로 바뀌면 '쏘리'가 된다.

≫ 가가미(かがみ) – 거울

한국말 '가(짜) (상)감'이 변한 말이다. 제정일치 시대에는 왕이 무당이었다. 지금도 몽골이나 바이칼의 무당은 거울을 가슴에 목걸이로 건다. 잉카의 왕은 잉카가 멸망하기 전까지 거울을 목에 걸었다. 하늘의 신인 해가 거울에 비치면 무당의 가슴에 해가 있다는 뜻이다. 그때의 거울은 구리로 만든 동경(銅鏡)이었고 고대 왕들의 부장품으로 동경은 빠지지 않는다. 거울은 신의 상징으로 일본의 신사에 가보면 신상(神像) 대신에 거울을 모셔 놨다. 가짜 신, 가가미는 곧, 해를 모셔 놓은 것이다. 신을 일본말로 '가미'라 하는데 한국말 상감이나, 대감, 영감은 신의 분신이나 다름없다고 생각해서 부르는 말이다.

≫ 호우끼(ほうき) – 빗자루

한국말 '빗기'가 변형된 말이다. 비로 쓰는 것은 빗질이고 빗질하는 도구가 '빗기'이다. '빗기'가 연음되면 '비끼'가 되고 'ㅂ'이 같은 계열 'ㅎ'으로 변하면 '히끼'가 된다. '히끼'라는 '이끌다'의 뜻을 가진 말과 혼동을 피하여 조금 길게 발음하면 '호우끼'가 된다.

≫ 찌리또리(ちりとり) – 쓰레받기

한국말 '어질이 들이'가 변형된 말이다. '어지르다'의 어간 '어질'에 '이'라는 명사형 어미가 붙으면 '어질이'가 된다. 어지른 것이 쓰레기이고 이것을 모아 '들이'는 것이 쓰레기 받기이다. '들이다'의 어간 '들'에 명사형 어미 '이'가 붙은 것이 '들이'이다. '어질이'에서 '어'가 생략됐고 연음되면 '지리'가 되고 '들이'가 연음되고 일본 가나의 음으로 바뀌면 '도리'가 된다.

≫ 하따끼(はたき) – 먼지떨이

한국말 '파닥이'가 변형된 말이다. 먼지떨이는 파닥파닥 거려서 '파닥이'이다. 'ㅍ'이 같은 계열 'ㅎ'으로 변하면 '하'가 되고 '닥이'가 연음되면 '다기'가 된다. 격음인 'ㅍ'의 영향을 받아 센소리로 변하면 '따끼'가 된다.

≫ 고미(こみ) – 쓰레기, 휴지

한국말 '고물'이 변형된 말이다. 떡고물은 떡 부스러기이다. 쓸모없는 것이 쓸어버리는 쓰레기이다. '(쓸어)버린다'의 일본말 '스데루'의 명사형이 '쓰레기'이다. 물(水)이 일본말에서 '미'가 되듯이 '고물'에서 '물'이 '미'가 되어 '고미'가 된다.

≫ 하꼬(はこ) - 상자

한국말 '곽'이 변형된 말이다. 지금은 표준어로 '갑(匣)'이라고 하는데 예전에는 '곽'이라고 했다. 상자를 우리는 보통 '상자 곽'이라 한다. '상자'라는 한자와 '곽'이라는 한국말이 결합된 단어이다. 곽이라는 고대 한자어도 있지만 동이족이 소리를 표현한 한자로 보면 된다. '곽'이 연음되면 '과끄'가 된다. 공항을 일본말로 '구꼬'라 하듯이 한국말과 일본말이 서로 변할 때는 'ㄱ'이 'ㅎ'으로 서로 치환된다. 'ㄱ'이 'ㅎ'으로 변하면 '화끄'가 되고 일본 가나의 발음으로 부드럽게 변하면 '하꼬'가 된다.

≫ 에몽가게(えもかげ) - 옷걸이

한국말 '옷 몽(땅) 걸개'가 변한 말이다. 물류(物類)를 뜻하는 일본말 '모노'는 한국말 몽땅, 모조리, 모두 하는 '몽'에서 나온 말이다. '옷몽' 하면 '옷 종류 몽땅'이란 뜻이다. '옷'이 첫음절이라 부드러워져 '에'가 된 것 같다.

≫ 에리(えり) - 옷깃

한국말 '옷 위로이'가 변한 말이다. '옷 위로 나온 이'가 줄어든 말이 '옷 위로이'이다. '옷 위로'에 명사형 어미 '이'가 붙은 말이다. '옷'이 첫음절이라 부드럽게 변해 '에'가 됐고 '위로이'는 거의 비슷한 음이 반복되므로 한 음절로 줄어 '리'가 됐다.

≫ 후똥(ふとん) - 이부자리

한국말 '아유! 똥(똥)이'가 변형된 말이다. 요와 이불은 똥똥한 특징이 있어 '똥똥이'가 됐다. 일본말로 '두툼하다'가 '아유! 똥똥'이 변한 '후또이'이다. '후또이'의 명사형이 '후똥'이다. '아유'는 한마디로 줄어 '우'가 됐는데 'ㅇ'은 같은 목소리(후음)인 'ㅎ'으로 변해 '후'가 된다. '똥똥'은 같은 말이 반복되므로 하나는 생략되어 '똥'이 된다. '똥이'에서 '이'는 형용사 어미와 혼동되므로 생략됐다.

≫ 부똥(ぶとん) - 이불

한국말 '꺼풀 똥똥이'가 변형된 말이다. '부똥'은 일본말 '가부르 후똥'의 준말이다. '덮는다'의 일본말 '가부르'는 '꺼풀'에서 유래된 말이고 후똥은 이부자리이다.

≫ 시끼부똥(しきぶとん) - 요

한국말 '펼친 것 후똥'이 변한 말이다. 같은 계열의 'ㅎ'과 'ㅂ'은 항상 서로 치환되어 결합어에서 '부똥'이나 '후똥'은 같은 말이다. '펼친 것'에서 '펼'은 발음이 어려워 생략됐다. '친 것'에서 '친'이 첫음절로서 부드럽게 발음되면 '시'가 되고 '것'는 '치'의 영향을 받아 센소리 '끼'가 됐다. 펼치는 후똥이 '요'이다.

≫ 자부똥(ざぶとん) - 방석

한국말 '좌(坐) 부똥'이 변한 말이다. '좌'가 가나의 음으로 부드럽게 발음되면 '자'가 된다.

≫ 마꾸라(まくら) - 베개

한국말 '목 굴림이'가 변한 말이다. '목'이 첫음절로서 쉽게 발음되면 '마'가 된다. '굴림이'는 '굴리다'의 명사형 '굴림'에 명사형 어미 '이'가 붙은 말이다. '목 굴리'에서 'ㄱ' 받침은 연음되면 '모꿀'이 된다. '림이'에서 같은 모음이 중복되니 뒤의 '이'가 생략된다. '리'는 '마'와 모음조화되어 '라'가 된다. '꿀'에서 받침이 빠지면 '꾸'가 된다.

≫ 하사미(はさみ) - 가위

한국말 '바숨이'에서 변형된 말이다. 게나 가재의 집게를 '하사미'라고 한다. 그것을 본뜬 가위가 발명되면서 그 이름을 이어 받은 것 같다. 집게는 물체를 부수기 때문에 '바사미'라는 이름이 붙었다.
'바'에서 'ㅂ'이 'ㅎ'으로 바뀌면 '하'가 되고 '숨이'에서 연음되면 '수미'가 되고 '수'가 모음조화되면 '사'가 되어 '사미'가 된다.

≫ 하리(はり) – 바늘

한국말 '바늘이'가 변형된 말이다. '바늘'은 '박는 이'가 변형된 말이다. '바늘이'에
서 'ㅂ'이 'ㅎ'으로 바뀌면 '하늘이'가 된다. '씨르므'에서 '스모'로 변하듯이 '느'나
'르'는 생략되므로 '바늘이'는 '하리'가 된다.

≫ 이또(いと) – 실

한국말 '일(1)올'에서 변형된 말이다. '일'이 연음되면 'ㄹ' 받침이 일본 발음으로
는 '-쯔'로 연음되어 '이쯔'가 된다. '쯔'가 구개음화되기 이전이면 '뜨'가 되고 일
본 가나 발음으로 하면 '이또'가 된다.

≫ 마끼(まき) – 장작

한국말 '말기(은 것)'가 변형된 말이다. 장작은 일반적으로 나무를 쪼개서 끈으로
말아 놓았다. 그래서 '만 것'의 뜻으로 '말기'라 하는데 받침이 빠지면서 '-쯔'가
'기'에 영향을 미쳐 '끼'가 된다. 김밥도 김으로 만 것이라 '마끼'라 한다.

≫ 수미(すみ) – 숯

한국말 '숯목(木)'에서 변형된 말이다. '숯'에서 받침이 빠지고 '목'이 명사형으로
변하면 '미'가 됐다.

≫ 도모시비(ともしび) – 등불

한국말 '동무의 해'가 변형된 말이다. '동무'의 일본말은 '도모'이고 불의 일본말
은 '땅의 해'라는 뜻으로 '히'이다. '도모'와 '히' 사이에 사이시옷 'ㅅ'에 해당하는
'시'가 들어 있다. '동무의 해'는 곧 '동무의 불'이다. 동무의 불은 동무처럼 곁에
있는 불이다. '히'가 결합어에서는 'ㅎ'이 'ㅂ'으로 변한 '비'가 됐다.
'비'는 '동무의 불'에서 불이 '비'가 된 것일 수도 있다.

≫ 쯔츠미(つつ包み) – 보따리

한국말 '쌈짐이'가 변형된 말이다. '싸다'(포장하다)의 명사형 '쌈'과 (등짐)지다의

명사형 '짐'이 결합된 말이 '쌈짐'이다. 싸서 짊어진 것이 된다. 받침이 연음되면 '싸지미'가 되고 싸는 'ㅆ'의 같은 잇소리(齒音) 'ㅉ'으로 변하여 '쯔'가 되고 '지는'의 같은 잇소리 'ㅊ'로 변해 '츠'가 됐다.

≫ 나까마(なかま) – 중간상인, 친구(동료)

한국말 '아니 가(장자리) 마(당)이'에서 변한 말이다. 가운데를 일본말로 '나까'라 하는데 한국말 '아니 가'에서 변형된 말이다. '아니 가'는 가장자리가 아니란 말이다. 한국말 '가운데'도 '가가 아닌 데'가 줄은 말이다. '마'는 시간과 공간의 일정한 단위라 했다. 이는 명사형 어미로 '마이'는 '마당에 선 이'를 뜻한다. 중간은 중간 상인도 될 수 있고 서열이 높지도 않고 낮지도 않은 동료가 될 수 있다. '아니가 마이'에서 '아'는 보통 생략되니 '니가마'만 남는데 '니'가 모음조화되어 '나가마'가 된다. 일본말에서는 '이'가 명사형 어미라는 개념이 없어 발음하기 귀찮으니 '이'가 그냥 생략됐다.

≫ 니모쯔(にもつ) – 짐, 수하물(手荷物)

한국말 '(머리에)이(이) (몸에)맺이'가 변한 말이다. 이거나 매는 것이 짐이다. 짐을 몸으로 운반하는 것을 일본말로 '모쯔'라 하는데 한국말 '맺다'가 변한 말이다. '열매 맺다'처럼 몸의 어디에 부착해서 운반하는 것이 '모쯔'이다. '가방모찌'하면 가방 드는 사람이다. 짐을 일본말로 '니'라고 하는데 한국말 '이이'가 변형된 말이다. 머리에 '이다'의 어간 '이'에 명사형 어미 '이'가 결합된 말인데 중복되므로 '이' 하나만 남았다. '이(이) 맺이'는 '이는 것, 맺는 것'이 결합된 단어로 짐, 수하물의 뜻이 있다. '이'가 두음법칙 이전으로 '니'가 됐고 '맺이'가 연음되면 '매지'가 되고 가나의 발음으로 발음하기 쉽게 되면 '모쯔'가 된다.

≫ 후따(ふた) – 뚜껑

한국말 '꽉 닫이'가 변형된 말이다. 공항이 일본말로 구꼬가 되듯이 '꽉'에서 'ㄲ'은 확으로 변했다가 쉬운 발음으로 후가 된다. '닫이'에서 '닫'을 받침까지 최대한 발음하다 보니 '따'가 되고 '이'는 '후'와 비슷하므로 사라졌다.

≫ 우찌와(うちわ) − 부채

한국말 '부채'가 변한 말이다. '부'에서 'ㅂ'이 같은 계열 'ㅎ'으로 바뀌고 'ㅎ'이 같은 목구멍소리 'ㅇ'으로 바뀌어 '우'가 됐다. '채'는 일본 가나에 없는 복모음이라 풀어지면 '치아'가 되는데 '아'는 '우'와 모음동화되며 '와'로 됐다.

≫ 아미(あみ) − 그물

한국말 '아! 망(網)'이 변형된 말이다. 생활에 없어서는 안 되는 고마운 도구라 '아!'라는 감탄사가 붙었고 '망'에서 받침이 빠지고 명사형으로 변하면 '미'가 된다.

≫ 하다(はた) − 깃발

한국말 '파닥'이 변한 말이다. 깃발은 파닥거려 '파닥'이란 이름이 붙었다. 'ㅍ'이 'ㅎ'으로 바뀌고 받침이 빠지면 '하다'가 된다.

시간에 관계된 명사

≫ 도끼(とき) − 때

한국말 '적'이 변형된 말이다. '옛날 옛적', '호랑이 담배 필 적'의 '적'은 '때'의 다른 말이다. 역구개음화로 'ㅈ'이 'ㄷ'으로 바뀌면 '덕'이 되고 연음되면 '더기'가 된다. '더기'가 가나의 음으로 바뀌면 '도기'가 된다.

≫ 히마(ひま) − 한가한 시간, 틈

한국말 '한 마'가 변한 말이다. '한'은 많다는 뜻의 고어 '하다'의 형용사이다. '한마'에서 받침이 빠지고 발음이 쉬워지면 '히마'가 된다. '마'는 시간과 공간의 일정한 단위이다. 이맘때는 '이마'와 '때'가 합한 말이다. '한가'는 '한 여가'가 줄은 말이다.

≫ 무까시(むかし) - 옛날

한국말 '묵었어'가 변형된 말이다. '묵은 시(時)'일 수도 있다. 한국 할아버지들은 옛날이야기를 할 때 '옛날 옛적에 어느 고을에' 이렇게 시작하지만 일본 할아버지들은 '무까시 무까시 아루 도꼬로헤'라고 시작한다. '묵었어'가 명사화하면 '묵었이'가 되고 연음되면 '무꺼시'가 된다. 일본 가나의 발음으로 부드럽게 발음하면 '무까시'가 된다.

≫ 고노마에(このまえ) - 요전

한국말 '고 맡에'가 변형된 말이다. '맏아들'에서 '맏'은 맨 앞 혹은 맨 위가 된다. '맡에' 있는 것은 '앞'이 된다. '맡에'에서 받침을 빼면 '마에'가 된다. '고 앞'이면 '요전'이 된다. '노(の)'는 한국말 '의'가 두음법칙 이전의 소유격조사로 한국말에서는 있어도 되고 없어도 된다.

≫ 고노꼬로(このころ) - 요즈음

한국말 '고 께로'가 변한 말이다. 한국말 '고'는 '고것'처럼 바로 앞의 것을 가리킬 때 쓰는 말이다. 일본말 '고'도 거의 비슷하게 쓰인다. 한국말 '고'가 변형된 말이다. 한국말 '께'는 그 시간이나 장소 주위를 말한다. 일본말 '꼬로'도 거의 같이 쓰인다. '께'에다 '로'까지 붙이면 뜻이 더 분명해지는데 이 '께로'가 변한 말이 '꼬로'이다.

≫ 하지메(はじめ) - 처음

한국말 '햇 함에'가 변형된 말이다. '햇 것'에서 '햇'은 그해 처음이란 뜻이다. '하다'라는 말이 일본말에 없어 '하'는 생략돼도 문제가 없어 한다. '하'가 생략되니 '함에'에서 받침이 연음되어 '메'가 된다. '햇'이 연음되면 '해스'가 되는데 가나의 음으로 부드럽게 발음하면 '하지'가 된다.

≫ 오와리(おわり) – 마지막, 끝

한국말 '오! 났다'에서 변형된 말이다. 당구 치고 그것이 끝나면 '났어요!'라고 외친다. '끝났다'는 뜻인데 '끝'이라는 말은 한국 사람도 발음이 껄끄러워 생략한다. '났다'에서 어간 '나'에 명사형 어미 '리'가 붙은 말이다. '나리'에서 '나'는 두음은 아니지만 앞이 모음이라 두음과 같으니 두음법칙으로 '아'가 된다. '아'가 '오'와 동화되면서 '오와'로 발음하면 편해진다.

≫ 도시(とし) – 돌, 해, 연(年)

한국말 '돌'이 변형된 말이다. 연(年)의 순 한국말이 '돌'이다. 돌이 명사형 '이'가 붙어 연음되면 '도시'가 된다.

≫ 오또또시(おととし) – 재작년

한국말 '앞두 돌'이 변형된 말이다. 앞의 첫돌은 작년이고 앞의 두 번째 돌은 재작년이 된다. '앞두'에서 받침이 빠지고 '돌'이 연음된 '도시'에 모음조화되면 '오또'가 된다. '오또또시'는 'ㅍ'의 격음 영향을 받아 센소리 '또또시'가 된다.

≫ 기노우(きのう) – 어제

한국말 '간 날'에서 변형된 말이다. '간 날'이 연음되면 '가나르'가 된다. 'ㄹ'이 흔히 생략되므로 '가나으'가 되는데 첫음절로서 '가'보다 더 발음이 쉬운 것이 '기'이고 '으'가 일본 가나의 음으로 변하면 '우'가 된다. '나'는 '기'와 '우'에 모음조화되어 '기노우'가 된다.

≫ 교ー(きょう) – 오늘

한국말 '고 날'이 변한 말이다. '고 날'이 연음되면 '고나르'가 된다. '나'가 같은 유성음으로 변하여 '아'가 되고 '르'는 생략되어 '고아'가 된다. '고'와 '아'합쳐져 쉽게 발음되면 '교'가 된다.

≫ 아사(あさ) – 아침

한국말 고어 '아사(달)'의 '아사'이다. 단군은 '아사달'에 수도를 정하고 조선(朝鮮)을 만들었는데 '아침의 땅'이다. 아사의 어원을 따지면 '아! 새(날)'가 변한 말이다. 나라, 교토를 '아즈마'라고 한다. '아침 마(땅)'가 변한 말이다. 한국 사람들의 나라 이주 초기에는 아침이란 말도 쓴 것 같다. 나라의 아사카와 아즈마가 같은 말을 달리 발음한 것뿐이다.

아침에 제일 먼저 뜨는 별이 샛별인데 별이 새로 생긴 것은 아니니 새로운 별이라 샛별이 아니고 샛별은 '아사ㅅ 별'이었을 것으로 생각된다. 샛별에서 우리도 아침을 '아사'라 했던 흔적을 찾을 수 있다.

≫ 아시따(あした) – 내일

한국말 '아사 아! 뒤'가 변한 말이다. 뒤에 있는 아침은 내일이 된다. '뒤'의 일본말은 '아또'인데 '아! 뒤'가 변한 말이다. '아'가 두 번 반복되므로 뒤의 '아'는 생략되고 '사'는 '뒤'의 영향을 받아 '시'가 된다. '뒤'가 일본 가나의 음으로 바뀌면 '따'가 된다.

≫ 아삿떼(あさって) – 모레

일본말 '아시따 아또'가 줄어든 말이다. 한국말로 하자면 '아사 아! 뒤 아! 뒤'가 변형된 말이다. '아! 뒤'가 두 번 반복되니 중간의 '아! 뒤'가 생략되는데 그 흔적을 남겨 '아사'가 '아삿'으로 된다. 뒤의 '아! 뒤'는 '아'가 생략되고 가나의 음 한 음절로 줄어 '떼'가 된다.

≫ 히루(ひる) – 낮

한국말 '해 있는 (때)'가 변형된 말이다. 일본말 '히 이루'에서 '이' 모음이 반복되어 뒤의 '이'가 생략된 것이다. 해가 있을 때가 낮이다.

≫ 요루(よる) – 밤

한국말 '월(달) 있는 때'가 변형된 말이다. 일본말 '요 이루'에서 '이'가 생략된 말이다. '워'에서 받침이 빠지고 '워'가 일본 가나의 음으로 변하면 '요'가 된다. 달이 있는 때가 밤이다.

≫ 요아께(よあけ) – 새벽

한국말 '요(밤) 밝(은)것'이 변형된 말이다. '밝'은 앞에 모음이 있어 첫음절이나 다름없어 '밝으이'가 변한 '아카이'처럼 'ㅂ'이 생략되면 '아'가 된다. '것'이 가나의 음으로 부드럽게 되면 '께'가 된다.

≫ 유우가따(ゆうがた) – 저녁

한국말 '(해시계가) 유(酉) 가(쪽) 터(를) (가리키는 때)'가 변형된 말이다. 해시계는 '자, 축, 인, 묘 …… 신, 유, 술, 해'의 12지가 그려 있다. 그중에 해시계의 바늘이 유(酉)방(方)을 가리키면 6시 전후로 저녁때가 된다. 방(方)을 일본말로 '가따'라고 하는데 한국말 '가(쪽) 터'가 변한 말이다.

≫ 아따리(あたり) – 쯤, 무렵, 근처

한국말 '앞뒤리'가 변형된 말이다. '앞뒤'에 명사형 어미 '리'가 덧붙은 형태이다. '앞'에서 받침이 빠지면 '아'가 되고 '뒤'가 일본 가나의 음으로 바뀌면 '따'가 된다.

조사

≫ 가(が) – ~가, ~이

한국말 주격조사 '가'와 같다. 일본말에서는 한국말 주격조사 '이'에도 '가'를 쓴다. 일본 말에도 '이'가 있었지만 사라졌다. 중국에 단체 여행을 가면 보통 조선족이 가이드를 한다. 중국에서 태어나 중국말이 유창한 그들은 조선말 조사의 변화가 어렵다. 그래서 그들은 '신발이 좋다'를 '신발이가 좋다'고 한다. 신발 다음에 '이'를 붙여야 할지 '가'를 붙여야 할지 모르니까 둘 다 붙여 버리는 것이다. 가이드 한 사람만 그러는 것이 아니라 조선족 가이드 거의 다 그렇게 말한다. 이것이 일본에서 '이'가 사라진 이유이다. 많은 것을 좋아하는 중국 동포는 둘 다 쓰지만 생략하기 좋아하는 일본 동포는 하나를 생략해 버린 것이다. 주격에 받침이 있으면 '이'를 쓰는데 일본말은 게으른 혀로 받침을 발음하지 않으니 이를 쓸 일이 별로 없어서 아예 생략되어 버린 것이다.

천황의 칙서인 선명(宣命)에서는 '(백제왕) 경복이(경복伊)' 하는 식으로 주격조사 '이'를 쓴다. 한문을 읽을 때 조사에 해당하는 토를 달면 한글 문장이 되는데 주격조사 '이'는 아직도 '伊'로 토를 다는 할아버지들이 있다.

≫ 와(は) – ～은(는)

한국말 '은'이 변형된 말이다. 한국말 주격서술형조사 '은'과 '는'은 두음법칙으로
글자가 다르나 쓰임새가 같은 말이다. '은'은 일본 가나에 이런 음이 없으니 가나
의 음으로 바꾸면 '와'가 적당하다. 한국말에서 '나는'처럼 주격에 받침이 없으면
주격조사가 '은'이 아니라 '는'이 된다. 일본말에서는 '와따시와'처럼 주격조사의
받침이 없더라도 주격 '와따시'에 '은'의 변형인 조사 '와'가 붙는다.

≫ 오(を) – ～을(를)

한국말 목적격조사 '을'이 변형된 말이다. '을'이 가나의 발음으로는 받침이 빠지고
'오'가 된다.

≫ 니(に) – ～에(장소, 시간, 지점), ～에게

한국말 '에'가 변형된 말이다. 한국말과 일본말에서 'ㄴ'은 두음법칙으로 붙었다 떨
어졌다 하니 'ㄴ'이 없든 말든 같은 말이라고 보면 된다. '에'보다 게으른 혀가 쉽
게 발음하는 것이 '이'이다. '이'에서 'ㄴ'이 더 붙으면 '니'가 된다.

≫ 헤(へ) – ～으로(방향), ～에

한국말 '에'가 변형된 말이다. 한국말의 '에'는 장소도 되고 방향도 되지만 일본말
의 '헤'는 방향만 된다. 'ㅎ'이나 'ㅇ'은 같은 목구멍소리(喉音)로서 서로 치환되
며 거의 같다. 일본말 조사 '헤(へ)'는 사실 한국말과 같이 '에'로 발음한다. 일본말
'니'나 '헤'는 모두 한국말 '에'의 변형으로 '니'나 '헤'를 따질 것 없이 '에'로 번역
하면 조금 어색하더라도 그대로 뜻이 통한다.

≫ 데(で) – ～에서 (장소)

한국말 장소를 말하는 '데에서'가 변형된 말이다. 조사가 아닌 일본어 '데'는 '먹는
데', '공부하는 데'의 '데'와 같다. 그런 '데'에 조사 '에서'가 붙은 말인 한국말 '데
에서'에서 '에서'를 생략한 것이 일본에 조사 '데'이다. '데'라는 말 자체에 '에서'

가 포함된 것이니 재해와 전쟁에서 살아남느라고 군대처럼 간소화를 지향하는 일본 사람들에게 '에서'는 무의미하다.

≫ 까라(から) – ～에서, ～부터

한국말 '그것으로'에서 변형된 말이다. '집, 그것으로 20분 걸린다' 하면 집부터 20분 걸린다는 말이 된다. '그것으로'에서 '그것'을 한 음절로 축소하면 '꺼'가 되고 일본 가나의 발음으로 하면 '까'가 된다. '으로'가 한 음절로 축소되어 '까'와 모음조화하면 '라'가 되어 합하면 '까라'가 된다.

≫ 마데(まで) – ～까지

한국말 '맞(는) 데'에서 변형된 말이다. '맞(는) 데'는 '적중하는 데'란 의미이고 '～까지'의 의미가 있다. '맞데'에서 받침이 빠지면 '마데'가 된다. '집, 그것으로 학교 맞는 데 20분 걸린다'는 집으로부터 학교까지 20분 걸린다는 말이 된다.

≫ 또(と) – ～와(과)

한국말 '또'와 같다. '링고(능금) 또 바나나' 하면 '사과와 바나나'라고 번역하면 좋은데 또(と)의 본래의 한국말 의미를 살려 해석하면 '사과 또 바나나'라 해도 의미는 같다.

≫ 모(も) – ～도

한국말 '동무'가 변형된 말이다. '사과를 먹었습니다. 바나나 동무해서 먹었습니다'라고 하면 '바나나도 먹었습니다'의 의미가 내포되어 있다. 동무의 일본말은 '도모'라 했다. 한국말 '함께'를 뜻하는 조사의 고어는 원래 '도모'였는데 '함께'를 뜻하는 조사로서 한국은 '도'를 취하고 일본은 '모'를 취한 것 같다.

≫ 야(や) - ~와

한국말 '랑'이 변한 말이다. '링고야 바나나' 하면 '능금이랑 바나나'가 된다. 한국말 'ㄹ'은 모음과 비슷해서 일본말에서는 'ㅇ'으로 변한다. '앙'이 연음되면 '아으'가 되는데 일본 가나의 음 한마디로 줄면 '야'가 된다.

접속 조사

≫ 떼(て) - ~하고 (나열)

한국말 '(하)대'에서 변형된 말이다. 한문을 해석할 줄 아는 사람이면 '하대'라는 토씨가 얼마나 많이 쓰이는지 알 것이다. 한문은 단어 뒤에 토씨, 즉 조사만 달면 바로 한국말로 전환된다. 중국어가 토씨만 달면 한국어가 되는 것이다. 또 중국어가 일본어 토씨만 달면 일본어가 된다. 이 토씨가 일본과 한국이 거의 같다. 한자 단어에 몇 가지 조사만 골라 달면 한국어로 해석이 되는데 잘 모르면 '하대'를 일단 달아 보고 생각해 볼 정도로 '하대'가 많이 쓰인다. 이 '하대'에는 '하고'의 의미와 '하는데'의 두 가지 의미가 있다. '하대'가 '데'나 '떼'로 일본말에서도 그대로 이 두 의미로 쓰인다. '하야꾸떼 펜리데스' 하면 '빠르대 편리한 뎁쇼'가 된다.

≫ 떼(て), 노데(ので) - ~서, ~기 때문에

한국말 '(는)땜에'가 변형된 말이다. 때문을 보통 '땜에'라고도 한다. '땜에'가 한음절로 줄면 '떼'가 된다. '는땜에'는 일본 가나 발음으로 줄이면 '노데'가 된다. '노미수기떼 아따마와 이따이데스'라 하면 '넘기는 것이 쑥! 가는 땜에 머리가 따끔한 뎁쇼'가 된다.

≫ 까라(から) - ~니까

한국말 '것이니'가 변형된 말이다.

역접 조사

≫ 가(が) - ~지만

한국말 '가?'가 변형된 말이다. 의문을 가지는 것은 곧 '그러나' 하고 반대되는 말로 접속된다. '무주까시이데스가 오모시로이데스' 하면 '무척 거슬리는 뎁쇼까? 그러나 어머! 스러운 뎁쇼'가 된다. '어려운가? 해도 재밌다'는 말이다.

≫ 노니(のに) - ~데도

한국말 '는 것이 (소용도 없이)'가 변형된 말이다. '는 것이'에서 발음이 어려운 '것'이 빠진 말이다. '는이' 앞의 말 전체를 주어로 받고 그 반대 상황을 말한다. '일생현명(一生懸命) 쯔꾸다노니'라고 하면 '목숨 걸고 지었는 것이'가 된다. 부인이 맛있게 요리 해놓았는데(지어놓았는데) 남편이 맛없다고 할 때 하는 말이다.

≫ 데모(でも) - ~해도

한국말 '데(또)뭐?'가 변형된 말이다.

조건을 표현하는 조사

≫ 다라(たら) - ~하면

한국말 '될라(하면)'이 변형된 말이다. '될'이 일본 가나의 음으로 바뀌면 '다'가 되어 '다라'가 된다. 그렇게 된다고 가정하면의 뜻이 내포되어 있다. '아메닷다라도-시마쓰까?(あめだったらどうしますか)' 하면 '비가 닿게 될라(하면) 어떤 것을 합니까?'가 된다.

≫ 또(と) - ~면

한국말 '다고'가 줄어든 말이다. '다고'가 한마디로 줄면 '도'가 된다. 게으른 혀는 'ㄱ' 발음을 하기 싫어해서 없어지면 '다오'가 되고 빨리 발음하면 '도'가 된다. '다고'는 사실 '다하고'가 내포된 말로서 가정이 된다. '미기니 마가루또 우편국(郵便局)가 아루' 하면 '맞는 손 쪽에 말아간다고 우편국이 있우'가 된다. 오른쪽으로 돌아간다고 (가정하면) 우편국이 있다는 말이다.

≫ 나가라(なから) - ~해가며

한국말 '(해)나갈랴'가 변형된 말이다. '그는 아르바이트해서 돈 벌러 나갈랴 학교 나갈랴 바쁘다'라는 말이 있다.여기에 해당하는 말이 일본말 '나가라'이다. 받침을 빼고 일본 가나음으로 바뀌면 '나가라'가 된다.

≫ 나라(なら) - ~이라면

한국말 '~이라?'가 변한 말이다. 일본인들은 모든 일이 일어나는 것은 신이 내려서 일어난다고 생각한다. 한국말 '나(生)우'에 해당하는 '나루'를 많이 쓴다. 한국말의 '일어난다'라고 할 때 '난다'도 신이 내려서 '난다'고 생각하는 것이 반영된 말이다. 한국말에서는 '난다'는 말을 쓰는 빈도가 적어져 '나라'에 해당하는 말은 '이라'가 된다.

'이라'가 두음법칙 전이라 '니라'가 되고 모음조화해서 '나라'가 됐다. '일본어(日本語)나라 이(李)상가 데끼마쓰(日本語なら李さんができます)' 하면 '일본어라 (아!) 이씨가 될거라 말씀'이 된다.

≫ 나도(など) - ~등

한국말 '라든'(가)이 변형된 말이다. '링고 미깡 바나나 나도와 히도쯔 히도쯔 나마에 데스(りんご みかん バナナ などは 一つ一つ 名なまえです)'는 '능금 밀감 바나나 라든가는 한톨 한톨 이름인 뎁쇼'가 된다.

≫ ~다리(~たり), ~다리(~たり) - ~다리, ~다리

한국말에 '왔다리 갔다리'가 있다. 이 말과 똑같이 쓰인다.

≫ ~또까(~とか) - ~든가

한국말 '든가'에서 변형된 말이다. '든가'가 일본 가나의 발음으로 변하면 '또까'가 된다. 한국말에 '이렇든가 저렇든가'가 있는데 '또까'도 똑같이 쓰인다. '난또까'라는 말을 잘 하는데 한국말 '어난든가'가 변한 말로 '어느 것이든지'란 뜻이다.

≫ ~호도(ほど) - ~정도로

한국말 '하도(록)'이 변형된 말이다. 가가야쿠호도 우쯔꾸시이 히메(輝くほどうつくしいひめ) 하면 '빛깔이 깔깔하도록 위 쑥! 하신(아름다운) 해의 에미나(해의 딸=공주)'가 된다.

≫ ~바까리(ばかり) - ~뿐, ~만

한국말 '~밖에'(나이)가 변형된 말이다. '무즈까시이 모노 바까리데쓰(むずかしいものばかりです)' 하면 '무척 거슬리는(무즈까시이=난難) 모노밖에 없는 뎁쇼'가 된다. 원래 '밖에' 뒤에 '않다'가 변형된 '나이'가 있었던 것처럼 보인다. 세월이 흐름에 따라 일본인들이 한국말 '밖에'의 의미를 잃어버려 '나이'가 부사형 어미 '리'로 변형되어 남은 것 같다.

≫ ~요리(より) - ~보다

한국말 '~위로'가 변형된 말이다. '버스니 노루요리 아루꾸호우가 하야꾸(バスにのるより あるくほうが はやく)'는 '버스에 오르는 것 위로 발로 걷는 편이 빠르구'가 된다. '위'는 일본 가나에 없으니 있는 발음으로 하면 '요'가 되고 '로'는 '리'로 더 쉽게 발음된다.

≫ 도오리(とおり) - ~대로

한국말 '~대로'가 변형된 말이다. 복모음 '대'가 일본 가나음으로 발음하면 두 마디로 풀어져 '도오'가 된다. '로'는 부사형으로 '리'가 된다. '이와레따 또오리니 수루(言いわれったとおりにする)'라 하면 '말한 대로 하다'가 된다.

≫ 따메(~ため) - ~때문, ~위해서

한국말 '~때문'이 변형된 말이다. '이끼루따메노 시고또(いきるための しこと)' 하면 '살기(있기로) 때문에 하는(시) 것(고또)'이 된다.

≫ 시(~し) - ~하고

한국말 '하(고)'가 변형된 말이다. 한국말 조동사에는 '하'가 아주 많이 쓰이는데 일본말에는 없어 한국말과 일본말이 달라 보인다. 이 '하'가 변한 말이 '시'이다. '하'는 아주 많이 쓰는 말로서 주로 조동사나 어미로 쓰이기 때문에 변형이 심했다. '하'는 '하'보다는 '해(日)'를 '히'로 발음하는 일본인들에게는 '히'가 발음에 익숙한 것 같다. 이 '히'는 '흰'이 '시로이'로 변하듯이 '시'가 됐다.

여기서 '시'는 '하고'가 변형된 말이다. 일본인들의 게으른 혀는 'ㄱ' 발음하는 것을 무지하게 싫어한다. 일반적으로 'ㄱ'이 있으면 모음까지 빠진다. '고'의 흔적이 남아 '시'를 발음하고 '고'만큼 쉬고 말을 잇는다. '고노 헤야와 히로이시~ 시주까다(この へやは ひるいし しずかだ)' 하면 '고 방(벽 이엉)은 펼쳐하고(널따랗고) 쥐 죽은 듯하다(조용하다)'이다.

백제 사람들이 일찍이 정착하여 한국의 전통을 고수하는 교토, 나라, 오사카 등 관서지방에서는 '하'라 발음하는데, 과거에 교토 사람들이 변두리라고 촌사람 취급했던 관동 사람들은 '시'라 발음한다. 그래도 지금은 표준어가 도쿄를 중심으로 하는 관동어이기 때문에 일본 전국이 '시'로 발음한다. 관동 사람들은 '히로시마'를 '시로시마'라고 하기 때문에 관동 사람인 것이 금방 밝혀진다고 한다.

또 한 예로 관동지방에서는 '다나까상'이라고 하지만 관서지방에서는 '다나까항'이라고 한다. 일본 영화에 보면 교토의 기생들은 말끝에 '안스', '잔스', '단스'를 붙인다. 전통교육이 강한 기생들 사이에서만 내려오는 종조사인데 일본 현대어에서는 거의 사라졌다. 일본에서 관동어를 표준어로 하기에 더욱 급속도로 사라졌을 것이다. 은근짜들이 주로 쓰며 친근감을 나타내는 한국말 종조사 '않수', '쟎수', '단쟎수'가 그대로 살아 있는 것이다.

≫ 데까라(~てから) - ~한 후로, ~끝나고

한국말 '된 후로'가 변형된 말이다. '된'이 가나의 발음으로 변하면 '데'가 되고 '후로'에서 'ㅎ'은 일본말에서 'ㄲ'으로 흔하게 바뀐다. '꾸로'가 더 쉽게 발음되면 '까라'가 된다. '다베떼<u>까라</u> 이꾸' 하면 '다 배<u>된 후로</u>(먹고) 아! 가'가 된다.

≫ 케도(~けど) - ~해도

한국말 '~(다)해도'가 변형된 말이다. 한국에도 지방 사투리는 '~해도'를 '케도'로 쓰는 경우가 많다. '고꼬 사무이케도 고노 마마데이이'하면 '고곳 (기후가) 사무친다해도(추워도) 그 마(땅地)는 마(대로) 이야! (좋다)'가 된다. '케도' 대신에 '게레도모(けれども)'를 쓸 수 있는데 한국말 '그래도 뭐'가 변한 말이다.

종(終)조사

말이 끝날 때 쓰는 조사가 종조사인데 한국말과 일본말이 아주 작은 차이를 보인다. 40가지 이상 언어를 할 줄 아는 비교 언어학자 시미즈 기요시 교수는 이 정도 차이라면 같은 민족의 언어라 했다. 일본 개항 초기에 일본에 와서 선교를 했던 유럽 선교사는 일본어를 악마의 언어라 했다. 조사가 많고 어미 변화가 너무나 복잡해서 배우기 어렵기 때문이었다.

일본말은 한국말과 달라서 이해할 수 없다는 선입견을 버리고 가만히 뜯어 보면 경상도 사투리를 듣는 것처럼 이해가 된다. 한국말은 '~다'로 끝나고 일본말은 다양하게 끝난다는 것이 한국말과 일본말이 달라보이게 한다. 한국말이 '~다'로 끝나는 것은 한국말을 다양한 서양 문법체계를 배운 학자들이 인위적으로 기본형을 만든 것이고 실제로는 '~다'로 끝나는 경우가 많지 않다.

지금 '뭐 해?' 하고 물으면 그 답이 "세수하고 있어", "아! 예뻐!", "학교에 가", "좀 있다가 갈께", "나 똥 눠", "그놈 참 찡허이", "확 쌔려 뿌리", "날래날래 하라우" 하고 다양한 어미를 가진 대답이 나온다. 이들은 일본어 동사와 형용사 어미 '루', '수', '쿠', '무', '부', '누', '이'에 해당하는 어미이며 종조사들이다. 특히 구어체와 사투리에서는 '~다'로 끝나는 말이 별로 없다. 일본말은 이 구어체나 사투리 어미를 통일시켜 놓고 있지 않을 뿐 한국말 구어체나 사투리의 어미나 조사가 그대로 문법체계에도 반영되어 있다.

≫ ~다(だ)

한국말 종조사 '다'와 똑같아서 일본어 문법책에 설명이 거의 없다. 상대방이 무리한 요구를 했을 때 일본인들은 '무리다'라고 답변을 한다. 일본말 '다'는 주로 한자어로 된 '간단다', '무리다'처럼 형용사로 끝날 때와 일본말 '이루=존재한다'의 과거형 '있다'처럼 동사 과거형으로 쓴다. '요(이)갔다' 하고 한숨을 쉬고 말하는 경우가 많은데 한국말로는 '용케 갔다'로 잘 지나갔으나 '다행이다'라는 뜻이 있다. '도꼬 있다?' 하면 '(어)떤 곳에 있었다?'가 된다. '다'의 쓰임새가 조금 다른 것은 '다'의 의문 종조사가 될 수 있다. 일본 드라마에서 누가 전쟁의 승패를 물으니 전쟁에 참가한 장수가 '마께쟜다(まけちゃった)'라고 대답한다. 대학 체육대회 때 경상도 친구가 했던 말 '마 깨졌다'와 똑같은 말이다.

≫ 요(よ) – ~요

한국말 '요'와 똑같다. '찌가우요(ちがうよ)' 하면 '맞지가 않아요'라고 하는 것이다. 만나기로 한 장소에서 어디 있나 하고 두리번거리면 '고찌요(こちよ)' 하고 소리치는데 '고(요)쪽이요' 하는 말이다. '야메나사이요(やめなさいよ)' 하면 '하지마세요'라고 하는 것이다. 일본 전통여관에서 침구를 정리해 주고 '오야수미나사이요(おやすみなさいよ)' 하면 '한숨하세요'가 된다. '쇼가나이요' 하면 '(할) 수가 없어요'가 된다.

≫ 네(ね) - ~네

한국말 '네'와 똑같다. '겟꼬우 오이시이데스네(けっこう おいしいですね)' 하면 '꽤(케) 오! (맛)있는 뎁쇼네'가 된다. 말끝에 붙어서 '네?' 하고 묻는 경우로도 쓰인다. '춋또 맛떼네(ちょっと まってね)' 하면 '조금 더 맞아야 돼 네'가 된다. '조금만 더 기다려 응?'이란 뜻이다. 일본인들은 상냥해서 아랫사람에게도 '네?'를 쓴다.

≫ 까?(か?) - ~까?

한국말 '~까?'와 똑같다. 노까(のか)는 '~는 가?'와 같다. '미즈오 노미마스까?(みずを のみますか)' 하면 '물을 넘김 말씀까?'가 된다. '쏘까?' 하면 '그렇소까?'가 된다. '그럴' 발음하기도 힘들고 빼도 별로 의미의 손상이 없어 빼먹어 버렸다. 한국말의 일본화의 특징은 받침 빼고 어려운 단어 빼먹는 것이다. 해일이나 폭우, 폭설, 화산, 원주민 아이누와의 전쟁 같은 위급 상황에서 살아남으려면 말도 간단해져야 한다. 그래서 일본말은 생략이 많아 한국말과 달라 보인다.

일본 사람들은 '설마?' 할 때 '마사까?(まさか)' 한다. '맞을까?'가 변형된 말이다. '정말로?' 할 때는 '마지까?' 하는데 이것 역시 '맞을까?'가 변형된 말인데 그들은 그 어원을 모른다.

≫ 노?(~の?) - 냐?

한국말 종조사 '냐'에서 변형된 말이다. '까?'는 주로 '데쓰'나 '마쓰'에 붙여 존대가 되고 '냐?'는 하대가 된다. '시니따이꾸 사비시이노(しにたいく さびしいの)' 하면 '죽으니 싶다 하구 슬퍼지냐?'가 된다. '나니오 잇데루노?(なに いってるの)' 하면 '어난(것)을 니르고 있느냐?'가 된다. 현대말로는 '무엇을 말하고 있느냐?'가 된다.

≫ 데쓰(~です) - ~입니다

한국말 고어 '~뎁쇼'가 변형된 말이다. 한국 역사 드라마를 보면 종들이 주인에게 말할 때는 '뎁쇼'라는 종조사를 쓴다. '뎁쇼'에서 받침이 빠지고 일본 가나의 음으로 발음하면 '데쓰'가 된다. 어떤 사물을 서술할 때 쓰는 존댓말 종조사이다. 필자를 소개할 때 '처음 뵙겠습니다. 이성환데쓰' 하면 '이성환인뎁쇼'가 된다. 과거는 '데시다(데셨습니다)'이고 부정은 '데와 아리마셍(데는 아닌 말씀)'이다.

≫ 마쓰(~ます) - ~입니다

한국말 '말씀(드립니다)'가 변형된 말입니다. '말씀'에서 받침이 빠지면 '마쓰'가 된다. 분명 말씀 뒤에 '드립니다'가 있었을 텐데 간소화하기 좋아하는 일본인들이 생략했을 것이다. 과거형은 '마시다(ました)'로 '말씀(드렸습니)다'가 변형된 말이다. 의문형은 '마쓰까(ますか)'인데 '말씀까'가 변형된 말이다. 받침이 빠지면 '마쓰까'가 된다. 부정형은 '마셍(ません)'인데 '말씀 아님'이 변형된 말이다. '말씀 아님'이 '마쓰 아님'으로 변하고 '쓰아님'이 한 음절로 축약되면 '쌤'이 된다. '쌤'이 가나의 발음으로 바뀌고 부드러워지면 '셍'이 된다. '마셍'의 고어는 '마센느'인데 '말씀 아님'의 형태가 더 남아 있다.

큐슈의 남쪽 지방, 삼별초 이주민이 일본에 정착한 지역으로 알려진 사츠마(가고시마 주위) 사투리로는 '마셍'을 '모항'이라 한다. '못함(니다)'이 변한 말로 뜻은 비슷하나 어원은 다르다.

전라도와 제주도 노인들이 경어를 쓸 때는 말끝마다 '마시'를 붙인다. 이것이 말씀의 한국말 고어이다.

≫ 떼(~て) - ~해, ~해봐

한국말 '(해야)돼'가 변형된 말이다. 친구 사이에 가볍게 쓰는 명령 종조사로 동사 끝에 붙어서 아주 많이 쓰인다. '해야 해'처럼 명령이 강하지는 않고 '해' 정도 가볍게 쓴다. '돼'가 일본 가나에 없는 복모음이라 간단히 발음하면 '떼'가 된다. '미떼(みて)' 하면 '봐야 돼'가 되고 '좃또 마떼' 하면 '조금이라도 (나를) 맞아야 돼'가 된다.

≫ 떼구레(~てくれ) - ~해줘

한국말 '(하)대 그래'에서 변형된 말이다. '하대'는 접속조사로 아주 다양하게 쓰이는데 보통 일본말에서는 '데'로 줄어들었다고 했다. 일본말 '구레'는 '그래'와 똑같이 쓰인다. '고시가께떼 구레' 하면 '궁디 걸대(걸+지-구개음화)그래'가 된다. '고꼬니 잇떼구레' 하면 '고곳에 있지 그래'가 된다.

≫ 떼 쿠다사이(~てください) – ~해 주십시오

한국말 '(하)대 떨쿠었다 하세요'에서 변형된 말이다. 옛날 한국 사람들은 인간사를 비롯한 이 세상의 모든 일은 신이 내려줘야 일어난다고 생각했다. 삼국시대의 말과 풍습이 고립되어 버린 일본말에는 그 경향이 아직도 남아 있다. 어떤 사람에게 무엇을 원할 때는 신이 하늘에서 떨쿠어 주시기를 요구했다. '떨'은 일본 사람들이 발음하기 힘들어 아예 빼 버렸다. '쿠었다하'에서 '었'도 발음하기 힘들어 여기서는 통째로 뺏는데 일반적으로 '시'나 그냥 받침 'ㅅ(ㄱ)'로 남는다. '하'는 '시'로 변하는데 '세요'가 있으니 빠졌다. '세요'는 '사이'로 쉽게 발음하는데 '사이'를 쓸 때 '요'를 붙이기도 하여 '세요'와 발음이 비슷하다.

필자가 처음으로 일본에 갔을 때 여행가이드가 '쿠다사이'를 가르쳐주면서 원하는 것을 손가락으로 가리키고 '쿠다사이' 하면 최소한 굶지 않고 다 통한다고 했다. 신라신사의 사진을 찍기 위해 영어가 통하지 않는 일본 오지를 다닐 때 정말 요긴하게 써먹은 단어이다. 독자 분들은 이제 한국말 사투리인 일본 단어를 많이 아니까 '쿠다사이'만 붙이면 다 통한다. 통하는 데는 문법이 별로 필요가 없다. 나중에 차차 정정하면 된다. 그것이 자연스러운 언어의 교육 과정이며 아기들이 엄마로부터 말을 배우는 빠른 길이기도 하다. 문법에 얽매이는 사람들은 언어 습득이 느리고 중도에 포기한다.

'밥 주세요' 하고 싶으면 밥을 높임말 '고(高)밥' 하면 되는데 일본 사람들은 'ㅂ' 대신에 'ㅎ'을 쓰고 받침을 발음 못하니 빼고 대신에 쉬운 'ㅇ'을 넣으면 '고항'이 된다. '고항 쿠다사이' 하면 된다. 점심을 원하면 점심은 해가 있는 하루 중에 먹는 밥이니까 '하루 고항 쿠다사이' 하면 점심을 가져다줄 것이다. 그 일본 사람이 당신이 외국인인 줄 알면 알아듣는 데 문제가 없을 것이고 확실히 하려면 일본 사람들은 '해'를 '히'라고 하니 '히루 고항'이라 해야 한다. 원래 '하루'는 한국말 '해'와 일본말 '이루(いる)'가 결합된 '해 이루'에서 변한 말로 '봄'이 된다. '봄'이란 말은 '낮'보다 쓰는 빈도가 덜하니 원래 어원인 '해'를 힘들여 발음해서 '하루'이고 '낮'은 더욱 흔한 용어이니 덜 힘든 발음인 '히루'가 된다. '낮'은 해가 한참 있는 때이고 '봄'은 해가 이제 많이 있기 시작하는 때이기 때문에 '해이루 > 하루'가 된다.

≫ 레(~れ) – ~해라

한국말 명령어미 '려 혹은 라'가 변한 말이다. '려'나 '라'는 '정신차려!', '엎드려!'

, '먹어라!', '받아라!', '싸라!' 등에서 사용된다. 일본말에서는 귀인이 행차할 때 사람들을 비키게 하는 '싸가레(さがれ)!'는 '썩가라!'가 변한 말이고 전쟁에서 '덤벼라!' 하는 말인 '가까레(かかれ)!'는 '가(서)까라!'가 변한 말이다. '다마레(だまれ)!'는 '(입)다물어라!'이다

한국말 '않아'가 변형된 말이다. 동사나 형용사 뒤에 붙어 '아니다'란 부정을 나타낸다. '않아'에서 'ㅎ' 받침은 빠지고 연음되면 '아나'가 되고 '아'는 흔히 그렇듯 빠져 '나'가 되나 허전하니 형용사 서술형어미 '이'가 덧붙었다. 한국말은 중국말과 달라서 받침 없는 모음 한 마디가 뜻을 나타내는 것은 불안하다. 음양이 결합되어야 한다. '미나이' 하면 '보지 않아'가 되고 '우소쟈나이' 하면 '우스개(거짓)이지 않아'가 된다.
'도데츠모나이(とてつもない)' 하면 '도대체 뭐(가) 않아' 혹은 '도대체 뭐 없어'가 된다. 같은 뜻으로 '돈데모나이'는 한국말 '(어)떤 데도 없어'가 변한 말이다. 이 두 말은 '당치도 않아'란 뜻이다.
쯔마라나이(つまらない)하면 한국말 '집을라 않아'가 변형된 말이다. 집으려 하지 않는 것은 '하찮다'는 말이 된다. 한국말 '재미없어'는 '쯔마라나이'가 어원일 것이다.

≫ 짜나이(～ちゃない) ‒ ～지 않아, ～하면 안 돼

한국말 '~지 않아'가 변형된 말이다. 원래는 '데와나이(てはない)'가 구개음화된 말인데 같은 뜻으로 쓰인다. '아따리 마에쨔나이' 하면 '딱 들어맞지가 않아'가 된다. '이이쨔나이' 하면 '좋지 않아'가 된다. '아닷데쨔나이' 하면 '이치에 닿지 않아'가 된다. '가엣단쟈나이' 하면 '(돌아)갔다하지 않아'가 된다.
'짜나이'는 도쿄지방의 표준말이고 백제의 식민정부가 있던 관서지방(오사카, 교토, 나라)는 한국말 '~쟎우'를 그대로 쓰고 있다. '짜우(ちゃう)'라 부드럽게 발음하는데 단지 받침만 빠져 있을 뿐이다. 관서지방 사람들은 사람 이름 다음에 '항'을 써서 높여 부른다. '이형!' 하고 부르듯이 형이 변한 말이다. 형은 남자만 쓰는 것이 아니라 서울 여자들이 손윗사람을 성님이라 부르는 것처럼 여자에게도 쓸 수 있다.

≫ 쨔 다메(~ちゃだめ) - ∼하면 안 돼

한국말 '~자는 다 말아'가 변형된 말이다. '미쨔 다메' 하면 '보자는 다 말아'가 된다. '보자 하고 생각하거나 권하는 것은 다(모두) 말아'라는 뜻이다. '~자는'에서 조사 '는'이 빠지면서 '자'가 '쨔'가 됐다. '다말아'에서 '말아'는 한국에서도 '마'로 줄여 사용한다.

≫ 데와 다메(~ては ため) - ∼하면 안 돼, 줄여서 쨔 다메(~ちゃ ため)

한국말 '~다는 다 말아'가 변한 말이다. '미떼와 다메' 하면 '본다는 다 마'가 된다. '쨔다메'는 '데와다메'가 구개음화한 것이라고도 볼 수 있다.

≫ 나이데(~ないで) - ∼하지마

한국말 '~하면 아니 돼'가 변한 말이다. 명령 종조사 데(て)의 부정형이 된다. '구찌오 다사나이데(くちを ださないで)' 하면 '입을 달싹하면 아니 돼'가 된다.

≫ 따이(たい) - ∼하고 싶어

한국말 '~싶다아 혹은 싶당'이 변한 말이다. 사람이 어느 것을 원하면 그 말을 딱 끊지 못하고 여운을 남겨 길게 발음한다. 그것이 한국말에서 '싶다'가 아니라 '싶다아' 혹은 '싶당'으로 나타난다. 일본말에서는 '다'에 '이'를 붙여 여운을 나타내는데 한국말이 변한 현상이다. '싶다'에서 받침이 연음되면서 '다'가 센소리 '따'가 됐다. '싶'에서 '시'는 '하'에 해당하는 말이므로 흔해서 이것도 생략됐다. '다베따이' 하면 '다 배(로) 싶다아'가 된다.
옛날 에도에서는 '따이'를 '시따이'라 했다고 한다. 경상도 사투리 '싶데이' 그대로이다.(김용운,《천황은 백제어로 말한다》)

≫ (요우)니 나루[(よう)になる] - ∼가 되다

한국말 '~의향(意向)이 (결국 일어)났(生)우'가 변형된 말이다. 일본말은 신이 어떤 결과를 내려야 어떤 일이 일어난다는 말 '나루'를 아직도 쓴다. 한국말 '의향'은 원래 '요우'라는 순 한국말이었는데 후세에 한자어로 변형된 것 같다. '이꾸요의니나루'는 갈 의향이 있었는데 그 의향이 신이 내려줘서 현실로 일어났다'란 뜻이다. '가게 되다'로 쉽게 해석할 수 있는데 한국말로 하면 '갈 의향이 (결국 일어)났다'가 된다. 본래의 말에서 신을 빼면 저절로 이루어지는 '~되다'로 된다.

≫ 데쇼우(~でしょう) - ~겠지요

한국말 '되씁죠'가 변한 말이다. '쇼우'는 한국말 '죠'에 해당하여 상대의 동의를 구한다. '구르마데쇼우' 하면 '자동차 되씁죠'가 된다.

≫ 마쇼우(~ましょう) - ~합시다

한국말 '맞하죠'가 변한 말이다. '백지장도 맞들면 가볍다'라는 말이 있다. 여럿이 하자는 접두어가 '맞'이다. '맞하죠'는 같이 하자는 말이므로 '합시다'가 된다. '맞하죠'에서 받침과 '하'가 빠지면 '마죠'가 되고 부드럽게 발음하기 위해 'ㅈ'이 같은 잇소리(齒音) 'ㅅ'으로 바뀌면 '마쇼'가 된다. '마쇼'를 길게 늘이면 '마쇼우'가 된다. '다베마쇼' 하면 '다베 맞하죠'가 된다. 먹는 것을 마주하자는 것이다.

≫ 따 바까리(たばかり) - ~막 했어

한국말 '~다 막 했으라우'가 변한 말이다. '막'에서 'ㅁ'이 같은 입술소리 'ㅂ'으로 바뀌고 받침이 빠져 '바'가 됐다. '하'는 생략되기도 하지만 '공항'이 '구꼬'로 바뀌는 것처럼 '까'로 변하기도 한다. '바까리'가 부사 역할을 하므로 부사형 어미 '리'가 붙었다. 여기서 '바까리'는 '다만'을 뜻하는 '밖에'가 아니다. '시따바까리'하면 '했다 막 했어라우'가 된다. '네다바까리'하면 '잤다 막 했어라우'가 된다.

≫ 소우다(~そうだ) - ~일 것 같다

한국말 '~같소다'가 변형된 말이다. 흔히 그렇듯 'ㄱ' 발음인 '같'은 너무 발음하기 힘들어 생략됐다.

≫ 라시이(らしい) - ~인 것 같아

한국말 '~라 싶으이'가 변형된 말이다. '싶으이'에서 받침이 빠지고 줄어들면 '시이'가 된다. 인도네시아는 '인도라시이'에서 나온 말이다. 인도네시아는 발리나 족자카르타에 남아 있는 유적을 보면 힌두문명이 인도 못지않게 번창했던 나라이다. 라시꾸(らしく)라 할 때도 있는데 이것은 한국말 '~라 싶게'가 변한 말이다.

≫ 다 호우가 이이(た ほうがいい) - ~하는 편이 좋아

한국말 '~다 편이 이야! 하이'가 변형된 말이다. '편이'에서 'ㅍ'이 같은 계열의 'ㅎ'으로 바뀌면 '현이'가 되고 '현'에서 일본 가나의 발음으로 바뀌고 받침도 될 수 있는 대로 발음하면 발음이 길어져 '호우'가 된다. '호우'가 되면 주격조사가 '이'에서 '가'로 바뀐다.

≫ 데이루(~ている) - ~하고 있는 중이다

한국말 '데 있우'가 변형된 말이다. 어느 동작을 '하는데 있는' 것은 하는 중이다. 영어의 '~ing'과 같은 말이다. '나니오 시데루?' 하면 '무엇을 하고 있냐?'가 된다. '데이루'는 줄여서 '데루(てる)'로 쓸 때가 많다.

≫ 데오꾸(~ておく) - ~해두다, 줄여서 또꾸(とく)라 한다

한국말 '해 두구'가 변한 말이다. '가이또꾸(かいとく)' 하면 한국말로 '긁어두구'가 되는데 곧 '써두구'가 된다.

≫ 까모 시레나이(~かもしれない) - ~할까도 몰라

한국말 '~(할)까도 지(知)않아'가 변형된 말이다. '데끼루까모 시레나이' 하면 '될까도 알지 않아'가 된다.

≫ 데모이이(~てもいい) - ~해도 돼?

한국말 '~해도 이야! (하고 좋아해)?'가 변형된 말이다. '키스시데모 이이?' 하면 '키스해도 뭐 좋아?'가 된다.

≫ 마셍(~ません) - ~못합니다

한국말 '~못해요'가 변형된 말이다. '하'가 보통 '시'로 변하니 '모새요'가 된다. '새요'를 일본 가나에 있는 말 한마디로 줄이면 '셍'이 된다. '마셍'이 '마쓰'의 부정형 어미 '모'는 '마'로 변해 '마셍'이 된다. '와까리 마셍' 하면 '알지 못해요'가 된다.

≫ 데끼루(~できる) - ~할 수 있다

한국말 '~될 꺼우'가 변한 말이다. 가능하다는 뜻이다. '될'이 가나의 음으로 변하면 '데'가 되고 '꺼'를 일본 가나의 음으로 하면 '끼'가 된다. '니혼고(日本語)와 데끼마셍' 하면 '일본어는 될게 못해요'가 된다. 다시 말해서 '일본어는 못해요'가 된다. '나니가 데끼루?' 하면 '어난 것가 될거유?'가 된다.

≫ 닷께(~だ-っけ) - ~당께, 조동사 「だ」 +종조사 「け」

전라도 사투리 '~당께'와 발음과 쓰임새가 같다. 친한 남자들끼리 잘 쓴다.

의문사와 대답

≫ 나니? (なに) – 무엇?

한국말 고어 '어난 (것)이'에서 변형된 말이다. '어'는 흔히 그렇듯 '아!'처럼 생략됐다. '난'이 연음되면 '나니'가 된다.

짧게 '나니?' 하면 '무엇이냐?'가 된다. '난데모 나이' 하면 '어느 이도 아니야'가 된다. '고레와 난데스까?' 하면 '고것은 어난 이 뎁쇼까?'가 된다. '난지니 데마스까?' 하면 '어느 시(時)에 떠납니까?'가 된다. 한국말 무엇에 해당하는 말이 일본말에도 있다.

≫ 이쯔? (いつ) – 언제?

한국말 '언제'가 변형된 말이다. 많이 쓰는 말일수록 변형이 심하다. '언'은 일본 가나에 없으니 가나의 음으로 가장 쉽게 발음할 수 있는 것은 '이'가 된다. '제'보다 일본 사람이 발음하기 쉬운 것은 '쯔'가 되어 '언제'가 '이쯔'가 된다. '한국니 이쯔 가에리마쓰까?' 하면 '한국에 언제 (가家에로) 돌아왔습니까?'가 된다.

≫ 도꼬? (どこ) – 어디?

한국말 '어떤 곳'이 변형된 말이다. '어'가 생략되고 '떤'은 일본 가나의 음으로 '도'가 됐다. '곳'에서 받침이 빠지고 앞의 센소리가 뒤로 전해져 '꼬'가 됐다. '도 꼬에 이꾸노?' 하면 '어떤 곳에 가느냐'가 된다. 이 말은 꼭 경상도 사투리 같다. 텔레비전에서 보면 일본 총리가 일본에 관광오라고 선전할 때 '요꼬소' 하는데 경상도 사람이 '요꼬(요곳) 오소' 하는 것 같다. 실제로 '요곳 오소'가 변형된 말이고 '어서 오이소 (환영합니다)'란 뜻이다.

≫ 다레? (だれ) – 누구?

한국말 '어떤 돌이'가 변형된 말이다. '키다리'의 '다리'나 '갑(甲)돌이'의 '돌이' 와 일본말 씨름선수를 뜻하는 '스모도리'의 '도리'는 원래 '사람'을 부르는 말이다. '어떤 돌이'는 '어떤 사람'이고 '누구'가 된다. '어떤'에서 '어'가 빠지고 '떤'이 '돌' 과 합쳐지며 일본 가나의 음으로 변하면 '다'가 된다. '돌이'가 연음되고 '다'의 영향을 받아 모음조화되면 '레'가 된다. 아기들이 말 배울 때 쓰는 '도리도리'는 '돌려돌려'에서 유래됐는지 한국말 고어인 일본말 '다레다레'에서 유래됐는지 모르겠다. '다레다레'는 '누구? 누구?' 하면서 고개를 좌우로 돌리게 된다.
'내래 이북에서 왔시오'에서처럼 '어떤 이'에 이북 주격조사 '래'가 결합된 단어일 수도 있다.

≫ 나제? (なぜ) – 왜?

한국말 '어난 죄?'가 변형된 말이다. 동양사상에 의하면 이 세상의 일들은 어떤 죄에 대한 징벌로 일어난다고 생각한다. 어떤 죄를 지었기에 이 일이 일어나는 가 묻는 것이 '왜'에 해당하는 '나제'가 된다.

≫ 응 (うん) – 응

한국말 '응' 그대로 이다. 주로 어린아이들이 많이 쓴다.

>> 하이(はい) – 예, 네

한국말 '예으이'가 변형된 말이다. 사극에 보면 아랫사람들이 '예으이'라고 대답한다. 윗사람이 묻거나 명령을 할 때 더 크고 명확히 하기위해 '예으이'를 '하이'라고 높은 톤으로 발음했다. 일본은 재해와 전쟁이 많은 지역이라 높은 톤의 분명한 대답이 요구되었다.

>> 이이에(いいえ) – 아니오

한국말 '아니예'가 변형된 말이다. '아니'에서 '니'는 앞에 모음이 오니 두음이나 다름없어 두음법칙으로 '이'가 되고 '아'는 '이'에 모음조화되어 '이이'가 된다. '예'는 일본 가나음으로 하면 '에'가 된다.

>> 가시꼬마리마시다(かしこまりました) – 분부대로 시행하겠습니다

한국말 '하시고 말고 맞습니다'가 변형된 말이다. 장사가 고객에게 그렇게 하겠다고 답하는 아주 정중한 표현이다. '하'는 일본말에서 학생이 '각세이'처럼 '가'로 잘 변한다. '말'이 연음되어 '마리'가 된다.

.

≫ 가다(かた型) – 본, 거푸집

한국말 '겉'에서 변형된 말이다. '겉'이 연음되면 '거트'가 되고 '거'는 일본 가나의
발음이 없으니 있는 음으로 발음하면 '가'가 되고 '트'가 '가'에 모음조화되면 '가
타'가 된다. '가타'에서 '타'가 더 부드럽게 발음되면 '가다'가 된다. 쇠를 끓여 가
다에 부어 주물을 만들 때 가다는 겉이 되고 쇳물이 변형된 주물은 속이 된다.

≫ 가다(かた肩) – 어깨, 깡패

이것도 한국말 '겉'이 변형된 말이다. 어깨는 인간의 몸에서 횡적으로는 가장 밖에
있다. 즉 겉이 된다. 깡패들의 특징은 어깨를 으쓱 으쓱거리기 때문에 두드러져 보
인다. 그래서 '어깨'라는 말로 깡패를 대신했다.

≫ 가도(かと角) – 모서리 부분

한국말 '가터'가 변형된 말이다. 가에 있는 터 중에 모서리에 있는 터가 가장 '가
터'이다. '가도집'은 '가터집'이 된다. '터'는 일본 가나에 없으니 가나의 음으로 하
면 '토'가 된다. '토'는 쉽고 부드럽게 발음하면 '도'가 된다.

≫ 가라오케(からおけ)

한국말 '가짜 오케스트라'가 변형된 말이다. 가짜를 뜻하는 일본말 가라는 한자어와 소유격의 결합인 가노(假의)에서 나온 말인데 지금은 한자를 공(空)으로 쓴다. 한국 말 가짜는 가자(假者)가 변한 말이다. 모두 한국 한자 가(假)에서 비롯된 말이다.

≫ 가리(か借り) – 빚

한국말 '가르이'에서 비롯된 말이다. '갈라먹자' 할 때 '가르다'의 어간 '가르'에 명 사형어미 '이'가 붙은 말이다. 남의 소유의 물건을 갈라 쓰는 것은 곧 '빚'이 된다. '르이'가 줄어들면 '리'가 된다. 어차피 만물은 신의 것이니 갈라쓰자는 의미에서 비굴해지는 용어 '빌다' 대신에 '가르이'를 쓴 것 같다.

≫ 가부시끼(かぶしき 株式) – 주식

한국말 '값을 찢기'에서 나온 말이다. 회식에서 경비를 나누어 낼 때 '가부시끼'해 서 내자고 한다. 값을 찢어서 내자는 말이다. 왜정시대 때 들어온 일본말이 분명한 것 같은데 일본 사람들은 그 말을 단지 주식에만 쓰고 더치페이의 의미로 쓰지 않 는다. 순수한 한국말 같은 생각이 든다.

≫ 고데(こうて) – 미용실에서 머리 지지는 도구

한국말 '굽대'가 변형된 말이다. 고데는 집개를 불에 구워 달군 다음 머리를 지진 다. '고대'는 굽는 막대기에서 나온 '굽대'가 변형된 말이다. '굽'에서 받침이 빠지 고 '구'보다 더 쉬운 발음은 '고'가 된다. '대'는 가나에 없는 발음이니 가나에 있는 발음으로 하면 '데'가 된다.

≫ 고바이(こう勾ばい配) – 고개

한국말 '굽이'가 변형된 말이다. 일본말로 고개를 '고바이'라 하는데 한국말 '굽이' 에서 온 말이다. 길이 상하로 굽은 것이 고개고 일본 사람에게 운전을 배운 초창기 운전사들이 고개를 일본말 그대로 '고바이'라고 해서 나온 말이다. '굽이'가 연음되면 '구비'가 되고 '구비'의 어원을 모르는 일본 사람들이 한자 구배(句配)를 여기에 억지로 쓰면서 일본식 한자 발음 '고바이'가 됐다.

≫ 꼬붕(こ子ぶん) – 부하

한국말 '새끼 분'이 변형된 말이다. 자(子)는 '새끼'에서 '새'는 생략되고 '끼'만 남고 쉬운 발음으로 '꼬'가 된다. 새끼는 작기 때문에 꼬는 '작은 것'도 된다. 사람은 사회적 동물이다. 사회에는 각자 배분된 역할이 있어 그 역할에 '분(分)'을 붙이면 그 사람의 지칭이 된다. 꼬붕은 '작은 역할(小分)'을 가진 사람이다.
'분'은 '한 분' '두 분' 하며 한국에서는 존칭으로 쓰이지만 일본에서는 영화배우처럼 역할의 '역'으로 쓰인다. 이렇게 '작은 역'은 '꼬붕'이고 '큰 역' 오! 오! 하고 감탄이 나올 정도로 '큰 역'은 '오야(오!의) 붕'이다.

≫ 구쯔(く つ) – 구두

한국말 '굳은 신'에서 변형된 말이다. 구두는 짚신에 비해서 굳은 신이다. '굳은'이 연음되면 '구드'가 되고 '드'가 구개음화하여 '즈'가 되고 뒤의 '신'은 역향으로 '쯔'가 된다. '신'이라는 단어가 없는 일본 사람들은 '신'을 생략해 버렸다.

≫ 구루마(く るま) – 짐을 싣는 수레

한국말 '구름이'에서 변형된 말이다. '구르다'의 명사형 '구름'에 명사형 어미 '이'가 덧붙은 말이다. '름이'가 연음되면 '르미'가 되고 '구'에 발음을 쉽게 하기 위해서 모음조화되면 '루마'가 된다. 한국에서는 리어카를 '구루마'라고 하지만 일본에서는 차를 '구루마'라고 한다. 차도 굴러가는 것이니 '구루마' 같다.

≫ 기즈(き ず) – 기스

한국말 '긁힘'이 변형된 말이다. '긁힘'에서 받침이 빠지면 '그히'가 된다. '그'가 가나에 없으니 가나 발음으로 하면 '기'가 된다. '히'에서 '히'는 일본말에서 '시'로 잘 변한다. 꿩을 '기지'라고 하는데 구분해서 발음하면 '기즈'가 된다.

≫ 나가레(ながれ) – 나가리, 흘러감, 중지

한국말 '나가삐리'에서 변형된 말이다. 어떤 일이 결실되지 않고 나가 버리면 꽝이 되는 것이다. 경상도말 '나가삐리'에서 '삐'는 일본말에서 흔히 생략된다. '빨가이' 가 일본말에서는 'ㅃ'이 생략되어 '아까이'가 된다.

≫ 나가시(ながし) – 불법택시

한국말 '나가함'이 변형된 말이다. '나가시'는 일본말로 안마사, 택시 등이 밖에 나 가 손님을 찾아 돌아다니는 것을 뜻한다. '나가함'은 나가서 돌아다니는 것이다. '함'은 보통 일본말에서 '시'로 변한다.

≫ 나와바리(なわ-ばり[繩張り]) – 활동구역

줄을 쳐서 경계를 정한다는 뜻으로 한국말 '나의 벌(판)'이 변한 말이다. '나의'를 가나로 발음하면 모음조화하여 '나와'가 된다. '벌'을 연음시켜 가나의 발음으로 하 면 '바리'가 된다. 승창(繩張)은 줄이 늘어난다는 뜻이다. 단지 한국말 소리를 표현 한 이두이다.

≫ 노가다(Noかた) – 공사장, 막일꾼

한국말 'No 겉(치레)'가 변형된 말이다. 쇠를 녹여 주물을 만들 때 그 틀을 일본말 로 가다(型)라고 한다. 이것을 가다를 뜬다고 한국말처럼 쓴다. 사람이 공사장에서 자기의 특정한 기술이 없이 이것도 하고 저것도 하고 닥치는 대로 하는 것은 그 틀 이 없다는 뜻으로 'No가따'라고 한다. 이 '가다'도 '겉'이 변형된 말이다. '겉'이 연 음되면 '거트'가 되고 '거'가 가나의 발음으로 하면 '가'가 된다. '트'도 가나의 발 음으로 '가'와 모음조화되면 '가타'가 된다.

≫ 다대기(たたき) – 다따기

한국말 '타닥이'가 변형된 말이다. 다대기를 만들 때는 재료를 도마에 올려놓고 칼 로 타닥타닥 다진다. 그래서 '타닥이'가 됐는데 '타닥이'가 연음되면 '타다기'가 되 고 첫음절은 부드러운 발음이 오니까 '다다기'가 된다.

≫ 다마(たま) – 구슬

한국말 '다말이'가 변형된 말이다. '국수말이' 하면 국수를 둥글게 말아 놓은 것이다. 일본말로 '둥글다'를 한국말 '말다'에서 유래한 '마루이'라고 한다. 위, 아래로 보나 옆으로 보다 다 말린(마루이한-둥근)것이 '다 말이'이다. '다말이'에서 받침이 빠지고 '이'가 생략되면 '다마'가 된다.

≫ 다시(だし) – 가다랑이, 다시마, 멸치 등을 삶은 국물

한국말 '다시마의 다시'가 그대로 일본말이 됐다. 현대 한국말에 '다시'라는 말은 없으나 '다시마'라는 '다시'의 재료인 해조가 있는 것으로 보아 '다시'가 옛날에는 국물의 뜻으로 쓰인 것이 분명하다. 해조를 순 한국말로 '말'이라고 한다. 다시마는 다시 내는 말이라는 뜻을 가진 해조이다.

≫ 단도리(たどり段取) – 단속하다

한국말 전라도 사투리 '단도리'가 일본에 가서 조금 의미가 달라진 말이다. 일본에서는 일을 치러 나가는 순서, 방법, 또는 그것을 정하는 것을 말한다. '단도리'를 이두로 쓰다 보니 단취(段取)로 쓰게 됐고 이 한자의 의미로 뜻이 변형됐다. '단도리'라는 말이 좀 생소하고 일본어에 똑같은 말이 있어서 이것이 일본말인 것으로 알지만 순수한 한국말이다. 어원은 '단단히 두루'라는 말이 변형된 말이다.

≫ 데모도(てもと) – 조수

한국말 '손 밑에'가 변형된 말이다. 일본말로 손을 '데'라고 하는데 전라도 사투리로 손을 '손대'라고 한다. 여기서 변형된 말이다. 손 밑에서 곁일을 하는 사람이 '데모도'이다. '밑에'가 연음되면 '미테'가 되고 '미테'가 쉽게 발음되면 '모도'가 된다.

≫ 도끼다시(と研ぎだ出し) – 도기 다시

한국말 '톡톡한 것 다스림'에서 변형된 말이다. 시멘트에 잘게 깬 돌을 뿌려 오돌오돌한 것을 갈아 바닥을 만든 것을 '도끼다시'라 한다. 즉 톡톡 불거진 것을 다스리는 것이다. 다스리는 것을 한자로는 평정(平定)이라 한다. 평평하게 하는 것이다. '도기다시'의 한자 연(硏)이나 출(出)은 뜻이 있는 것이 아니라 발음을 나타내는 이두이니 무시해도 된다. '톡톡한 것'에서 톡톡은 같은 음이 반복되니 '톡' 하나로 줄이고 '한 것'의 '한'은 별 의미가 없으니 '것'만 남는다. '톡 것'에서 받침이 빠지면 '토거'가 되고 첫음절은 부드럽게 발음하고 일본 가나의 발음으로 하면 '도기'가 된다. '다스림'에서 'ㄹ'은 흔하게 빠지니 '스임'이 되는데 한마디로 줄이면 '심'이 되고 받침이 빠지면 '시'가 된다.

≫ 메끼(めっき - 멧끼)

한국말 '(층)멕이기'가 변형된 말이다. 옛날에 무명옷에는 풀멕이기를 했다. '금메끼' 하면 '금 멕이기'가 된다. '멕이기'가 연음되면 '메기기'가 되고 똑같은 음이 반복되므로 '메기'가 되는데 흔적이 남아 '메끼'가 된다.

≫ 몸뻬(もんぺ)

한국말 '목바지'가 변형된 말이다. 잘록한 것을 목이라 한다. '여울목' 하며 여울이 잘록해진 것이고 길목하면 길이 목처럼 잘록해서 사람들 지나가는 것을 지키기 쉬운 것이다. 몸뻬는 바지 중에 발목 부위가 잘록한 바지라 '목바지'가 된다. '목바지'에서 '지'는 생략되면 '목바'가 되고 연음되면 '모빠'가 된다. 발음을 더 부드럽게 하기 위해 받침으로 'ㅁ'이 들어가고 '빠'의 발음이 보다 더 쉬워지면 '몸뻬'가 된다.

≫ 벤또(べんとう)

한국말 '메의 통'이 변형된 말이다. 밥의 고어가 '메'이다. 아직도 제사 지낼 때는 밥을 '메'라 한다. '메'를 통에 넣고 다니는 것이 '메의 통'이고 벤또이다. 일본에서는 무사를 부시라고 하는 것처럼 일본말에서는 'ㅁ'이 'ㅂ'으로 곧잘 변한다. 그러면 '메의 통'이 '베의 통'이 되고 '의'는 두음법칙에 의해 노(の)가 되어 '베노통'이 되는데 두 음절로 줄이면 '벤토'가 된다. '벤토' 일본말 또(と)는 원래 토와 또의 중간발음이니 '벤토'는 '벤또'라 발음해도 된다.

≫ 지리(ちり) – 복지리, 대구지리

한국말 '조림'에서 변형된 말이다. 싱거운 것을 좋아하는 일본 사람들은 덜 조린 상태로 국처럼 먹으나 물이 많고 적음만 다르지 지리는 조림에서 나온 말이다. 받침을 빼고 '조'가 '리'에 모음조화되면 '지리'가 된다.

≫ 삐까삐까(ぴかぴか) – 번쩍번쩍 하는 모양

한국말 '빛깔빛깔'에서 변형된 말이다. 삼국시대에는 빛나는 의태어로 '빛깔빛깔'을 썼던 것 같다. 받침을 발음하기 힘든 일본 사람들은 '삐까삐까'로 발음한 것이다.

≫ 사바사바(さばさば) – 뒷거래를 통하여 문제를 해결 시도함

불경 주문의 한국말 발음 '사바하 사바하'에서 나온 말이다. '사바사바'라는 말의 어원을 모르는 상태에서 일본말 의태어 중에 '사바사바'라는 말이 있으니 일본말이라고 생각하나 사실은 한국말이다. 일본말 '사바사바'는 사람의 마음이 후련하거나 동작과 성격이 시원시원한 모습을 표현할 때 쓰는 말이다. 일본말 '사바사바'와 전혀 쓰임새가 다르므로 일본에서 건너온 말이 아니다. 한국 아이들이 마술을 하려고 주문을 외울 때 흔히 쓰는 것은《천수경》의 '수리수리 마하수리'를 쓴다. 일본 아이들이 쓰는 주문은 전혀 다르다. 이《천수경》주문의 가장 뒷부분이 '사바하'이다. '사바사바'는 주문을 외워 마술을 써서 일을 해결했다는 것이다.

정구업진언(淨口業眞言)인 '수리수리 마하수리 수수리 사바하'는 범어인데 이것이 일본말만큼이나 한국말에 가깝다. 한국말의 고어이기 때문이다. '수리수리'는 '술술'이 연음된 것이고 '술술 풀리는 것=길상(吉祥)'을 의미한다. '마하'는 '마(시간과 공간)가 하다(크다)'라는 뜻으로 위대하다는 의미이다. 인도에서는 왕을 '마하라자'라고 하는데 '위대한 자'라는 뜻이다. '수수리'는 부사형 어미 '리'를 써서 만든 말로 '술술히', '술술하게'란 뜻이다. '사바하'는 '싶어해'가 변형된 말이다. 크게 술술 풀리는 것을 원한다는 발원이다.

≫ 소데나시(そでなし)

한국말 '손댐 않이'가 변형된 말이다. 옷의 팔에 끼는 부분은 '손에 닿는 천'이란 뜻으로 '손대임 〉 손댐'이라 할 수 있다. 이것에서 받침이 빠지면 '소대'가 되고 가나의 발음으로는 '소데'가 된다. '없다'의 일본말은 한국말 '않으이'가 변한 '나이'이다. '나이'의 명사형은 '나시'가 된다.

≫ 쓰리(すりス리) - 소매치기

한국말 '스리(슬쩍)'에서 변형된 말이다. 원래는 '스리슬쩍 하는 이'인데 줄이길 좋아하는 일본 사람들이 '스리'만 써서 소매치기를 뜻하는 단어를 만들었다.

≫ 시내루 しな撓い 시나이 - 휨, 부드럽게 곡선을 이루는 일, '시나루'는 동사

한국말 '휨냄'이 변한 말이다. '휨냄'은 '휨을 만드는 것'이다. 힘이 심으로 변하는 것처럼 '휨'을 일본 가나로 약하게 발음하면 '시'가 된다. '냄'에서 받침이 빠지고 '내'에서 복합모음이 풀어지면 '나이'가 된다.

≫ 시타(した下) - 조수

한국말 '시(중)다리'가 변형된 말이다. '다리'는 키다리, 꾀돌이에서처럼 사람이란 뜻이 있다. '시중드는 다리'가 조수인데 이것이 줄은 말이 '시다'이다. 하(下)가 일본말로 '시타'인데 하인의 준말로 시타(した下)를 썼을 가능성도 있다.

≫ 시로도(しろうと) - 풋내기, 미숙련공

한국말 '흰 한 다리'가 변형된 말이다. '한 다리'는 한 사람이고 이 말이 변형되어 한 사람을 뜻하는 히또(ひと)가 됐다. '희다'의 일본말은 '시로이'인데 한국말 '흰'이 변형된 말이다. '시로이 히또'가 줄은 말이 '시로도'이다. '흰 사람'은 때 묻지 않은 풋내기이다.

≫ 시보리(しぼり) - 물수건, 주름소매

한국말 '찌부리'가 변형된 말이다. '찌부러지다'의 어간 '찌불'에 명사형 어미 '이'가
붙은 것이 '찌부리'이다. 일본말에서 첫마디는 부드럽게 발음하니 '찌'는 부드러우
며 같은 잇소리(齒音) '시'가 된다. '부'의 어감을 더 작게 하면 '보'가 된다.

≫ 시아게(しあげ) - 끝마무리, 끝손질

한국말 '치우기'가 변한 말이다. '치'가 첫음절이라 약해져 '시'로 변했고 '우기'를
가나로 부드럽게 발음하면 '아게'가 된다, 치우기는 곧 끝내기가 된다.

≫ 아나고(あなご) - 붕장어(바다 뱀장어)

한국말 '안의 것'에서 변형된 말이다. '굴'의 일본말은 한국말 '안'이 변형된 '아나'
이다. '것'은 받침이 빠지고 가나의 발음으로는 '아나꼬'가 된다. 붕장어는 바다 밑
에 굴을 파고 산다.

≫ 앗싸리(あっさり) - 깨끗하게

한국말 '아싸하리'에서 변형된 말이다. '아싸'는 단군의 도읍지 '아사달'의 '아사'
아침의 고어에서 비롯된 말이다. 일본에서는 아직도 아침이 아사(あさ)이다. 아침
은 깨끗하게 새로 시작하는 의미가 있다. '아싸하리'는 '아침같이 깨끗이'란 의미가
있다.

≫ 야미(やみ 闇) - 몰래

한국말 '암암리'가 변형된 말이다. '암암'은 같은 말이 반복되므로 '암' 한자로 줄
어든다. '암리'에서 흔히 그렇듯 'ㄹ'이 빠지고 연음되면 '아미'가 된다. '아미'가
더 발음하기 쉽게 변하면 '야미'가 된다.

≫ 오봉(おぼん盆) – 쟁반

한국말 '큰 쟁반'이 변형된 말이다. 쟁반은 '찬반'이 변형된 말이다. '찬반'은 반찬 여러 가지를 받쳐 들고 다니는 것으로 이것보다 큰 것이 반이 되고 일본말로 '크 다'는 크게 두 번 놀라는 '오! 오!'이다. '오오 반'에서 '오'가 두 번 반복되므로 '오' 하나는 생략되어 '오반'이 되는데 모음이 조화되면 '오봉'이 된다.

≫ 오뎅(おでん)

한국말 '오! (동그랑)땡'이 변한 말이다. 고기와 두부를 계란반죽에 개어 동그랗게 부친 것이 '동그랑땡'이다. 비슷하게 반죽하되 생선을 갈아 넣고 부치는 대신 기름 에 튀긴 것이 오뎅이다. 오뎅도 '동그랑땡' 종류이니 '동그랑땡'이나 다름없다. 대 단한 음식이니 감탄사 오! 에 '동그랑땡'은 너무 길어서 '땡'만 붙인 말이 '오! 땡'이 고 일본 가나의 음으로 발음하면 '오뎅'이다.

≫ 와사비(わさび)

한국말 '알싸비'가 변형된 말이다. 매운 것을 '알싸' 하다고 한다. 고어가 많이 남 아 있는 경상도식으로 말하면 '알쌉이'가 되고 연음되면 '알싸비'가 된다. 받침이 빠지고 부드럽게 발음되면 '와사비'가 된다.

≫ 와이로(わいろ)

한국말 '위로(바치는 것)'이 변형된 말이다. '위'를 일본에서는 '우에'라고 발음하니 '우에로'가 된다. '우에'가 조금 변형되면 '와이로'가 된다.

≫ 요시(ようし)

좋다고 할 때 '요시!'라는 말을 썼다. 한국말 '옳지!'가 변형된 말이다. 옳지는 소리 나는 대로 읽으면 '올치'가 되고 게으른 혀로 부드럽게 발음하면 '요시'가 된다.

≫ 요이 땅!(よういどん!)

한국말 '옳으이? 탕!'에서 변형된 말이다. 현대어로는 '모든 것이 옳은가요?' 묻고 탕하고 출발 신호를 하는 것이다. '옳으이'에서 받침이 빠지고 줄면 '요이'가 된다. 영어로 OK에 해당한다. '탕'은 출발을 알리는 총소리나 종소리를 표현한 말이다.

≫ 우동(うとん)

우동은 한국말 '와! 똥(똥)'에서 변형된 말이다. 국수종류 중에서 우동은 굵은 국수이다. 다른 국수보다 똥똥해서 '아! 똥(똥)'이라는 이름이 됐다. '똥'은 두 번 반복하나 '똥' 하나는 줄였고 쫄깃쫄깃 맛있는 국수라 감탄사 '와!'를 썼다. '와! 똥'을 부드럽게 발음하면 '우동'이 된다. 우동은 음식의 이름이기도 하지만 국수발 종류도 된다. 똥똥한 것을 일본말로는 '후또이(ふとい)'라 하는데 우동은 '후또이'가 변한 말이다. 한국말 '똥똥하이'가 변한 말이다.

≫ 우라(うら裏) - 안, 안감, 뒤쪽, 포구

한국말 '울안'이 변한 말이다. '울타리의 안쪽'이란 뜻이다. '울안'에서 'ㄹ'이 연음되고 '안'에서 받침이 빠지면 '우라'가 된다. 포구는 보통 자연적이거나 인공적인 파도 울타리(방파제) 안쪽에 형성되어 울안이라 할 수 있다.

≫ 우라마와시(まわ回) - 안쪽 돌림

한국말 '울안 말음함'이 변해서 된 말이다. 어떤 사물을 돌려서 싸는 것을 '만다'고 한다. '김밥을 만다'고 하는데 일본 사람들은 김밥을 '말기'가 변한 '마끼'라고 한다. 말음은 돌림의 의미가 있어 일본 사람들은 말음을 돌림의 의미로 쓴다. '말다'의 어간에 명사형 어미 '시' 붙은 말이 '마와시'이다. '시'는 '함'이 변한 말이라고 앞에 여러 번 설명했다.

≫ 유도리(ゆとり)

한국말 '유들(유들)이'가 변형된 말이다. 유들유들한 것은 배짱이 있고 뻔뻔하며 여유가 있는 것이다. 고지식한 것과는 반대되는 말이다. 이것의 명사형이 '유들이'

인데 일본식을 변형되어 '유도리'가 됐다.

≫ 이빠이(いっぱい-杯) – 가득

한국말 '이쁘이(게)'가 변형된 말이다. 한국에서는 '훌륭한 총각'이라 하지만 일본에서는 '이쁜 총각(いっぱなチヨがー)'이라고 한다. '이쁘다'를 '훌륭하다'는 의미로 쓴다. 가득 찼다는 의미도 된다.

≫ 기마이(きまえ気前) – 선심

한국말 '큰 맘(마음)'이 변형된 말이다. 시원스럽게 선심을 쓰는 것을 '기마이 쓴다'고 한다. 한국말이 일본에 건너가 변형되듯이 '기마이'는 일본말 '기마에'가 한국에서 변형된 말이다.

'맘'이 '마미'로 연음되었다가 세월이 흘러 한국말 맘의 뜻을 잃어버린 후에 '마미'의 유래를 알 수 없어 기분(氣)을 앞세운다는 뜻으로 한자인 '마에(前)'로 오인한 것이다. '기전(氣前)'이란 매우 어색한 한자 단어로 소리를 적은 이두에 해당한다. '큰'이 가나에 없으니 '키'로 되었다가 첫 음은 부드러워지니 '기'가 되었다.

≫ 죠시(ちょうし調子)

한국말 '조임새'의 변형된 말이다. 어떤 일이나 기계가 잘 작동될 때까지 기능을 조절하는 것을 '죠시'라 한다. 무엇을 조인 상태를 '조임새'라 한다. '조임새'는 너무 풀어도 안 되고 너무 조여도 안 되는데 이것이 곧 '죠시'가 된다. '조임새'에서 받침이 빠지고 줄이면 '죠새'가 되고 '새'가 가나의 음으로 발음하면 '죠시'가 된다.

≫ 쯔끼다시(つけたし쯔게다시)

한국말 '(부)착! 해 댐'이 변형된 말이다. 주된 요리에 부착해서 곁다리로 대는 요리가 '쯔끼다시'이다. '착해'가 연음되어 '차캐'가 가나의 발음으로 되고 좀 부드럽게 발음하면 '쯔기'가 된다. '댐이'를 연음시키고 가나의 발음으로 하면 '다미'가 되는데 한국말 '함'에 해당하는 일본말 명사형 어미가 같은 명사형 어미 '미' 대신에 들어가 '다시'가 된다.

≫ 찌라시(ち散らし) - 흩뜨림, 광고지

한국말 '어지름함'이 변형된 말이다. 접두어 '어'는 생략되고 '지름함'에서 받침이 빠지면 '지르하'가 되고 '르'가 일본 가나의 발음으로 바뀌면서 '지라'가 됐다. '하'는 일본말에서 '시'로 바뀌는 법칙은 일본말 조금 보면 금방 발견할 수 있다.

≫ 바가(ばか馬鹿) - 바보

한국말 '(이) 박아!'에서 변형된 말이다. 머릿속이 마치 속이 텅텅 빈 박과 같다는 뜻에서 나온 말이다. 한국 사람들은 이제 밥만 축내는 밥 보(따리)라는 뜻으로 바보(밥보)를 주로 쓴다. 바보에 정확히 해당하는 말은 '아호우(あほう阿呆)'이다. '빨가'가 일본말에서는 '아까이'가 되듯이 자음의 '바' 음은 주로 생략되어 '아'가 되고 가나에서 '보'는 '호'로 잘 변한다.

≫ 쿠사리(く腐さり) - 면박, 꾸중, 야단

한국말 '구스름'에서 나온 말이다. 쿠사리가 일본말과 비슷하여 일본말에서 찾아보면 '쿠사리'가 있으나 '부패'를 뜻하는 말로 쓰인다. 쓰임새가 달라 순 한국말인 것 같다. 한국말에 '구스르다'라는 말이 있다. 잘 설득하는 것을 구스른다고 한다. 점잖게 야단치는 것을 구스른다고 할 수 있다. '구스르다'의 명사형이 '구스름'이고 이것이 강한 어조로 변하여 '쿠사리'가 된 것 같다.

≫ 하꼬방(はこばん) - 판자집

한국말 '곽방'이 변형된 말이다. 일본말 '하꼬'는 상자를 뜻하는 말인데 '곽'이 변형된 말이다. '곽'이 연음되면 '과꼬'가 되고 '학생'이 일본말로 '각세이'가 되는 것처럼 '과꼬'는 '하꼬'가 된다.

≫ 함바(はんば)

한국말 '밥바'의 일본식 발음이다. 한자사전 옥편에 소(所)를 써놓고 '바소'라 읽는다. 현대 한국말에는 장소를 뜻하는 한국말 '바'가 사라져 버렸다. 한국말로 옥편을 번역한 이후에 사라져 버렸으니 사라진 지 얼마 되지 않는다. 일정한 시간이나 공간을 뜻하는 마당의 '마'도 사라져 버렸는데 '마'와 '바'가 같은 것 같다. 한국의 삼국시대 말인 일본말에는 아직 그대로 '마'나 '바'가 살아 있다. '발'이 '하시'가 되듯이 '밥'이 '합'으로 변했다가 '무사'가 일본말로 '부시'가 되는 것처럼 '함'으로 변했다.

인사를
뜻하는 말

≫ 오하이요(おはよう) - 안녕(아침인사)

한국말 '오! (좋은)해요'에서 변형된 말이다. 다시 말하면 '오! 좋은 해가 떴군요'가
된다.

≫ 곤이찌와(こんにちは) - 안녕하세요(낮 인사)

한국말 '고 일(日)은……'에서 변형된 말이다. 곤은 고노(この)가 준 말이고 니찌
(にち)는 일(日)의 'ㄹ' 받침을 '-쯔'로 연음시킨 것이다. '이번 해는 참 좋군요'가
줄어든 말이다.

≫ 곤방와(こんばんは) - 안녕하세요(밤 인사)

한국말 '고 밤은……'이 변형된 말이다. 응(ん)은 'ㅇ' 받침이 될 수도 있고 'ㅁ' 받
침이 될 수고 있으니 '방'이나 '밤'은 같은 말이다. '이번 밤은 참 좋군요'에 해당하
는 인사이다.

≫ 오야수미나사이요(おやすみなさいよ) – 안녕히 주무세요.

한국말 '한숨하세요'가 변형된 말이다. '한'은 한밭(大田)에서처럼 '크다'는 말이다. '크다'의 일본말은 '오 오'인데 커서 놀라는 감탄사 '오! 오!'로 표기했지만 사실은 '한'의 일본식 발음이다.

≫ 히사시부리(ひさしぶり) – 오래간만이야

한국말 '하! 다시 보니(반갑네)'가 변형된 말이다. '다시'가 구개음화로 '자시'가 됐다가 더 쉬운 발음 '사시'가 됐다. '보니'는 더 부드러운 발음 '부리'가 됐다. 인사말처럼 자주 쓰는 말은 변화가 더 심해서 잘 유추해 보아야 한다.

≫ 사요나라(さようなら) – 안녕히 가세요

한국말 '자! 옳이 나라(되라)'가 변형된 말이다. 어떤 일이 되기 위해서는 신이 하늘에서 내려야 성사된다고 했다. 어떤 일이 일어나는 것을 일본인들은 신이 내린다고 해서 '나라'라는 말을 주로 쓰고 한국인들은 저절로 된다고 생각해 '된다'라는 말을 많이 쓴다고 했다. '사요나라'는 '옳게 되라'고 헤어지면서 덕담을 해주는 말이다. '옳이'에서 받침이 빠지면 '오이'가 되고 '오'는 '이'의 영향을 받아 '요'가 되고 '요'를 길게 발음하는 것과 다름없는 '요우'가 됐다. '옳이'의 일본말은 '요이'이다.
일본 사람들은 영어의 O.K와 같은 뜻으로 '요시'를 많이 쓰는데 '요시'는 '옳지'가 변한 말이다.

≫ 사라바(さらば) – 안녕

한국말 '(잘) 살아봐'가 변형된 말이다. '사라바'는 요즈음에는 잘 안 쓰는 말인데 주로 전쟁에 나가는 군인들에게 적합한 작별인사이다. 월남전에서 패배한 월남 사람들이 보트에 생사를 걸고 미국으로 건너가듯 지금의 오사카, 나라 일대를 건설한 백제 사람들이 고구려의 침공으로 서울이 함락되고 일본으로 건너갈 때 쓰던 작별인사 같다. '사요나라'나 '사라바'는 매일 만나는 사람과의 작별인사로는 쓰지 않는다. 외국 공항에서 '사요나라'라는 인사를 했는데 일본 사람들은 세상과 하직하는 느낌을 받았다고 한다. '사라바'는 더 처절한 작별인사이다.

≫ 하지메마시데(はじめまして) − 처음 뵙겠습니다.

한국말 '햇 (눈)매 맞하대'가 변형된 말이다. '첫눈에 맞겠는데'의 뜻이다.

≫ 홍길동 또 모오시마쓰(홍길동と もおします)

한국말 '홍길동이다 고 말함을 말씀'이 변형된 말이다. '또'는 '다고'가 한마디로 줄어든 말이고 모오시는 '말함이'가 변형된 말이다. '말함이'가 부드럽게 발음되고 '하'가 '시'로 바뀌면 '모오시'가 된다.

≫ 요로시꾸 오네가이시마스(よろしくおねがいします) − 잘 부탁드립니다

한국말 '옳이하게 원하고 있(맞)습(니다)'가 변형된 말이다. '옳이'는 연음되어 '오리'가 되고 '오리'는 모음이 동화되어 '요로'로 된다. '하게'는 흔히 '시꾸'로 변한다. '원하고'에서 '원'은 일본 가나에 없는 복모음이니 풀어 보면 '오네'로 풀 수 있고 '하고'는 일본말에서 '가고'로 변하는데 '가고'는 비슷한 발음이 중복되므로 '고'가 생략된다. '있'은 일본말 '이루'의 변형인 '이시'로 변한다.

≫ 고찌라꼬소(こちらこそ) − 이쪽이야말로 그렇습니다.

한국말 '고쪽이 그렇소'가 변형된 말이다. '잘 부탁합니다'라고 하면 답하는 말로 이 말을 쓴다. '고쪽'은 다른 말로 '이쪽'이 된다. 한국말에는 이쪽, 고쪽, 그쪽, 저쪽 등거리에 따른 분화가 분명히 이루어져 있으나 일본말은 이쪽과 고쪽의 분화가 이루어지지 않고 모두 고쪽으로 쓰고 있다. '고쪽이'는 줄여서 '고찌'가 되고 '야말로'는 '라'로 줄어든다. '그렇소'에서 '그렇'이 쉽게 한마디로 줄면 '꼬'가 되어 '꼬소'가 된다.

≫ 잇데기마쓰(いっできます) − 다녀오겠습니다

한국말 '아! 댕겨 오겠습니다'가 변형된 말이다.

≫ 잇따라샤이(いったらしあい) − 잘 다녀오세요

한국말 '이따 오세요'가 변형된 말이다.

≫ 다다이마(ただいま) – 다녀왔습니다

한국말 '다달(았습니다) 이맘(때)'가 변형된 말이다. '다달았습니다'에서 발음이 어렵고 생략해도 뜻이 통하는 '았습니다'는 생략했다.

≫ 이랏샤이마쓰(いらっしゃいます) – 어서 오십시오

한국말 '(잘) 이르렀어요 말씀'이 변형된 말이다. '잘 이르렀다고 말씀 드립니다'를 짧게 한 말이다. '이르렀어요'에서 반복되는 '르'가 빠진다. '렀어요'를 일본 가나의 발음으로 하면 '랐아요'가 되고 쌍받침 중에 하나가 연음되면 '랏사요'가 된다. '말씀'에서 받침이 빠지면 '마쓰'가 되고 '사요'가 '마쓰'와 모음조화되면 '샤이'가 된다.

≫ 요-꼬소(よう-こそ) – 잘 오셨습니다

요꾸꼬소(よくこそ)가 변한 말로서 상대의 방문에 대해 환영의 뜻을 나타내는 말이다. 한국말 '옳게 왔소'가 변한 말이다. 일본에서는 이민자들의 게으른 혀로 '요꼬소'로 변했지만 한국에서는 '용케 왔소'로 변했다.

≫ 이따다끼마쓰(いただきます) – 잘 먹겠습니다

한국말 '(신이 여기에) 있다고 말씀(하셨습니다)'가 변형된 말이다. "신이 '여기에 있다 〉 예 있다 〉 옛다'라고 말씀하셨으니 잘 먹겠습니다"라고 하는 말이 줄고 변형된 인사이다.

≫ 아리가또 고자이마쓰(ありがとうございます) – 감사합니다

한국말 '알하다고 고함을 말씀'이 변형된 말이다. 한국 전통사상에서 적선을 많이 하면 신으로부터 그에 합당한 보상을 받게 되어 있다. 알은 얼과 같은 말이고 '하다'는 고어로서 '크다'는 뜻이 있다. 얼이 큰 것은 마음이 크고 그릇이 큰 것으로 신께 고하면 큰 보상을 받는다. 곧 나에게 베푼 적선을 신께 고하겠으니 큰 축복을 받을 것이라는 말이다. 한국말의 '고맙습니다'도 '(알하다)고 말하겠습니다'가 줄어든 말이다. '고(자이)마쓰'의 변형이라고도 할 수 있다. 한국말 '알겠다'는 '알(알다마-머리)에 가 닿는다'는 말이다.

'감사합니다'의 오사카 사투리는 '오오끼니'인데 한국말 '오오! 큰 이'가 변한 말이다. '오! 대인(大人)'이란 뜻이다.

》 도우이따시마시데(とういたしまして) - 천만에요

한국말 '어떤 있다 하(는) 말씀인데(요)'에서 변형된 말이다. 알이 하다고 고한다고 (알이 가또 고자이마쓰) 하니까 어떤 것이 있다고 그런 말씀을 하느냐고 겸손하게 받는 말이다.

》 오세와니 나리마시다(おせわ世話になりました) - 신세를 졌습니다

한국말 '아! 짐 많이 내림 했습니다'가 변형된 말이다. 짐을 지는 것을 일본말로 '세오우(せおう背負)'라고 하는데 한국말 '(등짐)지우'에서 변형된 말이다. '지다'의 명사형이 '짐'이다. 의역하면 '아! 짐을 지게 되었습니다'가 된다. 신세가 되는 것을 짐이 된다고 한다. 짐을 지는 것이 곧 신세를 지는 것과 같다.

》 스미마셍(すみません) - 미안합니다

한국말 '숨을 못해요'가 변형된 말이다. 미안해서 숨을 쉴 수 없다는 뜻이다.

》 가마이마셍(かまいません) - 괜찮습니다

한국말 '가만히 (있지)못해요!'가 변형된 말이다. 너무 미안해서 숨도 못 쉬고 쩔쩔매지 말고 '가만히 계세요'의 의미를 가진 말이다. 정 그러면 '나 가만히 있지 못해'의 의미로 쓰는 것은 '가마라나이(かまらない)'이다.

》 모우시와께아리마셍(もうし申わけ譯ありません) - 죄송합니다

한국말 '무엇이라 이를 것이 있지 못해요'가 변형된 말이다. 현대 한국말 '뭐라 할 말이 없습니다'가 일본식으로 변형된 말이다. 나중에 한자 이두가 삽입되면서 원래의 한국말과 다르게 되었다.

≫ 쟈! 네(ちゃれ) – 자! 그러면

한국말 '자! 나중에'가 변형된 말이다. '나중에'에서 '중'은 발음도 힘들고 길어서
빼버렸다. '나에'는 한마디로 줄이면 '네'가 된다.

≫ 오메데또(おめでと) – 축하합니다

한국말 경상도 사투리 '오! 마 됐다'가 변한 말이다. 경상도 사람들은 축하할 일이
있으면 어깨를 툭 치며 '마! 됐다'라고 격려해 준다. 이것의 의미가 더 정중하게 변
한 말이다.

일본, 한국 이주민의 나라

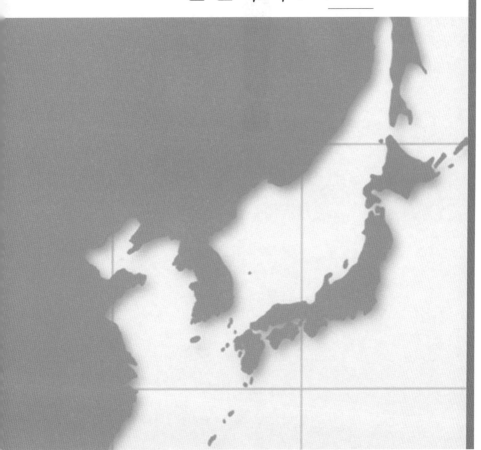

2부

한민족의 코드

일본, 한국 이주민의 나라

한(韓)민족의 코드(code)

한민족이 생겨난 이래로 어디를 가나 가지고 다니는 공통 무의식이 있다. 이 의식을 세 가지 단어로 나누어 말하면 '하나', '알', '밝음'이고, 한 가지 단어로 통일시켜 말하면 '한(韓)'이다. 이 세 가지가 우리 스스로를 표현할 때 쓰는 코드이고 남들이 우리를 구분 지을 때 쓰는 코드이다.

이 세 가지 단어는 우리가 숭상하는 단어들이라 우리가 어디를 가나 가지고 가서 이 단어들을 내세운다. 이 단어들은 원래 한민족의 경전인 《천부경》의 중심 구절 '일석삼극(一析三極) 무진본(無盡本)'의 체계를 가지고 있다.

'한(하나)'에서 파생되어 이 세 가지로 대별되고 각 단어는 무수하게 많은 단어로 갈라져 나오나 그 근본은 다함이 없이 하나이다.

한민족의 '한'은 우선 '하나'라는 뜻이다. 첫 번째, 즉 '시작'이라는 뜻도 있으나 그 개념은 약하다.

하나는 또 '한 덩어리', '전체'라는 뜻이 있다. 비나 식물의 수관(水管)의 물 한 방울씩이 모여 계곡물이 되고 시냇물, 강물, 바닷물이 서로 연결되어 하나가 되듯이 세상의 만물은 서로 연결되어 한 덩어리로 되어 있다. 하늘은 한울(타리)이 변형된 말로서 하늘의 '한'은 우주 전체의 한 덩어리를 뜻하는 '하나'이다.

전체를 뜻하는 하나는 '크다'를 파생한다. 대전(大田)을 한글로 '한밭'이라 하는데 여기서 '한'은 크다는 뜻이다. 나(我)는 소아(小我)이고 진정한 나는 우주 전체인 '대아(大我)'라는 불교의 기본 개념은 한민족의 기본 코드 한(韓)을 설명한 말이다.

한에는 '밝다', '환하다'의 뜻도 있어 '희다(白)'라는 색깔도 파생되어 나온다. 그래서 한민족이 이동할 때는 항상 백두산을 가지고 다닌다. 한민족은 조상이 환한 사람이며 하늘의 왕(하나님, 하늘님) 환인의 아드님(雄), 환웅이 내려오신 백두산을 꼭 가지고 다닌다. 한민족이 흰머리산(히말라야)를 넘어 인도에서 만든 종교가 힌두교(백두교)이고 여기에서 파생된 것이 불교이다. 그래서 불교나 힌두교나 내가 곧 하늘이고 우주와 한 덩어리이고 하나가 전체라는 이 중심사상을 깨달으려고 노력한다. 힌두교도들이 만든 나라가 인도(흰도=소도)이고 힌두교의 일파들은 백두를 상징하기 위해 머리에 흰 터번을 감고 다닌다. 불교나 힌두교의 성산은 수미르 산인데, 수미르 산은 한국말 '소(소복=흰옷 할 때 소素)머

수메르 산

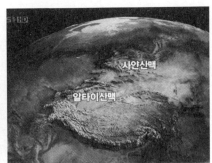

알타이 산맥과 사얀 산맥

리' 산의 변형된 말이며 현대 한국말로 하면 백두산이다.

환웅이 이 땅에 처음 건설한 도시의 중심지역이 소도(蘇塗)인데 이 한자는 뜻글자가 아니라 소리를 표현하기 위한 이두로서 '흰 터' 혹은 '솟은 터'를 한자로 쓴 말이다. 이 소도는 하늘과 가까이 있는 높은 장소에서 신단수의 대용인 솟대를 세워 놓고 조상이며 천신인 환인, 환웅, 단군의 삼신(三神)에 제사 지내는 장소라 한민족이 가는 곳마다 항상 소도를 가지고 다닌다.

순 한국말을 뜻글자로 표현하는 문제점 때문에 소도의 소를 소(牛)로 보아 현재 한국이나 일본에서 우두봉(牛頭峰)이라 표현하기도 한다. 상을 당하면 소복을 입는데, 소도의 소는 '흰(白)'의 의미도 있어 소도가 백두(白頭)가 되기도 한다. 지금은 '카일라스'라 부르는 티베트의 수메르 산은 소머리 산으로서 하얀 눈으로 덮인 백두산(sumeru)이다. (수메르 산 사진 참조)

지구 전체의 머리에 해당하는 히말라야 산맥의 운남성 끝자락으로서 메리 설산(雪山)이 있는데 그것도 흰 눈에 덮인 머리 설산이니 곧, 백두산이다.

몽고 북쪽 시베리아 땅에는 '밝은 호수'라는 우리말 이름을 가진 '바이칼 호수'가 있다. 세계에서 가장 오래되고, 깊고, 맑은 담수호이다. 이 주변 서쪽으로 남북으로 달리는 산맥이 알타이 산맥이고 그 호수의 남쪽에는 사얀(Sayan) 산이 있다. 사얀 산은 '새하얀 산'이 변형된 말로서 곧 백두산이다. 한국말은 우랄알타이어에 속하는데, 알타이는 '알터'에서 유래된 말이다. 알과 같은 터, 곧 시작의 땅이란 뜻이다. 바이칼 호수 주변에는 부리아트(Buryat)족과 코리(Khori)족이 산다. 브리야트족은 칭기즈칸의 조상으로 유명한데 고구려의 모체인 부여족이 틀림없다. 코리족은 고려족이다.

부여는 '불'을 한자로 쓴 것으로 밝음과 불은 같은 어원으로 역시 한민족의 코드이다. 고구려에서 '구(句)'자는 중국인들이 이민족을 비하시키기 위해 더 집어넣은 말로 보통 스스로는 고려라 불렀다. 흉노(匈奴)는 '흉물스러운 노예'라는 뜻이고, 예맥(濊貊)족에서 예는 더럽다는 뜻이고, 맥은 살쾡이라는 뜻이다. 이민족(異民族)에는 온갖 욕설로 이름 짓는 것이 특성인 중국인들이 높을 고(高)자에 아름다울 려(麗)자, 고려처럼 아름다운 이름을 그냥 쓰게 놓아두지 않는다.

고려족인 코리족이 바이칼 근처에 아직도 산다는 것은 부여와 고구려 같은 한민족의 시원이 이 지역임을 나타낸다. 구소련 사람들은 한국인을 카레이스키라 부른다. 카레이는 고려의 변형된 말이고 스키는 새끼가 변형된 말이다. 차이코프스키는 차이코프의 새끼라는 뜻이다.

한에는 한국의 왕이라는 뜻이 있다. 왕이라는 의미의 한을 한자로 표현한 것이 군(君)이다. 한의 원래 발음인 '칸'과 뜻을 함께 표현한 군(君)은 갑골문자로 지팡이를 손에 잡고 향로 앞에 서 있는 사람을 그린 것이다. 제정일치(祭政一致) 시절의 제사장이며 왕을 그린 글자이다. 일반적으로 고구려의 왕은 고 씨이고 조나라의 왕은 조 씨이고 진나라의 왕은 진 씨이다. 하늘나라 환국의 왕으로서 환인, 환웅의 성씨가 한이다. 환인, 환웅의 환이 이두로서 소리를 표현한 한자라 다르게 쓰지만 환국의 왕 성씨는 '하나'라는 뜻을 가진 한이다.

우리 한국인들의 본래 성씨는 한이다. 개척기의 성씨는 장자에만 계승되고 차자부터는 다른 성을 부여받는다. 공을 세우면 왕으로부터 새로운 성씨를 하사받게 되어 성이 달라진다. 부여를 건국한 부여씨, 고구려를 건국한 고주몽, 신라를 건국한 박씨도 원래는 한씨이다.

진시황이 건국하기 전 전국시대의 가장 중앙에 있었던 한(韓)나라 왕이 한씨이다. 대표적인 인물이 한나라의 사상가 한비자(韓非子)와 한나라(韓)를 일으킨 한신(韓信)이다. 이들은 환국의 직계 한국인들이다. 《초한지(楚漢志)》를 읽어 보면 알 수 있듯이 한족(漢族)이라는 의식이 시작된 한(漢)나라는 한(韓)나라 왕족인 한신과 한(韓)나라 신하인 장자방이 한(韓)을 진나라에서 되찾기 위해 황제의 운명을 가지고 태어난 유방을 영입하여 세운 나라이다. 한신이 유방에게 토사구팽 당하기 전에는 국

중원의 중심에 있던 한나라

호가 한(韓)이었을 것이다.

《무궁화 꽃이 피었습니다》라는 소설을 쓴 김진명 씨는 고조선의 국호가 '한'이었던 것을 고증하고 《천년의 금서》라는 소설을 썼다. 《시경》에 한씨 성을 가진 제후가 주나라 선왕(宣王)의 조카딸의 밤 시중을 받는 것을 근거로 들고 있다. 그때가 주나라와 어깨를 견줄 수 있을 정도로 고조선이 한창일 때이다.

역사서는 새로운 왕조가 들어서면 그 구미에 맞게 바꾸는 것이기 때문에 거의 믿을 수가 없다. 사서삼경을 바꾸면 삼족을 멸하기 때문에 《시경》의 내용은 함부로 고칠 수 없어 믿을 만하다.

찌그러질 대로 찌그러진 조선이 중국의 속국으로 있을 때 일본이 청일전쟁으로 그 속박을 벗겨 주면서 조선도 이제 황제국으로 칭하라고 하니까 내세운 국가 이름이 대한제국이다. 왜 우리 독립국가의 국호를 한국이라고 택했을까? 한(韓)이 그 국명을 이을 만한 국가였기 때문이다. 한(韓)은 우리 역사상 가장 넓은 중국 본토를 차지하고 있었고 주나라와 대등한 위치에 있었다. 역사서는 고조선으로 적었으나 스스로는 한이라 불렀던 한(韓)국이 그렇게 찬란해서 이어받고 싶었기 때문일 것이다. 한민족이 중국에 눈치 보지 않았던 것은 아마도 고조선 시절과 고구려와 대한제국의 고종황제 시절이었을 것이다.

한이 곧, 왕의 성이라 고조선이 한나라에게 망한 후 주로 서쪽으로 간 한씨 성을 가진 집단의 성, 한은 보다 발음이 쉬운 칸으로 바뀌었다. 그런 한씨 중에 가장 대표적인 것이 칭기즈칸이며 칭기즈칸이 서쪽을 유럽까지 지배하면서 세운 칸은 오고타이한국, 킵차크한국, 일한국 등 한국(汗國)의 왕이 칸으로 불렸다. 한국을 한자로 한(汗)으로 쓴 것은 중국이 이민족의 역사를 비아냥거리는 의도를 가지고 한(韓)이 영토 넓히느라고 땀깨나 흘렸다는 의미에서 한(汗)으로 쓴 것이다.

한씨 성을 가진 한국 왕족들은 성이 칸이 되어 서방세계에 널리 퍼져 있다. 독일 축구선수 올리버 칸의 성이 칸이고, 사마르칸트의 칸 - 사마르칸트는 원래 '사마칸의 터'란 뜻이다. 칸느 영화제의 '칸느'는 칸의 노(野: 일본말로 들판)로서 '칸의 들'이란 뜻이다. 이 칸이 곧 한민족이 항상 들고 다니는 코드 한이다. 신라에서는 왕을 마립간(麻立干)이라 했는데 '머리 칸'이 변형된 말이다. 왕 중의 왕이 된다.

칭기즈칸 이전에 서양을 정복한 사람들은 훈족들이다. 영어로 'Hun'이라 쓰기 때문에 한국인을 비롯한 사람들은 훈족이 '훈'이란 발음과 비슷한 흉노족일 것이라 생각하고 있다. 그러나 영국 사람들은 '한'이라 발음한다. 한(韓)족인 것이다.

훈족들이 로마를 침공할 때 이탈리아, 로마를 제외한 땅은 거의 훈족의 땅이었기 때문에 가장 많이 뿌리를 내린 곳이 헝가리, 불가리아, 독일이다. 헝가리는 로마가 초기에 침공당할 때 로마교황이 회유책으로 훈족에게 준 땅이 헝가리이다. 헝가리는 한국말로 하면 '한의 고을'이고 불가리아는 '불의 고을'이다. 아직도 헝가리는 스스로를 '마자르족'이라 하는데 이는 한국인의 일파인 말갈족이다. 말갈(靺鞨)은 중국인이 비하하기 위해 '가죽바지를 입는 종족'이라는 한자를 써서 말갈이라 부른 이름이고 마자르 족 스스로는 '말 잘 타는 종족'이라 '마자르'족이라 했을 것이다. 한국말에서 길이 질로 변하듯이 갈이 잘로 변한 말이다. 이들 국가들은 발칸반도(밝은 반도)와 가까이 있는 국가들로서 훈족이 침범해서 남자는 아이들까지 모두 죽이고 여자들만 데리고 정착한 혼혈인의 국가들이다.

훈족은 중국의 중원을 한나라에게 빼앗기고 온 한민족 유민들이기 때문에 훈족이 유럽에 세운 나라들이 망한 이후에 달리 갈 곳이 없어서 독일에 정착한 사람들이 많다. 그래서 독일에는 한 씨들이 많이 남아 있다. '칸(Khan)'씨도 많지만, 쿤(Kun)씨, 마이요네즈로 유명한 하인츠(Heintz)씨도 한이 독일 발음으로 변한 것이다. 한국 발음 그대로 한(Hahn)씨도 많다. 한(Hahn)씨로 유명한 사람은 오토 한(Otto Hahn)이다. 오토 한은 물질이 에너지로 변하는 것을 처음 발견하여 원자폭탄의 원리를 처음 제시한 핵 화학자이다. 오토는 한국어의 고어인 일본어로 남자(오토)라는 뜻으로 일본 남자의 이름을 가지고 있지만 원자폭탄의 기초이론을 제공하여 일본을 망하게 한 남자이니 아이러니하다.

훈족은 서양인 입장에서는 상종 못할 야만인으로서, 망한 후 저들 나라로 도망간 것으로 알려져 있다. 서양인과 문화가 다르고 서양인을 침공하여 죽이고 파괴하였으니 그렇게 생각되겠지만 조금만 훈족의 역사를 들여다보면 신기술로 무장한 문화민족임을 알 수 있다.

그래서 한씨들인 독일 사람들은 훈족의 역사를 재조명했다. 독일 국영TV에서 훈족에 대한 다큐멘터리를 제작한 적이 있다. 역사적 고증에 의해서 그들은 한(漢)나라에 쫓겨 중원을 탈출한 이민족이란 결론을 내렸다. 흉노는 한나라의 조공을 받을 정도로 강했으니 한나라에 망한 고조선의 한씨들일 것이다. 훈족은 대나무, 참나무, 물소 뿔, 소 힘줄 등 여러 겹을 밀어 부레풀로 접착하여 탄성을 높인 작은 활을 쓰고 말에서 활을 쏠 때는 정확한 조준을 위해서 말이 달리는 방향과 반대 방향으로 몸을 돌려서 쏜다는 것을 알았다. 한나라에 축출당한 고조선을 연구하다 고구려 고분벽화 수렵도를 보니 호랑이를 사냥할 때 말에서 몸을 돌려 활을 쏘는 장면이 나와 훈족이 고조선의 유민들이었음을 알게 되었다. 훈족의 특징 중에 하나가 말안장 뒤에 구리솥(銅鍑)을 달고 다녔는데 그런 기마상을 신라나 가야의 토기에서 발견하였다. 그래서 훈족의 발원지는 가야의 옛 영토라고 했다. (그림 참조)

알은 시작이자 핵심으로 한민족은 알을 숭상을 한다. 초현대 과학에

국보 91호 도제기마인물상
(陶製騎馬人物像)

서 말하는 프랙탈(fractal) 구조에 의하면 알은 세포 하나로서 인체의 모든 정보가 들어 있고, 인체 하나에 지구 전체의 정보가 들어 있고, 지구 하나에 태양계의 모든 정보가 들어 있고, 태양계 하나에 우주 전체의 모든 정보가 들어 있다. 알의 중요성은 초현대 과학인 프랙탈 구조로 설명해야 이해되지만 5,000년 이전부터 이와 유사한 주역의 개념이 있었다. 한민족의 알은 태극에 해당한다. (필자의 졸저《주역의 과학과 도》참조)

육체의 모든 정보의 핵심은 알이라 하였고 정신의 모든 정보의 핵심은 얼이라 하였다. 얼을 담은 뼈가 얼골(얼굴)이다. 하늘의(우주의) 알은 태양이라 생각했다. 알과 얼은 육체적인 면과 정신적인 면, 두 면을 가지고 있을 뿐 하나라고 생각하여 알은 곧 한민족이 숭상하는 '하나'이다. '하나'는 철학적인 알로서 실체가 없기 때문에 실체가 있는 알인 태양과 태양의 덕인 밝음을 신과 신의 덕으로서 한민족이 가는 곳은 항상 가지고 다니면서 숭배하였다.

해를 하나의 실체인 알로서 숭배하는 것은 불교에서 무형의 불성을 깨닫는 것이 중요하지만 실제로는 유형의 부처상을 놓고 숭배하는 것과 같다. 우상숭배를 철저히 금하면서도 교회의 중심에 십자가에 못 박힌 예수상이 있는 것은 실체를 보지 못하면 생각하기 힘든 인간으로서의 한계에서 비롯된 것이다. 옛날 한국에서도 태양을 신으로 섬겨 떠오르는 해를 보고 절하고 지는 해를 보고 절하던 때가 있었다. 한민족의 전통을 잘 간직한 일본은 국호도 일본이라 하여 태양을 섬기고 왕을 해의 새끼라는 뜻으로 '히꼬'라 하고 공주는 여성 접미사를 붙여 '히메'라 한다.

신라도 이름 자체가 태양을 뜻하는 '흰 알'이란 뜻일 수 있다. 알에서 나온 박혁거세가 세운 나라가 신라인데 박혁거세의 박은 '밝'일 것이고, 빛날 혁(赫)은 밝음을 뜻으로 표현하는 한자이고 '거세'는 '것'이 연음된 것이다. 그래서 박혁거세는 '밝은 것'의 한자 표기가 된다.

《삼국사기》에 의하면 박혁거세가 태어난 곳은 나정(蘿井)이며 천마가 놓고 떠난 '빛나는 알'에서 부화했으며 소지왕 때는 나을신궁(奈乙神宮)을 지어 그를 신으로 모셨다. 나을은 이두로서 이방들이 호구 조사시 김돌석을 적을 때 돌이라는 한자가 없으니 석을(石乙)로 표기한 것과 같다. 나 옆에 'ㄹ'(乙)이 있으니 '날'을 표기한 것이다. 날은 알이 두음법칙이 적용되기 전의 알이며 하늘의 알인 태양이다. 밝은 것은 태양이고 순 우리말은 '흰 알'이며 한자로 음을 표현하면 '신라'가 된다. 자세한 변천 과정은 이 책을 다 읽으면 '흰 알'이 '신라'로 유추될 것이다.

이집트는 'La'라는 태양신을 섬긴다. 알이 연음되고 앞의 '아'는 흔히 생략되면서 모음이 뒤로 붙어 '라'가 된다. 성경에도 실라(Silla)라는 도시가 나오는데 어딘지 밝히지를 못하고 있다. 태양신 'La'를 숭배하는 이집트와 해양국가 신라가 연관성이 많다. 돌들을 산처럼 쌓아 만드는 적석총은 한민족의 고대무덤 형태이다. 그 적석총이 발달된 것이 피라미드인데 가장 많은 피라미드군이 발견된 곳은 고구려 수도가 있던 집안현이다. 그중 장수왕의 무덤이 가장 크다. 공자의 고향인 산동 곡부 근처에 신라 문무왕 묘비에 기록되어 김씨의 조상으로 알려진 소호(少暤) 금천(金天)씨의 무덤이 피라미드 형식으로 있다.

같은 비석에 신라 김해김씨의 실제적 조상으로 흉노족 김일제가 기록되어 있는데 김일제는 우리가 전설적으로 알고 있는 알에서 태어났다는 신라왕 김알지이다. 흉노는 바이칼에서 갈라진 한민족의 형제들로서 그들이 중국을 공략했던 서안 근처에 거대한 피라미드를 만들었

금천씨의 피라미드

다. 한족이라는 개념이 생기기 전에 진시황도 그런 피라미드에 묻혀 있다. 진시황도 조선의 다른 발음인 쥬신과 영어로 거의 같은 발음을 가진 여진(Jurchin)족이라는 고증이 있다.(주학연,《진시황은 몽골어를 하는 여진 족이었다》 2010) 서로 뭉치지 못하게 갈라서 이이제이(以夷制夷)하는 중국 인들은 한민족을 수도 없이 갈라놓았다. 흉노, 돌궐, 동호, 몽골, 부여, 말갈, 여진, 예맥, 선비, 읍루, 고리, 일본이 모두 같은 코드를 가지고 다 니고 조선(쥬신)을 국호라 하는 한민족이다.

이집트는 고조선 이전에 갈라진 한민족으로 태양을 알로 숭배하고 고조선과 같은 적석총의 장묘문화를 가졌다. 그들은 동쪽에서 왔으며 죽으면 배를 타고 동쪽으로 간다고 생각한다. 이집트 최고의 신 오시 리스는 이름이 'Asar'이다. 아사달의 '아사'와 같다 한국어 어원은 '알 솟'이다. 한자로 쓰면 조선이란 뜻이다. 일본말에 동쪽을 뜻하는 '히가 시'와 같은 뜻으로 한국어 어원은 '해가 솟'이다. 아시아의 어원은 동 쪽을 뜻하는 아시리아에서 나온 말인데 이것도 아사에서 나온 말로 해 가 뜨는 곳이란 뜻이다. 이집트 기자의 피라미드는 현대 기술로 지어 도 그 높이까지 돌을 정확히 올리기 어려울 텐데, 당시 기술로 200톤 짜리 돌을 쌓아 1m 이내의 꼭짓점 오차도 만들지 않았다. 그런 기술이 면 배를 만들어 신라에도 왔을 것 같다. 피라미드는 솟은 터인 소도를 인공적으로 만든 것이다.

이집트에 못지않게 오래된 종족이 수메르 족으로 이들은 메소포타 미아 문명을 이룩했으며 최초의 문자인 설형문자를 만들었다. 이들은 검은 머리에 체구가 작고 동쪽에서 온 종족으로 알려져 있으며, 바빌로니아, 아시리아, 이스라엘인들의 조상이다. 이들의 종족 이름 수메르는 한국말 소머리의 변형으로 흰머리가 되고 흰머리는 인도에서는 힌두와 같고 소도(蘇塗)의 변형된 말이다. 수메르어로 '아사테(Asate)'는 왕권, 신성한 도시의 뜻을 가진 말로 아사달과 발음이 비슷하다. 해가 빛나는 도시, 소도이며 해가 솟는 땅, 아사달이다. 이들이 믿는 신은 딩기르(Dingir)로서 단군의 변형이다. 이들에게는 도시국가 우르가 있었는데 울타리의 '울'이 연음된 말이다. 서울은 원래 소도와 같은 의미의 '소울'로서 울타리로 둘러쳐진 소도라는 뜻이다.

아스타나(Astana)는 카자흐스탄(Kazakhstan)의 수도로도 유명하고 투르판의 아스타나(阿斯塔那) 고분군으로도 유명하다. 아스타나는 카자흐스탄 말로 수도라는 뜻이라고 한다. 수도나 영어의 '

'는 모두 환웅의 하늘 아래 첫 도시 소도의 발음이 변한 것이다. 단군은 수도를 아사달에 세웠는데 '아침의 땅(조선)'이란 뜻이고 이 '아사달'이 연음되어 '아사다라'가 되고 '라'의 'ㄹ'이 같은 유성음 'ㄴ'으로 치환된 것이 아스타나이다. 아스타나는 '해 뜨는 곳'으로 동쪽(East)을 뜻하고 예수님이 해와 같이 다시 부활하는 날인 부활절(Easter)의 어원이 됐다.

지구상 최초의 글자로 인정받는 설형문자는 점토판에 칼로 긁어 새긴 글자로 영어의 Cript(글자), Discribe(설명하다), Subscribe(처방하다)의 어원 크라이브(Cribe)는 한국말과 어원이 같다. 모두 긁는다는 말에서 유

래한 말이다. 한자의 글(契)은 칼을 잡고 丰모양으로 점토판에 설형문
자 형식으로 긁는 모습이다. 한자가 점토판이나 뼈 조각에 긁어서 만
든 글인 것을 생각해 보면 한자를 누가 먼저 만들었는지 알 수 있다.

한자가 한민족의 글인지 한(漢)족의 글인지 생각해 보라. 진시황은
여진족이고, 한나라는 한신의 유민들이 만든 나라이고, 당나라 이세민
은 한민족의 일파인 선비족이고, 금나라는 신라사람 김함보의 후손이
만든 나라이고, 원나라는 부리야트(부여)인 칭기즈칸이 만든 나라이고,
청나라는 금나라의 후손 애신각라(愛新覺羅 > 新羅)가 만들었으니 중국도
결국 한민족이다.

한민족 중에 먼저 기름진 땅에 정착하여 농사를 지으면서 호사를 누
리다 보니 못사는 형제들을 천시하게 된 것이 중국의 한족이다. 원시
사회에서는 사냥과 채취를 하여 강인한 체력이 생긴다. 보다 발달되면
목축민이 되어 말을 타고 목축을 하여 빠른 기동력으로 전투력이 극대
화된다. 보다 산업이 발달되면 농경민으로 정착을 하고 물산이 풍부해
지면 문화가 발달하나 전투력은 약해진다. 중국인과 한민족이 원래는
한 종족이었으나 목축민과 농경민으로 다른 정체성이 형성되었다. 원
래 한 종족이었는데 지리적 조건에 따라 다른 문화를 갖게 된 것이다.

변방의 유목민족들은 강한 전투력으로 중원의 농경민족을 공격하여
농경민을 지배하나 풍부한 물산에 맛을 들이면 전투력이 약해져 농경
민으로 동화되어 버린다. 유목민족이 중국의 농경민을 공격하여 지배
한 초기에는 강한 전투력에 농경민족으로부터 탈취한 부를 더하여 주

변의 국가들을 합병하려 한다. 같은 바이칼에서 출발한 한민족인 선비족(이세민)이 이룬 당나라, 신라사람 김함보의 금나라, 애신각라의 청나라가 한국을 차례로 침범해 왔다. 한민족의 왕가이며 하늘을 찌르는 긍지를 가진 한국인들은 복속되더라도 종가 집으로서 정체성을 지키며 동화되지 않았다. 서양의 역사학자들은 한국이 중국이 탐내는 온대지방 좋은 지대에 살면서도 중국에 완전히 합병되지 않고 독립을 유지한 것을 불가사의하게 생각한다. 필자는 그 삶의 원천이 천부경과 전통적 놀이교육이 빚어 낸 문화민족으로서의 긍지에 있다고 생각한다.

이런 한민족의 긍지가 충천한 것이 유대인이다. 가장 한민족으로서 전통을 잘 지키고 있다. 유대인은 모계를 중시해서 혼혈일 때 어머니가 유대인이면 유대인으로 인정한다. 영어로 유대인 여자를 쥬어스(Juwess)라 하는데 한자어 '조선'의 본래 한국말 발음인 '쥬신'이 변형된 말이다. 우리에게 신이 사는 곳인 소도가 있는 것처럼 이들에게도 지성소(至聖所)가 있다. 가장 높은 곳에 위치하여 솟은 터이다. 도시 중앙에 뾰족탑의 교회를 세우는데 이것이 솟대이다. 여기에는 사제가 있어 무당처럼 신과 사람을 중계한다.

이들은 히브루어를 쓰는데 이 말은 한국말로 '해'와 '불'이며 한민족 코드이다. 부여(불)의 천신인 해부루와 일치한다. 천지창조의 하나님은 Dieu인데 이는 치우이고, 사람을 흙으로 빚어 만든 하나님은 여호와(Yawhe) 하나님인데 복희의 아내로서 흙으로 빚어 사람을 만든 여와와 일치한다. Dieu는 신학(Theology)의 어원으로 그리스 신, Zeus와 같다.

히브리어로 신은 신이라 하는데 모세가 십계명을 받은 산이 '시나위 산'으로 '신나온 산'이다. 노아의 방주가 걸린 산은 '아라라트' 산인데 '알의 터'가 연음된, 즉 알타이 산이다. 처음 시작의 뜻으로서 알의 코드를 가지고 있다. 알은 부활절에 예쁜 그림을 그려 돌리는데 부활의 상징이기도 하다. 노아가 처음 정착한 곳이 '씨날'인데 '씨를 내린(뿌린)' 곳이다. 식물의 씨는 동물 알과 같아 알의 코드를 쓴 것이다.

먹고 살 만하니 신의 공덕을 잊어버리고 신의 권위에 대항하기 위해 바벨탑을 쌓는데 이는 인공적인 수메르(소도頭) 산을 쌓은 것이다. 이것이 하나님의 노여움을 사 무너지고 사람들은 뿔뿔이 흩어지면서 민족과 언어가 갈라졌다는 내용이 구약성서에 나온다. 전통을 끔찍이 지키는 이스라엘 민족의 언어와 한국인의 고립 종족인 일본인의 언어가 가장 변하지 않아 비슷하다. 세계의 언어는 한 가지 언어였기 때문에 한국어와 일본어의 오래된 어간 몇 가지만 있으면 세계의 언어를 모두 이해할 수 있다.

한민족의 기본 코드인 '하나', '알', '밝음(해, 아침, 동쪽, 빛, 백색)'이 가지고 있는 사상을 이해하고 이 코드에서 파생된 어간을 알면 세계 각 언어의 갈래와 세계 각 민족의 갈래를 알게 되어 그 계통수(系統樹)를 그릴 수 있다. 유사한 DNA를 한데 묶는 작업을 반복하여 윗세대로 단계단계 올라가면 피라미드의 꼭짓점을 찾듯이 온 인류의 어머니인 이브를 찾을 수 있다. 언어도 한국어와 일본어처럼 비슷한 언어를 한데 묶어나가면서 고대어를 찾아나가면 말이 갈라지기 이전에 노아가 썼던 말을 찾아낼 수 있다. 그 말이 환웅의 말과 같은 말인지 아니면 더 이후의 말인지도 알 수 있다. 이렇게 세계 각 언어와 민족의 갈래를 이해하게 되면 세계 각 민족이 같은 갈래(한겨레)인 것을 알게 되어 민족 간의 분쟁이 적어지고 더 나아가서 인간들이 홍익인간(弘益人間)을 실천하게 된다.

일본의 신

일본인도 신의 자손

일본인은 자기들이 천손(天孫), 즉 천신의 자손이라 한다. 하늘의 천신(天神: 하느님)이 땅에 내려와서 나라를 만들고 일본인을 만들었다고 생각한다. 자기들은 천신의 자손이라는 것이다. 그렇게 보면 한국인도 천손의 자손이다. 환웅이라는 신이 신단수를 타고 땅에 내려와 단군을 낳고 그 씨를 퍼트린 것이 한국인이니, 분명 우리 한국인도 과거에는 천손의 자손으로서 긍지를 가졌을 것이 분명하다. 그런데 우리들에게는 그런 긍지가 말살되었다. 중국황제 밑에서 속국 비슷하게 겨우 독립국의 명맥을 유지할 때 중국인도 저희들이 황제처럼 천손의 자손이라고 내세우지 못하는데 감히 조선인들이 천손의 자손이라 내세울 수 없었다. 왜정시대 때 일본 통치하에서도 감히 일본인처럼 천손임을 밝힐 수 없었고 해방되고 기독교 세력이 정권을 잡을 때도 유대인과 같이 하나님의 선택된 자손이라 할 수 없었다. 하늘을 다스리는 환인의 손자이고 환웅의 아들인 단군의 자손인 우리 한국인이 천손의 자손이 분명한데 구한말에 쪼그라질 대로 쪼그라져서 황후(민비)가 일본 깡패 몇십 명에 능욕당하고 살해되는 마당에 어떻게 천손임을 밝힐 수 있었겠는가? 일본인들은 단군신화보다 더 신화적인 일본신화를 근거로 천손민족임을 자랑스럽게 생각하는데 우리 한국인들은 역사교육의 잘못으로 독립국가가 된 지금도 천손민족임을 드러내놓고 긍지를 갖지 못한다.

일본에는 어떤 하늘 역사가 있기에 이토록 천손으로서 자부심을 갖는가 보자. 일본에는 하늘에 '이자나키'라는 남신과 '이자나미'라는 여신이 있었다. 이 두 부부신은 '아마테라스'라는 해신과 '쓰쿠요미'라는 달신과 '스사노오'라는 인간신을 낳았다. 아마테라스의 자손 중에 '니니기'가 있는데 이 '니니기'가 규슈에 내려와 초대 일본천황의 조상이 되었다. 이것이 일본의 유명한 천손강림 신화로 일본 사람들이 천손민족의 긍지를 갖게 하는 신화이다. 그들은 이것을 역사적 사실로 받아들이기 때문에 지금까지도 긍지를 가지고 있으나 우리는 환웅을 신화로 받아들이기 때문에 천손 민족의 긍지가 없다.

고구려가 갈라져 나온 북부여의 한 갈래인 몽골사람들은 한국 사람들을 '솔롱고스'라 한다. 일본말에서 하늘을 '소라'라고 한다. '고스'는

'것'에 해당한다. 현대 한국말로 하면 '하늘의 것들'이 된다. 몽골도 부여의 한 갈래이고 백제도 부여의 한 갈래이고 일본은 백제 유민이 야마토(야마山터)로 이주하여 나라 지방에 세운 나라이니 몽골과 말이 비슷하다. 몽골말 솔롱, 일본말 소라, 한국말 서울(소울타리 > 소도)이 다 같은 말이다. 태양을 뜻하는 영어의 'Solar'도 아마 일본말 '소라'와 같은 말일 것이다. 다른 나라 사람들이 우리를 천손족이라 하는데 우리는 천속족임을 생각도 하지 않고 있으니 안타깝다.

유대인은 그들이 천손족이며 선택받은 민족이라는 긍지로서 수천 년 동안 나라 없는 설움을 극복하고 지구상의 여러 민족 중에 가장 돈 있고 힘 있는 민족이 됐다. 일본도 그 긍지를 가지고 세계 제2위의 경제대국이 됐다. 역사교육은 그 국민으로 하여금 긍지를 갖게 하고 그 긍지에 걸맞은 미래를 건설하는 힘이 있다. 일본은 명치유신 이후로 신화를 역사화해서 성공했다.

이자나키 노미코토(伊邪那岐命), 이자나미 노미코토(伊邪那美命)

고대인들에게 해와 달, 인간은 어떻게 생성됐을까 하는 것이 가장 의문거리였을 것이다. 가장 흔히 주위에서 보는 것처럼 분명 아기 낳듯이 이것들을 생산한 신이 있었을 것이라 생각했을 것이다. 사람은 해와 달을 만들지 못하니 신이 만들었을 것이고 그 신은 부부로서 낳았을 것이라고 생각해 만들어 낸 것이 부부신 이자나키, 이자나미였을 것이다.

경상도 사람들은 '이제 먹자'를 '이자 묵자'라고 한다. '이자 낳자'의 명사형인 '이자 낳기'를 일본 사람들이 받침을 빼고 쉽게 발음하면 '이자나키'가 된다. 이 '이자나키'의 부인은 여성 접미사 '메' 혹은 '미'가 붙은 '이자나미'가 된다. 한국말에서 '어미', '아지메' 등에서와 같이 일본말에서도 여자는 '미'나 '메'로 끝난다. 일본말로 공주는 '히메'인데 해에 여성접미사 '메'가 붙어 생긴 말로 '해의 여자'라는 뜻이다.

이자나키와 이자나미가 하늘에서 바다를 내려다보면서 여기에 섬을 만들면 좋겠다고 생각했다. 방울 달린 창으로 휘휘 젓다가 창끝에 달린 물이 떨어져서 일본 땅이 만들어졌다. 이 일본 땅에 내려가서 나라를 만든 것이 이들의 세 자식 신이다.

이자나미가 불의 신을 낳다가 타죽는다. 이자나키가 이자나미를 황천에서 구해오기 위해 황천에 갔다가 돌아오는데 더럽다고 얼굴에 물을 훔쳐냈다. 왼쪽 눈을 씻자 딸인 아마테라스 오미카미(天照大神)가 태어나고 오른쪽 눈을 씻으니 아들인 쓰쿠요미 노미고토(月讀命)이 태어났다. 코를 씻자 아들인 스사노오 노미고토(素盞鳴尊 혹은 須佐之男命로 표기)가 태어났다. 맏이인 아마테라스에게는 하늘(高天原, 다까마노하라)을 다스리게 하고 둘째인 쓰쿠요미에게는 바다(淸海原)를 다스리게 하고 셋째인 스사노오에게는 천하를 두루 다스리게 하였다.

스사노오 노미고토

흔히 일본에는 800만 신이 있다고 한다. 그래서 일본을 신의 나라라고 한다. 그 800만 신 중에 가장 많이 모셔진 신이 스사노오 노미고토이다. 일본에 8만여 신사가 있는데 그중 절반 정도가 이 신을 모시고 800만 신이 거의 다 이 신의 자손들이다. 스사노오가 본래 이름이고 노미고토는 신에 붙이는 존칭이다. 고토는 현대 한국말 '것'을 연음시킨 것과 같다. 일본말로 3도 '미'이고 물도 '미', 왕도 '미'이고 신도 '미'이다. 한국에서는 용을 '미'라 하는데 이 네 가지 '미'가 동양철학적으로 매우 연관이 많다. 한국말로 3은 세모의 '모'인데 일본에서 미가 된 것이고 물은 일본에서 발음이 힘들어 '미'가 된 것이다.

일본말로 신을 '가미'라고 하는데 한국에서 왕을 부를 때 쓰는 '상감'의 '감'이 '가미'로 연음된 것이다. 왕은 신의 자손이므로 일본에서 왕이나 신을 다같이 '미'라 한다. 일본말로 옛날의 수도를 '미야꼬'라 하는데, '미의 곳'이라는 한국말이다. '왕이 사는 곳'이란 뜻이다. 미고토가 '미것'이라 하여 불경스럽게 것을 붙였는데 옛날 일본에서는 '것'이 단지 '종류'라는 의미만 있고 사람에게 붙여도 '수컷(숫것)'처럼 천하게 느껴지지 않은 것 같다.

이자나키, 이자나미가 천지 창조한 일본에서 첫째, 아마테라스는 해신이고 둘째, 쓰쿠요미는 달신이고 셋째, 스사노오만 사람신이다. 스사노오만 실제 일본인의 조상이라 할 수 있다.

한국인의 실제 조상은 단군의 아버지 환웅이다. 이 환웅과 스사노오가 같은 신이다. '스사'는 '숫'이 일본말에서 연음된 말이다. 환웅(雄-수컷 웅)은 하나의(첫 번의) '수컷'이란 뜻이다. '스사노오'의 노오는 '놈'의 연음되고 'ㅁ'이 같은 유성음 'ㅇ'으로 치환된 형태이다. 스사노오의 한자는 須佐之男命인데 수사(須佐)는 소리를 한자로 표기한 것이고 男자가 들어간 것은 스사가 수컷이라는 뜻을 표현한 것이다. 신의 존칭인 命 앞에 男이나 女가 들어간 예가 없다. 유독 스사노오에만 男자가 들어간 것은 스사가 '수컷'이라는 것을 뜻하고 싶었기 때문일 것이다. 도쿄에는 스사노오를 제신으로 모시는 수사웅(素盞雄)신사가 있다. '스사'가 '숫'이라는 것이 더욱 확실하다. (사진 참조)

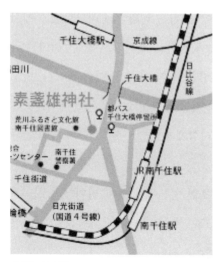

스사노오 신사

일본 신사에 가면 종종 한글로 제신의 이름을 써 놓은 위패(位牌)가 있다. 일본 사람들은 이것을 신대(神代)문자 위패라 한다. 신들의 시대에 통용되던 글로 적힌 위패이다. 어떤 신사 위패에 한글로 '하야수사노오노오호가미'라 적힌 것이 있다. '노'는 소유격이고 '오호가미'는 '큰 신'이란 뜻이니 이것은 '스사노오'의 위패이다. 그런데 '스사노오' 앞에 '하야'가 적혀 있는 것은 무엇일까? 신대문자는 드물어 '스사노오'는 거의 모두 가나나 한자 이두로 표기되어 있는데 이 표기들 앞에는 '하야'를 볼 수 없다. '스사노오' 앞에 하야가 있다는 것은 '스사노오'의 본명이 '하야수사노오'라는 것을 말한다.

신대문자도 한글이지만 신대문자에서도 일반적으로 한국말의 받침들이 생략되는 것으로 보아 '하야'는 '하얀'이 변한 말일 것이다. 환웅에서 '환'이 소리나는 대로 표현된 이두니 '환'이 '환한', 혹은 '하얀'을 표기된 것으로 추정된다. '하야수사노오'는 현대 한국말 '하얀 숫놈'으로 '수사노오'가 환웅이라는 것을 분명히 말해 주고 있다. 신대문자 '하야수사노오노오호가미'는 한민족이 우리 조상신, 환웅을 순 우리말로 '하얀 숫놈오!곰'이라 불렀다는 것을 말해 주고 있다. (그림 참조)

스사노오 위패와 나란히 있는 신은

스사노오 신사

'우가노미다마노오호가미'인데 하쩌만신사 만큼이나 많은 이나리(벼-아니나락)신사의 제신이다. 스사노오의 자식으로 알려져 있는데 한글로 해석하면 와가(약한-젊은))노(의)미(신)다마노(담로-국가)오호가미(대신)이 된다. 곧, 환웅의 아들이며 국가의 건립자인 단군이 된다.

스사노오가 숫놈이라면 신에게 어떻게 '놈'자를 붙일까 하는 의문이 든다. 한자 사전에 '者'를 '놈 자'라 읽는다. 성자(聖者)처럼 거룩한 단어에도 붙이는 者를 옛날에는 '놈'이라 읽었다. 이는 옛날에는 놈이 비하하는 단어가 아니란 것이니 성자에게 '놈' 자를 붙이면 신에게도 붙일 수 있다.

'스사노오'는 '숫놈'의 변형된 말이며 스사노오는 첫 번째 하늘의 숫놈이니 첫 번째 하늘의 숫놈의 한자 표기인 환웅과 같다. 일본의 조상신이 스사노오이고 한국의 조상신이 환웅이고 스사노오와 환웅이 같은 말이니 일본인과 한국인은 동족이다.

《일본서기》에 보면 수사노오가 하늘에서 쫓겨나 일본 땅 이즈모에 오는 것을 다음과 같이 기록하고 있다.

[스사노오 노미고토의 행위는 차마 눈 뜨고 볼 수 없었다. 그래서 신들로부터 천좌(千座)의 치호(置戶)라는 곳으로 추방되었다. 이때 스사노오 노미고토는 그의 아들인 이소다케루노카미(五十猛神)를 데리고 신라국(新羅國) 소시모리(曾戶茂里)에 내려왔다. 그곳에서 "나는 이 땅에는 있고 싶지 않다."라고 불복하는 말을 했다. 결국 배를 만들어 타

고 동쪽으로 건너가 이즈모(出雲國)에 도착했다.”]

《일본서기》에서 스사노오 노미고토가 분명히 신라국 소시모리에 내려왔다고 했다. 신라국이라 쓴 것은《일본서기》가 신라 통일 이후에 만들어진 것이므로, 그때의 한국은 신라이니 신라라 한 것이다. 소시모리에서 모리는 머리이며 한자로 표기하면 두(頭)라 할 수 있다. 소시는 소(牛)의 고어이다. 소시모리는 곧 소두(牛頭)가 되고 소두는 단군신화의 신성한 도시 소도가 변형된 말이다. 소도나 소두로 불리던 한국말을 한자를 사용하여 소리를 표현하다 보니 소도(蘇塗)라고도 쓰고 소두(牛頭)라고도 쓴 것이다. 스사노오가 신라국 소시모리로 내려왔다는 것은 곧 환웅이 소도로 내려왔다는 것이 된다.

야시카 신사를 비롯하여 스사노오를 제신으로 모시는 신사에서는 스사노오를 우두천왕(牛頭天王)이라 표기하기도 한다. (그림 참조)

스사노오는 소도의 천왕이란 뜻이다. 스사노오를 우두천왕이라 부르는 것은 하늘에서 한국의 소도에 내려온 스사(숫雄)란 이름을 가진 신은 환웅이 분명함을 말해 준다.

사람들이 이민을 갈 때는 항상 그들의 신과 도시지명을 가지고 간다. 비근한 예로 영국의 청교도들은 메이플라워를 타고 신대륙으로 갈 때 신을 모시고 가서 교회를 세우고 영국의 요크(York)를

우두천왕 현판

이즈모역의 신화그림

옮겨 놓은 뉴요크(New York)를 건설했다.

이즈모는 독도를 자기네 땅으로 선포한 시마네현의 옛 이름이다. 일본에서 제일 큰 섬 혼슈(本州)의 서해안, 즉 우리나라 동해 쪽 해안가에 있는 도시이다. 신라에 해당하는 경상도 해안에서 막걸리 통을 버리면 해류를 타고 이즈모 해안에 닿는다. 그래서 이즈모 해안에 도달하는 쓰레기는 한국 쓰레기가 많다. 태종대에서 실종된 오리보트가 이즈모 해안에서 발견된 적도 있다. 이즈모는 신라 사람들이 가장 쉽게 건너갈 수 있는 땅이다. 이즈모역에 내리면 신화의 땅이라 쓰여 있고 옛날 복장을 한 신이 섬을 로프에 걸어 끌어당기는 그림이 있다. (사진 참조)

어느 신이 한국의 섬을 끌어당겨서 이어붙인 땅이 이즈모라 한다. 이즈모는 한국말 '잇음'이 일본에 가서 길게 연음되어 변형된 말이다. '잇음'이 '이스므'가 되고 이즈모로 변했다.

이즈모에는 일본에서 가장 큰 신사 중에 하나인 이즈모 신사가 있다. (사진 참조) 스사노오 노미고토를 비롯한 그 아들 신들을 모시고 있는데 신이 거주하는 본전은 다른 신사들과 다르게 서쪽의 한국을 향하고 있다. 한민족이 하늘에 제사하고 가무를 하는 시월상달에는 일본의

800만 신들이 이 이즈모대사에 모인다고 한다. 여기에 모여 제사를 받느라고 일본의 다른 8만 신사에는 신이 없는 달이 이 상달이다. 여기서 신들이 모여 고향인 한국으로 간다는 의미이다. 또《일본서기》에 다음과 같은 기록이 있다.

[처음에 이소다케루 노미고토(五十猛神)가 하늘에서 내려올 때 많은 나무 씨를 가져왔다. 그러나 한지(韓地)에 심지 않고 츠쿠시(築紫)를 비롯하여 오오야시마노쿠니(大八州國)안에 까지 뿌려 전부 푸른 산으로 만들었다.]

[스사노오 노미고토가 말하기를 "한국(韓國)에는 금은보화가 있다. 만약 내 아들이 다스리는 나라에 배가 없으면 안 될 것이다."라 하고 수염을 뽑아 던지자 삼나무(杉木)이 되었다. 눈썹 털을 뽑아 던지자 장목(樟木)이 되었다.]

스사노오의 아들신 이소다케루 노미코토의 한자 오십맹신(五十猛神)에서 맹(猛)은 소리를 표현한 한자로 한국말 명에 해당된다. 곧, 아들 신 오십명을 거느리고 온 것이다.《일본서기》를 편찬한 사람이 50명이라는 것이 이해가 안 됐던 것 같다. '이소다케루'에서 오십은 일본 발음으로 '고주'라고 해야 하는데 '이소'라 한 것은 오십이라 읽는 한국말 그대로 '오십'을 쉽게 발음한 것이다. 다케는 한국말 '닿게'가 변형된

이즈모의 50맹역

말로 정도라는 뜻이다. 한국 말로 이소다케의 현대 한국 말을 유추해 보면 '오십명닿게=오십명 정도'로 사람 이름이 아닌 것을 알 수 있다.

위의 《일본서기》 기록에서 한지(韓地), 한국(韓國)이 나오는데 원주민인 아이누 족만 살던 일본에 한국 사람들이 한국 신을 모시고 이주해 온 것을 유추할 수 있다. 보통 한국에서 삼국시대 전후해서 한(韓)이라 하면 삼한을 말하는데 삼국시대 전에는 마한, 변한, 진한의 삼한을 말하고 삼국시대 후에는 삼한이 변한 백제, 고구려, 신라를 말한다.

《시경》에 나오는 한(韓)과 같이 한이라 하면 고조선도 포함하고 춘추전국시대 중국 중원에 있던 한도 고조선이 한민족을 이어받은 삼한에 해당할 것 같으니 이도 또한 포함된다. 중원의 한이 한신(韓信)의 토사구팽 후에 갈라지고 한반도 쪽으로 이동하여 일본 사람들이 주장하는 한반도 남부 삼한이 됐는지도 모른다. 《초한지》에 따르면 한신이 토사구팽 당하기 전에는 한반도를 포함하거나 한반도에 가까운 제나라 왕으로서 유방보다 큰 영토와 세력을 가졌었다. 한신이 토사구팽 당한 후 한신과 함께 한나라를 재건하고자 했던 유민들은 산이나 섬으로 도망갔을 것이고 그들이 재건한 나라가 한반도 남부의 삼한으로 생각된다. 진한은 《삼국유사》에서 진(秦)나라 유민들이 만든 나라라는 것을 분명히 밝히고 있다. 이들은 진에 있던 한나라 유민이었을 것이다. 이것을 명확히 밝혀내는 것이 일본이 한국 유민에 의해서 만들어졌다는 사실을 밝혀

중국의 섬서성 태백산 도교 사원 개천관(開天觀)

내는 이 책 다음으로 필자의 연구 과제이다.

환웅이 태백산 신단수에 내려왔다고 한다. 백두산보다 높은(3,700m) 태백산이 아직도 한나라 옛 영토에 있으니 중원의 한나라는 환웅의 자손들의 영토일 가능성이 있다. 태백산 등산로 입구에 개천관((開天關)이란 도관이 있는데 환웅이 하늘을 열고 태백산에 내려온 개천절을 기념하여 만든 도교 사원이 분명하다.

삼국이 망하면서 삼국의 유민들에 의해서 만들어진 나라가 일본이기 때문에 일본의 실제적인 역사는 삼국시대와 그 후기의 역사밖에는 없다. 점령한 식민지인 한국을 영구적으로 지배하기 위해 한국은 일본보다 짧은 역사를 가진 중국의 속국으로 역사조작을 했다. 그래서 삼국 이전의 역사책을 모두 수거하여 없애 버리고 삼국 이전은 단군신화, 고주몽신화, 김알지, 석탈해, 김수로왕 신화로 처리해 버렸다. 그런데 문제가 여기 스사노오 신화처럼 그들이 역사로 믿는 신화 속에 한

국이 자주 튀어 나오는 것이 문제이다. 이 문제 해결을 위해 삼한을 한반도 남부에 존재했던 조그만 부족국가들로 비정해 버리기도 했다.

조선사 편찬을 하기 전에 동북공정과 같은 역사조작에 불리한 자료들을 모두 없애버리거나 위조하고 유리한 자료들은 부각시킨 후 조교 수준의 어리석거나 친일파인 한국의 학자들 소수를 조선사 편수 작업에 참여시켰다. 혹시 한국인 학자들이 이견을 내도 다수의 일본 학자들 의견에 묻어가게 했다. 이 조선사 편찬에 참여한 조교들이 해방 후에 역사 교수가 됐고 지금 그 제자들은 삼한을 한반도 남부 밖에서는 상상도 못했다.

그런 고정관념을 가지고 있으니 중국 섬서성 태백산 주위에 한국 유물이 나와도 삼한과 연관시켜 볼 생각은 꿈에도 하지 못한다. 역사극을 볼 때 나오는 생소한 지명들이 지금 어디를 말하고 있는지는 모두 다시 생각해 봐야 한다. 대부분 그 지명들이 아직도 중국에 있거나, 아니면 중국의 고지도에 그대로 남아 있다.

《일본서기》에서 스사노오가 한국에는 금은보화가 많아 배를 만들어야 한다고 했는데 이런 구절이 일본 사람들 무의식 속에 언제인가는 한국을 침범하여 금은보화를 빼앗아 와야 한다는 생각이 자리 잡게 만든다. 신라에게 영토를 빼앗기고 일본에 정착하며 분한 마음으로 《일본서기》를 쓰면서 이 내용을 조작한 것 같은데 역사교육이 얼마나 중요한가를 생각하게 해준다. 결국 일본에 건너온 백제계 일본인은 결국 임진왜란을 일으켜 한국에서 금은보화를 가져오고 도공들을 잡아와 그 꿈을 이룬다.

　마르코 폴로는 동양에 가서 보석처럼 아름다운 자기를 처음보고 놀라 동양인들은 보석 그릇에 음식을 담아 먹는다고 했다. 도자기가 없던 유럽인이 보면 반지나 목걸이를 만드는 보석보다 빛나는 그릇에 밥을 담아 먹으니 놀랄 만하다. 그 후 서양 귀족들에게 동양 자기는 보석과 같은 존재였다. 목숨을 걸고 극동까지 항해해서 실어오는 도자기라 값도 보석만큼 비쌌다. 귀족 처녀들은 일본 도자기를 가지고 시집가는 것이 꿈이었고 그 도자기는 아까워서 사용하지 않고 전시품으로만 쓰였다. 금장식을 벽에 붙여놓듯이 벽에 도자기를 붙여 놓기도 했다. 서양 역사학자들은 임진왜란을 도자기 전쟁이라 부른다. 도자기 생산에 필요한 도공들을 잡아오기 위한 전쟁이었다는 견해이다. 일본은 한국 도공들이 생산한 도자기를 유럽에 팔아 일본 근대화에 필요한 엄청난 부를 모을 수 있었다.

　스사노오가 만든 삼나무는 일본말로 '스기'라 하는데 삼낭구 → 삼랑기가 변한 말이고 편백나무는 '히노끼'라 하는데 사우나에 가면 히노끼 탕이 있어 우리에게 익숙하다. 삼(3)과 해는 신의 상징으로서 '해의 낭구'가 변한 말이다. 이들은 신성한 나무로 신사 주변에 많이 심어져 있어 신비로움을 자아낸다.

　《일본서기》는 스사노오가 일본에 정착하는 과정을 다음과 같이 기록하고 있다.

[스사노오가 이즈모에서 어느 곳을 지나가는데 어딘가에서 울음소리가 들렸다. 가보니 노부부가 예쁜 딸을 부여잡고 울고 있었다. 사연인즉, 산에는 머리가 8개 달리고 꼬리가 8개인 야마타노오로치(八岐の大蛇)가 살고 있는데 해마다 산에서 내려와 처녀 하나씩을 잡아먹는다. 그 부부에는 딸이 8명 있는데 그동안 해마다 1명씩 7명을 먹어치우고 오늘이 마지막 1명을 잡아먹으러 오는 날이라 한다. 스사노오는 묘책이 있으니 독한 술 8동이를 준비하라고 했다. 그러자 그 뱀이 와서 8개의 머리가 각 술동이를 하나씩 차지하고 술을 비웠다. 술에 취해 자는 뱀을 가라사비(韓鋤)라는 칼로 베니 야마타노오로치의 피가 강물처럼 흘렀다. 마지막으로 꼬리 부분을 자르는데 부딪히는 부분이 있어 꺼내보니 스사노오가 가진 칼보다 우수한 칼이었다. 이 칼이 쿠사나기의 쓰루기(草薙劍, 草那岐之大刀)이다. 스사노오는 그 칼을 아마테라스오오카미(天照大神)에게 바치고 그 처녀를 맞아 결혼하여 이즈모에 궁궐을 짓고 자식을 번창시켰다.]

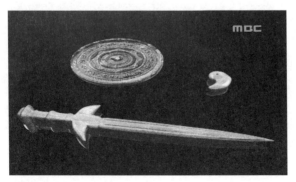

삼종신기

이 칼이 천황이 왕권의 상징으로 꼭 지녀야 하는 보물인 삼종신기(三種神器 – 구리거울, 곡옥, 검)의 하나이다. (그림 참조)

이 삼종신기는 환웅이 하늘에서 내려올 때 가져온 천부인(天符人)에 해당한다. 환웅을 모시는 한민족이 일본에 정착할 때 저항세력이 있었는데 그것이 야마타노오로치(八岐の大蛇) 야마토의 울치족이다. 한민족은 일본을 한국보다 산이 많아 '산의 터'란 뜻으로 '야마토'라 불렀다. 울치족은 주로 북간도의 고아시아족으로 아이누의 한 갈래이거나 아이누와 같은 종족이다. 울치는 한국말 '알치'에서 나온 말로 그 집단에서 알이 되는 사람 즉, 부족장 혹은 왕을 뜻한다. 신라 시조 김알지의 알지, 을지문덕의 을지가 모두 알치의 다른 표기이다. 일본이라는 나라는 원래 홋카이도 북쪽 북간도에서 내려온 아이누가 원주민으로 있던 땅인데 백인이 신대륙에서 인디언을 토벌하듯이 한민족이 이 아이누라 불리는 울치족을 토벌하고 세운 나라이다. 이 과정을 이즈모 신화에서 뱀과 싸우는 것으로 표현했다.

이때 아이누와 싸웠던 무기가 한국에서 가져온 농기구 가라삽(韓鋤)이다. 아이누와 전쟁에서 노획한 칼은 쿠사나기의 찌르개로 구지(봉)에서 온 사람의 검이다. 예전에 서울 사람들을 '서울내기'라 했다. 구지(봉)에서 온 사람이 '쿠사내기'이고 그의 검이 검의 순 한국말인 찌르개이다.

스사노오의 아들인 오오쿠니누시카미(大國主神)는 나중에 아마테라스의 손자이며 가야에서 온 니니기에게 국토를 이양하는데 국권의 이양

증표로서 쿠사나기의 쓰루기를 니니기에게 반납하게 된다. 이 신화에 나오는 쿠사나기라는 이름은 스사노오가 일본에 먼저 건너와서 나라를 만들었으나 결국 가야 계통의 니니기에게 국토를 양보해야 한다는 당연성을 예시한 것 같다. 이 검은 청백전의 유래가 된 평가(平家)와 원가(源家), 일본의 두 무사집단이 싸울 때 평가가 패하면서 평가가 모시던 천황이 이 칼을 지니고 물에 빠져 죽으면서 잃어버린다.

대국주신(大國主神)

환웅이 하늘에서 3,000명의 무리를 거느리고 내려오지만 실제로 국가를 건설한 신은 단군이다. 일본도 하늘에서 50명의 아들신과 함께 내려오는 것은 스사노오지만 국가를 건설한 것으로 여겨지는 신은 스사노오의 아들 대국주신이다.

《일본서기》나 《고사기》에 대국주신이 스사노오의 6세손이라고도 되어 있지만 다른 책에서는 아들이라고도 하고 6세손이라고도 한다. 단군신화에 단군이 환웅의 아들이라 하고 《환단고기》에서는 환웅이 여러 대에 걸쳐 있고 단군이 또한 여러 대에 걸쳐 있는 것처럼 일본 신화나 한국 신화에서 스사노오와 대국주신의 부자관계가 명확하지 않다.

일본 사람들은 대국주신을 오오쿠니누시카미라 부른다. 大는 감탄사로서 '오오!'라 읽고 國은 국의 한자음에서 유래된 발음으로 '쿠니'라 읽고 主는 '누시'라 읽는데 한국말 '겨누시는'에서 나온 말이다. 主

는 주인이나 왕에게 쓰는 말인데 공평하게 천칭저울로 달듯이 공사를 잘 '겨누어(견주어) 처리' 하는 것이 主의 가장 큰 임무라 '(겨)누시'라 읽는다. 神을 가미(감)라 읽는 것은 한국말 상감, 영감의 감과 같다. 지금 한국에서도 신의 고어가 남아 있는데 굿할 때 '가망거리'가 있어 신을 '가망 〉가미'라 했다는 흔적을 보여주고 있다.

'천고의 할아버지 마음'이라 쓴 비석

대국주신에서 대를 일본 한자음으로 '다이'라 읽으면 '다이쿠니'주신이 된다. '다이쿠니'는 단군의 일본식 발음이 된다. 대국주신은 분명 '다이쿠니'라 불렸을 텐데 한국보다 우월함을 강조하여 한국 침탈의 의도를 나타내기 시작한 임진왜란이나 명치유신 때에 한국의 단군과 연관성 있는 '다이쿠니'를 '오오쿠니'로 바꾸었을 것이다.

임진왜란 때 도공들이 일본에 잡혀가 자리 잡은 곳이 북규슈의 아리타(有田)인데 이 도공들의 후예는 아직도 그들이 조선에 살 때 일상으로 지내던 단군제를 지낸다. 대국주신도 한국 이민들이 이즈모로 건너가 나라를 세울 때 모셔간 단군일 것이다. 일본에서 가장 큰 신사에 속하는 이즈모대신사에 들어가면 가장 먼저 눈에 띠는 것이 '대륙혼(大陸

왼쪽이 대국주신상, 오른쪽이 에비스신상

魂)', 뒤에는 '천고의 할아버지 마음'이라 쓴 비석인데 솟대에 해당한
다. 그 뒤에 대국주신을 모신 별도의 신사가 있다. (사진 참조)

조금 더 들어가면 일본에서 가장 큰 깃봉에 일장기가 달려 있다. 그
리고 본전에 스사노오 노미고토가 모셔져 있다. 일본 사람들도 그들의
조상이 환웅과 단군이라 생각했었으니 일본인은 한국인들이다. 교토
의 청수사(淸水寺) 본당 전에 모셔진 키 작고 땅땅하고 어깨에 산타처럼
복주머니를 메고 국가 건설에 필요한 망치를 들고 있는 것이 대국주신
상이다. 친근한 동네 할아버지처럼 만든 상이다.

아마테라스 오미카미(天照大神)

해의 화신으로 일본에서 가장 숭앙 받고 있는 신이다. 인간신인 스사노오 노미고토의 누나로서 제우스처럼 번뇌가 많은 인간신이 아니기 때문에 스사노오와 차별되는 선한 신으로 그려진다. 스사노오는 환웅으로 한국 신이 분명한데 주로 신라계 한국인들이 모시는 신이고 이즈모 신라계 한국인들보다 조금 늦게 들어와 왕조를 만든 가야인들은 자기들 신을 부각시킨다. 가야인들은 해와 불을 숭상하는 부여(불)의 후손들이라 해 신앙을 가지고 들어왔다. 부여인들이 조상으로 여기는 해모수, 해부루(해불)가 곧 해의 화신이다. 삼국이 동명성왕, 박혁거세, 김수로왕 등의 건국신화가 있어 단군신화와 어떻게 연관이 되나 하고 늘 의문을 가졌는데 일본신화를 보니 그 연관관계를 알 수 있다.

원래 우리도 치우로 여겨지는 그리스의 제우스(Zeu) 신화처럼 풍부한 신화를 가지고 있었다. 그러나 고조선, 고구려 이후로 중국의 속국처럼 중국에 동화되어 살아와서 그 신화들을 거의 잊어버렸다. 일본은 한민족이 주변 국가의 영향이 없는 섬에 고립되면서 그 고유문화를 지킬 수 있었다. 일본의 풍부한 신화를 세밀히 들여다보면 그것이 우리가 잃어버린 우리의 신화라는 것을 알 수 있다. 일본의 자세하고 구체적인 신화는 환웅과 단군, 해부루, 김수로 왕을 스사노오, 대국주신, 아마테라스, 니니기로 이름을 바꿔 그리스 신화처럼 신들의 가족관계를 보여주고 있다.

아마테라스는 순 우리말이다. 일본말로 하늘을 '아마'라 하는데 '아! 마당'이라는 뜻이다. 일본말에서는 크고 성스러운 단어 앞에 '아!', '오!' 등의 감탄사를 붙인다. 마당에서 '마'는 순 우리말이고 '당(堂)'은

한자어이다. 유래를 달리하는 같은 뜻의 말을 결합하여 의미를 더욱 확실히 한다. 신이 살아 크고 성스러운 마당이 하늘이며 '아마'이다. '테라'는 '쬐는'이 변형된 말이다. 한자 조(照)에 해당하는 한국말은 '쪼(햇볕이 내려 쬐는)'이다. '쪼'가 역구개음화하여 발음하기 쉽게 변하면 '테'가 된다. '스'는 한글의 소유격을 나타내는 사이시옷과 같다. 아마테라스를 어떤 책에서는 '소호리 히메'라 한다. 서울의 옛 이름이 소호리 혹은 소부리 인데 '서울의 여자 해신'이란 뜻이다. 일본말에서 히(ひ)는 해이고 글자 ひ는 해를 그린 것이고 히메의 메는 아지메처럼 여성 접미사이다. 소호리에서 소는 소도의 소로 흰, 빛나는, 신성한의 뜻이 있다. '호리'는 일본말 '하라'와 같은 '벌'이다. 소벌, 소부리, 서라벌, 소라, 서울이 모두 신성한 도시를 뜻하는 말이다.

아마테라스는 일본 천황의 할아버지인 니니기의 할머니로 유명하다. 일본 천황이 아마테라스의 자손, 곧 해의 자손이라는 말이 여기에서 나온다. 일장기도 해를 상징하는 깃발이다. 일본의 국명 '해의 근본(日本)'도 아마테라스와 관계가 있다. 일본 천황의 직계 조상이기 때문에 아마테라스는 일본에서 가장 큰 이세신궁에 모셔지고 가장 큰 신으로서 숭배를 받고 있다.

일본 역사를 잘 모르는 사람은 일본의 조상으로 여겨지는 아마테라스가 환웅, 단군과 아무 관계가 없는 것 같으나 전에 서술한 환웅과 오누이 관계이고 부여와 가야의 해신인 해모수, 해부루를 다르게 부르는 말이다. 《일본서기》는 아마테라스가 해신으로서의 역할을 다음과 같이 기술하고 있다.

[아마테라스가 동생 스사노오의 못된 행동에 화가 나서 '이와쿠라'라는 동굴로 숨어 들어갔다. 해가 동굴로 들어가서 나오지 않으니 하늘에서 해가 없어 암흑이 지속되었다. 신들이 회의를 해서 아마테라스가 굴에서 나올 방법을 생각해 냈다. 해에 해당하는 동경을 나무에 걸고 그 주위를 오색 천으로 치장하고 한바탕 연회를 열었다. 춤의 신, 아마노우즈메가 젖가슴을 드러내고 통 위에 올라가 춤을 추었다. 신들이 그녀의 우스꽝스러운 춤에 박장대소를 하며 웃었다. 아마테라스는 밖에서의 떠들썩함이 궁금해서 동굴의 문을 열고 내다보니 동경에 비친 자기 모습 때문에 밖에도 해가 있어 놀랐다. 놀라는 사이 힘이 센 신들이 아마테라스의 팔을 잡아 밖으로 끌어냈다. 그래서 하늘에 광명이 다시 찾아왔고 스사노오는 벌을 받고 지상의 한국으로 쫓겨났다.]

아마테라스를 동굴 밖으로 끌어내기 위해서 벌린 연회가 일본 굿인 가구라(神樂)의 유래가 되었다. 가구라는 한국말 '굿거리'가 변형된 말이다. 한국의 춤과 음악은 원래 신들을 즐겁게 하는 도구로써 발전해 왔다. 그래서 음악과 춤이 무르익으면 한국 사람들은 '신난다'고 했다. '신이 나온다'는 뜻이다. 동굴 속에 숨은 신을 나오게 하는 것이 굿거리고 일본의 가구라이다. 코믹댄스를 해서 신들을 웃음바다로 몰아넣은 신이 아마노우즈메인데 '하늘의 웃음'이란 뜻이다. 웃음이 연음되어 '우스미'가 되고 '미'가 여성 접미사 '메'로 대체된 것이 '우즈메'이다. 일본신의 이름은 모두 한국말이다.

아마테라스가 들어갔던 이와쿠라 굴은 한국말 '일(日)굴(屈)'이 변형된 말이다. 해의 화신이 들어 있던 굴이니 '일굴'이다. 일본말 쿠라는 창고인데 굴의 일본 발음으로 옛날에는 굴이 창고로 쓰여서 생긴 말이다.

한국이나 일본의 왕릉에서는 동경(구리거울)이 꼭 출토되는데 동경은 왕이나 제사장이 가슴에 걸었던 신성한 보물로 해를 비출 수 있어 해의 상징이다. 한국이나 일본의 왕은 해의 아들로서 동경을 가슴에 다는 것은 해의 아들임을 상징하는 것이다. 아마테라스의 자손임을 상징한다.

일제 강점기에 남산에 아마테라스를 모시는 조선신궁이 있어 신사참배를 강요했다. 학생들은 버스를 타고 이 신궁 앞을 지나가다가도 고개를 숙여야 했다. 한국 사람들은 이 아마테라스에 경배하는 것을 죽기보다 싫어했다. 어떤 사람은 신사참배를 거부하며 목숨을 끊은 사람도 있다. 그런데 실상은 아마테라스가 우리가 그렇게 숭상하던 해모수나 해부루와 같은 해의 화신이었다.

부여는 불의 한자 표기이며 불이라는 국명을 쓸 정도로 해를 숭상했고 고구려나 고려의 글자 뜻 '높이 있는 화려함'은 해를 상징하는 것이고 신라는 '흰 알'로서 해를 뜻하고 조선은 '아침 해의 신선함'을 뜻하는 말로 한민족은 시대가 바뀌어도 지역이 바뀌어도 해를 숭배함은 잃지 않았다. 한민족이 일본에서 만든 해에 대한 신앙이 한국에 돌아와 배척을 받았다. 도요토미 히데요시나 메이지 천황은 역사를 날조하여 조상의 나라를 살육하는 바보짓을 했고 날조된 역사를 배운 한국인들은 해에 대한 경배를 거부하여 자살을 했다. 김삿갓처럼 이런 우를 범하지 않으려면 날조된 역사에 미혹되지 말고 역사를 바로 보는 눈을 가져야한다.

니니기 노미고토(天津日子番能邇邇藝命)

일본에 천손강림(天孫降臨)의 유명한 신화가 있다. 일본 천황의 조상인 니니기가 하늘에서 내려오는 신화이다. 스사노오도 천손강림이지만 천황의 직계조상이라는 정치적 설정을 더 부각시켜 유명하다.《일본서기》와《고사기》에서 말하는 천손강림이 매우 난해한데 중요한 것만 편집하면 다음과 같다.

[니니기는 아마테라스로부터 왕권의 상징으로 3종 신기를 받고 보자기에 싸여 호위하는 신들과 5부의 신을 거느리고 땅에 내려온다. 그 땅 이름이 쓰쿠시(竺紫), 히무카(日向), 다카치호(高千穗), 쿠지후루타케(久土布流多氣)이다. 내려오기 전에 땅에 사는 사람에게 "여기에 나라가 있는가? 없는가?" 묻는다. 사람들은 "나라가 있습니다. 바라옵건대 임의대로 하십시오."라고 대답한다. 내려와서 말하기를 "이곳은 한국

(韓國)을 향하고 있고 가사사(笠沙)의 어전과 통하고 아침 해는 직접 나라에 쏘고 저녁 해는 나라에 온화하게 쪼인다. 참으로 길지(吉地)이다."]

여기서 니니기가 강림한 쿠지후루다케는 가야 김수로왕이 내려온 구지봉(龜旨峰)과 이름이 비슷하다. '쿠지'는 김수로왕의 부인 허황후의 고향인 인도의 구지라트와도 닮았다. 쿠지후루다케에서 한자는 단지 음을 나타내는 이두로서 뜻은 없다. 쿠지는 구지봉과 단지 같은 이름이고 후루는 현대 일본말 '하라(原-들판)'에 해당한다. 한국말 '벌'이 변형된 말이다. '벌판'의 '벌'이 연음되어 '버라'가 되고 '버라'의 'ㅂ'은 같은 계열(ㅂㅎㅂㅂㅍ)인 'ㅎ'으로 바뀌어 '허라'가 되었다가 모음조화에 의해 '하라'가 된다.

'서라벌'의 '벌'은 현대 한국어에서는 벌판의 '벌'이나 갯벌의 '뻘'로서 그 의미가 축소되었지만 지구상 최초의 신이 자리 잡은 벌판으로서 세계 각국에서 도시, 국가의 의미로 확대되어 신성시 되어온 지명이다. 싱가포르의 '포르', 그 옆 말레이시아 조호바루의 '바루', 안나푸르나 '푸르' 아시아와 유럽의 대륙이 마주하는 보스포로스(빛벌) 해협의 '포로', 더 나아가서 '요하네스버그'의 '버그', 함부르크의 '부르크'도 모두 '벌'이 변한 말이다.

'쿠지후루다케'에서 '다케'는 하늘에 닿는다는 뜻의 형용사 '닿아'에 명사형 어미 '이'가 붙어 생긴 말로서 현대 일본어는 악(岳)을 써놓고 다케라 읽는다.

'쿠지후루다케'는 결국 '쿠지'라는 높은 봉우리의 평평한 곳이란 뜻이다. 구지봉과 같은 말로서 구지봉보다 자세한 표현이라 할 수 있다. 김수로왕이 내린 구지봉은 6마을의 촌장들인 6간(干-khan-韓)이 주로 굿을 하던 곳일 가능성이 크다. 구지봉은 곧, 굿봉이다. 제정일치 시대의 촌장이나 왕은 굿을 하던 무당이니 굿을 하던 신성한 봉우리의 평평한 곳이 굿봉, 곧 구지봉이다.

5월 5일은 햇빛이 따가워지기 시작할 때를 단오(端午)라 하고 순 우리말은 '수릿날'이라 한다. '수리'도 '해'에 해당한다. 김수로(金首露)왕의 수로는 아마도 '수리'이며 해를 의미할 것이다. 인도의 해 신도 이름이 '수리야'이다.

가야의 고향인 부여가 있던 몽골이나 만주말로 金은 '아이 신'인데 '아이 흰'이 변한 말이다. 원래 동양사상으로 오행에서 금속의 색깔은 백색이다. 김수로왕의 순 한국 이름은 '아이! 흰 해'가 된다.

니니기의 정식 이름은 《고사기》에 천진일자번능이이예명(天津日子番能邇邇藝命)이라 되어 있고 《일본서기》에는 천진언언화경경저존(天津彦彦火瓊瓊杵尊)이라 되어 있다. 천진에서 진(津)은 일본어로 '쓰'라고 읽는데 뜻이 있는 것이 아니라 소유격 사이시옷에 해당하는 말이다. 《고사기》에서는 일자(日子)라 하여 해의 아들임을 분명히 밝히고 있고 《일본서기》에서는 언언화(彦彦火)라 해서 활활 타는 불, 곧 해를 명시하고 있다.

규슈의 서북쪽에 영언산(英彦山)이 있는데 일본인들은 히꼬산이라 읽는다. 해의 새끼 곧 '日子'라는 뜻을 가진 산이다. 일본에는 한국의 화랑도가 아직 명맥을 유지하는 수험도(修驗道)라는 산악신앙이 있는데 수험도의 규슈 성지가 이 히꼬산이고 이 산에는 환웅의 초상이 모셔져 있다. 실제 천손강림의 쿠지후루다케가 어디인가에 대해서는 많은 설이 있는데 필자가 생각하기에는 히꼬산(英彦山)인 것 같다.

언언화의 언(彦)은 인격적인 해가 내리쬐고 있는 모습을 그린 것 같다. 이이예는 일본말로 니니기로 읽는데 한국말 의태어 '이글이글(니글니글)'의 변형인 것 같다. 경경저는 옥으로 만든 불젓가락(火杵)으로 땅의 해인 불을 다스리는 신을 뜻하는 것으로 생각된다. 일본말로는 경경저를 니니기로 읽는다.《고사기》와《일본서기》에 나오는 니니기의 이름을 풀어 보면 김수로왕과 다름이 없다.

김수로왕의 신화에서 알을 담은 금궤가 보자기에 싸여 하늘에서 내려오는데 니니기가 보자기에 싸여 내려오는 것과 같다. 단군신화에서 환웅이 천부인 세개를 받아 내려오는데 니니기는 삼종신기(三種神器)를 받아 내려온다. 김수로왕 신화는 알의 형태로 내려오기 때문에 자세한 것이 생략된다. 가야 왕들의 무덤에서 동경, 검, 곡옥의 삼종신기가 발견되는 것으로 보아 김수로왕도 삼종신기를 가져 내려온 것이 생략된 것 같다. 니니기가 내려올 때 5부의 신과 함께 내려오는데 환웅이 우사(雨師), 운사(雲師), 풍백(風伯),과 함께 내려오는 것과 비슷하다.

쓰쿠시는 북규슈의 옛 나라 이름이고 다카치호봉은 남부 중앙에 있는 산으로 천손강림의 땅으로 유명하다. 히무카는 다카치호봉의 동해안에 해를 향한(日向) 마을로 아직도 존재한다. 니니기가 내려오기 전에 사람들에게 묻는 것은 김수로왕 신화에서 이곳에 사람이 있는가 하고 묻는 것과 일치한다. 니니기가 이곳은 한국을 향하고 있어 길지라고 한다. 하늘에서 내려온 신들마다 고향으로 한국을 거론하고 있다. 스사노오는 한국으로 내려오고 니니기는 한국이 아닌 땅으로 내려온 것은 분명하나 한국을 바라보며 그리워한다. 이렇게 일본 신화에서 한국이 거론되는 것은 이 신을 믿는 사람들이 한국을 떠나온 것을 말한다.

다카치호봉의 천손강림지

지금도 다카치호봉에 가면 천손강림지를 보존하고 있는데 한국에서 흔히 볼수 있는 돌무더기 탑 위에 삼지창이 꽂혀 있다. 니니기가 내려올 때 가지고 온 삼지창을 꽂아 놓은 것이라고 하는데 이것은 무당이 굿을 할 때 쓰는 삼지창과 비슷하다. 굿봉(구지봉)에 삼지창을 꽂아 놓은 것이니 한국 굿의 격식이 잘

한국 무당의 삼지창

다카치호봉 앞의 한국악

갖추어져 있다.

다카치호봉 앞의 봉은 이름이 한국악(韓國岳)이다.

천손강림 신화 원문에 한국이 잘 보여 길지라고 한 것이 마음에 걸려 조작할 마음으로 그 봉우리 이름을 한국악이라고 한 것 같다. 니니기의 고향이 한국이 아니라 한국악이 잘 보인다고 조작하려 이렇게 옆의 봉우리를 한국악이라고 이름을 붙인 것이라 볼 수도 있고 한편으로는 니니기의 강림지 다카치호봉을 찾다가 한국악이 있는 지금의 다카치호봉을 비정한 것일 수도 있다.

이 산의 기슭에 한국우두봉신사(韓國牛頭峰)가 있는 것으로 보아 한국악이 조작에 의한 것이 아닐 수도 있다. 한국우두봉신사는 전에 언급한 대로 곧 한국 소도신사가 된다. 니니기의 강림지는 한때 소도라 불렸을 가능성이 있다. 치악산에 가면 정상에 니니기 강림지에 볼 수 있는 돌탑들이 있고 그 봉우리의 이름이 시루봉인데 시루봉은 원래 소시머리봉이 축약된 형태로 변형된 단어이다. 신이 사는 신성한 지역인 소도를 시루봉이라 한다. 《일본서기》에 강림지를 일향습지고천수첨산봉(日向襲之高千穗添山峯)이라 하는데 습(襲)은 일본말로 '소'로 읽어 '소도'를 뜻할 가능성이 크고 첨(添山)은 '소호리야마'라 읽는데 소호리는 한국에서 서울로 변형된 말이고 현대 일본말로 하늘을 뜻하는 '소라'의 고어이다.

한국이 보여서 좋다는 것은 니니기가 한국이 고향이라는 것을 의미한다. 신의 고향이 하늘 말고 어디 있느냐고 반문하면 그 신을 믿는 사람들의 고향이 한국이라고 할 수 있다. 그때는 한반도에 존재하는 이 작은 나라가 한국으로 불리지 않았기 때문에 많은 학자들이 가락국이었을 것이라고 한다.

일본 사람들은 한국의 '한'을 '카라'라 읽고 있으니 그것이 맞는 말이나 한국이 가락국으로 한정한 것은 아니다. 실 한 가닥, 두 가닥 할 때 '가닥'과 옛 한가락, 두가락 할 때의 '가락' 손에서 갈라진 다섯 손가락의 가락이 일본인들이 한국을 읽을 때 쓰는 카라와 같은 어원이다. 일본인들이 한국을 읽을 때 쓰는 '카라'는 산의 한 갈래, 두 갈래의 갈래와 같은 어원에서 나온 말이며 현대 한국말 '겨레'에 해당한다.

이 천손강림 신화를 가지고 있는 사람들은 자신들과 한 부모로부터 갈라진 한국을 겨레의 국가라 부르는 사람들이다. 카라와 겨레가 같은 말인 것이 분명한 것은 일본 사람들이 동포(同胞)를 '카라하라'라고 읽는 것에서 알 수 있다. '하라'가 '배'이니 한 배의 갈래, 즉 '겨레'라는 뜻이다. 이 일본말에서 한국의 한(韓)이 '하나'라는 의미가 있을 수도 있다. 이럴 경우 카라하라는 '하나의 배'라는 뜻이 된다. 즉 한겨레가된다.

한국말과 일본말이 같은 말이었으나 갈라져서 몇 천 년을 살아오면서 서로 통하지 않을 정도로 많이 달라졌다. 제주도 말이 고려 중엽 삼별초의 말이고 같은 국가 내에 있어 표준말 교육이 있었어도 알아들을 수 없는데 말이 그렇게 달라지는 것은 당연하다. 말이 달라져 그 '카라하라'의 의미를 모르는 일본인들은 한겨레인 한국을 제국주의의 먹이

로 알게 된다. 점령지의 영원한 지배권을 얻기 위해 한국은 약소국가
이니 보호를 받아야 한다는 의식을 주입시키기 위해 역사 축소 공작을
한다. 자기들 신화에 나오는 한국을 삼한으로 축소시키고 삼한은 한반
도 남쪽의 작은 국가들로 설정한다.

가야는 부여의 유민들이 6가닥으로 갈라져서 대가야, 금관가야 등
손가락 갈라지듯이 6개의 나라가 갈라져 통칭이 가락국이 됐다. 이들
의 활동 무대는 한반도의 남쪽뿐 만아니라 로마가 지중해를 끼고 그
주변의 연안 국가를 소유하듯이 현해탄 건너 규슈 연안까지였다. 이들
의 신화가 김수로왕 신화이고 니니기 신화는 규슈에 살던 가락국(겨레)
인들이 믿던 신화로 지역의 차이로 김수로왕 신화가 약간 변한 것이
다. 가야 사람들도 부여 사람들이기 때문에 단군신화도 가지고 있어서
니니기 신화는 단군신화와 김수로왕 신화가 혼합되어 있다. 규슈에 살
던 가락국 사람들이 힘을 길러 동족상잔으로 신라도 굴복시키고 백제
도 굴복시키는데 이런 단편적 역사를 가지고 일본 사람들은 일본민족
이 따로 있어 신라나 백제를 정복한 것처럼 임나일본부설을 떠들고 있
다. 이런 일본인들이 이 책을 읽고 일본인과 한국인이 한겨레라는 확
신이 서면 얼마나 부끄러울까?

에비스신 (えびす -ebisu -惠美須)

일본에 가면 곳곳에서 낚싯대를 들고 큰 도미를 손에 안고 함박웃음

을 짓고 있는 할아버지 인형이
나 사진을 볼 수 있다. 이것이
복덕원만(福德圓滿)한 모습을 보
여주는 에비스 신이다. 일본인
들은 '어업의 조신(祖神)', '해상
의 수호신', '복덕의 신'으로 숭
상한다.

에비스 신

　사람들은 푸근하고 마음 좋은 할아버지 인형을 좋아한다. 미국의 켄
터키 프라이드 치킨 체인점 앞에는 할아버지 인형이 함박웃음으로 반
기고 있어 일에 지친 마음을 풀어 주고, 중국의 절에는 이 세상 사람들
중에 가장 복 많은 관상을 하고 있는 배불뚝이 포대화상* 부처님이 사

포대화상(布袋和尙)은 중국 후량(後梁) 사람으로 법명은 계차(契此)이다. 뚱뚱한 몸집에 항
상 웃으며 배는 풍선처럼 늘어져 괴상한 모습이었다. 또한 지팡이 끝에다 커다란 자루를 메
고 다녔는데, 그 자루 속에는 별별 것이 다 들어 있어서 무엇이든 중생이 원하는 대로 다 내
어주어서 포대스님이라고 불렸다. 기이한 행적을 수없이 남겼으며 사람들의 길흉화복이나
날씨 등을 예언하여 맞지 않는 일이 없었다고 한다.

"천백억으로 몸을 나누어도 낱낱이 참 미륵일세. 항상 세인에게 나뉘어 보이건만 아무도 미
륵임을 아는 이 없네"라는 게송을 남기고 반석 위에 단정히 앉은 채로 입적하였다. 그래서
사람들은 포대화상이 미륵보살의 화현(化現)임을 알아 그 모양을 그려서 존경하여 받드는
사람이 많았다고 한다. 중국에는 포대화상이 재물을 가져다준다는 믿음이 있는데 아마도 포
대를 메고 다녔던 그의 행적 때문인 듯하다. 우리나라의 경우도 현대에 들어 포대화상에 대
한 신앙과 함께 기복적인 이유에 의해 포대화상을 그린 그림이나 조각이 많이 제작되고 있
는데 중국적인 영향이다. 조선시대 작품으로 몇 점의 포대화상도가 전하는데 본래 선종화의
하나로 그려졌던 것이며 현대에 만들어지는 중국적인 포대화상과는 차이가 있다.

람들을 푸근하게 맞이 해준다.

이 세 조각상 모두 풍성함을 가져다줄 것 같은 화상들이다.

관상학적으로 이런 길상(吉像)을 자주 보면 이런 분위기에 동화되어 행복해진다. 이 에비스 신은 우리의 업신일 것이다. 우리는 아기가 울면 "에비 온다."라고 아기를 놀라게 하여 울음을 그치도록 한다. 업신은 아마도 순우리말이 에비를 한자로 표기하다 보니 불교 용어 업(業)에 본래 에비가 신이니까 신(神)을 붙여 업신(業神)이 됐을 것이다. 고대 말 중에 좀처럼 변하지 않는 것은 종교행사에 쓰는 용어와 아기들에게 쓰는 용어이다. 이들 용어에는 해석이 필요 없다. 그래서 시대 흐름에 의한 오해로 변형이 일어나지 않는다. 그저 관습적으로 쓰일 뿐이다.

에비가 원래 우리가 고대로부터 쓰던 말이니 우리의 고대 말인 일본 말의 에비스와 같다. 에비는 보통 구렁이, 두꺼비 등으로 본래 터줏대감의 현신들이다. 이들이 그 터에 사는 사람들의 길흉화복을 결정한다. 부잣집에서 그 집에 살던 구렁이를 죽이고부터 망했다는 말이 있고 그런 것을 아는 어른이 있는 집은 그 에비 구렁이를 아주 잘 모신다. 이 에비 신이 일본에 가서 인격화한 것이 '에비 신'일 것이다.

받침 발음을 잘 못하고 단순화시키기를 좋아하는 일본인들이 '신'에서 받침을 빼고 모음 '이'조차 쉽게 발음하면 '스'가 되어 한국의 '에비 신'이 일본에 가서 '에비스'가 된 것이다. 에비스도 한국 사람들이 일본에 가면서 모셔간 신 중에 하나이다.

한국에서 온
일본의 천황들

    일본 왕은 만세일계(萬世一係)라고 말한다. 일본왕은 하나의 계통으로 쭉 이어져 만 세대까지 간다는 말이다. 한국은 삼국, 신라, 고려, 조선으로 왕들이 계속 바뀌었는데 일본은 성씨가 바뀜이 없이 같은 성씨로 계속 이어졌다는 주장이다. 그것은 일반적인 역사의 흐름을 알고 일본역사의 일반적인 특징을 이해한다면 큰 소리로 한바탕 웃을 일이다.

    우선 이즈모에 국가가 세워졌고 이 국가가 니니기에 국토를 이양했으면 이미 왕의 성씨가 바뀐 것이다. 어느 초등학생이 국가를 양도했는데 왕의 성씨가 바뀌지 않았다고 생각하겠는가? 그 양도가 전쟁 없이 평화적으로 이루어졌다고 하나 이즈모의 국가는 신라에서 온 스사노오가 만들었으니 신라 계통이고 니니기는 구지봉에 내린 가야 계통으로서 국가를 양도 받았으면 이미 신라 계통의 나라를 가야 계통이

정복한 것이다. 정복 후에 신라 계통의 유민들이 다시 국가를 찾는다
고 반란을 일으키지 않게 동북공정처럼 피정복된 유민들을 국토로 이
양했다고 점잖게 기록해 피정복민의 자존심을 살려주는 것이다.

니니기는 김수로왕이고 신으로서 일본의 가야 유민들이 모셔온 분
이고 실제 정복왕으로서는 신무(神武)라는 이름을 가진 정복 장군이 있
다. 일본 역사를 제대로 연구하고 발표할 때 일본 우익의 눈치를 보지
않는 소신 있는 학자들은 신무도 가공인물이라 한다. 신무가 등장하는
시기가 《삼국사기》 같은 한국의 역사책, 중국의 역사책과 맞지 않고 한
국이나 중국의 역사책에 신무의 외국 교류 기록이 없다는 것이다.

신무 이후에 갑자기 한국에 가까운 규슈가 아니라 일본 내륙 깊숙
이 오카야마, 나라, 오사카에 엄청난 규모의 무덤이 생긴다. 어떤 무덤
은 이집트의 가장 큰 피리미드보다 큰 무덤도 있다. 그러니까 세계에
서 가장 큰 무덤인 것이다. 이것이 인덕천황릉인데 일본의 학자 중에

역사스페셜 중에서

어떤 이는 무덤이 그 정도
규모면 살아 있을 때 일본
보다 큰 영토를 지배한 왕
일 것이니 대륙의 광개토왕
무덤이라 했다. 나름대로 역
사적 근거를 댔는데 그 후
일본의 역사학자 어느 누구
도 그의 이론에 반박하지

못했다.

이렇게 거대 무덤들이 갑자기 출현하는 시기를 일본에서는 고분시대라 한다. 이들 무덤에서 그동안 말과 관련된 유물이 출토되지 않아 말이 없었던 것으로 여겨지던 일본에 엄청난 규모의 마구가 출토된다.

말과 마구는 전투도구인데 갑자기 이들이 출토되는 고분들이 생겼다는 것은 이 지역이 기마민족에게 정복당했다는 증거가 된다. 동경대에가미 나미오(江上波夫: 1906~2002) 교수는 이 증거를 들어 기마민족 정복설을 주장했고 그것이 호응을 얻어 지금은 거의 정설이 되어 있다.

나미오 교수는 대륙의 기마민족인 부여 사람들이 일본에 들어와서 단시일 내에 정복했다고 봤다. 대륙 부여에서 일본에 직접 온 것처럼 발표를 했다. 한국에 살던 부여 사람들이 일본을 정복했다면 일본 우익에 해를 당할까 봐 그렇게 발표한 것으로 보인다. 발표 시기도 미국에 의해 일본의 군국주의가 무너진 후를 기다려 발표했다. 나중에 그 후배들이 부여에서 일본에 직접 왔다는 사실이 너무 이상해서 연구해 본 결과, 직접 온것이 아니라 한국을 거쳐 왔다고 계속 주장하니까 최근에야 비로소 나미오 교수는 한국의 가야 유적지인 고령, 함안 등의 커다란 고분을 둘러 보고, 김수로왕의 구지봉 강림신화를 듣게 되었다. 그제서야 그는 정복자들이 가야를 거쳐 왔다고 주장했다.

일본의 역사는 죠몽시대(3000 B.C.~300 B.C.), 다음은 야요이시대(300 B.C.~300 A.D.), 다음은 고분시대(전기 300~375, 중기 375~475, 후기 475~700)로 나뉜다. 죠몽시대는 고조선의 일파인 북간도 예맥, 동예, 옥저와 함

요시노가리 유적(우측)

께 한민족 계통인 읍루인들이 발음상 변한 아이누(倭奴)들이 일본의 주
민으로 살았던 시기를 말한다. 읍루에서 받침을 연음시켜 부드럽게 발
음하면 아이누가 된다. 이때는 마지막 지구상의 마지막 빙하시대로 바
다가 얼어붙어 있거나 해수면이 낮아져 걷거나 조각배를 타고 왔다.

   다음은 한국에서 온 농경인인 야요이인이 만든 시대를 야요이시대
라 한다. 이들의 유적이 북규슈에 요시노가리란 곳에 남아 있다. 고고
학적으로는 요시노가리 유적이 있고 일본 역사책에 나오는 니니기 신
화는 이들이 가져온 것이라고 일본 고고 역사학자들은 생각한다. 이
들이 쓰는 중요한 제기인 동종이 인위적으로 깨진 상태로 출토되는데
이것은 선주민이 정복당한 증거로 이들을 정복한 것이 후기 가야인들
이다.

   그 여세를 몰아 오사카까지 원주민 야요인들을 몰아내고 나라를 세
운 왕이 있다. 이 왕을 역사책에는 일본의 초대 천황인 신무천황이라

고 하는데 사실은 숭신(崇神)천황이라 한다. 숭신천황은 실제 무덤이 오사카 근교에 있고 그가 활동한 실제 기록이 한국이나 중국 역사책에 자세히 나온다.

이렇게 일본 천황은 계속 정복되어 성씨가 바뀐 증거가 있으나 일본인들은 만세일계(萬世一係)라고 꾸준히 우기고 있다. 일본 역사책《일본서기》와《고사기》에 신무천황은 규슈에서 섬들 사이에 있는 세토내해(샛터內海 cf. 샛강)를 거쳐 오사카 근처 나라에 궁궐을 짓고 살았다고 한다.

인골을 연구하는 사람들은 본래 아이누의 장두 단신인 인골과 다른 단두 장신인 인골이 갑자기 일본 나라, 오사카에 100만 명 넘게 유입된다고 한다. 이때가 한국 역사적으로는 고구려가 백제를 침공하여 백제의 수도 한성을 함락시키고 백제 개로왕을 죽이는 시기에 해당한다. 이런 상황에서 귀족이나 무사들은 그냥 굴복하지 않고 다른 나라로 도망가는 것이 일반적인 상례이다. 분명 이때 유입된 인골들은 가야계 왕조를 정복한 백제계 유민들이었을 것이다.

이 정복왕조를 일본 역사학자들은 가와치(河內)왕조라 한다. 지금의 오사카 난파(難派) 지역에 궁을 짓고 주로 활동을 했다. 일본의《일본서기》나《고사기》에서는 응신천황과 그의 아들 인덕천황에 해당한다. 고고학적 유물은 있고 조작이 심한 일본 역사책에서는 기록이 있으나 중국의 역사 기록이 전혀 없는 시기이다.《삼국사기》에는 이 시기에 일본과 교류한 기록이 있으나 응신이나 인덕에 관한 기록이 없다.《삼국사기》는 일본이 우리의 역사를 편찬할 때 내놓은 역사책이기 때문에 이 것 또한 날조되었을 가능성이 다분하다. 일본 역사학자들은 보통 이 시대를 수수께끼의 4세기라 한다.

중국 기록에는 물론 없고 한동안 한국과의 교류도 잠잠하다 계체천 황부터 활발한 교류가 일본 역사책에 기록된다. 계체천황은 부모가 알 려지지 않은 몇 안 되는 천황이다. 계체천황이 무녕왕의 동생이라는 사실을 많은 일본과 한국의 학자들이 칠지도에 새겨진 명문을 근거로 대는데 일본 고대사를 이해하고 한문을 해석할 줄 아는 사람은 그것이 맞다는 것을 알 수 있다.

이후의 천황들에 관한 기록은 아사카를 중심으로 활발하게 전개된 다. 너무 백제에 관한 기록이 많이 나와 일본 역사책이 아니라 백제의 역사책이 아닌가 싶을 정도이다. 나라와 아사카를 파면 한국이 나온다 는 말이 있는데 이 책을 읽고 그곳을 다녀오면 공감이 갈 것이다. 이곳 에서는 고분시대처럼 고분에서 발견되는 고고학적 유물뿐 아니라 지 금까지 내려오는 아사카 데라(절), 사천왕사, 법륭사 등 일본의 국보급 건축물과 이곳에 소장된 많은 국보들이 이때 만들어진 것이다. 이 시 기를 아스카(飛鳥: AD 552~645) 시대라 하는데 이때 비로소 일본이 국가 로서 형태를 갖춘 때라고 일본 국내외의 역사학자들은 인정하고 있다. 아스카 데라(절이 연음되고 구개음화되기 전 일본발음)가 생기고 이 절이 생길 때 백관들이 백제 옷을 입고 감격해 했다는 기록이 《부상략기(扶桑略 記)》에 나온다. 이때를 일본 역사구분으로는 나라시대라 부르는데 일

동대사

본 역사학자들이나 일본의 역사를 전공하는 서구 역사학자들은 나라 시대에 비로소 일본에 본격적인 국가가 성립됐다고 한다. 나라는 한국말 그대로 국가라는 뜻의 나라를 그때서부터 썼다.

　일본에 한 번이라도 가본 사람은 보통 나라의 역사 유적을 보고 감명을 받는다. 동양에서 가장 거대한 실내 불상을 모셔 둔 동대사나 거대한 가스카대사를 보면 대단한 일본의 역사 유적에 기가 질리는데 이것은 일본의 유적이 아니라 사실 백제 유민들이 만든 유적들이다.

　나라에 고시(高市)라는 곳이 있는데 일본 발음으로는 이마키(今來)라 한다. '이맘(때) (온)곳+이(명사형 어미)'란 한국말이 변형된 이름이다. 백제 사람들이 건설한 도시인데 대부분 그곳 사람들의 70~80%가 백제 옷을 입고 백제 말을 했다고 《일본서기》에 기록돼 있다.

• 숭신천황(崇神天皇)

숭신천황은 일본 역사에 기록된 천황 중에 고고학적 유물이 받쳐 주는 최초의 정복왕이다. 일본 역사책에 기록된 숭신천황 이전의 왕들은 일본 역사를 한국 삼국시대 성립 시기와 맞추기 위해 꾸며놓은 왕들이다. 고분시대 전기 후반과 중기 전반의 고분과 유물들은 숭신천황을 이은 가야계 왕과 귀족들 무덤으로 여겨진다. 북규슈에서 세토내해를 거쳐 오사카 근처 나라현에 자리 잡는 신무천황의 모든 행적은 가상이고 실제는 숭신천황의 행적이라고 일본의 역사학자들은 생각한다.

중국 기록에 왜인들은 관은 있는데 곽이 없는 무덤을 쓴다는 기록이 있다. 이것이 야요이인들의 무덤 쓰는 방식이고 고분시대 전에는 무덤에서 동경, 옥, 검이 세트로 나오지 않으나 고분시대부터는 무덤에 관과 곽이 있고 동경, 옥, 검과 마구(馬具)들이 세트로 나온다. 이런 새 형식의 무덤들이 북규슈를 거쳐 세토내해 주변으로 동진해서 오카야마 키비 지역에서 더 큰 무덤이 나오고 나라현 주변에 많이 분포한다. 고분시대 초기의 이런 무덤들이 김해 등 가야지역에서도 분포하는 것으로 보아 북규슈를 거쳐 세토내해를 따라 동진한 사람들이 가야에서 바다를 건너온 사람들로 여겨진다.

이들 무덤에서는 가야식 높은 굽다리 토기인 스에기(須惠器: 5~6세기경의 일본토기를 말함, 쇠器 – 검고 쇠 소리)가 출토된다.

후쿠오카 옆에는 한국과 왕래가 활발했던 카라쓰(韓津 > 唐津)가 있고 그 배후의 산은 가야산이고 근처에는 카라토마리(韓泊 > 唐泊)이라는 지명이 있다. 가야 사람들이 또아리를 튼 곳이란 뜻이다. 야마토의 근거지인 나라현으로 가기 전 고분지대로 유명한 오카야마의 키비지역에는 기비츠 신사가 유명한데 여기 신관의 성이 가양(賀陽)씨로 가야가 변한 말이다.

신무천황은 야마토 정벌을 마치고 나라에 가시하라(橿原)궁을 짓고 살았다고 하는데 지금 나라현에는 신무천황을 모시는 가시하라신궁이 있다. 숭신천황이 가시하라궁을 짓고 살았다는 것인데 가시하라도 구지벌이 된다. 신무천황의 아버지 이름은 '우가야후키아에즈(鵜葺草葺不合命うがやふきあえずのみこと)'인데 한자는 소리를 나타내는 이두이니 무시하고 소리만 분석할 수 있다. '우가야'는 상가야 혹은 대가야로 김수로왕의 가야를 말하고 '후'는 왕후라는 뜻이고 '키아에즈'는 '김알치'인데 김씨 성을 가진 알(핵심)이 되는 사람(치)이란 뜻이다. 보통 '알치'는 고대 한국에서는 '아루치'라 하고 일본에서는 '아루지(あるじ)'라 한다. 이 이름은 신무천황, 곧 숭신천황이 어디에서 온 사람인지를 말해준다.

쿠지후루다케에 내려온 니니기 신화는 구지봉에 내려온 김수로왕 신화를 조상신을 숭배하기 위해 숭신천왕이 가져온 것이라 생각한다.

숭신천황의 이름은 미마키이리히꼬(御間城入彦)이고 나라현 미와산(三輪山) 산록의 마키무쿠(纒向)라는 지역에 미즈카키노미야(瑞籬宮)를 짓고 살았다고 한다.

숭신의 이름을 풀어 보면, '미마키에서 이리 온 히꼬(해 > 히, 아들 - 새 끼 > 꼬)'란 뜻이다. 미는 한국 고어에서 용(龍)을 말하고 임금을 뜻한다. 마는 마당의 마로 지금은 사라졌지만 터를 뜻한다. 키는 성의 고어인 데 일본말에는 아직 살아 있다. 미마키는 '임금의 성'이란 뜻이고 일본 사람들은 임나(任那)를 '미마나'라고 하는데 '나'는 '들판'이란 뜻으로 '미마키'나 '미마나'가 같은 뜻의 말이다. 이 말뜻은 필자가 보다 정확 히 풀어서 썼지만 기마민족 정복설을 처음 주장한 나미오 교수의 주장 이다. 숭신은 가야와 일본을 통일했기 때문에 그 세력이 막강해서 백 제와 신라를 굴복시킬 수 있었다. 임나일본부설이 이렇기 때문에 한국 사람들이 광분할 필요가 없다. 한국 사람이 한국의 일부를 점령한 것 이다.

숭신이 가야와 일본을 통일해 한일 가야연맹을 만들 수 있었던 것은 부여가 서기 346년에 선비족에 정복당했기 때문이다. 부여가 망하면 부여의 호전적인 장군들은 도망가게 마련인데 부여의 갈래인 가야로 망명할 가능성이 크다. 만주에서 고구려나 선비족과 끊임없는 전쟁을 벌였던 장군들이 가야에 합세하면 그 세력이 상당히 커질 수 있다. 한 국이나 일본에서 출토되는 가야의 갑옷과 무기의 우수성으로 그 세력 을 짐작할 수 있다.

《삼국사기》나《삼국유사》에서 일본에 인질로 잡혀 있는 신라왕의 왕 자를 박제상이 탈출시키는 내용이 나온다. 광개토왕 비석에는 왜가 바 다를 건너 신라를 굴복시키고 신라 도성에 왜인이 넘쳐났다는 기록이 있다.

일본이 중국에 알려진 것은 《위지(魏志)》 왜인전에 나오는 서기 239년에 사마일국(邪馬壹國=야마타이국邪馬臺國)의 히미꼬(卑彌呼)가 왜국(倭國)의 왕으로 책봉을 받은 일이다. 일본은 신공왕후라는 가상 인물을 만들어 한국을 정복하여 임나일본부를 세우고 신라왕을 마부로 만들었다고 역사책에 기재하여 한국 사람들을 분노하게 했다. 역사적 사실은 맞는데 내용이 날조되고 과장됐다. 이것은 숭신이 한 것을 역사적 인물 히미꼬를 신공황후로 바꿔 역사를 조작하여 한국 사람들의 열등감을 자극한 것이다.

숭신이 살았던 '미즈카키' 궁은 '미의 가라키' 궁이 변형된 말이다. '즈'는 영어의 's처럼 소유격의 사이 'ㅅ'과 같은 역할을 한다. 씨름에서 '르'가 생략되고 스모가 되는 것처럼 일본말에서 한국말 라, 리, 루, 레, 로는 흔히 생략된다. 그래서 생략된 '라'가 삽입되어 카키는 카라키(가라성)라 볼 수 있다. 숭신은 가라(가야)성에 산 것이다. 단군의 다른 이름인 대국(다이쿠니)주신의 신체로 유명한 '미와산'은 '미의 산'이 변형된 것이다. 마키무쿠는 전기, 중기 고분시대 유적지로 유명한데 그중에서도 하시하카(箸墓) 고분이 유명하다. 기록의 숭신 대에 하시하카 고분에 대한 전설이 기록되어 있어 이 고분의 연대를 과학적으로 측정해볼 수 있는데 하시하카 고분은 390년경이다. 미키무쿠는 미마키무카시가 줄어든 말이다. 한국말로 하면 '묵은 미(임금)의 성터'가 된다. 첫 음절 유성음은 일본말에서 흔히 생략되는데 '미마'처럼 비슷한 음이 중복될 때는 더욱 그렇다. '무카시'는 일본말로 '오래되었다'는 뜻인데 한국말 '묵었어'의 변형이다.

• 응신천황(應神天皇)

일본의 거대 고분들 중에 가장 큰 것은 다이센릉(大山陵 486m)이라 하는 인덕천황릉이고 비슷한 형태에 좀 작은 것이 콘다릉(譽田陵 415m)이라 하는 응신천황릉이다. 어떤 고분에 어떤 왕이 묻혀 있었는지는 확실하지 않다.

가끔 고분에 묻힌 왕 이름이 바뀌는 사례가 자주 등장한다. 다이센릉과 콘다릉은 다른 고분보다 월등히 커서 정복 왕들의 축조 무덤으로 여겨진다.

연대가 비슷하여 부자관계의 무덤으로 콘다릉은 아버지인 응신천황의 능이고, 다이센릉은 아들인 인덕천황의 능(인덕릉)으로 비정됐다.

일본 역대 천황 중에 응신천황의 기록부터가 자세하다. 기록들이 《삼국사기》나 중국의 기록들과 서로 같아 그 기록들이 실제 역사적 사실들로 여겨진다. 그러나 일본의 역사책은 자기들 역사가 오래되었다는 것을 날조하기 위해 응신천황의 출생 연도를 서기 200년으로 240년이나 앞당겼다. 중국 역사책에 처음 기록된 왜국왕 히미꼬의 아바타인 신공왕후(神功王后)의 아들로 응신천황을 만들기 위해 240년 앞당긴 것이다.

인덕릉 이정표, 얼마나 큰지 보여
주고 있다. 둘레가 2,850m나 된다.

일본 천황과 관계되는 모든 일을 맡아서 하는 궁내청은 천황의 무덤
으로 여겨지는 고분들을 천황의 이름을 붙여 관리하는데 현 천황의 직
계 조상으로 여겨지는 인덕릉과 응신릉은 발굴과 관련하여 건드리지
않는다. 그래도 인덕릉은 홍수로 유실이 되면서 환두대도와 동경 1점
이 발굴되어 미국 보스턴 박물관에 소장되어 있다. 환두대도를 일본
사람들은 고마다찌(高麗刀)라 부른다.

이들 유물은 무녕왕릉에서 출토된 동경 및 환두대도와 거의 같은 모
습을 하고 있어 세계의 고고학자들 중에 이 두 천황이 백제와 관련이

있는 것을 의심하는 자는 거의 없다. 궁내청은 홍수로 유실되어 이 유물들이 드러났다고 하지만 지구상에서 가장 큰 무덤으로 그렇게 잘 관리되는 인덕릉 길이가 486m가 넘는데 중심부 석실까지 홍수로 유실되는 것은 불가능하다. 국제적인 도굴 기술자들의 도굴에 의한 것이 분명하고 도굴되자마자 미국으로 넘어갔으니 망정이지 궁내성이 알았

인덕왕릉 출토, 용문 환두대도
(단용문 환두대도) 모형
보스턴 박물관 소장

백제 무령왕릉 출토, 용무늬
금동 고리자루 칼
공주국립박물관 소장

백제 무령왕릉 출토,
의자손수대경(宜子孫獸帶鏡)
공주국립박물관 소장

인덕왕릉 출토, 수대경
보스턴 박물관 소장

으면 우리는 그 동경의 흔적도 보지 못했을 것이다.

이들 거대 고분의 등장이 의미하는 백제의 일본 정복을 과연 누가 한 것인가가 한일 역사학자들의 관심거리이다. 현대 고고학은 과학 기술을 동원하여 고분의 축조 연도를 큰 오차 없이 알아낼 수 있다. 인덕 릉의 착공을 499년으로 보고 응신릉을 490년으로 본다. 응신릉을 응 신천황 나이 50세에 축조하기 시작한 것이 기록에 나오니 응신천황은 440년에 백제에서 태어나 일본에 온 백제의 왕족이다.

응신천황의 후보로서는 개로왕의 동생으로 461년에 일본에 온 곤지 (昆支)왕자가 가장 유력하다. 곤지의 아들은 백제 무녕왕(武寧王)이고 또 다른 아들은 동성왕(東城王)이다. 만약 곤지가 일본 정복왕이 아니고 일 본 역사책에 나오는 그 정도 인물이면 그 아들 둘이 커다란(쿠다라) 나 라 백제의 왕이 될 수 없다. 일본 역사책《일본서기》와《고사기》에 기 록된 것처럼 일본 천황을 보좌하기 위해 와 있다가 고구려의 백제 침 입으로 형인 백제 개로왕이 죽자 아들 둘은 백제에 왕으로 보내고 자 기는 일본에 조용하게 산 것이 아니다.

곤지는 일본에서 '고니키시(軍君)'이라 불린다. '고니키시'는 한국말 '큰 깃'이 변형된 말이다.《주서(周書)》이역전(異域傳) 백제조에 보면 백 제에서는 백성들이 왕을 건길지(鞬吉支)라 부른다고 기록되어 있다. 이 건길지는 '고니키시'를 이두로 적은 것이다. 백제뿐 아니라 흉노, 거란, 몽고, 부여, 고구려 등 북방의 모든 기마민족의 왕이 '고니키시'로 불렸 다. 인디언 추장이 새 깃털을 꼽고 백제나 고구려 사신이 조우관(鳥羽冠)

큰 깃을 꽂은 고구려 인물우

을 쓰는데 이 관을 쓰는 것은 각 단위의 우두머리인 것을 의미한다. 다른 관리보다 큰 깃을 꼽은 것은 왕을 표시하므로 기마민족은 왕을 '큰 깃' 곧, '고니키시'라 불렀다. (그림 참조)

일본에는 대대로 왕의 시중을 드는 사람들이 있다. 이 중 한 사람이 역사는 왜곡될 수 없다고 책을 냈는데 천황가에서는 한국말을 쓴다는 것이다. 그 대표적인 단어로 천황을 '고니키시'라 부른다고 한다. 천황의 어머니는 '오모니'라 부른다고 한다.

응신의 이름은 호무다라 하고 콘다(譽田)라 쓴다. 콘다는 큰 땅의 이두이다. 큰 땅을 가질 사람이란 뜻으로 붙여진 이름 같다. 콘다의 '콘'은 한국 한자음으로 예(譽 - 명예롭다)이고 일본 한자음은 요(よ)이며 뜻으로 읽으면 호마레(ほまれ)이다. 응신과 관계될 때만 콘으로 읽는다. 콘다릉이나 콘다릉이 있는 지역 이름으로 응신과 관계될 때만 '콘다'라 읽는다. 혼다 자동차로 유명한 혼다(譽田)씨는 응신의 후손이 틀림없다.

학교가 가꼬가 되듯이 ㅎ과 ㄱ·ㅋ은 서로 교체된다. 혼다 씨도 처음에는 콘다 씨로 불렸을 것이다. 콘다의 '다'를 구개음화하면 '자'가 되어 '콘자'가 된다. 그러면 콘자와 곤지는 발음이 가까워 콘다가 곤지일 가능성을 시사해 준다.

곤지가 무녕왕의 아버지인 것은 다 아는 사실이다. 《삼국사기》 백제 본기에는 무령왕의 아버지가 모대(牟大)라고 나와 있다. 모대는 일본 발음이 무다이(むだい)이니 호무다를 말한다고 보는 것이 타당하다. 첫음절 '호'는 부드럽게 발음되어 '오'가 되고 첫음절 '오'는 일본말에서 생략되는 것이 흔하다. 호무다라 불리는 응신은 무령왕의 아버지 곤지가 맞다.

응신릉에서 1km 정도 동북쪽으로 가면 카라쿠니 신사(辛國神社)가 있다. 카라쿠니가 한국(韓國)이니 한국신사를 왜곡한 것이다. 그 옆에는 백제 왕족 후지이 무라지(葛井連)가 만든 후지이데라(葛井寺)가 있다. 연(連)을 '무라지'라 하는데 '무리를 이끄는 치(사람)'란 뜻이다. 여기에는 긴테츠선 후지이데라역도 있는데 여기서 천왕사역 쪽으로 몇 정거장만 가면 동부시장전(東部市場前)역 근처가 백제이고 일본국철(JR) 백제역이 있다. 굉장히 큰 화물역인데 이름이 잘못 붙은 덕에 일반인이 접근하기 어렵다.

구글 지도에서 갈정사나 응신릉을 검색하면 다 나온다. 백제로 검색할 때는 제(濟)를 일본 약자 제(済)로 검색해야 한다. 이곳을 포함하는 오사카 중심부 전체가 응신부터 명치까지 백제주(百濟州)나 백제군(百濟

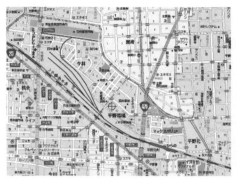

백제역은 지도에 아예 표시가 없다. 기차 레일이 많이
갈라져 있는 곳이 역이다.

郡(고오리 > 고을)으로 불렸던 곳이다.

《고사기》와 《일본서기》에 응신시대에 하타(秦)씨의 조상인 궁월군(弓
月君)이 120현과 아야(漢)씨의 조상인 아지사주(阿知使主)가 17현의 주민
을 이끌고 도래한 사실을 기록하고 있다. 인골을 연구하는 학자들이
추정하는 100만을 넘는 주민이 일본에 유입되는 때가 응신천황 때이
다. 응신이 일본을 정복하고 천황의 주도하에 백제 이민을 일본에 심
어 식민지 경영하는 과정을 기록한 것이다.

일본 교토는 '니시진 오리'라는 비단이 유명하다. 교토의 서쪽에는
응신시대 이민 온 하타씨가 주로 베틀로 비단을 짰다. 베틀이 변한 말
이 '하타'이다. (베틀 > 헤트 > 하타)

왕인박사도 이때 건너와 식민지 백성들에게 문자를 보급했다. 식민
지 개발을 위해서는 우수한 농기구가 도입돼야 한다. 일본 사람들은

대장간을 '한단야(韓鍛冶가라가누치からかぬち - 가라 금네 침 이)', 논밭을 파는 도구(가래)를 '한서(韓鋤가라사히 > 가라삽からさひ)', 도리깨를 '한간(韓竿 = 殼竿가라자오からざお 자치기의 자)'이라 하는데 모두 이때 한국에서 도입된 농기구 제작소와 농기구이다. 고구려인, 백제인, 임라인, 신라인이 조정에 와서 못을 팠는데 그 이름을 한인지(韓人池)라 했다는 기록도 있다. 한인들이 식민지에 와서 관개시설을 만든 것이다.

일본에서 어디를 가든지 흔히 볼 수 있는 신사가 하찌만(八幡)신사이다. 모두 응신천황의 영혼을 모시는 신사이다. 하찌만 신은 일본에 막부를 처음 만든 겐지(源)가문 무사들의 수호신으로도 유명하다. 무사의 수호신으로서 정복왕 응신의 영혼을 모시는 것이다.

하찌만(八幡)신이 한국 신인 것을 알 수 있는 단서 중에 하나가 하찌만을 한국말로 읽는다는 것이다. 팔번(八幡 - 여덟 깃발)이라 써놓고 야하타라 읽는다. 야하타는 여덟이 변형된 말이다. 응신천황 때 한국말과 일본말이 차이가 없을 때는 여덟 파닥이(깃발)라 읽었을 것이다. 세월이 흘러 일본 사람들이 한국말을 이해 못할 때에 여덟이 '야타'가 되고 '파닥이'가 '하타'가 되어 '야타 하타'가 '야하타'로 줄어들었다. 이런 연유로 8개의 깃발을 등에 꽂은 하찌만 신상도 있다. 소도의 신, 스사노오가 우두천왕으로 변하는 것과 같다. 소도를 소두(소頭)로 쓰다가 우두(牛頭)라 쓰게 된 것이다. 이런 것은 같은 소리를 다른 한자로 표현하는 이두의 단점이기도 하다.

전국에 4만 638개의 하찌만 신사의 총본산이 북규슈의 우사하찌만

우사신궁

신궁(右佐八幡神宮)인데 정복왕 응신이 일본에 첫 번째로 상륙한 곳으로 생각된다.

응신의 영혼인 하찌만 신은 하찌만 사마로 신도들에게 친근하게 불리는 신이다. 하찌만은 한국말 '하르방' 곧, '할방'의 변형인 것 같다.

'할방'에서 '할'은 일을 이찌라 하는 것처럼 '할'은 '하찌'가 된다. '방'은 '무사'가 '부시'되는 것처럼 '망'이 된다. 일본에서 'ㄴ'과 'ㅁ'은 혼동되어 'ん'으로 쓰니 '망'은 '만'이 된다. 곤지의 초상이 남아 있는데 남바위를 쓴 할아버지의 초상이다.

곤지의 초상

이 초상을 걸어 놓고 신도들이 하찌만 사마라 친근하게 부른 것 같다. 정복을 굳건히 하기 위해 이런 초상을 내 걸어 유화정책을 쓴 것 같다.

이집트에서 가장 큰 쿠프 왕의 피라미드보다 더 큰 인덕릉은 불가사의한 축조물이다. 일본 섬나라만 지배하는 왕의 역량으로는 만들 수 없는 크기의 무덤이다. 그 무덤을 만든 세력들이 온 백제는 얼마나 큰 나라인가 하는 생각이 든다. 일본은 백제를 '쿠다라'라고 부른다.

'쿠다라'는 한국말 서울 사투리인 '커다라'에서 변형된 말이다. 백제는 커다란 나라이고 자기들은 작은 나라라는 의미가 숨어 있다. 일본 역사책에 보면 백제왕이 공작새, 낙타, 물소들을 실제는 하사하지만 헌상하는 구절이 자주 나온다.

백제의 신하 흑치상지의 비문이 발견되어 백제가 동남아시아까지 영토를 가지고 있었음을 증명해 주었다. 대만과 동남아시아 사람들은 빈랑을 씹어 이가 검게 변한다. 이들 나라를 흑치국(黑齒國)이라 하여 백제 담로(擔魯)의 하나로 흑치상지 집안은 이 국가를 대대로 다스려왔다.

계백장군 결사대가 마지막 항쟁을 벌인 황산벌은 한국에 없고 중국의 남경에 가까운 명산인데 황산 밑에 군대가 주둔했다는 뜻의 툰시(屯市)로 남아 있다. 백제(百濟)는 100개의 포구를 가진 나라라는 뜻이다. 한강, 백마강, 영산강, 일본의 포구들 황하, 양자강 포구는 물론 메콩강 포구를 가지고 있었다고 한다. 여기에 22개 담로를 설치하여 백제의 왕족이 다스리게 했는데 일본의 오사카 나니와(難波)지역이 응신왕이 맡은 담로일 것이다. 담로는 '담으로 둘러싸인 노(노 - 너른 들)'란 뜻이다. 일본말로 백성은

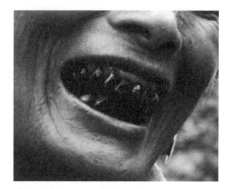

흑치

'담에 사는 이'란 뜻으로 '다미'라 한다. 오사카 앞에는 담로(淡路)라는 아주 큰 섬이 있다.

• **성덕태자**(聖德太子: 쇼토쿠다이시 AD 574~622)

일본에서 제일 존경받는 위인 중에 다섯 손가락 안에 꼽는 사람이 쇼토쿠다이시, 즉 성덕태자이다. 요메이(用明)천황의 아들로서 소가 가문에서 가장 권력이 강했던 소가노우마꼬(蘇我馬子)의 외손자이자 스이코(推古)천황의 조카이다.

소가노우마꼬 대신은 그 당대의 모든 천황의 장인이나 외할아버지였던 사람으로 천황을 마음대로 갈아치우는 권력이 있었다. 스이코천황은 그의 딸이라고도 하고 다른 책에서는 조카라고도 하는데 원래 비다츠(敏達)천황의 부인이었다. 사위인 요메이(用明)천황의 아들 스슌(崇峻)천황이 외할아버지 소가노우마꼬 대신의 불교정책에 반대하니 자객을 보내 암살해 버리고 아예 조카딸을 일본 최초의 여왕으로 천황에 오르게 했다.

정치와는 전혀 무관한 왕비가 천황이 되니 우마꼬 대신이 실제 천황업무를 성덕태자에게 맡겨 버렸다. 소가노우마꼬 대신은 백제인으로 사위 요메이천황과 함께 불교를 믿었는데 라이벌 관계였던 모노베노모리야(物部守屋)가 신도(神道)의 원리에 맞지 않는 불교 도입에 반대하여 종교전쟁을 일으켰다. 소가노우마꼬는 이 종교전쟁에서 승리하여 완전히 실권을 장악하게 된다.

조상대대로 모노베 집안은 재정을 담당하고 소가 집안은 제사와 치안을 담당해서 서로 견제하던 집안이었는데 소가노 우마꼬가 이때부터 완전한 권력을 독점하게 된다. 모노베(物部)라는 성은 글자 그대로 재물을 관리하는 일을 하는 집안이고, 모노베노모리야에서 모리야는 '머리가 되는 집'을 가진 사람이란 뜻으로 모노베노모리야도 백제 사람일 것이다.

성덕태자는 불교를 믿는 사람으로 외할아버지에게 발탁된 태자이니 불교의 정착과 전파를 위해 부단히 활동을 한다. 오사카에 관광 가면 보통 사천왕사(四天王寺)라는 절을 관광한다. 이 사천왕사가 성덕태자가 세운 절이다.

사천왕사

왓쇼이 마쯔리　　　　　　　　　　　　　공주시에 기증된 왓소 배

　이 사천왕사는 왓쇼이 마쯔리가 유명하다. 축제 때 신을 맞는 가마 (미꼬시 – 미神의 것)를 메고 '왓쇼이! 왓쇼이!' 하고 외치는 축제이다.

　'왓쇼이!'는 한국말 경상도 사투리 '왔어예!'이고 서울에 도읍한 백제말 '왔어요'에 해당한다. 사천왕사에는 무대강(舞臺講)란 무대가 있는데 여기는 고구려의 사자춤과 아악이 일본 최초로 공연되고 아직까지 정기적으로 공연되는 곳으로 유명하다. 여기에 사자춤과 아악을 가지고 온 사람은 미마지라 하는데 아악의 아버지로 유명하다. 미마지는 사실 사람 이름이 아니다. 일본말로 지금을 '이마'라 하는데 '이마'는 한국말 '이맘(때)'가 변한 말이다. '미'와 '이'는 같은 유성음으로 일본에서는 혼동되어 사용되니 '미마'는 곧 '이마'가 된다.

　'미마지'의 '지(之)'는 사실 '온자'가 줄은 말이다. 갈 지(之)자에 '오다', '가다'의 의미가 있으니 '온자'가 지(之) 한 자로 줄어든 말이다. '미마지'는 '지금 온 자'가 된다. 《일본서기》와 《고사기》가 8세기에 쓰여

일본 아악 악기

가운데가 고려적

아악의 장구

2태극이 그려진 사천왕사 향로

진 책이니 역사적 사실을 적을 때 이름을 제대로 쓰기가 어렵다. 왕인 박사가 백제에서 천자문을 들여오기 전에 일본에는 왕 옆에서 일어나는 일을 외웠다가 대대손손 구전하는 직업이 있었다. 사람들이 구전할 때 이름을 잊어 버려 '미마지'라 한 것을 사람 이름인 줄 알고 역사서에 기록한 것이다.

정권이 역사를 조작할 때 가장 쉬운 것이 역사책을 바꾸는 것이다.

이렇게 일본이 역사책을 바꾼 것이 가장 잘 탄로 나는 이유는 전문가 집단의 족보에서 역사책과 다르게 기록되어 있어 역사책의 조작이 탄로가 난다. 일본 아악에는 고려적(高麗笛)이라 이름 붙은 피리, 태극과 삼태극을 그린 북, 고구려의 우륵이 만들어 중국에는 없는 거문고, 장구의 원조가 되는 작은 장구 등이 있어 중국 아악과는 구별이 된다. 일본 아악이 한국에서 들어왔고 '미마지'가 고구려에서 가져와 무대강에서 공연하고 가르쳤다는 사실이 전해 내려온다.

일본 최초의 근대적 건축회사는 사천왕사를 건립한 백제대공(大工－목수), 토사(土師－토목가) 기와박사들의 후손들이 만들었다. 아직도 그 건축회사가 오사카에서 영업 중이다. 전문가 집단의 역사가 구전이나 기록으로 내려오고 있어 역사책에서 조작된 내용이 고쳐지거나 고쳐지지 않으면 후세에 진실이 밝혀져 망신을 당한다.

고구려, 백제, 신라를 일본 역사책에는 삼한이라 하거나 한국이 한국이란 이름을 쓰기 전부터 한국(韓國)이라 하는데 전문가 집단의 조상들은 유난히 한국에서 온 사람들이 많다. 천황을 비롯해서 일본을 건설한 모든 사람들이 한국 사람들인데 일본 역사서의 편집 방침은 한국과는 관련 없는 토종 일본 사람들이 일본을 건설한 것으로 편집 날조하였다. 토종 일본인인 아이누는 에비스(夷－에비들)라 불리는데 근대의 쇼군이라 부르는 정이대장군(征夷大將軍)에게 토벌당했고 일본의 건설과 무관하다. 일본에 이민 온 한국인들이 이 토인들을 학살하며 야마토 영토를 늘려나갔다. 전문가 집단이 따로 역사를 가지고 있기 때문에 할 수 없이 소수의 전문가만 한국에서 귀화한 것으로 하고 있다. 현대 일본 정부도 이들을 귀화인이라 하다가 이들의 반대에 부딪혀 도래인이라 부른다.

백제가 망한 후 지통천황 때 이제 백제의 종속을 잊고 일본의 정체성을 찾기 위해서 야마토에서 일본이란 국호를 썼다. 새 일본을 강조하는 《일본서기》, 《고사기》의 역사책을 쓸 때 한국과의 연관성이 단절되었다. 환무천황 때는 한국과 일본인은 동족이라는 책이 불태워지고, 임진왜란으로 한국을 침략하기 위해 역사가 조작되고, 메이지천황 때 한일합방을 위해 일본인은 한국에서 이주해 온 이민이라는 역사가 말살되었다.

성덕태자는 규모와 예술성에서 일본 제일가는 법륭사(法隆寺)를 건설했다. 법륭사는 부여의 백제 성명왕이 보내준 건축가들이 정림사를 본떠서 만들었다고 한다. 정림사는 거의 사라졌지만 정림사를 알려면 일본 법륭사를 보면 된다고 한다. 일본 관광 코스에 있어 법륭사에 가본 한국인들이 많은데 얼마나 아름다운지 놀라게 된다. 고구려의 유명 화가 담징이 그렸다는 금당 벽화가 있고 몽전(夢殿)에는 백제 동성왕이 꿈에 그리던 아버지 성왕을 모델로 만들어 보냈다는 구세관음상(救世觀音像)이 있고 너무나 아름다운 백제관음상이 분명 금당에 있었다가 이름이 잘못 지어진 죄로 지금은 박물관 한구석에 있다. (그림 참조)

이 절에는 백제의 아좌태자(阿佐太子)가 그렸다는 성덕태자의 영정이 전하는데 이 영정은 일본의 1만 엔짜리 지폐에 그려져 있어 성덕태자

1만 엔 지폐의 성덕태자

구세관음상(救世觀音像)　　　성덕태자 영정

가 일본에서 세종대왕처럼 받들어지는 인물임을 알 수 있다. (그림 참조)

　　이 영정 밑에 당형어영(唐形御影)이라는 성덕태자 영정 설명이 고대로
부터 내려오는데 마지막 구절이 "따로이 아좌태자의 영정(別仁 阿佐太子
の御影と 名く)이라 한다"라고 되어 있다. 아좌태자 자화상이란 뜻이다.

아좌태자는 법륭사 건립에 건축가들을 보낸 성왕의 태자이며 다른 이름이 임성(琳聖)이다. 일본에서 덕을 베풀어 너무 존경 받은 나머지 성(聖)자를 넣어 성덕태자로 부르는 것 같다. 이 영정의 이름이 당형어영인데 당(唐)자를 붙인 것은 분명한 조작이다. 법륭사와 당나라와는 별 관계없는데 당(唐)과 한(韓)이 같은 '카라'로 발음되니 원래 '한'이었는데 '당'으로 바꾼 것이 분명하다.

성덕태자의 또 큰 업적이 일본 최초의 헌법이라 불리는 헌법17조를 만든 것이다. 다른 내용도 좋지만 헌법1조는 화(和)를 강조하여 삼국에서 모인 일본인들이 화합하는 기틀을 마련했다. 이 화는 일본 위정자들이 대대로 강조하여 일본이 지도자를 중심으로 똘똘 뭉치는 계기를 만들었다.

아스카시대 일본은 대화(大和)라 쓰고 야마토로 읽을 정도로 화(和)는 일본의 대명사였다. '화'는 화과자(和菓子), 화식(和食), 화가(和歌), 화풍(和風), 화복(和服)으로 화(和)는 일본과 같은 뜻이 됐다.

• **서명천황**(舒明天皇, 629~641년)

민달천황(敏達, 비타츠)의 손자로서 추고(推古, 스이코)천황의 대를 이은 천황이다. 나라에 소가천(曾我川)이 있는데 원래 이름은 백제천(百濟川)이었다. 이 백제천 변의 코료우쵸우(廣陵町)에 백제란 마을이 있다. 구글 지도에서 검색하면 찾을 수 있다. 여기에 백제사 터가 있고 백제사 삼

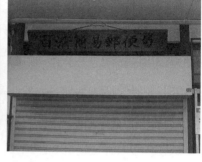

백제사 삼중탑   백제 우체국

중탑이 아직 남아 있다. (그림 참조)

이 근처에 민달천황이 백제대정궁(百濟大井宮)을 세웠다는 기록이 있다. 백제사 삼중탑 맞은편에는 백제 우체국이 있어 이 마을이 대대로 백제라 불렸던 곳이라는 사실을 알 수 있다. (그림 참조)

여기에 궁궐이 있었고 아주 큰 절이 있어 가장 번화한 곳이지만 백제란 이름이 그대로 남아 완전히 오지가 됐다. 그들이 백제의 후손이란 사실을 숨기고자 고립시킨 것이다. 필자가 이곳을 방문했을 때 교통이 나빠 아주 애를 먹었다. 갈 때는 역에서 택시를 타고 갔지만 버스도 없고 택시를 부르기도 힘들어 2Km 정도를 걸어서 왔다.

서명천황은 할아버지처럼 나라의 아스카(飛鳥), 이시카와(石川) 연못 주변에 백제궁을 짓고 살았다. 얼마 전에 그 터가 발굴되어 떠들썩했었다. 《일본서기》에는 다음과 같은 기록이 있다.

버려진 백제

[7월에 조칙을 내려서, 가라사대 금년에 대궁(백제궁)과 대사를 만든다고 밝혔다. 백제강 기슭을 궁터로 삼았다. 서쪽 백성들은 대궁을 만들고 동쪽 백성들은 대사를 지었다.

12월 14일 이 달에 백제강 기슭에 9중탑을 세웠다.

12년 10월에 백제궁으로 이사하였다.

13년 10월 9일에 천황은 백제궁에서 붕어했다.

18일에 북쪽에 빈소를 만들었다.

이것을 백제대빈(大殯)이라 한다.]

(홍윤기, 일본속의 한국문화를 찾아서)

빈소 이름이 백제대빈(百濟大殯)이라 불린 것으로 보아 서명천황이 백제천황이라 불렸을 것이라고 일본 학자들은 추측한다. 곤지왕자, 성덕태자, 소가노 우마꼬는 절을 지을 때 백제라는 이름은 붙이지 않았으나 비타츠 천황이나 죠메이 천황은 아주 노골적으로 궁과 절에 백제라는 이름을 붙여 백제 사람이라는 것을 밝혔다. 이 정도면 그때 일본의 주류가 백제에서 이주해 온 백성들이라는 것을 알 수 있다.

• 천지천황(天智天皇)

서명천황(舒明天皇)과 제명천황의 아들이 천지천황이다. 천지천황은 어렸을 때 나까노오오우지(中大兄皇子)라 불렸다. 천지천황은 대화개신(大化改新)을 수행한 천황으로 유명하다. 그가 황자로 있을 때 후에 후지와라(藤原)가문을 일으킨 나카토미노 가마타리(中臣鎌足)와 공모하여 당시의 실권자인 소가노 이루카(蘇我入鹿)를 천황과 백제, 신라의 사신이 보는 앞에서 찔러 죽였다.

이 사건은 일본에 아주 유명한 역사적 사실로 이 사건을 모르는 일본의 지식인은 없다. 일본이 아스카에 자리 잡은 이후에 모든 권력은 소가 가문이 가지고 있었다고 보면 된다. 소가 가문은 중요한 관직은 독차지하고 거의 모든 천황의 부인이 소가 가문이며 그래서 천황들이 소가의 피가 섞여 있었고 천황도 소가의 마음에 들지 않으면 바뀌는 정도였다. 이 사건으로 소가의 권력으로부터 천황의 권력을 찾아올 수 있었다.

그가 천황이 된 후에는 후지와라 가마타리와 개혁을 했는데 귀족과 지방호족들이 가진 토지를 모두 몰수하여 백성들의 머릿수만큼 나누어 주었다. 그리고 중앙관리들을 파견하여 전국의 토지를 관리하도록 했다. 일본 전국의 행정구역도 한국식으로 개편했는데 이때 나온 이름이 산양도(山陽道), 동해도(東海道), 남해도(南海道) 등이다. 아직도 고속도로 이름이나 철도 노선에서는 이 이름을 쓴다.

그동안 부젠국(豊前), 사츠마국(薩摩), 세츠국(攝津)라 하던 지명을 한국의 경상도, 충청도, 전라도식으로 바꾼 것이다. 여우가 물러나면 호랑이가 온다고 대화개신 이전에는 소가가 모든 권력을 쥐고 있었지만 이후에는 나카토미노 가마타리에게 하사한 성인 후지와라 가문이 모든 권력을 쥐게 된다. 거의 모든 천황의 왕비가 후지와라 가문이며 천황들은 후지와라 피가 섞여 있고 천황이 어리면 섭정(攝政), 천황이 성인이 되면 관백(關伯)이라는 위치에서 모든 중요 업무를 천황 대신에 처리했다.

백제는 고구려의 침공을 받고 수도인 위례성이 함락되고, 개로왕이 살해당하면서 많은 장군들과 귀족들이 일본으로 이주했다. 이때 《삼국사기》의 기록 중에 보이는 사람이 목리만치(木劦滿致)인데, 일본의 기록에는 소가만치(蘇我滿致)라는 사람이 중요 인물로 등장한다. 이 후손들이 소가 가문 사람들이다. 이 사람들의 이름이 소가고려(高麗), 소가한자(韓子) 등이 있어 이들이 한국에서 온 사람들이라는 것을 말해 준다.

나라에 있던 백제천 주변을 '소카'라 불렀는데 '카'는 땅의 고어이니 '소카'는 소도(소터)의 다른 이름이다. 소가 씨는 목리 씨가 일본에 와서 소도의 마쯔리(신을 맞음)와 정치의 중요 업무를 보게 되어 받은 성으로 추측된다. 가마타리에서 타리는 '足'이라 쓴다. '足'은 현대 일본어에서 '하시'나 '바시'로 읽는다. 가마타리의 足을 '하시'라 읽지 않고, '타리'라 읽는 것은 가마타리가 足을 '다리'라 읽는 백제에서 온 지 얼마 안 되는 사람이기 때문이다. 후지와라도 한자로 등원(藤原)이라 쓰는데 원(原)은 '하라'라 읽고 한국말 '벌'이 변한 말이다. '벌'은 연음되어 '버러'가 되고 가나 발음으로는 '바라'가 된다. 'ㅂ'은, 같은 계열 'ㅎ'으로 바뀌어 '벌'은 '하라'가 된다. '후지'는 후지와라 가문이 등나무와 관련이 없는 것 같으니 단지 소리를 표현하는 이두이다. 후지는 보통 '구지'가 약화된 말이다. '구지'는 김수로왕이 내려온 '구지봉'의 '구지'로 '굿'을 연음시킨 말이다. 그러므로 후지와라는 '굿벌'이 된다.

나카토미는 원래 신을 섬기는 신관의 가문인데 신사가 형성되기 전 무당집의 무당이었다. 무당에게 아마테라스의 손자인 니니기가 내려온 곳 '쿠지후루다케'의 성스러운 이름을 수여한 것이다. 나카토미는 한자로 '中臣'이라 쓰는데 '臣'을 '토미'라 읽는다. 왕의 도우미 '臣'이 곧 '도우미'인 것이다. 일본에 〈대화개신(大化改新)〉이란 영화가 있다. 그때의 복장과 풍속, 말을 철저히 고증해서 만든 영화이다. 한국 삼국시대 영화를 보는 것처럼 느껴지는데 조금 다르게 보이는 것은 한국의 삼국시대를 제대로 고증해서 영화로 만들지 못했기 때문이다. 여기에서 소카이루카와 그 가신들이 가끔 한국말을 사용한다.

사실은 영화 내내 한국말을 사용해야 하지만 일본 관객들을 위해서 그렇게까지는 하지 못했을 것이다.

천지천황 전에 제명천황(齊明天皇, 655-661)이 있었다. 이때 백제가 멸망했다는 소식이 전해졌다. 제명은 백제의 멸망은 산천을 끊는 전조라며, 백제 부흥을 위해 창을 베개로 하고 쓸개를 맛보고 있다고 했다. 파병을 위해 배와 무기를 만들고 규슈의 아사쿠라궁으로 옮겨 파병 준비를 진두지휘했다. 너무 신경을 쓰고 과로한 나머지 백제가 멸망한 1년 만에 운명을 달리했다.

뒤를 이은 천지천황은 백제 부흥운동에 적극 동참했다. 백강구 전투에 의자왕 아들 여풍(余豊)을 사령관으로 하여 400척 2만 7,000명의 구원군을 보냈다. 그 규모의 해군은 그 당시 일본의 전 해군과 맞먹었을 것이다. 백강구 전투는 신라와 당군, 백제와 왜, 탐라국 군사까지 모두 10만여 명, 전선 1,170척이 참가한 그 당시 세계 최대의 해전이었다. 여기서 패하자 천지천황은 눈물을 흘리며 한탄했다고 《일본서기》는 적고 있다.

"백제의 이름이 오늘로 끊어졌으니 조상의 묘소를 어찌 다시 갈 수 있으리오."

• **환무천황**(桓武天皇, 781~806년)

환무천황은 《대초지(袋草紙)》라는 책에 백제 성왕의 후손인 광인(光仁) 천황과 어머니 고야산립(高野新笠)의 아들이라고 기록되어 있다.

현재 일본 천황인 아키히토 천황이 2001년 신년사에 "나 자신 환무

아키히토 천황

천황의 어머니가 백제 무령왕의 자손이라고 《속일본기(續日本記)》에 기록되어 있는 사실에 한국과 인연을 느낍니다.”라고 고백했다.

일본의 어떤 신문에는 기사화되고 어떤 신문에는 기사화되지 않았다. 지식인들은 알고 있는 사실이지만 이 시점에서 그것을 고백한 사실에 놀랐고 우익들은 천황의 돌발적인 행동을 비난했다. 황실 도서관에는 공개되지 못하는 한국과 관련된 일본의 서적과 문서, 한국에서 가져간 비밀서적과 문서가 보관되어 있다. 천황가에서는 일반인과 다른 한국계 언어를 쓰고 그들만의 풍습이 있다. 천황은 스스로의 뿌리에 대해서 궁금해 했을 것이고 진실을 알았을 때는 그 사실을 발설하고 싶어 무척 애를 썼을 것이다. 결국, 동화 '임금님 귀는 당나귀 귀'에서처럼 진실을 발설한 것이다.

천황이 한국에서 왔다는 사실은 환무천황 이전에 많은 문서와 서적이 밝히고 있지만 환무천황이 현재 아키히토 천황의 가장 직계조상이다. 그 전의 조상들은 가야계 숭신, 백제계 응신, 신라계 천무 등 수도 없이 많이 바뀌었다. 그들이 자기 조상이 아니라는 사실은 알 것이다. 환무천황은 한국으로부터 독립을 이루어 낸 천황이다. 미국이 영국에서 독립하듯이 한국에서 독립을 이루어 냈다.

그는 수도를 백제의 흔적이 너무 남아 있는 나라의 아스카에서 지금의 헤이안교(平安京)로 옮겼다. 그리고 한국인과 일본인이 동족이라는 내용이 있는 책들은 모두 불태웠다. 일본 왕조사인 《신황정통기(神皇正統記) 1343》에는 옛날에 일본은 삼한(마한, 변한, 진한, 혹은 신라, 백제, 신라)과 같은 종족이라는 기록이 있었으며 그 책을 환무천황 때 불살랐다고 되어 있다. 《홍인사기(弘仁私記)》라는 책의 제왕계도(帝王系圖)에는 백제왕이 일왕이 된 것은 물론 신라와 고구려로부터도 와서 국왕이 되고 민간인도 제왕이 되었다고 기록되어 있어 환무는 이를 소각했다고 되어 있다.

일본에 남아 있는
한국지명

• 후쿠오카

후쿠오카는 한자로 복강(福岡)이라 쓴다. 한국말 '복의 (갯)가'가 변한 말이다. 강(岡)은 단지 소리만 표현하는 이두이다. '카'는 '물가', '갯가' 에서 나온 말로 '가장자리'라는 뜻인데 옛날에는 '카'가 땅이란 의미로 쓰였다. 주로 바다와 구별되는 '바닷가 땅'이다. 한국말에서는 가장자 리라는 뜻의 '가'로 남아 있는데 일본에는 '카'로 발음되어 '바다에 연 한 땅'의 의미로 많이 쓰인다. '오사카', '아사카', '모리오카' 등으로 일 본말은 한국의 고어뿐 아니라 세계의 고어로서 '카'로 끝나는 지명은 세계 곳곳에서 볼 수 있다. 알래스카는 '알의 카'이고 잉카는 '은(殷)의 카'인데 마다가스카(르), 아프리카, 아메리카, 다마스카(스) 등이 있다.

후쿠오카는 박다(博多)라고도 하는데 일본 사람들은 그 의미를 모른다. 가야 사람들이 처음으로 이주해와 이 복 받은 땅을 '복의 카'라고도 부르고 '복의 땅'이라고 불렀는데 이두로 쓰다 보니 복의 카는 '복강(福岡)'이라고 쓰고 '복의 땅'은 '박다(博多)'라 썼다. 가야 사람들이 이 복된 땅에 이름 붙일 당시는 '복의 카'나 '복의 땅'이나 같은 말이었는데 한자로 써놓고 보니 후세 사람들은 완전히 다른 이름으로 알게 됐다.

• 가라쓰 – 당진(唐津)

후쿠오카 서쪽으로 당진이란 항구도시가 있다. 한자 이름만 보면 당나라 사람들이 많이 드나들던 항구인가 생각하게 한다. 그런데 옛날에는 한진(韓津)이었다고 한다. 한국 사람들이 많이 드나들던 항구이다.

일본에서 문화가 발전하고 번성한 곳에 한(韓)이란 지명이 붙은 곳은 임진왜란 전이나 명치유신 때 거의 다 당(唐)으로 바뀌었다. 일본 사람들은 '한'이나 '당'자를 모두 '카라'라 읽으니 의도대로 슬쩍 바꾸기가 쉽다.

그래도 '카라'가 무슨 뜻인지 알았다면 바꾸지 않았을 것이다. '카라'는 '겨레'라는 뜻이다. 일본에서는 동포를 '하라카라'라고 한다. '하라'는 배를 뜻하니 '배 겨레'라는 뜻이다. 한배에서 나온 겨레란 뜻이다. 명치천황이 이걸 알았다면 '韓'자를 '카라'라고 읽는 것을 금했을 것이다. 감히 앞으로의 식민지 백성들이 '한배에서 나오는 겨레라니'

하고 말했을 것이다. 그때는 한국을 정복하자는 정한론이 들끓을 때이다. 지금은 걸 그룹 '카라'가 가서 일본 가요계를 정복하고 있으니 아 이러니하다.

이 가라쓰는 원주민인 아이누들이 수렵과 채집생활을 하고 사는 땅에 가야인들(일본에서는 '카라'라고 발음)이 막강한 군사력과 농경문화를 가지고 들어가던 항구였고 임진왜란 때는 끌려온 도공들이 생활하고 한국과 교류하던 항구였고 조선통신사가 지나가는 항구였다.

가라쓰에는 아주 번화한 거리로 도진마치(唐人街)가 있다. 역시 한자로는 한인가(韓人街)였고 한인들이 모여 코리아타운처럼 도자기도 팔고 두부도 팔던 거리이다. 지금은 매년 '쿤치'라는 축제가 벌어진다. 보통 다른 도시에서는 축제를 마쯔리라 하나 여기를 비롯한 북규슈 해안가 도시에서는 축제를 '쿤치'라 한다. 이 말은 한국말 '큰 잔치'가 변형된 말이다. 후손들이 세게 들리는 두 마디만 발음한 것이다.

• 아리타 – 유전(有田)

가라쓰 서쪽 내륙으로 가보면 도자기 이름으로 유명한 아리타가 있다. 임진왜란 때 끌려온 도공들이 도자기를 굽던 곳이다. 이참평이라는 사람이 여기서 도자기 원료인 백토를 찾아내어 도공들이 여기에 정착하게 되었다.

여기에 가면 이참평이 도자기신으로 모셔져 있는 도조신사가 있고 그때의 백토 광산, 도자기 가마가 있고 아직도 많은 도요가 있어 유명한 아리타 도자기를 활발히 생산한다. 여기서 생산된 도자기들은 근처 이마리 항에서 무역선에 실려 유럽으로 갔다.

마르코 폴로의 《동방견문록》에 동양 사람들이 보석처럼 빛나는 그릇에 밥을 담아먹는 것을 보고 놀라는 대목이 나온다. 그 후 도자기는 유럽에서 인기가 있었고 일본은 도자기를 만들어 유럽에 수출할 우수한 도공들이 필요했다. 그래서 임진왜란을 일으켜 한국에서 도공들을 잡아갔다. 그런 관점에서 임진왜란을 서양 역사학자들은 도자기 전쟁이라 부른다. 일본은 한국 도공들이 만든 도자기를 유럽으로 팔아 막대한 부를 축적하고 그 돈으로 철갑선과 대포를 유럽에서 사들이고 나중에는 직접 만들어 한국을 정복한다.

아리타의 한자인 유전(有田)은 이두이다. 동네 이름은 그 특징을 잡아 이름을 붙이게 되는데 밭 없는 동네는 없으니 동네 이름을 '밭 있는 동네'라고 이름 붙이지는 않는다.

아리타는 한국말 '알 터'에서 유래된 동네 이름이다. 알은 시작의 의미가 있어 한국 도공들이 일본에서 정착하기 시작한 땅이란 뜻으로 붙인 이름이다.

• **요부꼬**(呼子)

후쿠오카, 가라쓰, 요부꼬는 현해탄을 두고 한국과 마주한 항구이다.

요부꼬는 아리타의 바닷가의 지명인데 한국식 이름이 쓰여 있는 것을 보고 코끝이 찡해진 곳이다.

도공이 끌려올 때 가족이 온 것이 아니고 가장인 남자만 끌려왔다. 이국만리 타향 땅에서 부인과 가족이 얼마나 그리웠을까? 부인이 그리워 한국을 향해 '여보!'라고 외치며 울던 곳이 요부꼬이다. '요부'는 부른다는 일본말인데 '여! 보우'가 변한 말이다. 부인을 부르는 한국말 '여보'도 '여! 보우'에서 나온 말이다. 일본말로도 아내를 여보(뇨보)라 부른다. '꼬'는 장소를 뜻하는 한국말 '곳' 혹은 '장산곶'할 때의 '곶'에서 유래한 말이다. 한국에 한 발짝이라도 가까운 곳으로 바다에 꽂힌 땅, '곶'이 변한 말일 것이다.

• **히꼬산**(英彦山)

북규슈 산악지대에 아주 높은 산이 있는데 그 이름이 히꼬산이다.

히는 '해'이고 '꼬'는 새끼에서 유래한 말로 아들이란 뜻이다. 초대 천황 진무의 할머니가 아마테라스로 '해'이니 '히꼬'는 천황을 뜻한다.

'히메'는 '해 에미나'에서 변형된 말로 '공주'를 뜻한다. 이 산에는 영언신궁이 있는데 일본 산악신앙인 수험도(受驗道)의 규슈 본산이다. 수험도는 정기 좋은 산 이곳저곳을 찾아다니며 수도를 하는 종교로 불교나 도교와는 조금 다른 일본 전통 신앙이다. 명산대천을 찾아다니며 수련을 하는 화랑도와 유사하여 화랑도에서 유래했다고도 한다.

히꼬산에는 영언신궁이 512년에 설립되어 있고 수험도는 그 전부터 있었다. 수험도는 일본 열도에 한국 사람들이 들어오면서 가지고 들어온 것이 분명하다. 세상의 모든 종교는 환웅의 종교를 행하던 소도에서 유래한다고 했다.

수험도는 산에서 고행을 하며 하늘과 땅의 정기를 받는 수련을 하고 부적과 주문으로 신과 대화하고 귀신을 부리고 신이나 귀신을 불러 빙의되어 신의 뜻을 전하고 작두도 탄다. 도교, 불교, 신도, 샤머니즘 등 모든 종교가 혼합되어 있어 이들 종교들이 분화하기 전의 원시종교임에 틀림이 없다. 원시종교이니 소도의 종교일 것인데 단군신화에 등장하는 환웅, 단군, 마늘, 백두산, 소도 등의 이름이 히꼬산 주위에 등장하여 그것을 분명히 한다.

히꼬산에는 환웅의 초상이 내려온다. 원래는 히꼬산에서 가장 큰 신사인 히꼬산신궁에 모셔져 있었는데 지금은 히꼬산 49개 수험굴 중의 하나인 다마야(玉屋)신사에 모셔져 있다.

이 초상에서 가운데 정좌하고 있는 사람이 섬뜩할 정도로 단군이나 환웅상과 닮았다. 길게 늘어뜨린 머리카락에 어깨는 박달나무 잎이 달린 도포를 입고 단정히 앉아 있다. 분명 부처나 일

韓国・檀君神話と
英彦山開山伝承の謎

長野
朴成壽
覺編

『平宇保護コンテンツ』

海鳥社

환웅을 닮은 선정상인의 모습

본 신의 초상이 아니다. 그 앞에 일본 옷을 입은 사람이 코웃음 짓는 자태로 서 있다. 이 사람의 이름이 후지와라 항웅(恒雄)이다. 가운데 환웅 닮은 분은 북위에서 온 선정상인(善正上人)이라 한다. 막부에서 권력을 이양 받은 메이지 천황은 천황이 신의 자손이라는 것을 내세우기 위하여 신도를 내세우고 다른 신앙은 탄압하기 시작했다. 그래서 수험도 금지령을 내리고 히꼬산은 오랫동안 폐산되었다. 다시 종교의 자유가 생겨 수험도가 활동을 시작하고 히꼬산에 수험도를 믿는 사람들이 다시 드나들었을 때는 히꼬산 본궁에 있던 환웅 영정이 외딴 수험굴로 옮겨지고 본궁의 제신은 스사노미고또로 바뀌고 환웅영정에 대한 설명과 히꼬산 유래가 바뀌었다. 히꼬산에 가까운 벳푸(別府)대학의 나가노 하타요시 교수는 평생 동안 히꼬산 수험도를 연구하여 일본 문화훈장을 받은 학자이다. 나가노 교수는 "이 신앙은 분명히 한국의 단군신앙에서 유래한 것이며, 이 신령들은 한국의 백두산신, 즉 환인-환웅-단군의 삼신이다."라고 주장하여 일본 사학계의 주목을 받았다. (김향수,《일본은 한국이더라》, 문화수첩)

메이지 정부가 역사를 날조하여 일반인들을 속일 수는 있으나 평생을 히꼬산 수험도를 연구한 나가노 교수는 속일 수 없다. 히꼬산 수험도가 한창일 때는 신도수가 규슈 인구 $\frac{2}{3}$에 해당하는 42만 명 정도나 됐다고 한다. 단군신앙인 수험도가 잊힐 정도까지 금지시켜도 환웅 정도의 이름은 사람들 기억 속에 남아 있을 것 같아 환웅을 나무꾼의 이름으로 바꿔치기 했다. 히꼬산 개산설화에 나오는 선정상인은 중국의

북위에서 온 사람이라고 했다. 옷차림이 전혀 아니지만 선정상인이 불교를 믿는 사람이란다. 선정상인에 교화된 항웅이라는 나무꾼의 법명이 인욕(忍辱)인데 일본 발음이 닌니꾸(にんにく〔大蒜〕)로 마늘과 일본어 발음이 같다. 환웅과 마늘에서 냄새가 난다. 하느님의 아들이 내려온 산이란 뜻의 히꼬산에 환웅과 마늘이 있으면 그대로 단군신화가 된다. 히꼬산이 한국말로 횐것산(白山)일 수도 있다.

하늘에서 환웅이 백산에 내려와 곰에게 마늘을 먹여 사람을 만들었다. 원래 이 산에는 사냥꾼들이 득실거렸다. 환웅은 곰도 사람과 같이 생명이 있으니 살생을 금지하라고 여러 번 타일렀다. 그래도 곰 사냥이 계속되자 사냥꾼에게 이 과정을 보여주었다. 그것을 보여주기 전에는 누누이 타일러도 콧방귀만 꾸고 짐승의 살육만 일삼던 사냥꾼은 감복하여 환웅의 수험도 제자가 되었다. 그 내용을 그려 히꼬산 신궁에 보관해 놓고 기도를 드리던 것을 설명만 바꾼 것이 지금의 환웅의 초상일 것이다. 일본에는 마늘장아찌가 흔하지 않은데 이 동네 특산물은 아직도 마늘장아찌라 한다.

수험도는 원래 천험도(天驗道)라 했다. 수험도는 수험생들이 믿는 종교도 아닌데 수험도란 이름이 붙었다. 신도나 불교의 세력에 밀려 이름이 의도적으로 격하되어 붙여진 이름 같다. 천험도의 일본 발음은 텐겐도이다. 단군도와 이름이 비슷하니 그대로 놔둘 리 없어 수험도라 이름을 바꾼 것 같다.

수험도는 소각자(小角子)가 만들었는데 서명천황 때 나라지방의 갈목

군(葛木郡)에서 태어났다. 일본 발음은 가쓰라기 고오리(고을)이고 어떤 책에서는 일본어로 똑같은 발음을 하는 갈성군(葛城郡)에서 태어난 것으로 나온다. 갈성군은 이 근처의 지명이 소가로 이름이 바뀌어 소가 씨가 살던 곳이다. 수험도 관계 서적은 전문서적이라 날조되지 않아 그 동네가 한국 사람들이 모여 살던 곳이라 나온다. 소각자 전기에는 소각자의 초능력이 무협지에 나오는 초능력 이상으로 그려져 있다. 일본 영화를 보면 닌자가 수험도인(山伏)의 복장으로 위장하고 다니는 것이 자주 보인다. 닌자 연구가들은 닌자의 도술이 수험도에서 유래됐다고 본다. 소도에서 내려온 단군신앙이 중국에서는 도교로 변했고 일본에서는 신도로 변했는데 초능력 수련 쪽의 행법이 아직 남아 내려오는 것이 수험도이다.

《속일본기》에는 그의 제자 한국련(韓國連)광족이 소각자를 배신한 것으로 나와 실제 역사상 인물로 보고 있다. 련은 일본 발음으로 '무라지'인데 무리의 우두머리인 '무라치'가 변한 말이다.

일본 아이들은 수험도 하면 텐구(天狗)를 떠올린다. 근엄한 신과 인간의 중간으로서 수험도인과 사람들에게 장난을 잘한다. 모습은 다르지만 꼭 한국의 도깨비와 같은 역할을 한다. 코가 길고 날개가 달려 있고 복장은 수험도인의 전형적인 복장을 하고 있다. (그림 참조)

텐구는 원래 일본의 신들의 체계에 있는 지역 구성원들을 말한다. 흔히 일본 사람들이 알고 있는 보통 텐구는 신계의 포졸 정도가 된다. 텐구왕은 일본 전체를 총괄하는 지역신들의 왕이라고 볼 수 있다. 텐구와 단군의 발음이 비슷하다. 일본을 만든 한국 이주민들은 텐구왕을 단군이라고 불렀을 것이라고 필자는 생각한다.

수험도인 복장을 한 텐구

철도역이 생기기 전에 이 산으로 들어가는 입구 마을은 소에다정(添田町)이다. 여기 기념품 가게에서는 텐구탈을 비롯해 수험도의 물품들을 판다. 소에다정청(役場)에서 발행한 책《히꼬산(英彦山)을 탐구한다》(1985, 添田町役場編)에서 일본 여러 산에는 백산신이 모셔져 있는데 환인, 환웅, 단군의 3신에 해당하는 한국의 백두산신으로 본다고 했다. 환웅 초상은 이 책에서 인용된 것이다. 소에다(添田)는 원래 소도가 변한 말이다. 히꼬산 신궁은 원래 소도이다.

다떼야마 정상의 웅산신사

보통 수험도 영봉에는 태백산이나 마니산 정상에서 볼 수 있는 천단이 있다. 수험도 영봉 중에 백두산보다 높은 3,003m의 다떼야마(立山) 정상에는 웅산신사(雄山神社)가 있다.

(그림 참조) 《受驗道の本》, 學硏

• 구마모토(熊本)

　구마는 곰이고 모토는 못의 일본식 발음일 수도 있다. 못을 연음시키면 모소가 되고 소가 조금 세지면 모또가 된다. 못은 한자로 소(沼)가 된다. 그러면 구마모토는 곰소가 된다. 영국에 요크 사람들이 뉴요크를 만들 듯이 곰소 사람들이 일본에 가서 구마모토를 만들었을 것이다. 곰소는 변산에 있는 항구마을로 젓갈이 유명하다. 백제가 망할 때 백제 유민들은 곰소를 떠나 규슈로 가서 일본의 곰소인 구마모토에 정착했을 것 같다.

　구마모토를 가로질러 흐르는 강은 시로가와(白江)로 일본 사람들이 나당연합군에게 패한 백강과 이름이 같다. 임진왜란의 선봉장인 가토 기요마사(加藤淸正)은 구마모토의 영주이다. 가토 기요마사가 한국에서 그렇게 잘 싸웠던 것은 나름 고토 회복의 열정 때문이었을 것이다. 에도시대에는 가토 기요마사가 제거되고 호소카와(細川)가 그 지역 영주가 되었는데 그 후손인 호소카와 수상은 방한하는 동안 그들의 고향인 충청도 세천을 비공식적으로 다녀갔다고 한다.

• 쓰시마(對馬島)

　쓰시마는 2개의 큰 섬으로 이루어져 있다. 원래 이름은 '두 섬'이었다. '두'는 구개음화하여 '주'가 되었다가 발음이 일본식으로 조금 강해져서 '츠'가 되었다.

섬이 연음되어 부드럽게 발음되면 '시마'가 된다. 한국말 '두시마'는 일본말로 '츠시마'가 되었지만 이 둘은 같은 말이다.

대마도 북단 가장 한국 쪽으로 나온 육지를 한기(韓崎)라 한다. 일본 말로는 가라사키(さき)라 하는데 한국말 '한국 솟기'가 변한 말이다. '한국 쪽으로 솟은 곳'이란 뜻이다. 가라사키 뒤쪽으로 평평한 곳은 팔각정 모양의 한국 전망대가 있다. 맑은 날은 그곳에서 부산이 보인다고 한다. 전에는 한국 핸드폰도 터졌었는데 지금은 일본의 전파 방해로 한국 핸드폰은 터지지 않는다고 한다.

그 전망대에서 한국과 반대쪽으로 높은 산이 고려산(高麗山)이다. 필자가 미리 구글 지도를 찾아보고 가이드에게 물으니 가이드가 일본인 운전사에게 물어봐서 알려주었다. 처음 대마도에 정착한 사람들이 한국 사람이 아니고 한국 땅이 아니었으면 가라사키나 고려산 같은 지명을 지을 수 없을 것이다. 부산의 섬을 일본과 가깝다고 '일본곶' 혹은 '일본산'이란 이름을 짓지는 않을 것이다. 대마도는 농토가 적어 대대로 경제를 한국에 의존했고 지금도 한국 관광객과 한국과의 교역에 의존하고 있다.

대마도는 일본보다는 한국에서 가까운 섬으로 일본 본토와 마찬가지로 원래 한국 사람들이 살다가 고려와 조선이 힘이 없어질 때마다 일본 사람들이 유입됐다고 한다. 12세기에 쓰인 《찌리부꾸로(塵袋)》라는 책에는 대마도에서 쓰는 말이 신라어라는 내용이 나온다. 그때까지

대마도에서는 한국말을 쓰고 있었던 것이다. 한국과 왕래가 잦아 같은 한국말이라도 일본과는 다른 한국말을 사용하고 있었을 것이다. 임진왜란과 한일합방 때에 한국 침략의 전초기지가 되면서 공식적인 일본 땅이 되었다. 그러나 기본 지명은 모두 한국말이다. 찌리부꾸로는 '어지르다'의 명사형 '(어)질이'와 '비끄러매다'의 명사형 '비끌이'가 결합된 말이다. 어질러진 사실 단편을 비끄러매어 부대에 담았다는 뜻이다.

고려 때 최무선이 공식적으로는 한국에서 화약을 처음 만들고 대포를 세계 처음으로 전함에 장착했다. 대포를 소형화하고 배에서 발포하여 해안의 진지나 성을 부술 수 있게 성능은 개선시키고 배에서 발포 시 대포 뒤로 전해지는 충격을 견딜 수 있게 배를 튼튼하게 만드는 것은 그 당시 세계 최고의 기술이었다. 임진왜란 때 일본 전함이 맥을 못 춘 것은 그 함포 설치 기술이 없었기 때문이다. 이들은 대들보에 줄을 늘여 대포를 매달아 그네처럼 흔들리게 하였는데, 발포 시 충격이 배에 전해지지 않게 한 것이다. 그렇게 대포를 그네처럼 흔들리게 하지 않으면 그 충격이 배에 전해져 대포 몇 번 쏘면 배가 부서진다. 이들의 배는 약해서 화력이 강한 대포는 배에 고정시킬 수가 없었다.

이 함포로 변산에 정박 중이던 왜구 선단을 순식간에 격파해 버렸다. 그래도 왜구가 뿌리 뽑히지 않자 왜구의 본거지인 대마도로 출정하여 함포 사격으로 대마도를 정복했다고 한다. 왜구에 골머리를 앓던 고려 조정이 끊임없이 사신을 보내도 들은 척도 하지 않던 일본 막부가 이 사건을 계기로 왜구는 자기들이 알아서 할 테니 제발 물러나 달라고 사신을 보냈다. 우수한 화력의 함포를 장악한 고려 해군이 본토까지 쳐들어 올까봐 겁을 먹은 것이다.

우수한 문화와 기술을 개발하여 인간을 이롭게 한다는 홍익인간 정신이 우리나라에 없었으면 서양이나 일본처럼 우수한 함포를 내세워 타국의 재물을 빼앗는 만행을 저질렀을 것이다. 고려 때는 일본 정도야 충분히 점령할 수 있는 힘이 있었다. 한국은 유럽이나 중국, 일본처럼 식민지를 약탈하여 부를 쌓지 않고 경제규모 11위가 된 유일한 나라이다.

대마도 중간쯤에 와다츠미(和多津美) 신사가 있다. 대마도에서는 가장 큰 신사이다. 와다츠미 신사의 특징은 5개의 도리이가 한국 쪽으로 도열해 있다. (그림 참조) 도리이는 원래 신이 드나드는 문이고 사람들이 드나들 때는 홍살문이나 절의 일주문처럼 신성한 곳이니 옷차림과 마음가짐을 정숙하도록 하는 표시이다. 이 신사의 도리이는 한국에서 온 도래인이나 바다의 신만이 들어올 수 있게 만들었다.

와다츠미는 원래 '바다 ㅅ 미(왕, 혹은 신)'가 변한 말이다. 첫음절 'ㅂ'은 약해지거나 생략된다고 했다. '츠(ㄱ)'는 소유격을 표시하는 사이시옷 'ㅅ'이 변한 말이다. 바다의 왕은 곧, 용왕이다. 실제로

와다츠미(和多津美) 신사

도요타마의 묘

이 신사가 모시는 신은 용왕의 딸이자 신무천황의 할머니인 도요타마(豊玉)히메이다. 신전 뒤에 한국의 서낭당과 같은 곳이 있는데 도요타마의 묘라 한다. (그림 참조)

묘가 아니라 신사의 초기 형태인 구마(熊)노 히모로기(神籬)이다. 신사는 환웅이 내려온 신단수와 웅녀가 해가 모르게 피했던 굴을 상징하는 곳이다. 대마도의 산들은 단산(壇山)이라 이름 붙은 산들이 많다. 마니산이나 태백산의 제단과 같이 천제를 지내던 제단이 있었던 산이다. 단산을 박달나무 단(檀)자를 쓸 때도 있는 것으로 보아 단군에게 제를 올리는 제단이 있는 산이다.

남쪽 섬에는 이즈하라라는 대마도에서 제일 큰 항구가 있다. 이 항구 가까이 신라신사(新羅神社) 도리이가 있다고 하여 단체여행을 하는 중에 틈을 내서 열심히 찾았는데 찾을 수가 없었다. 허탕이라고 생각하고 배를 타려고 하다가 다시 돌아보는데 배 바로 옆, 산줄기가 도로로 잘려나간 황폐한 동산에 도리이가 반쯤 파묻혀 있었다. 이름을 잘못 지어서 폐사되고 버려진 도리이이다. (그림 참조)

일본 사람들은 신라를 시라키라 읽는다. 그런데 백목(白木)의 일본 발음도 시라키이다. 그래서 지명이나 신사 이름에 신라를 쓰면 불이익을 받기 때문에 일본의 많은 신라신사가 발음이 같은 백목(白木)신사로 바

꿰었다. 이즈하라는 원래 백목촌
이고 백목산이 있고 이즈하라 항
에 닿아 있는 백목산 산자락에
백목신사가 있었다. 여기에 항구
가 생기고 한국 사람들이 많이
드나들자 이마저 없애 버렸다.
대마도 관광가이드가 언제쯤 관
광객들에게 신라신사가 있었던
자리에 있는 도리이를 설명해 줄
까? 대마도에는 3개 정도의 신라
신사가 있었다는 기록이 있다.
(出羽弘明,《新羅の神々と 古代日本》, 同

成社, 2004年)

　대마도 남단, 내원정(內院町) 쯔
쯔(豆酘)촌 용량산(龍良山) 산록에
소도의 원형이 남아 있다. 대마
도 사람들은 천도신(天道神), 혹은
천동신(天童神)이 사는 곳이라 하
고 인간은 함부로 들어갈 수 없
는 곳이었다. 하늘이 일본말로
'소라'이니 천도는 '소라 터'이고

단산의 원형, 태백산 정상의 제단

단산이 발전한 백산 웅산신사의 제단

대마도 이즈하라 백목산 도리이

줄이면 '소터'가 된다. 소터는 소도가 한자로 표기되기 전의 원래 발음
이니 천도는 곧, 소도의 이두이다. 천동은 하늘의 동자이니 환인의 아
들 환웅을 말한다. 이런 곳이 대마도에는 20여 곳이 있다고 한다. (임동
권, 《한국에서 본 일본의 민속문화》, 민속원) 이곳을 焞土(そつど - 국토의 끝)라
부르기도 한다. '졸토'가 소도를 표기하는 이두인 것을 모르고 한자 뜻
그대로 일본어 사전에서는 '국토의 끝'이라 생각한다.

　단체여행 중에 하루를 빼서 렌터카를 빌려 이곳으로 갔다. 대마도는
제주도처럼 렌터카를 빌리기가 쉽다. 국제운전면허를 준비하고 가이

대마도 피라미드, 구형왕릉

드에게 말하면 호텔로 차를 가져
다준다. 일본의 렌터카에는 내비
게이션이 있어서 안내하는 대로
만 가면 된다. 소도에는 가야의
마지막 왕 구형왕릉과 같은 피라
미드가 있다. (그림 참조)

　사람이 상주하지 않은 아주
조그만 신전이 있고 산속으로
조금 들어가면 으시시한 곳에
이 피라미드가 나온다. 옛날에
대마도 사람들은 이곳에 들어가
는 것을 무척 겁냈다고 한다. 바
다에서는 보이지 않는 곳인데도

뱃사람들은 배가 이곳을 지날 때면 이곳이 보이지 않을 정도로 배가 갈 때까지 바닥에 엎드려 있었다고 한다. 이것을 '솟도' 보기라 했다고 한다.

• 가카라시마(加唐島, 各羅島)

가라쓰 옆 요부꼬에서 바로 보이는 섬이다. 무령왕의 탄생지로 한국에서 유명한 섬이다. 곤지가 일본에 오면서 산달이 가까운 개로왕의 부인과 같이 왔는데 너무 급해서 이 섬의 한 동굴에서 무령왕을 낳았다고 한다. 그래서 무령왕의 이름이 섬(시마)을 뜻하는 사마이다. 섬사람들은 아직도 이 굴에 금줄을 쳐놓고 신성시하고 있다. 곤지는 '큰 깃'이 변한 '고니키시'라 하고 무령왕은 '세마키시'라 불렀다고 기록되어 있다. '세마키시'는 쬐그만이 변형된 경상도 사투리 '쩨마'의 '쩨마키시'이다. 곤지는 '큰 깃'이고 조카 혹은 아들인 무령왕은 '쬐그만 깃'이다. 가카라시마는 '가까운 가라(한국) 섬'이 변형된 말일 것이다.

곤지의 콘다릉은 길이가 415m인데 일본에서 '커다란(쿠다라) 나라'라 부르는 백제의 왕인 무령왕 무덤이 그렇게 작다는 것은 이해할 수 없는 일이다. 기와 재료 흙으로 만든 벽돌에 못으로 긁은 듯한 묘지석은 도저히 진짜라는 생각이 들지 않는다. 한국과 일본에 그렇게 명확한 내용의 묘지석이 출토된 적이 있는가? 그 내용에 사마왕(斯麻王)이라 적혀 있는 것은 더욱 가관이다. 묘지석에 글을 새겨 넣으면서 죽은 후에 부르는 시호인 무령왕이라 하지 않고 어릴 때 불리던 이름을 적어 넣을 이유가 없다. 1개 담로 제후의 무덤에 묘지석만 만들어 집어 넣은 것 같다.

• 사츠마(薩摩)

현재 규슈 남부, 가고시마현 전역과 미야자키현 남부의 옛 사츠마국 땅이름이다. 사츠마는 한마디로 원한이 서려 있는 땅이다.

〈아츠히메(篤姫)〉라는 일본공영방송 NHK 대하드라마가 있다. NHK 대하드라마 역사상 가장 높은 시청률을 보인 드라마이다. 개화기 일본의 사츠마번 영주가 자기 조카딸을 막부 쇼군의 정실부인을 만들어 정권을 잡으려는 과정을 그린 드라마이다. 여기에는 사츠마 사투리가 자주 등장하는데 사츠마 사투리의 억양을 들어보면 깜짝 놀란다. 이북 평안도 사투리 억양과 너무 비슷하다. 사츠마 출신의 유명한 학자가 도쿄에서 전철을 탔는데, 가고시마 사람들이 떠드는 목소리가 들려서 반가운 마음에 가까이 가보니 한국 사람이었다고 한다. 아마도 평안도 사투리를 쓰는 북한 사람이나 중국 동포였을 것이다.

이 드라마에서 막부를 점령한 사이고 다카모리, 초대 내무대신을 지낸 오오쿠보 도시미치(大久保利通 おおくぼ としみち)가 아츠히메와 같은 고향 사람들이다. 오오쿠보는 지금도 존재하는 가고시마 고려정(高麗町)에서 태어났다. 이 둘은 명치유신 3걸에 속해 명치유신을 주도한 인물인

데 명치유신은 한 맺힌 사츠마 사람들이 결국 일본의 정권을 거머쥔 것이라 할 수 있다.

가야 사람들이 일본을 정복하기 전에 일본의 북쪽에는 아이누가, 남쪽에는 구마소(熊襲)라는 종족이 살고 있었다. 이들은 지구상 마지막 빙하기 때 바닷물이 동결되어 해수면이 낮아지자 걸어서 일본에 건너온 고몽골로이드 종족들이다. 구마소는 이름에서 알 수 있듯이 시베리아 툰드라에서 곰을 숭배하며 살던 한티(한인의 터)나 만시족(만주의 어원)이다. 이들은 웅녀와 관계가 깊다. 가야 사람들은 이들이 사람에 준하는 인간이라고 준인(準人)이라는 치욕적인 이름을 붙여 불렀다. 이들 세력이 마지막으로 토벌된 곳이 사츠마이다. 대부분 구마소의 후손들이 사츠마의 원주민들이다. 이들을 토벌한 가야 사람들은 이들을 사츠마에서 마지막으로 토벌하고 자기들은 사츠마와 미야자키 경계에 있는 다카치호봉에 하늘에서 내려왔다는 천손강림 신화를 만들었다.

고려 때는 삼별초가 여기로 도망 왔다. 그때 남은 억양이 고구려 사투리의 사츠마 사투리 억양이다. 사츠마의 현재 이름은 가고시마(鹿兒島)인데 원래 한국말 '가꾸'와 '시마'가 결합된 말이다. '가꾸'는 숨는다는 뜻인데 한국말 '까꿍'이 변한 말이다. '시마'는 '섬'이 연음된 것이라 했다. 가고시마는 삼별초가 도망와서 숨은 섬이다. 사츠마 사람들은 사투리로 가고시마를 '가꿍마'라 한다. 한국말 '까꿍 마(땅)'가 변한 말이다.

가고시마는 원래 사쿠라지마를 가리킨 것 같기도 하다. 지도에서 볼 수 있듯이 가고시마는 섬이 아니고 사쿠라지마는 물에 둘러싸여 섬처럼 생겼다. 가고시마는 이 사쿠라지마에 쉽게 갈 수 있는 항구를 중심으로 생긴 도시이다. 사쿠라지마는 뜻이 '사쿠라의 섬'인데 활화산 섬이라 실제로는 사쿠라가 없는 섬이다. 사쿠라지마는 지도에서 보듯 육지에 또 둘러싸여 숨은(가꾸) 형상을 하고 있다. 사츠마는 한국말 '살마'가 변형된 말이다. 지도에서 보면 사츠마는 규슈 남단이 두 다리를 뻗은 것 같아 사람의 사타구니처럼 생겼다. 마는 땅의 고어라 했다. 사츠마는 곧, '사타구니 땅'이다. (지도 참조)

사츠마는 고구마와 고구마로 빚은 소주가 유명하다. 고구마는 '고구려 마'라는 뜻이다. 마가 건강에 좋다고 하는데 고구려에서 온 마가 '고구마'이다. 이것도 삼별초와 관계가 있다.

구마소의 원한, 고구려의 영토회복을 원했던 고려의 한, 대륙의 원나라에 저항했던 삼별초의 한이 결국 막부를 무너뜨리고 일본의 정권을 잡았다. 더 나아가 한국을 정복하고 청일전쟁에 이겨 사츠마의 모든 한을 푼다. 오오쿠보의 반대에도 불구하고 한국을 정복하자는 정한론(征韓論)을 강력히 주장한 사람이 사이고 다카모리이고 결국 후배 이토 히로부미

규슈 남단의 사츠마

(伊藤博文)은 그것을 이루어 냈다.

사이고 다카모리는 사츠마에서 가장 존경받는 인물이고 그의 동상이 동경 우에노 공원과 가고시마에 있다. 동상을 보면 사이고 다카모리는 짙은 눈썹의 거구의 인물로 고구려의 피를 잇고 있다.

• 사이고 다카모리

다카모리는 한국말 '(하늘에)닿아가는 머리'인데 역학의 성명학으로 보면 그 이름과 생애가 딱 맞는다. 오오쿠보나 아츠히메 등, 많은 사람들이 반대했지만 막부를 무력으로 무너뜨리고 당장 한국과 중국을 침략하기를 원했다. 그것이 뜻대로 되지 않자 반란을 일으키다 실패해 가고시마의 동굴 속에서 자결했다. 그의 이름대로 하늘로 닿아가는 머리를 절대 숙이지 않았다.

사츠마 반도 구시키노시(串木野市)에서 4Km 떨어진 미산(美山)은 도자기로 유명한 곳이다. 아리타처럼 임진왜란 때 끌려온 한 많은 도공들이 도요지를 만들고 살던 곳이다. 아리타에는 여보를 애타게 부르던 요부꼬가 있지만 미산에는 미마우다케(三舞岳)라는 넙적한 바위가 있다. '임을 만나 춤을 추는 곳'이란 뜻이다. 이곳은 조선 도공

사이고 다카모리(출처:Portraits of Modern Japanese Historical Figures)

들이 모여 단군제를 지내고 눈물을 흘리던 곳이라고 한다. 내게는 미마우다케가 한국말 '미 만나 운당케'로 들린다.

그 마을에는 환단신사(桓檀神社)가 있는데 그 이름이 남아 있을 리 없다. 아마도 처음에는 이곳에 환웅과 단군을 모시고 단군제를 지냈던 곳이었을 텐데 지금은 옥산(玉山)신사란 현판이 붙어 있고 폐사 직전이라 한다.

조선 도공들이 사츠마야끼에서 구운 도자기가 유럽에 엄청난 양이 팔려 나갔다. 사츠마 번주는 많은 돈을 벌었고 그 자금으로 아츠히메, 사이고 다카모리, 오오쿠보 도시미치를 밀어 막부를 무너뜨리고 일본의 정권을 잡았다. 1세 도공 중에 자식 잘 길러 유명한 사람들이 심당길(沈當吉)과 박평의(朴平意)이다. 심당길의 14대손인 심수관(沈壽官)은 와세다대학 경영학부를 나와 13대 심수관의 대를 이었다. 아름다운 도자기를 만드는 외에 일본에서는 사츠마야끼가 조선 도공들이 만든 것임을 활발히 알리고 한국에서는 그 조상들이 어떻게 살아왔는지를 알렸다. 그의 도요지에는 명예 총영사관이라 쓴 현판도 걸려 있다고 한다. 사츠마야끼 사람들이 단군제를 지낼 때 쓰는 축문은 아직도 한국말로 남아 있다. 일본 패망 때 외무대신을 하다 처형당한 도고 시게노리(朴武德)란 사람이 있다. 이 사람이 사츠마의 도공 중에 하나인 박평의의 자손이다. 전쟁을 반대했지만 외무대신이었으니 전범으로 처형됐다. 이 사람이 외무대신이 된 것은 사이고나 오오쿠보 등 사츠마 사람들이 끌어주었기 때문이다. 구마소, 삼별초, 임진왜란 도공의 한이 뭉쳐 막부를 무너뜨리고 세계 정복을 위해 제2차 세계대전을 일으켜 미국과 전쟁까지 벌였다.

• 오키나와

오키나와는 풍경을 보면 한적한 섬의 돌담길에 똥돼지를 기르는 변소가 꼭 제주도를 닮았다.

오키나와는 삶은 똥돼지 수육 요리와 호전적인 춤으로 유명하다. 춤이 얼마나 동작이 크고 힘찬지 꼭 무술을 하는 것 같다. 원래 한국은 평화 시에는 무술 동작을 춤사위 속에 숨겨 즐기다 전쟁 시에는 그 춤 동작을 일격필살의 살수로 전환시켜 사용하였다. 무술 전문가이기도 한 필자가 오키나와 춤을 보니 많은 무술 동작이 숨어 있다는 것을 알 수 있었다. 오키나와는 원래 이름이 유구국(流求國)이었다.《홍길동전》에서 홍길동이 탐관오리 없는 땅에 가서 산다고 배를 타고 율도국으로 떠나는 장면이 나온다. 율도국이 바로 오키나와라 한다. 오키나와 도서관장이 이 구절을 가지고 많은 고증을 했는데 일리가 있다. 홍길동 고향인 전

제주도와 닮은 오키나와 풍경

고려와장 조(高麗瓦匠 造)라 쓰인 기와

라도 장성에서는 많은 홍길동 유적지를 찾아내어 실존 인물이라고 하는데 이 또한 가능성이 있다.

유구국은 일본이 주변국 침략전쟁을 즐기기 전까지 독립국으로 존재했었고 왕은 수리성이라는 견고한 궁성에 살았다. 이 궁성의 한편에서 고려와장 조(高麗瓦匠 造)라 쓰인 기와가 나왔다. 고려 기와 장인이 만들었다는 서명이다. (그림 참조)

이 증거는 삼별초가 여기에 살았을 가능성을 말해 준다. 홍길동은 16세기 사람인데 16세기 때 오키나와에서 민중봉기를 한 홍가와라(洪家王) 아카이치(赤蜂)라는 영웅이 있었다. 한일 양국의 학자들이 모여 동일인인가 아닌가를 놓고 세미나도 가졌다.

일본의 공수도는 원래 오키나와 무술이다. 이렇게 작은 섬의 무술이 끝없는 전투를 벌인 본토의 무술을 능가한다는 것은 삼별초와 홍길동 영향이 큰 것 같다. 오키나와는 한국말 '오! 크이'가 변한 '오키'와 노끈의 '노'가 변한 '나와'의 합성어이다. 오키나와는 노끈처럼 길게 늘어선 섬들로 이루어져 있어 붙여진 이름이다.

• 미야자키(宮崎) 남향촌(南鄉村)

남향촌은 니니기 신화에 나오는 일향시(日向市)에서 내륙으로 40Km 떨어진 곳에 있다. 워낙 시골이라 택시 대절이 아니면 들어가기 어렵다. 들어가는 버스가 하루에 한두 차례 있는 것으로 알고 있다. 한국과의 관련 역사가 아주 잘 알려져 있는 곳이다. 부여시와 자매결연도 맺고 있어 왕래가 잦고 방송에 잘 알려져 있다. 행정지명은 궁기현(宮崎縣) 동구군(東臼郡) 대자신문(大字神門) 백제리(白濟里)이다. 이것을 알아야 구글 지도를 찾을 수 있다. 의자왕의 아들 중에 정가왕(禎嘉王)이라 불린 사람이 있었다. 일본이나 한국 역사의 기록에서는 찾을 수가 없다. 증거는 왕이라는 것을 증명하는 동경(銅鏡: 구리 거울) 33개가 있다. 증거가 있는데 기록이 없는 것은 일본 역사책과 삼국사기가 날조되었기 때문이다.

정가왕이 백제가 망하면서 여기로 도망 왔다. 추격군이 따라 올까봐 왕비와 큰아들은 더 오지인 한국악 근처 재부촌(財部村)에 살게 했다. 결국 추격군의 손에 죽었고 도와주러 간 큰아들마저 죽었다고 한다. 큰아들 후손들은 미야자키현(宮崎県) 고유군(児湯郡) 기조정(木城町)에 정가왕 부자를 기리기 위한 비목신사(比木神社)를 세우고 남향촌에서 남쪽으로 20Km 떨어진 곳에 살고 있다.

후쿠오카에 가보면 고려와 원군에 무참히 침범당한 흔적이 많이 남아 있으나 일본은 가미카제(神風)로 고려와 원나라 함대가 수장되어 육지는 무사했다고 역사 시간에 가르친다. 백강구 전투에서 패하고 일본은 도망가면서 수도 근처까지 계속 백제식 성을 쌓았다. 나당 연합군이 쳐들어올까 봐 쌓았다고 하는데 실제로 쳐들어오지 않았으면 규슈에만 쌓으면 된다. 규슈에는 당나라 도독부가 설치되고 수도가 갑자기 교토에서 내륙인 오미로 옮겨지고 내전이 일어나서 황제가 바뀌고 김씨 성을 가진 신라군 사령관이 귀국한 기록이 나타난다. 새로운 천황 천무(天武)는 모든 관직과 관복을 신라식으로 바꾼다. 오우미에는 신라 삼랑(新羅三郎)의 묘와 신라신사가 처음으로 생긴다.

남향촌 전설에 정가왕이 신라 추격군에 의해 살해당한 정황과 모든 역사적 사실로 볼 때 신라가 일본까지도 정복하고 괴뢰정부를 세우고 퇴각했다고 봐야 한다. 이 과정은 고려대 최재석 교수의《고대 한일관계와 일본서기》에 자세히 기록되어 있다.

남향촌에는 정가왕을 제신으로 하는 신문신사(神門神社)가 있는데 여기에서 33개의 동경이 무더기로 발굴되어 몇 개는 국보로 지정되었다. 일본 정부는 유물의 심각성을 인식하고 1996년 15억 엔을 들여 나라의 정창원을 모방한 서정창원을 세워 주었다. 그러나 버스는 하루에 한 번 들어가니 몇 사람이나 와서 볼까? 일본 사람이나 한국 사람에게 그 역사적 사실을 알리고 싶지 않은 것이다.

남향촌 사람들과 재부촌 사람들이 정가왕 부자를 기리기 위해 1년에 한 번씩 마쯔리를 한다. 이 과정을 한국 TV에서 몇 번 본 기억이 난다. 마쯔리를 끝내고 각자 마을로 돌아갈 때는 '오호(嗚呼) 사라바'라고 작별 인사를 한다. '오호'는 원래 '옳이'가 변한 말인데 현대 일본말은 '요이'로 되었다. 한국말 '옳이 살아봐'가 변한 말이다. 남향촌에서는 '기운 빠졌다(盡力)'를 '힌다랬다'라고 한다. 한국말 '힘 다했다'가 변한 말이다. 현대 일본말은 '축 가라앉았다'가 변한 '츠카레타'를 쓴다. 아버지는 '아보'라 부른다. 남향촌에서는 현대 일본 표준어보다 덜 변화된 한국말을 쓰고 있다. 남향촌의 정식 명칭은 '백제리(白濟里)'인데 '리'를 일본에서는 한국말 '삶터'가 변한 '사또'라 읽는다. 한국말 사투리의 어원은 '사또 소리'가 변한 것이다. 지방의 고어가 일본과 같은 '사또'였다는 것을 알 수 있다.

사투리가 일본 귀족의 고어에서는 사에주리(さえずり)로 변했다. 한국 사람들이 사투리의 어원이 사또라는 것을 모르듯이 일본 사람들도 사에주리의 어원이 사또라는 것을 모르고 또를 약하게 에로 발음한 것이다. 지금은 사투리를 나마리(なまり)라 한다. '나'는 보통 국가를 뜻하는 '나라'의 준말이다. '나마리'는 '나라 말'이 변형된 말이다. '나'가 '나라'라는 뜻을 분명히 하기 위해서 사투리를 흔히 '구니(國)나마리'라 한다. 일본도 언어를 말이라 한 적이 있었다는 것을 보여준다. 지금 '사에주리'는 사투리라는 의미는 없고 발음이 비슷한 '새의 소리(새의 지저귐)'라는 의미만 있다. 이 말은 일본도 새(도리)를 새라 하고 소리(고에)를 소리라 한 흔적을 보여준다.

• 세토내해

일본은 네 개의 큰 섬으로 이루어져있다. 가장 남쪽에 있으면서 한국에서 가까운 섬이 규슈이다. 규슈는 혼슈(本州)라고 하는 섬과 거의 이어져 있다. 이 혼슈 섬과 시코쿠(四國) 섬이 마주보고 길게 뻗어 있는데 이 사이에 긴 바다가 꼭 오사카까지 운하를 이룬 것과 같다. 이것을 세토내해(瀨戶內海)라 한다.

한국말에서 어떤 물건과 물건의 간격을 '사이'라 한다. '틈새'라고도 하는데 '틈'과 '새'는 기원을 달리하는 같은 말이 반복된 말이다. '사이'가 한 음절로 준말이 '새'이다. 강과 강이 갈라졌는데 그 사이에 또 갈라진 강을 샛강이라 한다. 강이 갈라놓은 강 주변의 마주보는 터를 샛터라 한다. 강 사이에 둔 터란 뜻이다.

'세토내해'는 바다가 갈라놓은 혼슈와 시코쿠 사이에 난 터, 안쪽의 해(海)가 세토내해이다. 세토내해의 '세토'는 한국말 '샛터(사이 터)'가 변한 말이다. 《일본서기》에는 천손 강림한 니니기의 손자 신무천황이 규슈를 떠나 세토내해를 거쳐 나라지방에 들어가 나라를 세운 것으로 나와 있다. 일본의 역사학자 대부분은 가야계 숭신천황, 백제계 응신천황의 정복 루트가 이 세토내해인 것으로 보고 있다.

배가 작고 항해술이 발달하지 않았을 때의 뱃길은 주로 섬과 섬을 잇는 길과 뭍의 연안을 따라 나 있다. 조난당하더라도 금방 뭍으로 올라설 수 있고 항해에 필요한 물자를 뭍 곳곳에 난 나루터에서 조달할 수 있기 때문이다.

한반도에서 규슈 사이에는 대마도, 충도(沖道), 이키섬이 후쿠오카까지 징검다리처럼 연결되어 고대의 중요한 뱃길을 이루고 있다.

이것이 한국과 일본의 무역 루트이기도 하고 정복 루트이기도 하다. 규슈에서 옛날에 야마토라 부르던 나라 지방까지 가는 루트가 이 세토내해이다. 바다를 사이에 둔 '사이 터'에 안쪽 바다이니 풍랑도 덜하고 항해에 필요한 물자구하기도 쉽고 조난 염려도 없다. 이 뱃길은 조선통신사가 간 경로이기도 하다. 오사카에서 배에서 내려 육로로 에도 막부에 갔다. 혼슈는 오사카 근처에서 구마노라 부르던 와카야마 산지가 남쪽으로 불룩 나와 세토내해를 따라 직선으로 항해를 하다 보면 오사카에서 막힌다. 이런 지리적 조건 때문에 나라에 야마토 정권이 들어서게 된다.

• 시코쿠

시코쿠는 일본의 큰 섬 4개 중에 가장 작은 섬이다. 보통 시코쿠는 혼슈의 오카야마에서 옛날에는 배로 건너가나 지금은 기차로 건너간다. 오카야마는 모모타로(毛毛太郎) 옛날이야기로 유명하다. 모모는 복숭아의 일본말인데 복숭아 속에서 나온 모모태랑이 바다 건너 도깨비가 사는 섬에 가서 도깨비들을 굴복시키고 보물들을 빼앗아 돌아온다는 이야기이다. 이 동화에서 도깨비 섬은 시코쿠를 가리킨다고 한다.

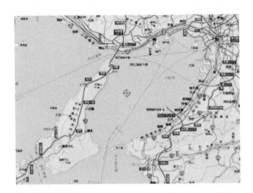
담로(淡路) 섬

이 담로 섬이 백제 22개 담로와 연관이 있다

시코쿠는 아와국(阿波国), 사누키국(讃岐国), 이요국(伊予国), 토사국(土佐国) 등 4개의 옛 왕국으로 이루어진 섬이라 붙여진 이름이다. 혼슈에 비해서 늦게 온 한국 도래인에 의해서 개척된 섬 같다. 선주 한국 이주민이 자리 잡은 혼슈인들이 볼 때 다른 사투리와 문화를 가지고 있어 도깨비라 불리며 왕따 당했다.

시코쿠와 혼슈의 고베 사이에 세토내해를 길게 가로막는 담로(淡路) 섬이 있다.

이 담로 섬이 백제 22개 담로와 연관이 있다. (그림 참조)

이 담로 섬 양쪽으로 긴 다리가 연결되어 있다. 담로와 시코쿠를 잇는 다리는 세계에서 가장 긴 다리라고 한다. 이 다리 끝에 신라신사가 있다.

사이고 다카모리와 함께 막부를 무너뜨리고 왕정복고를 이루어낸 사카모토 료마(坂本龍馬)가 시코쿠의 토사 사람으로 유명하다. 변두리

섬 시코쿠 중에서도 오지에 해당하는 토사 번의 하급 무사가 막부를 무너뜨렸다. 이 과정을 일본의 유명한 역사작가 시바 료타로(司馬遼太郎)가 《료마(龍馬)가 간다》란 소설책에 잘 그려놓았다. 이를 원작으로 한 '사카모토 료마'란 대하드라마를 NHK에서 방영한 적이 있다. 한국에 이런 인물이 있었으면 개항기의 한국과 일본의 운명이 그렇게 갈리지 않았을 것이다.

이 드라마를 보면 토사 사투리, 교토 사투리, 사츠마 사투리, 도쿄 표준말이 우리 귀에 어떻게 들리는지 알 수 있다. 사츠마 사투리는 평안도 사투리처럼 들리며 교토 기생 사투리는 한양 기생 말처럼 들린다. 일본 사투리가 모두가 한국말 사투리라는 것을 느끼게 해준다.

시코쿠는 독특한 춤으로 아와 오도리, 시코쿠에 있는 절 88개를 걸어서 도는 88개소 메쿠리가 유명하다. 메쿠리는 순례에 해당하는 일본 말인데 한국말 '말아가리-순환'가 변형된 말이다. 이것이 얼마나 유명한지 삿갓 쓰고 죽장 짚고 걸어 다니는 백인들도 볼 수 있다.

이 절 중의 하나는 교토 동쪽 오미의 히에산(比叡山) 천태종 본사 엔랴쿠지(延曆寺)에서 많은 활동을 한 지증대사(智證大師) 엔진(圓珍, 814~

시코쿠 금장사 표지

시코쿠 신라신사 금장사 현판

금도비라(金刀比羅)신사

창덕궁 후원의 정자

891)이 태어난 곳으로 유명한 금장사(金藏寺)이다. (그림 참조)

금장사에는 신라신사가 있다. 현판에 '신라신사'라고 뚜렷이 쓰여 있다.

당나라에 유학해서 세계문화유산인 히에산 엔랴쿠지 주지를 지냈으며 일본에서 의상대사만큼이나 모르는 사람이 없는 엔진이 신라 사람이란 뜻이다.

시코쿠에서 가장 큰 신사는 금도비라(金刀比羅)신사이다. 한국 절처럼 높게 위치해 있어서 800여 계단을 걸어 올라가야 한다. 신사 건물도 창덕궁 후원의 연못 옆에 있는 정자처럼 생겼다. (그림 참조)

모시는 신은 금도비라신

인데 뱃사람들을 도와주는 신이라 한다. 금도비라는 한국말로 하면 '금터벌'이다. '금터벌'에서 '터'와 '벌'은 비슷한 뜻이니 '터'를 생략하면 '금벌(金原)'이 된다. 신라 시대에는 경주를 금성(金城)이라 했으니 금성의 순 한국

금도비라신사 주위의 온천여관

말이 '금벌', 즉 '금도비라'였던 것 같다. 금도비라신사는 경주신을 모신 신사이다. 시코쿠는 백제 정복왕 응신이 세운 야마토 정권에서 따돌림 받던 신라 유민들이 살던 곳이란 생각이 든다.

금도비라신사 주위는 사누끼 우동과 온천 관광지로 유명하다. 미야자키 하야오 감독의 〈센과 이치로의 행방불명〉의 배경이 된 곳이다.

그곳은 영화에 등장하는 신들이 모이는 온천 여관처럼 알 수 없는 신성함이 느껴진다. (그림 참조)

• 오카야마(岡山)

오카야마 관광지는 자전거를 빌려주는 곳이 많다. 자전거를 빌려 색깔이 검어서 까마귀성이라 불리는 오카야마성을 둘러보고 그 옆에 일본 3대 정원 중의 하나인 고라쿠엔을 둘러보는 것을 권하고 싶다. 정말

로 아름다운 추억이 될 것이다. 자전거를 빌리기 전에 모모타로가 먹고 힘이 천배가 됐다는 기비당고(吉備團子)를 오까야마역에서 사먹어야 힘을 쓸 것이다. 기비당고는 아마 한국전통 선도에서 만드는 기배단약(氣培丹藥)일 것이다. 기를 몇 배로 증강시키는 단약을 말한다. 당고는 한국말 단것이 변형된 말이다. 그 다음날은 옛날 기비츠로 가서 자전거를 빌려 한국과 연관이 있는 기비츠신사와 그 주위에 응신릉보다 오래된 고분군을 둘러보는 것이 좋다.

오카야마 세토내해시(瀬戸内市) 우창(牛窓)정 역신사(疫神社)에는 가라코 춤(唐子踊)이 전해지고 있다. 아이들이 당나라 복장을 하고 이국적인 춤을 춘다고 붙인 이름이다. 일본 사람들은 그 춤이 중국 춤인줄 알았는데 고증을 통해서 결국 조선통신사의 행렬 중에 나타난 아이들 춤이라는 것이 밝혀졌다. 한국에서 아이가 가랑이를 벌리고 목에 걸터앉게 하는데 이것을 무등을 태운다고 한다. 필자는 유튜브를 통해서 가라코 춤을 보고 무등의 의미를 알았다. 무등을 태운다는 것이 춤추는 아이의 한자어 무동(舞童)을 태우는 것이다.(http://www.youtube.com/watch?v=my4pxpho07g)

가라코 춤

한국의 민속놀이 중에 아이를 목마 태우고 나와 춤을

추게 하는 것을 종종 볼 수
있다. 우창의 가라코 춤은
아이들을 목마 태우고 나온
다. (그림 참조)

한국 전통 복장을 한 아이들

아이들 복장은 한국 전통
복장을 하고 있다. 초립을 쓰
고 한복의 털조끼를 입고 대
님을 한 핫바지를 입었다. 이
마에는 곤지를 찍어 새색시 화장을 하고있다.

우창은 일본 발음으로 우시마토로 이것도 소도가 변한 말이다. 《속
일본기》에 이곳이 8세기 중반에는 신라읍(邑久郡 新羅邑)으로 불린 구절
이 나온다. 우창정에는 신라 때 것으로 여겨지는 고분도 유명하다. 가
라코 춤을 보존한 것은 그들의 조상이 신라 사람인 것을 조선통신사가
기착할 때는 인식하고 있었
던 것 같다.(http://www.tvt.
ne.jp/~zhilaohu /iron/iron6shiragi.
htm)

당인(唐人) 춤

당인(唐人) 춤이라 하여 비
슷한 어른 춤이 나라 옆 미
에현 츠(津), 스즈카(鈴鹿)시
에도 전해 내려온다. 복장

소도시마(小豆島)

은 좀 생소하나 모자는 깃을 꽂은 무관의 모자이고 탈과 악기가 한국 악기이다. 한국에서는 사라진 춤일 수도 있다. 이 지역들도 세토내해의 항구들로 조선통신사가 거쳐 간 곳이다.

세토내해(샛터내해) 오카야마와 시코쿠 사이에 소도시마(小豆島)가 있다. 옆에 풍도(豊島) 정상에는 단산(檀山)이 있고 소도시마에는 단산(檀山)이 변형된 단산(段山)이 있는 것으로 보아 소도시마는 단군(檀君)에 제사 지내던 소도의 섬이다.

지도의 가운데 단산이 있다.

• 히메지(姬路)

고베의 오카야마 쪽으로 '히메지'라는 곳이 있다. 히메지성으로 유명한 곳이다.

일본에서 아름다운 성으로 오사카성, 검은색의 오카야마성, 흰색의 히메지성을 꼽는다. '로(路)'를 써놓고 '지'로 읽는 것은 '로'를 한국말로 '질'이라 읽는 것과 같다. '길'의 한국말 사투리가 '질'인데 그것이 남아 있어 그렇게 읽는 것이다.

히메지에서 오사카 쪽으로 조금 가면 신라신사가 있다. 다닥다닥 붙은 주택 중에 하나가 신라신사라는 현판이 붙어 있다. 역에서 내려 택시를 탔는데 그 동네에 오래 산 택시운전사가 처음 가봤다고 한다. 신라신사란 이름을 다른 이름으로 바꾸지 않은 신라신사는 의도적으로 감추어졌다. 신라신사의 넓은 토지를 팔아 주택가로 변화시켜 사람들이 잘 찾지 못하게 한 것이다.

• 오사카

오사카는 '아침의 땅'이란 뜻을 가진 한국말 '아사카'가 변한 말이다. 8세기 지도(八浪圖)에는 오사카가 아예 백제주(百濟州)라 나와 있다. 한일 합방 전에는 백제군이라 부르고 그 후에 남백제군, 북백제군으로 갈라졌다. 아직도 부분적으로 백제란 지명이 남아 있다. 백제라 쓰인 버스 정류장도 있고 백제역도 있고 백제교도 있고 백제소학교도 있고 인덕천황릉 옆을 흐르는 강도 백제천이다. (그림 참조)

오사카에 관광가면 꼭 들르는 곳이 '도돈보리(道頓堀) 라는 먹자골목이다. 도돈보

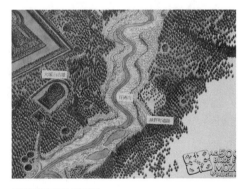
인덕천황릉과 백제천

고려교길

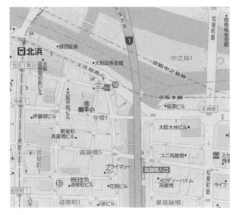

고려교 지도

고려교

리는 한국말 '돋운 벌'이 변화된 말이다. 도돈보리는 원래 바다였던 곳으로 흙을 돋우어 벌판을 만든 간척지이다. 이 공사를 백제와 신라 이민들이 했던 것 같다. 도돈보리 천은 원래 백제천이었고 한일월드컵 때 일본이 8강에 진출했다고 청년들이 다리에서 도돈보리천으로 뛰어내리던 그 다리 이름이 옛날에는 신라교였다고 한다. 나라와 교토의 한국말 지명은 더 이상 말할 필요도 없다.

오사카 도심지 중앙구에 고려교가 있다. 이 다리가 얼마나 오래됐는지 그 동네 이름이 고려교이다. (그림 참조)

고려교의 현판이 의도적

으로 화분으로 가려지고 현판의 글자가 훼손되어 있다. 조상이 한국 사람인 것이 그렇게도 싫은가 하는 생각이 든다. (그림 참조)

일본 국보 제1호인 미륵반가사유상은 나무로 만들었을 뿐 한국의 국보 금동미륵반가사유상과 쌍둥이처럼 형상이 같다. 이 불상이 우스마사에 있는 광륭사에 있는데 이 절에는 교토의 개척자인 진하승(秦河勝) 부부의 상도 모셔져 있다. 환무천황이 교토로 수도를 옮길 수 있는 것은 진하승이 토지와 재물을 대 주었기 때문이라고 한다.

진씨의 진은 한국말 베틀이 변한 '하타'라 읽는데 동네 이름을 진이라 써놓고 '우스마사'라 읽는 것은 진하승이 살던 동네를 대대로 한국말인 '웃말'로 불렸기 때문이다. '웃'은 연음되어 '우시'가 되었다가 '마사'와 모음조화되어 '우사'가 된다. '말'은 '마을'이 한음절로 준 말로 아직도 쓰이는 말이다. '말'을 사투리로 '마실'이라 불리기도 한다. '마사'는 이 '마실'이 변형된 말일 것이다.

일본 추석에는 교토 뒷산에 수많은 등불이 켜져 대(大)자 모양을 하는 것이 장관이다. 이 산의 뒷산으로 교토의 진산인 곤비라산(金比羅=금벌, 금성) 꼭대기에는 우주 창조주로 여겨지는 신의 이름이 한글로 새겨진 비석이 있다. 콘크리트로 찍어낸 듯한 비석인데 일본은 10년마다 전각이나 비석을 바꾸는 전통이 내려온다. (그림 참조)

나라에 백제궁, 백제사, 백제천, 백제라는 지명이 있다는 것은 한국에서 온 천황들 편에서 말했다. 춘일대사(春日大社)라는 신사가 있는데 일본 발음으로 카스카신사라 읽는다. 봄이 일본말로 '하루'이고 일(日)

교토 곤비라산의 비석

콘크리트로 찍어낸 듯한 비석

아머노미나가누시오오가미 비석: (天御中主大
神)의 일본 발음, 하늘의 한 가운데서 우주를 주
재하시는 신 곧, 주(主)님이라 할 수 있다.

이 일본말로 '히'니까 '하루히신사'라 읽든지 한자의 일본 발음으로
'슌니치신사'라 읽어야 하는데 '카스카'로 읽는 것은 춘(春)을 한국말
'햇'으로 읽은 것이다. '햇'이 게으른 혀로는 '카스'로 읽게 되기 때문
이다. 워낙 나라에서 유명하고 규모가 큰 신사라 옛날 부르던 대로 아
직도 부르는 것이다.

　나라공원 초입에 조그만 한국(漢國)신사가 있다. 백제의 땅 나라에 웬

한국 신사인가 싶어 신사 안내서를 얻었다. 아니나 다를까 제신이 한(韓)신과 원(園)신이었다. 한국(韓國)신사가 한국(漢國)신사로 바뀐 것이다. 이름을 바꿔 부르기 위해 중국인 만두 장인을 신으로 한구석에 모셔놓았

한국(韓國)신사가 한국(漢國)신사로 바뀐 모습

다. 한국인이 자기들 조상이면 그렇게도 안 되나?

• 아스카

지금의 아스카는 나라현의 면 단위쯤 되는 시골이다. 일본 역사 과정 중의 하나인 고분시대 다음의 아스카시대로 헤이안시대(교토), 에도시대(도쿄)처럼 찬란했던 역사의 중심도시인데 시골의 면으로 변했으니 이것은 일제가 공주의 양반세력을 견제하기 위해 철도의 중심을 대전으로 옮긴 의도와 같다.

아스카는 한자로 안숙(安宿), 비조(飛鳥), 명일향(明日香)이라고 쓴다. 이렇게 아스카가 다양하게 표기될 만큼 유명한 도시였다. 안숙(安宿)을 일본 발음으로 아스카라 읽는데 한국 이주민이 이제 편하게 잠잘 수 있는 곳이란 뜻으로, 코카콜라를 중국인들이 가구가락(可口可樂)이라 쓰고

코카콜라라 읽는 것처럼 뜻과 소리를 잘 표현한 이두이다. 비조(飛鳥)는 아스카를 처음 건설한 백제인들이 '비'를 '또부'라 읽지 않고 '날'이라 읽고 '조'는 '도리'라 읽지 않고 '새'라 읽었다는 증거이다. '날새'는 '날이 샌다'는 뜻으로 날이 새면 아침이 된다. 아침의 일본말 '아사'를 '날새'라고도 썼다는 것을 말해 준다. '아스'에 아침의 의미가 있는 것을 현대 일본 사람은 비조를 '날새'라고 읽을 수 없어 '아스'와 '아사'가 다른 뜻인지 안다.

향(香)의 일본 발음이 '가오리'이다. 군을 '고오리'라고 하는데 '가오리'는 '고오리'와 발음이 비슷하다. 한국말 '고을'을 한자로 표기하기 위해 '향'도 쓰고 '군'도 쓴 것 같다. '아사'는 아침이지만 보통 오늘 아침보다는 내일 아침의 의미가 있었던 것 같다. 그래서 한국말에서는 아사달의 '아사'가 '새'로 변했다. 새 아침에서 파생된 것이다. 명일향은 '내일 아침의 고을'을 표현한 말이다. '아사카'의 한자식 표현이다.

• 오우미(近江)

교토에서 도쿄 쪽으로 가면 '비와호(琵琶湖)'라 부르는 큰 호수가 나온다. 이 주변의 지역을 근강(近江)이라 쓰는데 일본말로 읽기는 오우미라 읽는다. '오! 물'이 변한 말이다. 비와호도 '밝은호'가 변한 말일 것이다. 비와호가 백제말은 'ㅂ'이 생략되어 현대의 일본말과 같은 '아까호'라 발음됐을 텐데 이 지역은 신라 계통의 이주민들이 살던 지역이라 현대 한국어인 밝은호와 비슷한 비와호라 한다. '밝은'에서 발음이 어려운 'ㄱ'은 생략됐지만 'ㅂ'은 그대로이고 주격어조사 '은'이 일본 말에서 '와'가 되는 것처럼 '은'이 '와'가 됐다. 대마도 북단에 있는 가라사키(韓崎)와 이름이 같은 가라사키란 곳이 비와호 동단에 있다. 지금은 가라사키(唐崎)라 쓰나 물론 가라사키(韓崎)였다.

천지천황이 신라 추격군에 밀려 수도를 교토에서 이곳으로 옮겼고 신라계 천무천황과의 전쟁에서 패하고 목이 달아난다. 그런 몇 년 후에 신라객 김갑식(金甲植)은 천무천황으로부터 논공행상과 향응을 받고 배를 타고 신라로 돌아간 기록이 《일본서기》에 나온다. 신라객은 분명 신라 장군을 바꾼 용어일 것이다.

비와호 서북쪽에 오오츠(大津)라는 도시가 있다. 여기 산기슭에 원성사(園城寺)가 있고 한쪽 구석에 신라선신당(新羅善神堂)이란 신라신사가 있다. 원성사와 신라선신당 중간에 신라삼랑(新羅三郞) 원의광(源義光)의 묘가 있다. 일본 사람들 묘는 고분이 아니면 석물만 있는데 신라삼랑의 묘는 일반 한국 사람의 묘와 같다.

원래 신라선신당이 가장 큰 건축물이었다고 하는데 이름 잘못 지은 죄로 지금은 원성사 한쪽 구석에 처박혀서 신관도 없고 신당 하나만 남아 있다. 반면 원성사는 안내도에서 보듯이 매우 큰 절이다. 그래봐야 원성이란 이름이 '소도'라는 뜻이다. 원이 원신을 모시는 소도를 그린 글자라 했다. 원성사 보물 도록에 신라선신당에 모신 신라대명신의 목상과 그림이 있다. (그림 참조)

신라대명신 목상과 그림

비와호 서쪽에는 히에산이 있고 거기에는 천태종의 본산인 엔랴쿠지(延曆寺)가 있다. 이 절을 처음 만든 사람은 사이쵸(最澄)이고, 당나라 유학승으로 《입당구법순례행기(入唐求法巡禮行記)》라는 기행문으로 유명

한 엔닌(圓仁)이 이 절의 2대 주지
였고 지증대사 엔친(圓珍)은 엔닌
이후의 주지였다. 여기에는 본당
마당에 솟대도 있고 맞은편 동산
에 장보고 기념비도 있다. (그림 참
조)

엔친이 당나라에서 유학하고
돌아오다 풍랑을 만났는데 신라
대명신이 도와주었다고 한다. 사
이초, 엔닌, 엔친이 모두 신라 사
람으로 신라대명신을 수호신으
로 모셨다는 기록이 있다. 엔닌
의 《입당구법순례행기》를 보면
엔닌을 비롯하여 같이 간 일본
사람들과 신라 사람들이 말이 통
했던 것 같다. 이들 사이에 역관
이 없었다. 단지 중국어 통역관
만 있었다. 비와호 중간 서쪽 산
기슭에는 백제사가 남아 있다.

연력사 솟대

연력사 장보고비

비와호 중간의 백제사(붉은 원)

구마노신궁 안내도

• 구마노 삼사(熊野三社)

혼슈에는 오사카 남쪽으로 튀어나온 반도가 있는데 이 반도를 기이
반도(紀伊半島)라 한다. 이 반도 남단에 구마노신궁이 있고 여기서 산속
으로 들어가면 구마노본궁이 있고 좀 떨어져 구마노나지신궁이 있는
데 멋있는 폭포를 신체(神體: 신의몸)로 하고 있다. (그림 참조)

이 신사들은 매우 신령스러운 곳으로 나라시대에는 여기에 참배 가
는 행렬이 개미가 떼 지어 가는 것 같다고 했다. 이들이 다니던 산길이
유네스코 문화재로 등록되어 있다.

구마노는 한자로 '곰의 들'이란 뜻인데 이들 신사에 가보면 곰과는
아무 연관이 없다. 구마노본궁에 가보면 홍수에 쓸려나간 구마노본궁
의 옛 터전이 구마노라고 신성시되는 것 같다. 일본 각지에 하찌만신사

구마노나지(那智)대사(大寺)

구마노 신사 천년 장목

만큼이나 많은 곳이 구마노신사이고 나라시대에는 개미떼의 행렬만큼
이나 열성적인 구마노가 무슨 뜻인지 일본 사람들이 혼란스러워 하는
것 같다.

　참배가 이루어지던 구마노신사의 폭포가 너무나 아름다운 구마노나
지(那智)대사에 올라가보면 구마노가 무슨 뜻인지 알 수 있다. (그림 참조)

　이 신사 앞마당에 금줄이 둘러져 신성시되는 천년 장목이 있는데 이
나무뿌리 근처에 곰이 숨을 법한 굴이 있다. (그림 참조)

구마노 히모로기이다. 구마노신사는 웅녀를 섬기는 신사이다. 여자가 일본말로 '언년이'가 변한 '온나'인데 '구마온나'가 줄어든 말이 '구마노'일 것이다. 나지대사의 제신은 '구마노 후수미(ふすみ)'라 불리는데 '웅녀 아지매'가 변한 말일 것이다.

사천왕사의 남서쪽 아직도 백제라 부르는 지역에 구마다(杭全)신사가 있다. '구마노'라고도 하고 '구마다'라고도 하는 것은 '노'가 확실하지 않다는 의미이다. 구마노삼사는 원래 섬겨지던 '검은 곰' 자리에 신무천황의 동쪽 정벌 때에 아마테라스의 지시로 길을 안내했던 '검은 까마귀(야타가라스)'로 대체 되었다. 그리고 제신이 스사를 비롯한 일반적인 일본 신들로 바뀌었다. 그러나 백제의 구마다신사에는 스사와 구마노신이 부부처럼 모셔져 있다. 이것은 구마노 신이 환웅(스사)의 부인인 웅녀라는 증거이다.

나라에서 구마노 쪽으로 가다보면 고야산(高野山)이라는 절이 많이 모여 있는 고원이 나온다. 고야산의 절들은 세계문화유산에 등재될 만큼 훌륭하다. 금강봉사(金剛峯寺) 대가람(大伽藍)이란 절이 가장 큰데 밀교에 속하는 일본 진언종의 총본산이다. 금당 앞에는 일본 절 특

고야산 근본대탑(根本大塔)

유의 솟대가 잘 솟아 있고 가운데 근본대탑(根本大塔)과 동탑과 서탑이 볼 만하다. (그림 참조)

일본에서는 태어나면 신사에서 축복을 하고, 결혼은 교회에서, 죽으면 절에서 장례를 치른다는 말이 있다. 금강봉사 대가람은 일본에서 의상대사처럼 유명한 홍법대사, 도요토미 히데요시 등 유력한 사람들의 무덤이 있는 곳으로 유명하다.

한국 절에 산신각과 용왕전이 있는 것처럼 대가람에

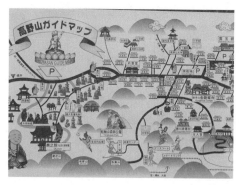

고야산 안내판

고야산 동탑

도 산왕원과 용왕당이 있다. 단생의(ㅅ) 히메(丹生津 姬)를 모시는 신사도 있는데 금강봉사 대가람을 단상(壇上) 대가람이라고 하는 것으로 보아 '단군을 낳은 히메', 즉 웅녀를 모시는 신사이다. 이 신사는 고야산 최초의 건물이고 이 절을 창건한 이는 환무(桓武)천황 때에 당나라에 유학한 신라계 승려 공해(空海)인데 고야산에 들어오기 전에는 교토의 고웅산사(高雄山寺)에 있었다. 고웅(高雄)은 '고귀한 웅'으로 대웅(大雄)이며 환

웅(桓雄)이다. 고야산도 옛날에는 고마산이라 불렸다고 한다. 고려산인
셈이다.

• 교토의 동북지방

삼국이 신라에 의해 통일이 되면서 삼국의 유민들이 몰려들었다.
주로 백제와 고구려 유민들이 왔으나 신라계 천지천황이 정권을 잡고
신라 사람들도 식민지 이주민으로 왔다. 교토에서 서쪽 한반도 쪽에
가까운 지역은 이미 개발되어 있어서 교토 동북방의 땅을 이주민들에
게 주었다. 그때까지 동북은 에미시라 부르던 아이누들의 세력이 팽팽
하던 곳이었다. 막부를 열어 천황을 허수아비로 만든 장군들의 정식
직위가 정이대장군(征夷大將軍)이다. 아이누를 정복하는 장군들이다. 이
들이 군사력으로 원주민인 아이누들의 땅을 정복하여 한국의 삼국 이
주민들에게 땅을 주면 그들이 우수한 기술로 관개시설을 만들고 농토
로 개발하며 살았다. 아직도 삼국 이주민이 집단으로 거주하던 지역의
이름들이 내려온다.

여기는 그래도 작은 곳이고 동북방 사마타이현에는 고려군이라 부
르던 곳이 있다. 한국에서 군(郡)에 해당하는 행정구역이 일본에서는
현(縣)으로 불리고 있으나 전에는 한국처럼 군으로 불리고 '고오리'라
읽었다. 오사카가 백제군이라 불리고 지금 도쿄 지역이 고려군을 쓰고
일본말로는 '구마고오리'라 발음했다. 보통 이 지역을 '무사시(武藏)'라

불렀는데 한국말 '모시'에서 비롯된 말이다. 처음 개발할 때 땅이 거칠어 모시를 주로 심었다고 한다. 고려군이 점점 줄어들어 지금은 고려향(高麗鄕)으로 남아 있고 '구마사또'라 부른다. 크기는 한국의 면 정도 크기이다.

여기에는 고려산에 고려왕을 모신 성천원(聖天院)이라는 절과 고려신사, 고려강이 남아 있다. 그래도 여기는 시골이라 이만큼이라도 남아 있는 것이고 오사카는 오사카 중심부 전체를 차지했던 백제군이 일본 국철(JR) 화물역인 백제역 주변에 리(里) 정도로 줄어들어 남아 있다.

일본도 전국의 각 영주들이 힘만 있으면 주위의 영토를 침범해서 빼앗는 전국시대(戰國時代)가 있었다. 전국시대에 힘 있는 영주들은 주로 동북지역에 있었다. 이들이 전쟁에 탁월했던 것은 우선 지속적으로 아이누들과 전쟁을 벌여 전쟁 기술에 능숙했고 농토를 개척하느라 조직적으로 일했기 때문이다. 그들이 더 전쟁에 능했던 이유는 태생이 신라의 일본 통치군(統治軍)이나 망한 백제와 고구려 무사집단의 자손들이기 때문일 것이다.

이들의 족보가 한국 족보처럼 잘 되어 있지 않고 잘 되어 있더라도 날조되어 한국과의 관계가 잘 드러나지 않지만 전쟁의 신으로 여겨지는 다케다 신겐(武田信玄: 1521~1573)은 그 뿌리가 확실하다. 신라삼랑이라 불리던 원의광의 자손이다. 다케다 신겐은 〈풍림화산(風林火山)〉이라는 대하드라마나 〈가케무사(그림자 무사)〉라는 영화로 한국 사람들에게도 알려져 있다.

풍림화산의 다케다, 투구의 삼지창

이 전국시대를 도요토미 히데요시가 평정했다. 히데요시의 어머니가 무식하고 제멋대로이지만 지조 있는 사람으로 유명한데 아들이 한국을 침범한다는 소리를 듣고 조상의 나라를 침범하는 무례를 한다고 아들에게 매를 쳤다고 한다.

평천고려문(平川高麗門)

나리타 공항에서 기차를 타고 도쿄에 들어서면 첫 정거장이 시나가와(品川)인데 이것은 한국말 '시냇가'를 그대로 표기한 것이다. 도쿄 황궁의 서쪽 대문을 평천문(平川門)이라 부른다. 그 옆에 평천고려문(平川高麗門)이라 쓴 비석이 한구석에 서 있는

것을 보아 평천은 고려문을
감추기 위해 나중에 집어넣
은 것이고 원래는 황궁의 건
설자가 황실의 뿌리를 표현
하기 원했던 것 같다. (그림 참
조)

시라꼬 마을 표지

　고려는 원래 고구려인데
그 시대의 외국인은 한국을
고려라 불렀다. 그 이후 외국인들은 한국을 고려라 부른다. 고구려의
후손들인 에도(도쿄) 사람들은 찬란했던 고려를 잊지 못한다. 일본에서
일본어의 어원을 연구하고 있는 언어학자가 TV에서 자기의 견해를 말
하는 것을 들었는데 일본어의 표준어인 도쿄말은 고구려말이라 확신
을 하고 있었다.

　도쿄 근교 사마타이현 화광(和光)시에는 시라꼬(白子) 마을이 있다. 이
마을에는 구마노신사가 둘 있는데 옛 이름은 신라신사였다고 한다. 대
부분의 신라신사들은 불이익 때문에 이름이 바뀌었다. 지금까지 남아
있는 신라신사는 관계되는 사람들이 순교자와 같은 아주, 지독한 사람
들이다. '시라꼬'라는 말도 일본 사람들이 부르는 '신라'라는 말, '시라
기'를 다르게 표현하여 신라 사람임을 감춘 말이다. 그래도 자손들에
게 사실을 전해주고 싶은 심정은 있어 한자로 신라의 상징인 백(白)을
써서 '백의 아들'이란 뜻을 남겼다.

늦가을이나 겨울에 홋카이도 쪽으로 신칸센 기차를 타고 가다 보면 모리오카(盛岡) 역에 잠시 서는데 왼쪽 차창에 후지산과 비슷한 산이 나타난다. 원추형의 눈 덮인 이 산을 보면 모리오카라는 이름이 이 산에서 유래됐다는 것을 금방 알 수 있다. 모리오카는 한국말 '머리의 카'에서 유래된 말이다. 한국 사람들은 산을 머리라 잘 부른다. 땅의 머리란 뜻으로 부르는 말이다. 백두산의 백두는 하얀 머리라는 뜻이다. 모리오카는 '머리의 땅'이란 뜻이다. 산이 깊고 아이누들도 지금까지 사는 동북에는 여기저기 신라신사가 많다. 아이누들과 싸워 땅을 뺏고 그 땅을 경작지로 개척하고 수확물을 거둘 때는 아이누들의 습격에 대항하던 신라 유민들의 신앙 중심지들이다.

혼슈의 북단에서 도쿄의 동해안을 19세기 중반까지 오지의 육지란 육오(陸奧)라 쓰고 '무츠'라고 읽었다. 한국말로 '오지의 뭍'이란 뜻이다. 여기는 백제가 망하고 이주해 온 백제왕이라 불리던 경복(敬福)이 아이누를 몰아내고 개발한 땅이다. 동대사의 비로자나불을 금도금해야 하는데 금이 모자라 곤란해 할 때 경복이 금광을 발견하여 금을 헌상한 사실은 아주 잘 알려져 있다. 대대로 이곳은 삼국시대 이후로 이민 온 이주자의 땅이었다. 센다이, 모리오카, 아오모리 등의 도시가 육오에 속했는데 지금은 아오모리를 비롯한 혼슈 북단만 무츠(陸奧)라 부른다.

일본 전 지역에 살던 아이누들을 결국 홋카이도로 쫓아냈다. 토벌되지 않은 아이누들은 도망가서 홋카이도에 새 터전을 잡았는데 그 중심지 이름이 삿포로이다. 아이누 말이라고 하는데 후세의 일본 사람들이 생소하니까 아이누 말에서 어원을 찾은 것 같다. 하지만 한국말 '샛벌'에서 유래된 말이다. '새 벌판'이란 말이다.

일본에 남아 있는
한국의 풍습

• **왕실과 막부의 예절**

왕실은 한국의 풍습과 예절을 그대로 유지한다. 일본인은 숟가락을 쓰지 않는데 숟가락과 젓가락을 같이 쓴다고 한다. 영친왕 부인인 이방자 왕비는 일본 황실에서도 식사 후에 숭늉을 먹는다고 전한다. 왕비는 일본 여자 특유의 단발머리나 긴 생머리를 늘어뜨리는 산발을 하지 않고 한국의 왕비처럼 큰 머리를 한다. 그래서 왕비를 '고니 오고루 (にに おごる)'라 부른다. '큰 얼굴'이란 한국말이다. 현재도 일본 황실에서는 천황은 어머니를 오까상이라 부르지 않고 '오모니(おもに)'라 부른다고 한다. 후지와라가에서도 '오모(おも)'라 부른다. 숙모는 아지마(アチ

ㄱ)라 부른다고 한다. 나라의
정창원에는 고대의 유물들이
보관되어 있다. 여기에는 왕
의 곤룡포와 왕비의 치마와
버선이 있다. (그림 참조)

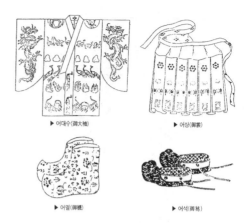

▶ 어대수(御大袖)　　▶ 어상(御裳)

▶ 어멀(御襪)　　▶ 어석(御鳥)

나라의 정창원에 있는 왕과 왕비의 옷

　일본영화에서 볼 수 있는
왕과 왕비의 복식은 많이 변
형된 것이다. 막부의 내실을
오오쿠라 부르는데 여기에
쇼군이 잠자러 올 때는 '오나리!'라 외친다. '상감마마 납시요!' 같은
외침이다. 오오는 크다는 뜻인데 '큰 나리! (납시요)'라고 외치는 것이다.
쇼군은 오오쿠에서 오모니, 고니 오고루와 함께 매일 아침 가미다나에
제사를 드리는데 이것을 '소부레'라고 한다. 소도의 제례에 해당하는
'서라벌예'가 변한 말이다.

• 태극문양

　한국보다 일본에서 더 다양한 모양의 태극문양을 자주 볼 수 있다.
우주변화의 원리를 하나의 도형으로 나타낸 것이 태극이다. 태극은 크
게 천지의 두 가지 변화를 나타낸 2태극과 천지인의 세 가지의 변화를
나타낸 3태극으로 나뉜다. 중국은 주로 2태극을 쓰고 한국은 3태극을

창덕궁의 삼태극

이세신궁의 삼태극

오죽헌 신사임당 사당의 태극

응신천황 신궁의 태극

쓴다. 일본도 한민족이라 주로 삼태극을 쓰는데 색깔이 없는 흑백 삼태극을 쓴다. 아마도 안료가 발전하지 못해서 그랬을 것이다. 흑백으로 세 가지 무늬를 만들어 내야 하니 무늬와 무늬 사이의 공백이 있어 한국의 삼태극과 모양이 조금 달라 보인다. (그림 참조)

　우주 변화의 원리는 곧, 신의 마음이기 때문에 신사에 가면 눈이 가는 곳마다 삼태극 문양이 있다. (그림 참조) 특히 스사를 제신으로 모신

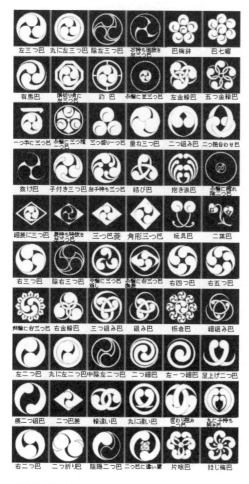

다양한 태극 문양

곳에 더 많다. 역사적으로는 개로왕의 동생으로 여겨지는 응신천황의
사당인 우사신궁에서 가장 먼저 쓰기 시작했다고 한다. 수막새 기와의
문양으로 한국은 용이나 무궁화를 주로 쓰는데 일본은 삼태극을 쓰니

삼태극이 없는 곳이 없다고 할 수 있다. 일본은 태극기를 가진 우리보다 더 태극을 즐겨 쓴다. 일본은 태극 문양을 파문(巴紋)이라 하는데 구글 검색에서 파문을 검색하면 상상할 수도 없이 다양한 태극 문양을 볼 수 있을 것이다.

원래 황실 문장이 삼태극이었을 텐데 한국이 국기에 태극을 그려 넣은 이후에 황실문장은 국화문양으로 바뀌었다. 메이지신궁에는 공식적으로 삼태극이 없다. 신사에 소품을 납품하는 사람들이 모르고 그려 넣은 삼태극이 있을 뿐이다.

북에 보통 태극이 그려져 있다. 태극은 변화의 시작을 뜻하는데 북의 음파가 만물을 변화시킨다는 의미에서 북에 태극을 그려 넣는다. 일본 아악에는 두 개의 거대한 북이 사용되는데 이 두 북에 각각 2태극과 3태극이 그려져 있다. 북의 음양 짝을 맞춘 것이다. 동양철학은 고대로 갈수록 깊이가 있는데 일본의 고대 유물은 한국 사람들이 만든

일본의 용 장식 태극 북

한국의 용 장식 태극 북

것인지라 지금의 한국 것보다 깊이
가 있다.

일본 원주민들을 조몽인이라 하
는데 아이누들의 조상이다. 이들도
고조선 때 이주한 사람들이다. 이들
도 삼태극을 쓴다. 그들의 토기에 분
명한 삼태극 문양이 있다. (그림 참조)

태극조몽토기

• 일본 천황가의 제사

일본 천황가의 제사는 대상제(大嘗祭)와 신상제(新嘗祭)가 있다. 대상
제는 천황이 즉위하고 한번 지내는 제사이고 신상제는 매년 추수감사
절이나 추석처럼 수확에 감사드리며 지내는 제사이다. 이 제사는 신을
부르는 의식이 거행되는데 이것을 가꾸라(神樂)라 한다. 한국말 굿거리
의 변형이다.

여기서 부르는 신이 한신(韓神 카라노카미)과 원신(園神 소노카미)이다. 한
신은 백제신이고 원신은 신라신이라고 기록되어 있다.

이 가꾸라의 초혼가를 살펴보면 다음과 같다.

미시마 무명 어깨에다 걸치고
나 한신(韓神)은 한(韓)을 뫼셔 오노라

한(韓)을 뫼셔, 한을 뫼셔 오노라

팔엽반(八葉盤)을랑 손에다 쥐어 잡고

나 한신도 한을 뫼셔 오노라

(왼쪽 신관): 오게 아지매 오, 오, 오, 오

(오른쪽 신관): 오게

(홍윤기 박사의 《일본의 역사 왜곡》에서 인용)

이세신궁의 궁사와 황궁의 아악을 연주하는 악장도 아직까지 한신제와 원신제가 매년 거행된다고 증언했다. 교토의 황궁인 어소(御所)는 한신과 원신을 모신 신사가 있다. 신관들의 후렴은 아직도 경상도말로 진행된다. 이것을 아지매 법이라 하는데 아지매(阿知女)는 마고할머니나 웅녀를 뜻할 것이다.

한국의 조상이자 하늘(한울) 신인 환인, 환웅, 단군이 모두 '하나'를 이두로 기록한 한(韓)씨 성을 가진 분들이니 이 신들을 모셔오고자 부르는 초혼가이다.

《고사기》에 보면 환웅의 일본 이름인 스사노오 노미고또의 아들 중에 대년신(大年神)이 있는데 이 신이 낳은 아들에 한신(韓神), 증부리신(曾富利神), 원신(園神)이 있다. 가꾸라에서 춤을 추는 한신은 스사노오 노미고또의 손자인 한신일 가능성도 있다. 증부리신에서 '증'은 일본에서는 '소'라 읽는데 그러면 소부리신이 된다. '소부리'는 현대 일본말로 '소하라'이고 한국말로는 '소벌'이다. '소벌'은 소도(솟터)나 같은 뜻이다. 원신의 원(園)도 일본말로는 '소노'라 읽는데 글자모양이 소도를 그려 놓았다. 'ㅁ'는 줄을 두르거나(줄친>쥬신>조선) 벽을 두르고 있는 모습이고 '土'는 흙을 쌓아 놓고 나무를 심어놓은 모습이며, '呆'은 기도하는 사람을 그려 놓았다.

천황들이 한국 사람들이 아니라면 한신과 소도신을 모시고 제사를 지낼 수가 없다. 한국과 일본의 전통신앙을 알려면 소도에 관한 이해가 있어야 한다. 인터넷 다음 백과사전에서 소도에 관한 정의를 찾아보면 '소도(蘇塗) - 삼한시대에 제의를 지내던 곳'이라고 나온다.

《삼국지》위지 동이전(魏志東夷傳) 한조(韓條)에 "귀신을 믿으므로 국읍(國邑)에서 각기 한 사람을 뽑아 천신에 대한 제사를 주관하게 했는데, 이 사람을 천군(天君)이라 한다. 또 이들 모든 나라에 각기 별읍(別邑)이 있어 이를 소도라 한다. 긴 장대에 방울과 북을 달아놓고 귀신을 섬긴다. 모든 도망자

히꼬산 신궁 본전의 방울, 이곳이 소도이었음을 알려준다.

가 이곳에 이르면 돌려보내지 않아 도둑질하기 일쑤였다. 소도를 세우는 뜻은 부도(浮屠)와 같은 점이 있으나 그 하는 일에 선악의 차이가 있을 뿐이다"라고 했다. 이 밖에도《후한서》,《진서》등에 비슷한 기록이 보인다. (출처: 브리태니커)

• 무당집이 변한 신사(神社)

일본에는 신사라는 것이 있어 겉으로 보면 우리의 종교가 많이 달라보인다. 그런데 가만히 그 속을 들여다보면 우리의 무당집과 다른 것이 없다. 원래 무당집의 유래는 소도에서 찾을 수 있다. 소도는 천신에 제사를 지내던 신성한 장소이다. 소도의 어원은 솟(은)터가 변한 말이

미나레트가 있는 작은 사원, 터키 에디르네 근처. 출처 : Villota-Photo Researchers

다. 소도의 가장 중앙에는 아주 높은 나무가 있거나 기둥을 설치한다. 이 나무나 기둥은 하늘에 닿는 길을 의미하고 하느님 아들 환웅이 내려온 신단수(神檀樹)를 상징한다.

소도는 모든 종교의 원시형태이며 시티(city)의 어원이 되기도 한다. 그래서 어느 종교이든 성소의 기본 형태는 소도의 구조를 갖추고 있다. 불교에서는 절의 가운데에 신단수에 해당하는 탑을 세운다.

교회는 교회의 지붕을 첨탑으로 하여 신단수 형태를 만들고 있다. 이슬람교 사원에도 첨탑이 있는데 이를 '미나레트(minaret)'라고 부른다. 미는 한국고어로 신(神), 후에 왕이란 뜻인데 '미가 나린 터'란 뜻이다.

소도에서는 이 신단수 주위에 돌로 만든 제단을 놓고 하늘의 신에게 제사를 지냈는데 나중에 이 제단에 비를 피하기 위해 신당 집을 세운다. 소도에서 점점 사람들이 환웅의 가르침을 잊어버리자 사람들은 신당에 환웅의 우상을 만들어 놓고 제사를 지냈다. 물론 하느님이자 환웅의 아버지인 환인의 상과 환웅의 아들인 단군의 상을 같이 만들어 놓았을 것이다. 보통 우리 민간에서는 이 셋을 삼신이라 하는데 나중에 창조주로서 더 친근하게 하기 위해 삼신할머니라 불렀다. 소도가 별로 변하지 않은 도교에서는 이 셋을 3청이라 하는데 나중에 3청(三淸)의 의미를 다르게 해석했다. 한국 사람들이 너무 자기네 조상이라고 내세우기 때문에 차별하고 싶었던 것이다. 자료를 뒤져 보면 곳곳에 그 과정이 나온다.

기독교의 성부, 성자, 성신도 원래 이 셋을 지칭한 것이다. 이렇게 우상을 만들어 놓은 것은 원래 환웅의 가르침을 행하던 소도의 가르침에 반하는 것으로 눈에 보이는 신상이 없으면 감이 오지 않는 인간들의 우매한 속성 때문이다. 후에 예수님이 우상에 제사지내지 말라고 가르쳐도 십자가에 못 박힌 신상을 놓고 기도드린다.

후에 환웅상을 모시던 신단수 뒤에 신전은 대웅전(大雄殿)이란 현판이 붙게 되었고 소도(힌두)가 인도에서 변형된 불교가 한국에 들어오면서 환웅을 비롯한 삼신상을 달랑 들어 삼성각(三聖閣)에 모셨다. 그리고 삼성이 누구인지는 일본 사람들 역사 왜곡하듯 자기의 이익을 위해 또 달리 해석한다.

　신단수의 나무는 한 가지 나무로 통일되지 못했다. 원래 환웅이 내린 곳으로 여겨지는 바이칼호(밝은해) 인근, 샤이안(새하얀)산 부근은 하얀 자작나무(한자로 백단白檀 한국의 박달이 아님)이고, 한국에서는 느티나무이고, 제주도에서는 비쭈기나무이고, 일본에서는 비쭈기나무(사카키サカキ榊, 神奈備)나 나(那)나무이다. 비쭈기나무는 '빛의 낭기'에서 유래된 말이고 나나무는 '날(해)의 낭기'에서 유래된 말이다. 일본에서는 스기나무를 신단수로 할 때도 있는데 스기를 한국에서는 삼(杉)나무라고 부르

키리시마신궁의 히노키

는 것을 보아 스기가 삼(三)의 의미가 있으며 삼은 신의 의미가 있다. 히노키 나무도 신단수로 쓰는데 히노키는 '해의 낭구'가 변한 말이다. 신사 곳곳에는 시메나와(일본 금줄)를 두른 나무가 곳곳에 있다. 이것이 신사가 소도에서 유래된 것을 증명해 준다. (그림 참조)

　일본 8만여 개 신사 중에 4만여 신당에 스사노오(숫놈-환

갑사의 당간지주

가야 고분 앞의 선돌

웅)가 모셔져 있으니 소도가 틀림없다.

소도의 입구에는 선돌이 하나 혹은 2개가 세워져 있거나 샛대가 세워져 있다. 흔히들 솟대라 부르는데 보통 솟대는 신단수 대신에 세운 인공 신단수이다. 이 솟대를 불교에서는 당(幢)이라 부르는데 그 유래가 솟대이다. 당은 주로 티벳, 한국, 일본의 절에 두드러지게 세워져 있다. 그중에서도 한국은 그 당을 더욱 중요시했다. (그림 참조)

일본 신사는 신사 입구에는 천(天)자 모양의 도리이가 세워져 있는데 이 유래는 소도의 선돌에서 찾을 수 있다. 그래서 이름이 한국말 '돌'이 연음된 '도리이'이다.

샛대가 변형된 것일 수도 있는데 그래서 이름이 새의 일본어인 '도

일본영화 〈대화개신〉 마을입구   태국 도리이

징기스칸 주둔지의 도리이

리'에서 변형된 도리이이다. 고대 일본의 도리이는 도리이 위에 새가
앉아 있다. (그림 참조)

　　태국 북부 산속에는 한국과 언어와 풍습이 같은 아까족이 살고 있는
데 이들 마을 입구에 새가 앉은 도리이가 서 있다. 몽골족들도 신성한
마을 입구에 새가 앉은 도리이를 세웠다.

• 징기스칸 주둔지의 도리이

한국은 소도가 관가에서는 사당으로 변했는데 사당의 입구에는 홍살문을 세운다. 소도의 입구에 세우던 선돌이나 샛대가 진화된 형태이다. 모두 잡된 것을 걸러내는 의미가 있다. 새가 도리이에 앉아 있다가 잡된 것이 오면 날아올라 신에게 일러바친다. 일본말로 이와아게(일러 윗께)하는 것이다.

소도는 그곳이 신성한 곳이라는 것을 알리는 금줄을 쳐 놓는다. 소도는 신의 영역이라는 표시이다. 소도에 둘러 친 금줄은 나중에는 울타리로 변한다. 소도의 규모가 커지면서 소도는 수도가 되는데 한국의 수도인 서울은 원래 소도울타리란 뜻의 소울에서 유래된 말이다. 일본말로 하늘을 '소라'라고 하는데 소울이 변형된 말이다. 하늘이 신의 영역이란 뜻에서 나온 말이다. 중국한족들은 한민족을 쥬신족(여진족女眞族)이라 하였는데 줄친(Jurchin)에서 유래한 말이다. 소도에 금줄을 치고 제사 지내는 풍습을 가지고 있어 일컬어진 이름이다. 쥬신이란 말이 '경계'라는 뜻을 가졌다고 한다. 소도를 소벌(판)이라고도 하여 신라는 수도를 서라벌(소라벌) 백제는 소부리 혹은 소호리(소벌)라고 하였다.

소도를 고대 한국과 일본에서는 신의 울타리라는 뜻으로 신리(神籬)라 하였다. 일본 역사학자들은 신사의 유래를 일본 최초의 정복왕 숭신천황 아들 대에 신라왕자 천일창이 가져온 '웅(熊)의 신리(神籬)'를 모시는 데에서 비롯되었다고 본다. 크리스마스 트리도 신리가 변한 것이

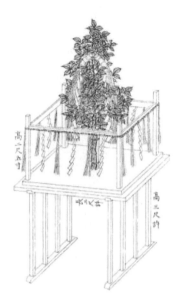

구마노 히모로기

다. 신이 신단수를 타고 내려온 것을 상징한다.

또한 천황의 상징인 3종 신기(神器)를 포함하는 7종 신기도 가져왔다고 한다. 숭신천황이 가야에 있을 때 제사 지내던 소도의 제사도구를 제기를 더 잘 만들던 신라에서 가져왔다고 보면 된다.

웅의 신리는 일본말로 '구마노 히모로기'라고 읽는데 '구마노'는 한국말 '곰녀'의 변형이고 '히모로기'는 웅녀가 사람이 되기 위해서 '해 모르게 숨어 있던 낭구'가 변한 말이다. 일본에서는 아직도 제단 위에 소도에서처럼 장식한 나무 모형을 '구마노 히모로기'라 하여 제사 드리고 있다. (그림 참조)

생 비쭈기 나무를 꺾어서 제단에 올리는 것이 번거로우니까 종이로 나무 모양을 만들어 쓰기도 한다. 이것을 봉폐(奉幣)라 한다. 폐(幣)는 종이 신단수를 그린 상형문자이다. 화폐는 신에게 드리는 인공 신단수에서 비롯되었다.

도리이를 들어서면 가장 먼저 보이는 것이 데미즈야(手水屋)인데 손과 입을 씻는 곳이다. 한국에서 제사를 지내기 전에 목욕재계를 하는데 목욕재계를 약식으로 하는 곳이 마당 한가운데 자리 잡고 있다. 신

고마이누   구마노나지대사에 있는 고려견

당 앞에는 보통 고마이누(貊犬)라 불리는 사자 비슷한 개 석상이 양쪽에
나란히 있다. '고마'는 일본 사람들이 '고구려'를 부르는 말이다. 귀신
쫓는 능력이 있는 개 석상을 집지키는 개 대용으로 만들어 놓은 것이
다. 삽살개가 귀신 쫓는 능력이 있는 것으로 알려져 있다. '삽살'이란
말이 귀신 쫓는다는 말이라고 한다. 고마이누를 뜯어 보면 삽살이를
닮았다. 삽살이를 고구려개라 부르는 것이다.

구마노나지대사에는 나무로 만든
고마이누가 내려오는데 그들은 분
명히 고려견이라 쓰고 있다. 맥견(貊
犬)이라 쓰는 것은 고려를 감추기 위
한 것이다.

한국 소도에서는 삽살개를 기르
면 되니 한국에서는 사당에 개 석상   낙안읍성

이 없다. 낙안 읍성 등 훼손된 개 석상이 드물게 남아 있어 한국도 한때 성행했던 것 같다. (그림 참조)

아직도 한국에 비슷한 풍습은 있어서 불을 끄는 능력이 있는 해태(해치) 상을 불이 나기 쉬운 건물 앞에 세워 놓는다. 세계의 개 중에 삽살개에 가장 가까운 개는 티베탄 테리어이다. 티베트의 라마사원에서 귀신 쫓기 위해서 기르던 개라고 한다.

신사 신당 앞에는 '오후다(御札)'라는 사람들의 기원을 적은 목판이 주렁주렁 달려 있다. '오후다'는 한국말 '오! 붙이'에서 유래된 말이다.

신당 주위 신나무에 하얀 메모 쪽지가 다닥다닥 붙어 있어 꼭 나무에 눈이 온 것처럼 보이는 것이 있다. 이것은 오미쿠지(御神籤おみくじ)라 한다. 점괘를 뽑아 좋지 않으면 그 종이를 신나무에 꽂아 넣는 것이다. '오! 미 꽂이'나 '옴이 꽂힌 이'가 변한 한국말이다. '신이 꽂아 놓은 것'을 뽑아 보는 것이 '오! 미 꽂이'이고 기도드린 후 신으로부터 그 답 '옴이 꽂힌 것'이 '옴이 꽂힌 이'이다.

오미쿠지

한국 사람들이 정초에 절이나 무당집에 가서 신년운수도 보고 액땜도 하는 것처럼 일본 사람들도 정월 초하루에 신사에 모이는데 이를 하쯔모데(初詣)라 한다. 한국

오후다와 무녀

말 '햇 모듬'이 변한 말이다. 이때 오미쿠지(おみくじ)도 하고 액땜에 해
당하는 야꾸오또시(厄落し)도 한다. 야꾸오또시는 한국말 '액떨이'가 변
한 말이다.

신사의 신관을 네기(禰宜)라 하는데 한국말에 '여간 내기가 아니야'
라는 말의 '내기'가 변한 말이다. '신사 내기'가 '네기'이다. 일본 천손
강림의 신 니니기의 본래 이름이 '쿠사나기'인데 '구지봉 내기'란 뜻이
다. 이 신관들은 흰옷을 입는다. 백의민족의 후손이란 뜻이다. 속옷은
한국의 바지저고리와 거의 같은데 겉옷인 두루마기만 좀 다르다. 아마
도 한국 신관들의 복장을 고증하면 같은 옷일 것이다.

신사에는 '미꼬'라는 여자 무당이 있는데 실제 한자로 무녀(巫女)라
쓴다.

평소에는 부적을 파는데 이 부적을 오마모리(お守り)라 한다. 마를 몰
아내는 것이란 뜻의 '마(魔)몰이'가 변한 말이다. 마를 몰아낸다는 뜻이

가꾸라(神樂)   비쭈기 나뭇가지로 오하라이 하는 신관

다. 행사가 있을 때는 신을 즐겁게 하기 위해 음악에 맞추어 춤을 추는
일을 한다. 무당이 굿을 하는 것이다. 이것을 가꾸라(神樂)라 하는데 '굿
거리'가 변한 말이다. 한국의 무악 12마당 중에 '가망거리'가 있는데
'가미 굿거리'가 변한 말이다.

　그런데 이 신관과 무녀들은 일본 궁내청에 속한 공무원이라고 한다.
일본의 공무원도 한국의 공무원처럼 평생 직장으로 좋은 직장에 속한
다. 환웅(스사)을 모시는 무당들이 공무원이라니 조상신이 제사 드리는
후손들에게 번영을 가져다준다면 환웅은 일본 사람들에게 보다 큰 번
영을 내릴 것이다.

　신사에는 오하라이(お拔い)라는 의식이 있다. 한국말 '오! 풀이'가 변
한 말이다. 한국말 '한'에 일본말 '오'가 대응되는데 '오하라이'는 '한
(恨)풀이'가 변형된 말일 수도 있다. 무당집 푸닥거리에 해당한다.

　10월 상달에 부여는 영고(迎鼓), 고구려는 동맹(東盟), 예는 무천(舞天)

이라는 제천의식을 행하면서 가무를 했다고《위지》동이전에 적고 있다. 이 기록을 근거로 도쿄대학 구메 구니다케(久米邦武) 교수는 신도는 한국의 제천 풍습에서 유래했다는 논문(神道は 祭天の古俗)을 발표하여 교수직에서 해임됐다.

• 일본의 설날 풍습

일본에서 설날은 쇼가츠(正月)라 한다. 한국에서는 까치설이라 한다. 설과 까치가 별로 관계가 없는데 까치설이라 하는 것은 까치설이란 말이 쇼가츠가 변한 말일 수 있다. 이주민의 말은 모국어의 고어 형태로 남으므로 일본말은 한국말의 고어이다. 이렇게 볼 때 까치설은 고어인 쇼가츠가 도치되어 변한 말이다. 쇼가츠는 뜻이 정월이기 때문에 정월 초하루의 설날을 정확히 표현하지는 못한다. 설날로서 쇼가츠는 정월 초하루의 초하루를 이민자들의 게으른 혀가 생략해 버린 것이다. 설날을 정확히 말하자면 쇼가츠 아사날이 되어야 한다.

한국말 설은 원래 '아사날'인데 '아'가 생략되고 '사날'이라 했다가 새로운 날이란 뜻의 새날이 됐다. 다시 유성음 'ㄴ'이 같은 유성음 'ㅇ'으로 변해 새알이 되고 다시 힘든 발음인 애가 생략되고 한음절로 축약되면 '살'이 된다. 이 살은 한 살, 두 살의 '살'로 쓰이고 '살'이 또 '설'로 변했다.

설 전날에는 일본에서도 대청소를 하고 오조니라는 떡국도 먹는다.

조롱이떡

오조니는 '오! 조롱이' 떡국이 변한 말이다. '롱이'에서 '로'가 생략되어 한 음절 '니'로 줄어든 것이다. 원래 한국 떡국도 방앗간에서 기계로 가래떡을 빼내기 전에는 조롱이 떡국이었다. 조롱이떡은 조롱박을 닮아서 생긴 이름이다.

조롱이떡은 누에고치처럼 생겼는데 조금 작다. 조롱이는 오뚝이처럼 생겨 액을 막아 준다고 한다. 일본도 이 떡국을 먹지 않으면 한 살을 먹지 않았다는 개념이 있다.

설 음식을 오세치(おせち[御節])요리 라고 하여 건강과 복을 챙겨 주는 음식을 찬합에 담아 설 명절 동안 먹는다. 오세치에서 '오!'는 감탄사이고 '세치(節)'는 소리를 표현하는 이두이다. 절은 마디나 절기라는 뜻인데 절기가 설이 되기는 어렵다. 세치는 설을 표현한 말이다. 일(一)이 이치가 되는 것처럼 'ㄹ'받침은 연음되어 '츠'나 '치'가 된다. '설'은 '서치'가 되고 '서'를 가나의 발음으로 하면 '세'가 되어 '설'이 '세치'가 된다.

차례는 지내지 않지만 제단에 떡은 올려놓는다. 설날에 떡국 올리는 것과 같다. 일본은 집집마다 가미다나(神壇)란 제단을 만들어 놓고 매일 조상신에게 차례를 드리기 때문에 특별히 설날에 차례를 올리지 않아도 된다. 한국에서 장례를 치르고 나서 집에 제청을 만들어 100일이나

3년씩 차례를 올렸는데 가미다나는 그것을 평생 모시는 것과 같다. 가미다나는 원래 한국에도 있던 풍습이다. 필자가 어렸을 때 살던 집 다락방에도 신단이 있었는데 어디로 갔는지 모르겠다.

한국의 금줄과 삼신단지(한국국립민속박물관)

조상신에 제사 올리는 신사 시스템이 잘 되어 있는 일본은 사람들이 집에서 올리는 차례 대신 신사에 가서 더 높은 신께 경배를 드린다.

설날에는 가도마쓰(門松)라는 장식물을 현관이나 부엌에 걸어놓는다. 짚이나 대나무, 솔가

가도마쓰와 금줄(일본국립민속학박물관)

지로 만드는데 잡된 것을 정화시키는 의미가 있다. 한국은 복조리를 걸어 놓는 것으로 단순화되었다.

일본도 설에는 오토시다마(御年玉)란 세뱃돈을 주고받는다. '토시'는 한 살을 뜻하는 '돓'이 변한 말이다. 옛날에는 복주머니에 돈을 담아 주었는데 지금은 봉투에 담아 준다고 한다. 일본 곳곳에 전통 포장지와 봉투만 파는 가게가 있는데 종이와 봉투의 다양함과 아름다움이 상

상을 초월한다. 일본에는 우리가 잃어버린 전통들이 그대로 살아 있다.

• 일본의 추석

일본의 추석은 오봉(おぼん[御盆])이라 한다. 오봉의 분(盆)이 불교의 조상천도 행사인 우란분회(盂蘭盆會)에서 유래됐다고 하나 우란분회 네 자 중에 분(盆)자 하나 같다고 오봉이 우란분회에서 유래된 것 같지는 않다. 추석의 특징은 쟁반같이 둥근 보름달이다. 그래서 한국에서는 '큰 달'이란 뜻인 '한 가위'라 한다. 일본말에서 달을 '가츠'라 하는데 '가위'는 달을 뜻하는 '가츠'가 변한 말이다. 몽골어를 들어 본 사람은 숨이 막힌다. '크', '트', '츠' 등 막혔다 터지는 소리들을 연발한다. 몽 골어는 일본어보다 고어이고 한국말은 일본말보다 새로운 말이라 '가 츠'를 부드럽게 '가위'라 발음한다.

오봉은 원래 한국말 '오오(大) 보름'인데 '보름'이 한음절로 줄어 '봉' 이 된 것이다. 일본말에서 한국말의 라, 리, 루, 레, 로는 생략되어 '보 름'이 '봄'이 되는데 일본말에서 유성음 'ㄴ', 'ㅁ', 'ㅇ'은 'ん'으로 표기 되며 서로 교체가 심하다. '봄'은 곧 '봉'이 된다. 한국말을 모르는 일본 사람들은 '봉'을 한자로 표기하기 위해서 '盆'을 써놓고 우란분회와 연 관을 지었다.

일본 사람들도 한민족이라 달을 보고 쟁반을 생각한다. 그래서 쟁반 을 오봉이라 한다. 오봉에는 한국의 정식 차례를 지낸다. 보통 8월 15

일 전후에 가족끼리 모여 제사를 지내고 성묘를 한다. 한국과 다른 것은 우란분회에서 유래됐다고 스님을 모셔 독경을 한다.

원래 우란분회는 7월 15일이고 한국에서는 백중(百中)이라 한다. 이 백중과 한가위를 결합시킨 것이 일본의 오봉이다.

8월 13일은 무카에봉(迎え盆)이라 하여 제사상을 차리고 저녁에는 환영의 불을 밝힌다. 특이한 것은 오이에 이쑤시개 4개를 꽂아 말을 만들고 가지로 소를 만든다. 조상님 혼이 말을 타고 빨리 오시고 소를 타고 느리게 가시라는 의미에서 만드는 것이다. 이것은 한국 무당집에서 귀신을 부릴 때 하는 흔한 방술이다.

8월 14일~15일에 봉 나까니치(盆中日)라 하여 성묘를 하고 차례를 드리고 스님을 모셔와 독경을 한다.

8월 16일은 오꾸리봉(送り盆)이라 하여 밤에는 제상을 거두고 배웅의 불을 밝힌다. 도로나가시(籠流し)라 하여 등을 물에 띄워 보내기도 한다. '도로나가시'는 한국말 '도로 나가심'이다. 한국에서 제사지낼 때 조상 혼이 찾기 쉽게 불을 밝히고 제사가 끝나면 문밖으로 가지고 나가 지방을 사르는 것과 같은 과정이다.

• **스모**(相撲, すもう)

일본 씨름인 스모는 이름 자체가 한국말 씨름의 변형이다. 이민자들에게는 모국어를 대충 얼버무리거나 빼먹는 '게으른 혀' 현상이 있다.

NHK 드라마 〈사카모토 료마〉

한국말의 '라, 리, 루, 레, 로'는 일본말에서 흔히 생략된다. 씨름이 연음되면 '씨루므'가 되고 여기서 '루'가 생략되어 '씨므'가 된다. '씨므'는 50음도 일본 가나에 없으니 가나 발음으로 하면 스모가 된다. 구름도 같은 현상으로 일본말에서는 '구모'가 된다.

스모가 한국 씨름과 다른 것은 서로 붙잡지 않고 떨어져서 하는 것인데 200년 전만 해도 일본 씨름이 붙어서 했다. 고구려 무덤 각저총(角抵塚)에 씨름하는 장면이 나오는데 떨어져서 하는 것이 보여 붙거나 떨어지는 것이 중요하지 않다.

일본 씨름판은 도효(土俵)라 하는데 이 한자는 소리를 나타내는 이두이다. 풍(豊)의 일본 발음은 '도요'인데 이 '도요'가 한국말 고어인 것 같다. 도효는 한국말 도요가 변한 것이다. 한국의 새 이름 중에 도요새가 있다. 뚱뚱해서 살이 푸짐한 속성이 있어 붙은 이름이다. '뚱(똥)이'가 변한 말이 '도요'이다. 일본말 좌부동의 '부동'이 원래는 이불의 일본말인 '후똥'인데 도요와 같이 뚱(똥)이 변한 말이다. 도효는 흙이나 모래를 뚱뚱이 넣어 쿠션을 만든 씨름판이다.

스모 선수는 사무라이 상투와는 다른 상투를 트는데 스모마게(相撲まげ)라고 한다. '마게'는 한국말 '말개'에서 변형된 말이다. 머리를 '말은 것'의 의미가 있다. 스모 선수는 든든한 훈도시를 차는데 마와시(回し, まゎし)라 한다. 한국말 '말으신 이'가 변형된 말이다. 허리를 말은 것의 의미가 있다.

스모 천하장사를 요코즈나(橫綱, よこづな)라고 하는데 한국말 '옆구리 줄한 이'가 변형된 말이다. 요코즈나는 챔피언 벨트 같은 금줄을 옆구리에 하게 된다. (사진 참조)

스모 선수들은 경기 전 도효에 들어갈 때 소금을 한주먹 뿌린다. 잡된 것을 쫓아내는 의미가 있다. 과학적으로는 살균하는 것이다. 한국 민속에서 잡된 것을 제거하기 위해 소금을 뿌리는 것과 같다. 한국에서는 재수 없는 사람이 가고 나면 문전에 소금을 뿌리는데 일본에도 그런 풍습이 있다.

스모에서는 '시코(四股 – 네 넓적다리)'라 하여 경기 전에 다리를 번쩍 들었다 힘차게 내려놓는 동작이 있다. 사람은 넓적다리가 둘밖에 없으니 '시코'는 소리를 표현하는 이두이다. 시원한다는 의미의 한자는 일본말도 똑같이 시(洬)인데 그 시를 써서 '시원하는 것'이란 의미의 한국말 '시(洬) 것'이 변한 말이다. 태껸에도 경기 전에 선수들이 몇 가지

스모 요코즈나

기술을 시범 보이는데 이것을 '본데 뵈기'라 한다. 시코는 '본데 뵈기'에 해당한다.

선수들이 시합에 열의가 없어 보이면 심판은 핫케요이(はっけよい)라 외친다. 한국말 '할거요 (말거요)'가 변한 말이다. 그러거나 "다가! 다가! 다가라! 다가라!"라고 쉴 새 없이 외친다. 서로 다가가라는 순 한국말이다. 핫케요이나 다가라는 너무 순수한 한국말이라 이두조차 없다. 하지만 일본 스모협회는 그 의미를 모른다.

상대 선수를 넘기거나 장 밖으로 밀어내면 이기는데 한 선수가 밀어서 상대를 금 밖으로 밀려고 하면 심판은 '노콧타(残った, のこった)! 노콧타!'를 연실 외친다. 금까지는 거리를 '남겼다! 남겼다!'를 한국말로 외치는 것이다.

유튜브(http://www.youtube.com/)에서 스모 동영상 한번 보면 이 한국말 외침을 들을 수 있다.

• 아직도 남아 있는 복장과 춤

한민족을 백의민족이라고 한다. 염색 기술은 우수한데 흰옷을 즐겨 입는다. 서양 사람들이 처음 한국에 들어와서 사람들이 백색 옷 일색으로 옷을 입는 것을 보고 놀라 귀신들 모양으로 흰색 옷을 입고 사는 민족이라 했다. 일본도 한국에서 이주한 고대에는 흰색 옷을 즐겨 입었다. 그래서 나라시대를 배경으로 하는 영화에서는 사람들이 흰색 옷

핫바지와 치마저고리

신관의 모자

무녀들

을 입는다. 〈대화개신〉이라는 영화는 철저히 고증해서 만든 영화인데 배우들이 입는 옷은 거의 한국 옷과 흡사하다. 거의 핫바지와 치마저 고리를 입고 있다. (그림 참조)

제사의식이 가장 변하지 않는 법인데 신사의 신관과 무녀들이 입는 옷은 한국 옷과 비슷하다. (그림 참조)

신관은 우리가 상복에 쓰는 건 비슷한 모자를 쓰는데 한국의 신관도

平安高烏帽子と水干と指貫袴

←平安高烏帽子

←水干

指貫袴→

日本の歳時記

身丈 約150cm
桁 約97cm
袖丈 約73cm

신관의 정장

正装（衣冠）
冠
かんむり

常装（狩衣）
烏帽子
えぼし

袍
ほう

狩衣
かりぎぬ

笏
しゃく

袴
はかま

麻沓
あさぐつ

경주 단석산의 신관 부조

신라시대에는 같은 모자를 썼다. 경주의 단석산에 가면 신관들이 나락을 공양하는 부조가 돌에 새겨져 있는데 그런 모자를 썼다. (그림 참조)

옛날에는 모자 끝을 빳빳하게 하는 기술이 없어 끝이 앞으로 구부려

의금부 모자

교토의 청수사 스님들은 우리의 돌잔치에 쓰는 모자도 쓴다.

지거나 뒤로 구부러졌다.

　일본도를 만드는 전통 장인들도 그런 모자를 쓰고 사극에서 문관들도 그런 모자를 쓴다. 한국에서도 그런 모자가 사라진 것은 아니다. 의금부의 포졸들은 그런 모자를 썼다.

　일본에도 농악과 장구춤이 남아있다. 이와테현 모리오카에는 산사춤(盛岡さんさ踊)이라는 장구춤이 있다. 머리에는 꽃 모자를 쓰고 허리에

모리오카(盛岡) 산사 춤(さんさ踊)

드라마 〈오오쿠〉에 나오는 제례의식

는 오색 띠를 두르고 우리나라 장구와 비슷한 중간이 잘록한 북을 들고 춤을 춘다. 한국의 장구춤과 이 장구춤은 분명 한 뿌리에서 갈라져 발전된 장구춤이다.

막부의 여인들이 등장하는 〈오오쿠(大奧)〉라는 일본 드라마가 방영된 적이 있는데 금관을 쓰고 태극 북을 메고 추는 춤이 나온다. 실제 있었던 춤인지 창작된 춤인지는 알 수가 없다. 왜정시대 때 박물관 일본 관리들이 신라금관을 기생들에게 쓰게 하고 장구춤을 추게 하여 문제가 된 적이 있다. 그들의 전통적인 춤을 재현하고자 한 것 같다. 원래 금관은 제정일치 시대에 무당의 제례의식에 썼던 관이다.

왕과 왕비도 한국의 곤룡포와 주름치마, 버선을 신고 있었던 것을 보면, 일본을 건설한 한국인들이 이주 초기에는 한복을 그대로 입고 있었다는 것을 알 수 있다.

• 한국에서 온 닌자

현재까지 전해지는 인술서(忍術書) 중에 유명한 《만천집해(萬川集海)》에서는 닌자의 유래로서 복희와 헌원황제를 들고 있다. 복희와 황제는 동양철학과 동양의술의 원조이니 일본 닌자 전문가들도 여간 특별히 여기지 않는다.

《일본서기》에 "민달천황(584년) 13년에 카후카노오미(鹿深臣)가 백제로부터 미륵석불을 하나 가지고 왔다"라고 기록되어 있다. 이 사람이 코우가 닌자의 본거지인 코우카(甲賀)군을 개척했다고 전해진다. 또 "추고천황(601년) 10년에 백제 승려 관륵(觀勒)이 역법, 천문지리, 둔갑술, 방술을 가르쳤다"는 기록이 있다.

이 두 기록을 근거로 일본 닌자 전문가들은 한국으로부터 인술이 일본에 전해진 것을 확신하고 있다. 한의사인 필자는 한의과 대학에 다니던 시절 《단(丹)》이란 소설의 실제 주인공인 봉우(鳳宇) 권태훈(權泰勳) 선생님과 여러 도사들을 모시고 관륵이 가르친 여러 술법들을 다 공부해 보았다. 관륵이 가르친 동양철학과 방술들은 한의학의 기초 학문이기도 하지만 인술의 기초 학문이다. 특히 둔갑술(遁甲術)은 카멜레온처럼 자신을 주위의 사물로 변화시켜 남의 눈에 띄지 않게 하는 술법이다. 이것이 백제로부터 왔다면 인술이 한국에서 온 것이 분명하다.

　백제로부터 불교를 받아들이고 일본을 율령국가로 만든 것으로 유명한 소아마자와 성덕태자가 닌자를 거느린 것으로 기록되어 있다. 소아마자가 숭준천황을 살해하기 위해 보낸 자객이 도래인 닌자라는 것은 유명하다. 소아마자는 3명의 닌자를 거느렸는데, 그중 하나는 하타(秦)씨의 수장인 진하승(秦河勝)이고 또 하나는 핫토리(服部)씨의 조상 닌자로 이가(伊賀) 닌자의 개조가 된다. 이 닌자가 도쿠카와이예야스의 닌자로 유명한 핫토리한조(服部半藏)의 할아버지이다. 핫토리(服部)는 궁중의 의복을 제조 관리하는 관직에서 비롯된 성씨이다. 마지막 닌자는 오오토모사이뉴(大伴細人)로 성덕태자의 경호원인데 시노비(至能便 - 일본의 한자발음)라 불렸으며 코우가 닌자의 개조가 되었다고 전해진다. (후쿠오카무역관 조은범 과장의 증언)

　닌자의 다른 이름이 '시노비'이다. 원숭이를 뜻하는 한국말 '잔나비'에서 유래된 말이다. 잔나비처럼 성을 기어오르고 지붕과 지붕을 타고 다니며 원하는 곳에 사뿐히 내리기 때문에 붙은 이름이다. 〈시노비(忍び)〉라는 일본의 유명한 닌자 영화가 있다. 한국에서도 상영되었으니 인터넷 영화 상영관에서 다시 볼 수 있다. 또 하나 추천하고 싶은 닌자 영화는 시바료타로 원작의 〈올빼미의 성〉이다.

구마모토 성의 닌자 도우미
한국과 크게 다르게 보이는 쪽발이 돋보인다.

　백제가 망하고 신라 닌자들이 일본에 정탐하러 들어와 야마토 조정
에서 한국 사정에 밝은 비와호 주변의 한국 이주민 닌자들을 고용했다
는 기록도 보인다. (受驗道の本)

　일본에서 닌자의 전성기는 전국시대인데 한국이 삼국간에 심한 전
쟁을 벌이던 삼국시대에도 한국 닌자들의 활동이 활발했던 것 같다.
한국 인술이 제대로 전해 내려오지 못한 것은 누구 때문일까?

　일본 사람은 물론 닌자에 조금이라도 관심 있는 외국인들은 이가(伊
賀) 닌자와 코우가(甲賀) 닌자의 양대 닌자 가문을 모르는 사람이 없다.

이렇게 이들 가문이 널리 알려진 것이 문제이다. 닌자의 숨는 속성 때문에 한국에서 가져온 가문의 성을 유지할 수 있었다. 그 후 닌자 가문이 망하면서 그들의 성을 그대로 쓸 수가 없었을 것이다. 그래서 한자만 바꾸어 한국 성을 그대로 쓰는 불리함에서 벗어났을 것이라 생각이 든다. 이렇게 생각해 볼 때 원래 한국에서 이성계, 이순신, 이정기처럼 이가(李哥) 가문이 무술로 유명하니 이가 닌자는 이가(李家) 닌자이고, 고가(高哥)는 고주몽의 후손으로 고선지 등 뛰어난 무술가들이 많으니 코우가 닌자는 고가(高家) 닌자일 것이다.

한국에서 유래한
일본의 성씨

환무천황이 자주독립을 위해서 한국인과 일본인이 같은 종자라고 쓰여 있는 책들을 불살라 버렸다. 그리고 815년에 그 당시 일본 사람들 전체 성씨의 유래를 기록한 《신찬성씨록(新撰姓氏錄)》을 펴냈다. 신찬이란 이름에서 알 수 있듯이 원래 있었던 성씨에 관한 책을 새로 각색해서 펴낸 것이다. 일본의 성씨들이 한국 사람 일색으로 되어 있으면 일본의 자주독립에 큰 문제가 있다. 조상의 나라인 한국의 간섭이 대대로 정당하기 때문이다. 그래서 힘이 약하거나 대가 끊어진 성씨는 조상을 중국인으로 바꾸고 힘이 있는 가문이더라도 이름이 진(秦)씨처럼 중국 왕족 성씨이고 환무와 자주독립의 뜻을 같이하는 사람이라면 중국 성씨로 분류했다.

이렇게 날조해 놓고 안도의 한숨을 쉬었을 터인데도 일본 학자들이

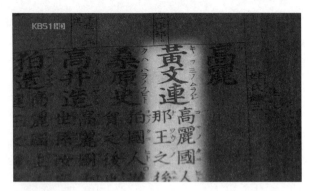

《신찬성씨록》의 내용

　《신찬성씨록》에서 찾아낸 한국 성씨는 전체 성씨의 30%, 한국 학자들이 찾아낸 성씨는 50%나 된다. 백제가 한국, 일본, 중국 연안에 100개의 포구를 가진 나라라고 볼 때는 중국 성씨라도 중국에 사는 백제 성씨일 테니《신찬성씨록》에 나온 일본 성씨의 95% 이상이 한국 성씨인 것으로 유추할 수 있다.《신찬성씨록》은 일본의 성씨를 신별(神別), 황별(皇別), 제번(諸蕃) 셋으로 나누었는데 신별은 일본의 신들에서 유래된 성씨이고 황별은 일본 천황들에서 유래된 성씨이고 제번은 지방 토호들의 성씨이다. 일반 백성들은 그 당시 성씨가 없었다. 신별, 황별의 성씨들은 거의 한국의 조상을 가진 성씨들로 기록되어 있다. 환무천황이 신별 혹은 황별인 자기 조상들의 족보를 날조하는 무례를 차마 범할 수 없었기 때문에 사실 그대로 기록했기 때문이다.

　《신찬성씨록》을 처음 연구한 사람은 전직 도쿄대 역사학 교수인 이노우에 마쓰시타(井上松下)인데 그는 일본 천황이 분명히 백제왕의 후손이라고 기록된 것을 민달천황부터 들고 있다. 《일본서기》에 민달천황이 백제궁을 짓고 살고 백제사를 건립한 것으로 백제왕이란 것을 추정하고 있으나 백제왕이라는 정확한 기록은 없어서 찾다 보니 《신찬성씨록》에 민

《신찬성씨록》의 백제왕 후손이라고 기록된 부분

달천황이 백제왕의 후손이라는 구절을 찾았다.

일본에서는 역사학 교수쯤 되면 이 정도 증거가 있어야 발표를 한다. 날조가 심하지만 쉽게 접할 수 있는 《일본서기》나 《고사기》에 나와 있는 구절로 쉽게 짐작할 수 있는데도 황실도서관에 가서 비공개 한국 관련 역사책을 보고 확신하고 공개된 역사책에 분명한 구절이 있어야 발표한다. 환무천황 때 한국 관련 서적이 모두 불타 없어지고, 임진왜란 전에 한국이 조상이라는 사실이 또 삭제 왜곡되고, 명치유신 때 한국과 관련된 지명이나 신사 이름까지 바뀌고, 한일합방 후에는 한국 역사책 20만 권이 불타 없어졌거나 일본 황실도서관으로 옮겨졌는데 역사책에 없는 사실이니 믿을 수 없다는 말은 할 수가 없다. 역사적 단편을 짜 맞추면 분명한 결과가 나오는데 이렇게 삭제 날조된 역사책들 속에서 분명한 기록을 요구하는 학자는 정말 한심한 사람이다.

홍원탁 교수의 《백제와 대화일본의 기원》이란 책 부록에는 《신찬성

씨록》의 한국 관련 부분이 발췌되어 있는데 한문을 조금이라도 읽는 사람은 일본의 성씨들이 한국 조상들을 가진 것이 분명히 기록된 사실에 눈을 의심할 정도이다. 진실은 왜곡될 수 없다. 왜곡되더라도 시간이 가면 진실은 밝혀진다는 사실을 새삼 느끼게 한다.

이 《신찬성씨록》에 등장하는 고대 선조들은 신라, 백제, 고구려 왕족과 고관들의 후손이 대부분이다. 이 책에 기록된 성씨는 약 300여 개인데 대표적으로 다음과 같다. 그중 백제 왕족의 성씨로는 일본어로 쿠다라(百濟), 이와노(石野), 오오카(大丘), 마쓰다(沙田), 스가노(菅野 – 태재부 천만궁 제신의 성), 오카야(岡屋), 하루노(春野), 오하라(大原), 나카노(中野), 쿠니모토(國本), 나가다(長田) 등의 복성과, 하야시(林), 후미(文 – 왕인박사 후손들의 성)씨 등 단성이 있다.

신라 후예 성씨들은 야마무라(山村), 미야께(三宅), 우나바라(海原), 오이치(大市), 다께하라(竹原), 야마다(山田), 토요하라(豊原) 등의 복성과 이토(系)씨 등 단성이 있다.

고구려 성씨는 고마(高麗), 나가세(長背), 나니와(難波), 고부(後部), 다카이(高井), 다카다(高田), 쿠와하라(桑原), 아사케(朝明), 요시이(吉井) 등의 복성과 고(高), 오(王), 시마(島)씨 등의 단성이 있다.

일본에는 단(檀)씨도 있다. 분명 단군의 후손으로서 붙여진 이름인데 그들은 모를 수도 있다. 알면 성씨를 스스로 바꾸거나 바꾸라는 압력이 가해졌을 것이다. 단씨는 한국에서는 한(韓)씨로 남아 있다. 한국의 왕인 환인, 환웅, 단군의 성은 원래 '하나'를 뜻하는 한의 음을 한자로

표기하다 보니 다르게 표기되었다. 환인은 원래 하나(하늘 – 한 우주, 첫째)의 인간인 한인, 환웅은 하나(땅의 첫째)의 남자인 한웅, 단군은 하나(첫째)의 임금인 한군이었다. 한국의 한씨들도 그들의 성씨의 유래를 모르고 있으니 일본의 단씨가 그것을 알 리가 없다. 일본에서 단씨는 수필가 단태랑(檀太郎)과 그의 누이동생인 여배우 단레이(檀れい)가 유명하다. 일본 사람이면 단레이를 모르는 사람이 없다. 구글 검색에 단을 검색해 보면 그 외에 많은 단씨들의 활동이 나온다.

일본에는 백제씨, 고려씨, 신라씨도 많다. 신라를 숨기기 위한 성씨로 시라기(白木), 시라꼬(白子), 시라히게(白鬚)씨도 있다. 고려를 숨기기 위한 코마(駒), 구마다(杭全), 백제를 숨기기 위한 구다라, 구다라키(久多良木)씨 등도 있다.

보통 성씨는 그 출생지를 성씨로 한다. 일본의 다나까(田中)는 '밭 한 가운데' 살던 사람들이 다나까란 성씨를 얻은 것이다. 우에노(上野)는 '위의 들'에 사는 사람들이 성씨를 얻은 것이다. 시미즈는 '샘물' 주위에 사는 사람들이 성씨를 얻은 것이다. 호소카와(細川)는 '실개천'에 살던 사람들이 성씨를 얻은 것이다. 호소카와 수상이 한국에 왔을 때 비공식적으로 충청도의 세천을 들렀다고 한다. 대대로 전해오던 조상들의 고향을 가보고 싶었던 것이다.

한국의 국가 이름을 성씨로 하는 것은 그 성씨를 가진 사람들이 그 국가에서 온 것을 말한다. 백제씨는 보통 백제에서 온 사람들이다. 고려, 신라씨도 마찬가지이다. 한국의 정(鄭)씨는 중국의 정나라 사람들이

구마(곰) 마을의 구천동 역

다. 진(秦), 진(晉), 진(陳)씨는 중국의 진(秦, 晉, 陳)나라, 위(魏)씨는 위나라, 송(宋)씨는 송나라 사람들이다.

규슈의 한국악이 남쪽으로 뻗어 내린 기슭에 시라기(白木)란 마을이 있다. 시라기 마을 위쪽의 역은 규천동역 (그림 참조)인데 한국의 무주 구천동처럼 산수가 아름답다.

마을 중심에는 백목신사가 있고 주위에는 시라기(백목)씨가 퍼져나간 성씨들이 집성촌을 이루고 있다.

일본에서 그 마을 첫 조상과 같은 성씨는 장자만 쓸 수 있다. 차자는 분가하여 새로운 땅을 개척하여야 하고 성을 비슷한 성씨로 바꿔야 한다. 이 마을 주민들 가가호호 성씨가 나와 있는 상세지도를 보면 성씨들을 어떻게 달리하고 있는지 알 수 있다. (그림 참조) 백상(上) 백박(迫) 백기(崎) 백영(榮) 백삼(森) 백내(內), 백죽(竹)씨 등을 볼 수 있는데 모두 백목 씨에서 분가한 성들이다. 모두 신라 사람들이다.

영토를 개발해야 하는 개척지의 좋은 가계 시스템이다.

서울의 명동에 왔다가 김을 사고 돌아가는 일본 사람들이 아니라 공주나 부여를 방문하는 사람들은 자기들 뿌리가 한국에 있다는 것을 아는 사람들이다. 역사에 조예가 있거나《신찬성씨록》을 접해 본 일본의

백목신사

백목 성씨가 나와 있는 상세지도

지식인들은 자기들의 조상이 한국 사람이라는 것을 어렴풋이 안다. 어느 학자가 나서서 꼭 짚어 주고 언론이 발표해야 되는데 십자가를 지는 사람이 없어 일반인들은 어렴풋이 짐작만 한다. 적극적으로 한국말을 배우고 공주나 부여를 다녀오는 일본인들은 자신들의 뿌리가 한국에 있음을 확신하는 사람들이다.

일본과 한국이 다른 민족처럼 느껴지는 것 중의 하나가 일본이 4글자의 이름을 쓴다는 것이다. 4글자의 이름 중에 앞의 2개가 성이다. 한국도 성을 중국식으로 한 글자로 쓴 것은 통일신라 이후로 생각된다. 원래 한국도 삼국시대에는 주로 4글자의 이름을 썼다. 연개소문(淵蓋蘇文), 을지문덕(乙支文德), 박혁거세(朴赫居世), 흑치상지(黑齒常之) 등이 그것을 증명해 준다.

원래 2글자의 성은 기마민족 계통의 성씨이다. 아직도 한국에 선우, 독고, 제갈, 황보, 남궁 등 2글자의 성이 남아 있다. 원래 기마민족이 아시아 대륙의 선주 종족이고 그들의 성이 한자 2글자로 표기됐다. 이들 중에 중국 서방에서 비롯된 언어를 쓰는 일부가 한족이라고 정체성을 달리하면서 한 글자의 성을 씀으로 스스로 유목민들과 구분 지었다. 현재 중국에 1글자 성보다 2글자의 성씨가 1.5배 정도 더 많은데 그것은 중국에 원래 중국대륙 원주민인 유목민이 한족보다 더 많기 때문이다.

일본은 통일신라 이전의 한국인들이 대부분이라 2글자의 성을 거의 쓴다. 당나라를 끌어들여 삼국을 통일한 신라는 삼국의 영토를 당나라에 거의 다 빼앗기고 왜정시대와 같은 한 글자 성의 창씨개명을 강요받았을 것이다. 이러다 독립전쟁으로 삼국시대 극히 일부의 땅을 되찾은 것이 통일신라이다. 점령한 국가의 역사와 언어를 바꿔 영구히 소유하려는 정치 논리를 근거로 신라의 성씨 변화를 생각하면 쉽게 짐작할 수 있다.

특히 일본 사람들은 그들이 한국으로부터 독립하기 위해서 더욱 2글자 성씨를 고집했을 것이다. 일본이 2글자 성씨를 고집하는 것은 백제 부흥운동을 치열하게 벌였던 귀실복신(鬼室福信)과 흑치상지(黑齒常之), 부여풍장(扶餘豊璋) 왕자의 영향을 많이 받았을 것이다. 삼국시대에 일본에 온 사람 중에 2글자 성으로 유명한 사람은 수수허리(須須許里), 거세금강(巨勢金剛)과 목리만치(木劦滿致)이다. 수수허리는 일본에서 술의 신으로 알려져 있고, 거세금강은 일본에 많은 국보급 그림을 남겼고 옛 초등 교과서에 나올 정도의 화가로 유명하다. 목리만치는 나라시대에 막강한 권력을 가졌던 소가씨의 조상으로 유명하다.

삼국시대 이후에 일본에 온 한국 유민들은 독립을 지향하는 일본에서 불이익을 받지 않기 위해서 성을 2자로 늘려야 했다. 김씨가 일본에 오면 김에 전자를 하나 더 붙여 가네다(金田)라 하거나 산을 하나 더 붙여 가네야마(金山)라 했다. 이렇게 김씨가 변한 일본의 성들이 다음과 같다.

    金木 : かなぎ(가나기)

    金尾 : かなお(가나오)

    金森 : かなもり(가나모리)

    金城 : かなぎ(가나기)

    金盛 : かなもり(가나모리)

    金守 : かなもり(가나모리)

    金原 : きんばら(긴바라)

    金子 : かねこ(가네코)

    金田 : かねた(가네타)

    金井 : かない(가나이)

    金村 : かねむら(가네무라)

    金澤 : かなざわ(가나자와)

여기서 금원(金原)을 '가네'나 '가나'라고 읽지 않고 '긴'이라 읽는 것은 한국에서 일본에 간지 얼마 안 되는 김씨이다. 임진왜란 때 끌려갔거나 그 후에 표류해 갔을 가능성이 크다.

김씨 성을 그대로 쓰는 지조 높은 사람들도 있다.

옛 고구려 땅이었던 동해안에서 빈병을 던지면 주로 니가타 연안에 도착한다고 한다. 니가타에서 전화번호부를 찾아보면 김씨 성의 일본 사람들이 많다고 한다. 그들의 김씨 성은 '곤'으로 읽히는데 보통 한국 말을 한마디도 모를 뿐 아니라 그들이 한국으로부터 온 사실도 모른다고 한다.

일본의
한국신사

일본에는 한국신사, 고려신사, 백제(왕)신사, 신라신사가 있다. 이름에서 알 수 있듯이 한국 사람들이 한국에서 모셔온 신을 모시는 신사들이다. 한국 관계 서적들을 불살랐던 환무, 임진왜란을 계획했던 토요토미 히데요시, 한일합방을 계획했던 명치 때에도 없어지지 않고 살아남은 이름의 신사들이다. 지금도 없어지고 있는 중인데 만약 이들이 한국신사들을 없애지 않았으면 얼마나 많은 한국신사들이 있었을까?

한국 이름을 가진 신사 중에 신라신사가 가장 많다. 신라신사 연구자의 말에 의하면 50여 개나 된다고 한다. 얼핏 보면 백제신사가 많을 것 같은데 신라신사가 많은 이유는 신라사람들이 가장 늦게 대량으로 식민지 일본에 이민을 갔기 때문이다.

필자도 미국에서 이민 생활을 15년간 해보았는데 이민자들은 신을 중심으로 뭉치는 경향이 있다. 신사가 지금의 이민 교회처럼 고향 사람들끼리 모여 고향을 그리는 장이며, 이민생활의 정보를 교환하는 장이며, 이민생활의 괴로움을 토로하고 이민의 꿈을 꾸는 장이기 때문이다.

● 한국신사

《일본서기》나 《고사기》에 나오는 한국은 시대에 따라 3가지로 분류된다. 《일본서기》와 《고사기》의 신들 이야기에서 가리키는 한국은 환인, 환웅, 단군의 한국과 그를 이은 중국 대륙 중앙이던 한(韓)나라를 가리킨다. 삼국시대 이전의 한국은 3한(三韓)을 가리킨다. 삼국시대의 한국은 고구려, 백제, 신라를 가리킨다. 그 이후에는 한국이라 하지 않고 신라, 고려, 조선 등 왕조 이름을 불렀다.

대한제국이 조선이란 국호를 한국으로 바꾼 이후에는 한국이란 것

한국신사

이 어디를 가르치는지 명백해지면서 명치 정부는 일본 전국의 한(韓, 가라)이란 지명을 한자 발음이 같은 신(辛, 가라)이나 당(唐, 가라)으로 바꾸었다. 같이 대륙에서 왔다고 한(漢)국으로 바꾼 곳도 있다. 신사 이름을 아무리 다르게 바꿔도 신의 분노가 두려워 모시는 신은 한신(韓神)임에 변함이 없다.

1) 동대사(東大寺)의 한국신사

세계 최대의 실내 불상이 있고 세계 최대의 목조 건물인 나라의 동대사에 한국신사가 있다. 천황을 신격화하고자 했던 명치는 신불분리령(神佛分離令)을 내려 신사를 절에서 분리시켜 더 크게 만들거나 격을 높였다. 명치 전에는 신불습합(神佛習合)이라 하여 절과 신사를 같이 묶어 신과 부처를 동격시 했다. 이런 경우에는 절과 신사의 크기가 비슷하다.

이렇게 볼 때 동대사의 신사가 꽤 컸을 것으로 짐작된다. 그러나 지금 동대사의 신사는 너무 초라하다.

동대사를 바라보고 오른쪽은 지대가 조금 높다. 그 언덕에 이월당(二月堂)이라는 강당이 있는데 이 이월당에 오르는 샛길에 그냥 지나치기 쉬운 작은 원두막과 같은 것이 있다. 이것이 한국신사인데 가라쿠니신사(辛國神社)란 표석이 있다. (그림 참조)

동대사의 한국신사

동대사의 한국신사 정면

이월당에 오르는 큰길로 가면 안 되고 작은 길을 찾아 올라가야 한다. 한국 사람들이 일본에 관광 가면 꼭 들르는 곳이 동대사인데 한국 신사도 꼭 들러 참배하기 바란다. 한신은 환인을 말하며 환은 순 한국 말 한을 표기하는 이두이고 한은 '하나'에서 유래된 말이니 곧 하나님 이다. '하나님이 보우하사'의 구절이 있는 애국가를 부르는 한국인은 참배하지 못할 이유가 없다.

동대사 스님들은 이곳에 텐구(天狗)가 산다고 한다. 동대사의 큰 행사 가 있을 때는 텐구가 행사를 방해하지 않게 제사를 한다고 한다. 분명 여기에서 단군 제사를 모셨고 단군을 모르거나 부정하는 후세의 중들 이 발음이 비슷한 텐구로 제신을 바꾸었을 것이다.

2) 한국악 근처 한국신사

규슈 가고시마에 있는 국분시(國分市)에 한국우두봉(韓國牛頭峯)신사가 있다.

한국우두봉신사 안내지도

JR 국분역에 내려서 남서쪽 으로 계속 내려오면 산으로 막히는데 그 산의 기슭으로 난 길로 한 바퀴 돌아 북쪽으 로 올라가면 도리이가 있다.

이 국분(國分)시가 천손강림 의 신화가 있는 한국악 기슭

한국우두봉신사 입석　　　　　　한국우두봉신사

이다. 한국악은 주봉이고 한국악이 뻗어내려 이 신사 위에 또 봉우리
가 맺혔는데 여기에 웅습굴과 웅습산성이 있었다.

　원래 이 지역은 웅습족이 살던 지역의 중심이라 웅습족의 소도가 있
었던 곳으로 추정된다. 웅습(熊襲)의 일본 발음은 구마소이다. '곰의 소
도'라는 뜻이다. 이들은 원래 고조선 때 이주한 사람들인데 후에 가야
와 백제에서 온 사람들에게 토벌당한다. 마지막 항전지가 웅습산성이
고 웅습족의 우두머리가 마지막으로 살해당한 곳이 웅습굴이다. 국분
시라는 이름은 이 지역이 마지막까지 국가가 갈라져 있었기 때문인 것
같다.

　우두봉이란 곧, 소도봉을 말하는 것으로 웅습산의 소도가 있는 봉우
리나 한국악이나 일본 천황의 할아버지 니니기의 고천수봉(高千穗峰)을
뜻한다.

3) 응신천황릉 근처의 한국신사

오사카 남부 교통 중심지 천왕사 역에서 몇 정거장 안 되는 갈정사 (葛井寺)역에 내리면 도보로 갈 수 있는 곳에 있다. 갈정사역에서 내려 남쪽으로 번화한 시장통을 지나 갈정사 정문이 보이는 곳에서 좌회전 하여 잠깐 걸어가면 나무가 우거진 집이 보이는데 그것이 한국신사이 다. 그냥 지나치기 쉽다. 한국신사 중에 가장 번화하고 교통 좋은 곳에

가라쿠니신사

가라쿠니신사 현판

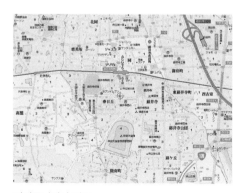
가라쿠니신사 지도

있어서 가라쿠니(辛國)신사로 이름이 바뀌었다. (그림 참조)

이 동네가 한일합방 전까지 백제군이었고 갈정사도 백제왕족의 절이고 응신천황은 백제 정복왕이었으니 여기에 있는 가라쿠니신사가 한국신사임은 논란의 여지가 없다.

• 고려신사

매스컴을 통해 도쿄 북부 외곽에 고려신사가 있는 것이 잘 알려져 있다. 일본에 고려신사가 있는 것을 한국 사람들은 신기해 한다. 잘못된 역사교육의 산물이다. 일본 땅은 삼국시대에 삼국의 신대륙과 같은 땅이니 많은 삼국 사람들이 이민을 갔고 그들의 조상을 모시는 신사가 곳곳에 있는 것은 당연하다. 소량의 이민은 그 나라가 존재할 때 식민지의 형태로 이루어지지만 대량의 이민은 삼국 중에 한 국가가 망할 때 이루어진다. 한반도에서 사라진 국가는 가까운 일본에서 그 명맥을 유지한다고 보면 된다. 한반도에서 사라진 가야는 일본의 규슈에서 천손강림의 신화를 만들고 일본에서 다시 시작한다. 한반도에서 사라진 백제는 일본에 나라지방에 나라를 건설하며 다시 시작한다. 고구려는 일본의 관동지방에서 나라를 다시 시작하여 일본에서 새 문화의 중심을 도쿄로 옮겨오는 데 주축이 된다.

한반도에서 국가가 망한 순서대로 일본 정치문화의 중심이 이동된다. 부여는 한반도에서 가까운 규슈로, 백제는 보다 먼 오사카와 교토,

나라, 관서지방으로, 고구려는 가장 먼 도쿄의 관동지방으로 망한 순서대로 자리를 잡는데 일본에 수도가 옮겨가는 것과 일치한다. 일본 땅이 완전히 빈 땅이 아니라 원래 아이누라는 원주민이 있었기 때문에 그들을 한반도에서 가까운 땅에서부터 순차적으로 몰아내면서 건설된 것이 일본이기 때문이다. 이렇게 일본이란 국가의 형성 과정이 간단히 이해될 수 있는데, 일본의 역사 조작에 휘말려 일본에 고려신사가 있는 것을 한국 사람 누구나 신기해 할 정도로 고대 한일관계의 역사지식이 왜곡되어 있다.

고려는 고구려의 원래 이름이고 고구려는 중국 한족들이 고려를 비하하여 부르는 이름이라 했다. 고구려 이주민들은 고려신사에 그들의 조상신들을 모셨으니 관동지방뿐 아니라 일본 전역에 그들이 가는 곳마다 고려신사를 세웠다. 그러나 일본이 한국으로부터 독립하여 자주의식이 생긴 이후 직간접적인 압력으로 대부분의 고려신사가 이름을 비슷한 이름으로 바꾸었다. 구마다신사(杺全), 구마(許麻), 고라이(高良)신사 등이 고려신사가 바뀐 이름이다. 고구려의 일본말이 곰을 뜻하는 구마인데 구마다는 곰의 땅이란 뜻이다. 구마가 고구려이니 그대로 고려신사이다. 고라이는 고려의 한국 발음을 비슷하게 표기한 한자 이름이다.

정확하게 고려신사라는 이름을 쓰는 곳은 도쿄에 붙어 있는 사이타마현의 고려신사이다. 이 신사는 고려 왕족인 약광이 세운 신사이고 그 주위에 고구려 이주민이 가장 많이 살았기 때문이다. 그만큼 고구

고려신사 전경

고려신사 현판

고려신사 본전

려인으로서 긍지가 강해 어떤 협박과 불이익에도 그 이름을 지켜냈다.

원래 그 지역은 고려군이었고 구마 고오리(고을)로 불렸다. 고려신사의 뒷산은 고려산이고 거기에는 고려왕묘가 있고 그 앞을 흐르는 시내의 이름은 고려천이다. 가장 가까운 역의 이름은 고려천역이다. 고려산에는 성천원(聖天院)이라는 고려왕을 부처(不動尊)으로 모시는 절이 있고 마당 한편에는 고려왕 약광의 석상이 있다.

고려왕묘   고려산 입구의 산문

    고려산 입구에는 산문이 있는데 현판에는 고려산이라 적혀 있고 이
문의 양쪽에는 뇌신(雷神)과 풍신(風神)의 목상이 있다.

    뇌신의 둘레에는 그 원형의 테가 있고 여기에는 삼태극이 그려진 북
들이 붙어 있다. 땅에 소생하는 만물을 변화시키고자 할 때는 서로 다
른 음을 가진 북을 울려 그 변화를 시동하는 것이 뇌신의 임무인 것 같
다. 이들은 안정을 바라는 인간들에게 두려운 존재라 신성한 곳으로
들어가는 사람들을 근신시키는 역할을 했을 것이다.

    사람들이 그 뇌신과 풍신의 상을 알아보지 못하고 그 의미를 모를까
봐 문의 천장에는 뇌신과 풍신이라 쓴 등을 달아 놓았고 천장에는 사
람의 뜻을 신에게 알리는 봉황을 그려 넣었다.

    뇌신과 풍신은 단군신화에서 환웅과 함께 지상으로 내려오는 대표
적인 신들(風師, 雨師, 雲師)이며 절의 산문에 서있는 인왕력사, 사천왕상
의 기원이 된다. 도쿄의 유명한 아사쿠사 산문도 이런 형식으로 되어

고려산 산문의 뇌신

고려산 산문의 풍신

고려산 산문의 뇌신 풍신 등(燈)

고려산 산문의 현판

고려산 산문 천장의 봉황

고려산 산문 앞의 장군표

있다. 고구려 절의 산문이 이런 형식인 것으로 보아 환웅을 모시던 대웅전으로 들어가는 문이 아마도 이런 형식이었을 것이다.

산문 앞에는 천하대장군과 지하여장군 상이 있다. 이들은 장군표(將軍標)라 한다.

• 백제신사

백제신사라고 이름이 그대로 남아 있는 신사는 일본에 없다. 일본이 백제와 연관이 없기 때문에 백제신사가 없는 것이 아니라 백제와 연관이 너무 많아 백제신사가 없는 것이다. 여느 국가 내의 소수민족은 그들의 국가와 민족 신을 내세우나 다수는 그들의 국가 이름은 내세우지 않고 민족 신만 숭배한다. 그들에게는 그들의 조상인 스사(환웅)를 모시는 하르방(八幡)신사가 있기 때문이다. 교토의 서북방 하라가타(木方)시에는 백제사 폐사지가 있고 그 옆에 백제왕 신사가 있다.

특정한 백제왕들을 모시는 신사라 그런 이름이 붙었다. 백제왕 신사도 현판을 보면 백제왕 조상과 환웅의 다른 이름인 우두천황(소도천황)을 동일시하고 있다. (그림 참조)

백제왕신사 지도

백제왕신사

백제왕신사 현판

• 신라신사

삼국의 국가 이름을 표방한 신사 중에 신라신사가 가장 많다. 가장 늦게 일본에 정착해서 가장 소수민족으로 소외되어 있었기 때문인 것 같다. 신라신사도 시라기(白木)신사, 시라히게(白鬚)신사, 시라이(白井)신사, 시라이시(白石)신사 등으로 바뀌었는데 일본인 신사 연구가에 의하면 최근까지 신라신사였다고 고증된 것만 50여 개가 된다고 한다. 명치 이전에는 2,700여 개나 됐다고 한다.

아직도 신라신사로 명확히 표기된 것 중에 필자가 다녀온 것만 여기에 열거해 보겠다.

• 신라선신당 滋賀県 大津市 園城寺町 新羅善神堂

교토 북동쪽, 비와호 남쪽, 대진시, 원성사 한편에 있다. 신라신사 중에 가장 노출이 많이 되어 있다. 비와호 기슭의 원성사는 산꼭대기의 일본 천태종의 본산인 연력사와 함께 일본의 대표적인 절이다. 이 절의 터주 신사인 신라선신당은 큰 원성사 못지않게 원

신라선신당

래 큰 신사이다. 일본의 대표
적인 절들 사이에 끼어 있어
신라라는 이름 노출이 심해
탄압받은 대표적인 사례이
다. 신라를 지키는 신관 한
명 없고 신사는 황폐되고 본
당 하나만 일본 건축사에 빛
나는 국보라 남겨져 있다.

신라선신당

차라리 백목신사로 이름을 바꿔 남아 있었으면 하는 아쉬움이 남는
다. 제신은 신라대명신으로 연력사 주지인 엔친이 당나라 유학하고 돌
아올 때 배가 풍랑으로 침몰할 위기에서 구해 준 신이라 한다. 이것은
신라선신당에 신라 이주민들이 세운 신사라는 것을 숨기기 위한 것이
다. 비와호 주변은 역사적으로 볼 때 신라 이주민 인구가 가장 많았던
지역이고 그곳에 있는 절의 유명한 스님들이 신라 사람들이다. 신라선
신당이 세워질 때는 백강구 전투에서 일본이 신라와 적대적 관계에 있
어 엔친이 백제 사람이라면 신라대명신이 백제 사람을 구해 줬더라도
신라선신당을 세워 신으로 숭배하기 어렵다.

원성사는 한국과 같은 일반 절이 아니다. 신사와 절을 혼합한 수험
도 계통의 절이다. 애당초 신사를 위주로 지은 절이다. 원성사의 다른
이름이 삼정(三井)사이며 일본 발음은 '미이데라'이다. 한국말 '미의 절'
이 일본말로 발음이 변형된 것이다. 삼정사란 한자어는 '미의 절'을 표

신라선신당 남원   신라선신당 중원   신라선신당 북원

현하기 위한 이두인 것이다. 신이 일본말로 '가미'인데 보통 '미'라고
줄여 표현하기도 한다.

신, 왕, 용, 물, 삼이 모두 미이고 모두 '중심'이란 공통적인 의미를
가지고 있다. 일본 왕실에서 모시는 신이 한신과 원신이라고 했다. 일
본의 원신 일본 발음은 '소노가미'인데 이 원신이 거주하는 성이 원성
이다. 이 소노가미의 절이 원성사이니 '미의 데라'는 '소노가미의 데
라'가 줄은 말이다. 전에 소노라 발음되는 원(園)은 소도를 그린 글자라
했다. 소노가미는 소도의 가미이니 원성은 원진의 배에 나타나서 이름
을 밝힌 신라국신이 사는 원성이 맞다. 지금은 전형적인 절의 한구석
에 처박힌 초라한 신당이지만 원진이 중흥한 당시의 그림을 보면 신라
선신당이 얼마나 대단한 신사인지 알 수 있다.

이 옛 그림은 북원, 중원, 남원 세장으로 이루어져있다. 이 3장의 그림은 같은 크기로 그려져 있다. 원성사의 도보(圖譜)에는 신사가 주로 있는 북원이나 남원은 아주 작게 실어 그 신사들을 눈이 뚫어져라 자세히 보면 신라

주길신사의 연못

신사는 신라사(新羅社)라고 표기되어 북원은 신라신사가 거의 다 차지하고 있다. 왼쪽 구석에 주길(住吉)신사가 있는데 주길신사의 제신은 항해를 주재하는 신라 신이라 알려져 있으며 오사카 남쪽에 어마어마한 주길신사가 있고 전국에 지사가 하찌만신사만큼이나 많다.

단지 신라란 이름이 들어 있지 않아 번성한 것이다. 8・15 해방 전까지만 해도 신라선신당은 지도에 신라사로 표기되어 있었다고 한다. 신라신사에서 가까운 일본국철 역 이름은 오우미교(近江京)이다, 천지천황 때 수도의 중심지이다. 전철역 주변이 고료(御陵)정인데 그 지역의 유적이 한국과 관련 있고, 한국 이주민들이 살았던 곳에는 고료라는 지명이 있다. 나라의 백제사 주변도 고료이다. 역사적으로 일본이 한국을 부르는 명칭이 신화시대의 한국, 신라, 고려, 조선에서 다시 한국으로 바뀌어 왔다. 역과 신라신사 사이에는 시청이 있다. 신라신사 주위가 한때 수도의 중심지였다.

신라선신당

원(園)이라는 한자는 솟은 흙 위에 제사를 드리는 상형 문자로 신사라는 의미가 내포되어 있다. 큰 신사는 신이 사는 신전 앞에 예배를 드리는 배전이 위치한다. 지금 신라선신당은 배전은 사라지고 신전만 달랑 남아 있다. 건축의 가치만 돋보이는 국보만 아니었다면 진작 사라졌을 건물이다. 옛 그림의 신라신사는 신전과 배전이 따로 담으로 둘러쳐진 아주 큰 신사였다.

풍수적으로 볼 때 원래 신을 모시는 곳은 북쪽 산으로 갈수록 높은 지위의 신을 모신다. 북원 전체에 신라신사가 있다는 것은 원성사가 신라대명신을 위한 절이라고 볼 수 있다. 이 옛 그림을 보면 원성사는 소노가미의 절이라는 것을 알 수 있다. 남원은 삼미(三尾)신사와 백산(白山)신사가 차지하고 있다. 백산사는 백두산 신을 모시는 신사이고 중원에 금당과 몇 개의 집들만 불교를 위한 전각이고 금당 주위도 구마노신사와 호법신사 산왕신사에 둘러싸여 원성사가 절이라고 말하기 힘들 정도이다. 오죽했으면 '신의 절'이란 뜻의 '미의 데라'라고 했을까?

원래 원성사는 백제를 도와 백강구 전투에 거의 전력을 파견한 천지천황의 아들이 아버지를 위해 지은 절이다. 천지천황은 백강구 전투에

도독부

서 패한 후 수도를 이쪽 오미로 옮긴 천황이다. 임신(壬申)의 난으로 형이라고 하나 실제 나이는 어린 정체불명의 천무천황에게 찬탈당한다. 천무천황은 왕위에 오른 후 관직과 관복을 신라식으로 바꾼다. 신라객 김갑식이 천무천황으로부터 포상을 받고 신라로 떠나는 기록도 나온다. 신라 장군이 왕위 찬탈의 공을 세우고 신라로 돌아가는 것일 게다.

이때 당나라의 도독부가 일본에 설치되어 있다가 천무천황 이후로 철수한다. 당나라가 백제를 멸망시키고 신라를 지배하기 위해서 설치한 감독기관이 웅진도독부이다. 일본도 도독부가 설치되었던 흔적이 있다. 일본 규슈에 한국 사람들의 관광지로 유명한 태재부 천만궁 근처 태재부 유적지가 있는데 태재부정청이 있어 한국과 중국의 외교를 담당하던 곳이라 한다. 여기에 비석이 있는데 도독부고지(都督府故址)라고 선명하게 쓰여 있다.

분명 일본이나 규슈 도독부였을 것인데 비석의 윗부분이 잘려져 나갔고 명치는 이것을 감추는 비석을 이 주위에 2개나 더 세웠다. 이 주위에는 백강구 전투에서 도망한 백제와 일본 연합군이 쌓은 백제식 산성이 두 군데나 남아 있다. 정말로 나당연합군과 전투를 벌이지 않았을까? 그런데 왜 백제식 산성을 오우미까지 쌓으면서 도망을 갔을까? 그때 일본은 백제의 담로(제후국)이었는데 백제를 모두 다 점령하지 않고 왜 나당연합군이 추격을 포기했을까? 도독부 비석은 무엇이고 천무천황은 왜 신라식 관제와 관복으로 바꾸고 신라신사와 신라계 스님들이 지은 절들이 왜 오우미에서 번성했을까?

천태종 본산인 산 위의 연력사 3대 조실은 엔친(圓珍)이고 5대 조실은 입당구법순례행기(入唐求法巡禮行記)로 유명한 엔닌인데 엔닌이 신라 선원들의 도움을 받아 당으로 항해하고 장보고의 도움으로 신라 배를 타고 귀국하는 것으로 보아 신라와 밀접한 관계를 갖고 있다. 신라 선원들 중에 당나라 말을 통역해 주는 사람은 있는데 일본말 통역은 없는 것으로 보아 밀접한 관계를 넘어서 엔닌과 같이 간 일본 사람들이 일본에 사는 신라 사람들인 것 같다. 아니면 이때는 한국말과 일본말이 갈라지기 전이라 서로 통했을 것이다. 선배인 엔친도 당으로 갈 때 신라 배를 타고 갔다 왔을 것이고 신라대명신을 모시다 신라국신의 현신을 보았고 원성사에 신라국신을 모시는 신라신사를 세웠으니 일본 조정이 완전히 신라로 넘어 간 것 같다. 일본이 한국에 와서 신사참배를 강요한 것과 같은 맥락으로 보아야 한다.

원성사는 막부를 만든 겐지 가문의 씨사(氏社 - 가족 절)로 유명한데 겐지(源씨)는 일본말로 미나모 또라 부른다. 한국말 '물의 밑(本)'이 변형된 말이다. 원성사가 있는 곳이 오우미(큰물)이니 미나모또는 이곳을 가르친다고 할 수 있다. 겐지가 이곳에서 유래한 신라 세력이라고 할 수 있다. 일

신라삼랑묘

본 무술 합기도를 만든 사람인 미나모또 요시미츠(原義光)는 호가 신라삼랑(新羅三郎)이고 원성사 근처에 신라삼랑의 신라식 무덤이 있다.

신라삼랑은 일본 전역의 가는 곳마다 신라신사를 세운다. 신라삼랑이 세운 신라신사의 제신이 신라삼랑일 때도 있는데 그것은 주된 제신이 아니고 보통 스사노오 노미고또가 제신이다. 신라삼랑 때는 주 제신이 신라대명신이었을 것이고 스사가 신라 땅에 먼저 내린 신이니 신라대명신은 곧 환웅인 스사일 것이다. 소도의 신인 원신도 우두천황이라 불리는 소도의 신, 스사노오 노미고또일 것이다. 한신은 한민족의 신이니 환웅의 아버지인 환인일 것이다.

교토역에서 국철 호서선을 타고 오우미교에 내려 황자공원 쪽으로 나가 첫번째 큰 사거리에서 시청 쪽으로 좌회전한다. 지방검찰청이 나오면 우회전하여 산 쪽으로 올라가면 서넘사가 나오는데 이 맞은편이 신라선신당이다. 표지판이 잘 안 되어 있으니 구글 지도를 인쇄하여

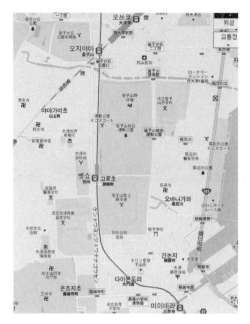

신라선신당 지도

가지고 가야 한다.

전철을 타고 별소역에 내려서 갈 수도 있고 미이데라 역에서 내려 원성사를 구경하고 역사박물관 뒤로 나 있는 역사의 길을 따라 산속 길로 갈 수도 있다. 그 길로 가면 중간에 신라삼랑의 묘도 볼 수 있다. 숲속에 있는 오솔길이라 너무 한적해서 으시시하지만 이정표는 역사의 길이라 잘 되어 있다.

• **오사카 우치시의 신라신사** 宇治市 菟道 滋賀谷 21

오사카의 요도바시(淀屋橋)에서 게이한본선(京阪本線)을 타고 중서국(中書局)역에서 우치선을 갈아타고 우치(宇治)역에 내린다. 여기서 미무로토데라(三室戶寺)를 찾아가면 된다. 역에서 1.5Km 떨어져 있다.

이 절에 대문을 들어서자마자 왼쪽에 도리이가 있는데 신라대명신이라고 현판이 있다. 신전이 동대사의 가라쿠니 신사보다 더 작다. 없

신라신사

신라대명신 현판

신라신사 본전

애지 않은 것만도 다행이다.

　이 절 이름이 미무로토이다. (개)미 머무는 터이다. 원래 소도에 신라 신사가 생기고 후에 미무로토 데라가 생긴 것이다. 이 지역 이름이 우 치인데 우치는 일본 발음이 우시이다. 소와 발음이 같다. 이 이름도 소 도를 표현한 이두이다.

• 히메지의 신라신사 兵庫県 姫路市 四郷町 明田 新羅神社

오사카에서 JR(일본국철) 산요본선(山陽本線)을 타고 히메지 성으로 유명한 히메지에서 한 정거장 전 고차쿠역(御着驛)에서 내린다. 여기서 택시를 타고 이 지도를 보여주면 데려다 준다. 필자의 경우에는 택시 운전사가 처음 가본다고 헤맸는데 근처에서 택시미터를 정지시키고 동네 사람들에게 물어보고 찾으니 택시 요금은 상관없다.

이름이 신라신사라고 신사 부지에 집들을 다닥다닥 붙여서 지어 놓았다. 걸어가기는 멀고 택시를 타야 한다. 철저히 격리를 시킨 것이다.

• 시코쿠의 신라신사

1) 명문시의 신라신사 德島県 鳴門市 鳴門町 土佐泊浦 土佐泊 新羅神社

고베 앞바다와 시코쿠를 연결하는 담로라는 섬이 있다. 이 담로와 시코쿠가 연결되는 지점에 명문공원이 있는데 명문공원 남단에 신라신사가 있다. 오사카역에 시외버스 터미널이 있는데 거기서 버스를 타고 가서 명문공원에 내려 택시를 타면 가장 빠르게 갈 수 있다. 시외버스는 예약해야 하는데 인터넷으로 예약해서 로손 편의점에서 표를 사면 된다.

시코쿠(四國) 도쿠시마(德島) 명문(鳴門)시의 명문은 일본말로 나로토라 읽는데 나루터를 한자로 쓴 이두이다. 여기는 파도가 세서 일본의 유

히메지의 신라신사

히메지의 신라신사 현판

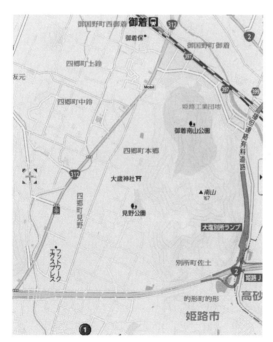

히메지의 신라신사 지도

나로토의 신라신사

나로토의 신라신사 본전

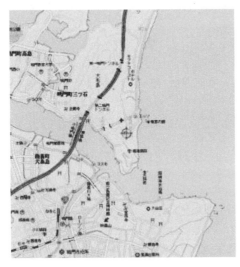
나로토의 신라신사 지도

명한 서핑 해변이고 유명한 소용돌이가 있어 이 소용돌이 구경이 명문
의 관광코스이다.

지금은 관광지로 유명하지만 옛날에는 파도가 심해 위험한 나루터였다. 신사가 꼭 필요한 곳이었다. 그때 신라 사람들이 무사항해를 빌었던 곳이다.

2) 금장사의 신라신사 香川県 善通寺市 金蔵寺町 新羅神社

JR 토사선을 타고 곤조지역(金蔵寺驛)에서 내려 큰 길을 찾아 좌회전하여 계속 가면 좌측에 도리이가 나온다. 그것이 금장사의 신라신사 쪽 입구이다. 금장사 표지판을 쫓아서 가면 금장사 정문 쪽으로 들어가는데 우측에 있는 작은 건물이 신라신사이다.

경내에 표지판이 없기 때문에 한참 찾아야 했다. 신라신사는 좀처럼 노출시키지 않기 때문에 표지판이 없다.

일본 인터넷 지도 Mapion은 자세해서 좋은데 보통 신라신사를 표기하지 않는다. 그래서 일본어를 잘하지 않으면 꼭 구글 지도나 야후 지도를 인쇄해서 가야 한다.

이 일대는 엔친이 탄생한 곳이다. 엔친도 뿌리를 찾아가면 신라 사람이다. 신라선신당의 안내판에는 엔친이 개인적으로 숭배하는 신으로 적혀 있다. 일본 사람들 모두가 섬기던

금장사의 신라신사

금장사의 신라신사 도리이   금장사의 신라신사 현판

금장사의 신라신사 지도

신인 것이 싫어서 그렇다. 엔친이 가는 곳마다 절을 세웠는데 항상 신
라신사를 같이 세워 신라대명신을 모셨다.

• **히로시마의 신라신사** 廣島 安佐南區 祇園 5-25-52

히로시마 횡천(横川)에서 JR 가부(可部)선을 갈아타고 하기원역(下祇園驛)에서 내려 히로시마경제대학으로 올라가 두 갈래 길에서 우측으로 도는 동산에 있다. 원자폭탄 투하로 다 파괴된 것을 다시 이곳에 재건

히로시마의 신라신사

히로시마의 신라신사 현판

히로시마의 신라신사 안내도

히로시마 백목신사

한 신라신사이다.

이 동네 이름이 기원정(祇園町)인데 하찌만신사를 보통 기온신사라 하는데 기원(祇園)이란 글자를 풀어 보면 터주신 기에 동산 원자이니 터주신의 동산이란 뜻이다. 터주신의 동산이니 솟터, 곧 소도를 뜻한다. 원 하나만 써도 소도라는 뜻이 되나 그 뜻을 명확히 하기 위해 두 글자로 쓴 말이다. 원은 원신, 곧 소노가미를 말한다. 스사(환웅)이나 대국주신(단군)을 말한다.

기차를 타고 종점까지 가면 백목(白木 – 시라기)산이 나온다. 백목산은 신라산을 한자로 다르게 쓴 것이다. 신라신사가 신라산 기슭에 자리 잡은 것이다. 이 지역이 얼마나 신라와 연관이 있는지 알 수 있다.

백목산 산정에도 백목신사가 있는데 본사가 초라하니 말사는 더욱 초라하기 그지없다.

• **시마네의 신라신사** 大田市 五十猛町

한국의 신라 지역에서 표류를 하면 닿는 일본 본주의 동해안에 있는 신사이다. 돗토리현 마쓰에(松江)에서 JR 도카이산인본선(東海山陰本線)

시마네의 신라신사

시마네의 신라신사 내부

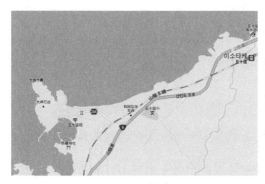

시마네의 신라신사 지도

시마네의 신라신사 현판

시마네의 신라신사 앞 한향도

시마네 신라신사 앞 한도 지도

기차를 타고 규슈 쪽으로 가면 오오다역(大田驛)을 지나 이소다케역(五十猛驛)에서 내리면 된다. 여기서 15분 정도 걸어서 해안가 도로를 따라 내려가면 오오우라(大浦)항이 나온다. 이 항의 좌측 언덕에 있는 시마네 신라신사는 한국 경주를 바라보고 있다.

현판은 한신(韓神) 신라신사라고 쓰여 있다.

제신은 역시 스사이다. 이 신사가 있는 산은 한산(韓山)이고 포구는 원래 한포(韓浦)라고 불렸고 여기서 보이는 섬이 한향도(韓鄕島)라 한다. 여기서 해안가를 따라 20분쯤 더 내려가면 섬이 하나 나오는데 이름이 한도(韓島)이다.

• **이마조의 신라신사** 福井県 南条郡 南越前町 今庄 字不老清水80-5

오사카에서 JR 호쿠리쿠선(北陸線)을 타고 비와호를 지나고 쓰루가(敦賀)를 지나 이마조역(今庄驛)에 내리면 역 좌측에 마을 지도가 나오는데 신라신사를 찾을 수 있다. 역에서 잠깐 걸어가면 신라신사가 나온다.

그 주위에 시라히게(白鬚)신사도 있는 것으로 보아 이 마을이 신라

이마조의 신라신사 도리이

이마조의 신라신사 본당

이마조의 신라신사에 있는 한복 인형

이주민들의 마을이 틀림없다. '이마'는 '지금'이란 뜻으로 이맘(때)가 변한 말이다. 옛 마을이 아니라 '지금 만든 마을'이란 뜻이다. 마을 이름 이마에 이주민의 새마을이란 뜻이 담겨 있다.

역에 북한 것으로 여겨지는 한복 입은 인형이 진열되어 있는데 북한 관리가 다녀간 것 같다.

나고야의 신라신사   나고야의 신라신사 지도

• **나고야의 신라신사** 岐阜県 多治見市 御幸町 2丁目 99 新羅神社

신라신사 중에 가장 번화한 곳에 위치한 신라신사이다. 대부분의 신
라신사가 상주하는 신관이 없는 초라한 곳이다. 여기에는 신관도 있고
활발하게 신사의 역할을 하는 유일한 곳이다.

나고야에서 JR 주오본선(中央本線)을 타고 다지미(多治見)역에서 내려
잠깐 택시를 타면 도착한다.

• **남부정의 신라신사**

오다 노부나가에게 패했지만 군신(軍神)으로 알려진 다케다 신겐(武田
信玄)의 고향에 세워진 신라신사이다. 다케다(武田)는 겐지(源)에서 파생
된 성씨로 이 지역 이름을 딴 가이겐지(甲斐源氏)라 한다. 다케다 신겐은
신라삼랑의 후손이다.

남부정의 신라신사 지도

남부정의 신라신사

남부정의 신라신사 계단

　　남부정은 후지산이 뻗어내려 맺힌 백목산 기슭, 후지천 건너에 있는
작은 동네이다. 이 주위는 남거마군(南巨摩郡)에 속하는데 거마군은 일
본말 '구마 고오리'를 한자로 표현한 이두이다. 한국말 '곰 고을'이 변
한 말이다. 백목산의 일본 발음은 시라기 야마로 신라의 일본 발음과

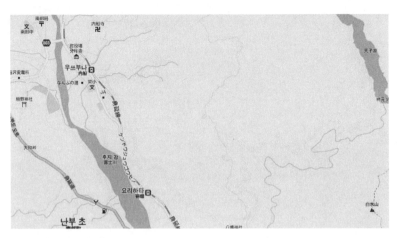

남부정의 신라신사 지도

같다.

　설립 당시는 가장 큰 신사였으나 이름 때문에 지금은 초라한 신사로 남아 있다.

　오사카에서 도쿄행 신간선을 타고 신후지(新富士)역에서 내려 후지역에서 JR 신연선(身延線)으로 갈아타고 내선(內船)에 내리면 된다. 내선은 일본 발음으로 우츠부네인데 한국말 웃분(위의 분)이 변한 말이다. 신라신사의 신라명신이 윗분이라 우츠부네라 부른 것 같다.

• 하찌노헤의 신라신사 青森県 八戸市 長者 1丁目 6-10 新羅神社

　일본에서 가장 북단에 있는 신라신사이다. 혼하찌노헤역(本八戸驛)에

하찌노헤의 신라신사

하찌노헤 신라신사의 지도

서 내려 택시를 타고 남쪽으로 잠시 내려가면 신라신사에 도착한다.

신간선을 타고 하찌노헤역에서 하찌노헤선으로 갈아타야 혼하찌노헤(本八戶)역에 도착할 수 있다. 혼하찌노헤는 본래 여기가 하찌노헤라는 뜻이다. 처음 개척시대에는 마을에 여덟 집밖에 없어 이런 이름이 붙었을 것이다. 이 여덟 집 중에 한 집이 신라신사였을 것 같다. 장자산(長者山)이라는 나지막한 산에 있는 신사로 신라삼랑이 만든 신사라 한다. 신라삼랑이 아이누를 여기서 바다건너 홋카이도로 몰아내고 이 지역을 통치할 때 만든 신사라 한다.

신기하게 이 신사 안에는 3개의 현판이 있다. 신라신사 좌우에 고토

하찌노혜의 신라신사 현판

하찌노혜 신라신사의 격구

하찌노혜 신라신사의 포스터

비라신사와 하찌만신사가 있다. 이 세 신사가 같이 마쯔리를 거행한다고 하는데 신라에서 유래되었거나 스사처럼 신라에서 온 신을 모시는 신사이다. 이 세 신사가 어깨를 나란히 하던 신사인데 다른 신사들은 번성했으나 신라신사만 이름 때문에 존폐 위기에 몰려 있다.

이 신라신사는 주위의 두 신사들이 도와주어서 그런지 행사가 활발하다. 고려시대 유행했던 격구가 이 신사에서 행해진다. 말 모양을 한 모자를 쓰고 추는 말 춤은 국가 민속문화재로 보호받고 있다. (그림 참조)

이름 때문에 없앨 수 없는 역동적이고 독특한 문화재급 문화행사가 아직까지 내려오는 것으로 보아 신라신사가 얼마나 큰 신사였는지 알 수 있다.

【부 록】

한국말로 읽히는 일본 상용한자

설명은 본문을 간단히 메모한 것이니 본문을 읽으면 이해가 됩니다.

|||||||||| 가 ||||||||||

家 집 いえ – 이응
佳 아름다울 よい – 옳으이
街 거리 まち – 말(마을)길 > 질 > 치
可 옳을 よい – 옳으이
歌 노래 うた – 읊어댐
加 더할 くわえる – 가하우
価 값 あたり – 아! 닿은 이
仮 거짓 かり – 거짓으로 이
架 시렁 たな, かける – 단, 걸게 하우
暇 겨를 ひま – 빈 마(말미)

|||||||||| 각 ||||||||||

各 각각 おのおの – 하나하나
角 뿔 つの – 솟는 (것)
脚 다리 あし – 발 > 바쯔 > 아시
閣 누각 だかどの – 닿아가는 터
却 물리칠 しりぞける – 저리 조(곳)께로
覚 깨달을 おぼえる – 오! 보라우
刻 새길 きざむ – 글 새김하우

|||||||||| 간 ||||||||||

干 방패 たて, ほす – 대(는) 데
間 사이 あいだ – 사이 땅
看 보다 みる – (눈)매의 동사형 – 매루 > 미루
刊 책펴낼 きざむ – 글새김
肝 간 きも – 기모(氣母)
幹 줄기 みき – 몸 줄기
簡 대쪽, 간단 (음독) かん·けん – 간

姦 간음할 みだら – 몸 달은

|||||||||| 갈 ||||||||||

渴 목마를 かわく – 갈라지구

|||||||||| 감 ||||||||||

甘 달다 あまい – 아! 맛이 (예술이야)
減 덜다 へる – 헐우
感 느낄 かん – 간
敢 감히 あえて – 아! 어디
監 보다 みる – (눈)매의 동사화 – 매루 > 미루
鑑 거울 かんがみる – 기인가 보우

|||||||||| 갑 ||||||||||

甲 갑옷 きのえ – 낭구의 위(位)

|||||||||| 강 ||||||||||

江 강 え – 내 > 애 > 에
降 내릴 ふる – 흐르우
強 굳셀 つよい – (기운이) 세이
康 편안할 やすい – (몸을) 얇이 하이
剛 굳셀 こわい – 굳으이
鋼 강철 はがね – 화(火)금네 – 담금질한 금속들
綱 벼리 つな – 줄냄

|||||||||| 개 ||||||||||

改 고칠 あらためる – 바르다함우
皆 다(모두, 전부) みな – 몽(땅)

個 낱 こ – 개
開 열다 ひらく – 펴라구
介 끼일 はさまる – 바슘(바수다) 하라우
漑 슬퍼할 なげる – (눈물) 나게 하우
概 대개 おおむね – 하나하나 물(物)네(들)이
蓋 덮을 おおう – 엎으우

|||||||||| 객 ||||||||||
客 손, 손님 まろうど – 멀리 온 히또(사람)

|||||||||| 갱 ||||||||||
更 고칠 さら – 잘 (고치다)

|||||||||| 거 ||||||||||
去 갈, 가다 さる – 사라지우
巨 클, 크다 おおきい – 오! 크이
居 살, 살다 いる – 있우
車 수레 くるま – 구름이
挙 들, 들다 あげる – 위께로
距 떨어질 へだたる – ~에 다달우
拒 막을 こばむ – 거부함우

|||||||||| 건 ||||||||||
建 세울 たてる – 돋우라우
乾 마를 かわく – 갈라(지)구
健 굳셀 すこやか – 숙임않해

|||||||||| 걸 ||||||||||
傑 준걸, 뛰어남 すぐれる – 쑥 크우

|||||||||| 검 ||||||||||
倹 검소할 つづまやか – 수수함해
剣 칼 つるぎ – 찌르기
検 조사할 しらべる – 찾아 보라우

|||||||||| 게 ||||||||||
憩 쉴, 쉬다 いこう – 눅으우

|||||||||| 격 ||||||||||
格 격식 いたる – (재물이나 학식이) 있다 하
라우
撃 칠, 치다 うつ – 위로 치다
激 과격할 はげしい – 와! 케(하게) 세이 >
(힘)시이

|||||||||| 견 ||||||||||
犬 개 いぬ – 이리, 이늑(떼)
見 볼, 보다 みる – '(눈)매'의 동사형 – 미루
堅 굳을 かたい – 굳으이
肩 어깨 かた – 겉(혹은 곁) 대
絹 비단 きぬ – 겉 누에(누에의 겉 집에서 뽑
은 실)
遣 보낼 つかわす – 착! 케 하지(착着! 하게
하지)

|||||||||| 결 ||||||||||
決 정할 きめる – 끝맺우
結 맺을 むすぶ – 맺어 붙우
潔 깨끗할 きよい – 고요하이
欠 이지러질 かける – 꺼(지)게하우

|||||||||| 겸 ||||||||||
兼 겸할 かねる – 거듭하우
謙 겸손할 へりくだる – (머)리 (떨)쿠었다 하
우

|||||||||| 경 ||||||||||
京 서울 みやこ – 미(龍의 고어)의 곳
景 볕 けい – 해 하이(많으이) > 캐이 > 게
이

부록 | 565

軽 가벼울 かるい – 가루(같)이

経 날, 나다 たてすじ – 닿게 (가는) 줄

庚 나이 かのえ – 금의 위(位) – 경은 금에 속함

耕 밭갈 たがやす – 땅 갈아엎지

敬 공경할 うやまう – '왜!'라 말하우

驚 놀랄 おどろく – 오돌(오돌)하구

慶 경사,기쁠 よろこぶ – 요리(요렇게) 기뻐

競 겨룰 きそう – 겨뤄싸우

竟 마침내 ついに – 쭉 하니

境 지경 さかい – 싹 갈린 이(곳)

鏡 거울 かがみ – 가(짜) 가미(신)

頃 잠깐 ころ – 께로

傾 기울 かたむく – 가 쪽(이) 무겁구

硬 굳을 かたい – 굳으이

警 경계할 いましめる – 이이(いい) 맞음하우

徑 지름길 みち – 미지까(みじか – 짧은) 길 > 질(마찌まち – 길)

|||||||||| 계 ||||||||||

癸 열째천간 みずのと – 물의 터(계는 십간 중에 물수(水)에 해당)

季 철, 계절 すえ – 사이 날(씨)

界 경계, 갈림길 さかい – 싹 갈린 이(곳)

計 셈할, 계산할 はかる – 헤어가우

渓 시내 たにがわ – 땅이(二)강, たに(골짜기 – 땅이 이분二分된 곳) + がわ(강)

鶏 닭 にわとり – 널 돌이, にわ(널 – 마당) + とり(새)

系 이을 けい – 계

係 걸릴 かかる – 걸게하우

戒 경계할 いましめる – 이이いい(잘) 맞이함우

械 형틀 かせ – 가세(가위)

継 이을 つぐ – 쭉! 잇구

契 맺을 ちぎる – 짝 하우

桂 계수나무 かつら – 칼칼이 – 연음 > 카쯔카리 – 같은음 생략 > 카쯔리 > 가쯔리

啓 열, 열다 ひらく – 펴라구

階 섬돌, 계단 きざはし – 낭구키 + 재ざ(고개) + 바시はし(다리) cf 선다리 > 사다리

|||||||||| 고 ||||||||||

古 옛, 낡다 ふるい – 헐은

故 연고 ゆえ – 이유에

固 단단할 かたい – 굳으이

苦 괴로울 くるしい – 괴로워하이

考 상고할 かんがえる – 곰곰하우

高 높을 たかい – 닿아가이

告 고할 つげる – 알게 하라우 > 아츠게하라우 > 츠게루

枯 마를 かれる – 갈라(지)이

姑 시어미 しゅうとめ – 시 + 우두(남편, 가장) + 메(어미)

庫 곳집, 창고 くら – 굴

孤 외로울 みなしご – 에미 + 나이(않이 – 없는) + 것

鼓 북 つづみ – 거죽(가죽) 쌈 + 이 > 쯔싸미 > 쯔즈미

稿 초고, 초안 したがき – 바닥 + 긁기(씀)

顧 돌아볼 かえりみる – 갈 + (곳)을 + 보우

|||||||||| 곡 ||||||||||

谷 골, 산골짜기 たに – 땅이(二分 – 갈라진 곳) > 따니 > 다니

曲 굽을 まがる – 말아가우

穀 곡식 こく – 곡(穀)

哭 울, 울다 なく – (울음) 나구

|||||||||| 곤 ||||||||||

困 곤할, 곤란할 こまる – 깜깜하우

坤 땅 こち – 곤(8괘 이름)지(地), (도리도리,

곤지곤지가 여기서 유래)

|||||||||| 골 ||||||||||

骨 뼈 ほね ─ 뼈네

|||||||||| 공 ||||||||||

工 장인 たくみ ─ 다 꾸미 + 이
功 공, 공로 いさお ─ 이이(いい ─ 잘) 싸움
空 빌, 허공, 하늘 そら ─ 소(素)울(아무것도
　없는 울타리)
共 함께 とも ─ 동무
公 여러 おおやけ ─ 오오おお(多) + 함께
孔 구멍 あな(穴) ─ 안 > 아나
供 이바지할 そなえる ─ 손을 얹우
恭 공손할 うやうやしい ─ (당신이) 위야 위야
　하이
攻 칠, 공격할 せめる ─ 세게 멕이우
恐 두려워할 おそれる ─ 오! 소름일우
貢 바칠 みつぐ ─ 미(龍의 고어 ─ 왕)에 주구

|||||||||| 과 ||||||||||

果 열매 み ─ (열)매
過 지날 すぎる ─ 쑥! 가우
戈 창 ほこ ─ 폭 하는 것(영어 fork도 같은 어
　원)
瓜 오이 うり ─ 울이(울타리에 여는 열매)
誇 자랑할 ほこる ─ (나의) 얼꼴
寡 적을 すくない ─ 수가 (많) 나이(않아이)

|||||||||| 곽 ||||||||||

郭 성곽 くるわ ─ 굴림(둘러친)울

|||||||||| 관 ||||||||||

官 벼슬 つかさ ─ 착! 갓
観 볼, 보다 みる ─ (눈)매의 동사형 ─ 매루

関 관계할 せき ─ 석임
館 집 やかた ─ 이엉 (한)가닥
管 대롱 くだ ─ 굴(이 파인) 대
貫 꿰뚫을 つらぬく ─ 뚫어내구
慣 익숙할 なれる ─ (질)났어라우
冠 갓 かんむり ─ 갓무리(갓류類)
寛 너그러울 ひろい ─ (마음) 펴 너르이

|||||||||| 광 ||||||||||

光 빛 ひかり ─ 빛깔
広 넓을 ひろい ─ 펴 너르이
鉱 쇳돌 あらがね ─ 아라이(황폐 ─ 울룩(불룩)
　이) 갈네

|||||||||| 괘 ||||||||||

掛 걸, 걸다 かける ─ 걸게 하우

|||||||||| 괴 ||||||||||

塊 덩어리 かたまり ─ 굳은 말이
愧 부끄러워 할 はじる ─ 벗었지라우
怪 괴이할 あやしい ─ 의아하이
壊 깨뜨릴 こわす ─ 깨지우

|||||||||| 교 ||||||||||

交 사귈 まじわる ─ 맞 + 이우いう
校 학교 こう·きょう ─ 교
橋 다리 しあし ─ 수(水)발
教 가르칠 おしえる ─ 위에서 아래로
郊 들, 들판 こう ─ 교
較 견줄 くらべる ─ (어느 것이)클라보우
巧 공교할, 교묘할 たくみ ─ 다 꾸밈
矯 바로잡을 ためる ─ 다(시) 보우

|||||||||| 구 ||||||||||

九 아홉 ここのつ ─ 구의 째

口 입 くち - 굴 > 구츠 > 구치. 고차(古次) - 고구려어

求 구할 もとめる - (완성을 위해) 모듬하우 (모두우)

救 구원할 すくう - 쑥! 하우(고난에서 쑥 빼 오는 것)

究 궁구, 연구할 きわめる - 끝을 보우

久 오랠 ひさしい - 해 자시이, 나이 잡수시이

句 글귀 く - 귀

旧 예, 옛 ふるい - 헐으이

具 갖출 そなわる - 줄내우(가지런히 줄 세우 는 것)

俱 함께 ともに - 동무하니

区 구역 しきる - (줄)치기하우

駆 몰, 몰다 かる - 길의 동사형, (한) 길로 가 게 하다

鴎 갈매기 かもめ - 갈래 몸

苟 진실로 いやしくも - 이야! 할 만큼

拘 거리낄 かかわる - 껄끄러워 하우

狗 개 いぬ - 이리. 이늑(떼)

丘 언덕 おか - 오!(큰) 카(재카의 준말, 높은 땅의 고어)

懼 두려워할 おそれる - 오! 소름 일우

亀 땅이름(거북귀, 터질균) かめ - 갑(甲) 몸

構 꾸밀, 만들 かまえる - 꾸미우

球 구슬 たま - (다)닮는 - 어느 면이나 닮은 이 > 다이 - 연음 > 다마 - 모음조화

|||||||||| 국 ||||||||||

国 나라, 고향 くに - 군(郡) 고대 일본의 구니 는 군(郡) 정도 크기였다.

菊 국화 きく - 국(菊)의 연음 구그 > 기쿠

局 판 きょく - 국

|||||||||| 군 ||||||||||

君 임금, 자네 きみ - 그 몸

郡 고을 こおり - 고을

軍 군사 いくさ - 아! 군사

群 무리 むれ - 무리

|||||||||| 굴 ||||||||||

屈 굽을 かがむ - 감우

|||||||||| 궁 ||||||||||

弓 활 ゆみ - 휨(휘다)

宮 집 きゅう, ぐう - 큰 이에

窮 궁할 きわまる - (더 없어) 끝에 먹우

|||||||||| 권 ||||||||||

巻 책 まき, まく - (두루)말기

権 권세 けん - 권

勧 권할 すすめる - 자! 자! 함우

券 문서 てがた - 책 > 땍 > 데 (한)가닥

拳 주먹 こぶし - 꼽이

|||||||||| 궐 ||||||||||

厥 그 その - 조(것)의

|||||||||| 귀 ||||||||||

貴 귀할 とうとい - 드문드(문) 하이

帰 돌아올 かえる - 가 있을 라우

鬼 귀신 な - (발이 없어) 나(는 이)

|||||||||| 규 ||||||||||

叫 부르짖을 さけぶ - 세게 부르우

規 법 のり - 널이(너는 것)

閨 안방 ねや - 안 이엉

|||||||||| 균 ||||||||||

均 고를, 똑같이 ひとしい - 비등하이

菌 버섯 きのこ - 낭구 끼의 새끼ㅓ

||||||||||| 극 |||||||||||

極 다할 きわめる – 끝을 보우

克 이길 かつ, よく – 갖지

劇 극 げき, 심하다 はげしい – 버겁어 하이
('버겁다'의 형용사형)

||||||||||| 근 |||||||||||

近 가까울 ちかい – 지 (척) 하이

勤 부지런할 つとめる – 쭉! 터 맡우

根 뿌리 ね – (땅) 안에 (낭구)

斤 근 きん – 근

僅 겨우 わずか – 아주 쪼까 ('조금'의 사투리)

謹 삼갈 つつしむ – 주저함우

||||||||||| 금 |||||||||||

金 쇠 きん, かね – 금네

今 이제, 지금 いま – 이맘 (때)

禁 금할 きん – 금

錦 비단 にしき – 누에 실 켜 (Silk의 어원)

禽 날짐승 とり – 돌이 (귀소본능이 있어 돌아
오는 이)

琴 거문고 こと – (검은) 것 > 고또 – 가나 음
으로 역구개음화

||||||||||| 급 |||||||||||

及 미칠, 및 およぶ – 오! 옆

給 줄, 주다 たまう – 다 먹이우

急 급할 いぞぐ, きゅう – 어서! 하구

級 등급 しな – 수 (數) 냄

||||||||||| 긍 |||||||||||

肯 즐길, 긍정하다 うべなう – (어)여쁨 나우

||||||||||| 기 |||||||||||

己 몸, 자기 자신 おのれ – 아! 내레 (이북에서

왔시요)

記 기록할 しるす – 써 놓지우 (글을 쓰다)

起 일어날 おきる – (몸을) 일으키우

其 그 その – 조 (것)의

期 기약 き, ご – 기

基 터 もと – 밑 (근본)

気 기운 き, け – 기

技 재주, 곡에 わざ – 와! 재 (才). 혹은, 왁자지
껄 (와자 짓거리)의 와자

幾 몇 いく – 어케 (어느 크기)

既 이미 すでに – (벌)써 되었으니, 혹은 선
(先) 되었으니

紀 벼리 (기강紀綱), 표시 しるす – 써 놓지우

忌 꺼릴 いむ – 아예 마!

旗 기, 깃발 はた – (깃발은) 파닥 (파닥)이

欺 속일 あざむく – (빼)앗는 맘 먹구

奇 기이할 き, くし – 괴히 > 쿠시

騎 말탈 のる – 오르 (다) > 노루 – 두음법칙 이
전

寄 부칠 よせる – 옆에 (붙어) 살우

豈 어찌 あに – 아니 (어찌 그럴 수가 있으랴?)

棄 버릴 すてる – '쓰레 (기)'의 동사형

企 꾀할, 세울 くわだてる – 꾀해 돋우

畿 경기 き – 기. 전 (田) + 사 (絲) + 과 (戈). 수도
에 곡물, 직물, 군사를 대는 곳. 近畿きんき

飢 굶주릴 うえる – (배가) 우묵하우

器 그릇 うつわ – 울안이 > 우쯔아니 > 우쯔아
이 > 우쯔와 (그릇은 울타리 안에 패인 것)

機 베틀 はた – 베틀 > 베트 > 바타 > 하타

||||||||||| 긴 |||||||||||

緊 긴요할 しめる – 처매우

||||||||||| 길 |||||||||||

吉 길할 よい – 옳으이

那 어째서, 왜 なんぞ – 어난(어느의 고어) 죄

諾 대답할 うべなう – 응해 내우

暖 따뜻할 あたたかい – 아! 따뜻하이
難 어려울 むずかしい – 무척 거슬리이

南 남녘 みなみ – 문냄이
男 사나이 おとこ – 우뚝한 것. 우두머리도 같은 어원

納 들일, 넣을 おさめる – 오! 담우

娘 계집 むすめ – (부부 사이에 열매) 맺은 에미나

内 안 うち – 울(타리) 안쪽
乃 즉, 그래서 すなわち – (답이, 결과가) 쑥! 나올지니
奈 어째서 いかん – 어케 알간
耐 견딜, 참다 たえる – 참으우 > 다으우 – 구개음화 이전

女 계집 おんな, め – 언네 낳는 이(언년이)

年 해, 나이 とし – 돐

念 생각 おもう – 오! 맘 일우

寧 편안할 やすらか – 얄으리(얄게) 해, 얄게 하는 것이 편안한 것

怒 성낼 おこる – 오! 골내우
奴 종, 노비 やっこ – 얄은 것
努 힘쓸 つとめる – 쭉~! 터 맡우

農 농사 のう – 논의 동사형 – 논 하우
濃 짙을 こい – 고으이, 고으면 진해진다.

脳 머릿골 のう – 뇌
悩 괴로워할 なやむ – (고)뇌함우

能 재능, 할 수 있다 あたう – 아! 닿우

泥 진흙 どろ – 더러(운 것). 한국말 더러움은 진흙에서 유래. 니전구투(泥田狗鬪)

多 많을 おおい – 오! 하이 ('하다'는 '많다'의 다른 말, 한밭 = 대전(大田))
茶 차 ちゃ, さ – 차

|||||||||| 단 ||||||||||

丹 붉을 あかい – 밝아이 > 아까이 – 'ㅂ' 탈락
과 연음
但 다만 ただし – 다(전부)이다 + 하이 > 시 –
형용사 어미
単 홀, ひとつ – 한톨
短 짧을 みじかい – 밑에 가이
端 끝 はし – 끝 > 끄티 > 흐티 > 흐치 > 하시
旦 아침 あした,あさ – 단군의 도읍지 아사달
(아침땅)의 아사
段 층계 だん – 단
壇 제터, 단 だん – 단
檀 박달나무 まゆみ – 막 휨이. 박달나무는 탄
성 좋은 것이 특징.
断 끊을 たつ – 다치우(傷傷)
団 모일 かたまり – 거두어 말리이

|||||||||| 달 ||||||||||

達 통달 たつ – 닿지

|||||||||| 담 ||||||||||

談 말씀, 말할 かた(話)る – 꼬대하우. (잠)꼬
대 = 잠말
淡 묽을(물맑을) あわい – 아! 희이, 물이 흰 것
은 묽은 것, 섞인 물질이 희박한 것
潭 못 たん – 담
担 짊어질, 떠맡을 になう – 이(고)나르우

|||||||||| 답 ||||||||||

答 대답할 こたえる – (다)고 답하우
畓 논 – 水 + 田 = すいでん – 한자를 분해하
여 읽음
踏 밟을 ふむ – 밟우 > 발부 > 후무

|||||||||| 당 ||||||||||

堂 집 どう – 당
当 마땅할 あたる – 아! 닿우
唐 당나라 から – 겨레, (한)가락 > 가라, 원래
한(韓)만 '겨레'라는 뜻으로 '가라'라고
하다가 당(唐)은 외국이란 뜻에서 '가라'
라고 했음
糖 설탕 とう – 당. '단 (것)'에서 유래한 말
党 무리 たむら – 담안이(담 안의 사람들)

|||||||||| 대 ||||||||||

大 큰 おおきい – 오오! (키)크이
代 대, 대신 かわる – 갈우우('갈다'의 형용사
형)
待 대할, 기다릴 まつ – 맞우
対 대할 こたえる – ~과 대하우
帯 띠, 띠다 おび – 여미(여미다) > 오비
台 받침, 전각 うてな – 우에다 놔
貸 빌릴 かす – 꿔주우
隊 무리, 떨어질 추 たい – 떼

|||||||||| 덕 ||||||||||

德 덕 とく – 덕

|||||||||| 도 ||||||||||

刀 칼 かたな – 칼날 > 카츠나 > 카뜨나 > 카
따나
到 이를 いたる – 아! 닿우
度 법도, 헤아릴 탁 たび, はかる – 헤어가우
道 길 みち – 말(마을) 길 > 질 > 찌
島 섬 しま – 섬 > 서마 > 시마
徒 무리 と – 도
都 도읍 みやこ – 미(용(龍)의 고어 – 왕을 뜻
함)의 곳
図 그림 はかる – (그려) 헤어가우

倒 넘어질 たおれろ – 떨어지우
挑 돋울 いどむ – 돋움우
桃 복숭아 もも – 毛毛. 복숭아는 '털복숭이'라는 말에서 유래. 그래서 봉숭아는 털털(毛毛)
跳 뜀, 뛰다 とぶ – 떠버(리우)
逃 달아날 にげる – 내빼가우
渡 건널 わたる – 와(서)닿우 – 현해탄을 건너 일본에 온 것을 그렇게 표현
陶 질그릇 すえ – 쇠(기器) – 쇠처럼 검고 두드리면 쇳소리가 나서 붙여진 이름)
途 길 みち – 말(마을) 길 > 질 > 찌
稻 벼 いね – 아! 나(락)
導 인도할 みちびく – 말(마을)길 이끌구
盜 도둑 ぬすむ – 누(고)숨우 – 재물을 똥을 누듯이 빼내고 숨는다.

||||||||||| 독 |||||||||||

読 읽을 よむ – 염(염불의 염)
独 홀로 ひとり – 한 돌이 > 외토리('키다리', '甲돌이', '스모도리'의 돌이는 사람을 뜻함)
毒 독 どく – 독
督 감독할 ただす – 닥달하지우
篤 두터울 あつい – 아! (살)찌이

||||||||||| 돈 |||||||||||

豚 돼지 ぶた – 부대(한 이)
敦 도타울 あつい – 아! (살)찌이

||||||||||| 돌 |||||||||||

突 부딪힐 つく – (부)딪꾸 > 찧구

||||||||||| 동 |||||||||||

同 한가지, 같을 あなじ – 하나지
洞 골 ほら – 골 > 홀 > 호라. 영어의 Hall도 같은 어원

童 아이 わらはべ – > わらべ – 왈패(왁자지껄한 패)
冬 겨울 ふゆ – 휴(休)
東 동녘 ひがし – 해가 솟(는 곳)
動 움직일 うごく – 옮기구
銅 구리 あかがね – 밝은(빨간) 금네
桐 오동 きり – 가루이(가벼운) 낭구
凍 얼, 얼다 こおる – 굳우

||||||||||| 두 |||||||||||

斗 말 ます – 말 > 마츠 > 마수
豆 콩 まめ – 말메(시) 말잠자리(큰 잠자리)의 '말'과 쌀의 고어 '메'의 결합
頭 머리 あたま – 얼 담아 > 아다마, 옥(玉)은 기(氣) 담아 > 다마

||||||||||| 둔 |||||||||||

鈍 둔할 にぶい – 아니 뾰(죽)이

||||||||||| 득 |||||||||||

得 얻을 える – 얻우

||||||||||| 등 |||||||||||

等 무리 など, ひとしい – (하)는 등
登 오를 のぼる – 높이 오르우
灯 등잔 ともしび – 동무'ㅅ'불(해)

||||||||||| 라 |||||||||||

羅 그물, 벌일 つらねる – 줄을 내우(줄 세우다)

||||||||||| 락 |||||||||||

落 떨어질 おちる – (떨)찌우 > 널찌우 > 얼찌우 > 오찌우

樂 즐길 たのしい – 단오(端午)싶으이. 다 노
　는 날이 단오
絡 이을 つながる – 줄 놔가우

|||||||||| 란 ||||||||||

卵 알, 계란 たまご – 다마 (새)끼
乱 어지러울 みだれる – (눈)매 돌리우
蘭 난초 らん – 란
欄 난간 てすり – 대(는) 줄. 옛날에는 난간을
　줄로 만듬.
爛 빛날, 무르녹을 ただれる – 타들어(가)우

|||||||||| 람 ||||||||||

覽 볼, 보다 みる – (눈)매의 동사형 – 매루
藍 쪽 あい – 남이 > 암이 > 아이
濫 넘칠 みだり – 물따라(지)이. '물 따르다'에
　서 나온 말

|||||||||| 랑 ||||||||||

浪 물결 なみ – (물)나(오)미
郎 낭군 おとこ – 우뚝(한) 것
朗 밝을 ほがらか – 발그레 하이
廊 행랑 ろう – 랑

|||||||||| 래 ||||||||||

来 올, 오다 くる – 여기 오우

|||||||||| 랭 ||||||||||

冷 찰, 차다 つめたい – 찹다이 > 차브다이 >
　차므다이 > 츠메다이. 무사 – 부시ぶし

|||||||||| 략 ||||||||||

略 간략할 ほぼ – 한 봄 (大略 – 한번 봄)
掠 노략질할 かすめる – 가짐 (갖음) 하우

|||||||||| 량 ||||||||||

良 좋을 よい – 옳이
両 두, 둘 ふたつ – 두 톨(알)
量 헤아릴 はかる – 헤어가우
涼 서늘할 すずしい – 소슬하이
梁 들보, 대들보 うつばり – 웃 받침이
糧 양식 かて(전쟁할 때 먹는 말린 밥 등의 휴
　대식량) – 건데(기)
諒 살펴 알 あきらか – 아! 그거라 해(이해하
　다. 양해하다)

|||||||||| 려 ||||||||||

旅 나그네 たび – 답(踏 – 답사하다)이
麗 고울 うるわしい – 우와! 하이
慮 생각 おもんぱかる – 오! 맘밖에 (없우)
励 힘쓸 はげむ – 하게함우

|||||||||| 력 ||||||||||

力 힘 ちから – 기(氣)(의 한)가닥
歷 지날, 지낼 へる – (지)내우 > 네우 > 에우.
　겨울 '나다'와 같은 어원
曆 책력 こよみ – 고 + 요미(달 읽기), 쪼갠이
　(쪼각) > 쯔끼(달) > 끼 > 꼬 > 고 염불의 염
　> 요미

|||||||||| 련 ||||||||||

連 연할, 서로 つらなる – 줄 놓우
練 불릴 ねる – 늘리우
鍊 익힐 ねる – 늘리우
憐 불쌍히 여길 あわれむ – 아! 울음 (하)우
聯 잇닿을 つらなる – 줄 놓우
恋 사모할 こい – 고와하이
蓮 연 はす – 화(花)수(水)

||||||||| 렬 |||||||||

列 줄, 줄서다 ならべる – 나래비 하우

烈 매울 はげしい – 빨가 하이

裂 찢을 さく – 찢구

劣 용렬할 おとる – 오! 떨어(지)우

||||||||| 렴 |||||||||

廉 청렴할, 염가 やすい – 얕으이

||||||||| 령 |||||||||

令 명령 れい – 령

領 거느릴 えり – (거)느림

嶺 재, 고개 みね – 메네(산의 종류 구성원의
하나가 고개)

零 영(0), 떨어지다, 흘러넘치다. こぼれる –
고봉으로 하다.

靈 혼령 たま – 담이(담는 것 – 인체 각 부분을
담아 서로 관계를 유지하게 하는 것)

||||||||| 례 |||||||||

例 보기 たとえる – (이)댔다(가정) 하우

礼 예도 れい – 례

||||||||| 로 |||||||||

路 길 みち – 말(마을) 길(지)

露 이슬(잇은 물) つゆ – 착! (한) 유ゆ[湯]

老 늙을 おいる – (살이)에이우

勞 수고로울 いたわる – 이따이하우, 이따이
(いたい)는 일본말로 고통

炉 화로 いろり – 이글(이글)이

||||||||| 록 |||||||||

緑 푸를 みどり – 물돌이, 봄에 나무에 물이
돌면 나타나는 색.

禄 녹봉, 관록 ろく – 록

||||||||| 록 |||||||||

録 기록할 しるす – 써 놓지우

鹿 사슴 しか – 솟은 각(角)

||||||||| 론 |||||||||

論 논의할 あげつらう – 윗게로 (올려) 짜라우

||||||||| 롱 |||||||||

弄 희롱할 もてあそぶ – 빗대 + 아소부(あそ
ぶ – 소풍의 어원, 놀이)

||||||||| 뢰 |||||||||

雷 우뢰 かみなり – 가미(かみ – 신, 상감, 대
감의 감) 내림 – 신 내림

頼 의지할 たよる – 다 여! (보우!) 하우

||||||||| 료 |||||||||

料 되로 잴, 헤아리다, 되로 냄 りょう, はかる
– 헤어가우

了 마칠 おわる – 오! 났우 > 오와우 – 두음법
칙

||||||||| 룡 |||||||||

竜 용 りゅう, たつ – (하늘에) 닿지

||||||||| 루 |||||||||

屢 자주, 여러 しばしば – 집(위에) 집 > 지브
지브 > 시바시바

楼 다락 たかどの – 닿아가(는) 터의 (집)

累 여러 かされる – 겹쳐 놓우

涙 눈물 なみた – 눈물 뚝(뚝)

漏 샐, 새다 もる – 물의 동사형

||||||||| 륙 |||||||||

六 여섯 むっつ – 물의 것들(수사 참조)

陸 뭍, 육지 おか - 물가 > 올가(물챙이 - 올챙이) > 오가

|||||||||| 륭 ||||||||||
隆 높을 たかい - (하늘에) 닿아가이

|||||||||| 릉 ||||||||||
陵 언덕 みささき - 미(동양철학에서 왕의 수, 삼三의 고어) 잠긴 곳

|||||||||| 리 ||||||||||
里 마을 さと - 삶터
理 이치 ことわり - 기(氣) 또아리, 기가 또아리 틀게 하는 것이 리理.
　　　　　동양철학 이기론(理氣)에 의한 설명
利 이로울 きく·とし - 덧이(더함이)
梨 배 なし - 안에 이시(いし - 불이시돌 > 부싯돌의 이시)
李 오얏(자두) すもも - 수루이(するい - '주르륵' 하도록 미끄러운)모모(毛毛 - 복숭아)
吏 아전 つかさ - 착! 갓 쓴 이
離 떠날 はなれる - 벗어나우 > 하어나우 > 하나우
裏 속, 안 うら - 울안
履 밟을, 행할 ふむ - 밟음우 > 발브무 > 브무 > 후무

|||||||||| 린 ||||||||||
隣 이웃 となり - 동네이(들)

|||||||||| 림 ||||||||||
林 수풀 はやし - 빽(빽)한이
臨 다다를 のぞむ - 나리심우 (신의 광림光臨). 낮음하우 (아랫사람을) 대하다.

|||||||||| 립 ||||||||||
立 설, 서다 たつ - 딛지우

|||||||||| 마 ||||||||||
馬 말 うま - 왜! 말
麻 삼 あさ - 애! 삼
磨 갈, 갈다, 닦다 みがく - 밀고 갈구

|||||||||| 막 ||||||||||
莫 말다, 마라 なかれ - 않게 하라우
幕 휘장 まく - 막기
漠 아득할 ばく - 막막

|||||||||| 만 ||||||||||
萬 일만, 수많은 よろず - 여러 수(數)
晩 늦을 おそい - (늦었어) 어서하이
滿 찰, 차다, 다되다 みちる - 물 찼어라우
慢 거만할 まん - 만
漫 부질없을, 마음이 들뜸 そぞろ - 스산함
蠻 오랑캐, 야만인 えみし - 에! 무서(운 이), 아이누를 뜻함

|||||||||| 말 ||||||||||
末 끝 すえ - 꼬리 > 초리 > 수이 > 수에

|||||||||| 망 ||||||||||
亡 망할 ほろびる - 헐어버리우
忙 바쁠 いそがしい - 어서가싶으이
忘 잊을 わすれる - 잊으라우
望 바랄 おぞむ - 내리심하우
茫 망망할 ぼう - (넓게) 뵈우
妄 망녕될 みだり - 막 달림
網 그물 あみ - 아! 망

||||||||| 매 |||||||||

毎 ~마다 ~ごと − 그때(그때)
買 살, 사다 かう − 갖우
売 팔, 팔다 うる − 위(로) 널우
妹 누이 いもうと − 에미나 애! 뒤
梅 매화 うめ − 와! 매
埋 묻을 うめる − 움에 묻우
媒 중매할 なかだち − 나까 + 달이 > 다쯔이 >
  다찌, 달이는 키다리의 다리로 사람을 뜻
  함. 나까 − (아)닌 가(가가 아닌 것이 중(中)

||||||||| 맥 |||||||||

麦 보리 むぎ − 부기, 깜부기의 부기
脈 맥 みゃく − 맥

||||||||| 맹 |||||||||

孟 맏, 처음 はじめ − 햇 (눈)매
猛 사나울 たけし − (기상이 하늘에) 닿게하이
盟 맹세할 ちかう − (이노)찌 걸우. 이노찌이
  의 치는 '한 줄'이 변한 말로 목숨.
盲 소경 めくら − (눈)매 쿠로이(黒くろい − 굴
  같이 깜깜한 것)

||||||||| 면 |||||||||

免 면할 まぬかれる − 맞않(나이없)게하우
勉 힘쓸 つとめる − 쭉~ 터맡우
面 낯 おも − 앞머(리)
眠 잠잘 ねむる − 넷네함우, 아기 말 '자다'의
  뜻을 가진 '넷네'에서 유래
綿 솜 わた − 흰 털

||||||||| 멸 |||||||||

滅 멸망할 ほろびる − 헐어버리우

||||||||| 명 |||||||||

名 이름 な − 내(는 것)
命 목숨 いのち − 일의 줄(명줄 − 실이 상징한
  다)
明 밝을 あきらか − 발그레해
鳴 울, 울다 あく, なる − (새소리)내우
銘 새길 しるす − 써 놓지우
冥 어두울 くらい − 굴의 형용사형 − 굴이라
  하이

||||||||| 모 |||||||||

母 어머니 はは − 마마 > 바바 > 하하
毛 털 け − 터럭이 > 터러기 > 기 > 게
暮 저물 くれる − (신이 해를 떨)쿠우
某 아무 なにがし − (어)난 것 이
謀 꾀할, 꾸밀 はかる − 헤어가우
模 본뜰 かた − 겉을 뜸
矛 창 ほこ − 폭(Fork − 포크) 하는 것
貌 모양 かたち − 겉이 > 거트이 > 가타치
募 모을 つのる − 쌓아 노우
慕 사모할 したう − 좋다하우 > 조타우 > 시타
  우

||||||||| 목 |||||||||

木 나무 き − 낭구 > 구 > 기
目 눈 め − (눈)매
牧 기를 まき(목장) − 몰기
沐 머리감을 もく − 목
睦 화목할 うつまじい − 웃음 하(많다)시이

||||||||| 몰 |||||||||

没 빠질 しずむ − 수(水)에 침(沈)우

||||||||| 몽 |||||||||

夢 꿈 ゆめ − 요루(욀 이루 − 밤) 몽(夢)

蒙 어릴 くらい - 굴이라 하이(어둡다)

|||||||||| **묘** ||||||||||

卯 토끼 う - 우(사기) = 우에 솟은 귀
妙 묘할 たえ - 딸이우(여자女 + 작은 것小 = 묘妙)
苗 싹 なえ - 나온 이
廟 사당 おたまや - 오 담이(혼 - 인간의 각 부속을 주워 담는 것) 이엉(집)
墓 무덤 はか - 곽가(장자리) > 과까 > 하까

|||||||||| **무** ||||||||||

戊 다섯째 천간 つちのと - 지지(土)의 터
茂 우거질 しげる - 쑥! 하우
武 호반 たけし - 타닥임 +치
務 힘쓸 つとめる - 쭉~ 터 맡우
無 없을 ない - 않아하이 > 아나이 > 나이
舞 춤출 まい·まう - 맴이·모이우
貿 바꿀 かえる - 갖게 하우
霧 안개 きり - 가림

|||||||||| **묵** ||||||||||

墨 먹 すみ - 숯물
黙 말없을 だまる - 다물우

|||||||||| **문** ||||||||||

門 문 かど - 가름 틈 > 가르트 > 가트 > 가도, 집안과 집밖을 가르는 틈
問 물음 とう - (어)떠우?
聞 들을 きく - 귀의 동사형 - 귀 하구
文 글월(글 읊을) ふみ - 읊음이 > 을프미 > 후미

|||||||||| **물** ||||||||||

勿 말, 말라 なかれ - 않거라 > 아니하거라 >

아나가라 > 나가레, 레; 일본 명령형 어미
物 만물 もの - 물(物) > 모로 > 모노

|||||||||| **미** ||||||||||

米 쌀 こめ - 고(高)! 메(쌀의 고어)
未 아닐 いまだ - 이맘(때는) 다 (안됐어). 이 맘때는 일본말로 '이마いま'
味 맛 あじ - 맛이 > 아지
美 아름다울 あつくしい - 우뚝하이.
尾 꼬리 お - 꼬
迷 미혹할 まよう - (헤)매우
微 작을 かすか - (수)가 쪼까
眉 눈썹 まゆ - (눈)매 위의 (털)

|||||||||| **민** ||||||||||

民 백성 たみ - 담안이(성 안 사람들)
敏 민첩할 さとい - 선뜻하이
憫 불쌍히 여길 あわれむ - 맘 아림 하우

|||||||||| **밀** ||||||||||

密 빽빽할 ひそか - 아니 숲은
蜜 꿀 みつ - 밀 > 미쯔

|||||||||| **박** ||||||||||

泊 묵을 とまる - 터 맡우
拍 손뼉칠 うつ - 아! 쳐
迫 다그칠 せまる - 좀만 (더)하우
朴 소박할 ほお - 밝으오
博 넓을 はろい - 펴놓우이
薄 엷을 うすい - 얇으이

|||||||||| **반** ||||||||||

反 돌이킬 かえる - 갈우
飯 밥 めし - 메(밥의 고어)
半 반, 절반 なかば - 일본말 '나까'가 가운데

이고 '반'이 결합된 말, 중(中) 참조

般 일반 はん – 반

盤 쟁반 ばん – 반

班 반 わける – 쪼개우

返 돌이킬 かえす – 갚지우 > 가프지우 > 가흐
지우 > 가으주 > 가에수

叛 배반할 そむく – 세로 맞고, 세는 일본말로
'등어리'인데 등을 앞으로 하고 등 돌린다.

|||||||||| **발** ||||||||||

発 필 はなつ – 불놓지우

抜 뺄, 빼다 ぬく – 누구, 똥을 누구의 '누구' –
똥을 빼내는 것

髪 머리털 かみ – 감이, 머리는 틀어 감는 특
징이 있다.

|||||||||| **방** ||||||||||

方 모, 방법 かた – 가닥, 여러 가닥 중에 한 가
닥이 한 방위나 한 방법

房 방 ふさ, へや – 벽 이엉 – 벽을 두른 이엉

防 막을 ふせぐ – 푹! 숙이우, 격투에서 주된
방어 동작은 푹 숙이는 것이다.

放 놓을 はなす – 벗어 놓지우

訪 찾을 おとずれる – 어떻수라하우

芳 꽃다울 かんばしい – 꽃답아 하이 (꽃답다)

傍 곁 かたわら – 곁 마와리(まわり – 둘레,
'말다'가 어원)

妨 방해할 さまたげる – (발목) 잡았당께로

倣 본받을 ならう – 내리우

邦 나라 くに – 군(郡)이

|||||||||| **배** ||||||||||

拝 절 おがむ – 가미(かみ – 신)의 동사형에 경
배의 접두어 '오!'가 붙음. 오! 가미하우

杯 잔 さかずき – 잔(盞)가 쑥(큰 것)

倍 곱 ます – 배수, 혹은 몫 쑥!

培 북돋울 つちかう – 윗쪽으로 기르우

配 나눌 くばる – 까 (잔치) 벌리우

排 물리칠 はい – 배

輩 무리 ともがら – 동무갈래, 같은 갈래라는
뜻

背 등, 키 せ – 산등성이의 성이 > 세이 > 세

|||||||||| **백** ||||||||||

白 흰 しろ – 흰 > 희느 > 시느 > 시로

百 일백 ひゃく – 백

伯 맏 はく – 맏

栢 잣나무 かしわ – 잣 > 자시 > 가시

|||||||||| **번** ||||||||||

番 차례, 짝을 이룬 つがい – 짝하이

煩 번거로울 わずらわしい – 않주려우 하이 >
와주라와 시이. 나누지 않는 것이 번뇌

繁 번성할 しげい – 세게 하이 > 시게 하이 >
시게이

飜 뒤칠 ひるがえる – 위를 갈우우

|||||||||| **벌** ||||||||||

伐 칠, 치다 うつ, きる – 아! 치우

罰 벌 ばち – 벌 > 버쯔 > 바찌 > 하찌

|||||||||| **범** ||||||||||

凡 범상할 およそ – 어림해서

犯 범할 おかす – 어기지우

範 법 のり – 널이(널다)

汎 넓을 ひろい – 펴 너르이

|||||||||| **법** ||||||||||

法 법 のり – 널이

||||||||| 벽 |||||||||

壁 바람벽 かべ – 가(의)벽
碧 푸를 あお – 파라오
劈 쪼갤 つんざく·さく – 찢어 쫙

||||||||| 변 |||||||||

変 변할 か(わ)る – 갈우
辯 말 잘할 べん – 변
辨 분별할 わきまえる – 어느 것 맞아 하우
邊 가, 근처, 부근 あたり – 아! 닿은 이

||||||||| 별 |||||||||

別 다를, 헤어질 わかつ – 나누어 갖우, 나누
어 가우, 나누 > 아우 – 두음법칙 > 와

||||||||| 병 |||||||||

丙 남녘 ひのと – 해(화)의 터(병방(丙方)은 해
가 왕성한 남쪽 방위). 병은 화에 속함
病 병 やまい – 아! 마(魔)
兵 군사 つわもの – 싸우는 모노(물物)
並 아우를 ならぶ – 나란히 하우

||||||||| 보 |||||||||

保 보호할 たもつ – 다 막지
步 걸음 あるく – 발로 가구
報 갚을 むくいる – 맞갚우
普 널리 あまねく – 아! 마 넓히구
譜 계보 ふ – 보
補 도울 おぎなう – 오오(おお – 큰) 기(氣) 넣
우
宝 보배 たから – '닿아가'가 변한 다까(たか –
높은, 귀한)에 명사형 어미 '리'가 덧붙은 말

||||||||| 복 |||||||||

福 복 さいわい – 쌓아 놓으이(것)

伏 엎드릴 ふせる – 푹! 세(せ – 등) 내리우
服 옷 ふく – 복
復 회복할 또 また – 뭐 또
腹 배 はら – 배알 > 배라 > 하라
複 겹칠 かさねる – 겹쳐내우
卜 점 うらなう – 위로 (받아)내우(신탁(神托)

||||||||| 본 |||||||||

本 근본 もと – 밑, 본데, 무사 – 부시 'ㅂ' –
'ㅁ'

||||||||| 봉 |||||||||

奉 받들 たてまつる – 다(까)데(높은 데) 맞우
逢 만날 あう – 맞우
峯 봉우리 みね – 메네(복수형 어미)
蜂 벌 はち – 벌 > 버쯔 > 바찌 > 하찌
封 봉할 ふう·ほう – 봉
鳳 봉황새 おおとり – 오! 오!(おお – 큰) + 돌
이(とり – 새는 돌아오는 특징)

||||||||| 부 |||||||||

夫 지아비 おとこ – 우뚝한 것. 우두머리
扶 도울 たすける – (손)대 주게 하우
父 아버지 ちち – (아버)지지
富 부자 とみ – (쌓아)둠 + 이
部 떼 わける – 나누게 하우
婦 며느리 おんな – 언네 낳는 이(언년이)
否 막힐 いな – 아니야
浮 뜰, 뜨다 うく – 위 가구
付 줄, 붙다 つく – 착! 하구
符 부호 ふ – 부
附 붙을 つく – 착! 하구, 보통 付와 같은 글자
로 쓰임
府 고을 ふ – 부
腐 썩을 くさる – 크! 썩우
負 질 おう – 업우

副 버금, 곁들이다 そう – 더하우
簿 장부 ぼ – 부
膚 살갗 はだ – 바닥 > 하다
赴 나아갈, 향할 おもむく – 맘먹구 (가구)

||||||||| **북** |||||||||

北 북녘 きた – 귀(歸)터

||||||||| **분** |||||||||

分 나눌 わける – 나누게 하우, 나누 > 아우 –
두음법칙 > 와
紛 어지러울, 헷갈리다 まぎれる – 막 갈리우
粉 가루 こな – 고운 (것)
奔 달아날 はしる – 발 + 루(동사형 어미) > 바
쯔루 > 하시루
墳 무덤 はか – 곽 + 가(장자리)
憤 분할 いきどおる – 입김 떠오르우
奮 떨칠 ふるう – (위세가) 불우 > 부루우 > 후
루우

||||||||| **불** |||||||||

不 아닐 ふ‥ぶ – 불
仏 부처 ほとけ – 홀을 깨(우친 이)
弗 아닐 ふっ – 불
払 떨, 지불할 はらう – 헐우. 돈을 헐어 쓴다.

||||||||| **붕** |||||||||

朋 벗 とも – 동무
崩 무너질 くずれる – 꺼지우

||||||||| **비** |||||||||

比 견줄, 비교 くらべる – 클라보우, 큰가 보
우
非 그를 あらず – 않지 > 아나지 > 아라지 >
아라주

悲 슬플 かなしい – 가난하이 > 가나시이, 마
음이 가난한 것이 슬픈 것
飛 날, 날다 とぶ – 떠버(리)우
鼻 코 はな – 팍 나(온 이). 유성음들은 보통 생
략된다.
備 갖출, 지닐 そなえる – 속 넣음 하우
批 비평할 ひ – 비
卑 낮을 いやしい – 아! 얕으이
婢 계집종 はしため – 아(주) 바닥 에미
碑 비석 いしぶみ – 이시(돌의 고어 – 불이시
= 부싯돌)읇으미
妃 왕비 きさき – 백제의 왕은 고니(큰)키시
(깃 – 꿩의 깃), 그 왕비는 키시(의) 것 > 키
사키
肥 살찔 こえる – 거(대)하우. 거하게 산다.
秘 숨길 ひめる – 숨하우
費 쓸, 쓰다 ついやす – 쓰임하지우

||||||||| **빈** |||||||||

貧 가난할 まずしい – 마(당) 쪼금하이
賓 손, 손님 まろうど – 맞는 히또(해의 아들 –
사람)
頻 자주 しきりに – 잦게스리

||||||||| **빙** |||||||||

氷 얼음 こおり – 굳은 이(것)
聘 부를, 부르다 めす – 맞우

||||||||| **사** |||||||||

四 넉 よつ – 네째 = 윷(네 가락)
巳 뱀 み – 뱀이 > 미
士 선비 し – 사
仕 섬길 つかえる – 쭉~ 가에 일하우
寺 절 てら – 절 > 저라 > 데라(역구개음화)
史 역사 ふみ – 읇음이

使 하여금, 사용할 つかう – 씀하우
舍 집 いえ – 이엉
射 쏠, 쏘다 いる – 해 이글하우(햇살이 쏘다)
謝 사례할 あやまる – 알이야 말하우(아리카
　토아리 – がとう)
師 스승 し – 사
死 죽을 しぬ – (해 등이) 지누
私 사사로울 わたくし – 나따위것
糸 실 いと – 올 > 오츠 > 오쯔 > 이또
思 생각하다 おもう – 오! 맘 일우
事 일 こと – 것
司 맡을 つかさどる – 할 것을 들우. 할 > 하츠
　> 아츠 > 쯔
詞 말 ことば – 꼬대(하는) 바. (잠)꼬대는 말
　의 고어
蛇 뱀 へび – 에비
捨 버릴 すてる – 쓰레기 하다
邪 간사할 よこしま – 좋게히 말
斜 비낄, 비낌 はす – 비스(듬)
詐 속일 いつわる – 언제나니르우
社 모임 やしろ – 이엉집(으)로
沙 모래 すな – 이시(돌) 고나(고운)
似 닮을 にる – (기)인가 하우
査 사실할, 조사할 しらべる – 시(是)나 보우
写 베낄 うつす – 우에로 뜨구
辞 사양할 ことわる – 거두우
斯 속일 あざむく – (빼)앗아먹구
祀 제사 まつる – (신을) 맞으우

|||||||||| **삭** ||||||||||
削 깎을 けずる – 깍지우
朔 초하루 ついたち – 첫째 달

|||||||||| **산** ||||||||||
山 메 やま – 아! 메

|||||||||| **살** ||||||||||
殺 죽일 ころす – 골로가지우

|||||||||| **삼** ||||||||||
三 석 みっつ – (세)모'ㅅ'째. 고구려말 3은 밀
　(密)
森 빽빽할 もり – 몰리이

|||||||||| **상** ||||||||||
上 위 うえ, かみ – 위
尚 오히려 なお – (더)나오
常 떳떳할, 늘상 つね – 쭉 늘
賞 상 ほめる – 오메! 하우
商 장사 あきなう – 위께 내우
相 서로 あい – 마주이 > 아우이 > 아이
霜 서리 しも – 흰 물
想 생각 おもう – 오! 맘 일우
傷 상할, 상처 きず – 까짐
喪 복 입을 も – 묘에
嘗 맛볼 なめる – 내(냄새) 맡우
裳 치마 も – (치)마
詳 자세할 くわしい – 깨알 싶으이
祥 상서로울 しょう – 상
床 평상 とこ, ゆか – 트인 것
象 코끼리 ぞう – 상
像 형상 かたち – 겉이 > 거티이)가타치
桑 빽빽할 もり – 몰리이. 머리도 같은 어원
状 형상 じょう – 상
償 갚을 つぐなう – 착! 관(冠) 하우. 글자 모양
　이 관을 쓴 모습

|||||||||| 쌍 ||||||||||

双 쌍 ふたつ – 두 툴

|||||||||| 새 ||||||||||

塞 막을 ふさぐ – 푹! 싸구

|||||||||| 색 ||||||||||

色 빛 いろ – 여러(가지)

索 찾을(새끼 삭 さく) なわ – 노(끈), 새끼

|||||||||| 생 ||||||||||

生 날 うまれる – 움을 내우. 자궁을 뜻하는
　　영어 Womb도 같은 어원

|||||||||| 서 ||||||||||

西 서녘 にし – (해가) 누우시

序 차례 ついで – 쭉 잇데

書 글 かく – 긁구

暑 더울 あつい – 아! 찌이

敍 펼, 서술할 のべる – 넓히우

徐 천천할 おもむろ – 오! 머무르우

庶 여러 もろもろ – 물(物)물(物)

恕 용서할 ゆるす – 유들(유들)하지우

署 마을, 관청 しょ – 서

緒 실마리 いとぐち – 올 굴(口) > 오또 구치

|||||||||| 석 ||||||||||

石 돌 いし – (불)이시(돌)의 이시. 부싯돌에서
　　볼 수 있는 것처럼 이시는 돌의 고어

夕 저녁 ゆうべ – 유(酉) 밤

昔 옛 むかし – 묵었지. 일본 옛날 이야기는
　　‘무까시 묵까시 – 옛날 옛날에’로 시작

惜 아까울 おしむ – 아쉬움

席 자리 むしろ – 묵(으)실 (데)

析 쪼갤 さく – 짝 하우

釈 풀, 풀다 とく – 트구

|||||||||| 선 ||||||||||

先 먼저 さき – 선기(先期)

仙 신선 せん – 선

線 줄 すじ – 줄 > 주츠 > 수지

鮮 고울 あざやか – 아사(아침)인가 하이

善 착할 よい – 옳으이

船 배 ふね – 배네(복수)

選 가릴, 고를 えらぶ – 위일라 보우

宣 베풀 のべる – 넓히우

旋 돌 めぐる – 말아가우

|||||||||| 설 ||||||||||

雪 눈 ゆき – 흰 것

説 말씀(달랠세, 기쁠열) とく – (고)또 하구.
　　고또는 잠꼬대 – 잠말

設 베풀, 세울 もうける – (부속 들을) 모우게
　　하우

舌 혀 した – 세(바)닥, 세(혀)빠지게

|||||||||| 섭 ||||||||||

渉 건널 わたる – 와(서) 닿우

|||||||||| 성 ||||||||||

姓 성 かばね – 가(家) 아버(지)나네(나 – 이름)

性 성품 さか – (사람)속

成 이룰 なる – 나우

城 성 しる – 이시(돌의 고어)울(타리)

誠 정성 まこと – 맞는 것

盛 성할 さかん, もる – 쑥! 큰, 무루(익은)

省 살필 かえりみる – 가(家)에서 (돌아)보우

星 별 ほし – 별 > 벼츠 > 혀츠 > 호시

聖 성인 ひじり – 어진이(어질은 이)

声 소리 こえ – 구(口)에 (소리), 고래(고래) 소리도 같은 어원

||||||||| 세 |||||||||

世 세상 よ – 깔고 자는 '요'가 고어로 세상이란 뜻. 요가 잠잘 때는 세상, 온 우주

洗 씻을 あらう – 일우. 쌀을 일우.

税 세금 せい – 세

細 가늘 ほそい – 홑하이

勢 기세 いきおい – 입김크이

歲 해 とし – 돐

||||||||| 소 |||||||||

小 작을 ちいさい – 작으이

少 적을 すくない – 수(가)크(지)않으이 > 수쿠나이

所 바 ところ – 터게

消 끌, 끄다 けす – 끄지우

素 흴, 희다 しろい – 희우. 희다의 고어가 시로, 백설기, 시루봉

笑 웃을 わらう – '와아!'라 하우

召 부를 부름 めす – (윗사람을) 모심. 소명(召命)을 받는다는 뜻

昭 밝을 あきらか – 발그레해

蘇 깨어날 よみがえる – 요미(よみ黄泉)에서 가(家)에로. 요미 – 요(세상) 면

騒 시끄러울 さわぐ – 싸우구

焼 불사를 やく – 아! 구우

訴 하소연할 うったえる – 위에다 대우

掃 쓸, 쓸다 はく – 박(박)하우

疎 성길 うとい – (빽빽하지 않고) 우뚝(우뚝)하이

蔬 푸성귀 あおもの – 아오(파라오 > 아오) 모노(물)

||||||||| 속 |||||||||

俗 속될 ぞく – (세상)속

速 빠를 はやい – 빠(르)이 > 하야이

続 이을 つづく – 쭉쭉 하구

束 묶을 たば – 다발

粟 조, 소름 あわ – (조)알오름 > 아와름 > 아와. 소름 = 조오름

属 붙을 つく (부탁할촉) – 착! 하구

||||||||| 손 |||||||||

孫 손자 まご – 에미 (새)끼

損 덜 そこなう – 솎아내우

||||||||| 송 |||||||||

松 솔, 소나무 まつ – (잎이) 마주 (나는 나무)

送 보낼 おくる – 오! 가게 하우

頌 칭송할 ほめる – 오메! 하우

訟 송사할 うったえる – 위에다 대우

||||||||| 쇄 |||||||||

刷 인쇄할 する – 새김 하우

鎖 쇠사슬 くさり – 구슬

||||||||| 쇠 |||||||||

衰 쇠잔할 おとろえる – 오! (기운)떨어지우

||||||||| 수 |||||||||

水 물 みず – 물 > 무츠 > 미즈

手 손 て – (손)대

受 받을 うける – 얻게 하우

授 줄, 주다 さずける – 자! 줄게 하우

首 목, 머리 くび, はじめ – 굽이

守 지킬 まもり – 머무르우

収 거둘 おさめる – 오! 잠금하우

誰 누구 たれ – (어)떤이래. '래'는 이북 사투리

조사. 내래 이북서 왔시요.

須 모름지기 すべからく – 전부일까나 하게

雖 비록 いえども – 니른다도 뭐

愁 시름, 근심 うれい – 우려하이

樹 나무 き – (낭)구 > 기

壽 목숨 ことぶき – 고또(신(神) 복(福)이. (잠)꼬대 = 말 = 신

數 셈(자주 삭, 촘촘할 촉) すう·かず – 가지(가지 셈)

修 닦을 おさめる – 오! 참음하우

秀 빼어날 ひいでる – 히야! 이다 하우

囚 가둘 とらわれる – 틀어박혔으라우

需 구할 もとめる – 모둠하우

帥 장수 ひきいる – 이끔이루우

殊 다를 こと – (아니)같우 > 아니같우 > 니갈우 > 같우 > 가투 > 가토 > 고토

随 따를 したがう – 쫓아가우

輸 나를 はこぶ – 곽을 부(리우)

獣 짐승 けもの – 터럭이 > 게 물(物) > 모노

睡 잠잘 ねむる – 넷네함우

|||||||||| 숙 ||||||||||

叔 아저씨 おじ – 아저(씨)

淑 맑을, 착할 よい – 옳으이

宿 잘, 묵을(별 수) やどる – 이엉(집)에 터 (잡)우

孰 누구 たれ – (어)떤 이라

肅 삼갈 つつしむ – 적적함 하우

熟 익을, 익숙할 みのる – (열)매 노라우

|||||||||| 순 ||||||||||

順 순할 したがう – 쫓아가우

純 순수할 じゅん – 순

旬 열흘 とおか – 돌 해. 천간(甲乙丙丁······)은 10일에 한 번씩 순환

殉 따라죽을 じゅん – 순

盾 방패 たて – 댄 (손)대

循 돌, 돌다 めぐる – 말구

脣 입술 くちびる – 굴 부리

瞬 눈깜짝할 またたく – (눈)매 닫구

巡 순행할, 순회할 めぐる – 말아가구(돌다)

|||||||||| 술 ||||||||||

戌 개 いぬ – 이(異) 늑(떼 – 복수), 이누는 개의 고어

述 지을, 진술 のべる – 넓히우

術 재주 わざ, すべ – 수법

|||||||||| 숭 ||||||||||

崇 높일 あがめる – 위께 함우

|||||||||| 습 ||||||||||

習 익힐 ならう – 내려(받)우

拾 주을 (열 십) ひろう – 바로 하우

湿 젖을 しめる – 스미우

襲 엄습할 おそう – 오! 소름일우

|||||||||| 승 ||||||||||

乗 탈, 타다 のる – (몸을) 놓우

承 이을 うけたまわる – 위께(로부터) 다음 하우

勝 이길 かつ – (땅, 노획물, 상품) 갖우

升 되 ます 일본에서는 되는 그릇 모두 – 말 > 마츠 > 마수. 일본에서는 말이나 되를 같이 부름

昇 오를 のぼる – 높히 오르우 > 노보루

僧 중 そう – 승

|||||||||| 시 ||||||||||

市 저자(시장) いち – 여러 집

示 보일 しめす – (높이)처매지우

是 옳을 これ − (바로) 고거이래!
時 때 とき − 적 > 덕 > 더그 > 도끼
詩 시 し − 시
視 볼, 보다 みる − 보우 (무사 > 부시)
施 베풀 ほどこす − 보듬하지우
試 시험할 こころみる − 고 (하는) 꼴을 보우
始 비로소 はじめ − 햇 (눈)매
矢 화살 や − 발 > 알 > 야. 화살 한 발, 두 발.
侍 모실 さむらい, さぶらう − 쌈하는 이 > 사무라이, 잡으라우 − 부축하는 것

|||||||||| 씨 ||||||||||

氏 성 つ, うじ (나라이름 지) − 아! 씨(앗)

|||||||||| 식 ||||||||||

食 먹을 たべる (먹일사) − 다 배로
式 법 つき − 식
植 심을 うえる − 움에로 (심다)
識 알 (기록할지) しる − (알)지라우
息 쉴, 쉬다 いき − 입김
飾 꾸밀 かざる − 겉 잘 하우

|||||||||| 신 ||||||||||

身 몸 み, みずから − 몸 > 모 > 미
申 아뢸, 보고할 もおす − 말하지우
神 귀신 かみ − 곰 > 고무 > 가미. (상)감, (대)감
臣 신하 けらい − 괴뢰
信 믿을 まこと − 믿는 것
辛 매울 からい − 칼칼하이
新 새, 새로울 あたらしい − 아! 달라 싶으이
伸 펼, 펴다 のびる − 넓히우
晨 새벽 あした − 아! 새 때
愼 삼가할 つつしむ − 주저주저함우

|||||||||| 실 ||||||||||

失 잃을 うしなう − 없으라우
室 방 むろ − 담으로 > 무로 (둘러진 것)
實 열매 み − (열)매

|||||||||| 심 ||||||||||

心 마음 こころ − 꼬골 = 작은 뇌
甚 심할 はなだ − 한(恨)이 하다(많다)
深 깊을 ふかい − 푹 까인
尋 찾을 たずねる (묻다) − 답을 내우
審 살필 つまびらか − 참 밝힐라해

|||||||||| 십 ||||||||||

十 열 とお − 돌 (아옴)

|||||||||| 아 ||||||||||

児 아이 こ − (새)끼 > 꼬
我 나 われ − 내래 > 와래. 두음법칙
牙 어금니 きば − 큰 (이)빨
芽 싹 め − (눈)매
雅 아담할 みやびやか − (눈)매에 보일까
亞 버금 つぐ − 두째 가우 > 후다츠 가우
阿 아첨할 おもねる − 어머! (소리)내우
餓 주릴, 굶을 うえる − (배가) 울우

|||||||||| 악 ||||||||||

惡 악할 (미워할 오) わるい − 왈 하이. 왈은 '나쁘다'의 고어. 왈패, 왈가닥
岳 큰 산 たけ − (하늘에) 닿는 것

|||||||||| 안 ||||||||||

安 편안할 やすんじる − 얕은 자세하우
案 생각 책상 つくえ − 책궤
顔 얼굴 かお − 겉얼. 얼이 겉에 나오는 곳
眼 눈 まなこ − (눈)매 나까中 것

岸 언덕 きし – 곳
雁 기러기 かり – (기럭지) 긴 이

|||||||||| 알 ||||||||||

謁 뵈올 まみえる – 그몸(기미きみ)에 > 미에
보이우

|||||||||| 암 ||||||||||

暗 어두울 くらい – 굴이라 하이
巖 바위 いわ – 암巖

|||||||||| 압 ||||||||||

圧 누를 おさえる – 누지르우 > 누지르우 > 오
시르우 > 오사에루

|||||||||| 앙 ||||||||||

仰 우러를 あおぐ – 아! 하구
央 가운데 なか – 나이 까 (아닌 가(장자리)
殃 재앙 わざわい – 와! 재앙 하이(많으이)

|||||||||| 애 ||||||||||

愛 사랑 あいする – 애(愛) 하우
哀 슬플 あわねむ – 아아! 눈물이
涯 물가 はて – 파닥(이는) 터

|||||||||| 액 ||||||||||

厄 재앙 わざわい – 와! 재앙 하이
額 수량, 이마 ひたい – 훤한 데 + 이

|||||||||| 야 ||||||||||

也 어조사 なり – (종조사) 나리. 하리. 한문 끝
에 야(也)가 붙으면 '하리'나 '나리'로 해석
夜 밤 よる – 요에 이루
野 들 の – 너른 들의 어원이 되는 고어

耶 어조사 や,か – (하느)냐? (하는)가? 한문
문장 끝에 야(耶)가 붙으면 '냐?', '가?'로 해
석

|||||||||| 약 ||||||||||

弱 약할 よわい – 야위이
若 같을 ごとい – 같으이
約 약속할 しめくくる – 처매구 가우
薬 약 くすり – 구슬. 환약(丸)은 구슬모양.

|||||||||| 양 ||||||||||

羊 양 ひつじ – 해의 (선)지
洋 바다 よう – 양
養 기를 やしなう – 옛다(에사 – 사료)를 내우
揚 날릴 あげる – 윗께 하우
陽 볕 ひ – 해
譲 사양 ゆずる – 유들(유들) 하지우
壌 땅 つち – 지지
様 모양, (온)사마 さま – 사모(님)
楊 버들 やなぎ – 야윈 낭구

|||||||||| 어 ||||||||||

魚 물고기 うお, さかな – 갯가 나물(생물), 갯
가 > 재까 > 사까
漁 고기 잡을 すなどる – 줄놔 털우
於 어조사 (탄식 오) ~ ~에 おいて – 에 있대
語 말씀 かたる – (잠)꼬데(말의 고어) 하우
御 어거할 お・み・おん – 오!・미(용・임금의 고
어)・한(큰)

|||||||||| 억 ||||||||||

億 억 おく – 억
憶 생각할 おもう – 아! 맘 일우
抑 누를 おさえる – 누지르우 > 오사르우

|||||||||| **언** ||||||||||

言 말씀 こと - (잠)꼬대

|||||||||| **엄** ||||||||||

厳 엄할 おごそか - 옹고집해

|||||||||| **업** ||||||||||

業 업 わざ - 내린 재(주). Job

|||||||||| **여** ||||||||||

余 나 われ - 내래
余 남을 あまる - 아! 말(末)
如 같을 ごとし - 같은 것
汝 너 なんじ - 아! 너 당(신)
与 줄, 주다 あたえる - 옜다 하우
予 나 われ - 내래
輿 수레 こし - 끌이 > 꼬치 > 꼬시

|||||||||| **역** ||||||||||

亦 또 また - 뭐~ 또
易 바꿀 (쉬울 이) やさしい - 얕으시이
逆 거스를 さからう - 솟구치라우
訳 풀이 할 わけ - 왜 일까해
駅 역말 えき - 역
役 부역 やく - 역
疫 염병 やくびょう - 역병
域 지경 いき - 역

|||||||||| **연** ||||||||||

然 그러할 しかり - 그럴까 하리
煙 연기 けむり - 희끄무리
研 궁구할 とぐ - 트구
硯 벼루 すずり - 숯줄
延 끌, 끌다 のびる - 넓히우

燃 불탈 もえる - 모락(모락)이우
燕 제비 つばめ - 좁은 몸
沿 물따를 そう - 수(水)에. 연안을 뜻하는 영
　　어 단어 Shore도 같은 어원
鉛 납 なまり - 납말이
宴 잔치 さかもり - 섞어몰림
軟 연할 やわらか - 연약하다
演 행할 のべる - 넓히다.
縁 인연 ちなみ - 줄냄

|||||||||| **열** ||||||||||

熱 더울 あつい - 아! 찌이
悦 기쁠 よろこぶ - 요리 기뻐

|||||||||| **염** ||||||||||

炎 불꽃 ほのお - 화의
染 물들 そめる - 스미우
塩 소금 しお - 짜오

|||||||||| **엽** ||||||||||

葉 잎 は - 잎 > 이파 > 파 > 하

|||||||||| **영** ||||||||||

永 길 ながい - 나감 하이
英 꽃부리 はなぶさ - 화(花) 내붙이. 어사화
　　(御史花) 같이 내붙이는 것
迎 맞을 むかえる - 맞을거유
栄 영화 さかえる - 싹이 하우(많우) - 번성하
　　다
泳 헤엄칠 およぐ - 헤엄하구
営 경영할 いとなむ - 아! 터냄하우(터를 더
　　냄)
影 그림자 かげ - 가린 거
映 비칠 うつる - 위(비)치우

||||||||| **예** |||||||||

予 미리 あらかじめ – 알아가지 함
鋭 날카로울 するどい – 찌르듯 하이

||||||||| **오** |||||||||

五 다섯 いつつ – 오 째
吾 나 われ – 내래
悟 깨달을 さとる – 다달우
午 낮 うま – 아! 말馬
誤 그르칠 あやまる – 아니야 말하우
烏 까마귀 からす – 굴 새(굴같이 검은 새)
汚 더러울 けがす – (아니)깨끗하지우
嗚 탄식할 ああ – 아아!
娛 즐거워할 たのしむ – 단오싶우
梧 오동 あおぎり – 아오(파라오) 낭기
傲 거만할 おごる – 아구(턱) 위로

||||||||| **옥** |||||||||

玉 구슬 たま – (어느 쪽에서 보나) 다 닮은 아
屋 집 や – 이엉
獄 옥, 감옥 ひとや – 혹독(한) 이엉

||||||||| **온** |||||||||

温 따뜻할 あたたかい – 아! 따뜻하이

||||||||| **옹** |||||||||

翁 늙은이 あきな – (산) 해 긴 이

||||||||| **와** |||||||||

瓦 기와 かわら – 기와 알(알)
臥 누울 ふす – 퍼지우

||||||||| **완** |||||||||

完 완전할 まったい – 마쳤다하이
緩 느릴 ゆるやか – 유들(유들)해가

||||||||| **왈** |||||||||

曰 가로 いわく – 옆가구

||||||||| **왕** |||||||||

王 임금 きみ – 그 몸
往 갈, 가다 ゆく – 유(유히) 가구

||||||||| **외** |||||||||

外 바깥 そと, ほか – 조 터
畏 두려울 おそれる – 오! 소름일우

||||||||| **요** |||||||||

要 구할 いる – 있이 하우
腰 허리 こし – 곧이 = 곧은 것
揺 흔들 ゆれる – 일렁이우
遥 멀, 멀다 はるか – 하루(나) 가
謡 노래 うた – 읊다 + 이

||||||||| **욕** |||||||||

欲 하고자할 ほっする – 하고자 하우
浴 목욕 あびる – 아! 불리우
慾 욕심 よく – 욕
辱 욕될 はずかしめる – 아주 깎음 하우

||||||||| **용** |||||||||

用 쓸, 쓰다 もちいる – 뭘 쓰우
勇 날랠 いさましい – 이야! 이 쌈하이
容 얼굴 かたち – 겉의 (제)일 > 가타이치
庸 떳떳할, 평상 つね – 쭉 늘

||||||||| **우** |||||||||

宇 집 いえ – 이엉(집의 대명사)
右 오른쪽 みぎ – 맞는 거(Right)
牛 소 うし – 아! 소
友 벗 とも – 동무

雨 비 あめ – 아! 물
憂 근심 うれえる – 우려하우
又 또 また – 뭐 또
尤 탓할 とがめる – 톡! 깜하우
遇 만날 あう – 맞우 > 마우 > 아우
羽 깃 はね – 팔네 > 하네
郵 우편 ゆう – 우
愚 어리석을 おろか – 어리(숙)해
偶 짝, 고를 ならぶ – 나올라 보우
優 뛰어날 すぐれる – 쑥! 위로 하우

|||||||||| 운 ||||||||||

云 이를 いう – 니르우
雲 구름 くも – 구름 > 구르므 > 구므 > 구모.
　씨름 > 스모
運 운전할 はこぶ – 곽을 부리우 > 과고부 >
　하꼬부
韻 운, 운치 いん – 운

|||||||||| 웅 ||||||||||

雄 수, 수컷 おす – 오! 숫(컷)

|||||||||| 원 ||||||||||

元 으뜸 もと – 밑
原 근원 もと – 밑
願 원할 ねがう – (맘)네 가우
遠 멀, 멀다 とおい – 떨어이
園 동산 その – 소(小) 노(들의 고어)
怨 원망할 うらむ – 울음하우
円(圓) 돈, 둥글 まるい – 말으이
員 사람 かず – (사람 중에)가지(가지)
源 근원 みなもと – 물의 밑
援 도울 たすける – (손)데 줄게우
院 집 いん – 원

|||||||||| 월 ||||||||||

月 달 つき – 조각
越 넘을 こえる – 고개 넘우

|||||||||| 위 ||||||||||

位 자리 くらい – 클라 하이 (순위를 매기다)
危 위태로울 あやうい – 아야! 하이
為 하나스, ため – 내지우(하다)
偉 위대할 えらい – 위에 이루이(있우)
威 위엄 たけし – 닿게 함이 > 하이 > 시이 >
　시
胃 밥통 い – 위. 胃袋 위자루 いぶくろ – 위
　비끄러 (맨 것)
謂 이를 いう – 니르우
囲 둘레 かこむ – 가(장자리) 금
緯 씨 よこいと – 옆구(리) 올 > 오츠 > 오또
衛 지킬 まもる – 머므루우. 마무리 하우
違 어길 ちがう – (맞)지가 않우
委 맡길 ゆだねる – 위탁 내우
慰 위로할 なぐさめる – (눈물)나겠어 말하우
偽 거짓 いつわる – 언제(나) 니르(기만) 하우

|||||||||| 유 ||||||||||

由 말미암을 よし, より – ~위로 (나옴)
油 기름 あぶら – 아! 불이우
酉 닭 とり – 돌이 (귀소본능이 있어 돌아오는
　것 – 새)
有 있을 ある – 아! 있우라우
猶 오히려 なお – 나우(좋으오)
唯 오직 ただ – (이게) 다 이다.
遊 놀, 놀다 あそぶ – 아! 소풍
柔 부드러울 やわらかい – 연약 하이
遺 끼칠 のこす – 놓고 가지우
幼 어릴 おさない – 오! 사나우이
幽 그윽할 かすか – 고즈(넉)해
惟 생각할 おもう – 오! 맘 일우

維 맬, 매다 つなぐ – 줄 엮우
乳 젖 ちち, ち – 찌찌
儒 선비 じゅ – 유
裕 넉넉할 ゆたか – 윤택해
誘 꾈, 꾀다 さそう – 쏘삭이우
愈 더욱 いよいよ – 이어이어
悠 멀, 멀다 はるか – 하루해 (걸이)

||||||||||| 육 |||||||||||

肉 고기 にく – 육
育 기를 そだてる – 솟워 디딤하우,

||||||||||| 윤 |||||||||||

閏 윤달 うるう – 여유로우
潤 불을, 윤택할 うるおう – 위로 오르우.

||||||||||| 은 |||||||||||

恩 은혜 おん – 은
銀 은 しろがね – 흰 금네(금 종류)
隱 숨을 かくれる – 까꿍하우

||||||||||| 을 |||||||||||

乙 새 きのと – 낭구의 (싹)틈. 싹이 뚫고 나오
는 모양을 그린 글자

||||||||||| 음 |||||||||||

音 소리 おと – 오! 통 (소리)
吟 읊을 うたう – 읊으우
飲 마실 のむ – 넘(기)우
陰 그늘 かげ – 가(린) 거이
淫 음란할 みだら – 몸달아

||||||||||| 읍 |||||||||||

邑 고을 むら – 말 > 마라 > 무라. 우리 동네
윗말, 아랫말

泣 울, 울다 なく (눈물)나구

||||||||||| 응 |||||||||||

応 응할 こたえる – ~고 답하우

||||||||||| 의 |||||||||||

衣 옷 ころも – 꼴막
依 의지할, 근거할 よる – 요래(서)
義 뜻 わけ – 이룰 것이
議 의논할 はかる – 헤어가우
医 의원 낫게할 いやす – 이야! 하지우
意 뜻 こころ – 꼬 골(뇌) = 마음
宜 마땅할 よろしい – 옳아 싶으이
儀 거동 のり – 널이(사람들이 보게 널다)
疑 의심할 うたがう – 의아하다 하우

||||||||||| 이 |||||||||||

二 두 ふたつ – 두 톨
弐 두 ふたつ – 두 톨
以 써 もっと – 뭐 더
已 이미 すでに – 했다 하니
耳 귀 みみ – (귓구)멍 > 멍미 > 미미
而 말 이을 しこうして – 하고 하대
異 다를 こと – (아니)같아
移 옮길 うつる – 움직이우
夷 오랑캐 えびす – 에비! 씨

||||||||||| 익 |||||||||||

益 더할 ます – 몫 쑥!
翼 날개 つばさ – 짝 팔 > 파츠 > 바사

||||||||||| 인 |||||||||||

人 사람 ひと – 해아들 > 히또
引 끌, 끌다 ひく – 이끌우
仁 어질 なさけぶかい – 내 속이 푹 까인(정이

많은) 것

因 인할 よる – 위로

忍 참을 しのぶ – 인내해봄

認 인정할 みとめる – 믿음하우

寅 범, 호랑이 とら – 도르이

印 도장 しるし – (누)지름함이

刃 칼날 やいば – 야! 이빨

姻 혼인할 よめいり – 여염이룸

|||||||||| 일 ||||||||||

一 한 ひとつ – 한 톨

日 날 ひ – 히, か – 해

壱 한 はとつ – 한 톨

逸 편안할, 달아날 それる – 설 하우(덜되게 하다)

|||||||||| 임 ||||||||||

壬 북녘 みずのえ – 물의 위(位)

任 맡길 まかせる – 맡겨 하우

|||||||||| 입 ||||||||||

入 들 はいる – (안)에 있우

|||||||||| 자 ||||||||||

子 아들 こ – (새)끼

字 글자 あざ – 아! 자(字)

自 스스로 みずから – 몸소 함이라

者 놈 もの – 물(物) 사람을 물건 취급하여 비하

姉 누이 あね – 안에 (있는 사람)

慈 사랑 いつくしむ – 언제고 고이 함우

茲 검을, 이것 ここに – 고것이니

雌 암, 암컷 めす – 에미 씨

紫 자줏빛 むらさき – 보라색 > 모라새끼 > 무라사끼

資 재물 もと – 밑(전)

姿 모습 すがた – 속과 겉 > 가타

恣 방자할 ほしいまま – 봄함마다 마구

刺 찌를(찌를척) さす – 쑤시우

|||||||||| 작 ||||||||||

作 지을 つくる – 짓구

昨 어제 さく – 작

酌 잔질할(술마실) くむ – 구(口)함우

爵 벼슬 さかずき – 상주기

|||||||||| 잔 ||||||||||

残 남을 のこる – 남기우

|||||||||| 잠 ||||||||||

潜 잠길 もぐる – 물로 가우

暫 잠깐 しばらく – 시(時) 바랄 만큼

蠶 누에 蚕 かいこ – 기는 것

|||||||||| 잡 ||||||||||

雑 섞일 まじえる – 막섞우

|||||||||| 장 ||||||||||

長 길 ながい – (끝이) 나가 있우

章 글 おや, ふみ – 아! 문(文)

場 마당 ば – 바(소所), 판

将 장수 はたひきいる – 하다(파닥이 – 깃발) 이끌우

壮 씩씩할 さかん – 씩(씩)한

丈 어른 たけ – 다큰이

張 베풀 はる – 벌리우

帳 휘장 とばり – 터발

荘 별장 おごそか – 옥속가(家), 옥 – 옥천 곳

装 꾸밀 よそおう – 옳이 씻우

奬 권할, 장려할 すすめる – 쭉쭉 밀우

墻 담 かき – 가의 낭구
葬 장사지낼 ほうむる – 파묻우
粧 단장할 よそおう – 옳이 씻우
掌 손바닥 たなごころ – (손)대 안 고꼬로(심心)
蔵 감출 くら – 굴에
臟 오장 はらわた – 배알의 다
障 막을 さわる – 싸막우
腸 창자 はらわた – 배알의 다

|||||||||| **재** ||||||||||

才 재주 さい – 재
材 재목 ざい – 재
財 재물 たから – 따까이들. 다까이(닿아가이) – 높다, 귀하다
在 있을 ある – 아! 이루
栽 심을 うえる – 움에 넣우
再 두, 다시 ふたたび – 두 때 다시 > 다히 > 다비
哉 어조사 かな – 까나?
災 재앙 わさわい – 와! 재앙이
載 실을 のせる – 놓지우

|||||||||| **쟁** ||||||||||

争 다툴 あらそう – 어울려 싸우

|||||||||| **저** ||||||||||

著 나타날 (붙을 착) あらわす – 알리지우
貯 쌓을 ためる – 담으라우
低 낮을 ひくい – 下에 가이
底 밑 そこ – 속
抵 겨룰 あたる – 맞대라우

|||||||||| **적** ||||||||||

的 과녁 まと – 맞(추는) 터
赤 붉을 あかい – 빨가이 > 아까이
適 맞을 かなう – 겨누우
敵 원수 かたき – 갚아 때릴 것
笛 저, 피리 ふえ – 불이
滴 물방울 しずく – 수(水) 똑!
摘 딸, 따다 つむ – 찝어 (내우)
寂 고요할 さびしい – 사비성 싫으이
籍 문서 ふみ – 아! 문
賊 도둑 あだ – 아! 도(둑)
跡 발자취 あと – 아! 뒤
蹟 자취 あと – 아! 뒤
積 쌓을 つむ – 쌓음 하우
績 공, 공적 せき – 쌓기

|||||||||| **전** ||||||||||

田 밭 た – 들
全 온전할 まったく – 맞다하고
典 책 ふみ, のり – 널리
前 앞 まえ – 맡에
展 펼, 펴다 のべる – 넓히우
戦 싸울 たたかう – 다툼하우
電 번개 いなずま – 이내주마(벼락을)
銭 돈 ぜに – 전(錢)
伝 전할 つたえる – 전달하우
専 오로지 もっぱら – 몰빵
転 구를 ころがる – 굴러가우

|||||||||| **절** ||||||||||

節 마디 ふし – 마디 > 바디 > 바시 > 후시
絶 끊을 たえる – 다하(게) 하우
切 끊을(모두체) きる – 끊우
折 꺾을 おる – 오리우

|||||||||| **점** ||||||||||

店 가게 みせ – 뵈는 데 > 제 > 세
占 차지할 しめる – 점하우
点 점 てん – 점 > 던 > 덴
漸 점점 ようやく – 옳이하구

|||||||||| **접** ||||||||||

接 맞을 つぐ – 맞추구 > 츠구
蝶 나비 ちょう – 접이(접는 특성이 있어)

|||||||||| **정** ||||||||||

丁 장정 ひのと – 해(火)의 터. 정은 오행 중 화
　에 속함
頂 정수리 いただき – 아! 다달은 곳(산 정상)
停 머무를 とどまる – 터 또아리우
井 우물 い – 이시(돌의 고어) 터의 준말
正 바를 ただしい – 다 다시 하이
政 정사, 정치 まつりごと – (신을) 맞으리 (하
　는) 것. 정치는 주로 마쯔리를 담당하는 것
定 정할 さだめる – 싸담우
貞 곧을 ただしい – 다 다시 하이
精 정할, 정성 くわしい – 깨알 싶으이
情 뜻 なさけ – 내 속 것
靜 고요할 しずかだ – 숨죽였다
淨 깨끗할 きよい – 고요하이
庭 뜰 にわ – 이엉안
亭 정자 てい – 솟은 대
訂 끊을, 고칠 ただす – 다 다시 하지우
廷 조정 やくしょ – 역소(役所)
程 법 ほど – 법도
征 칠, 치다 ゆく,とる – 털우
整 가지런할 ととのえる – 다듬어 놓우

|||||||||| **제** ||||||||||

弟 아우 おとうと – 오또 아! 뒤

第 차례 だい – 제
祭 제사 まつる – 맞우
帝 임금 みかど – 빛 같은
題 제목 だい – 제
除 덜 のぞく – (빼)내어 속구구
諸 모두 もろもろ – 모두모두
製 지을 つくる – 짓구우
提 끌 さげる – 쑥! 크게 하우
堤 방죽 つつみ – 뚝 쌈
制 억제할 おきて – 억하대
際 가, 끝 きわ – 가의 울
齊 가지런할 そろう – 줄놓우. 줄 세우는 것
濟 건널 わたる – 와! 닿우

|||||||||| **조** ||||||||||

兆 조짐 きざし – 기(氣)살(射)이. 형(形)이
　생기기 전 기(氣)의 움직임. 햇살
早 일찍 はやい – 빠르이
造 지을 つくる – 짓구
鳥 새 とり – 돌이
調 고를 しらべる – 옳치 (요시)일라 보우
朝 아침 あさ – 아! 새(벽)
助 도울 たすける – 손대줄게우
祖 할아비 じじ – (아버)지의 지
弔 조상할 とむらう – 다모이라우
燥 마를 かわく – 갈라지구
操 잡을 あやつる – 알을 잡우(조심스럽게 다
　루다)
照 비출 てらす – 쬠 이루지우
条 가닥 えだ – 한가닥
潮 조수 しお – 짜오
租 세금 そ – 조
組 짤, 짜다 くむ – 꾸미우

|||||||||| **족** ||||||||||

足 발(지날주) あし,たりる – 발 > 바츠 > 아츠

> 아시
族 겨레 やから – 한 갈래

|||||||||| 존 ||||||||||

存 있을 ある – 아! 있우
尊 높을 とうとい – 더욱 더하이

|||||||||| 졸 ||||||||||

卒 마칠 おわる – 오! 났우
拙 졸할 つたない – 좋다 않하이

|||||||||| 종 ||||||||||

宗 마루 むね – 마루네(복수)
種 씨 たね – 단(丹)네
鍾 쇠북, 종 かね – 금(金)네
終 마칠 おわる – 오! 났우
從 좇을 したがう – 쫓아가우 > 쪼차가우 > 치타가우 > 시타가우
縱 세로 たて – 돋이 > 도디 > 다데

|||||||||| 좌 ||||||||||

左 왼 ひだり – 해돋데 > 히다리
坐 앉을 すわる – 쭈(그)리우
佐 도울 たすける – (손)대 줄게우
座 자리 すわる – 쭈(그)리우

|||||||||| 죄 ||||||||||

罪 허물 つみ – 죄허물

|||||||||| 주 ||||||||||

主 주인 あるじ – 알(핵심) 치(사람 접미사)
注 물댈 そそぐ – 쏴아 쏴아 하구
住 살, 살다 すむ – 주무(시다). 숨우
朱 붉을 あかい – 빨가이
宙 집, 한울(하늘) そら – 소울(타리). 흴 소(素)

走 달릴 はしる – 발로 > 바츠로 > 하시루
酒 술 さけ – 삭힘이 > 식혜
昼 낮 ひる – 해이루(해있우)
舟 배 ふね – 배네 > 하네 > 후네
周 두루 まわり – 말으리
株 그루 かぶ – 값
州 고을 す – 주
洲 섬 す,しま – 섬
柱 기둥 はしら – 발알(알) > 바츠알 > 바시라 > 하시라

|||||||||| 죽 ||||||||||

竹 대 たけ – 다까이 기(낭구) > 다까기 > 다께

|||||||||| 준 ||||||||||

準 수평기 みずもり – 물 몰림 이. 비교하다 なぞらえる – 나서나 보우(나은가 보다)
俊 준걸 すぐれる – 쑥! 크우
遵 좇을 したがう – 쫓아가우

|||||||||| 중 ||||||||||

中 가운데 なか – 나이 까. 가가 아닌 것
重 무거울 おもい – 오! 무(거)우이
衆 무리 おおい – 알알이
仲 버금, 중간에서 거드는 사람 なか – 나이 까(가가 아닌 것 – 中)

|||||||||| 즉 ||||||||||

即 나아갈 すなわち – 쭉 나와서

|||||||||| 증 ||||||||||

曾 일찍 かって – (지나)갔대
増 더할 ます – 뫇 쑥!
証 증거 あかし – 알(리는) 것 + 이
憎 미워할 にくむ – (아)니 고와 보이우

贈 줄, 주다 おくる – 오! 가게 하우
症 증세 しょう – 증
蒸 찔 むす – 물에 찌우

|||||||||| 지 ||||||||||

只 다만 ただ – 다 이다
支 지탱할 ささえる – 지지하우
枝 가지 えだ – 뻗이
止 그칠 とまる – 터 맡우
之 갈 ゆく, の – 의 > 늬 > 노
知 알, 알다 しる – 알우 > 할우 > 시루
地 땅 つち – 지지
指 손가락 ゆび – 와! 뻗이
志 뜻 こころざし – 꼬 골(뇌) 자심 마음먹음 = 마음자심
至 이를 いたる – 아! 다달우
紙 종이 かみ – 감. 검불(fiber). cf. 장군감(재료)
持 가질 もつ – 맺(음)
池 못, 연못 いけ – 아! 까인 (땅)
誌 기록 しるす – 써 놓지우
智 슬기 ちえ – 지혜
遅 늦을 おそい – 어서하이

|||||||||| 직 ||||||||||

直 곧을 なおい – (쪽) 나오이
職 벼슬 つとめ – 쭉 터 맡음
織 짤, 짜다 おる – 올(올) 하우

|||||||||| 진 ||||||||||

辰 별(별신) たつ – (하늘에) 달(린)이 > 다츠이
真 참 まこと – 맞게도
進 나아갈 すすむ – 쭉쭉 함우
尽 다할 つくす, つきる – 죽었수, 죽이우
振 떨칠 ふるう – 훌훌(의태어)하우 > 흔(들)리우

鎮 진압할 しずめる – 싹 잠재우
陣 진칠 じん – 진
陳 묵을 ふるい – 헐우이(헐었어)
珍 보배 めずらしい – (눈)매에 띨라 싶으이 – 보기 드문. 띨라 > 치라 > 주라. 구개음화

|||||||||| 질 ||||||||||

質 바탕 たち – 디딤이 > 다짐이 > 다치
秩 차례 ちつ – 질
疾 염병 やくびょう – 역병
姪 조카 めい – 에미나이

|||||||||| 집 ||||||||||

集 모을 あつまる – 아! 쌓아 모으우
執 잡을 とる – 들우

|||||||||| 징 ||||||||||

徴 부를 しるし – 질지(모름)
懲 징계할 こらす – 골내지우

|||||||||| 차 ||||||||||

且 또 かつ – 가하지우
次 차례 つぎ – (몇째 몇)째하기
此 이, 이것 これ – 고것이래
借 빌릴 かりる – (신의 물건을) 가르우
差 어긋날(층질 치) さす – 棹差す(さお – さす) – 삿대질 했시수

|||||||||| 착 ||||||||||

着 붙을 つく – 착!
錯 섞일 まじる – 막섞우
捉 잡을 とらえる – 들어내우

|||||||||| 찬 ||||||||||

賛 기릴 たたえる·ほめる – 다독이우. 우와!

말하우

讃 기릴 たたえる·ほめる – 다독이우. 우와!
　　말하우

|||||||||| 찰 ||||||||||

察 살필 みる – 보우 > 모우 > 미우

|||||||||| 참 ||||||||||

参 참여할 まいる (석삼) – 마(당)에 이루
惨 참혹할 みじめ – (눈)매 잠(그)우
慙 부끄러워할 はじる – 벗었우

|||||||||| 창 ||||||||||

昌 창성할 さかん – 쑥! 한
唱 노래 부를 うたう – 읊조리우
窓 창 まど – (움)막 틈
倉 곳집, 창고 くら – 굴
創 비롯할, 창상 きず – 까짐　창조 つくる –
　　짓게 하우
蒼 푸를 あおい – 파라이
滄 큰바다 うみ – 와! 물
暢 화창할 のびる – 넓히우

|||||||||| 채 ||||||||||

菜 나물 な – 나(生) 물
採 캘, 캐다 とる – 들(어내)우
彩 채색 いろどる – 여러(색) 들이우. 색즉시
　　공(色卽是空)의 색은 여러가지
債 빚 かり – (신의 물건) 갈름이

|||||||||| 책 ||||||||||

責 꾸짖을 せめる – 죄 말하우
冊 책 ふみ – 판 말음
策 꾀, 채찍 はかりごと – 할거리 골똘. cf,ま
　　つりごと – (신을) '맞을 일 골똘' = 정치

|||||||||| 처 ||||||||||

妻 아내 つま – 치마
処 곳 ところ – 터께
悽 슬퍼할 いたむ – 아! 따끔하우

|||||||||| 척 ||||||||||

尺 자 さし – 삿(대)
斥 내칠 しりぞける – 질색케하우
拓 열 (박을 탁) ひらく – 펼려 하구
戚 겨레 みうち – 피붙이 > 미부치 > 미우치

|||||||||| 천 ||||||||||

千 일천 ち,せん – 천
天 하늘 あめ – 아! 마(당). 성스러운 마당
川 내 かわ – 강
泉 샘 いずみ – 아! 샘
浅 얕을 あさい – 얕으이 > 야트이 > 아사이
賎 천할 いやしい – 에이 얕으이
践 밟을 ふむ – 밟으우
遷 옮길 うつる – 움직하우
薦 천거할 すすめる – 쑥쑥밀우

|||||||||| 철 ||||||||||

鉄 쇠 くろがね – 구로(굴이라 하이 – 검은) 금
　　네
哲 밝을 てつ – 철(이 들다)
徹 뚫을 とおる – 뚫우

|||||||||| 첨 ||||||||||

尖 뾰족할, 화내다 とかる – 톡! 하우
添 더할 そえる – 더하우

|||||||||| 첩 ||||||||||

妾 첩 めかけ – 어메 가꾸이 (까꿍 – 숨은)

|||||||||| 청 ||||||||||

青 푸를 あおい - 파라이
清 맑을 きよい - 고요하이. 清水寺 - 기요미
　즈데라 - 고요 + 물 > 무츠 > 미즈 + 절 > 저
　라 > 데라
晴 갤, 개다 はれる - 해 있우(이루)
請 청할 こう - 구하우
聴 들을 きく - 귀 하우
庁 관청 やくしょ - 역소(役所)

|||||||||| 체 ||||||||||

体 몸 からだ - 걸대
替 바꿀 かえる - 갈으우

|||||||||| 초 ||||||||||

初 처음 はじめ - 햇 (눈)매
草 풀 くさ - 꽃 하이(많은 이)
招 부를 まねく - 만나(고) 싶구
肖 같을 かたどる - 같이 (본을)뜨우
超 넘을 こえる - 고개 넘우
抄 베낄 ぬきがき - 누어(뽑아)해 긁기. 발췌
　해 쓰기
礎 주춧돌 いしずえ - 이시 둠 > 두므 > 주므
　> 주에

|||||||||| 촉 ||||||||||

促 재촉할 うながす - 어여 나가지우
燭 촛불 ともしび - 동무의 불
触 닿을 さわる - 손으로

|||||||||| 촌 ||||||||||

寸 마디 すん - 촘촘
村 마을 むら - 말 > 마라 > 무라

|||||||||| 총 ||||||||||

総 거느릴 すべて・すべる - 전부다
聡 귀 밝을 さとい - 썩 똘(똘)하이
最 가장 もっとも - 못 더함
催 재촉 もよおす - 뭐해 어여 하지

|||||||||| 추 ||||||||||

秋 가을 あき - (잎이) 빨가 + 이
追 쫓을 あう - (뒤를) 밟우
推 밀, 밀다 おす - 밀지우
抽 뽑을 ひく, ぬく - 이끌어 내구
醜 더러울 みにくい - (눈)매 (아니) 고우이

|||||||||| 축 ||||||||||

丑 소 うし - 애 소
祝 빌, 빌다 いわう - 니르우
畜 가축 やしなう - 옜다(에사 - 사료)를 내우
蓄 쌓을 たくわえる - 닿게 놓우
築 쌓을 きずく - 쌓아가 주구
逐 쫓을 おう - 쫓우
縮 오그라들 ちぢむ - 자지(러짐)우

|||||||||| 춘 ||||||||||

春 봄 はる - 해 아루(있우)

|||||||||| 출 ||||||||||

出 날 でる - 뜨우

|||||||||| 충 ||||||||||

充 가득할 みちる - 막차우
忠 충성 섬김 つかえる - 쪽 가에 있우
虫 벌레 むし - 물이 > 무츠이 > 무치 > 무시
衝 찌를 つく - 치구

||||||||| 취 |||||||||

取 취할 とる – 들우
吹 불, 불다 ふく – 불구
就 나아갈 つく – 치(고 가)구
臭 냄새 におい – 내음이
醉 취할 よう – 얼 나오우
趣 뜻 おもむき – 오! 맘먹기

||||||||| 측 |||||||||

側 곁 かたわら – 곁으로의
測 잴, 재다 はかる – 헤어가우

||||||||| 층 |||||||||

層 층 そう – 층

||||||||| 치 |||||||||

治 다스릴 おさめる – 오! 잠재우
致 이룰 いたす – 애 닿지우
歯 이, 이빨 は – (이)빨 > 빠 > 하
値 값 ね·あたい – (금)네. 올해 고추 금이 좋
　다. 애 닿+이(가격의 형성)
置 둘, 두다 おく – 놓구
恥 부끄러울 はじる – 벗으우
稚 어릴 おさない – 오! 사나우이

||||||||| 칙 |||||||||

則 법(곧 즉)의 のっとる·のり – (정해)놓고 따르
　우·널이

||||||||| 친 |||||||||

親 친할 したしい – 좋다싫으이

||||||||| 칠 |||||||||

七 일곱 ななつ – 난은(難隱 – 고구려어)째
漆 옻 うるし – 옻 < 올이 < 오리 < 우로시

||||||||| 침 |||||||||

針 바늘 はり – 바늘 + 이 > 바느리 > 하으리 >
　하리
侵 침노할 おかす – 오! 갖우
浸 적실 ひたす – 풍덩하지우
寝 잠잘 ねる – 넷네하우
沈 잠길(성 심) しずむ – 수(에) 잠(기)우
枕 베개 まくら – 목 굴리

||||||||| 칭 |||||||||

称 일컬을 となえる – (특징을) 따냄 하우. 특
　징을 따 내는 것이 이름

||||||||| 쾌 |||||||||

快 쾌할 こころよい – 고꼬로(꼬 골 – 마음) 좋
　으이

||||||||| 타 |||||||||

他 다를 ほか – 엇감(서로 어긋남)
打 칠, 치다 うつ – 애 쳐
妥 온당할 おだやか – 온당함
堕 떨어질 おちる – 널찌우

||||||||| 탁 |||||||||

濁 흐릴 にごる – (아)니 깨(끗)하우
託 부탁할 かこつける – 하고저 하우
濯 빨래할 あらう – (쌀을) 일우
琢 쫄, 닦을 みがく – 밀고깔구

||||||||| 탄 |||||||||

炭 숯 すみ – 숯물(物)
歎 탄식할 なげく – (눈물) 나게 하구
弾 탄알 たま – (어느 면에서 보나 다) 닮아

||||||||| 탈 |||||||||

脱 벗을 ぬぐ – (옷에서 몸을) 누구
奪 빼앗을 うばう – 와! 뺐우

||||||||| 탐 |||||||||

探 찾을 さぐる – 찾아가우
貪 탐할 むかぼる – 먹을까보우

||||||||| 탑 |||||||||

塔 탑 とう – 돋움

||||||||| 탕 |||||||||

湯 끓일 ゆ – (끓)이우

||||||||| 태 |||||||||

太 클, 크다 ふとい – 부대이. 와! 똥이
泰 클, 크다 やすい – 와! 산이유
怠 게으를, 피곤한 おこたる – 오! 고단하우
殆 위태로울, 하마터면 ほとんど(ほとほと) –
　흔들흔들(하면)

||||||||| 택 |||||||||

宅 집 (댁 댁) たく – 택
沢 못 さわ – 수(水) 웅
択 가릴 えらぶ – 위일라 봐

||||||||| 토 |||||||||

土 흙 つち – 지지
吐 토할 はく – 뱉구
兎 토끼 うさぎ – 위솟 귀 + 이
討 칠, 치다 うつ – 아! 쳐

||||||||| 통 |||||||||

通 통할 とおる – 뚫우

||||||||| 통 |||||||||

統 거느릴 すべる – 홑에로 > 홋헤로 > 호스베
　로 > 수베루
痛 아플 いたむ – 앗! 따끔하우

||||||||| 퇴 |||||||||

退 물러날 しりぞく – (자)지러지구

||||||||| 투 |||||||||

投 던질 なげる – 날게 하우
透 비칠 すかす – 속이 겉이지우
闘 싸울 たたかう – 타닥 하우

||||||||| 특 |||||||||

特 특별할 とく – 특

||||||||| 파 |||||||||

破 깨뜨릴 やぶる – 깨버리우 > 애버리우 > 야
　부루
波 물결 なみ – 나는 물
派 갈래 は – 파
播 씨뿌릴 まく – (씨) 묻구
罷 파할 やめる – 아! 말우
頗 자못, 조금 すこぶる – 조금 불어

||||||||| 판 |||||||||

判 판단할 わける – 빠개우
板 널, 판자 いた – 널 에다(뻔이)
販 팔, 팔다 あきなう – 아! 끝내우
版 판목 はん – 판

||||||||| 팔 |||||||||

八 여덟 やっつ – 여덟째

||||||||| 패 |||||||||

貝 조개 かい – 갑(甲)이

敗 패할 やぶれる – 아! 버림(받)우

|||||||||| 편 ||||||||||

片 조각 かた – 가닥
便 편할(오줌변) べん – 변
篇 책 へん – 편
編 엮을 あむ – 판말이
遍 두루 あまねし – 아! 말아 놓으이

|||||||||| 평 ||||||||||

平 평평할 たいら – 다 고르우
評 평할 ひょう – 평

|||||||||| 폐 ||||||||||

閉 닫을 とざす – 닫았수 > 다다수 > 다자수
肺 허파 はい – 불이
廢 폐할 すたる – 싹 닫우
弊 폐단 つかれる – 축! 가라(앉)우
蔽 가릴 おおう – 이엉하우
幣 화폐, 폐백 ぬさ – 누기. おお – ぬさ[大幣]
　　옷을 벗듯 귀신에서 벗어나게 하는 것

|||||||||| 포 ||||||||||

布 베, 펼 ぬの – 누은(벗긴) 올. 베는 삼 껍질
　　을 벗겨 만듦
抱 안을 だく – 당기구
包 쌀, 싸다 つつむ – 쌈하우
胞 태보 えな – 배안 > 애아나 > 에나
飽 배부를 あきる – 배 일으키우
浦 개(갯벌) うら – 울안
捕 잡을 とらえる – 틀어쥐우

|||||||||| 폭 ||||||||||

暴 (포)사나울 あばれる – 아! 화내우
爆 터질 はぜる – 팍! 터지우

|||||||||| 幅 ||||||||||

幅 폭 はば – 너비 > 나바 > 하바

|||||||||| 표 ||||||||||

表 거죽 おもて – 오! 맺은 데
票 표 ふだ – 붙 + 이. 가는 곳을 표시한 물표
　　를 붙이는 것. 그래서 '붙인다'라는 말이 나
　　옴
標 표, 표시 しるし – 지루(알다) + 이
漂 떠돌 ただよう – 떠돌으우

|||||||||| 품 ||||||||||

品 품수 しな – (탄생할 때) 지고 남

|||||||||| 풍 ||||||||||

風 바람 かぜ – 기(氣) 셈
楓 단풍나무 かえで – 가랑(잎) 맡에(마에 –
　　전)
豊 넉넉할 ゆたか – 윤택함

|||||||||| 피 ||||||||||

皮 가죽 かわ – 겉 바(닥) > 가바 > 가와
彼 저, 그 かれ – 그이래
疲 지칠 つかれる – 축 가라앉우
被 입을, 당할 こうむる – (내에 – 유성음들 생
　　략)게 옴 하우.
避 피할 さける – 썩! 가우

|||||||||| 필 ||||||||||

必 반드시 かならず – 꼭 나라 하지우
匹 짝 ひき – 피륙이 > 히류기 > 히끼
筆 붓 ふで – 붓대
畢 마칠 おわる – 오! 났우

|||||||||| 하 ||||||||||

下 아래 した, しも – 바닥 > 하닥 > 시타

夏 여름 なつ – 낮(이 긴 날들)
賀 하례할 よろこぶ – 요리 기쁘이
何 어찌 なに – 어난('어느'의 고어) 이
河 강 かわ – 강
荷 멜, 메다 になう – 이고 나르우

|||||||||| 학 ||||||||||
学 배울 まなぶ – 맞나 보우
鶴 두루미 つる – 줄(몸). 두루는 구개음화 전.

|||||||||| 한 ||||||||||
閑 한가할 しずかだ – 잠잠하다
寒 찰 さむい – 사무치이
恨 한할 うらむ – 울음
限 한정 かぎる – 가에 끊우
韓 나라 から – 겨레
漢 한수 あや – 알. 한강을 '아리(알) 수'라 함
旱 가물 ひでり – 해 (내리) 쬠이 > 뙴이 > 데리
汗 땀 あせ – 아! 샘

|||||||||| 할 ||||||||||
割 가를 わる – 벌리우

|||||||||| 함 ||||||||||
咸 다 みな – 몽(조리)이 > 모니 > 미나
含 머금을 ふくむ – 머금우
陷 빠질 おちいる – 오! 널찌우

|||||||||| 합 ||||||||||
合 합할 あう – 어울리우

|||||||||| 항 ||||||||||
恒 항상 つね – 쭉 늘
巷 거리[巷間] ちまた – 길 마당

港 항구 みなと – 물에 나들이
項 조목, 목 うなじ – 오목한 가지
抗 겨룰 あたる – 맞대우
航 배다닐 わたる – 바다루

|||||||||| 해 ||||||||||
害 해칠 がい – 해
海 바다 うみ – 와! 물
亥 돼지 い – 이(가 돋이)<돼지
解 풀, 풀다 とく – 트구
該 그 その – 조(것)의

|||||||||| 핵 ||||||||||
核 씨 さね – 속네

|||||||||| 행 ||||||||||
行 갈 いく (항렬 항) – 아! 가구
幸 다행 さいわい – 시원하이

|||||||||| 향 ||||||||||
向 향할 향 むく – (눈)매 가구
香 향기 かおり – 꽃 내음이
鄕 시골 ふるさと – 헐은 삶터
響 울릴 ひびく – 비비구. 비벼내는 소리(울림). 바이올린 – 비벼울리는 악기
享 누릴 うける – 위께 이루(있우)

|||||||||| 허 ||||||||||
虛 빌, 거짓 むなしい – 맞나싶으이
許 허락할 ゆるす – 예!라 하지우

|||||||||| 헌 ||||||||||
軒 추녀 のき – 나온 낭구
憲 법 のり – 널이(널어놓는 것)
獻 드릴 たてまつる – (손) 닿는데 맞이하우

||||||||| 혁 |||||||||

革 가죽 かわ – 겉의

||||||||| 현 |||||||||

現 나타날 わらわれる – 와라! 하니 왔우
賢 어질 かしこい – 가지 (가지가지 – 수의 고어) 고(高)하이
玄 검을 くろい – 굴이라 하이. 굴처럼 검다.
弦 활시위 つる – 줄
絃 악기줄 いと – 울 > 오츠 > 오또
県 고을 あがた – (영토의) 한가닥
懸 매달 かける – 걸게하우
顕 나타날 あらわれる – 와라! 하니 왔우

||||||||| 혈 |||||||||

血 피 ち – (선)지
穴 굴 あな – 안

||||||||| 협 |||||||||

協 화할 かなう – 하나하우
脅 으를 おどす – 오돌(오돌) 하지우
狭 좁을 せまい – 좁으이

||||||||| 형 |||||||||

兄 맏 あに – 언니 (웃나이)
刑 형벌 しおき – 죄 지우기
形 형상 かたち – 가닥이
亨 형통할 とおる – 뚫우
蛍 반딧불 ほたる – 화(火)털

||||||||| 혜 |||||||||

恵 은혜 めぐむ – (빌린 것을) 메꿈하우
慧 슬기로울 さとい – 썩 똘(똘)하이

||||||||| 호 |||||||||

戸 지게, 집 と – 터
乎 온 か – 가?
呼 부를 よぶ – 여! 보우
好 좋을 このむ – 고놈 (참)
虎 범 とら – 돌아 + (이)
号 이름 よびな – 여! 보우 하는 (것)
湖 호수 みずうみ – 밑의 '왜! 물' (우미 – 바다)
互 서로 たがい – 둘다 하이
胡 오랑캐 えびす – 에비쇠 – 새(끼)
浩 넓을 ひろい – 히아! 너르이
毫 가는 털 ごう – 호
豪 호걸 ごう – 호
護 보호할 まもる – 머물우

||||||||| 혹 |||||||||

或 혹 あるいわ – 아! 있나 니르
惑 미혹할 まどう – 믿우

||||||||| 혼 |||||||||

婚 혼인할 えんぐみ – 인연꾸밈
混 섞일 まぜる – 막섞우
昏 어두울 くらい – 굴이라 하이
魂 넋 だましい – 담이 (몸에 담는 것) 싶으이

||||||||| 홀 |||||||||

忽 문득 たちまち – 닿자마자

||||||||| 홍 |||||||||

紅 붉을 べに, くれない – (이)쁜이. 홍화(紅花) – べにはな
洪 넓을 こう – 홍
弘 넓을 ひろい – 히아! 너르이
鴻 큰기러기 おおとり – 오오! 돌이 (귀소하는 새)

602 | 일본, 한국 이주민의 나라

|||||||||| 화 ||||||||||

火 불 ひ – (땅의) 해
化 될 はける – 화(化)케 하우
花 꽃 はな – 환한 (것)
貨 재화 か – 화
和 화할 あえる·なごむ·やおらぐ – 어울리우·
　엮임하우
話 말할 はなす – 입을 놀리지우. (이)빨내우
画 그림 が (그을 획) – 화
華 빛날 はな – 환한
禾 벼 か – 화
禍 재앙 わざわい – 와! 재앙이

|||||||||| 확 ||||||||||

確 확실할 たしか – 다시 가
穫 거둘 とりいれる – 털이(를) 이루우
拡 늘릴 ひろげる – 히야! 너르게 하우

|||||||||| 환 ||||||||||

歓 기뻐할 よろこぶ – 요리 기쁘우
患 병 わずらう – 와! 재(災) 라우
丸 알, 둥글 まるい – 말으이
換 바꿀 かえる – 갈우
環 두를 わ – 환
還 돌아올 かえる – 가(家)에로

|||||||||| 활 ||||||||||

活 살 いきる – 입김하우

|||||||||| 황 ||||||||||

黄 누를 き – (노르)끼끼
皇 임금 きみ – 그 몸
況 하물며 いわんや – 이왕에
荒 거칠 あれろ – 어리우. 아라리(황폐한), 얼
　룩. 수메르어 '아라리'는 desolate place(황

량한 땅)

|||||||||| 회 ||||||||||

回 돌아올 まわす – 말아 오지우
会 모을 あう – 어울리우
灰 재 はい – 벌 + 이
悔 뉘우칠 くやむ – 후회함우
懐 품을 ふところ – (가슴)품의 터께로

|||||||||| 획 ||||||||||

獲 얻을 える – 얻우
劃 그을 かぎる – 끊으우

|||||||||| 횡 ||||||||||

横 가로 よこ – 옆구(리)

|||||||||| 효 ||||||||||

孝 효도 こう – 효
効 효험 きく – 귀 하구(약이 듣다)
暁 새벽 あかつき – 밝을 적 > 덕 > 더기 > 츠
　키

|||||||||| 후 ||||||||||

後 뒤 のち, あと – 애! 뒤
厚 두터울 あつい – 아! 두(꺼)우이 > 츠이
侯 제후 まと – 마(= 땅) 맡은 이
候 기후 うかがう – 위(하늘)께 (귀)기울이우
喉 목구멍 のど – 넘(기는 – 노무) 터

|||||||||| 훈 ||||||||||

訓 가르칠 おしえる – 위에서 아래로

|||||||||| 훼 ||||||||||

毀 헐, 헐다 こぼつ – 깻박치우.

부록 | **603**

|||||||||| 휘 ||||||||||

揮 휘두를 ふるう – 휘(드)루우
輝 빛날 かがやく – 까까하구(아기말 까까. 까
　 까머리)

|||||||||| 휴 ||||||||||

休 쉴, 쉬다 やすむ – 아! 쉼하우
携 가질 たずさえる – 다 쥐었어라우

|||||||||| 흉 ||||||||||

凶 흉할 わるい – 왈 하이(왈가닥 와루이카타,
　 왈패)
胸 가슴 むね – 맘네(마음이 있는 동네), 혹은
　 품에

|||||||||| 흑 ||||||||||

黑 검을 くろい – 굴이라 하이

|||||||||| 흡 ||||||||||

吸 숨들이 쉴 すう – 쑤욱

|||||||||| 흥 ||||||||||

興 일, 일어날 おこる – 일으키우. '깨어 있는'
　 뜻의 영어 Awake도 '일으켜 깬'이 어원

|||||||||| 희 ||||||||||

希 바랄 ねがう – (맘)네 가우
喜 기쁠 よろこぶ – 요리 기쁘우
稀 드물 まれ – (드)물어
戱 회롱할 だわむれる – (실제와) 다른 말하
　 우. 비꼬다.
噫 탄식할 ああ(트림 애) – 아! 아!

■ 참고서적

시미즈 기요시, 박명미, 《아나타는 한국인》, 정신세계사, 2007

김향수, 《일본은 한국이더라》, 문학수첩, 1995

이경재, 《일본 속에 한국 문화재》, 미래 M & B, 2000

김용운, 《한국어는 신라어 일본어는 백제어》, 시사일본어사, 2008

김용운, 《일본어는 한국어》, 가나북스, 2006

서정범, 《한국에서 건너간 일본의 신과 언어》, 한나라, 1994

서정범, 《국어어원사전》, 보고사, 2000

김달수, 《일본 속에 한국 문화 유적을 찾아서》, 대원사, 1999

이시와타리 신이치로, 《백제에서 건너간 일본 천황》, 지식여행, 2002

홍원탁, 《백제와 대화일본의 기원》, 구다라 인터내셔널, 1993

최재석, 《고대한일관계와 일본서기》, 일지사, 2001

김세택, 《일본말 속의 한국말》, 기파랑, 2005

이남교, 《재미있는 일본말의 뿌리》, 넥서스BOOKS, 2002

서동찬, 《일본어 그거 다 우리말이야!》, 동양문고, 2000

김수경, 《고구려 · 백제 · 신라 언어연구》, 한국문화사, 1989

최명재, 《동방의 으뜸! 동이족을 아는가?》, 환글정음사, 2002

전상기, 《일본고대천황은 백제왕의 후손이다》, 지문사, 2000

김철수, 《일본 고대사와 한민족》, 상생출판, 2009

홍윤기, 《일본 속의 백제 구다라》, 한누리미디어, 2008

홍윤기, 《일본 속의 한국 문화유적을 찾아서》, 서문당, 2002

홍윤기, 《일본의 역사 왜곡》, 학민사, 2001

이영희, 《노래하는 역사》, 조선일보사, 1994

이종호, 《한국 7대 불가사의》, 역사의 아침, 2007

김운회, 《대쥬신을 찾아서》, 해냄, 2006

무라오카 츠네츠구, 《일본 신도사》, 예문서원, 1998

박규태, 《일본의 신사》, 살림, 2005

제갈영, 《알짜일본어 VOCABULARY》, 다락원, 2002

이홍규, 《한국인의 기원》, 우리역사연구재단, 2010

우메사오 다다오,《일본국립민속박물관》, 한국일보사(Kodansha), 1987

出羽弘明,《新羅の神々と古代日本》, 同成社, 2004

武光 誠,《神道》, 靑春出版社, 2005

戶部民夫,《日本の 神樣》, PHP연구소, 2005

西川 勇 사진,《三井寺》, 總本山 園城寺, 1990

學硏 編輯部,《受驗道の本》, 學硏, 1993

學硏 編輯部,《陰陽道の本》, 學硏, 2004

前田富祺 감수,《日本語源大辭典》, 小學館, 2005

豊島泰國,《神佛の祈禱 道具》, 原書房, 2004